中文社会科学引文索引(CSSCI)来源集刊

边疆考古研究

RESEARCH OF CHINA'S FRONTIER ARCHAEOLOGY

第27辑

教育部人文社会科学重点研究基地
吉林大学边疆考古研究中心
边疆考古与中国文化认同协同创新中心

编

科学出版社
北京

内 容 简 介

《边疆考古研究》是教育部人文社会科学重点研究基地吉林大学边疆考古研究中心编辑的学术集刊。本辑收录考古调查发掘报告、研究论文等28篇，内容涉及中国边疆及毗邻地区的古代人类、古代文化与环境。

本书可供文物考古研究机构及高校考古、历史专业学生参考阅读。

图书在版编目（CIP）数据

边疆考古研究. 第27辑 / 教育部人文社会科学重点研究基地吉林大学边疆考古研究中心边疆考古与中国文化认同协同创新中心编. —北京：科学出版社，2020.7

ISBN 978-7-03-065628-5

Ⅰ.①边… Ⅱ.①教… Ⅲ.①边疆考古-研究-中国-文集 Ⅳ.①K872-53

中国版本图书馆CIP数据核字（2020）第116511号

责任编辑：赵 越 / 责任校对：王晓茜

责任印制：肖 兴 / 封面设计：陈 敬

科学出版社 出版

北京东黄城根北街16号

邮政编码：100717

http://www.sciencep.com

中国科学院印刷厂 印刷

科学出版社发行 各地新华书店经销

*

2020年7月第 一 版 开本：787×1092 1/16

2020年7月第一次印刷 印张：30 插页：11

字数：700 000

定价：198.00元

（如有印装质量问题，我社负责调换）

《边疆考古研究》编辑委员会

目　录

考古新发现

研究与探索

考古与科技

学术动态

考古新发现

阜新高林台城址2014～2015年度发掘简报

辽宁省文物考古研究院
阜 新 市 考 古 所

2014年10月，为配合京沈高铁阜新段施工建设，辽宁省文物考古研究所（2018年更名为“辽宁省文物考古研究院”）组织考古人员进驻高林台城址开展考古发掘工作。是年12月底因冻土较厚发掘暂停，2015年5月发掘继续开展，至10月下旬结束。现将两个年度的发掘情况简报如下。

一、地理位置和发掘概况

（一）地理位置

高林台城址位于辽宁省阜新市阜新蒙古族自治县阜新镇高林台屯西约50米，城址中心地理坐标为北纬42°4′23.5″、东经121°41′55.9″，海拔170米（图一）。城址东侧为高林台河，此河为细河支流；西北为八家子山，海拔305米；东北为一处高岗，当地俗称北山，海拔220米。城址即位于两山之间低地的南侧，扼守山谷地带又紧邻河流水源地，战略地位十分重要。

城址现存平面近梯形，东侧被河流冲毁；北侧、东侧城墙无存，西侧城墙部分遭到村民取土破坏；南侧城墙西段保存长度约40米，塌高2～3米，塌宽8～15米，南城墙东段已被夷为平地。城址现存范围东西175米，南北165米，面积约20000平方米（图二）。

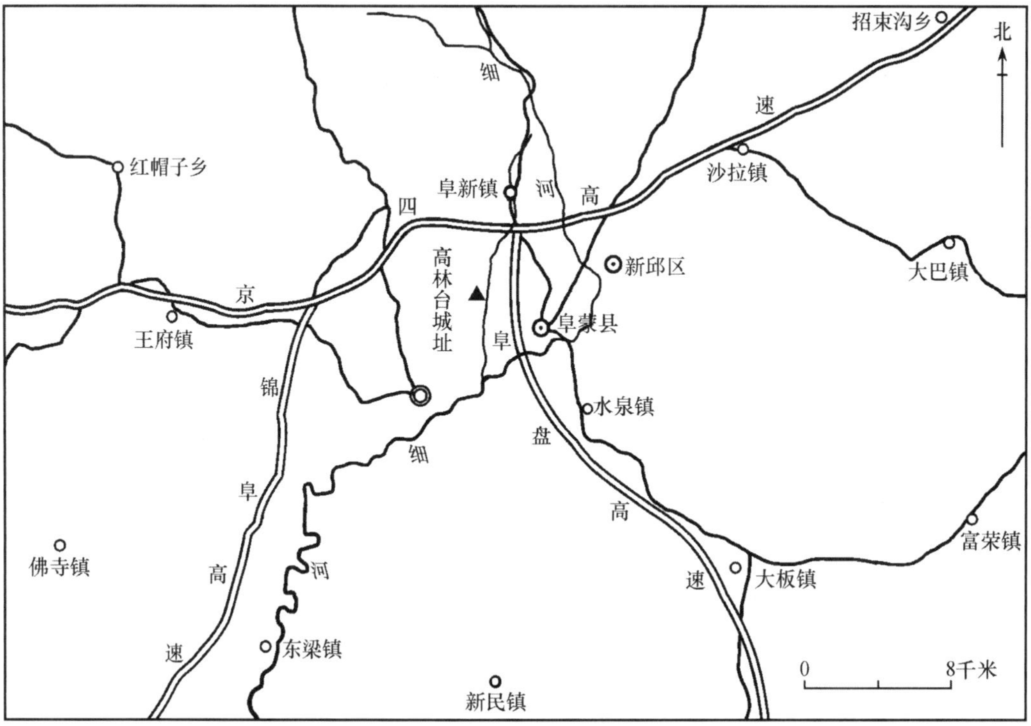

图一　高林台城址地理位置示意图

（二）发掘概况

本次发掘分Ⅰ、Ⅱ、Ⅲ区：Ⅰ区位于城址南城墙外侧，为铁路经由地区，发掘面积600平方米，发现灰坑13座及南护城河（图三）；Ⅱ区位于城址内东南，发掘面积500平方米，发现房址2座、灰坑49座、灰沟4条、土墙1道、石圈1座（图四）；Ⅲ区位于城址西南角，发掘面积210平方米，发掘城墙内角，并对西城墙进行了解剖（图五）。

地层堆积方面，城外的Ⅰ区和城内Ⅱ、Ⅲ区略有不同。现以Ⅰ区T4南壁和Ⅱ区T0302南壁为例将地层堆积介绍如下：

Ⅰ区T4南壁，可分为6层（图六）：

第1层，耕土层，厚15～30厘米。

第2层，褐色土，含少量夹砂灰陶片和布纹瓦残块，厚30～35厘米，为唐代文化层。

第3层，浅黄色沙土，土质疏松，包含遗物极少，为河流冲积物，厚15～20厘米。

第4层，灰褐色土，含少量夹砂灰陶片和绳纹瓦残块，厚45～50厘米，为汉代文化层。

第5层，黄褐色细砂土，无遗物，为河流冲积层，厚5～20厘米。

第6层，黑褐色土，土质疏松，含大量夹砂灰陶片和绳纹瓦残块，厚25～45厘米，为战国文化层。此层下为生土。

Ⅱ区T0302南壁，可分为5层（图七）：

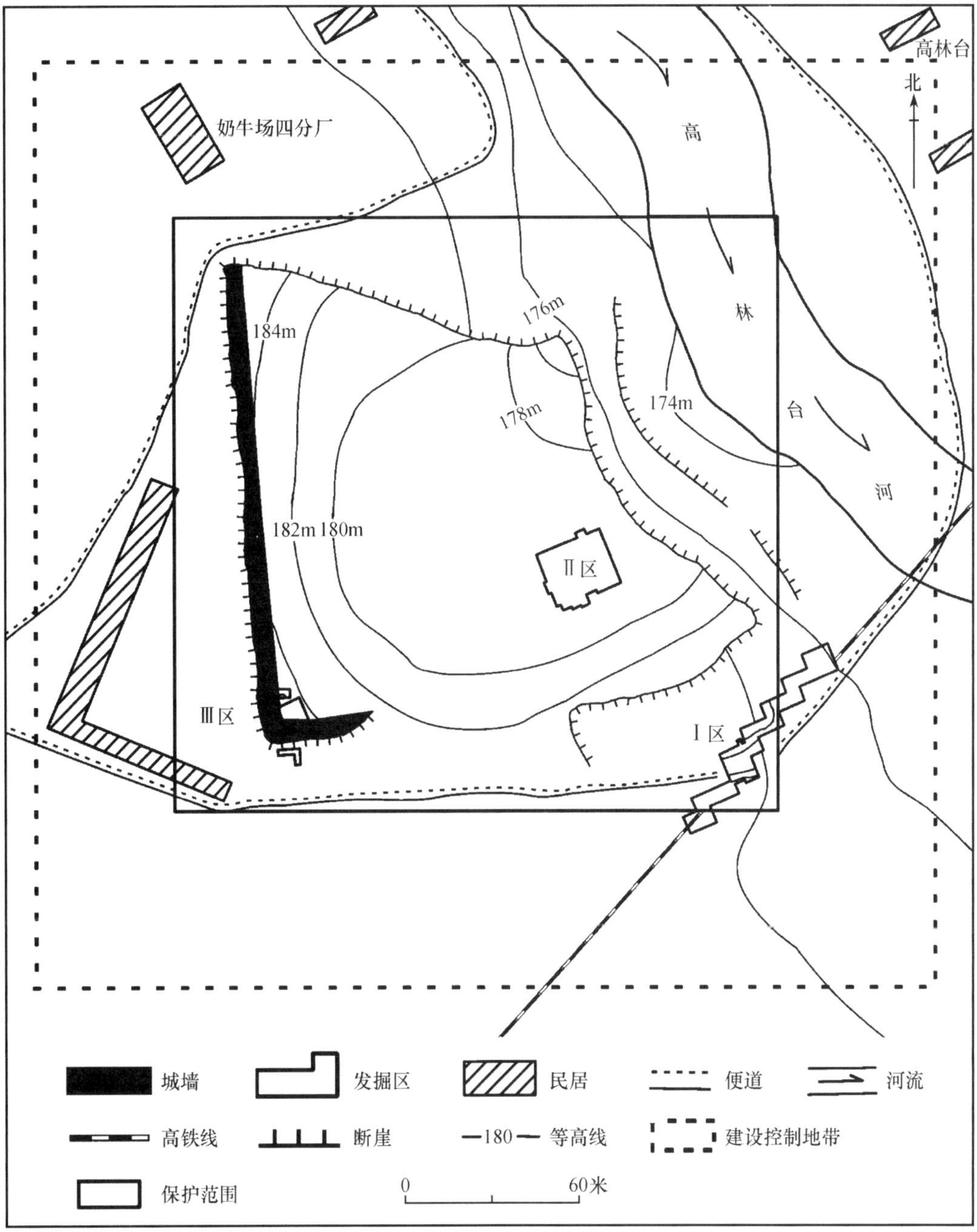

图二 高林台城址实测平面图

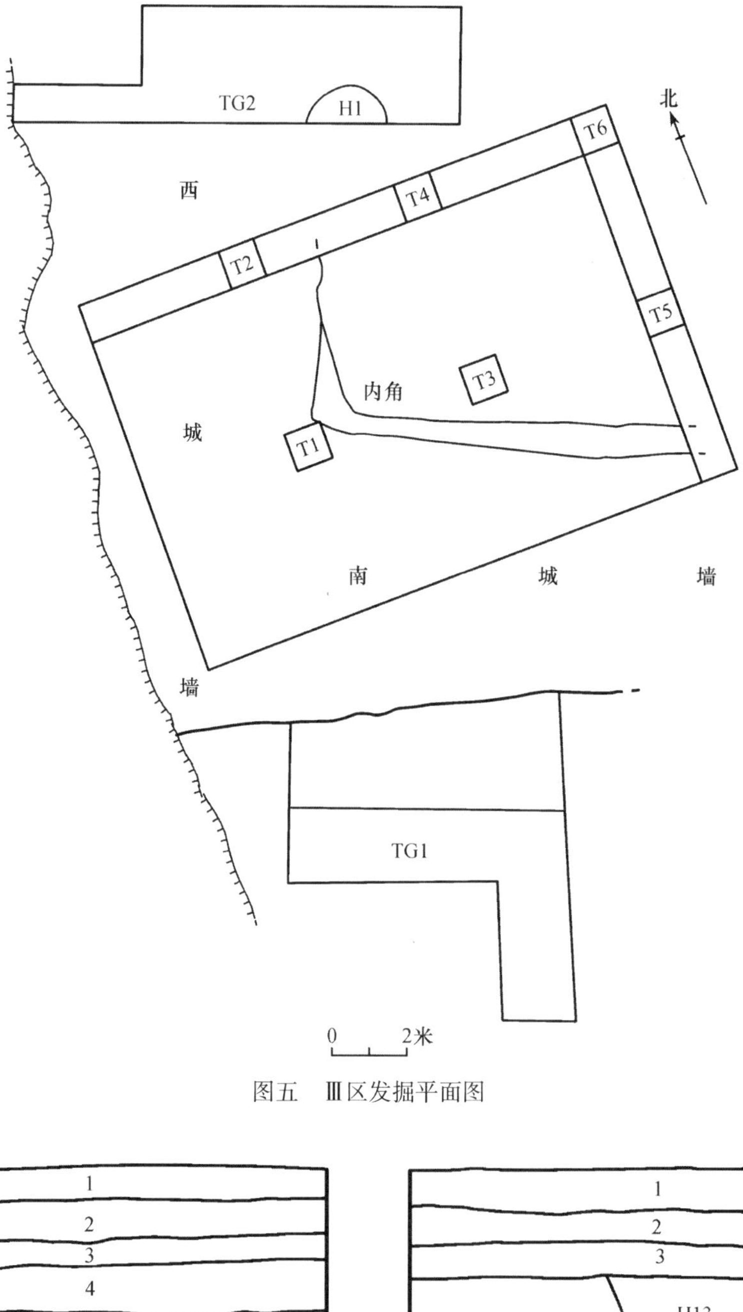

图五　Ⅲ区发掘平面图

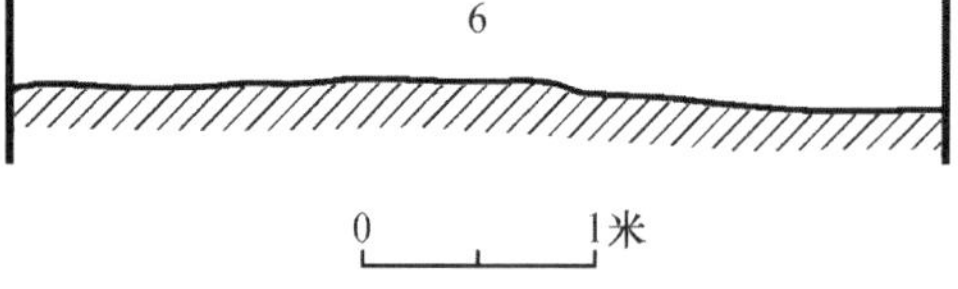

图六　Ⅰ区T4南壁剖面图

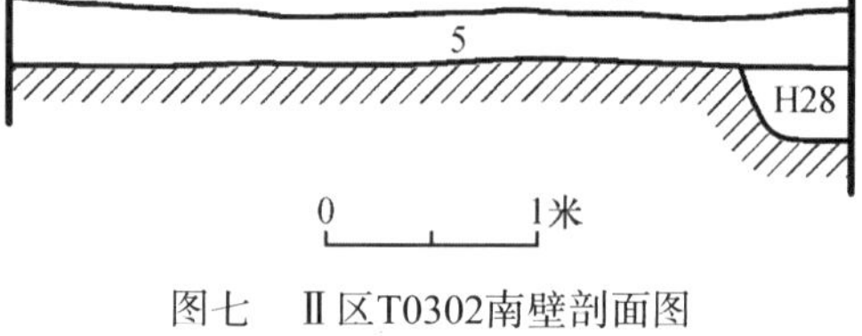

图七　Ⅱ区T0302南壁剖面图

第1层，耕土层，厚25～40厘米。

第2层，灰褐土，土质较硬，出少量绳纹和布纹瓦片，厚25～35厘米，为唐代文化层。

第3层，灰黑土，土质坚硬，出土大量绳纹瓦片，厚25～35厘米，为汉代文化层。

第4层，黄褐色黏土，土质细腻，出土大量绳纹瓦片，厚30～45厘米，为汉代文化层。

第5层，黄色黏土，土质较疏松，出土一定数量的绳纹瓦片和陶片，厚35～50厘米，为战国文化层。此层下为生土。

此次发掘的遗存可分为战国、汉、唐三个时期，其中以汉、唐时期遗存较多，战国遗存较少，下文以时代先后顺序分别予以介绍。

二、战国遗存

（一）遗　　迹

战国时期遗迹在Ⅰ、Ⅱ、Ⅲ区均有发现且全部为灰坑，共5座。

ⅡH27，位于T0302东部，开口于5层下，打破生土，打破H26（图八）。坑口平面呈圆形，直壁，平底，最大口径134、深16厘米。坑内填土为灰褐色砂土，出土少量绳纹板瓦和筒瓦残块，少量夹砂灰陶、红褐陶片。

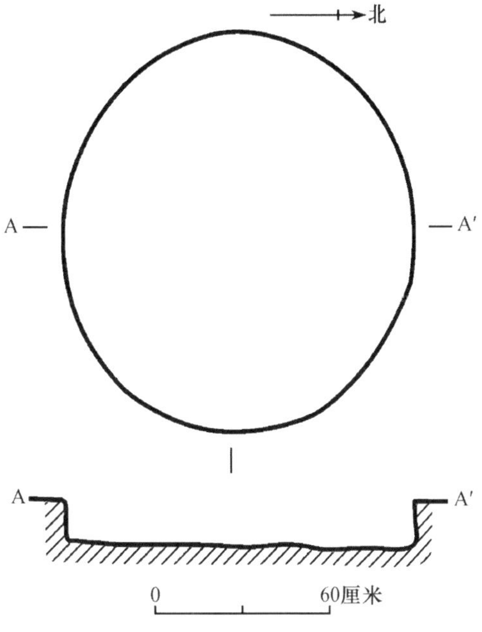

图八　ⅡH27平、剖面图

（二）遗　　物

种类有陶器、铜器、石器、钱币等。

1. 陶器

器形见有筒瓦、板瓦、瓦当、管件、钵、甑、器盖、纺轮等。

筒瓦　均为夹砂灰陶，手制痕迹明显，分二型。

A型　3件，有舌。标本ⅠT11⑦：4，半筒形，一端略粗。正面饰稀疏的绳纹、宽端有瓦舌，背面可见泥条套接痕和削痕及瓦钉，局部饰有麻点纹。长41.4、径11.2～14.6、瓦舌长1.5、厚约1厘米（图九，1）。

B型　2件，无舌。标本ⅠT11⑦：2，半筒形，一端略粗。正面饰稀疏的绳纹，窄端有戳印纹，背面可见泥条套接痕和削痕及瓦钉，局部饰有麻点纹。长39.9、径14.3～15.5、厚约1厘米（图九，2）。

板瓦　1件。ⅠT4⑥：61，夹砂灰陶，正面饰瓦棱纹和绳纹，背面为素面。残长22.3、径15.5、瓦舌长3、厚1.6厘米（图九，3）。

瓦当　3件。均为残件，未分型。

ⅡT0304⑤：1，兽面纹半瓦当，夹砂灰陶，外轮廓均残，眉弓弯曲细长与鼻部相连，鼻翼部较为丰满，右侧残存一眼。残宽6.8、高7.2、厚0.7厘米（图九，4）。

ⅡT0304⑤：2，兽面纹半瓦当，夹砂灰陶，残存眉部和左眼。残宽6.2、残高5.8、厚0.6厘米（图九，5）。

ⅡT0302⑤：1，兽面纹半瓦当，形制与ⅡT0304⑤：1相似。残宽6.6、高7.6、厚0.7厘米（图九，6）。

管件　1件。ⅠT4⑥：72，夹砂红褐陶，方唇，侈口，直腹，顶端饰瓦楞纹，中部饰绳纹。口径22.2、残高16.7、厚1.1厘米（图一〇，1）。

钵　1件。ⅠT4⑥：74，夹砂灰陶，子母口，尖唇，上腹部较鼓，下腹斜收，实圈足略矮。口径13、底径7.9、圈足高0.7、高6.2、厚0.3～0.6厘米（图一〇，2）。

甑　1件。ⅠT4⑥：73，夹砂灰陶，圆唇，侈口，弧腹，平底，底部残存14个甑眼，素面。口径12.3、底径5.4、高3.4、厚0.3～0.5厘米（图一〇，4）。

器盖　1件。ⅠT11⑦：7，夹砂灰陶，整体呈覆盘状，顶部为圈足，外沿残，素面。顶径9.6、外径16.8、底径14.1、高3.5、厚0.7～1.7厘米（图一〇，3）。

纺轮　2件。

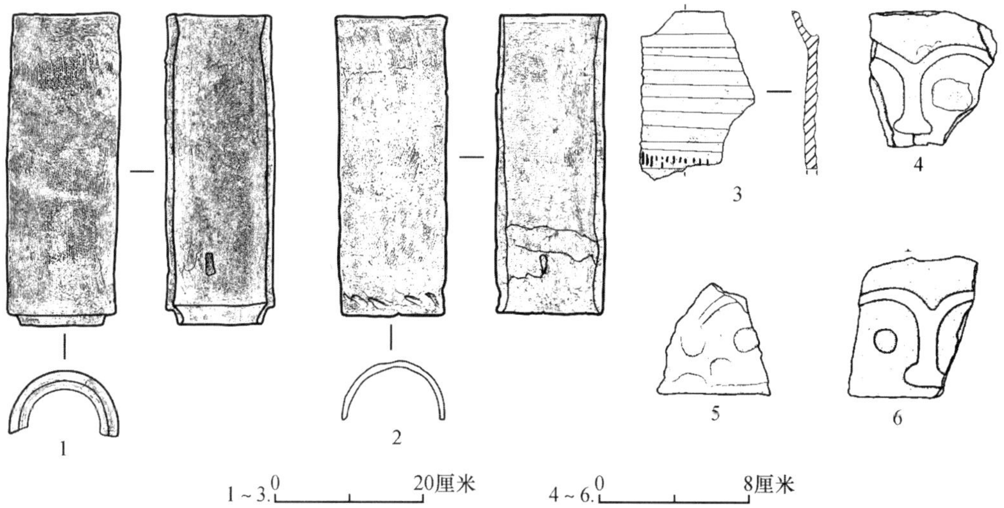

图九　出土燕文化建筑构件

1、2. 筒瓦（ⅠT11⑦：4、ⅠT11⑦：2）　3. 板瓦（ⅠT4⑥：61）　4～6. 瓦当（ⅡT0304⑤：1、ⅡT0304⑤：2、ⅡT0302⑤：1）

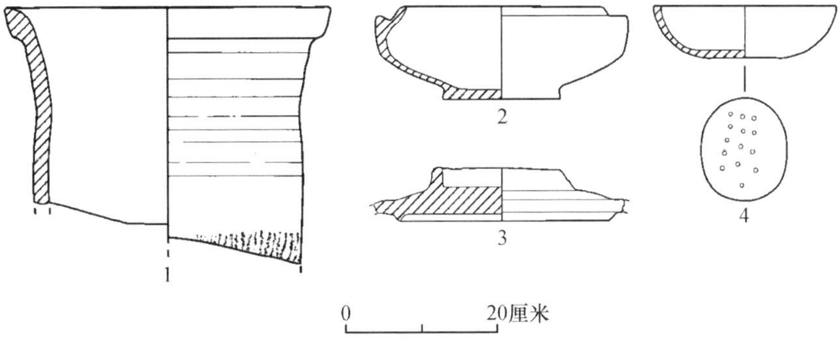

图一〇 出土燕文化陶器

1. 管件（ⅠT4⑥：72） 2. 钵（ⅠT4⑥：74） 3. 器盖（ⅠT11⑦：7） 4. 甑（ⅠT4⑥：73）

ⅠT5⑤：2，夹砂黑褐陶，素面，中间有一孔。直径4、孔径0.9、厚1.7厘米（图一一，6）。

ⅠT4⑥：35，夹砂灰陶，有绳纹陶片磨制而成，中间单面钻孔。直径3.8、孔径0.9、厚0.8厘米（图一一，5）。

2. 铜器

均为铜镞，12件，可分为二型。

A型 锥形镞，8件。

标本ⅠT2⑥：8，镞身粗短呈三棱锥状，剖面为三角形，尾部有装铤的圆孔，孔内残存铁铤。镞长2.9、宽1.3厘米（图一一，1）。

标本ⅠT4⑥：26，镞身细长呈三棱锥状，剖面为三角形，尾部有装铤的圆孔，孔内残存有铁铤。镞长2.8、宽0.6、铤长6.1厘米（图一一，9）。

B型 翼形镞，4件。标本ⅠT4⑥：1，尖锋，斜刃，镞身为三翼状，尾部有装铤的圆孔，孔内残存有铁铤残渣。长4.3、宽1.3厘米（图一一，2）。

3. 石器

石锛 1件。ⅠT2⑥：1，平面呈梯形，顶窄刃宽，横截面呈圆角方形，磨制。平顶，弧刃，刃部稍残。长5.7、刃宽4.1厘米、厚 1.3厘米（图一一，3）。

4. 钱币

见有大量刀币残片及少量布币和‘一化’钱。

刀币 均为残段，腐朽较严重，铭文不可辨识。

标本ⅠT4⑥：18，环部和尖部残。残长9.2、刀身宽1.5，柄部宽1.2、厚0.2厘米（图一一，10）。

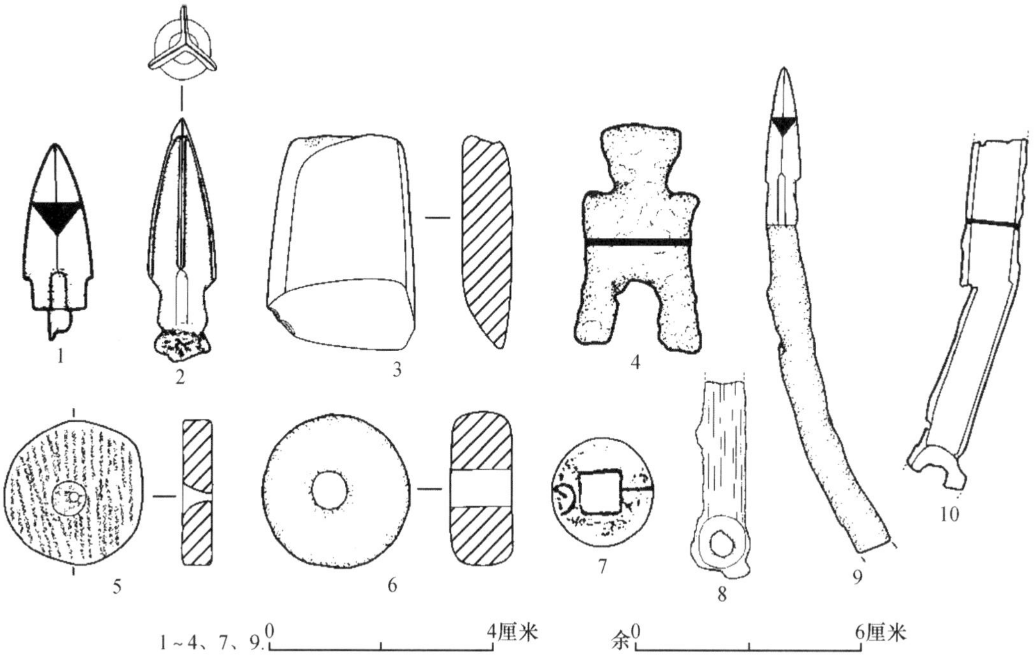

图一一　出土燕文化遗物

1、2、9. 铜镞（ⅠT2⑥：8、ⅠT4⑥：1、ⅠT4⑥：26） 3. 石锛（ⅠT2⑥：1） 4. 布币（ⅠT5⑤：1） 5、6. 纺轮（ⅠT4⑥：35、ⅠT5⑤：2） 7. 铜钱（ⅠT4⑥：30-1） 8、10. 刀币（ⅡT0402⑤：1、ⅠT4⑥：18）

标本ⅡT0402⑤：1，仅存环部和柄部。残长5.1、宽1.2、厚0.2厘米（图一一，8）。

布币　仅1枚。ⅠT5⑤：1，腐朽较为严重，平首、平肩、方足、方裆，铭文不可辨识。长39.9、宽21.1毫米，重3.27克（图一一，4）。

“一化”钱　4枚。标本ⅠT4⑥：30-1，面文“一化”，有内外郭，背面平夷。径19.3毫米，重1.31克（图一一，7）。

三、汉代遗存

（一）遗　　迹

汉代遗迹在三个发掘区均有发现，为高林台城址的主体遗存，见有城墙、护城河、房址、灰坑、灰沟、夯土墙等。

1. 城墙

保存较好的部分位于城址西侧和南侧，地表可见明显的隆起。此次发掘选取城墙西南角和西墙分别进行发掘和解剖。

城墙西南内角的清理，确认其形制为抹角方形（图五）。

西城墙解剖情况如下：夯土墙平地起夯，地表经过平整，平整过程中可能已将较早的文化层全部铲除，靠近城内一侧叠压一灰坑（ⅢH1），由于灰坑内土质松软，为了保证基础的稳定性，在此处局部开槽。

根据夯层的厚度，将墙体分为三期：一期夯层较薄，厚10～39厘米；二期夯层较厚，厚25～58厘米；三期夯层最厚，系在一期和二期夯土的外侧加夯，厚14～203厘米（图一二）。解剖所见夯土，夯窝清晰，均为圆形、圜底，窝径4～7厘米，深0.5～1厘米。

西城墙西侧被村民取土破坏至生土，东侧为城内文化层堆积。叠压墙体的文化层可分为7层。第1层为耕土层，厚18～36厘米；第2～6层为唐代文化层，厚5～247厘米；第7层为汉代文化层，厚5～40厘米（图一二）。

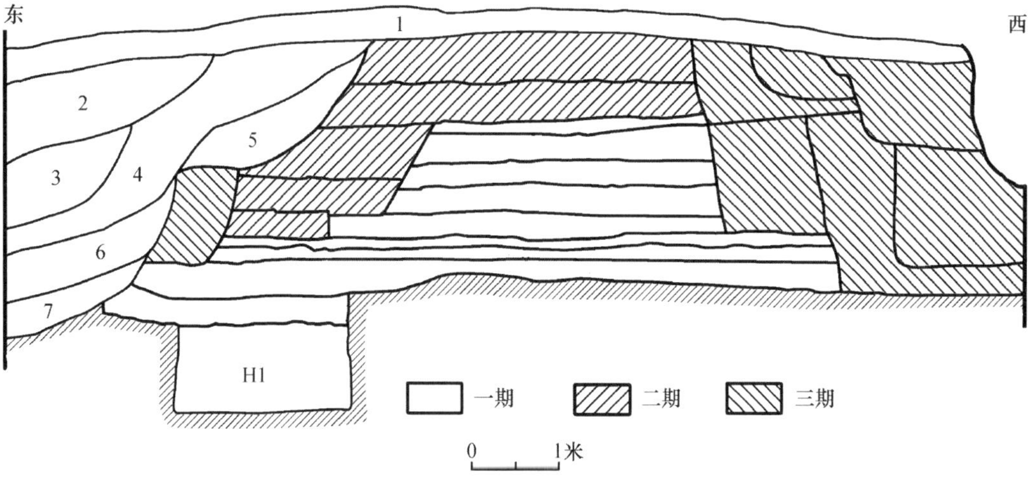

图一二　西城墙TG2南壁剖面图

2. 护城河（ⅠG1）

位于Ⅰ区中部，北距南城墙约14米，上口宽12.7、底宽6.2、深2.8米。横跨ⅠT8～ⅠT17共10个探方，东西走向，在ⅠT15、ⅠT16探方内转而向北侧延伸，是为护城河东南角。受发掘区域限制，已揭露护城河北侧护坡长约20.4米，南侧护坡长约9.25米。河沟内堆积可分为8层，北侧堆积较为复杂，土质为黑褐色，含有大量古代遗存；南侧堆积较为简单，多为淤泥和流沙堆积，少见古代遗物（图一三）。东南角仅发现护城河内侧护坡，外侧护坡未发现，ⅠT17向东ⅠT18～ⅠT24表土之下即为流沙堆积，推测东南拐角外侧护坡被河流冲毁（图三）。

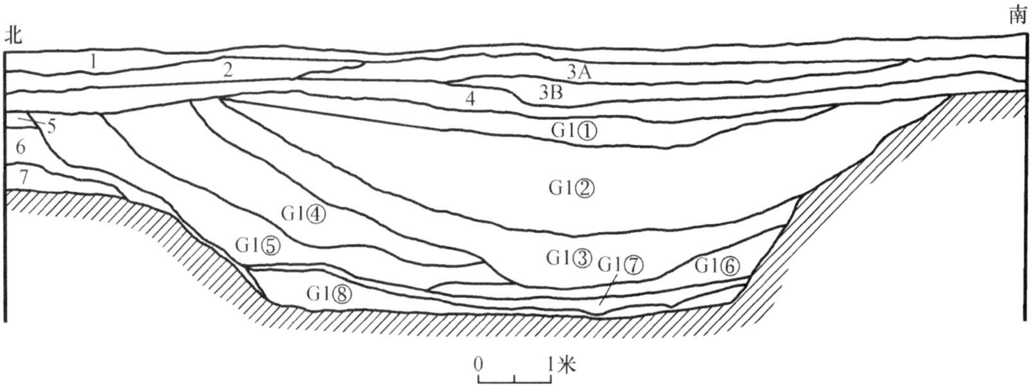

图一三　护城河ⅠG1剖面图

3. 房址

发现房址2座，均位于Ⅱ区，保存状况较差。

ⅡF1，位于Ⅱ区西南部，其坐落在4层上，被3层土叠压，方向197°（图一四）。平面呈长方形，由门道、灶、石台三部分构成。门道位于房址南部偏西，已发掘部分呈长方形，长0.8、宽1.04、深0.06～0.13米，门道内填土为黄色砂土，土质较纯净。灶位于房址西北角，由火膛、烟道、出烟口三部分组成；火膛平面近椭圆形，长径0.6、短径0.48米，周围由不规则石块围砌，底部为红色烧结面；烟道有两道，平面呈长条形，长2.97、宽0.12～0.14，深0.14～0.16米，由火膛北侧伸出，然后向西折直出烟口，烟道内侧为红色或褐色烧结面。出烟口平面呈椭圆形，长径0.58、短径0.44、深0.16米，内部填土为灰白色，土质细腻，包含有炭粒及啮齿类动物的烧骨。石台位于房址东北角，平面呈长方形，长2.26、宽1、高0.12米，由大小不均的石板平铺而成，个别位置有石板立砌现象。F1填土中发现大量的绳纹板瓦、筒瓦残块、夹砂灰陶片、红褐陶片、陶拍、铜镞、铁镞、铁蒺藜、大泉五十等。

ⅡF2，位于Ⅱ区东北部，其坐落在4层上，被3层土叠压，方向102°（图一五）。平面呈长方形，由门道、灶构成。门道位于房址西侧偏南，已发掘部分呈长方形，长2.25、宽0.95、深0.16米，门道内填土为褐色砂土，土质较硬，底部踩踏明显。灶位于房址西南角，由火膛、烟道、出烟口三部分组成；火膛平面近椭圆形，长径0.7、短径0.54米，周围由不规则石块围砌，底部为红色烧结面；烟道有两道，平面呈长条形，长3.42、宽0.1～0.18、深0.14～0.16米，由火膛北侧伸出，然后向西折直至出烟口，烟道内侧为红色或褐色烧结面。出烟口平面呈不规则形，由数块石板立砌而成，长径0.54、短径0.48、深0.45米，内部填土为黄褐色，土质细腻，包含有炭粒。F2填土中发现大量的绳纹板瓦、筒瓦残块、夹砂灰陶片、红褐陶片，另有铜镞、铁镞等。

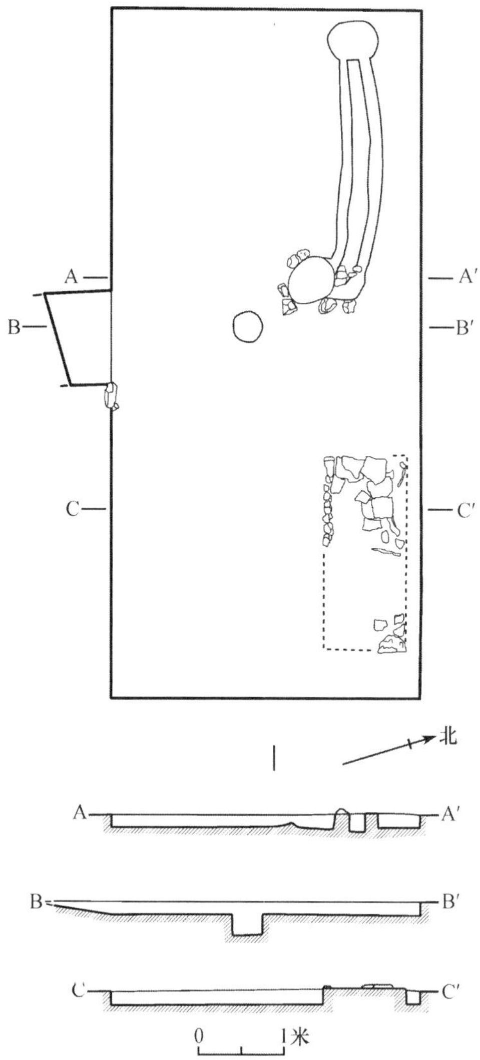

图一四　Ⅱ F1平、剖面图

4. 灰坑

发现灰坑54座，坑口形状多为圆形、椭圆形和不规则形，坑壁为直壁或斜壁，平底。

Ⅰ H6，位于Ⅰ T6西北角，开口于4层下，打破5、6层（图一六）。坑口形状呈圆形，直壁，平底，直径110、深83厘米。坑内出土大量绳纹筒瓦、板瓦残块及铜镞。

Ⅱ H10，位于T0104东部，开口于3层下，打破G1和生土（图一七）。坑口平面呈不规则形，斜壁，平底，口长径199、短径149、底长径157、短径107、深87厘米。出土少量绳纹板瓦残块及夹砂陶片。

Ⅱ H14，位于T0303西侧，开口于3层下，打破H29、J1、3、4、5层及生土

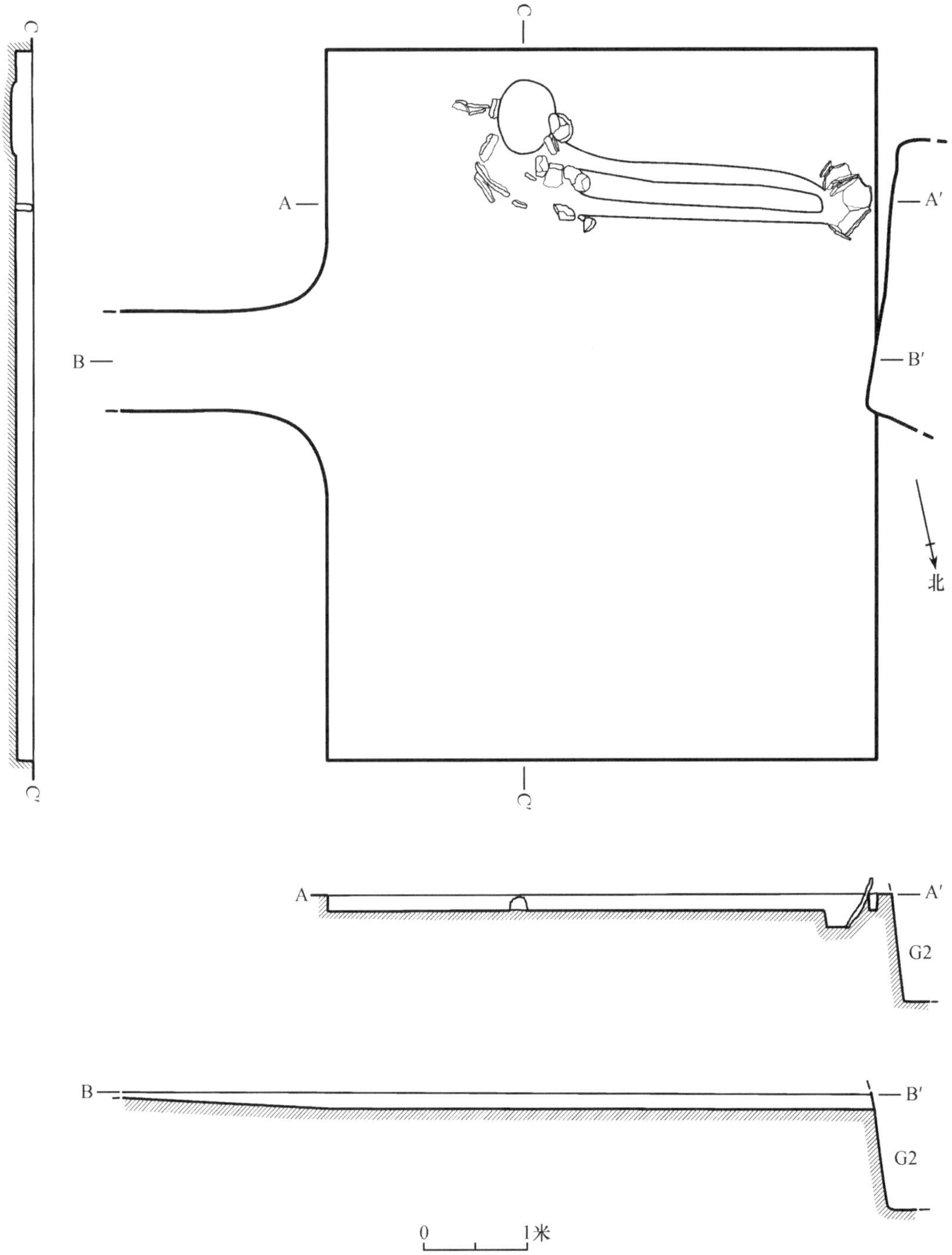

图一五　ⅡF2平、剖面图

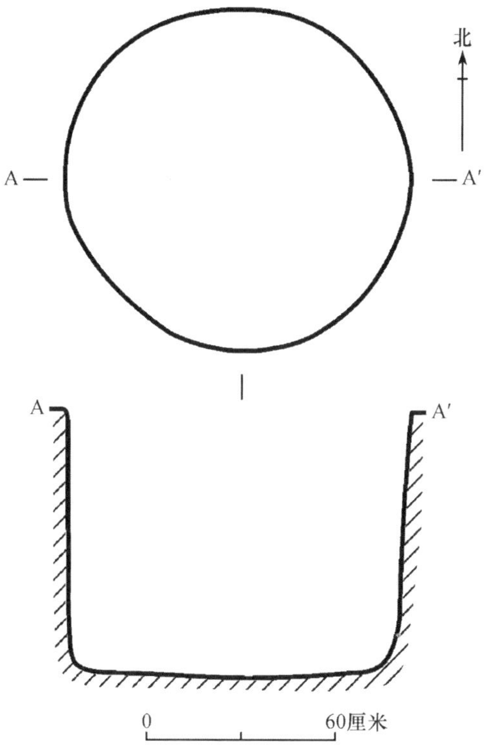

图一六　Ⅰ H6平、剖面图

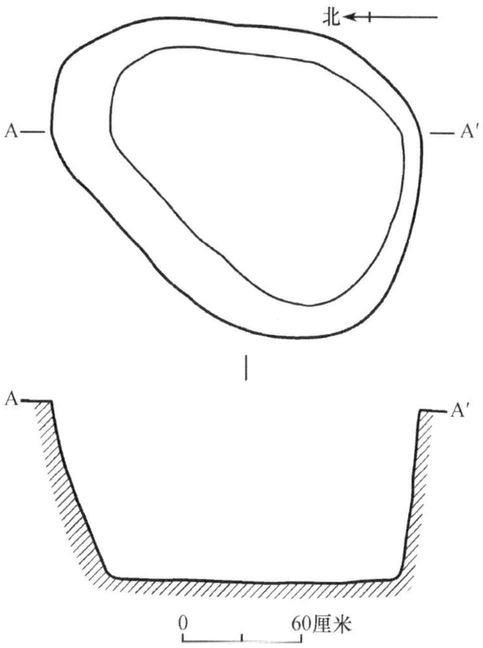

图一七　Ⅱ H10平、剖面图

（图一八）。坑口平面近圆形，斜壁，底不平，口长径223、短径203、底长径168、短径153、深194厘米。出土大量绳纹瓦残块及夹砂灰陶片、红褐陶片。

5. 灰沟

汉代灰沟发现3条，均位于Ⅱ区。

ⅡG1，位于发掘区西部，开口于3层下，打破4层和生土，被H3、H5、H6、H10、H45打破，Q1叠压在G1上（图一九）。平面呈长条形，坑口蜿蜒曲折，口大底小，斜壁，底部不平，已发掘部分长16.6、宽0.54～1.53、深0.95米。沟内填土为黄褐色砂状土，土质疏松，出土遗物较少。

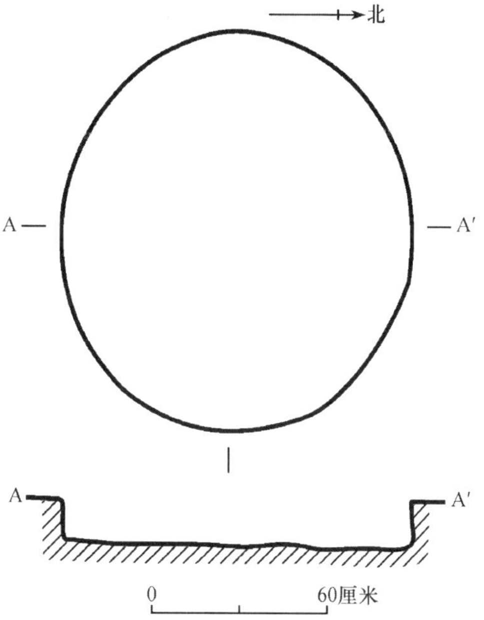

图一八　Ⅱ H14平、剖面图

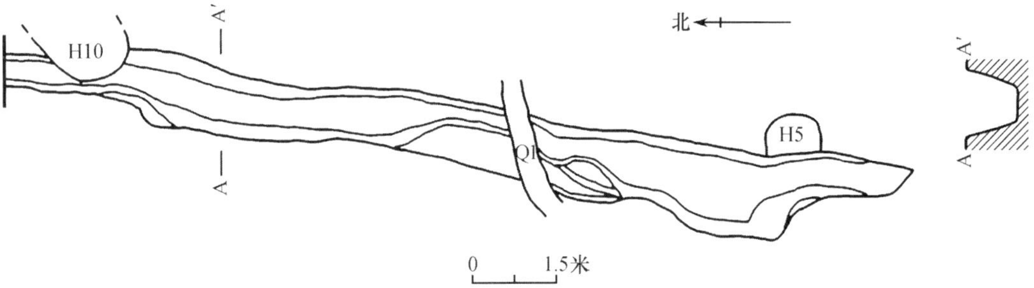

图一九　ⅡG1平、剖面图

6. 夯土墙

ⅡQ1位于发掘区中部偏南，横跨7个探方，坐落在4层上，被3层土叠压。已发掘部分长28.3、宽0.4～0.5、残高0.3米（图四）。

（二）遗　　物

种类有陶器、铁器、铜器、骨角器、钱币等。

1. 陶器

见有筒瓦、板瓦、瓦当、钵、罐、釜、豆、灯、杯、纺轮、陶拍等。

筒瓦　未发现完整者，夹砂灰陶或红陶，正面饰绳纹或弦断绳纹，有手制和机制两种。

标本ⅡG4：13，夹砂灰陶，半筒形，正面饰弦断绳纹，背面为素面，瓦舌略短。残长22.2、宽17.1、舌长2.2、厚1.9厘米（图二〇，2）。

标本ⅡT0101③：7，夹砂红陶，半筒形，正面饰稀疏的绳纹，背面可见泥圈套接痕迹，无瓦舌。残长35.2、径15.2～16.4、厚1.2厘米（图二〇，1）。

板瓦　残块较多，夹砂灰陶或红陶，正面一般饰绳纹或弦断绳纹，背面为素面或麻点纹。

标本ⅠT7④：1，夹砂红陶，残，平面呈长方形，正面饰绳纹，背面有麻点纹。残长30.9、宽39.5、厚1.6厘米（图二〇，7）。

标本ⅡH2：1，夹砂红陶，残，平面呈梯形，正面饰绳纹，背面饰麻点纹。残长45.7、径36.2～39.4、厚1.4厘米（图二〇，8）。

瓦当　残块较多，正面饰卷云纹，均为夹砂灰陶，可分为二型。

A型　2件，卷云之间有界格，卷云简化。

ⅡT0404③：2，残宽6.2、高4.7、厚1.7厘米（图二〇，6）。

ⅠG1：6，残宽9.9、高5.7、厚1.3厘米（图二〇，3）。

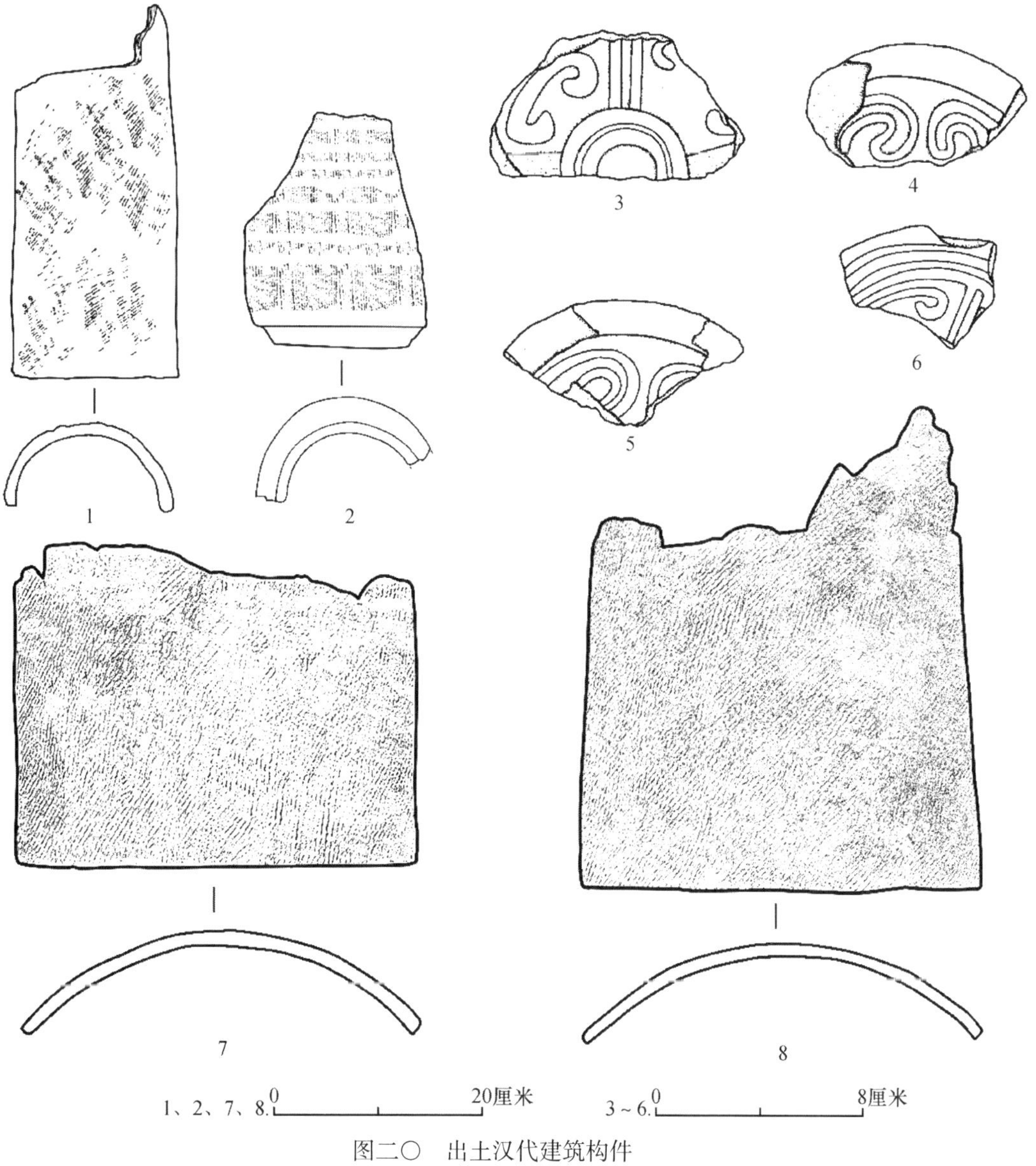

图二〇　出土汉代建筑构件

1、2. 筒瓦（ⅡT0101③：7、ⅡG4：13）　3～6. 瓦当（ⅠG1：6、ⅡG1：2、ⅡT0202④：2、ⅡT0404③：2）
7、8. 板瓦（ⅠT7④：1、ⅡH2：1）

B型　7件，卷云之间没有界格，纹饰较繁冗。

标本ⅡG1：2，残宽8.7、高4.7、厚2.3厘米（图二〇，4）。

标本ⅡT0202④：2，残宽9.4、高4.8、厚3.1厘米（图二〇，5）。

钵　4件，据腹部形态分为二型。

A型　1件。ⅡF1：15，夹砂灰陶，圆唇，敛口，弧腹，平底，素面。口径13.2、底径7、高7.1、厚0.7厘米（图二一，4）。

B型　3件。

ⅠH1：20，夹砂灰陶，方唇，直口，折腹，平底，素面磨光。口径25.3、底径12.2、高9.2、厚0.6～1厘米（图二一，3）。

ⅠH1：21，夹砂灰陶，圆唇，唇外侧加厚，侈口，折腹，平底，素面。口径13.5、底径6.7、高4.9、厚0.5厘米（图二一，2）。

ⅠH1：22，夹砂灰陶，圆唇，侈口，折腹，平底，素面。口径12.8、底径5.8、高5.6、厚0.6厘米（图二一，1）。

罐　2件。

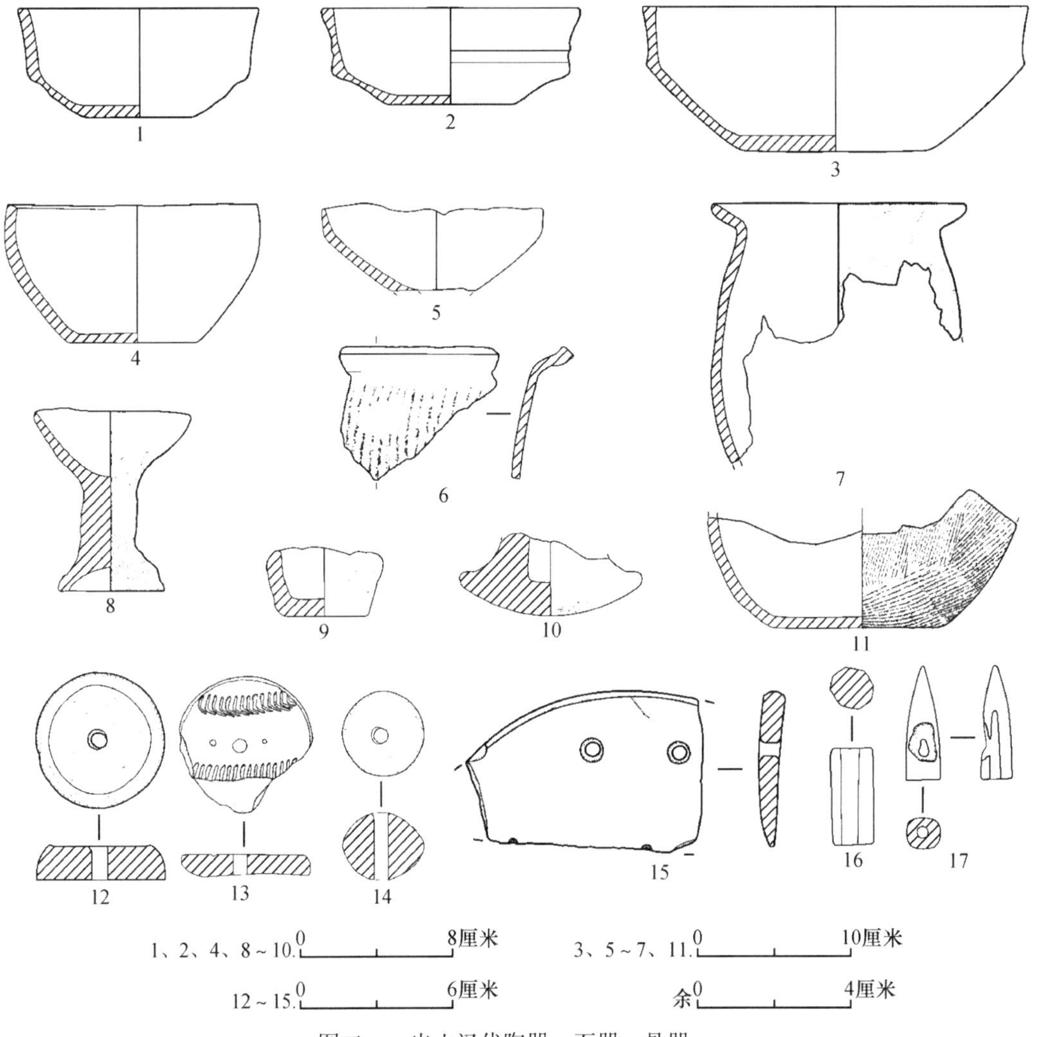

图二一　出土汉代陶器、石器、骨器

1～4. 陶钵（ⅠH1：22、ⅠH1：21、ⅠH1：20、ⅡF1：15）　5. 陶豆（ⅡG1：4）　6. 陶釜（ⅠH1：11）　7、11. 陶罐（ⅡH32：2、ⅡH32：3）　8. 陶灯（ⅢTG2⑦：1）　9. 陶杯（ⅡF2：9）　10. 陶拍（ⅡF1：9）　12～14. 陶纺轮（ⅡT0102③：2、ⅡG1：3、ⅡT0303④：4）　15. 石刀（ⅡT0303④：1）　16. 石饰品（ⅡT0201③：3）　17. 骨镞（ⅡH32：1）

ⅡH32：2，夹砂灰褐陶，圆唇，侈口，窄沿，微鼓腹，底部残，素面。口径16.8、残高16.6、厚0.7厘米（图二一，7）。

ⅡH32：3，夹砂灰陶，仅存底部，遍饰绳纹，底部有焗孔。底径11、残高8.8、厚0.7厘米（图二一，11）。

釜　1件。ⅠH1：11，口沿残片，夹砂红褐陶，方唇，展沿，斜腹。残宽10.5、高8.4、厚0.6厘米（图二一，6）。

豆　1件。ⅡG1：4，夹砂灰陶，尖唇，侈口，折腹，仅存豆盘，素面。口径14.6、高5.6、厚0.6厘米（图二一，5）。

灯　1件。ⅢTG2⑦：1，夹砂红褐陶，尖唇，敞口，矮圈足，素面。口径8.4、底径5.6、高9.3，圈足高1.2、厚0.6厘米（图二一，8）。

杯　1件。ⅡF2：9，夹砂灰褐陶，圆唇，敞口，斜直腹，平底，素面。口径6、底径4.4、高3.5、厚0.8厘米（图二一，9）。

纺轮　12件。多数为特别制作，少数系陶片磨制而成。

标本ⅡT0102③：2，夹砂红褐陶，扁平状。直径5.2、孔径0.5、厚1.3厘米（图二一，12）。

标本ⅡG1：3，夹砂灰陶，由陶片磨制成扁平状，正面有两排戳印纹，直径5.2、孔径0.6、厚0.8厘米（图二一，13）。

标本ⅡT0303④：4，夹砂灰褐陶，纺锤形，直径3.2厘米、孔径0.6厘米（图二一，14）。

陶拍　1件。ⅡF1：9，夹砂灰陶，背部残有插孔，拍面呈圆弧状，素面。直径9.6、孔径2.4、残高4.3厘米（图二一，10）。

2. 铁器

种类有镞、蒺藜、甲片、斧、镰、环、削、钉、犁镜等。

镞　17件。据镞身形态可分为三型。

A型　锥形镞，12件。据横截面形态可细分为二亚型。

Aa型　三棱锥形镞，8件。标本ⅠH6：8，镞身呈三棱锥状，剖面为三角形，细长铤。残长13.9、宽1.4厘米（图二二，1）。

Ab型　四棱镞，4件。标本ⅡT0401③：2，镞身呈四棱锥状，剖面呈方形，铤残。残长4.4、宽0.8厘米（图二二，4）。

B型　叶形镞，3件。

标本ⅠT13④：1，镞身扁平，圆锥状铤。残长8.4、宽1.9厘米（图二二，2）。

标本ⅡT0103③：2，镞身中间厚，两侧薄，剖面呈菱形，銎状铤。长4.1、宽1.3、銎径0.6厘米（图二二，5）。

C型　铲形镞，2件。标本ⅡT0403③：2，扁锋，平刃，镞身为四棱柱状，铤残。

残长8、宽0.9厘米（图二二，3）。

蒺藜　4件。标本ⅡF1：1，有四个锋身，每三个锋身都成一等边三角形排列，锋身剖面呈长方形，尖锋锐利。通高3.4厘米（图二二，8）。

甲片　2件。标本ⅡF2：2，一端作圆角方形，一端为直角方形。长5.3、宽3.3、厚0.2厘米（图二二，9）。

斧　5件。标本ⅡF2：3，长方形，剖面呈三角形，中空。长11.4、宽5.9、厚0.5厘米（图二二，11）。

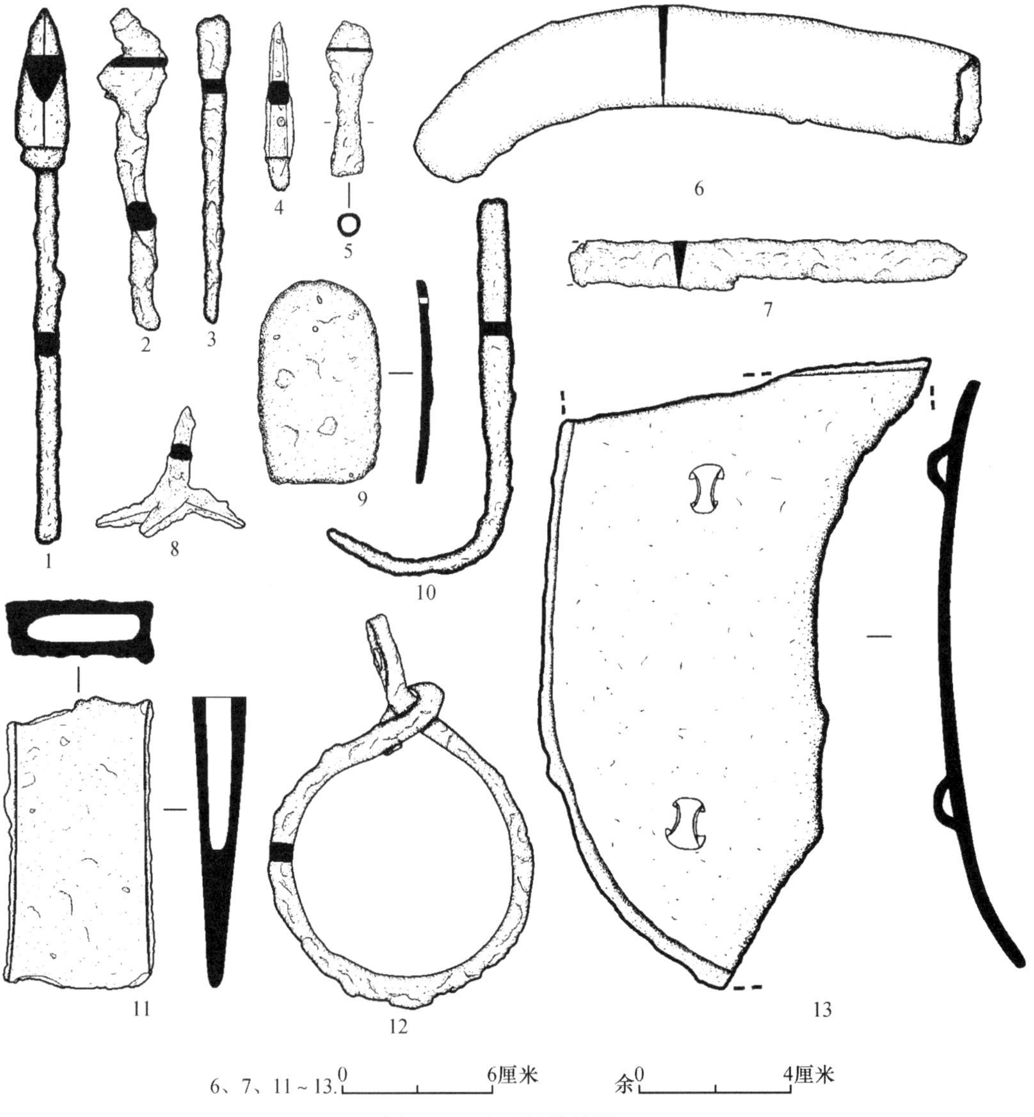

图二二　出土汉代铁器

1～5. 铁镞（ⅠH6：8、ⅠT13④：1、ⅡT0403③：2、ⅡT0401③：2、ⅡT0103③：2）　6. 镰（ⅠH1：23）　7. 削（ⅠH1：5）　8. 蒺藜（ⅡF1：1）　9. 甲片（ⅡF2：2）　10. 钉（ⅡF1：2）　11. 斧（ⅡF2：3）　12. 环（ⅠH1：3）　13. 犁镜（ⅡF1：14）

镰　2件。标本ⅠH1：23，平面呈长舌状，弧背弧刃，近端装柄处卷曲，远端舌尖部圆弧。残长22.5、宽3.9、厚0.3厘米（图二二，6）。

环　1件。ⅠH1：3，锻造而成，顶部扭曲为结。环直径10.7、厚0.9厘米（图二二，12）。

削　2件。标本ⅠH1：5，长条形，直背直刃，刃部残。残长16、宽2、厚0.5厘米（图二二，7）。

钉　1件。ⅡF1：2，尖部弯曲。长9.2、厚0.3厘米（图二二，10）。

犁镜　1件。ⅡF1：14，残，背部留有二鼻。残宽16.6、高24.2、厚0.5厘米（图二二，13）。

3. 铜器

种类有镞、带钩、饰品。

镞　36件。据镞身形态可分为三型。

A型　锥形镞，28件。

标本ⅡT0103③：1，镞身粗短呈三棱锥状，剖面呈三角形，尾部有装铤的圆孔，铁铤残。通长24.3、镞身长2.1、宽0.9、铁铤长22.5、铤径0.6厘米（图二三，1）。

标本ⅠH6：10，镞身细长呈三棱锥状，剖面呈三角形，尾部有装铤的圆孔，铤残。通长24.2、镞身长3.1、宽0.7、铤长21.1、铤径0.6厘米（图二三，2）。

B型　翼形镞，8件。据有无开孔又可分为二亚型。

Ba型　无开孔三翼镞，5件。标本ⅠH6：3，尖锋，斜刃，镞身为三翼状，体细长，尾部有短铤。通长4.4、宽1.2、铤长0.3厘米（图二四，2）。

Bb型　开孔三翼镞，3件。标本ⅡT0302③：2，尖锋，斜刃，镞身为三翼状，体粗短，近底部三翼结合处开有三个圆孔，尾部有装铤的圆孔。通长2.8、宽1厘米（图二四，1）。

带钩　3件。

标本ⅡG4：3，琵琶形，体扁平。长7.9、宽1.5厘米（图二四，6）。

标本ⅡG1：1，仅存钩部。残长2.9、宽0.8厘米（图二四，5）。

铜饰品　1件。ⅡT0401③：4，整体作花瓣状，分为八瓣，中间有穿孔且微隆起，围绕穿孔及边缘做出花瓣与花蕊

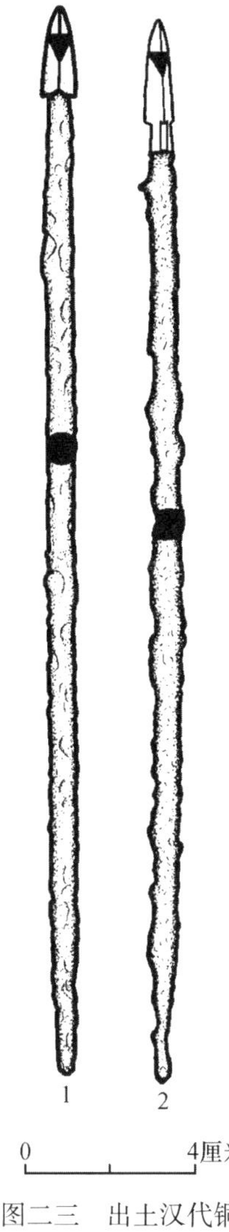

图二三　出土汉代铜镞
1. ⅡT0103③：1　2. ⅠH6：10

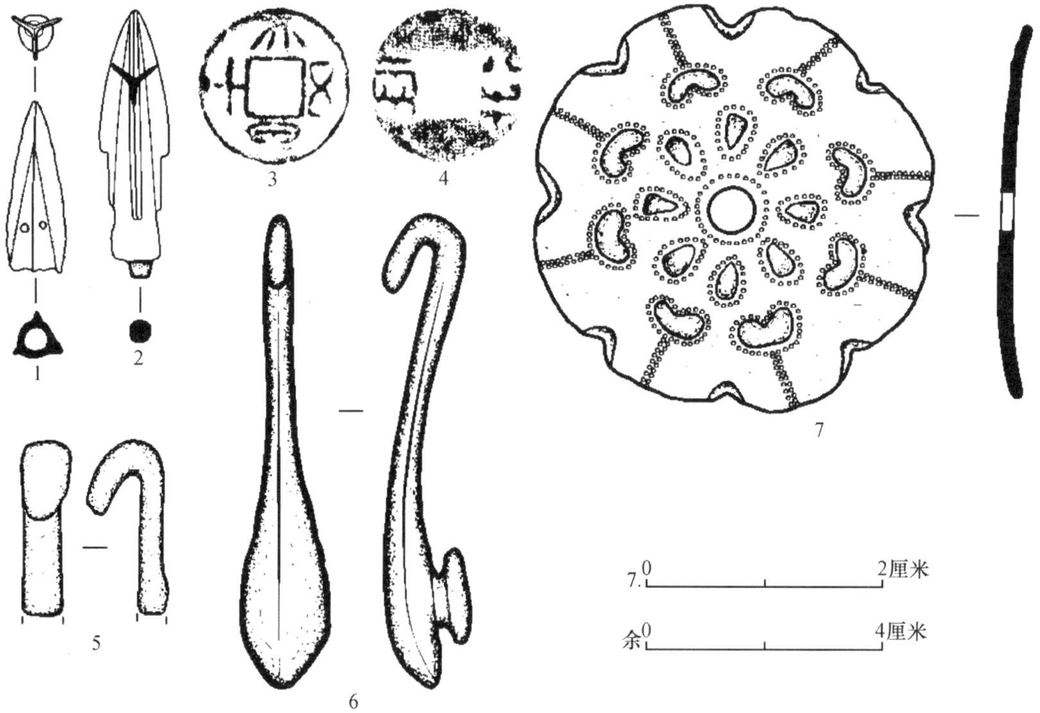

图二四　出土汉代铜器、铜钱

1、2. 铜镞（ⅡT0302③：2、ⅠH6：3）　3、4. 铜钱（ⅡF1：8、ⅡT0403③：1）　5、6. 带钩（ⅡG1：1、ⅡG4：3）　7. 铜饰品（ⅡT0401③：4）

的造型，在穿孔、花蕊、花瓣周边有连珠纹装饰。直径3.5、孔径0.4、厚0.1厘米（图二四，7）。

4. 石器

种类有石刀和装饰品。

石刀　1件。ⅡT0303④：1，弧背直刃，有两个穿孔。残长9.3、高6.1、厚0.8厘米（图二一，15）。

石饰品　3件。标本ⅡT0201③：3，石料磨制而成，石质较软，作八边形。高2.5、直径1.1厘米（图二一，16）。

5. 骨器

骨镞　1件。ⅡH32：1，骨料磨制而成，圆锥状，镞身粗短，表面有开孔，底部有装铤的圆孔。长2.9、直径0.9、孔径0.3厘米（图二一，17）。

6. 钱币

见有半两、五铢、大泉五十。

半两　1枚。ⅡT0403③：1，轮廓齐整，穿孔周正，有两处流口，篆书“半两”。钱径26毫米，重2.68克（图二四，4）。

大泉五十　1枚。ⅡF1：8，钱型精整，钱文秀丽，笔划清晰，篆书“大泉五十”。钱径28毫米，重5.85克（图二四，3）。

五铢　1枚，破损严重。

四、唐代遗存

（一）遗　迹

唐代遗迹集中分布于Ⅱ区，见有灰坑、灰沟、石圈等。

1. 灰坑

发现唐代灰坑3座。

ⅡH37，开口于第2层下，外侧被碎石块环绕，打破3、4层，叠压H38（图二五）。坑口平面呈不规则形，斜壁，平底。口径94、深48厘米。坑内填土为灰褐色砂土，土质疏松细腻，出土大量布纹瓦，少量绳纹瓦残块，夹砂灰陶片。

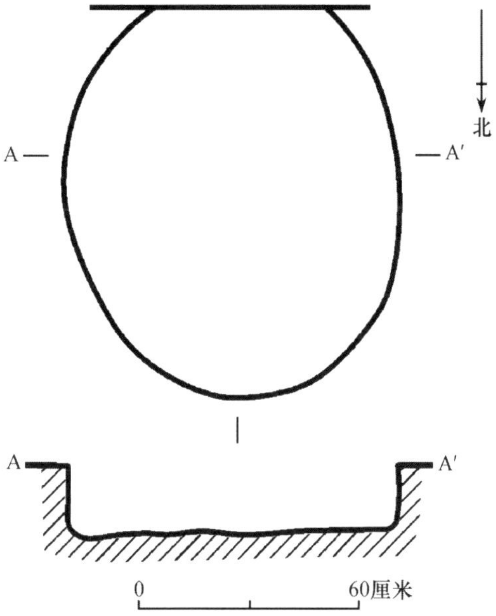

图二五　ⅡH37平、剖面图

2. 灰沟

ⅡG2，开口于2层下，打破3、4层及生土，打破H16、H17、G3、F2、J1，被H18打破（图二六）。坑口平面近长方形，斜壁，底不平。口长11.2、宽3.1、深0.88米。坑内填土分为2层，上层为黄褐色砂土，土质疏松，出土大量布纹瓦和少量绳纹瓦残块；下层为灰褐色黏土，砂状土质，包含遗物较少。

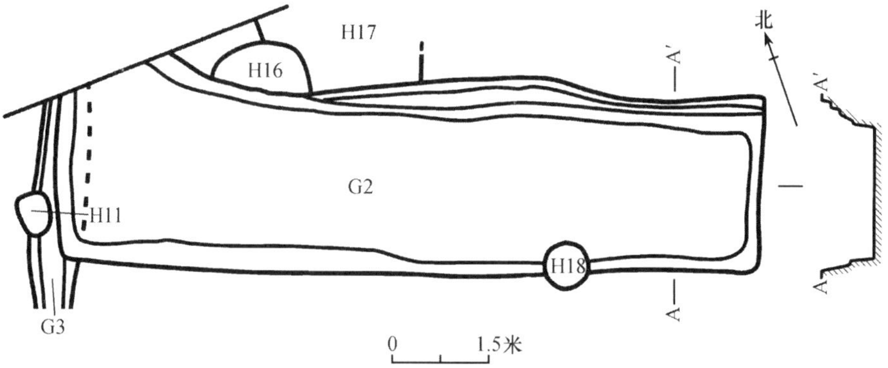

图二六　ⅡG2平、剖面图

3. 石圈

ⅡSQ1坐落在3层上，被2层土叠压（图二七）。石圈平面石块散落近圆形，中心石块较少为一灰坑（H37），石圈石块间杂有大量的布纹瓦残块。石圈外径约6.26、内径约2.37、残高约0.3米。

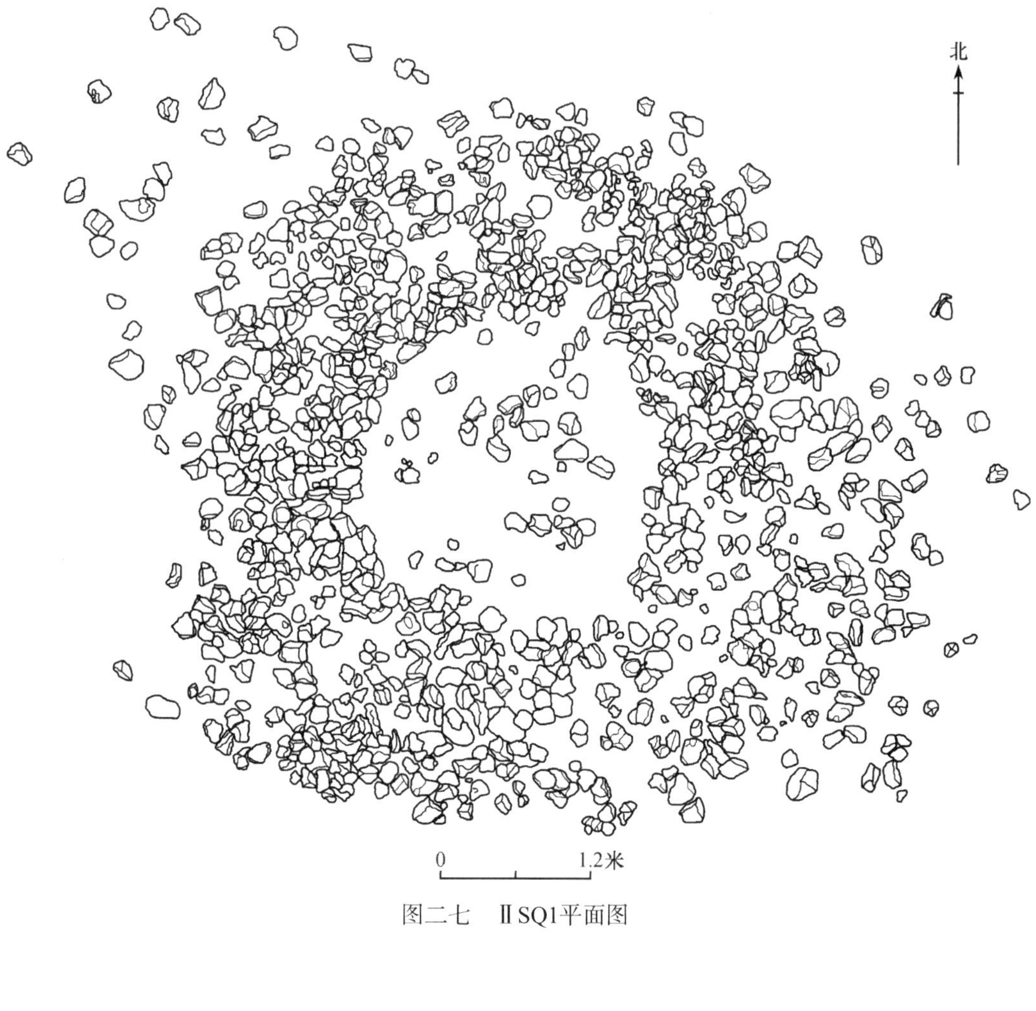

图二七　ⅡSQ1平面图

（二）遗　　物

种类有陶器、铁器、铜器等。

1. 陶器

种类有板瓦、筒瓦、瓦当、罐、纺轮。

板瓦，残块较多，夹砂灰陶，正面为素面，背面均饰布纹。

标本ⅢT3⑤：1，夹砂灰陶，平面呈梯形，正面为素面，背面饰布纹，宽端有指压纹。长35.9、宽26.8～32、厚3厘米（图二八）。

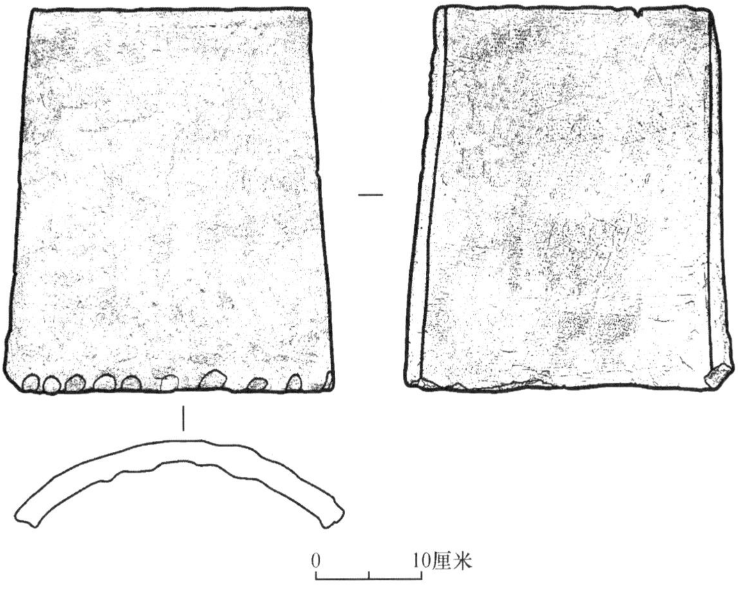

图二八　出土唐代板瓦（ⅢT3⑤：1）

标本采集：2，夹砂灰陶，正面有刻划文字，背面为布纹。残长6.7、宽6.4、厚2.5厘米（图二九，4）。

瓦当　残块较多，夹砂红陶，正面为莲花纹，背面为素面。

标本ⅡG2：4，直径11.9、厚2.3厘米（图二九，2）。

标本ⅡT0503②：3，直径13.3、厚2.4厘米（图二九，3）。

标本ⅡT0503②：1，直径13.8、厚2.4厘米（图二九，1）。

罐　1件。ⅡG2：10，夹砂灰陶，仅存颈部以上，方唇，侈口。口径13、残高10、厚0.7厘米（图二九，5）。

纺轮　1件。ⅠT4②：2，由夹砂灰陶板瓦磨制而成，边缘破损，中心有一穿孔。直径4.5、孔径1、厚1.8厘米（图二九，6）。

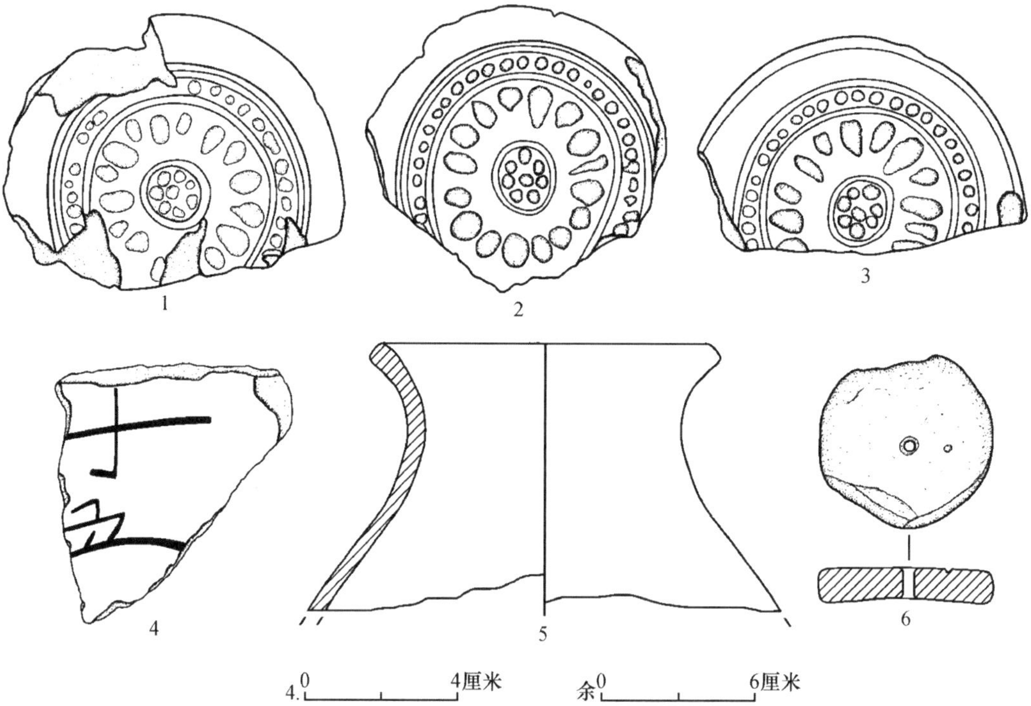

图二九　出土唐代瓦当和陶器

1～3. 瓦当（ⅡT0503②：1、ⅡG2：4、ⅡT0503②：3）　4. 刻字板瓦（采集：2）　5. 罐（ⅡG2：10）　6. 纺轮（ⅠT4②：2）

2. 铁器

种类有镞、铲、带扣、削等。

镞　22件。据镞身形态可分为四型。

A型　锥形镞，11件。

标本ⅠT2②：1，镞身呈四棱锥状，剖面呈菱形，细长铤。残长9.1、宽1、镞身厚0.6、铤径0.3厘米（图三〇，3）。

标本ⅡG2：8，镞身呈四棱锥状，剖面呈长方形，细长铤，剖面亦呈长方形。残长6.4、宽0.8厘米（图三〇，1）。

B型　叶形镞，3件。

标本ⅠT4②：1，镞身中间厚，两侧薄，剖面呈菱形，圆锥状细铤。残长10.5、宽2.6厘米（图三〇，6）。

标本ⅡT0104②：2，形制大体同上，方锥状铤。残长7.7、宽2厘米（图三〇，4）。

C型　铲形镞，2件。标本ⅡT0501②：1，扁锋，平刃，镞身为四棱柱状，中部收束，铤为圆锥状。残长9.4、宽1.2厘米（图三〇，7）。

D型　矛形镞，6件。

标本ⅠT9②：2，镞身前部呈矛形，剖面呈菱形，后部为圆柱状，细长铤，铤部剖面呈长方形。残长11.4、宽1.5厘米（图三〇，9）。

标本ⅡT0204②：1，形制大体同上，铤部剖面呈圆形。残长6.1、宽0.8厘米（图三〇，2）。

铲　2件。据銎部形态可分二型。

A型　方銎。ⅢT4③：4，平面呈梯形，溜肩，直刃，方銎。长14.5、宽13.1厘米（图三〇，14）。

B型　卷筒銎。ⅢT4③：5，平面呈梯形，溜肩，直刃，卷筒状銎。长12.1、宽11.9厘米（图三〇，13）。

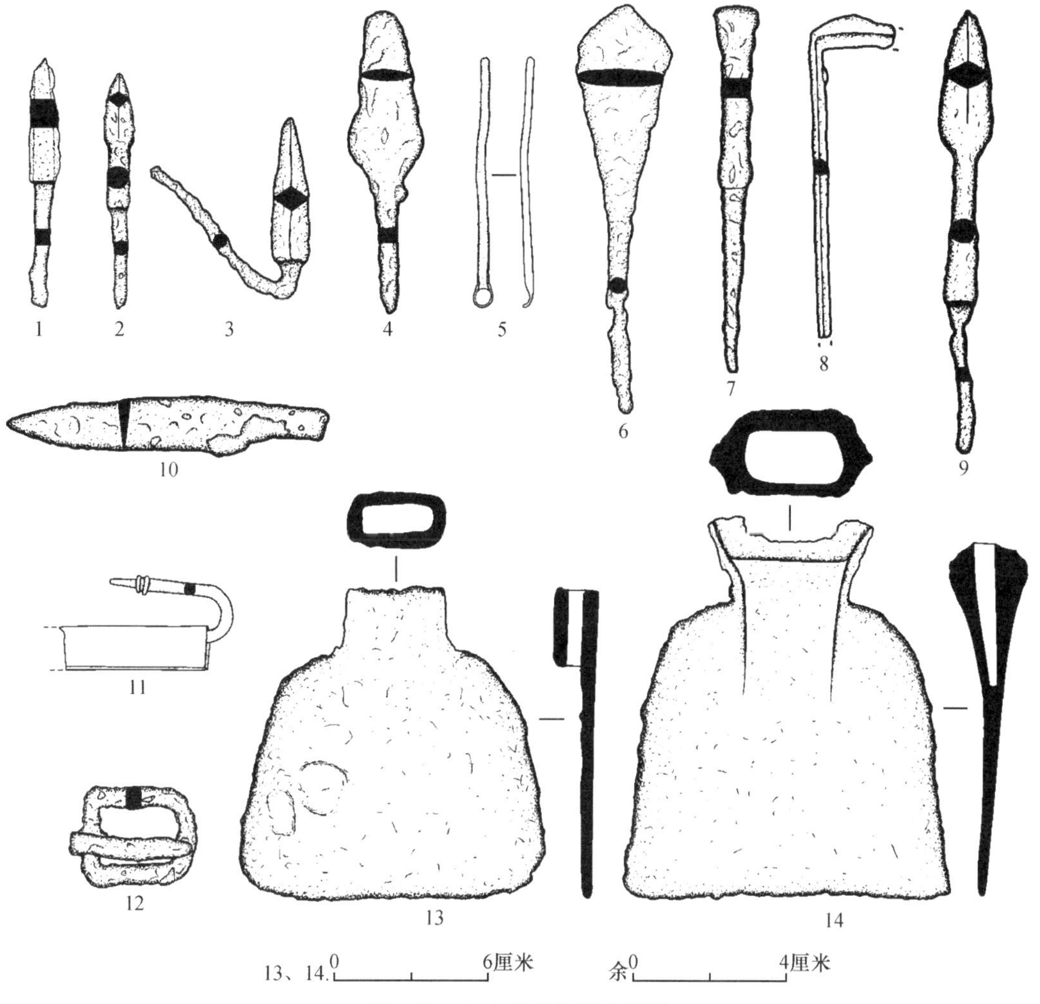

图三〇　出土唐代铁器和铜器

1～4、6、7、9. 铁镞（ⅡG2：8、ⅡT0204②：1、ⅠT2②：1、ⅡT0104②：2、ⅠT4②：1、ⅡT0501②：1、ⅠT9②：2）　5. 铜耳勺（ⅡT0504②：6）　8. 铜钗（ⅡT0401②：1）　10. 铁削（ⅡT0404②：2）　11. 铜锁（ⅢTG2⑤：5）　12. 铁带扣（ⅡT0403②：3）　13、14. 铁铲（ⅢT4③：5、ⅢT4③：4）

带扣　1件。ⅡT0403②：3，带环平面近长方形，一字形扣针环绕于带扣后梁上。长3.4、宽2.6厘米（图三〇，12）。

削　1件。ⅡT0404②：2，弧背直刃，前锋锐利，柄残。残长8.6、宽1.5厘米（图三〇，10）。

3. 铜器

种类有钗、耳勺、锁。

钗　1件。ⅡT0401②：1，铜条回折而成，仅存一股。长4.2、宽1.1厘米（图三〇，8）。

耳勺　1件。ⅡT0504②：6，呈长条形，一端残，一端为圆形耳勺。残长6.5、宽0.5厘米（图三〇，5）。

锁　1件。ⅢTG2⑤：5，锁身残呈长方体，锁槽缺失，锁芯暴露于外。残长4.6、宽2.4厘米（图三〇，11）。

五、结　　语

阜新高林台城址的发掘，不仅获得了一批燕国、汉代和唐代时期的珍贵遗存，同时也帮助我们重新认识了高林台城址在上述历史时期的重要价值，对研究当时中央政权对边疆地区的经略具有重要意义。

（一）高林台城址的年代

西城墙的解剖显示，城墙夯筑前对原地表进行过简单平整，城墙夯土下叠压的灰坑（ⅢH1）出土含云母片的陶片，可确定灰坑年代为燕文化时期。夯土墙体中包含的遗物较少且均为残碎的小瓦块，其年代均不早于燕文化。根据夯层的厚度，城墙墙体可分为三期，一期为最早始筑，二期为在一期的基础上进行了加高和加宽，三期则为在墙体两侧进行的补修。城内侧叠压夯土墙体的堆积中，最早的为汉代文化层，其余均为唐代文化层。

根据城墙解剖情况和城内外遗存的发现，我们认为高林台城址在筑城之前已是燕文化在长城沿线的一处重要据点，之后因守备需求而筑城，解剖所见第一期夯土应是燕文化时期的城墙；经历了战国晚期至汉初的动乱后，汉武帝时期重新加强了本地区的防御，在北票、阜新境内，可能利用了燕北内长城，沿线修筑了一批烽燧[1]，高林台城址可能正是在这一时期经历了第一次大的修补，是为第二期夯土，此后城址经历了一段较长时间的使用；第三期的夯土墙应是西汉中期至东汉早期历次小规模的修补所留。另外城内虽然出土了一些唐代遗物，但考虑到唐代文化层直接叠压在城墙之上的情况，推测唐代时城址已经遭废弃，仅是一处重要的人类居住址。根据城内出土“大泉五十”铜钱，推测该城址废弃年代不早于两汉之际。

综上所述，高林台城址始筑于燕文化到达本地区之后，并延续使用至两汉之际；唐代时城防设施已经荒废，但仍有人类居住。

（二）高林台城址的性质

结合该地区燕秦汉长城的分布以及高林台城址发掘收获，可以确定其为燕秦汉时期戍守边防的一座城障性质的城址。城障是某一段长城防线上特别建筑的专门驻扎戍卒的防御性城池，往往位于险要的位置[2]。战国时期，燕国在“贤将秦开破走东胡”后筑长城，设五郡，在东北地区修筑了燕北长城。据考古调查，燕北长城有内、外两道，高林台城址即位于燕北内长城的南侧。秦汉时期，基本沿用了燕北内长城和其附近的戍城。另外城内外发现的遗物也以建筑构件、镞和一些简单的生产工具为主，少见生活用具，这一点也印证了其为边防城障。

（三）高林台城址唐代遗存的价值

本次在城内发现的唐代遗存是在辽宁地区除朝阳市外首次大规模的发现，尤其是出土的莲花纹瓦当和板瓦，表明此地可能有高等级的唐代建筑址。这些发现对研究唐代疆域范围和对东北地区的经略提供了新的线索。

附记：本项目领队为樊圣英，执行领队为褚金刚，参加发掘人员有褚金刚、马红光、郭添刚、陈亦峰。绘图为马红光、郭添刚，现场测绘为郭添刚。

执笔：褚金刚　郭添刚
秦　星　童丽红

注　释

［1］ 国家文物局. 中国文物地图集·辽宁分册［M］. 西安：西安地图出版社，2009.

［2］ 江娜. 汉代边防体系研究［D］. 华中师范大学，2013.

Excavation Brief Report of Gaolintai Site 2014-2015

Gaolintai townsite was a very important site along the Great Wall of Yan Dynasty, Qin Dynasty and Han Dynasty in Liaoning Province. Through this disinterment, we discovered remains of Yan culture, Han Dynasty and Tang Dynasty in Gaolintai townsite. These remains provide scientific and abundant archaeological information for the research of dates and property of Gaolintai townsite and administration that Central Government took to northeast border of Yan culture, Han Dynasty and Tang Dynasty.

辽宁省辽阳市耿家墓地考古发掘简报*

吉 林 大 学 考 古 学 院
辽宁省文物考古研究院

耿家墓地位于辽宁省辽阳市辽阳县小屯镇耿家屯村南约100米（图一；图版一，1～3）。该墓地东临S106公路（沈营线），西距辽阳至本溪铁路150米，北距耿家小学100米（图二）。地势平坦，为太子河的冲积平原。

为配合本溪—辽阳—辽中高速公路工程项目建设，经国家文物局批准，辽宁省文物考古研究所（现为“院”）于2006年5月组织人员对耿家墓地进行抢救性考古发掘，共发掘墓葬13座，出土陶壶、陶灶、陶奁、陶井和铜钱等。现将此次墓葬发掘情况简报如下。

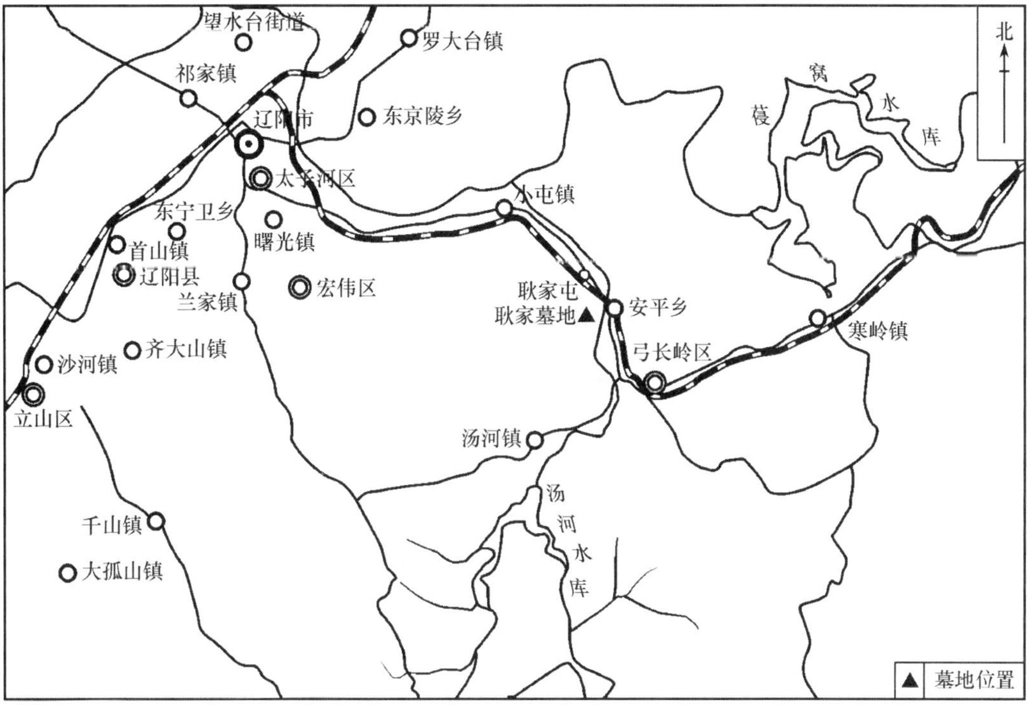

图一　辽阳耿家墓地位置示意图

*　本文资料整理得到国家社会科学基金一般项目（批准号：13BKG014）和国家社会科学基金专项项目（批准号：17VGB015）的支助。

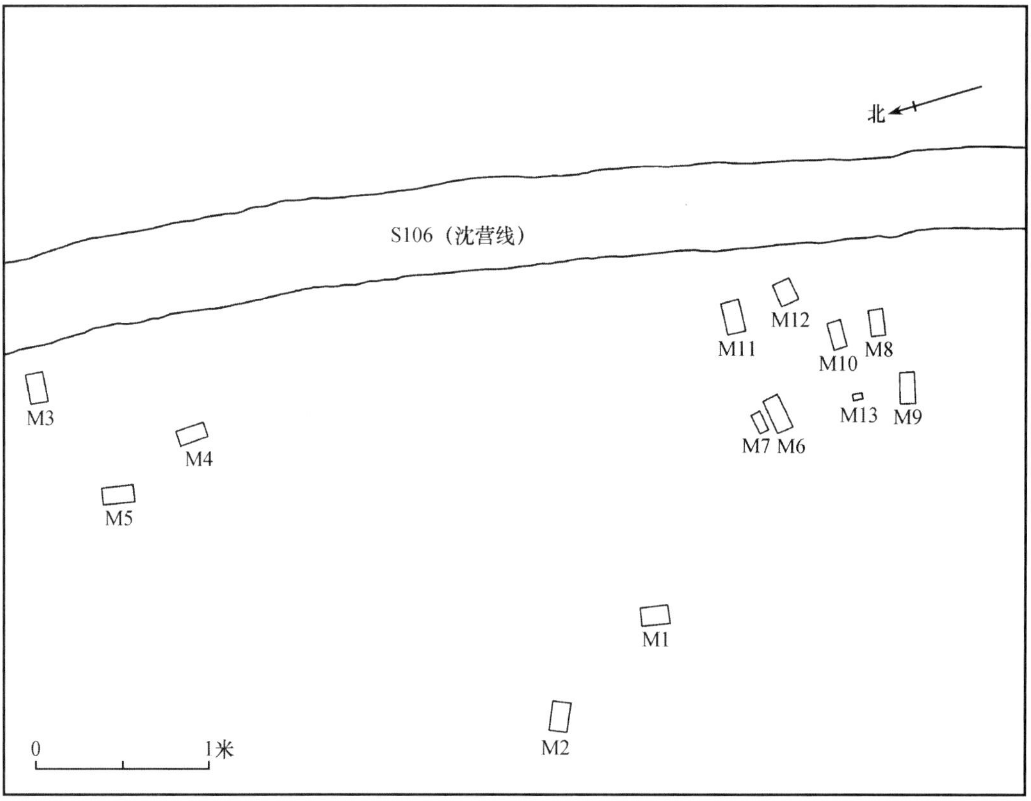

图二　耿家墓地墓葬分布示意图

一、地层堆积

该墓地的地层堆积较厚，但是地层关系简单。可分为2层。

第1层：耕土层，厚20～40厘米，土质疏松，包含有大量植物根系和现代生活垃圾。

第2层：黑褐色土层，厚40～50厘米，土质较疏松，包含少量石块和植物根系。墓葬均开口于此层下。

以下即为生土。

二、墓葬形制及遗物

共发掘墓葬13座，开口第2层下，早期被盗，破坏较严重。根据墓葬形制的空间构成可分为石室墓、石椁墓和石棺墓三种。墓葬方向多为东西向，少量南北方向。石室墓均由墓道、墓门和墓室组成；石椁墓的椁室较小，不见墓道，用石板或石块砌筑而成；石棺墓的空间最小，用石板砌筑而成。出土随葬品多为陶器，少量铜钱。

（一）M1

1. 墓葬形制

石室墓。墓向175°。早期被盗，破坏较严重。残存深黄色封土，土质疏松，包含有建墓时修整石板的碎石渣。封土平面为椭圆形，直径约5米。墓圹平面呈“甲”字形，由墓道、墓门和墓室组成（图三；图版一，4～6）。残长4.7、宽2.5米。墓道位于墓室南壁中部，斜坡式。残长0.4、宽1.4、深1.6米。墓门位于墓室南壁，由一块大石板封堵。两侧竖立石板类似于门的两框。宽1.4、高1.1米。墓室平面呈长方形，长3.2、宽1.4、高1.4米。墓顶铺盖大石板，东、北、南墓壁用石条错缝砌筑，墓底用不规则形石板铺砌。墓室内放置人骨一具，保存较差，破坏较严重。人骨散落于墓室，葬式不详。

2. 随葬品

随葬品多散落于墓室，以陶器为主，发现少量铜钱。陶器以泥质灰陶为主，泥质黑灰陶次之。器形有罐、灶、盆、壶、奁、甑、釜、套盒等。

罐　2件。

M1：1，敛口罐。泥质灰陶。圆唇，敛口，矮领，溜肩，弧腹，平底。肩部及腹部饰有数周凹弦纹。口径10.8、底径8、最大腹径16.8、高15厘米（图四，1；图版五，1）。

M1：5，侈口罐。泥质灰陶。尖圆叠唇，微侈口，直颈，鼓肩，弧腹，台底。肩部饰有一周凹弦纹。口径7.6、底径8、最大腹径14.7、高14.2厘米（图四，2；图版五，5）。

灶　1件。M1：2，泥质灰陶。平面呈圆形，但不甚规则。灶面内凹，均匀分布3个火眼。火眼直径3.1厘米。长方形不落地灶门。灶门宽3.2、高2.3厘米。灶壁近直。素面。灶直径19.6、高6.8厘米（图四，3；图版五，2）。

盆　3件。泥质黑灰陶。均为方唇，平沿，敞口，弧腹，台底。腹部外壁饰有数周凸棱，腹部内壁饰有数周凹弦纹。

M1：3，口径20、底径8.4、高6厘米（图四，4；图版五，3）。

M1：12，口径20.4、底径8.6、高6.2厘米（图四，5；图版六，6）。

M1：13，口径19.2、底径8、高6.2厘米（图四，6；图版七，1）。

壶　1件。M1：4，细颈壶。泥质灰陶。尖圆唇，口沿外展，展沿上有一周不规则沿凹槽，束颈，圆肩，弧腹，台底。肩部和腹部各饰有一周凹弦纹。口径9.2、底径9.6、最大腹径16、高26.7厘米（图四，7；图版五，4）。

樽　1件。M1：6，泥质灰陶。奁口平面呈椭圆形。方唇，侈口，斜壁，平底，底部粘附有三足。腹内壁有数周凸弦纹。口长径17、口短径18.8、底径15.6、高13厘米（图四，8；图版五，6）。

甑　1件。M1：7，泥质灰陶。圆唇，敞口，折腹，不规则平底。底部戳有3个不规

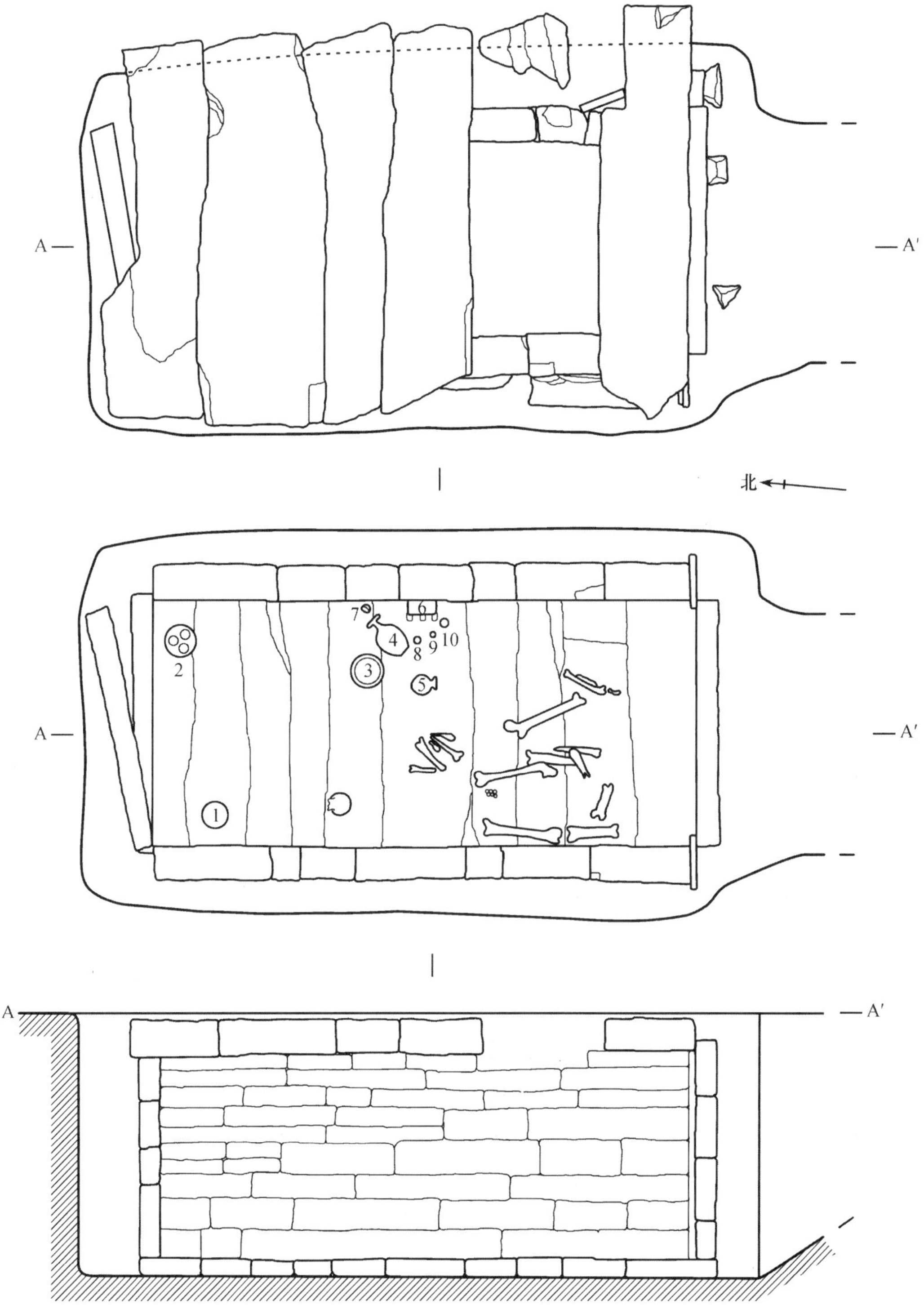

图三　M1平、剖面图

1、5. 陶罐　2. 陶灶　3、12、13. 陶盆　4. 陶壶　6. 陶奁　7. 陶甑　8～10. 陶釜　11. 陶套盒（11～13被盗时已混入扰土）

则穿孔，腹部刀削痕明显。口径5.6、底径2.2、高2厘米（图四，13；图版六，1）。

釜 3件。

M1：8，泥质灰陶。尖圆唇，敛口，弧腹，不规则小平底。腹部刀削痕明显。素面。口径4、底径1.4、高2.2厘米（图四，10；图版六，2）。

M1：9，泥质灰陶。圆唇，敛口，鼓腹，不规则平底。腹部刀削痕明显。素面。口径4.4、底径2.8、高2厘米（图四，11；图版六，3）。

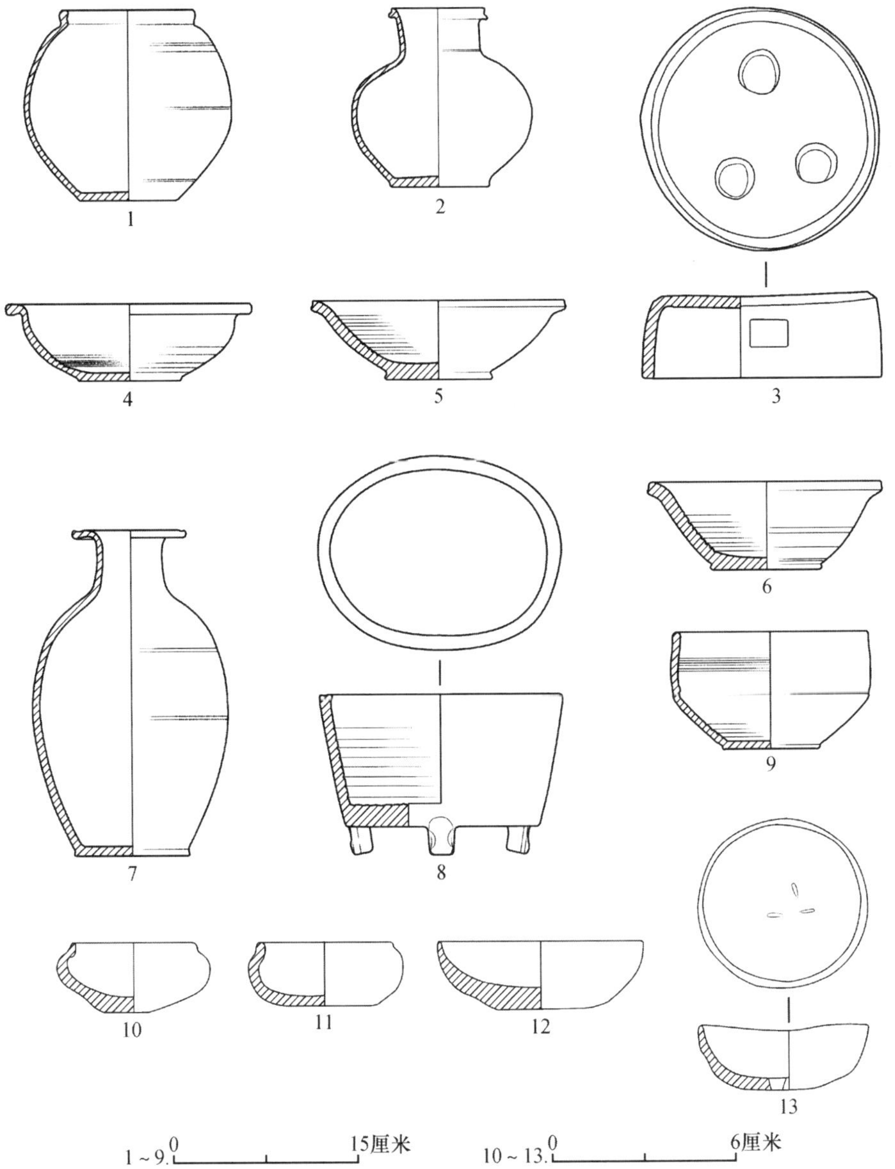

图四 M1出土陶器

1、2. 罐（M1：1、M1：5） 3. 灶（M1：2） 4～6. 盆（M1：3、M1：12、M1：13） 7. 壶（M1：4） 8. 樽（M1：6） 9. 套盒（M1：11） 10～12. 釜（M1：8、M1：9、M1：10） 13. 甑（M1：7）

M1：10，泥质灰陶。尖圆唇，敞口，弧腹，不规则平底。腹部刀削痕明显。素面。口径6.7、底径2.8、高2.2厘米（图四，12；图版六，4）。

套盒　1件。M1：11，仅存盒身。泥质灰陶。圆唇，直口微敛，斜腹，台底。直壁与腹部连接处有一道凹槽，立壁和腹部内壁饰有数周凹弦纹。口径16.2、底径8、高9.3厘米（图四，9；图版六，5）。

铜钱　“五铢”钱。M1：14，“五”字宽矮，中间两笔与上下两横相交处成直角，中间两笔除相交处弯曲外，其他部分接近平行。钱径2.5、穿边长1厘米。

（二）M2

1. 墓葬形制

石室墓。墓向258°。早期被盗，破坏较严重。残存深黄色封土，土质疏松，包含有建墓时剩的碎石渣。封土平面近似椭圆形，直径约4.5米。墓圹平面呈“甲”字形，由墓道、墓门和墓室组成。残长4.5、宽2.4米（图五；图版二，1、2）。墓道位于墓室西壁中部，斜坡式。残长0.5、宽1.3、深1.3米。墓门位于墓室西壁，由两块大石板竖立封堵。两侧竖立石板相当于门的两框。宽1.3、高为1.1米。墓室平面呈长方形，顶部已坍塌，东、北、南墓壁用石条错缝砌筑，墓底用条形石板铺砌。长3、宽1.4、高1.3米。

墓室内发现两具人骨，破坏较严重，散落于墓室。葬式不详。

2. 随葬品

随葬品多散落于墓室，均为陶器。陶器以泥质灰陶为主，泥质黑灰陶次之。器形有罐、壶、盆、灶、井、釜、甑等。

罐　1件。M2：1，泥质灰陶。圆唇，侈口，束颈，溜肩，鼓腹，台底。肩部有两周凹弦纹。口径11、底径8.4、最大腹径18.4、高15.9厘米（图六，1；图版七，2）。

壶　4件。均为泥质灰陶。方唇，展沿微卷，口沿中部有一周凸棱，侈口，束颈，溜肩，弧腹，平底。

M2：2，颈部饰有数周凹弦纹。口径9、底径8.2、最大腹径12.8、高24厘米（图六，3；图版七，3）。

M2：5，肩部有两周凹弦纹。口径11、底径8.4、最大腹径18.4、高15.9厘米（图六，2；图版七，5）。

M2：6，肩部有两周凹弦纹。口径11、底径8.4、最大腹径18.4、高15.9厘米（图六，4；图版七，6）。

M2：7，肩部有两周凹弦纹。口径11、底径8.4、最大径18.4、高15.9厘米（图六，5；图版八，1）。

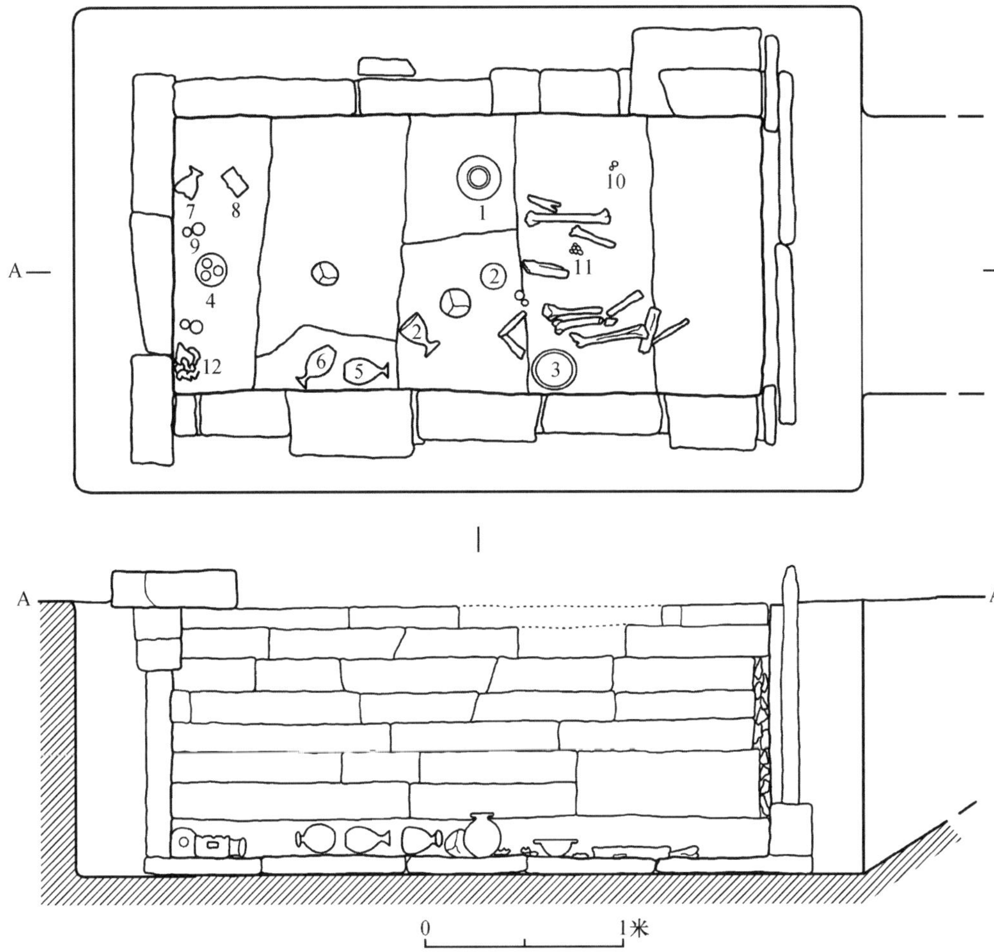

图五 M2平、剖面图

1. 陶罐 2、5～7. 陶壶 3. 陶盆 4. 陶灶 8.陶井 9～13. 陶釜 14. 陶甑（13、14出自扰土）

盆 1件。M2：3，泥质灰陶。方唇，展沿，直口，鼓腹，台底。腹部内壁饰有数周凹弦纹。口径20.6、底径9.6、高6.5厘米（图六，9）。

灶 1件。M2：4，泥质灰陶。平面呈圆形，上小下大。顶部均匀分布3个火眼。火眼直径3厘米。灶门呈梯形，不落地。上边长4.4、下边长5.5、高2.7厘米。素面。顶径16、底径16.8、高8.4厘米（图六，6；图版七，4）。

井 1件。M2：8，泥质灰陶。方唇，展沿，侈口，束颈，溜肩，斜腹，肩部与腹部结合处折有一周凸棱，平底。腹部外壁饰有数周凹弦纹，底部削胎痕迹明显。口径9.3、底径5.1、高13.6厘米（图六，7；图版八，2）。

釜 5件。均为泥质灰陶。手制。尖圆唇，敛口，弧腹，平底。素面。

M2：9，敛口。口径2.5、底径2、高2.2厘米（图六，8；图版八，3）。

M2：10，敛口。口径2.5、底径2、高2.2厘米。

M2：11，敛口。弧腹，腹底无明显界限，平底，素面。口径2.5、底径2、高2.2厘米。

M2：12，敛口。口径3.2、底径2.7、高2.6厘米。

M2：13，敞口。口径4.9、底径3、高2.3厘米。

甑　1件。M2：14，泥质灰陶。圆唇，敞口，斜腹，平底。底部戳有3个不规则穿孔。素面。口径4.7、底径3.4、高2.1厘米（图六，10；图版八，4）。

图六　M2出土陶器

1. 罐（M2：1）　2～5. 壶（M2：5、M2：2、M2：6、M2：7）　6. 灶（M2：4）　7. 井（M2：8）　8. 釜（M2：9）　9. 盆（M2：3）　10. 甑（M2：14）

（三）M3

1. 墓葬形制

石室墓。墓向呈东西向。墓葬破坏严重，仅残存墓底铺砌的石板。墓圹平面呈“甲”字形，由墓道、墓门和墓室组成（图七；图版二，3）。斜坡式墓道。墓室形制不详，仅残存墓室东壁。墓室残长3.1、残宽1.5米。墓底发现少量人骨残块，葬式不详。

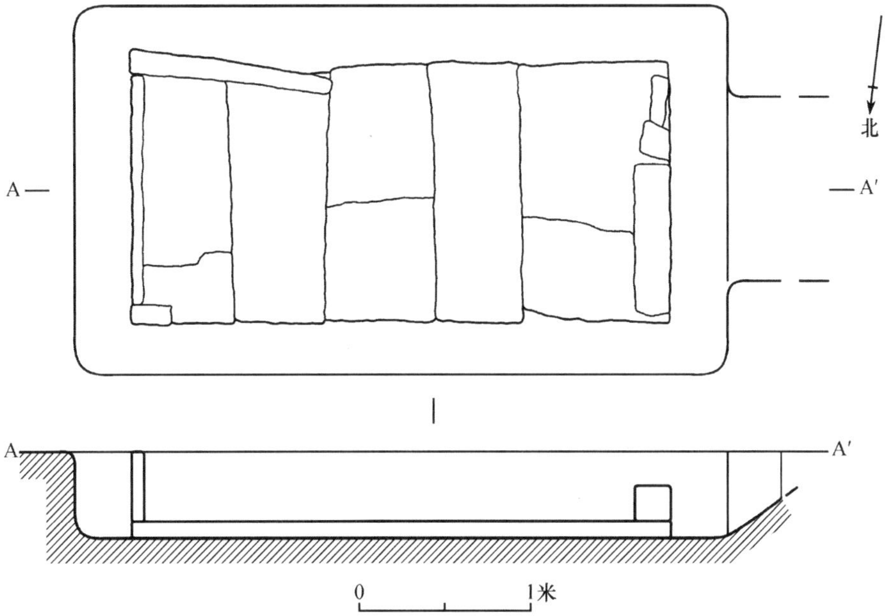

图七　M3平、剖面图

2. 随葬品

随葬品夹杂于墓室扰土，均为陶器。陶器以泥质灰陶为主，泥质黑灰陶次之。器形有耳杯、壶等。

耳杯　1件。M3：1，泥质灰陶。平面呈椭圆形。长6、宽1.3、厚0.5厘米。尖圆唇，敞口，弧腹，台底。长边两侧各有一半椭圆形器耳，双耳上翘。杯底下凹，饰有一周椭圆形凹弦纹。口长径10.8、口短径6.8、底长径6、底短径3.2、高3.4厘米（图八，1；图版八，5）。

壶　2件。

M3：2，泥质灰陶。方唇，展沿，沿上有一圈凹槽，束颈，溜肩，弧腹，平底。口部略有变形，底有一穿孔。口径8、底径9、最大腹径15.4、高23.8厘米（图八，3；图版八，6）。

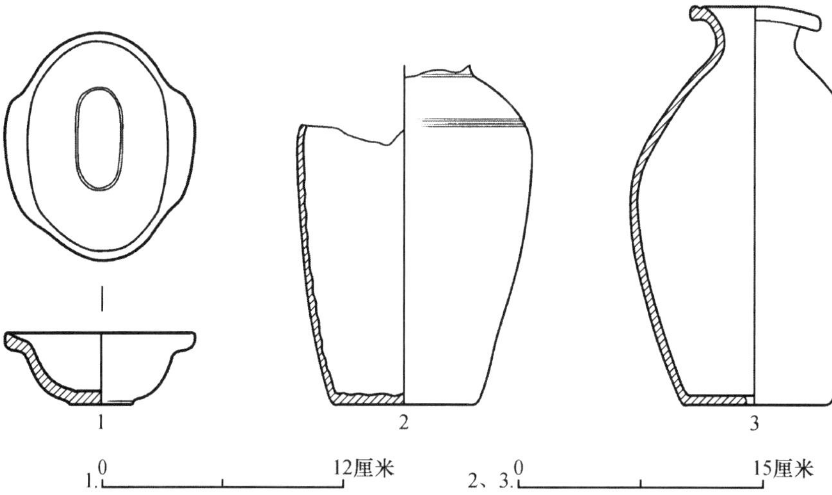

图八　M3出土陶器

1. 耳杯（M3：1）　2、3. 壶（M3：3、M3：2）

M3：3，泥质灰陶。溜肩，弧腹，平底。底径8.7、最大腹径14.4、残高20厘米（图八，2）。

（四）M4

1. 墓葬形制

石室墓。墓向165°。墓葬破坏严重，仅残存墓底铺砌的石板。墓道呈斜坡式。墓室形制不明。墓室长3.1、残宽1.5米（图九）。墓底发现少量人骨，葬式不详。

2. 随葬品

随葬品发现较少，仅见少量陶器残片。

（五）M5

1. 墓葬形制

石室墓。墓向175°。墓葬破坏严重，仅残存墓底铺砌的石板。西部有一方形耳室，系石板砌筑。墓葬形制不明。墓室残长3.1、残宽2.1米（图一〇）。墓底发现少量人骨，葬式不详。

2. 随葬品

随葬品发现较少，仅见少量陶器残片。

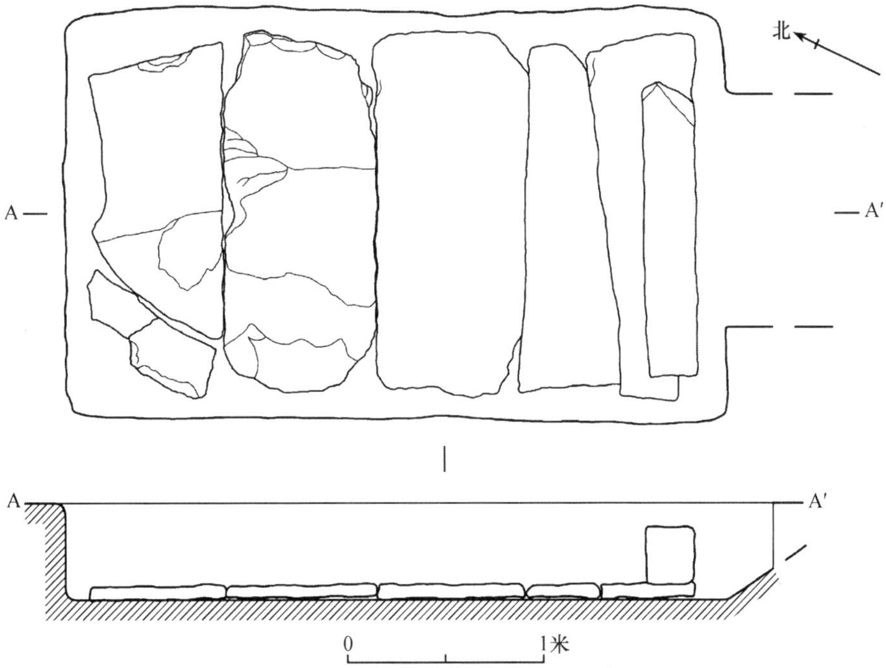

图九　M4平、剖面图

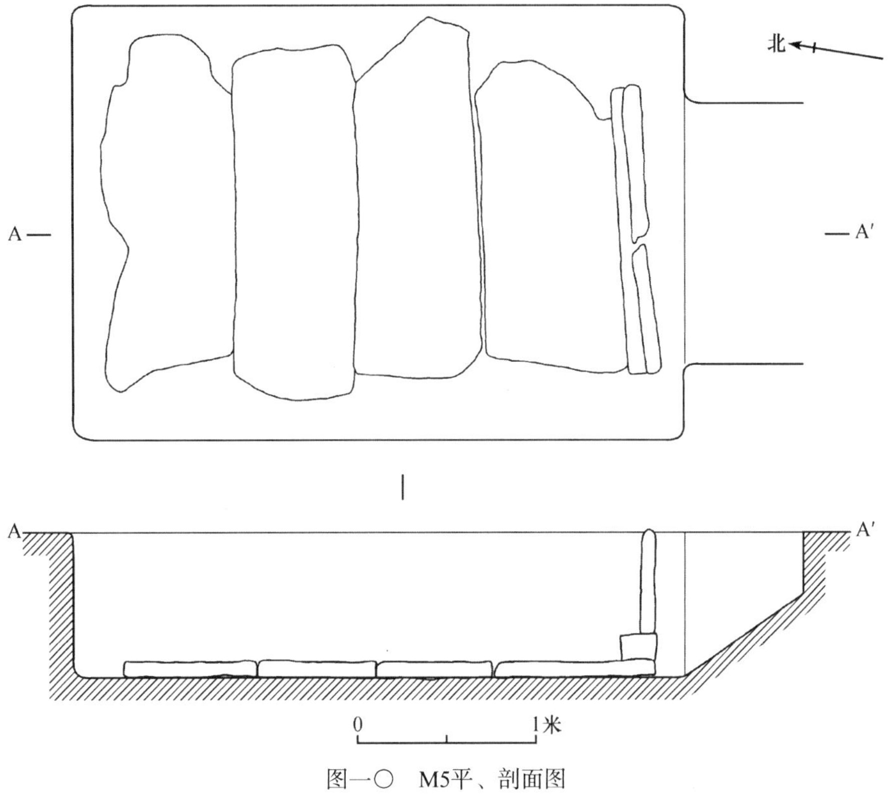

图一〇　M5平、剖面图

（六）M6

1. 墓葬形制

石室墓。墓向245°。早期被盗，破坏较严重。墓圹平面呈长方形，墓室顶部铺盖石板，周壁系长方形石条错缝砌筑，墓底铺砌不规则石板。墓室长3.6、宽1、高0.9米（图一一；图版二，4～6）。

墓室内发现一具人骨，保存较差，可见部分肢骨和头骨。葬式为仰身直肢葬，头西足东。

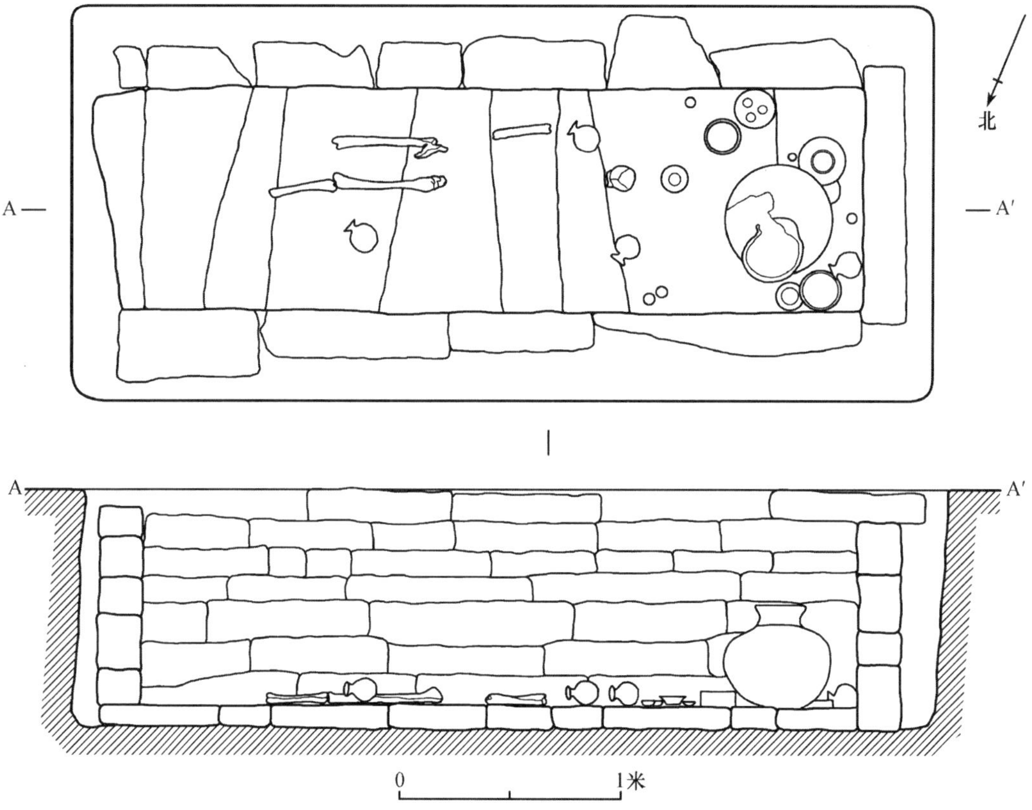

图一一　M6平、剖面图

2. 随葬品

随葬品多放置于墓室西部，均为陶器。陶器以泥质灰陶为主，泥质黑灰陶次之。器形有罐、壶、盆、灶、井等。

瓮　2件。

M6：13，泥质灰陶。方唇，唇上有一周凹槽，直口，圆肩，鼓腹，台底。肩部及腹部饰有数周凹弦纹。口径22、底径17、高35、最大腹径44.4厘米（图一二，1；图版九，6）。

M6：14，泥质灰陶。尖圆叠唇，直口，圆肩，鼓腹，底部微凸。肩部饰有数周凹弦纹，下腹及底饰有绳纹。口径15、底径11.2、最大腹径26.8、高21.6厘米（图一二，2；图版一〇，1）。

罐 6件。泥质黑灰陶。尖圆唇，子母侈口，束颈，台底。标本M6：3，鼓肩，弧腹。口径8、底径6.8、最大腹径14、高15.4厘米（图一二，3；图版九，3）。

灶 1件。M6：1，泥质灰陶。平面呈圆形。灶面均匀分布3个火眼。火眼直径3.4～3.7厘米。灶门靠近顶部，长方形不落地。长3.7、宽2.2厘米。周边竖直，出烟口位于后壁靠上边缘，孔径1厘米。灶面直径17、高8厘米（图一二，4；图版九，1）。

樽 1件。M6：2，泥质灰陶。方唇，直口，平底，底部粘附有三足。腹部外壁饰有三圈凹弦纹。直径17、残高11厘米（图一二，5；图版九，2）。

盆 2件。

M6：5，泥质灰陶。方唇，展沿，敞口，鼓腹，台底。上腹外壁饰有一周凹弦纹。

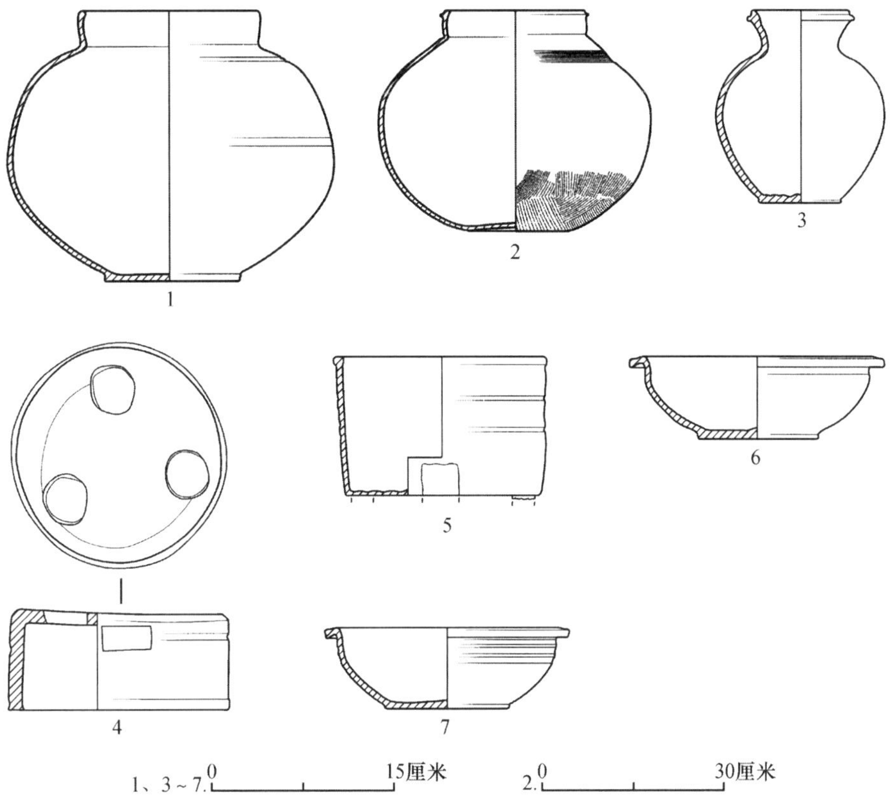

图一二 M6出土陶器

1、2. 瓮（M6：13、M6：14） 3. 罐（M6：3） 4. 灶（M6：1） 5. 樽（M6：2）
6、7. 盆（M6：5、M6：7）

口径21、底径10、高6.5厘米（图一二，6；图版九，4）。

M6：7，泥质灰陶。方唇，展沿，敞口，鼓腹，台底。上腹外壁饰有数周凹弦纹。口径21、底径10.2、高6.4厘米（图一二，7；图版九，5）。

（七）M7

1. 墓葬形制

石椁墓。墓向60°。早期被盗，破坏较严重。墓圹平面呈长方形，墓室顶部已坍塌，周壁系长方形石板立砌，墓底铺砌石板。墓室长2.2、宽0.7、高0.5米（图一三；图版三，1～3）。

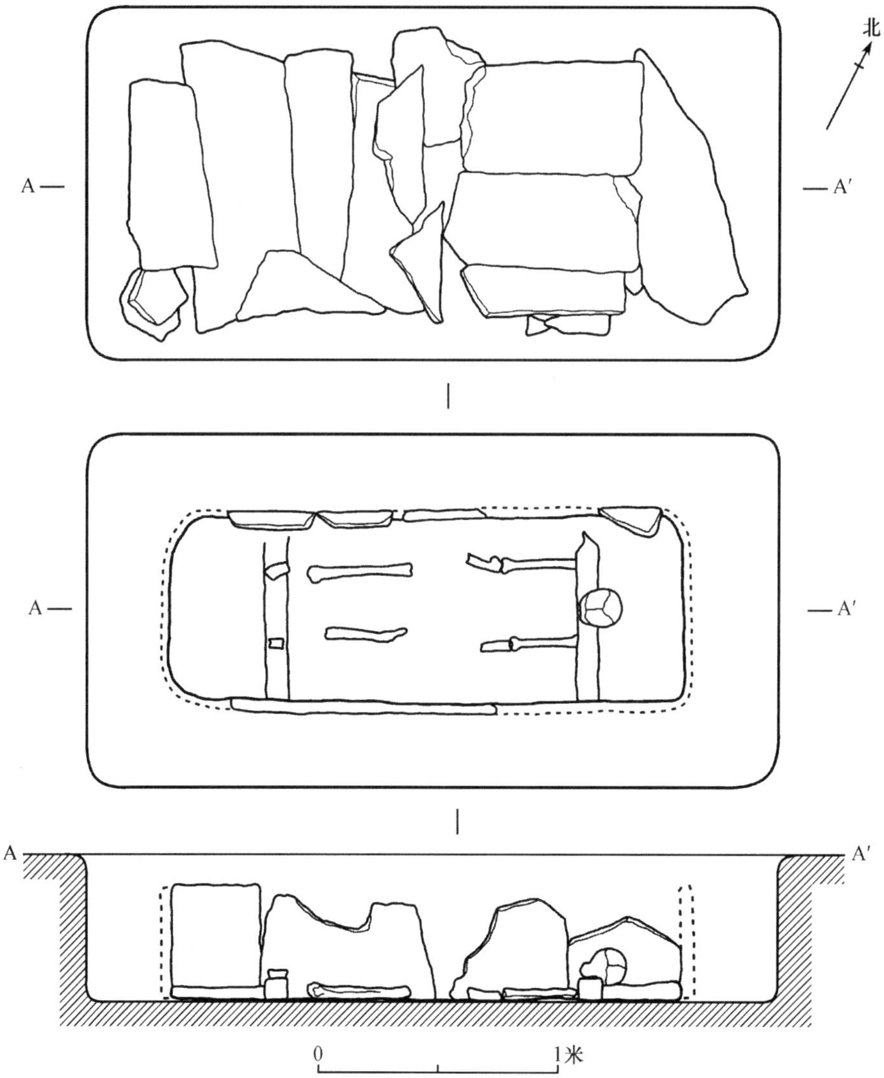

图一三　M7平、剖面图

墓室内发现一具人骨，保存较差。头东足西，仰身直肢葬。

2. 随葬品

墓室内未见随葬品。

（八）M8

1. 墓葬形制

石室墓。墓向265°。早期被盗，破坏较严重。墓圹平面呈“甲”字形，由墓道、墓门和墓室组成。残长4.8、宽2.7米（图一四）。墓道位于墓室南壁中部，斜坡式。长0.7、宽1.4、深1.3米。墓门位于墓室西壁，由一块大石板封堵。两侧竖立石板相当于门的两框。墓室平面呈长方形，墓顶系大石板铺盖，东、北、南墓壁用石条错缝砌筑，墓底用条形石板铺砌。墓室长2.7、宽1.2、高0.8米。

墓室内发现一具人骨，人骨保存较差，仅见部分肢骨和头骨。头西足东，仰身直肢葬。

2. 随葬品

随葬品散落于墓室，均为陶器。陶器以泥质灰陶为主，泥质黑灰陶次之。器形有罐、壶、盆、灶、井等。

瓮　1件。M8：2，泥质灰陶。尖圆唇，直口微敛，溜肩，弧腹，台底。肩部和腹部饰饰有数周凹弦纹。口径12.6、底径9.2、最大腹径20.6、高18厘米（图一五，2；图版一〇，3）。

壶　1件。M8：4，泥质灰陶。尖圆唇，展沿，沿上有一圈凸棱，束颈，溜肩，弧腹，平底。素面。口径10.4、底径9.6、最大径14.6、高24.2厘米（图一五，1；图版一〇，5）。

套盒　1件。M8：1，泥质灰陶。由盒盖和盒身组成。盒盖为弧顶，直口，圆唇。素面。口径16、高8厘米。盒身为圆唇，直口，弧腹，平底。直壁与腹部接合处折沿出子口。口径13.4、底径7.4、高8厘米。通高11厘米（图一五，3；图版一〇，1）。

井　1件。M8：3，泥质灰陶。方唇，直口，弧腹，平底。下腹及底部刀削痕迹明显。口径8.8、底径7.1、高12.2厘米（图一五，4；图版一〇，4）。

盆　2件。

M8：5，泥质黑陶。方唇，展沿，敞口，鼓腹，圜底。腹部内壁饰有数周凹弦纹，腹部外壁饰有一周凹槽。口径19.5、高6厘米（图一五，5；图版一〇，6）。

M8：7，泥质黑陶。方唇，展沿，敞口，鼓腹，平底。上腹内壁和下腹外壁均饰有数周凹弦纹。口径19.8、底径4.9、高6.3厘米（图一五，6；图版一一，1）。

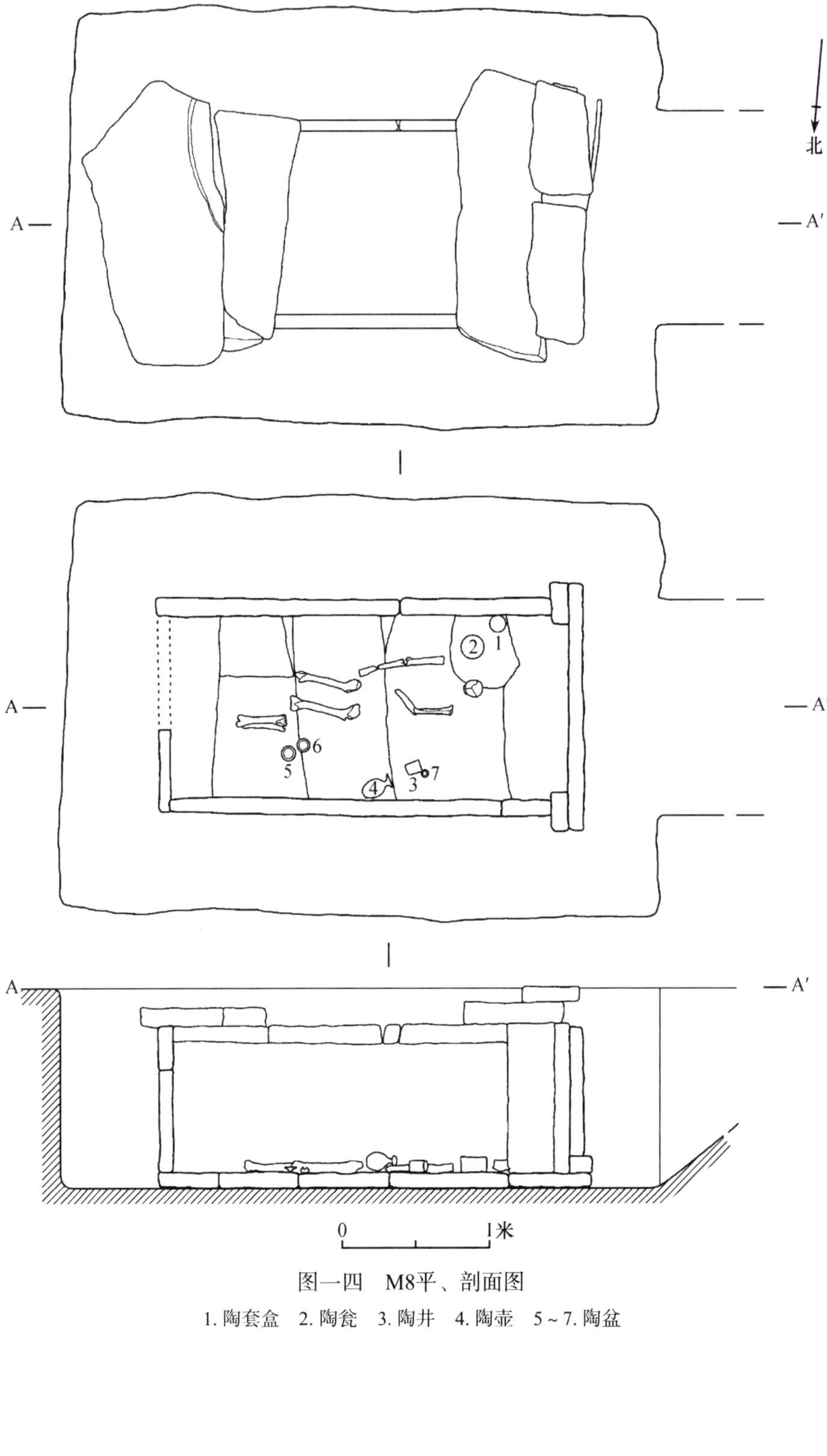

图一四　M8平、剖面图

1. 陶套盒　2. 陶瓮　3. 陶井　4. 陶壶　5～7. 陶盆

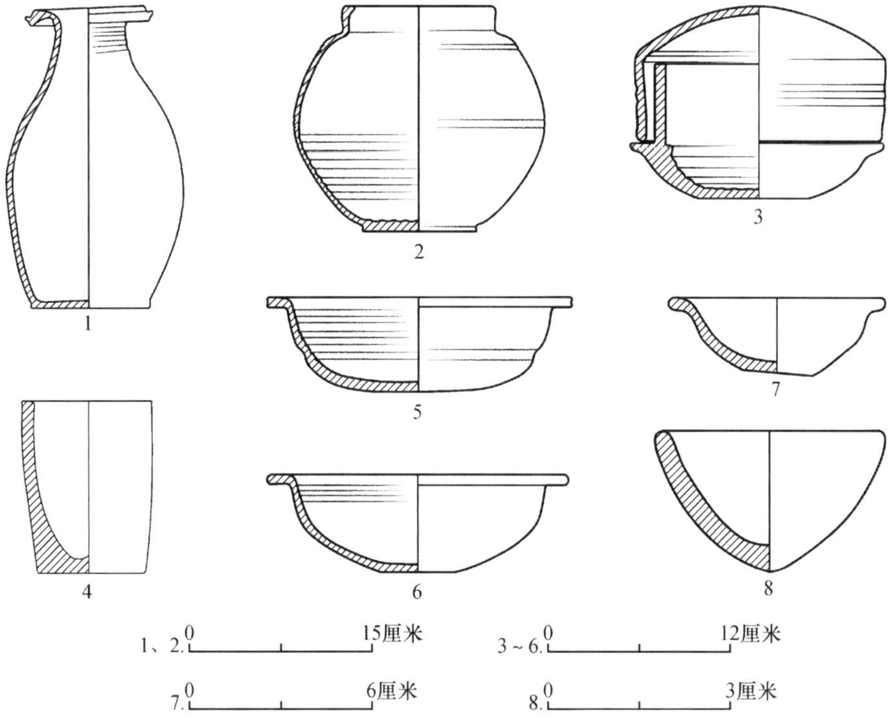

图一五　M8出土陶器

1. 壶（M8：4）　2. 瓮（M8：2）　3. 套盒（M8：1）　4. 井（M8：3）　5、6. 盆（M8：5、M8：7）
7. 釜（M8：8）　8. 水斗（M8：9）

釜　1件。M8：8，泥质灰陶。圆唇，敞口，弧腹，平底。腹部及底均有刀削痕迹。口径7.2、底径2.4、高2.5厘米（图一五，7；图版一一，2）。

水斗　1件。M8：9，泥质灰陶，胎内夹有云母。圆唇，敞口，弧腹，圜底。素面。残。口径3.3、高2.2厘米（图一五，8；图版一一，3）。

（九）M9

1. 墓葬形制

石室墓。墓向85°。顶上用石块堆积成近似椭圆形。长4.4、宽3.1米（图一六；图版三，4）。墓室平面呈长方形，墓顶系大石板铺盖，墓室四壁用石板立砌，墓底用条形石板铺砌。墓室长2.6、宽0.9、高1米。

墓室内发现一具人骨个体，人骨保存较差，仅见部分肢骨。葬式不详。

2. 随葬品

随葬品多放置于墓室西部，均为陶器。陶器以泥质灰陶为主，泥质黑灰陶次之。

图一六　M9平、剖面图

1. 陶樽　2、6. 陶套盒　3. 陶盆　4、7、8. 陶壶　5、9. 陶灶　10. 陶釜　11、12. 陶水斗

（10～12出自扰土）

器形有罐、壶、盆、灶、井等。

樽 1件。M9：1，泥质灰陶。方唇，直口，平底，底部均匀粘附有三足。素面。口径15、底径15.1、高8厘米（图一七，1；图版一一，4）。

套盒 1件。M9：2，泥质灰陶。由盒盖和盒身组成。盒盖弧腹，直口微敛，圆唇。素面。口径16.5、顶径6.2、高8厘米。盒身圆唇，直口，斜腹，平底。直壁与腹部接合处折沿出子口。素面。口径13.8、底径7.6、高7.7厘米。通高11.7厘米（图一七，2；图版一一，5）。

盆 1件。M9：3，泥质灰陶。方唇，平沿，敞口，弧腹，平底内凸。素面。口径19.6、底径7、高5厘米（图一七，3；图版一一，6）。

灶 2件。圆形灶，均为泥质灰陶。

M9：5，灶台均匀分布有3个圆形火眼。直径2.8厘米。未见烟孔。灶壁近直稍外撇。灶门为长方形不落地。宽3.4、高1.6厘米。素面。顶径16.2、底径18.8、高8厘米（图一七，4；图版一二，2）。

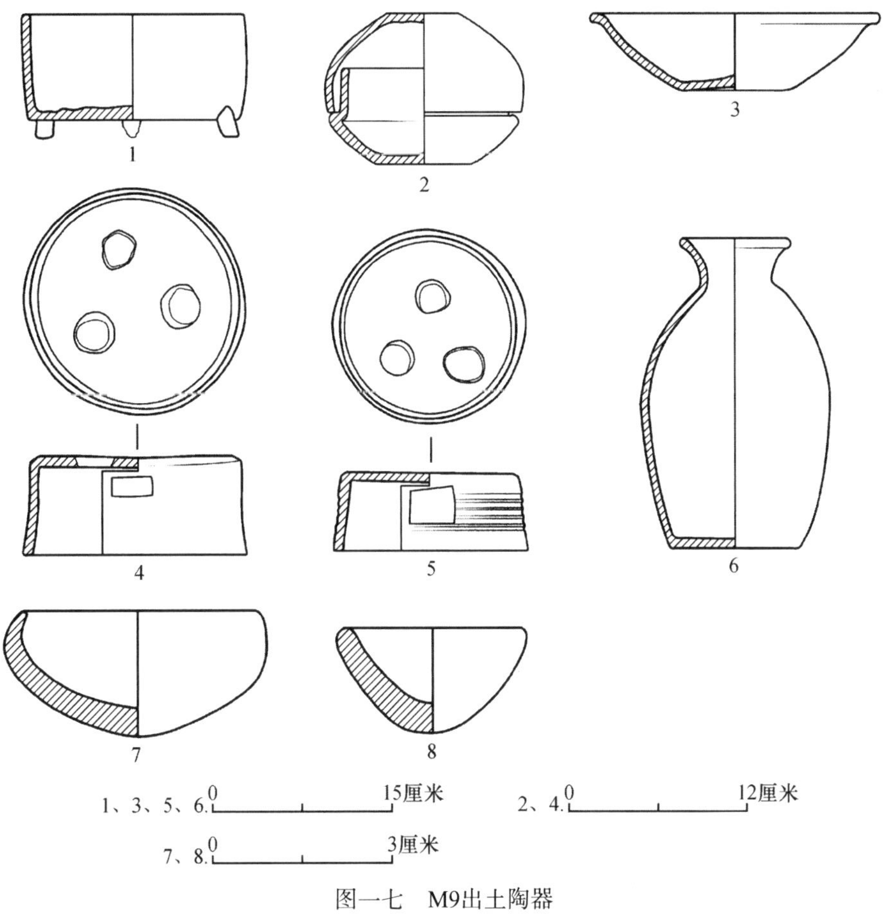

图一七 M9出土陶器

1. 樽（M9：1） 2. 套盒（M9：2） 3. 盆（M9：3） 4、5. 灶（M9：5、M9：9） 6. 壶（M9：7） 7. 釜（M9：10） 8. 水斗（M9：11）

M9：9，灶台均匀分布有3个圆形火眼。直径3.1～2.6厘米。未见烟孔。灶壁近直稍外撇。灶门为长方形不落地。宽3.7、高3厘米。灶壁饰有数周凹弦纹。顶径14.2、底径16.2、高6.4厘米（图一七，5）。

壶　3件。均为泥质灰陶。圆唇，侈口，束颈，溜肩，弧腹，平底。素面。

M9：7，口径7.4、底径8.8、最大腹径12.8、高20.4厘米（图一七，6；图版一二，1）。

M9：8，残。底径8.7，最大腹径13.5、残高17厘米。

M9：4，残。底径8.2，最大腹径13.6、残高15.2厘米。

釜　1件。M9：10，泥质灰陶。圆唇，微敛口，弧腹，圜底。素面。口径4、高2厘米（图一七，7；图版一二，3）。

水斗　2件。泥质灰陶。圆唇，敞口，弧腹，圜底。残。素面。

M9：11，口径3.2、高1.7厘米（图一七，8；图版一二，4）。

M9：12，口径3.5、高2.4厘米。

（十）M10

1. 墓葬形制

石室墓。墓向260°。墓圹平面呈长方形，顶上用石块堆积成近似椭圆形。墓室平面呈近似长方形。墓门位于墓室西壁，两侧系石板立砌做门框，两块大石板封堵。墓顶系大石板铺盖，顶部已坍塌。墓室四壁用石板立砌，墓底用条形石板铺砌。墓室长2.4、宽1.1、高0.9米（图一八；图版三，5、6；图版四，1）。

墓室内发现两具人骨个体，人骨较好。仰身直肢，头西足东。

2. 随葬品

随葬品多放置于墓室西部，靠近墓门处。随葬品多为陶器，少量铜钱。陶器以泥质灰陶为主，泥质黑灰陶次之。器形有瓮、盆、壶、奁、灶等。

瓮　1件。M10：6，泥质灰陶。方唇，直口，圆肩，弧腹，平底。肩部饰有数周凹弦纹。口径16、底径13.4、最大腹径31、高26.4厘米（图一九，1；图版一三，3）。

盆　1件。M10：7，泥质灰陶。方唇，直口，弧腹，平底。素面。口径20.2、底径9.2、高7.2厘米（图一九，2）。

壶　4件。均为泥质灰陶。侈口，束颈，平底。

M10：3，方唇，平沿，沿上有一凸棱，鼓肩，鼓腹。口径9.6、底径9、最大腹径15.2、高21.8厘米（图一九，4；图版一三，1）。

M10：2，尖圆唇，鼓肩，弧腹。口径9.2、底径9.6、最大腹径15.4、高20.6厘米（图一九，5；图版一二，6）。

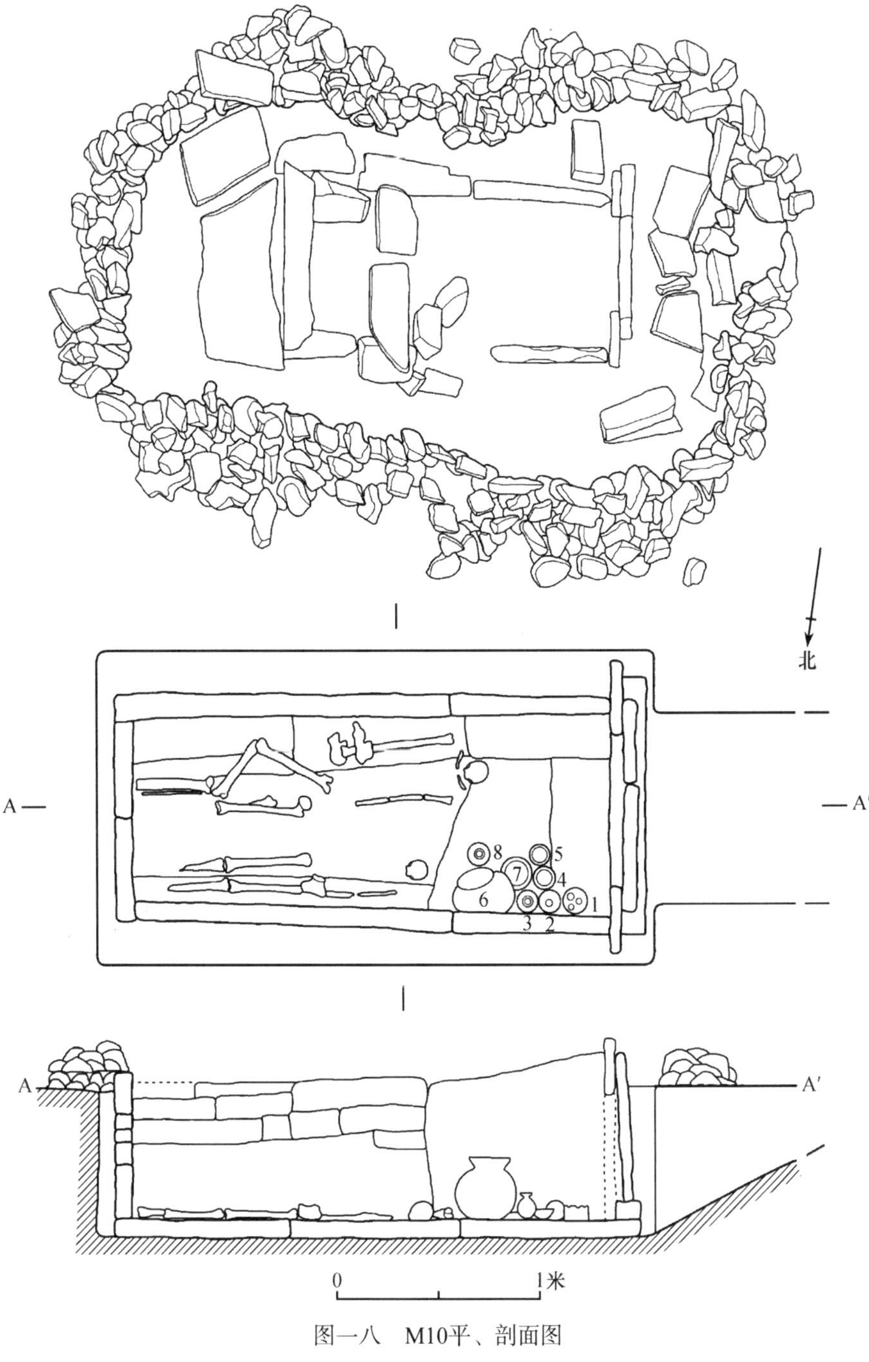

图一八 M10平、剖面图

1. 陶灶 2～4、8. 陶壶 5. 陶樽 6. 陶瓮 7. 陶盆

M10：8，尖圆唇，溜肩，鼓腹。口径9、底径9.6、最大腹径14、高21.4厘米（图一九，6；图版一三，4）。

M10：4，圆肩，弧腹。素面。残。底径9.3、最大腹径13.6、残高15.6厘米。

樽　1件。M10：5，泥质灰陶。方唇，侈口，腹壁近直，平底，底部均匀黏附三足。素面。口径15.5、底径12.2、高8.2厘米（图一九，3；图版一三，2）。

灶　1件。M10：1，泥质灰陶。圆形灶。灶面上均匀分布3个不规则火眼，直径为3.1～2.6厘米。灶面后部边缘有一近似圆形烟孔，直径1厘米。灶门呈不落地长方形。宽3.1、高2厘米。灶壁靠近底部饰有一凹槽。直径13、底径15、高4.7厘米（图一九，7；图版一二，5）。

铜钱　1件。M10：9，“货泉”，正面穿之左右篆书“货泉”二字，穿上有一“v”形。郭径2.1、穿径0.7厘米（图版一三，5）。

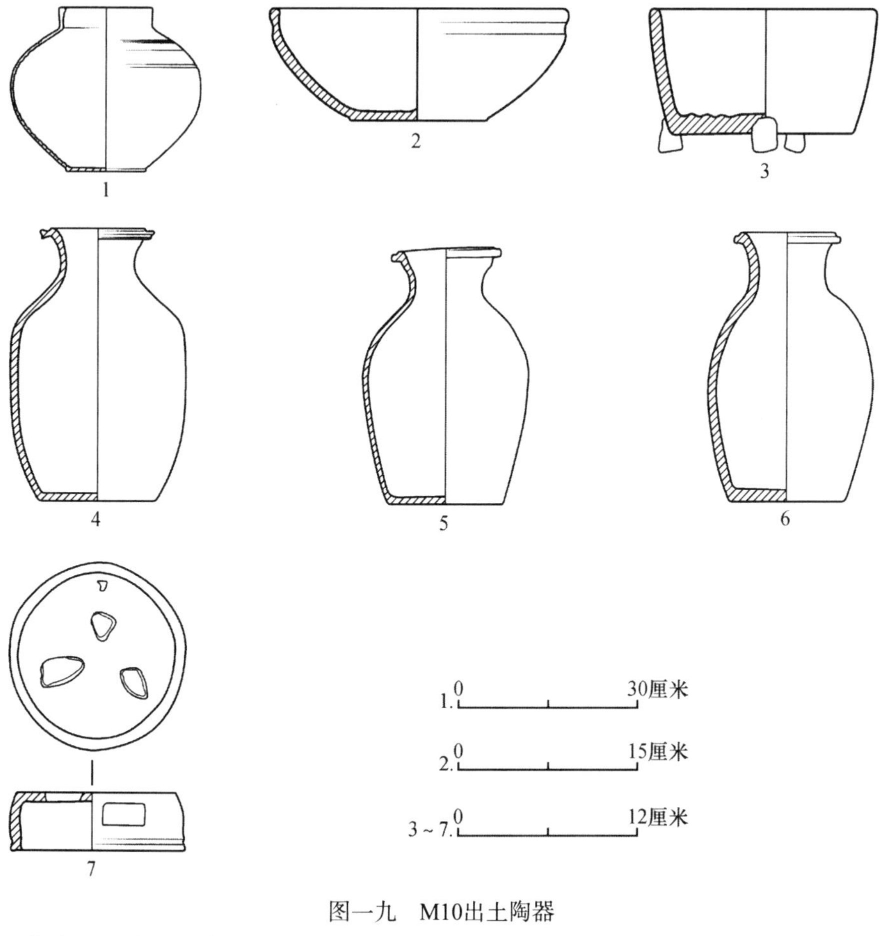

图一九　M10出土陶器

1. 瓮（M10：6）　2. 盆（M10：7）　3. 樽（M10：5）　4～6. 壶（M10：3、M10：2、M10：8）
7. 灶（M10：1）

（十一）M11

1. 墓葬形制

石室墓。墓向80°。墓圹平面呈“甲”字形，残长4.3、宽2.3米（图二〇；图版四，2、3）。墓室平面呈长方形。墓道为斜坡式。墓门位于墓室西壁，两侧系石板立砌做门框，两块大石板封堵。墓顶系大石板铺盖，顶部已坍塌。墓室四壁用石条砌筑，墓底用不规则形石板铺砌。墓室长2.4、宽1.1、高1.3米。

墓室内发现两具人骨，保存较差，葬式不详。

2. 随葬品

随葬品多放置于墓室西部，靠近墓门处。随葬品多为陶器，少量铜钱。陶器以泥

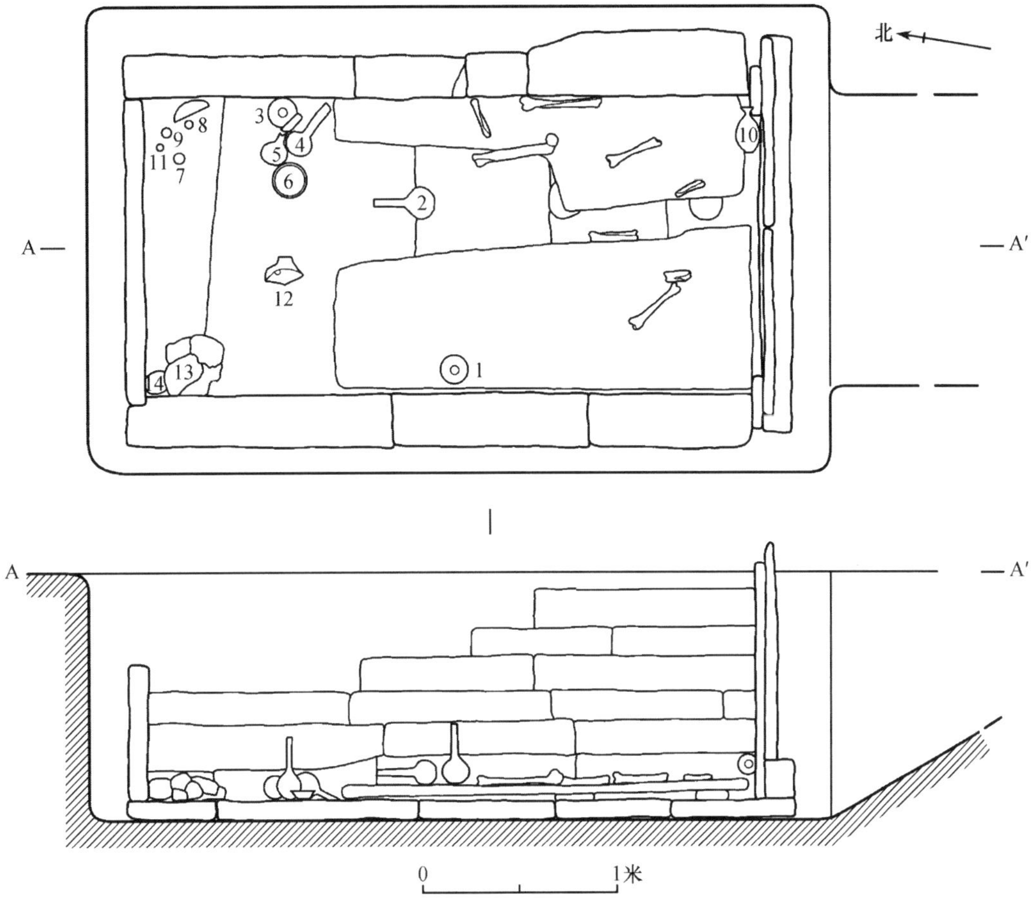

图二〇　M11平、剖面图

1～5. 陶长颈瓶　6. 陶套盒　7、9、10. 陶釜　8. 陶甑　11、14. 陶壶　12. 陶盆　13.陶耳杯（13、14出自扰土）

质灰陶为主，泥质黑灰陶次之。器形有瓮、盆、壶、奁、灶等。

瓮　1件。M11：18，泥质灰黑陶。圆唇，直口微敛，沿外一周凸棱成子母口，鼓肩，弧腹，台底。颈肩结合处饰有一周凹槽。口径15.2、底径11.4、最大腹径26.4、高22厘米（图二一，3；图版一四，6）。

罐　2件。

M11：16，泥质灰陶。圆唇，敛口，鼓肩，鼓腹，圜底。肩部和腹部各饰有两周凹弦纹，腹部凹弦纹下饰有两周篦点纹，下腹及底部满饰绳纹。口径12.8、最大腹径24、底径高20.4厘米（图二一，2；图版一四，5）。

M11：17，泥质灰陶。圆唇，敛口，鼓肩，鼓腹，圜底。肩部和腹部各饰有两周凹弦纹，腹部凹弦纹下饰有两周篦点纹，下腹及底部满饰绳纹。口径12.7、最大腹径24、底径11.1、高20.4厘米（图二一，1）。

灶　1件。M11：19，泥质黑陶。平面呈圆形，上大下小。顶径15.8、底径18.8、高8厘米。灶面均匀分布有3个火眼，火眼近似圆形。火眼直径2.6～3.6厘米。尾部有一圆形烟孔。直径0.7厘米。灶门为长方形不落地。长3.4、宽2厘米（图二一，4；图版一五，1）。

盆　1件。M11：12，泥质灰陶。方唇，口沿下垂，唇上有一周凹槽，敞口，弧腹，台底。腹部外壁饰有两周凹弦纹。口径20.6、底径10.4、高6厘米（图二二，3；图

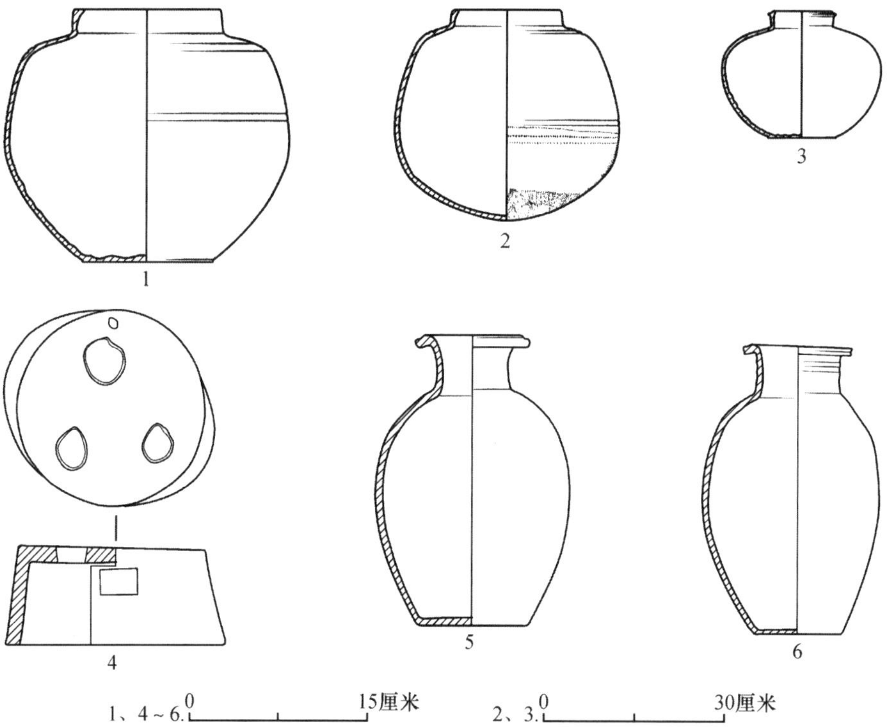

图二一　M11出土陶器（一）

1、2. 罐（M11：17、M11：16）　3. 瓮（M11：18）　4. 灶（M11：19）　5、6. 壶（M11：11、M11：14）

版一四，2）。

壶 2件。

M11：11，泥质灰陶。尖圆唇，口沿外撇，沿上有一圈凹槽，束颈，溜肩，弧腹，平底。口径9.5、底径9、最大腹径16、高23.4厘米（图二一，5；图版一四，4）。

M11：14，泥质灰陶。方唇，口沿近平，唇上有一圈凹槽，直口，束颈，溜肩，弧腹，平底。肩部饰有两周凹弦纹。口径9、底径7.6、最大腹径14.5、高23.5厘米（图二一，6）。

樽 1件。M11：20，泥质灰陶。方唇，平沿，直口，直腹，平底，底部粘附有三足。腹部外壁饰有三周凹弦纹。口径17.7、底径18、高14.5厘米（图二二，1；图版一五，2）。

套盒 1件。M11：6，泥质灰陶。方唇，直口，斜腹，口腹结合处折成子母口，平底。腹部均匀分布四个圆形穿孔。素面。口径14.4、底径7、高7.6、孔径0.5厘米（图二二，2）。

长颈瓶 5件。

标本M11：4，泥质灰陶。尖圆唇，直口，细长颈，溜肩，鼓腹，台底。肩部和腹部各均匀分布3个圆形穿孔，底部有一圆形穿孔。颈部上、中、下均匀饰有两周凹弦纹，肩部饰有两周凹弦纹。口径6、底径8.8、最大腹径15.8、高31、孔径0.2厘米（图二二，4；图版一四，1）。

标本M11：1，泥质灰陶。圆唇，直口，细长颈，溜肩，鼓腹，平底。肩部饰有两周凹弦纹。肩部和腹部均匀分布有5个圆形穿孔，底部有一圆形穿孔。口径6、底径9.2、最大腹径14、高26厘米（图二二，5；图版一三，6）。

耳杯 2件。

M11：15，泥质灰陶。平面呈椭圆形，尖圆唇，敞口，弧腹、台底，双耳上翘。底部饰有一周凹弦纹。口长径14.7、口短径10.9、底长径8.8、底短径6.3、高4.4厘米（图二二，6）。

M11：13，泥质灰陶。平面呈椭圆形，尖圆唇，敞口，弧腹、台底，双耳上翘。底部饰有三周凹弦纹。口长径22、口短径19、底长径10.8、底短径7.2、高6.1厘米（图二二，7；图版一四，3）。

釜 3件。标本M11：7，泥质灰陶。尖圆唇，口微敛，弧腹，圜底。素面。口径2、高1.9厘米（图二二，8）。

甑 1件。M11：8，泥质灰陶。圆唇，敞口，弧腹，圜底。底部有3个圆形穿孔。素面。口径5、高1.9厘米（图二二，9）。

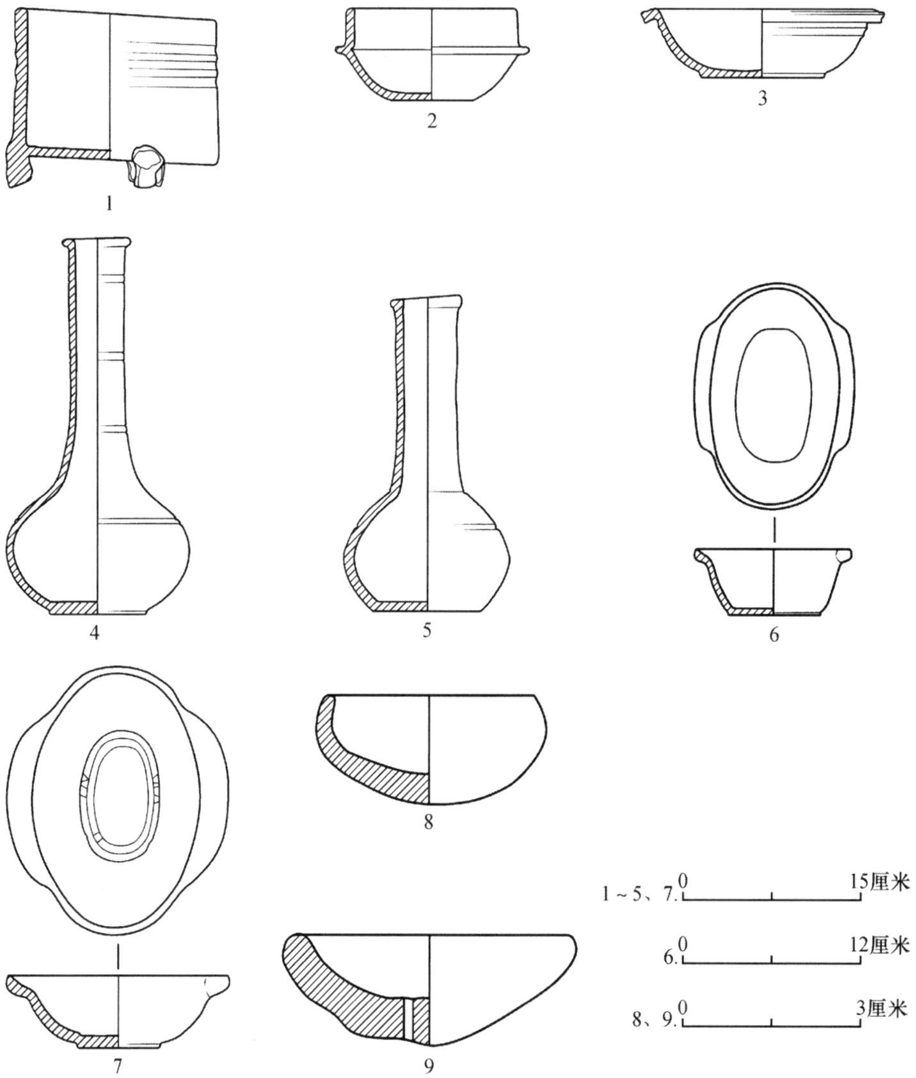

图二二　M11出土陶器（二）

1. 樽（M11∶20）　2. 套盒（M11∶6）　3. 盆（M11∶12）　4、5. 长颈瓶（M11∶4、M11∶1）　6、7. 耳杯（M11∶15、M11∶13）　8. 釜（M11∶7）　9. 甑（M11∶8）

（十二）M12

1. 墓葬形制

石椁墓。早起被盗，破坏严重，墓葬形制不详，仅残存铺砌墓底的石板。墓底长2.4、宽1.1米（图二三；图版四，4）。

墓室扰土内残存部分人骨，保存较差，人骨数量及葬式不详。

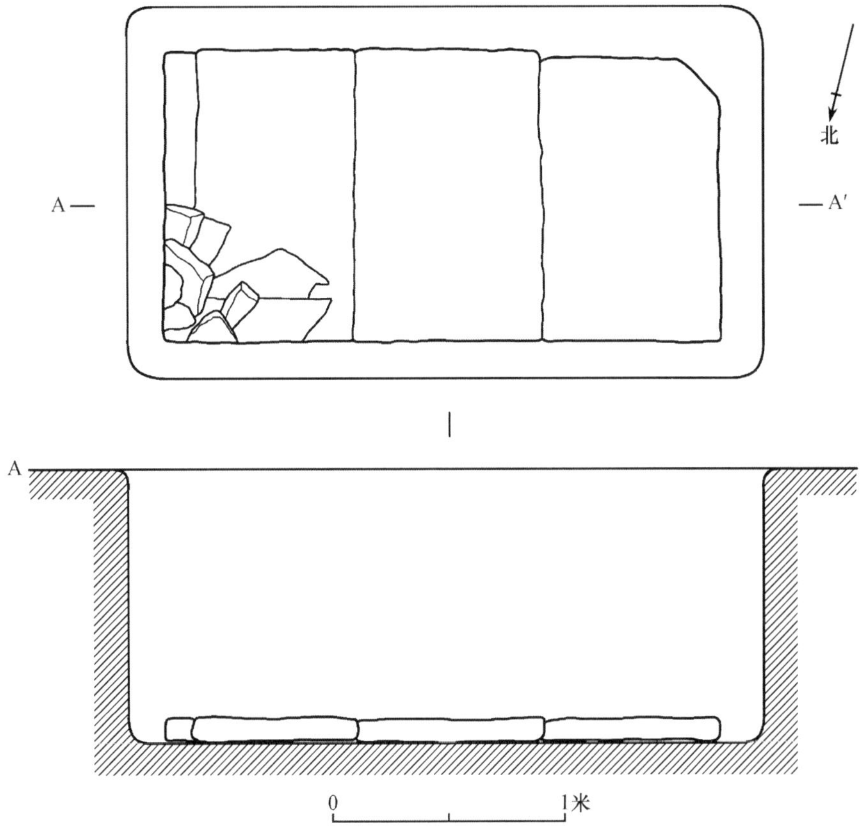

图二三　M12平、剖面图

2. 随葬品

随葬品均被扰动，夹杂于扰土内。随葬品均为陶器，有盆、奁、耳杯等。

壶　1件。M12：5，弧腹，平底。腹部饰有两周凹弦纹。残。底径8.4、残高11.6厘米（图二四，1）。

盆　1件。M12：3，泥质灰陶。圆唇，敞口，鼓腹，平底。素面。口径18、底径7、高7厘米（图二四，2；图版一五，5）。

樽　1件。M12：4，泥质灰陶。方唇，直口，平底，底部粘附有三足。外壁上部饰有一周凹槽，内壁下部饰有数周凹槽。口径13.8、底径13、高10.8厘米（图二四，3；图版一五，6）。

耳杯　2件。

M12：1，泥质灰陶。平面呈椭圆形，双耳上翘。尖圆唇，敞口，弧腹，平底。底部饰有一周凹弦纹。口长径11.6、口短径9.7、底长径6.8、底短径2.6、高3.7厘米（图二四，4；图版一五，3）。

M12：2，泥质灰陶。平面呈椭圆形，双耳上翘。尖圆唇，敞口，弧腹，平底。底部饰有一周凹弦纹。口长径12.3、口短径9.7、底长径7.5、底短径3.4、高2.6厘米（图二四，5；图版一五，4）。

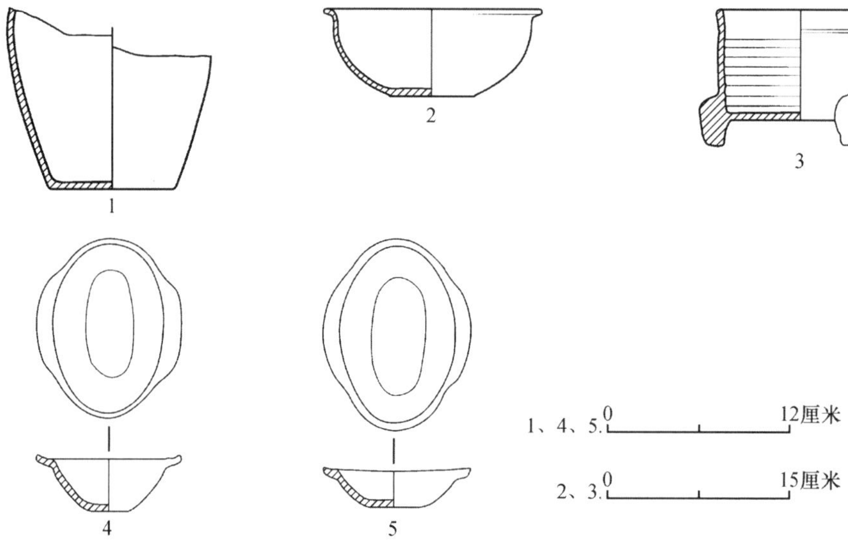

图二四　M12出土陶器

1. 壶（M12：5）　2. 盆（M12：3）　3. 樽（M12：4）　4、5. 耳杯（M12：1、M12：2）

（十三）M13

1. 墓葬形制

石棺墓（？）。早起被盗，破坏严重，墓圹形制不详，仅残存石板砌筑的椁室。墓底长0.6、宽0.3米（图二五；图版四，5）。棺室扰土内残存部分人骨，保存较差，人骨数量及葬式不详。

2. 随葬品

随葬品均被扰动，夹杂于扰土内。随葬品均为陶器，有盆、奁、耳杯等残片，均无法修复。

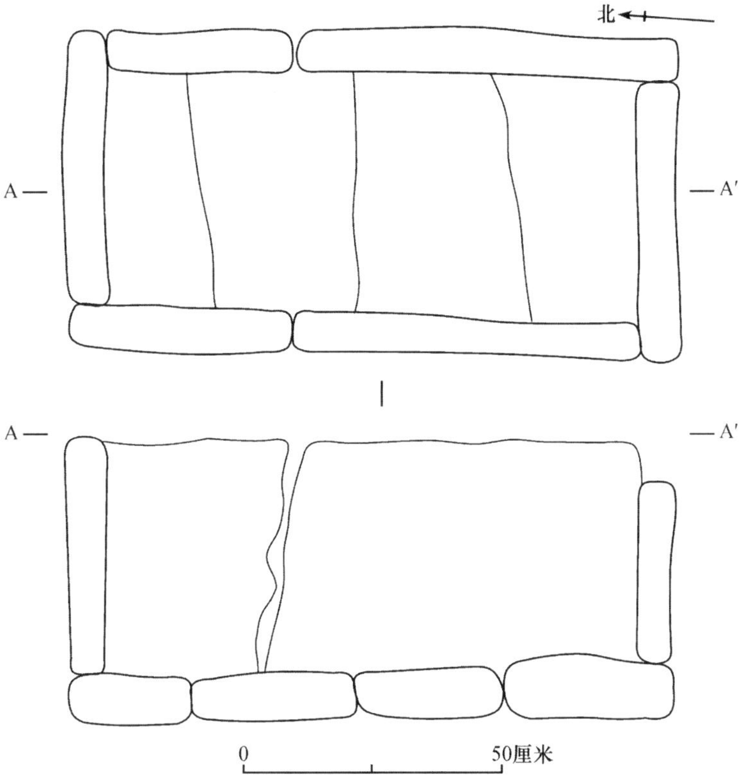

图二五　M13平、剖面图

三、结　　语

辽阳古称“襄平”，是秦汉时期东北地区的政治经济中心。战国时期燕国在此设辽东郡，秦汉因之，属幽州[1]。辽阳地区曾发现大量汉魏时期墓葬，尤以规模较大的石板壁画墓闻名学界。耿家墓地地处太子河的支流汤河沿岸，西距辽阳市中心约18千米，两汉时期属于“襄平”的有效管理范围内，墓葬当与辽阳城内的石板墓的形制与年代基本相同。墓地墓葬规模较小，应为当时生活在这一地区的平民阶层。

1. 墓地年代

受基本建设项目征地限制，此次仅对占地范围内墓葬进行了抢救性考古发掘，清理的13座墓葬大多破坏严重，随葬品较少，对墓地年代的判定有一定影响。

根据M10出土王莽时期的“货泉”货币，与其共出的灶、壶、罐等特征较明显，初步判断这批墓葬年代不早于王莽时期，当在两汉之际。M1、M2、M6、M9～M11，随葬品均有圆形灶，未见方形灶，形制与辽阳苗圃墓地土坑墓[2]出土的灶（M34：22）形制相似，均为灶面三孔的圆形灶，但形制不甚规整，制作较为随意。M11出土的长颈瓶属于辽东地区的典型器物，具有东汉早期的地方特征。综上，墓地年代当为王莽时期到东汉早期。

2. 葬式葬俗

该墓地人骨保存较差，可辨M2、M10为夫妻合葬，葬式为仰身直肢葬，应为二次打开墓葬所为；M1、M6、M8为单人葬，葬式为仰身直肢葬，应为一次葬。墓室（椁室）内未见葬具，亦未见器物台。

3. 文化因素

自汉武帝元封三年设置乐浪、临屯、玄菟、真番四郡[3]，加强了中央对包括朝鲜半岛、辽东半岛在内地区的行政管辖，同时也使得该地区受中原文化的影响更加明显。因此，辽阳地区与中原地区核心地带（长安、洛阳地区）在墓葬形制、随葬品特征方面保持着很强的一致性。墓主人深受中原汉文化影响，随葬品的组合、器形与中原地区基本相同。同时，采用石板修筑墓室、随葬长颈瓶等又具有典型的土著文化特色。

附记：本次发掘项目领队为李新全，参加发掘工作的有梁振晶、姚志勇、李兆阳、徐金博、白彬、刘化天、何向东、李景福。摄影为穆启文、梁振晶。绘图为司伟伟、姚志勇。此次发掘得到了辽阳市文物保护中心的大力支持，谨致谢忱。

执笔：李龙彬　梁振晶　司伟伟

注　释

［1］（汉）班固. 汉书·地理志［M］. 卷八下. 北京：中华书局，1964：1625.
［2］辽宁省文物考古研究所. 辽宁辽阳市苗圃墓地汉代土坑墓［J］. 考古，2015（4）.
［3］见汉书·武帝纪［M］，“三年夏……以其地为乐浪、临屯、玄菟、真番郡。”

Excavation of Gengjia Cemetery in Liaoyang City, Liaoning Province

Gengjia cemetery is located about 100 meters south of Gengjia village, Xiaotun Town, Liaoyang County, Liaoyang City. In order to cooperate with the construction of Benxi Liaoyang Liaozhong expressway project, with the approval of the State Administration of Cultural Relics, Liaoning Provincial Institute of Cultural Relics and Archaeology carried out rescue archaeological excavation of Gengjia cemetery in May 2006. A total of 13 tombs were excavated, pottery pots, pottery stoves, pottery trousseau boxes, pottery wells, copper coins and other relics were unearthed.

辽宁省北镇市医巫闾山辽代帝陵遗址群重要发现*

——新立M1、M2

辽宁省文物考古研究院
锦州市博物馆
北镇市文物处

据《辽史》等相关史料记载，辽代显陵和乾陵位于今辽宁省境内的医巫闾山，但具体位置不详。《辽史·宗室·义宗倍传》载："及太宗立石敬瑭为晋主，加兵于洛。从珂欲自焚，召倍与俱，倍不从，遣壮士李彦绅害之，时年三十八。有一僧为收瘗之。敬瑭入洛，丧服临哭，以王礼权厝。后太宗改葬于医巫闾山，谥曰文武元皇王。世宗即位，谥让国皇帝，陵曰显陵。"[1]《辽史·地理志二》载："显州，奉先军。上，节度。本渤海显德府地。世宗置，以奉显陵。显陵者，东丹人皇王墓也。人皇王性好读书，不喜射猎，购书数万卷，置医巫闾山绝顶，筑堂曰望海。山南去海一百三十里。大同元年，世宗亲护人皇王灵驾归自汴京。以人皇王爱医巫闾山水奇秀，因葬焉。山形掩抱六重，于其中作影殿，制度宏丽。州在山东南，迁东京三百余户以实之。应历元年，穆宗葬世宗于显陵西山，仍禁樵采。"[2]《辽史·地理志二》又载："乾州，广德军。上，节度。本汉无虑县地。圣宗统和三年置，以奉景宗乾陵。有凝神殿。"[3]金代王寂《辽东行部志》称："闾阳，辽时乾州也。承天皇太后葬景宗于先茔陵之东南，建城曰乾州，取其陵在西北隅，故以名焉。本朝以其县去广宁府五里，改州为县。"[4]《契丹国志》卷十一《天祚帝本纪中》载："夏，金人攻陷上京路，祖州则太祖之天膳堂，怀州则太宗德光之崇元殿，庆州则望仙、望圣、神仪三殿，并先破乾、显等州如凝神殿、安元圣母殿，木叶山之世祖殿、诸陵并皇妃子弟影堂，焚烧略尽，发掘金银珠玉。"[5]以上文献记载表明辽代显陵和乾陵均修建于医巫闾山，并建有两座奉陵邑显

* 本项研究得到2018年度国家社会科学基金重大项目"医巫闾山辽代帝陵考古资料（2012~2017）整理与研究"（18ZDA226）支持。

州城和乾州城，辽末金初，两陵均遭到金兵大规模毁掘，此后湮没于深山野林之间，逐渐成为历史之谜。

为了探寻和全面了解医巫闾山辽代显、乾二陵的位置、范围、布局、形制和保存状况，推动两陵文物保护工作的有效开展，辽宁省文物考古研究院在辽宁北镇进行了连续7年（2012～2018年）的考古工作，在医巫闾山东麓的北镇二道沟和三道沟等地区发现了一批重要辽代遗址和墓地[6]。新立遗址属于三道沟内一处极为重要的辽代遗址，多年来，我们对该遗址持续进行了考古调查、勘探、物探、发掘工作，取得了许多重要收获。

新立遗址位于辽宁省北镇市富屯街道新立村樱桃沟村民组东侧的黄土台地上，东南距北镇市区约7千米。遗址所在黄土台地背倚骆驼山，东、西两侧各有一条季节性小河，周围群山环抱，风景殊绝。整个台地经过了全面考古勘探和局部发掘，北部为一组大型廊院建筑（编号为新立遗址一号基址）和两座大型墓葬（编号为新立M1、M2）（图一），南部为较小的附属建筑。新立M1、M2均没有进行完整的发掘，但均经过了全面详细的勘探和物探，其中对新立M1进行了布方发掘，仅清理出墓圹，对新立M2墓道进行了局部解剖发掘。

一、新立M1

新立M1位于新立一号基址西南侧，两者相邻最近处相距仅约0.5米（图二，1）。该墓无封土迹象，与一号基址相距虽极近，但两者无叠压打破关系。墓葬开口于表土层下，打破生土，平面呈“甲”字形，由墓道、天井和墓室组成。墓葬方向178°。墓圹全长83.7米，墓室底部距地表深约13.8米（依勘探结果）。

墓道平面呈近梯形，长33米，宽5.8～10.8米。墓道东侧圹边外折呈三段状分布，推测填土下有二层台。墓道填土自南向北中部为黑褐色沙粒土，两侧为黄褐色沙粒土，经局部解剖显示，黑褐土打破黄褐土，且两种颜色的填土均经过人工夯打，推测该墓葬有二次下葬的现象。墓道填土内出土1件兽面纹瓦当残件，瓦当边轮较宽，兽面周边饰有联珠纹，兽面顶部有一“王”字（图二，2）。墓道中部分布有祭祀坑一个。祭祀坑开口于表土层下，打破墓道填土。坑口平面呈近圆形，不规则弧壁，锅底状坑底。坑口直径2.9米，深1.8米。祭祀坑填土内放置有泥质灰陶罐一个，圆唇，侈口，矮领，溜肩，鼓腹，平底，底部被人为打破，口沿下部和腹部各饰有两周方格纹。口径39.6厘米，底径25.4厘米，高49.5厘米（图二，3）。

天井平面呈近长方形，长约24米，宽10.2～11.7米。天井两侧分布有成片的石块，北部居中分布有盗洞一个，坑口平面呈圆形，直径约2.5米。推测该盗洞下为墓门位置。

墓室平面呈梯形，长约39米，宽21.3～24米，填土为黄褐色沙粒土，经人工夯打，

图一　新立遗址北部区域俯视图

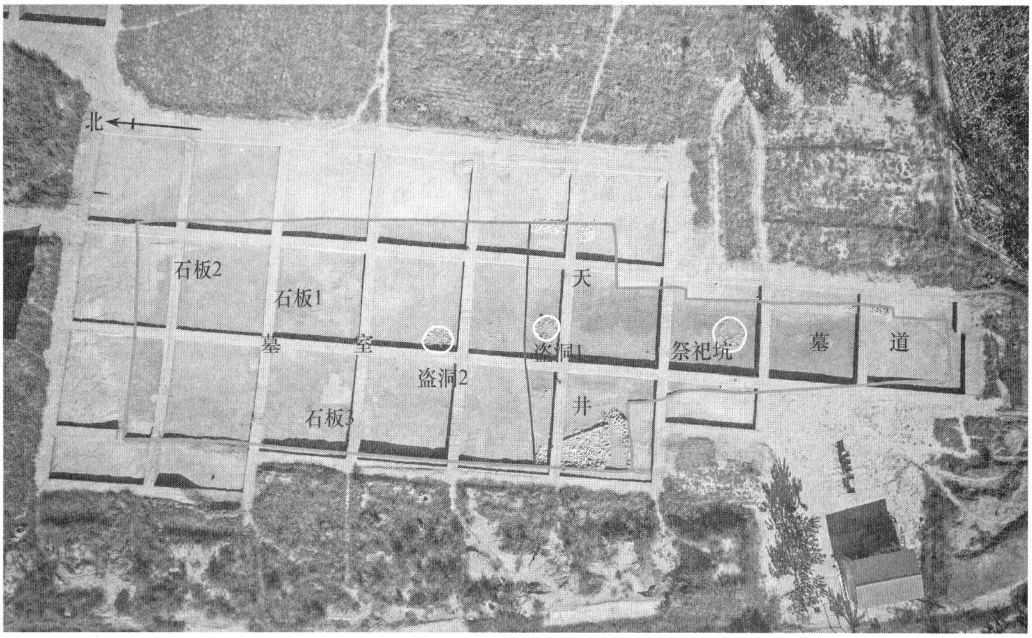

1. 新立M1俯视图

2. 墓道填土内出土瓦当

3. 墓道祭祀坑内陶罐

4. 墓室填土内石板

5. 盗洞

图二　新立M1及出土遗物

1. 新立M2墓道壁

2. 新立M2墓道底局部

3. 筒瓦（M2墓道填土：7）

4. 板瓦（M2墓道填土：8）

5. 方砖（M2墓道填土：5）

6. 长条砖（M2墓道填土：6）

7. 砖构件（M2墓道填土：4）

8. 夯锤（M2墓道填土：2）

图三　新立M2墓道局部及填土内出土遗物

夯层明显，坚硬结实。距地表20～50厘米，墓葬填土中发现三处残存铺地石。铺地石由大小不一、打磨精细的石板拼接组成，底部用石灰黏合，铺砌规整（图二，4）。三处铺地石边缘均有残缺石板块，推测原整个墓室顶部满铺石板。石板附近无建筑迹象，也无建筑构件出土。墓室南部居中分布有盗洞一个，平面呈圆形，直径约3米，洞内堆积有石块、琉璃瓦残片等，清理前自然雨水和村民灌溉用水可以从该盗洞缝隙灌入墓内（图二，5）。

二、新立M2

新立M2位于一号基址北部居中，两者相邻最近处相距约5米。墓葬经过详细的勘探，墓圹由墓室和墓道组成，全长44.1米。墓室呈圆形，直径约19.1米。墓道平面呈梯形，长25米。墓葬方向168°。墓室底部距地表深约10.2米。

墓道中部经探沟解剖可知，墓道开口于表土层下，墓道两壁用土坯和青砖混合砌筑，砌法为一顺一丁，表面涂抹黄泥，无壁画（图三，1）。墓道底部为用双层方砖砌成的规整台阶，台阶宽3.5米（图三，2）。墓道填土为黄褐色沙粒土，包含石块，上部经过人工夯打，坚硬结实；下部较疏松，内部包含石块数量较多。填土中出土有少量青砖、灰瓦、夯锤等建筑材料（图三，3～8）。

墓葬西南部分布有成片的人工积石，且被墓葬打破。人工积石范围较大，深度较深，内部包含有少量青砖块和辽代瓷片。

三、结　　语

通过将新立遗址与位于内蒙古辽庆陵东、中、西三陵对比分析，结合遗址的年代，我们认为新立遗址M2和一号基址为辽乾陵的玄宫和陵前殿址[7]。

值得注意的是，与辽庆陵相比，乾陵玄宫和陵前殿址相距极近，约5米，而庆陵东、中、西三陵玄宫和陵前殿址间距分别为约120、150和350米[8]。另外，辽庆陵三陵均为单座玄宫和陵前殿址，而乾陵除玄宫（新立M2）和陵前殿址（一号基址）外，于陵前殿址西南侧还存在一座巨型墓葬（新立M1），该墓为目前国内所知规模最大的一座辽代墓葬。勘探和物探表明，新立M1是一座多室砖室墓，特别是墓室顶部填土中还铺砌有石板，这一现象在辽代墓葬中极为罕见，充分表明了此墓等级极高，其性质有待进一步确认。

玄宫是帝陵的核心，辽乾陵玄宫位置锁定是医巫闾山辽代帝陵考古项目的重要突破，为探寻医巫闾山显、乾二陵的位置、布局迈出了最关键的一步，同时它也是辽代考古的重要发现之一。

附记：本项目负责人为万雄飞。参加项目的人员有辽宁省文物考古研究院苏军强、胡国富，锦州市文物考古研究所吴鹏、刘潼、张壮，北镇市文物处周大利、于九江。遗迹、器物照片由苏军强、图旭刚拍摄。

执笔者：苏军强　万雄飞　图旭刚
周大利　张　壮

注　释

［1］（元）脱脱等. 辽史·卷七十二［M］. 北京：中华书局，1974.

［2］（元）脱脱等. 辽史·卷三十八［M］. 北京：中华书局，1974.

［3］同［2］.

［4］王寂著，张博泉注释. 辽东行部志注释［M］. 黑龙江：黑龙江人民出版社，1984.

［5］叶隆礼撰，贾敬颜，林荣贵点校. 契丹国志·卷十一［M］. 上海：上海古籍出版社，1985.

［6］辽宁省文物考古研究所. 辽宁北镇市辽代帝陵2012～2013年考古调查与试掘［J］. 考古，2016（10）.

［7］万雄飞，苏军强，周大利，张壮. 医巫闾山辽代帝陵考古取得重要收获——辽宁北镇新立辽代建筑遗址发现辽乾陵陵前祭殿和乾陵玄宫［N］. 中国文物报，2018-9-21（8）.

［8］田村实造，小林行雄. 慶陵—東モンゴリアにおける遼代帝王陵とその壁畫に關する考古學的調查報告［M］. 座右寶刊行會，1953.

Important Discovery of Yiwulü Mountain Liao Dynasty Mausoleum Ruins Group in Beizhen City, Liaoning Province

From 2012 to 2018, Liaoning Provincial Institute of Cultural Relics carried out continuous archaeological work for seven years in Beizhen, Liaoning Province, and discovered a number of important Liao Dynasty sites and cemeteries in Erdaogou, Sandaogou and other areas at the eastern foot of the Yiwulü mountain. Xinli site belongs to a very important Liao Dynasty site in Sandaogou, Liaoning Provincial Institute of Cultural Relics has carried out continuous archaeological investigation, exploration, geophysical exploration and excavation on the site，and found three large groups of ruins in the north or the site. The ruins were a group of gallery courtyard buildings and two large tombs. According to the layout of relics and the characteristics of unearthed relics, Xinli M2 should be the tomb of Qianling mausoleum of Liao Dynasty. The nature of Xinli M2 is still in question.

吉林省梨树县偏脸城西侧金代遗存2017年发掘简报*

吉林大学边疆考古研究中心
吉林省文物考古研究所
四平市文物管理委员会办公室
梨树县文物管理所

偏脸城古城位于吉林省西南部四平市梨树县城北6千米的白山乡岫岩村西，北依白山丘陵，南临招苏台河，所在地势西北高而东南低。地理坐标为东经124°20′45.29″，北纬43°21′26.31″，海拔152～183米。因城垣方位偏斜，民间俗称"偏脸城"（图一）。偏脸城于1961年被列为省级重点文物保护单位，2006年被国务院公布为第六批全国重点文物保护单位。

偏脸城城垣沿山势夯土修筑而成，方向南偏西23°，周长4318米，顶宽1米，基宽12米，最高处达7.4米，城垣四角筑有角楼，高出城墙2米。城垣四周各开辟1座城门，城门外设马蹄形瓮城，城墙外有护城河。城外有3处遗址，城北是一处居住址，遗物有灰砖瓦片、灰陶片和白瓷片。城东墙外约100米处的山坡上是一处金代墓群，城西约300米处的岫岩村砖厂西南角的山坡上，也是一处金代墓群。

这里曾出土过铜菩萨、坐佛造像、人物双鱼铜镜、有柄人物铜镜、铜风铃、铜棋子、金饰件、骨牌、玉双鱼、泥质灰陶壶、莲花纹泥质灰陶罐、白釉提梁瓜楞瓷壶、牙白釉瓷瓶等，另有铁质工具、石质用具等[1]。

一、以往考古调查与发掘工作

1956年首次考古调查时清理了6座墓葬，并采（征）集文物200余件[2]。清理的6座墓葬位于城东、西两处，包括椭圆形和方形两种。1961年，吉林省公布此城为吉林省重

---

* 本文系教育部人文社会科学重点研究基地重大项目"东辽河流域汉以前考古学文化的综合研究"（16JJD780007）的阶段性成果。

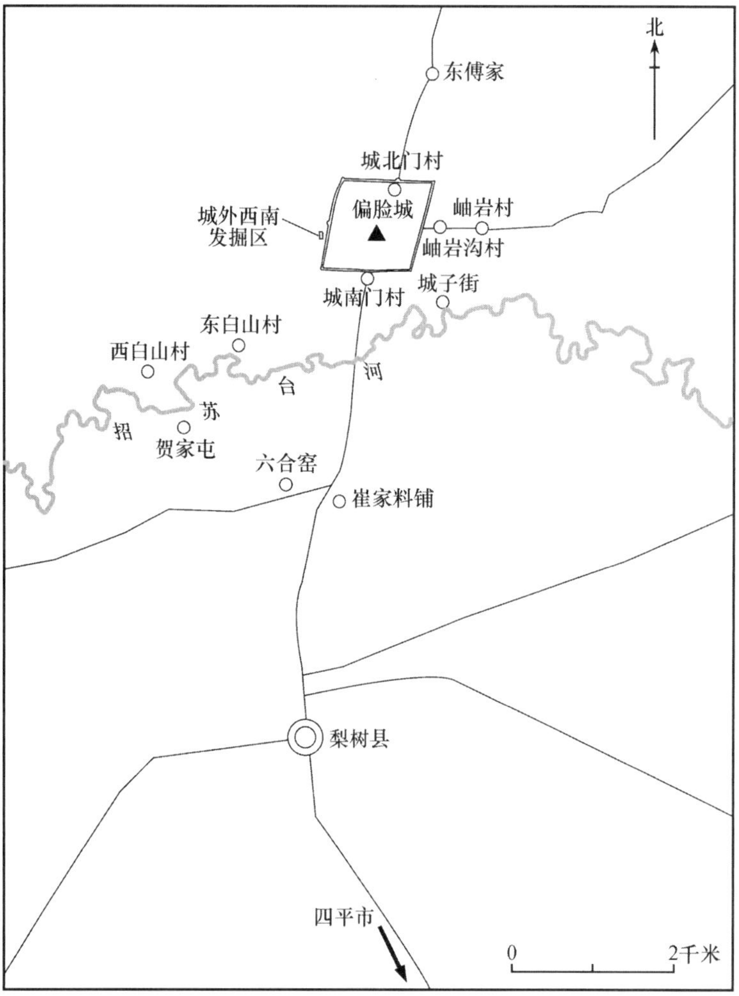

图一　偏脸城古城位置示意图

点文物保护单位。1962年陈相伟先生进行了复查并采集了一些遗物，对偏脸城做了比较详细的描述[3]。20世纪80年代在城内北屯耕地中发掘过1座石棺墓[4]。2006 年，偏脸城被国务院公布为第六批全国重点文物保护单位。2013 年，编制了《吉林省梨树县偏脸城遗址保护规划（2014～2030）》。2014 年，国家文物局做出了《关于偏脸城城址抢险加固工程立项的批复》函。2015年8月，为了配合保护工程和编制规划，吉林省文物考古研究所对偏脸城金沟北侧进行考古试掘工作，顾聆博为领队，目的是确定城址的时代和文化堆积情况[5]。

二、2017年发掘情况

2017年7月17日，城址西门外有一批墓葬受雨水冲刷暴露出来。7月19日，在吉林省文物局的指导下，受吉林省文物考古研究所委托，梨树县长山考古队对该处墓地进行了实地调查，在城址西门停车场与西南角护城河与水泥路之间，长约400米、宽约30米的范围内发现已暴露出地表的墓葬有28座。根据采集遗物判断，大部分墓葬的年代为晚清至民国时期，也有被破坏的辽金砖室墓。

2017年8月12日～9月22日，部分长山考古队员对偏脸城西侧墓地进行了抢救性清理，分南、北两区（图二），现将南区发掘情况介绍如下。

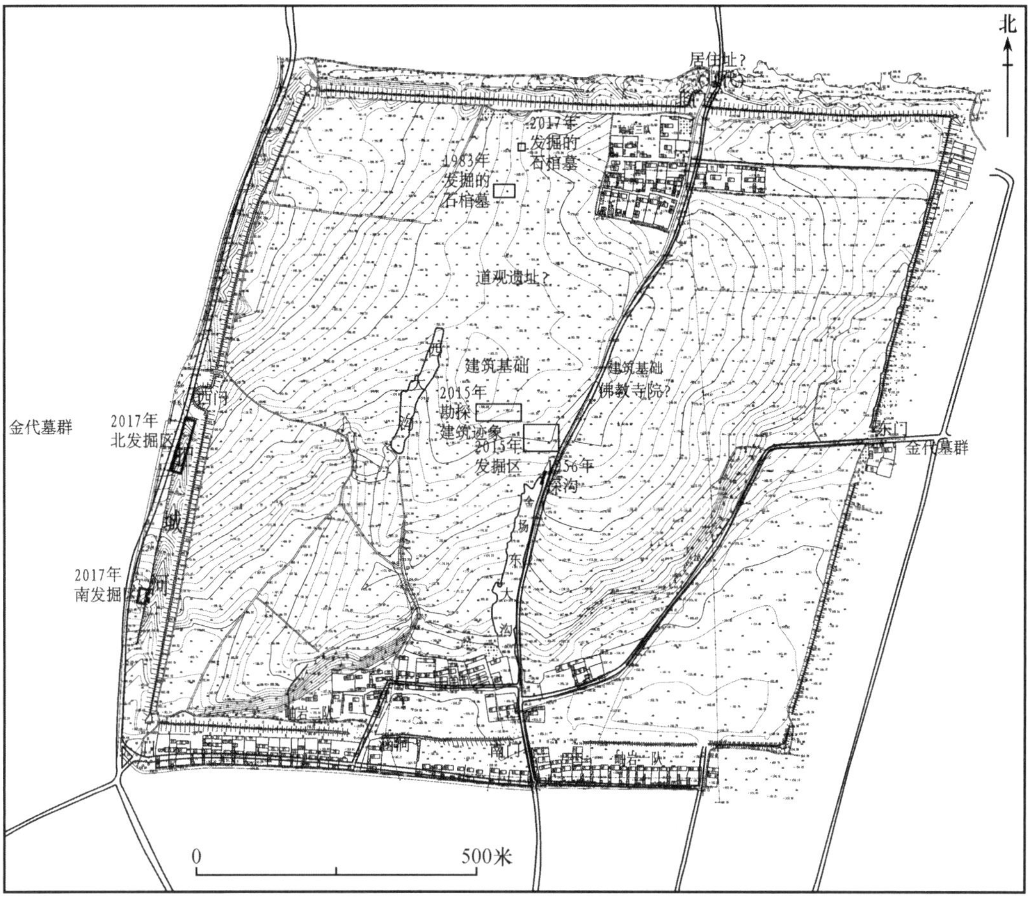

图二　偏脸城古城考古发掘地点分布示意图

南发掘区位于护城河外西侧靠近城西南角的长条形农田，现代水泥路东侧，地势为坡状，北高南低。因地表可见大量砖块与疑似盗洞，梨树县文物管理所向吉林省文物局汇报，吉林省文物局委派吉林大学边疆考古研究中心与梨树县文物管理所组成联合考古队，于2017年9月3日至22日对南区进行抢救性发掘，根据发掘区地形情况布设长方形探方1个（编号17LPST1，以下省略17LPS），包括清理墓道等扩方部分在内，共揭露面积近85平方米，清理道路1条、沟3条、灰坑1个、土坑竖穴墓1座、砖室墓2座（图三），出土包括陶器、瓷器、铁器、铜钱等在内的辽金时期遗物20余件。

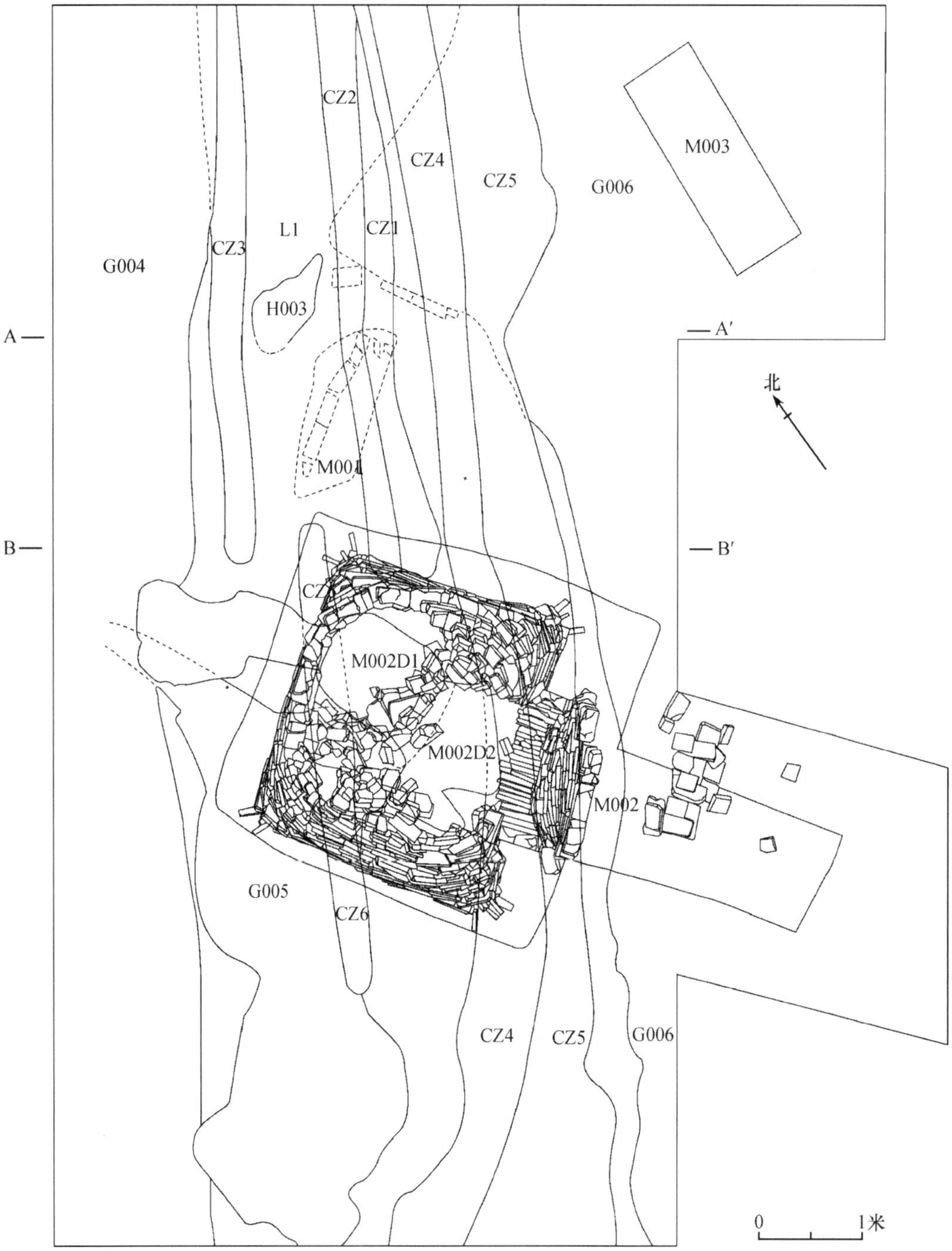

图三　偏脸城2017年发掘南区遗迹总平面图

（一）地层堆积

该发掘区地层堆积较简单，分为3层（图四）：

第1层为耕土层，黑褐色沙质亚黏土，较疏松，坡状分布，北高南低，厚0.15～0.2米，包含少量小石块、动物骨骼、砖块、泥质灰陶、白色瓷片、5个铁球、3枚铜钱、1个铜扣。第1层下开口有L1（M2开口于L1下）、G4、G5、G6、H3、M1。

第2层为灰褐色黏土，较致密，厚0.16～0.52米，包含小石块、动物骨骼、砖块、瓦片、泥质灰陶、瓷片。

第3层为红黄褐色黏土，较致密，厚约0.5米，包含少量泥质灰陶片。

3层以下为生土，黄褐色细沙土，较致密，纯净。

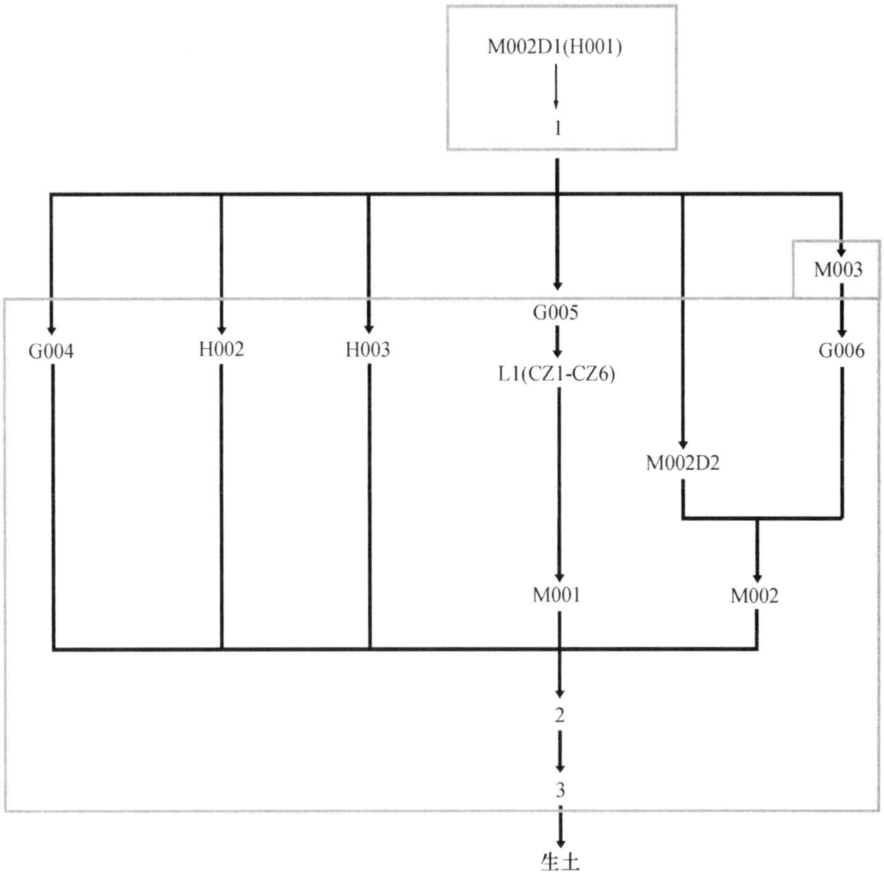

图四　偏脸城2017年发掘南区层位关系示意图

（二）遗迹与遗物

1. 道路

1条。L1位于G4和G6（护城河）之间，开口于耕土层下，在发掘区内揭露出的路面部分长11、宽2.85～3.7、厚0.07～0.18米。路面上发现6条几乎平行的车辙印痕（CZ1～CZ6），辙痕宽0.18～0.38米。路土堆积分2层：第1层为很致密的红色黏土，厚0.04～0.15米，包含灰白黏土块和小石块，出泥质灰陶4片、瓷片3片、砖块；第2层为致密的黑灰色黏土，厚0.03～0.13米，包含小石块。

2. 沟

3条，分别为G4、G5、G6。

（1）G4

位于南发掘区西侧，开口于耕土层下，与L1并列，发掘区内长11米、宽0.8～1.6、深0.55～1.05米（图五）。沟内堆积分2层：第1层为疏松的黄褐色砂土，厚0.3～0.75米，包含灰褐色亚黏土水平条带、黄褐色粗砂粒，出土布纹瓦和瓷片各5块，以及夹砂黄褐陶和泥质灰陶6片，其中有4个口沿；第2层为较致密的灰褐色黏土，厚0.03～0.35米，包含较薄流沙层、小石子，出土1片夹砂黄褐陶，6片泥质灰陶，其中有1件器底与少量铁球。

陶器器底　1件。17LP南G4②：1，残，泥质灰陶，平底。残高3.7、底径24、壁厚0.6～1.2、底厚0.7厘米（图六，1）。

陶器口沿　1件。17LP南G4①：1，残，泥质灰陶，卷沿。残高3.2、壁厚1厘米。

陶器器底　1件。17LP南G4①：5，残，泥质灰陶，平底。残高4.9、壁厚0.9～1、底厚0.8厘米。

铁球　3件。

17LP南G4①：2，整体近椭球形，表面粗糙，有圆形凸起，含较多沙子。长轴1.1、短轴1厘米（图六，2）。

17LP南G4①：4，整体近椭球形，表面粗糙，有圆形凸起，含较多沙子。长轴1.9、短轴1.7厘米（图六，3）。

17LP南G4①：3，整体呈葫芦形，表面粗糙，有圆形凸起，含较多沙子。通高3.46、上直径1.6、下直径2.9厘米（图六，4）。

（2）G5

开口于耕土层下，打破M2。平面呈不规则形，底部不平，有3个坑，应是从G4冲出来的。在发掘区内长5.97、宽0.18～2.4、深0.2～0.58米（图七）。沟内堆积分3层：第1层为较疏松的灰褐色沙质亚黏土，包含很薄的细沙土层、少量鹅卵石，厚0.18～0.2

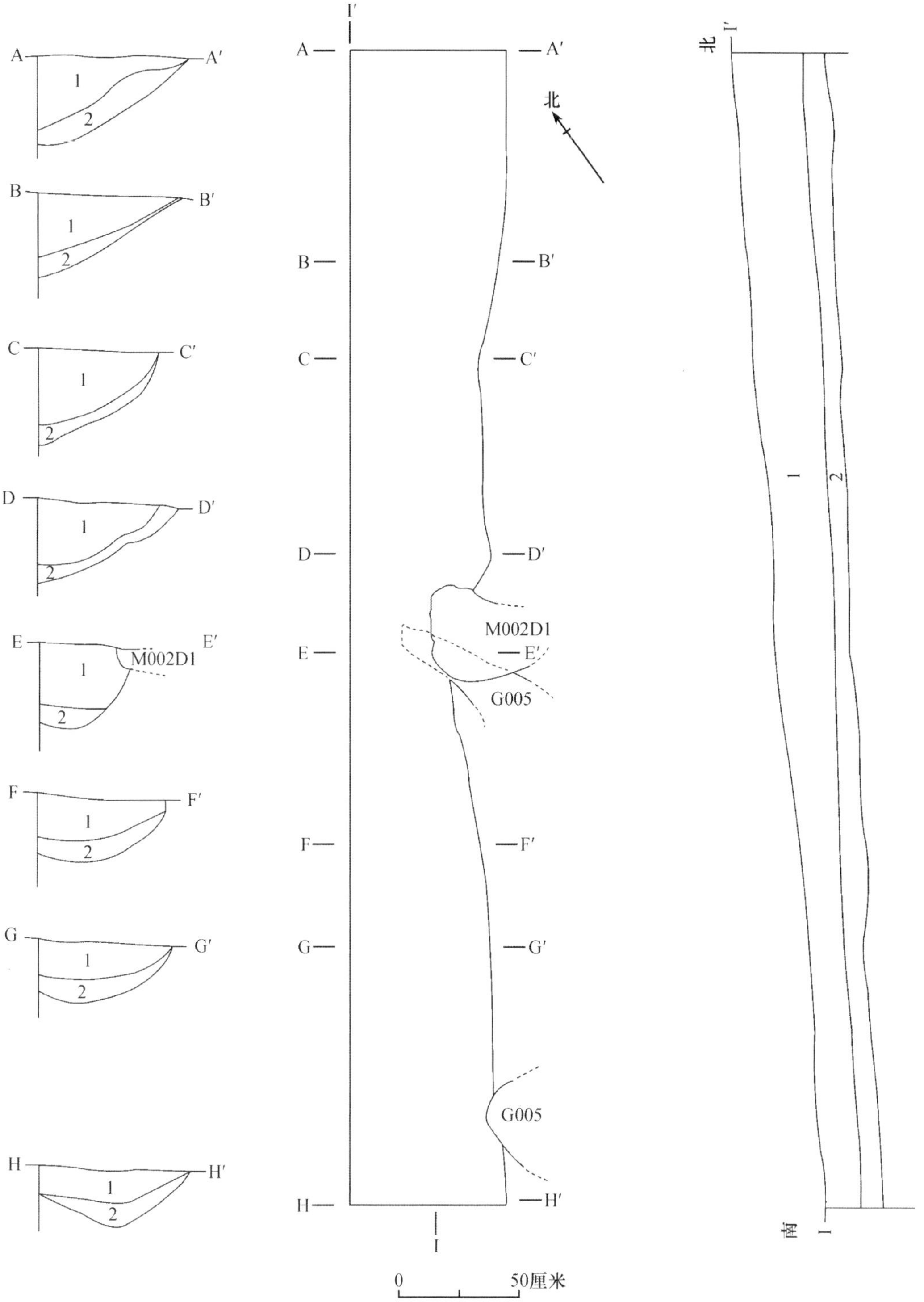

图五　G4平、剖面图

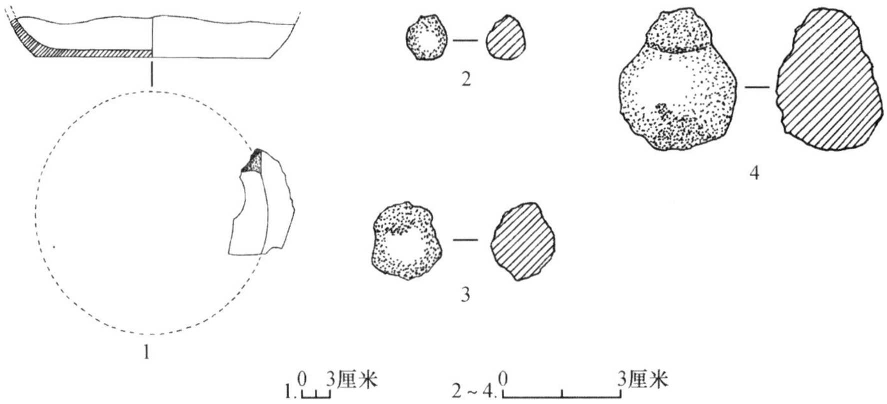

图六　G4出土遗物

1. 陶器器底（17LP南G4②：1）　2～4. 铁球（17LP南G4①：2、17LP南G4①：4、17LP南G4①：3）

米，出土泥质灰陶6片、瓷片3片、夹砂黄褐陶1片，其中有器底1件；第2层为较疏松的黄褐色沙质亚黏土，包含少量鹅卵石，厚0.15～0.2米，出土大量的砖块（系M2墓砖）；第3层为很疏松的黄沙，包含大量鹅卵石，厚0.15～0.38米，出土砖块、1件瓷器底和大量铁球（共27.75千克）。

瓷器器底　1件。17LP南G5③：1，残，胎呈黄褐色，较粗糙，釉色黄白，圈足，外部无釉，内底有支钉的痕迹。残高3.3、底径6.6、壁厚0.15～1.2、底厚0.6～1.4、圈足厚0.8～1.1厘米。

（3）G6

位于发掘东侧，开口于耕土层下，与L1并列，打破M2的墓道，发掘区内只有西边，发掘区内长11、发掘区内深0.26～1.12米。沟内堆积分2层：第1层为很致密的红色黏土，包含白灰块、小石子、3块动物骨骼，厚0.26～1.08米，出土79片泥质灰陶，7片瓷片，1片布纹瓦，其中有7件口沿、2件器底、1件器耳；第2层为很致密的灰褐色黏土，包含大量的点状白色黏土、小石块、4块动物骨骼，厚0.03～0.47米，出土33片泥质灰陶、1片布纹瓦、1片瓷片，其中有1件口沿、2件器底。根据分布状态、堆积性质与坡度，应为偏脸城的护城河。

瓷器器底　1件。17LP南G6②：1，残，胎呈黄褐色，较粗糙，釉色黄白，圈足，外部无釉，内底有支钉的痕迹。残高2.35、底径7、壁厚0.45～0.8、底厚1、圈足厚0.8～1厘米（图八，1）。

陶器器耳　1件。17LP南G6①：1，残，辽金泥质灰陶。残长9.6、残宽8.5、器壁厚0.5～1、器耳厚0.6厘米，器耳孔呈椭圆形，长轴2.7、短轴1.7厘米（图八，2）。

图七　G5平、剖面图

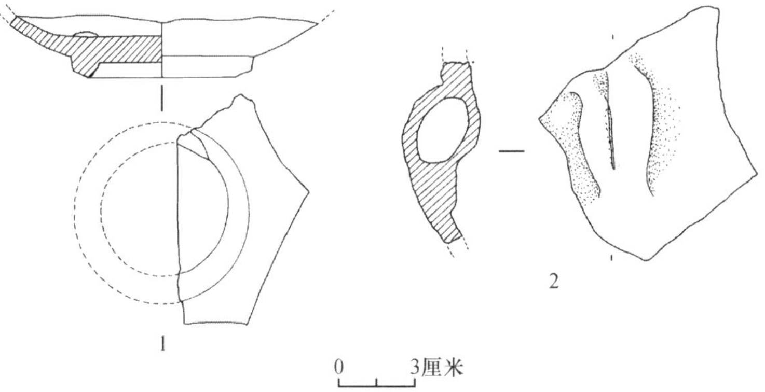

图八　G6出土遗物
1. 瓷器器底（17LP南G6②：1）　2. 器耳（17LP南G6①：1）

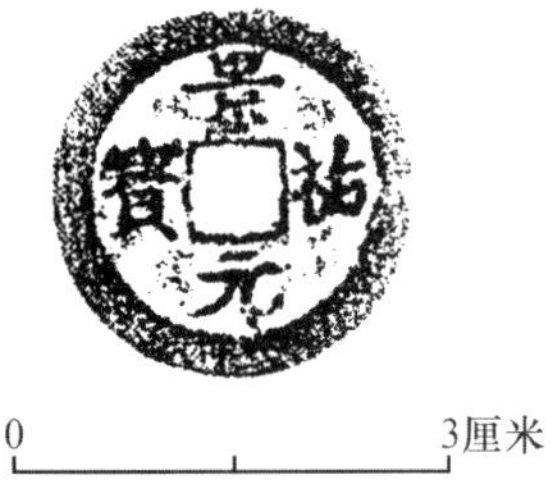

图九　M1出土铜钱拓片（SM1①：1）

3. 墓葬

砖室墓　2座。

（1）SM1

破坏程度很严重，可能为小型砖室墓，只剩几块砖。出土铜钱1枚，M1①：1，景祐元宝，圆形方孔钱。直径2.5厘米（图九）。

（2）SM2

位于发掘区中部偏南，开口于L1下，被G5与G6（护城河）打破。墓上发现两个盗洞。其中盗洞1，长2.38、宽0.4～1.12米，分为东西两部分，西侧较浅，东侧较深。西侧未打到墓室，出扰乱的人骨、青砖、铁球、陶片。东侧打穿了墓室顶部，可看到砖券顶和被扰乱的人骨。盗洞内填土为灰褐色沙质黏土，包含少量浅红土、局部较致密淤沙和小石块，厚0.04～0.24米，出土动物骨骼6块（烧骨1块）、几块人骨（脊椎），出土瓷片4片、布纹瓦1片、泥质灰陶37片、黑釉陶1片、夹砂黄褐陶1片、砖块，其中口沿1件、器底1件、陶壶1件、铁镰刀1件、铁块1件、铁钉2枚、铜片1件、铁球6个、铜扣1枚、铁刀1件、铁器2件。盗洞2呈不规则形，长1.58、宽1.11米，斜壁平底，被盗洞1打破。堆积分3层：第1层为较疏松的黑褐色沙质黏土，出泥质灰陶4片、砖块；第2层为较致密的灰红色花黏土，厚0.04～0.1米，出土砖块；第3层为较疏松的灰褐色沙质亚黏土，厚0.01～0.21米，出土砖块。

SM2为小型砖室墓，即先挖好土坑，后于坑内砌筑砖室，地表未发现封土迹象。墓葬总长5.78米，墓道朝向为东偏南106°，由墓坑、墓道、墓门、甬道和墓室五部分组成（图一〇；图版一六）。

墓坑为圆角长方形，长3～3.44米，宽3.42～3.5米，深1.66～1.78米。墓坑内堆积（SM2①）为较致密的红色花土黏土，包含大量白色黏土、黄色淤泥、黑色黏土块、少

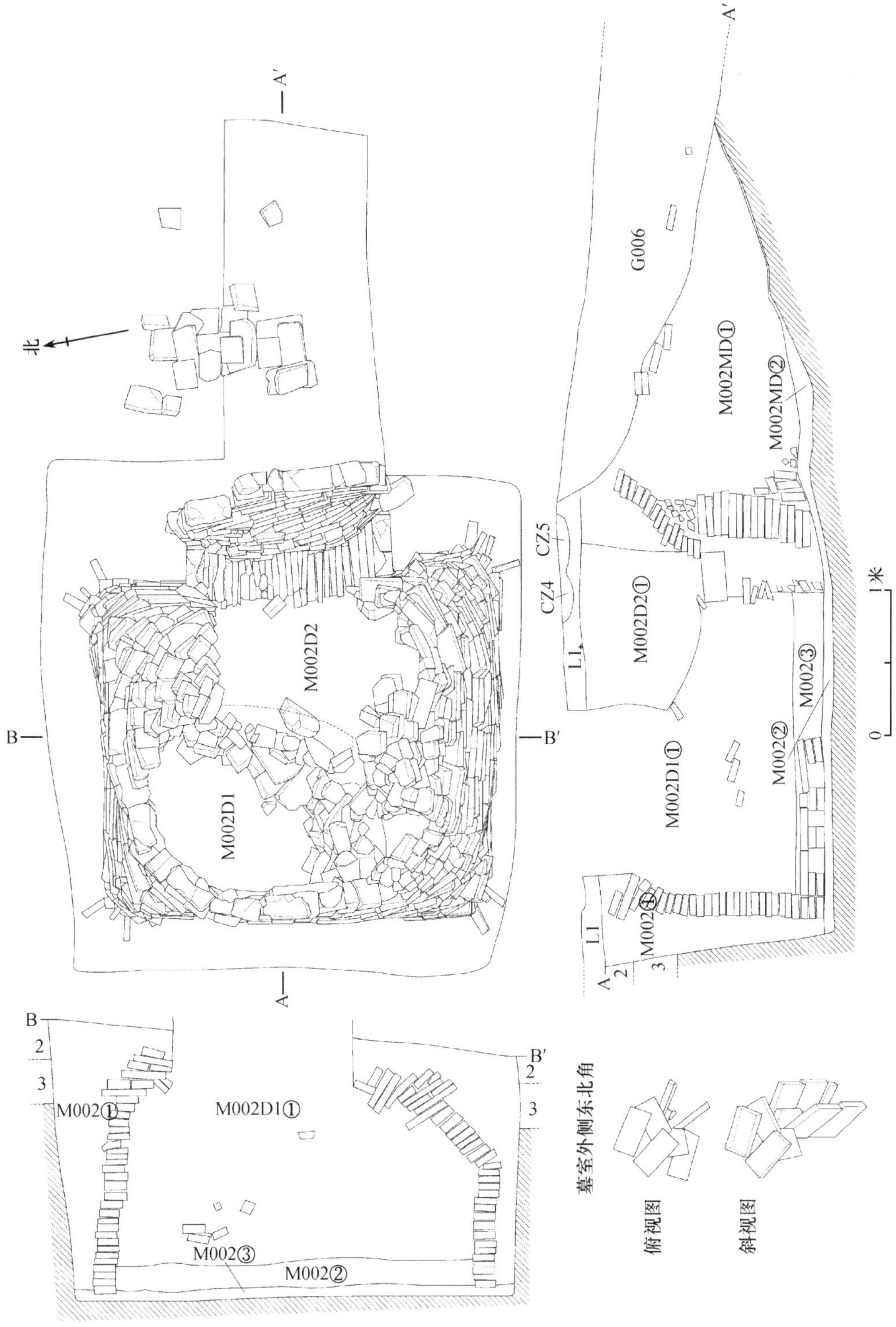
北
A
A′
B
B′
M002D1
M002D2
G006
M002MD①
M002MD②
CZ5
CZ4
L1
M002D2①
M002D1①
M002①
M002②
M002③
2
3
墓室外侧东北角
俯视图
斜视图
0
1米

图一〇 SM2平、剖面图

量小石子，出土布纹瓦4片、泥质灰陶19片、夹砂黄褐陶1片、砖块，其中口沿1件、器底1件。

SM2穹隆顶砖室为青砖叠涩，砖体规格基本为32–32–34×16×5～6（厘米），转层之间以白灰和红色黏土作为黏合剂，厚约1厘米。砖室下部呈长方形，上部呈圆形，有甬道、门楼、斜坡墓道，墓室及墓道底部铺洒白灰。墓室底部有棺床。

墓道接于墓室东壁中间，平面呈长方形，长2.38、宽1～1.14米，方向为106°，坡度为13°～17°，未见台阶，底部铺一层白灰，厚0.01～0.12米。墓道内堆积分2层：第1层为较致密的红色花黏土，最厚1.38米，出土泥质灰陶26片、瓷片6片、夹砂黄褐陶1片、布纹瓦2片、砖块，其中口沿4片，铜钱1枚（“熙宁元宝”）。第2层为白灰，厚0.01～0.12米。

甬道系连接门楼与墓室的部分，亦为青砖砌筑。破坏严重（被盗洞2打破），整体呈长方形。拱顶主体为一层。保存部分长0.35、高0.86、外宽1.46、内宽0.7、内高0.7、拱顶高0.16米。

墓门为券顶，东西向丁砖封门，丁砖前堆砖块，宽2.04、高1.32米（图一一；图版一七，1）。门楼共15层南北向顺砖，高0.62米，且两侧为向东凸出的一排东西向顺砖。甬道进深0.94米，亦用砖封堵，墓门自上而下从3层开始2个偏北、2个偏南斜放的丁砖，15层。墓室内用碎砖、丁砖和土（类似于墓圹内堆积SM2①红色花土黏土）填充。

墓室为长方形，长2.5～2.52、宽2～2.2米，直壁20层砖，高1.02米，顶部下26层砖，高1.25米。墓室剖面形状为略袋状、平底。墓室外侧四角部分砌筑方式较为特殊，俯视呈燕尾状凸出于外侧，燕尾部分每侧为横向侧立的青砖叠砌而成，由于距离墓坑壁

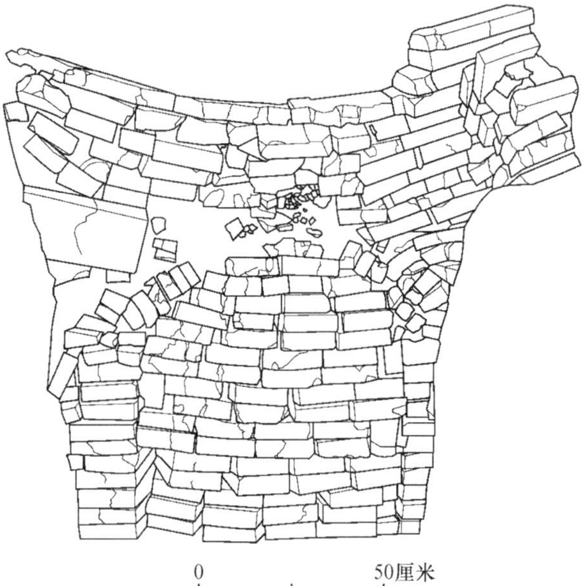

图一一　SM2门正视图

较近，仅清理出两层（图一二；图版一七，2、3）。

墓室内堆积分2层：第1层（SM2②）为长方形，分布于棺床上、白灰层（SM2③）上整个墓室内，厚0.05～0.24米，出土瓷片1片、泥质灰陶3片、砖块、定窑瓷碗1片；第2层（SM2③）分布于墓道与整个墓坑最下层与棺床和甬道之间，为白灰，厚0.06～0.08米。

棺床位于墓室西部，紧挨墓室西、南、北壁，由三层平砖垒砌（图一〇；图版一八，1）。尸床表面施白灰，第一层自西向东三排丁砖，第一排和第二排略错缝，各16块，第二排和第三排之间有长方形石楔砖块。第二层由顺砖平铺，最外侧自南至北原有7块顺砖加四分之三块顺砖，第二层自西向东四排平砖基本等距平铺，每两排之间的空隙以填土充实。第三层砌法同第二层。最外侧（第四排）自南至北由楔砖（长12厘米）加一块顺砖加楔砖（长15厘米）加三块顺砖加长楔砖加两块顺砖砌成，长楔砖内收3厘米，由白灰和黄土组成的黏合剂填充。尸床下铺砌7厘米左右厚的一层白灰，白灰下为浅绿色土层，致密、纯净、较硬，为生土层。

由于墓葬扰乱严重，人骨全被扰乱，大部分人骨出土于盗洞1，在棺床上还留在原位的有一个指骨，尺骨和桡骨，一个腓骨和一个趾骨。遗物多出土于表层和墓室内扰乱堆积内，另有部分出土于墓道填土内（图一三）。

陶壶　1件。SM2D1①：1，泥质灰陶，轮制，侈口圆唇，卷沿，溜肩，斜弧腹，平底，肩部至腹部中间有平行线纹带。通高35、口径13、底径5、腹部最大径16.2、壁

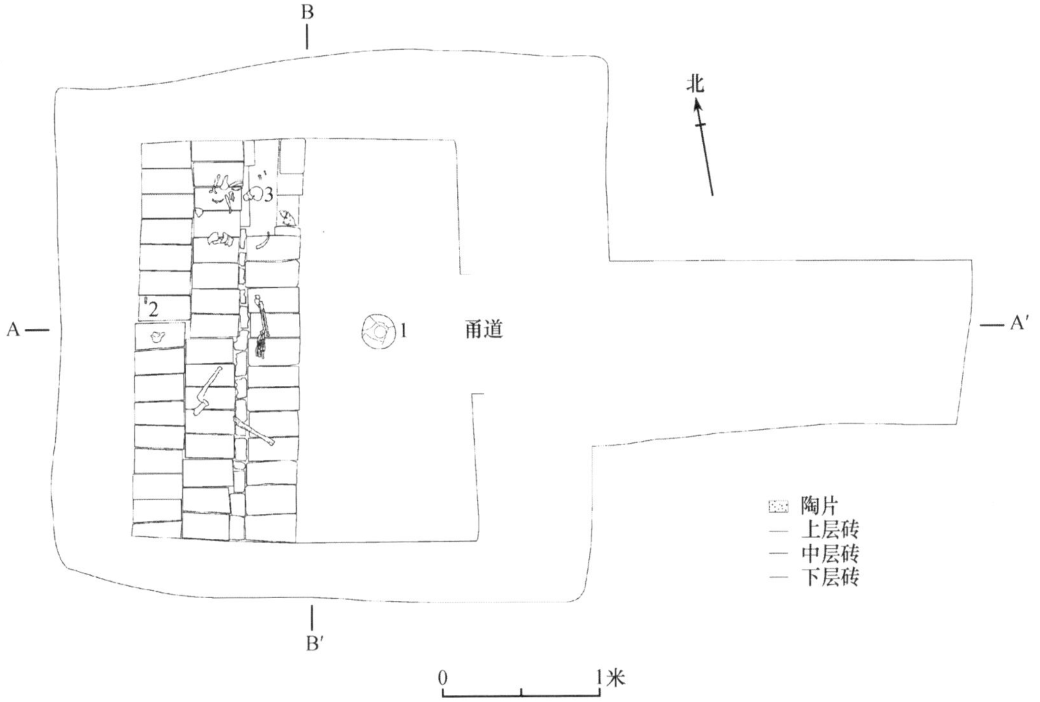

图一二　SM2墓室内底部平面图

1. 瓷碗　2. 骨刷　3. 石头

厚0.5～0.8、底厚0.6厘米（图一三，2；图版一八，2）。

瓷碗　1件。SM2②：1，胎呈黄白色，较细腻，釉色黄白，敞口圆唇，斜弧腹，圈足，内底绘有双鱼纹。口径20.5、底径7、高6、壁厚0.25～0.6、底厚0.6、圈足厚0.3厘米（图一三，1；图版一八，3）。

铜扣　1枚。SM2D1①：3，扣身呈花骨朵形，花蒂的部位与环状纽相接，环状纽略向一侧偏。通高1.8厘米，扣身近圆形，直径1.3厘米，环状纽外径0.55、内径0.4厘米（图一三，6）。

铜钱　1枚。SM2MD1①：1，熙宁元宝，圆形方孔钱。直径2.4厘米（图一三，8）。

铜片　1件。SM2D1①：6，整体近长方形，一侧有一豁口，一端有穿孔。长1.9、宽0.6～0.95、厚0.1、穿孔长0.16、宽0.1厘米（图一三，7）。

铁器　4件。

SM2D1①：2，镰刀，残，通体锈蚀，一端有小孔。长15.2、宽1.8～2.8、厚0.15～0.4、小孔长0.7、宽0.45厘米（图一三，3）。

SM2D1①：4，铁刀，残，通体锈蚀，刀柄处窄厚，刀身宽扁。残长11.4、刀柄宽0.7、厚0.5、刀身宽1.3～1.85、厚0.1～0.3厘米（图一三，4）。

SM2D1①：5，一端为铁环，通体锈蚀。一件通长11.2、宽0.3～0.6、厚0.5厘米，

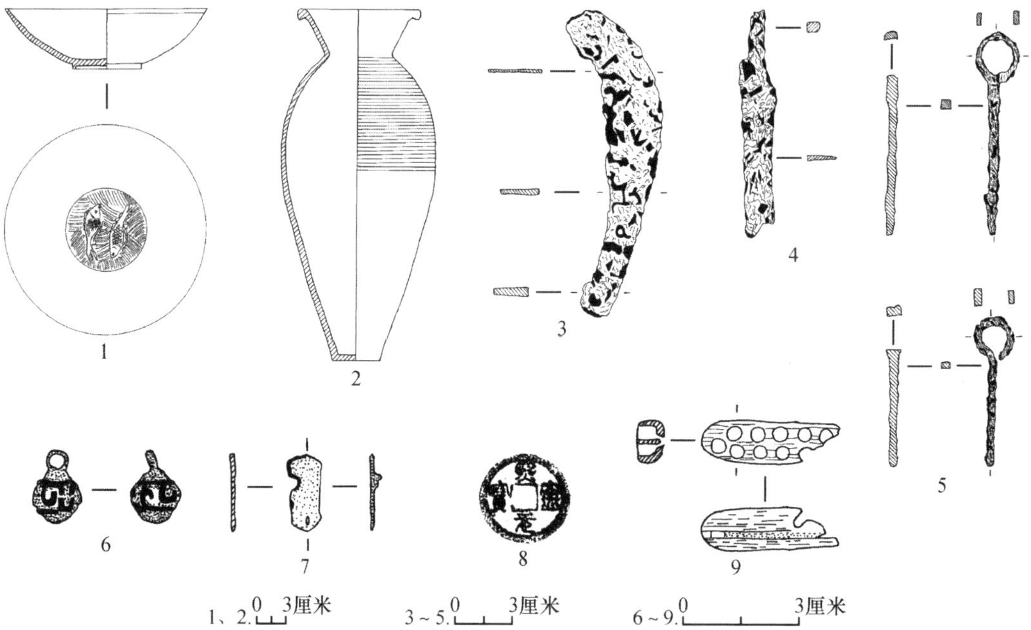

图一三　SM2出土遗物及铜钱拓片

1. 瓷碗（SM2②：1）　2. 陶壶（SM2D1①：1）　3. 铁镰刀（SM2D1①：2）　4. 铁刀（SM2D1①：4）　5. 铁器（SM2D1①：5）　6. 铜扣（SM2D1①：3）　7. 铜片（SM2D1①：6）　8. 铜钱拓片（SM2MD①：1）　9. 骨刷（SM2②：2）

环呈椭圆形，外长轴2.6、外短轴2.2、内长轴1.75、内短轴1.6厘米；另一件通长7.4、宽0.5、厚0.3厘米，环呈椭圆形，外径2.2、内径1.5厘米（图一三，5）。

骨刷　1件。SM2②：2，残，主体两排刷空，顶端多一个刷孔，背面中间有线槽。刷头残长3.55、宽1.1厘米，线槽残长3.2、宽0.2、孔径0.4厘米（图一三，9）。

釉砖　1件。SM2MD1①：2，残，带绿釉。长27～30、宽14～16、厚5.2厘米。

三、结　语

2017年南发掘区清理的道路L1（与并列的西侧的沟和护城河）位于偏脸城外西侧，向南可能跨越招苏台河通往辽宁省的辽金聚落和遗址，为了解偏脸城城外西南角到西门的道路设施以及对外交通网络提供了重要资料。

至于偏脸城城墙的始建年代，从文献记载来看偏脸城属于东京道，四平为通州[6]，金代为韩州[7]。根据历史文献，偏脸城古城原为辽代九百奚营故地，金初韩州柳河县迁徙于此。金人王寂曾在《辽东行部志》中叙述了韩州迁徙的始末：“韩州，辽圣宗时并三河，榆河二州为韩州。……故城在辽水之侧，常苦风沙，移迁白塔寨，后为辽水所侵。移迁今柳河县。又以州非冲涂（途），即徒于旧九百奚营，即今所治也。”[8]文中提到的“故城”，即今科左后旗城五家子古城，白塔寨在今双辽市双城子一带，柳河县即今昌图县八面城古城[9]。辽末，金太祖完颜阿骨打起兵反辽，攻拔黄龙府。金初，九百奚营虽被女真攻占，并未弃置，称“合叔勃董”[10]，这里设置“猛安谋克”，即女真战时的军事组织单位。“猛安者，千夫长也，谋克者，百夫长也。”[11]其后阿骨打“命三百户为谋克，十谋克为猛安，一如郡县使之法”[12]。“居止处，皆不在州县，筑寨村落间，千户、百户虽设官府亦在其内。”[13]“猛安谋克”已发展为军事与行政结合的地方统治机构，且独立于州县之外，并有自己的城寨。

九百奚营故地其时扼宋金来往之要道，是金咸平府（近开原县城）经信州（今怀德县泰家屯古城）、济州黄龙府（今农安县城）到上京会宁府（今黑龙江阿城区）的必经之路。宋人许亢宗的《奉使行程录》、洪皓的《松漠纪闻》、张隶的《金虏图经》中都曾提到路过九百奚营。金朝于天会五年将囚禁在韩州（昌图八面城古城）达两年之久的北宋徽、钦二帝徒居五国城时即经此北行。天德二年，韩州州治从柳河县迁至九百奚营故地，并增设临津县[14]。偏脸城古城城墙已不见马面之类的防御性设施，城外也无巨大的附属建筑群落。城郭建筑主要便于经济交通的发展，军事则居次。古城极有可能是在韩州州治迁来之际，在原“猛安谋克”城寨础上扩建而成的[15]。

金末，蒙古贵族挥兵攻金伐宋。大军所到之处杀掠焚烧一空，韩州城等屯寨城邑即在这场浩劫中被毁。元代，金韩州故地属辽阳行省咸平散府所辖。韩州城虽已毁于兵燹，但因其地处咸平散府通往开元路千户所（今农安县城）的驿道上，元朝在此设有“韩州站赤”[16]，承担着转运贡品，迎送官差和押送流放人犯、粮草的重任。与此同时由于蒙古贵族对新占领区采取的“悉空其人，以为牧场”[17]的政策，韩州治下辽金两代开垦的万顷良田也同韩州城一样，逐渐荒芜，沦为蒙古贵族的游牧之地[18]。

段一平在两篇文章中综合文献记载、出土文物与实地考察有说服力地证明韩州四个州治地点的地理位置和年代[19]。根据他的研究，第一为今科左后旗浩坦公社城五家子古城遗址（983～1030年），第二为今昌图县小塔子遗址（1030年之后，1125年辽代结束之前），第三为昌图县八面城遗址（1128～1130年），第四为梨树县偏脸城遗址。田丽梅在研究“韩州刺史之印”一文中，采用器物形制分析、文字考证、文献记载考证等方法证明囚禁宋徽、钦二帝之地为八面城（第三个韩州）[20]。

M2位于L1下面、被护城河（G6）打破，该墓葬的层位关系对于探讨偏脸城建城的年代很有意义。墓道出“熙宁元宝”，因此墓道回填不早于1068年（辽代中期）。墓室内出土的瓷碗为定窑瓷碗，初步鉴定为金代。因此偏脸城建城不早于金代（12世纪下半叶），与文献记载的韩州相符合。

附记：参加此次发掘的工作人员有吉林大学考古学院副教授、法国国立科学院（CNRS）东亚文明研究所（CRCAO）Pauline Sebillaud（史宝琳）、四平市文物管理委员会办公室魏佳明、梨树县文物管理所侯闯、吉林大学考古学院与法国高等实践学院联合培养博士生Pauline Duval（杜宝琳）、吉林大学硕士研究生李鹏辉、陈晓菲。

绘图：Pauline Sebillaud（史宝琳） 李鹏辉 陈晓菲
修复：Pauline Sebillaud（史宝琳）
拓片：潘 静
执笔：Pauline Sebillaud（史宝琳） 魏佳明 李鹏辉
陈晓菲 井中伟

注 释

[1] 吉林省文物志编委会. 梨树县文物志［Z］. 1984：89-90（内部资料）.

[2] 吉林省文物管理委员会. 吉林梨树县偏脸城址调查记［J］. 考古通讯，1958（3）：29-31.

[3] 吉林省文物管理委员会. 吉林梨树县偏脸城古城复查记［J］. 考古，1963（11）：612-615.

[4] 吉林省文物志编委会. 梨树县文物志［Z］. 1984：138-140（内部资料）.

[5] 有关2015年的发掘情况信息由吉林省文物考古研究所顾聆博提供，在此表示感谢。

[6] 谭其骧. 中国历史地图集［M］. 北京：中国地图出版社，1987：7-9（第六册，“临潢府附近”）.

[7] 王雅轩，王鸿宾，苏德祥. 中国古代历史地图集［M］. 沈阳：辽宁教育出版社，1990：117-118.

［8］ 王寂. 辽东行部志［M］. 丛书集成续编·二二六［C］. 台北：新文丰出版公司，1988：603-618.
［9］ 段一平. 韩州四治三迁考［J］. 社会科学战线，1980（2）：189-193.
［10］ 赵彦卫. 御寨行程［M］. 奉使辽金行程录［C］. 北京：商务印书馆，2017：358-359.
［11］ 脱脱等. 金史·卷四十四·兵制［M］. 北京：中华书局，1975：992.
［12］ 脱脱等. 金史·卷一百二十八·循吏传·序［M］. 北京：中华书局，1975：2757.
［13］ 张棣.金图经［M］. 金史辑佚［C］. 长春：吉林文史出版社，1990：75-107.
［14］ 段一平. 韩州四治三迁考［J］. 社会科学战线，1980（2）：189-193.
［15］ 脱脱等.金史·卷一百三十三·移剌窝斡传［M］.北京：中华书局，1975：2843-2863.
［16］ 熊梦祥.析津志辑佚［M］. 北京：北京古籍出版社，1983.
［17］ 吉林大学历史系. 东北地方史讲义［M］. 1979（内部资料）.
［18］ 吉林省文物志编委会. 梨树县文物志［Z］. 1984：90-95.
［19］ a. 段一平. 韩州四治三迁考［J］. 社会科学战线，1980（2）：189-193.
b. 段一平. "韩州四治三迁考"补证——初迁白塔寨考［J］. 社会科学战线，1985（4）：211-212.
［20］ 田丽梅. "韩州刺史之印"的收藏与研究［J］. 北方文物，2013（4）：40-42.

Preliminary Report on the Jin Dynasty Remains Discovered on the Western Side of the Pianliancheng City Site in Lishu District, Jilin Province

In September 2017, a team composed of archaeologists from the Center for Chinese Frontier Archaeology of the Archaeology School of Jilin University and the Cultural Bureau of Lishu District was charged to carry a salvage excavation on the western side of the Pianliancheng city site in Lishu district, Jilin province. This article presents the Jin Dynasty remains discovered during this excavation, including ditches, roads, pits and brick-chamber tombs. Based on the stratigraphic relations and the date of the excavated artifacts, these remains can be dated from the Jin period, furthermore, it can be deduced that the city wall itself was not built before the Jin Dynasty and that the archaeological evidence are in accordance with the identification of Pianliancheng as the Hanzhou City in the Jin Dynasty historical texts.

研究与探索

云南保山塘子沟遗址出土石制品研究*

朱之勇[1]　王　赫[1]　吉学平[2]

（1. 西北大学文化遗产学院，西安，710069；2. 云南省文物考古研究所，昆明，650118）

塘子沟遗址位于云南省保山市蒲缥区西北约2千米的塘子沟村东，地理坐标为北纬25°1′31″，东经99°0′27.9″，海拔1394米（图一）。该遗址发现于1975年，1986年12月至1987年1月由云南省博物馆等单位进行了正式发掘，共发现文化遗物2300余件[1]。2003年，云南省文物考古研究所对塘子沟遗址再次进行发掘，共发现文化遗物数千件[2]，其中包括石制品600余件，本文即是对2003年塘子沟遗址石制品的系统整理与研究。

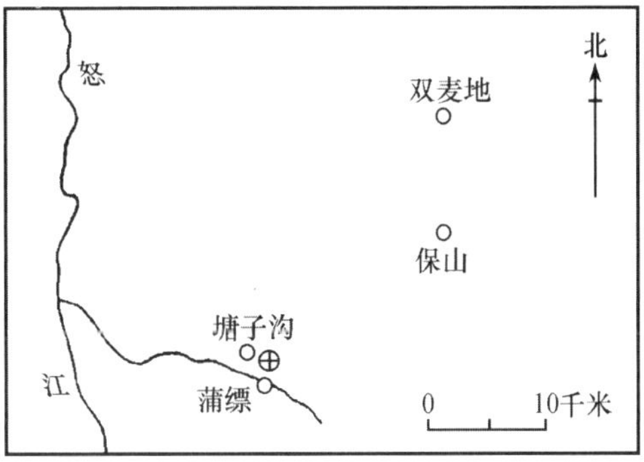

图一　塘子沟遗址位置示意图

一、遗址概况

1. 发现与发掘

塘子沟遗址最初是由云南省博物馆张兴永等人于1975年10月在云南省保山市蒲缥区考察时发现的一处化石点。1981年11月云南保山地区在文物普查该化石点时，采集到一批打制石器、动物化石等，确认该地点为一处旧石器文化遗址，遗址总面积有1000

* 基金项目：2015年国家社科基金西部项目（2015XKG001）。

余平方米[1]。1983年9月，中国科学院青藏综合科学考察队古脊椎动物组在保山地、市文物干部配合下，再次前往考察，又采集到一批石制品和动物化石[3]。1986年12月至1987年1月由云南省博物馆、保山地区文物管理所和保山市博物馆组成的联合发掘队在塘子沟遗址进行了系统发掘，发掘面积125平方米，共获得包括人类化石、石制品、骨制品在内的文化遗物共计2300余件[1]。2003年11月至12月，云南省文物考古研究所、中国科学院动物研究所、保山市文物管理所组成的联合考古队再次对该遗址进行发掘，发掘区域位于原发掘区的西侧与南侧，发掘面积约70平方米，获得石制品、骨制品、角制品以及动物化石等标本数千件[2]。

2. 位置、地貌与地层

塘子沟遗址位于云南省保山市蒲缥区西北约2千米的塘子沟村东侧塘子寺山与窑门前上鞍部的一个小圆丘上。塘子沟村位于怒江东岸的蒲缥盆地北缘，320国道西北侧约1千米处。蒲缥河贯穿盆地中央，流经塘子寺山西侧，汇入水长河注入怒江。遗址地貌呈溃固状残存缓丘。遗址的基底为一个由石炭纪石灰岩和泥灰岩夹层组成的溶蚀台地，石灰岩在露出海面后经侵蚀作用形成了石芽滩，在石芽滩基础上开始沉积物的堆积。该遗址的地层堆积自上而下可分为5层。文化遗物及动物化石主要发现于第3层（黑褐色砂质黏土）和第4层（深灰色砂质黏土）中，文化层厚10～110厘米[2]。

3. 年代与环境

塘子沟遗址的^{14}C测定年代，中国科学院古脊椎动物与古人类研究所^{14}C实验室1984年测定的结果为距今8000年左右[3]。中国社会科学院考古研究所实验室1989年测定的结果为距今6250年±210年，树轮校正年代为距今6895年±225年[4]。根据不同时期发掘出土的动物化石分析，有学者认为其地质时代处于全新世早期[1]，也有学者认为是处于晚更新世末期[2]。

从塘子沟遗址中动物群的组成特征分析，当时所处的生态环境属亚热带、热带湿热型森林环境。喜湿热的森林覆盖了大部分地区，而在低洼处有局部水域，在森林与水域之间不大的开阔地上覆盖有一些草本植物[2]。

二、石制品整理与描述

2003年塘子沟遗址中共出土石制品670件，包括石核22件，石片345件，工具94件，碎块、碎屑209件（表一）。

表一　塘子沟遗址出土石制品情况一览表

<table>
<tr><th colspan="4">名称</th><th colspan="3">数量（件）</th><th>百分比</th></tr>
<tr><td rowspan="2">石核类</td><td colspan="3">锤击石核</td><td colspan="2">14</td><td rowspan="2">22</td><td rowspan="2">3</td></tr>
<tr><td colspan="3">似细石核</td><td colspan="2">8</td></tr>
<tr><td rowspan="10">石片类</td><td colspan="3">完整石片</td><td colspan="2">82</td><td rowspan="10">345</td><td rowspan="10">52</td></tr>
<tr><td rowspan="6">断片</td><td colspan="2">近端横向断片</td><td>65</td><td rowspan="6">169</td></tr>
<tr><td colspan="2">远端横向断片</td><td>84</td></tr>
<tr><td colspan="2">中段横向断片</td><td>8</td></tr>
<tr><td colspan="2">纵向断片</td><td>4</td></tr>
<tr><td colspan="2">近端纵向断片</td><td>3</td></tr>
<tr><td colspan="2">远端纵向断片</td><td>5</td></tr>
<tr><td colspan="3">似石叶</td><td colspan="2">6</td></tr>
<tr><td colspan="3">削片</td><td colspan="2">37</td></tr>
<tr><td colspan="3">完整修片</td><td colspan="2">51</td></tr>
<tr><td rowspan="10">工具类</td><td colspan="3">石锤</td><td colspan="2">15</td><td rowspan="10">94</td><td rowspan="10">14</td></tr>
<tr><td colspan="3">石球</td><td colspan="2">14</td></tr>
<tr><td colspan="3">砍砸器</td><td colspan="2">10</td></tr>
<tr><td rowspan="4">刮削器</td><td rowspan="2">单刃</td><td>单直刃刮削器</td><td>14</td><td rowspan="4">42</td></tr>
<tr><td>单凸刃刮削器</td><td>10</td></tr>
<tr><td colspan="2">双刃刮削器</td><td>1</td></tr>
<tr><td colspan="2">拇指盖形刮削器</td><td>17</td></tr>
<tr><td colspan="3">石锥</td><td colspan="2">5</td></tr>
<tr><td colspan="3">雕刻器</td><td colspan="2">7</td></tr>
<tr><td colspan="3">凹缺刮器</td><td colspan="2">1</td></tr>
<tr><td colspan="4">碎块</td><td colspan="2"></td><td>99</td><td>15</td></tr>
<tr><td colspan="4">碎屑</td><td colspan="2"></td><td>110</td><td>16</td></tr>
<tr><td colspan="4">总计</td><td colspan="2"></td><td>670</td><td>100</td></tr>
</table>

（一）石　核　类

遗址中共出土石核22件，占石制品总量的3%，包括锤击石核和似细石核两类，其中锤击石核14件，似细石核8件。

1. 锤击石核

共14件（图二，1～4），全部为单台面石核，台面以自然台面为主，共有10件，占石核总量的71%；以破裂面为台面的石核有4件，占石核总量的29%。石料包括硅质岩、变质砂岩、泥岩、玛瑙和变质岩，其中以硅质岩者最多，共有8件石核，占石核总量的58%。以下依次为，变质砂岩和泥岩各2件，分别占石核总量的14%；玛瑙和变质灰岩各1件，分别占石核总量的7%。除1件石核以砾石为毛坯外，其余石核均以石块为毛坯。有5件石核的台面经过修理，采用锤击法剥离石片。从石片疤的数量来看，这些石核的剥片效率似乎不是很高，有7件石核上仅存有1处石片疤，占石核总量的50%；分别有3件石核上存有2处和4处石片疤，分别占石核总量的22%；有1件石核上存有6处石片疤，占石核总量的6%。长、宽、厚、重的最大值分别为9.34厘米、7.77厘米、4.91厘米、412克；最小值分别为1.26厘米、0.67厘米、1.17厘米、4克；平均值分别为5.4厘米、3.53厘米、3.02厘米、113.57克。

2. 似细石核

共8件（图二，5～7）。这些石核在形制、体积、重量、台面预制及片疤的规整程度等方面来看，与我国北方旧石器时代晚期出现的细石器工业中的楔形细石核极其相似，核体都经过压制法修理，底部也有一条经过修理或利用石片的自然边缘而形成的刃状缘，只是稍显粗糙一些而已。因在对这批材料整理的过程中没有发现真正意义上的细石叶，所以在这里将这些石核暂命名为‘似细石核’。此类石核都以石块为毛坯，以破裂面为台面，8件中有5件台面经过修理，占石核总量的63%。以压制法剥离石片，有的石核上存在4条较为规整的石片疤。这些石核形体普遍较小，重量较轻。长、宽、厚、重的最大值分别为4.57厘米、2.04厘米、2.53厘米、23克；最小值分别为0.65厘米、0.27厘米、1.11厘米、2克；平均值分别为2.1厘米、0.98厘米、1.62厘米、5.88克。类似的遗物在元谋盆地也有发现[5]。

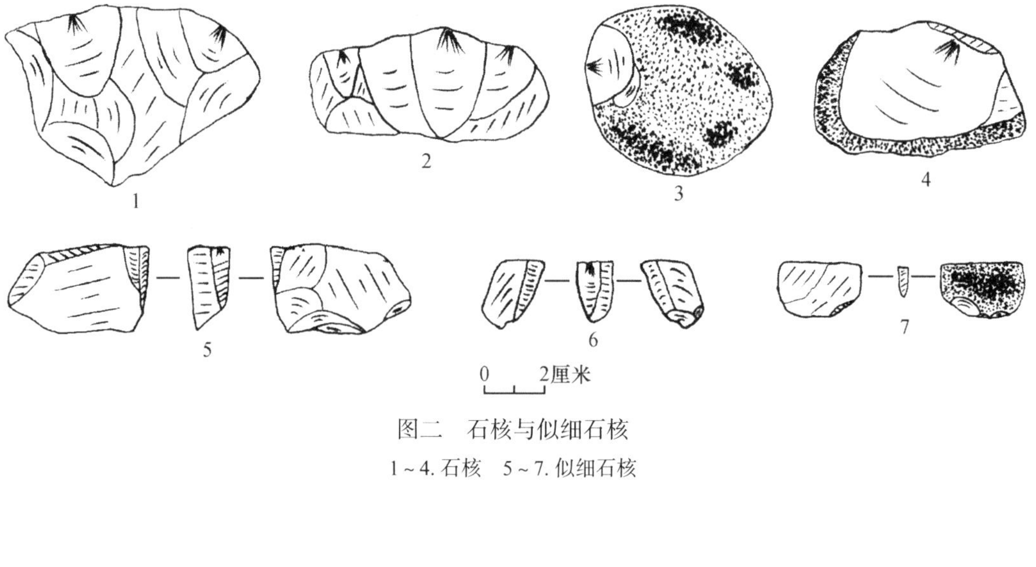

图二　石核与似细石核

1～4. 石核　5～7. 似细石核

（二）石 片 类

共345件，占石制品总量的52%。包括完整石片、截断石片、似石叶、削片和完整修片等5类。

1. 完整石片

共82件（图三），占石片类总量的24%。完整石片整体上都属小型者，厚度都比较扁薄，台面角多在80°以下。完整石片的长、宽、厚、重的平均值分别为3.87厘米、3.98厘米、1.26厘米、20.39克；最大值分别为9.55厘米、8.5厘米、5.1厘米、169克；最小值分别为1.62厘米、1.08厘米、0.32厘米、2克。

台面以自然台面为主，共有60件，占完整石片总量的73%；有疤台面有18件，占完整石片总量的22%；刃状台面2件，点状台面2件，两者共占完整石片总量的5%。有40件石片的打击点清楚，不清楚者有42件，两者应约各占完整石片总量的50%。只有6件石片上可以看到清晰的放射线，占完整石片总量的7%。只有1件石片上可看到较清晰的锥疤，其余则均不见。有16件石片的背面为自然面，占完整石制品总量的20%；有55件石片的背面为全疤，占完整石片总量的67%；有11件石片的背面为半疤半自然面，占完整石片总量的13%。石料方面，有39件为硅质岩质，占完整石片总量的48%；12件为石英砂岩质，占完整石片总量的15%；有19件为石英岩质，占完整石片总量的23%；有9件为变质砂岩质，占完整石片总量的11%；有3件为泥岩质，占完整石片总量的3%。

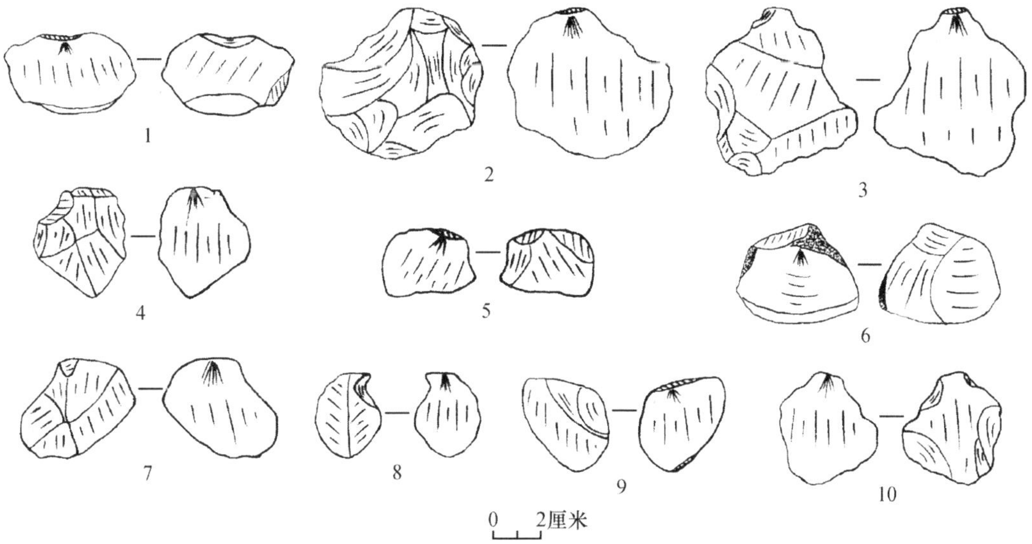

图三　完整石片

2. 断片

共169件，占石片类总量的50%。从石片被截断的方式来看，包括近端横向断片、远端横向断片、中段横向断片、纵向断片、近端纵向断片和远端纵向断片等六类。

近端横向断片是指完整石片的上半部分，此类石片除不具备完整石片的尾端外，基本保留了完整石片的其他特征，如台面、打击点、放射线等。共有65件，占断片总量的38%。远端横向断片是指完整石片的下半部分，此类石片仅保留了完整石片尾端的一些特征，共有84件，占断片总量的50%。中段横向断片是指完整石片首、尾两端缺失，仅保留石片的中间部分，共有8件，占断片总量的5%。纵向断片是指完整石片纵向中间断裂所获得的一部分，共有4件，占断片总量的2%。近端纵向断片是指近端横向断片又经纵向中间断裂所获得的部分，共3件，占断片总量的2%。远端纵向断片是指远端横向断片又经纵向中间断裂所获得的部分，共5件，占断片总量的3%。

3. 似石叶

共6件（图四），占石片类总量的1.8%。这类石片两边平齐，厚度扁薄，长是宽的2倍以上，已基本具备了石叶的构成要素[6]，但因在遗址中没有发现相对应的石叶石核，故在这里暂称之为“似石叶”。除1件标本的原料为硅质岩外，其余者均为石英岩。台面为刃状者2件，其余均为自然台面。背面为全疤者2件，半疤半砾者3件，全砾石面者1件。多数标本有着清晰的打击点，放射线和锥疤则都不是很清楚。长、宽、

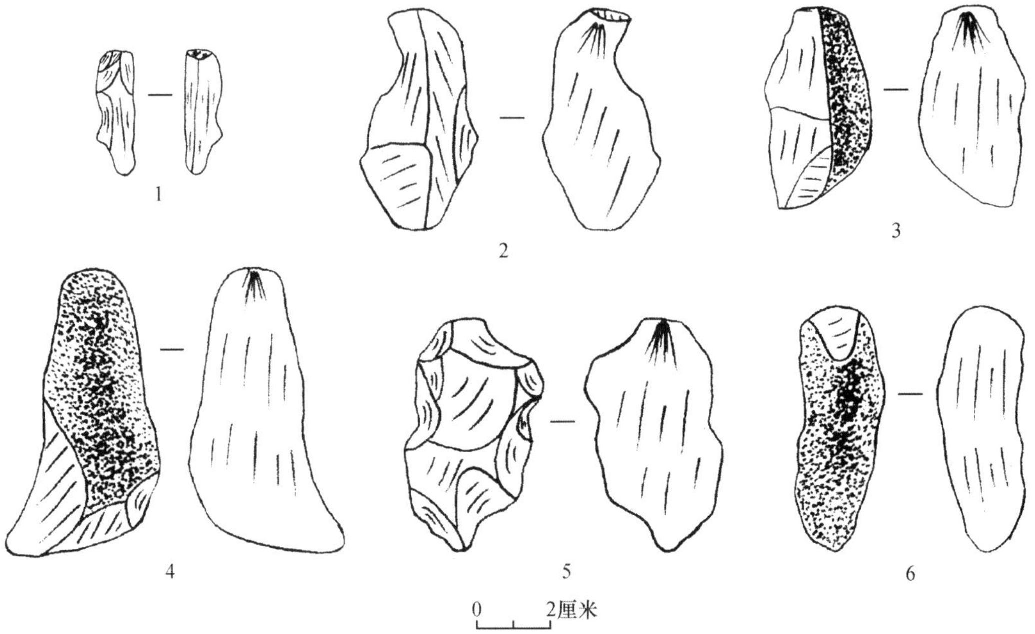

图四　似石叶

厚、重量的最大值分别为7.21厘米、4.75厘米、2.56厘米、31克；最小值分别为3.06厘米、1.1厘米、0.55厘米、6克；平均值分别为5.6厘米、3.09厘米、1.33厘米、22.33克。

4. 削片

共37件，占石片类总量的9%。这类石片的特点是横断面成三角形，背部有一条或一条以上凸出的棱脊，在我国旧石器时代晚期的细石器遗址中多有出现，一般是为生成石核的台面而形成的。削片的形体一般较小，重量较轻，其长、宽、厚、重量的平均值分别为2.17厘米、1.02厘米、0.77厘米、2克。

5. 完整修片

共51件，占石片类总量的15%。这类石片应当是用压制法对石制品进行修理时产生的，其四周边缘多都成刃状，形体扁薄，重量很轻。台面不明显，台面面积较小。长、宽、厚、重量的平均值分别为1.47厘米、1.34厘米、0.44厘米、0.35克。

（三）工　具　类

共94件，占石制品总量的14%，包括石锤、砍砸器、刮削器、石锥、雕刻器、凹缺刮器和石球等7类。

1. 石锤

共15件（图五），占工具类总量的17%。由扁长形的砾石横向中间截断而成，用断口处做工作面，有的断口处已布满疤痕，以往的研究中将其称之为单平面砾石手锤[4]。因这类石锤基本上采用扁长形砾石加工而成，其两侧面均较平坦，故有的石锤还可能兼做石砧来使用，因为在这些石锤的侧面上有明显的工作痕迹，有此类特征的石锤共有4件。有研究者认为此类工具还兼有舂捣或研磨的功能[7]。石料以硅质岩为主，共8件，占石锤总量的57%；其次是石英砂岩，6件，占石锤总量的42.8%。长、宽、厚、重量的最大值分别为9.88厘米、9.18厘米、6.09厘米、654克；最小值分别为5.03厘米、4.13厘米、2.08厘米、64克；平均值分别为6.86厘米、6.71厘米、3.69厘米、232.5克。

2. 砍砸器

共10件（图六），占工具类总量的12%。石料为石英岩者5件、变质砂岩者2件、硅质砂岩者3件。全部都属单刃砍砸器，多为锤击法单项加工而成。一件砍砸器（BT0020）的两侧面有凹入的交叉痕迹，似经过捆绑。长、宽、厚、重量、刃角的最大值分别为16.7厘米、10.13厘米、6.03厘米、686克、83°；最小值分别为5.41厘米、4.81厘米、3.81厘米、103克、55°；平均值分别为9.75厘米、7.33厘米、4.53厘米、384克、70°。

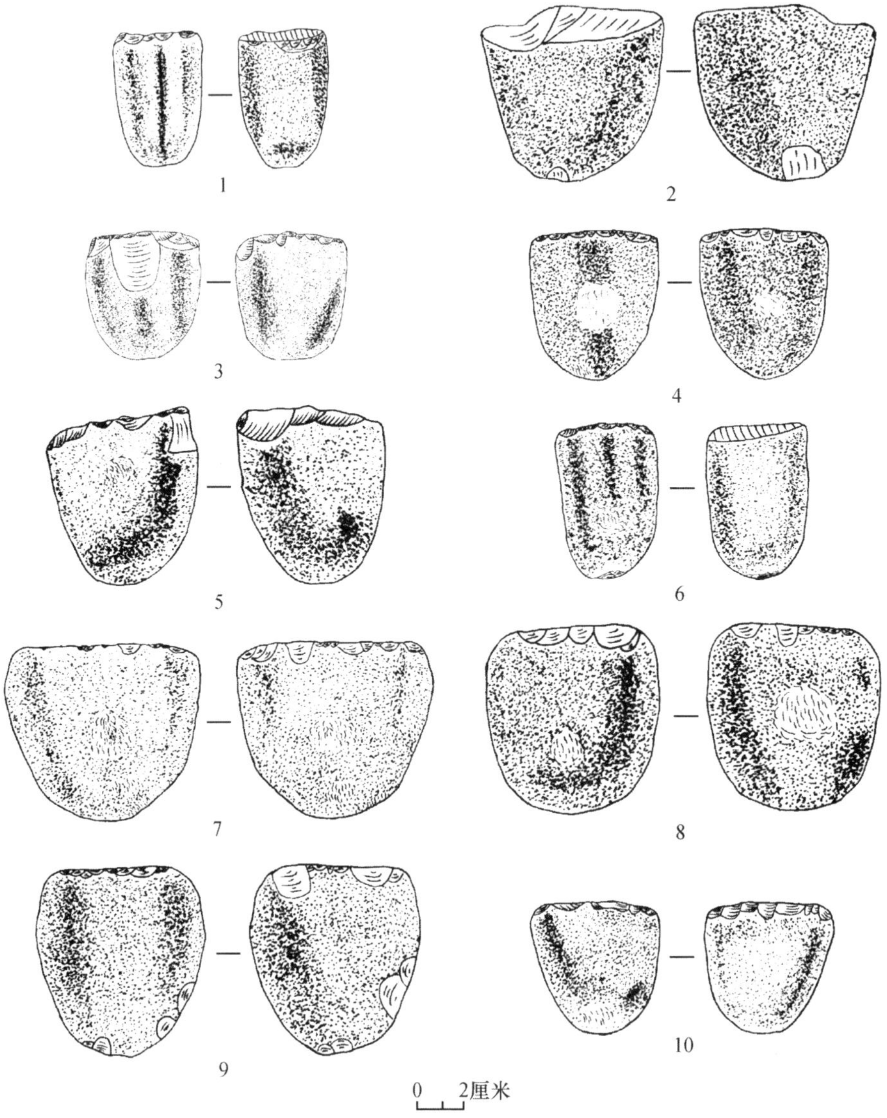

图五　石锤

3. 刮削器

共32件，占工具类总量的38%。包括单刃刮削器、双刃刮削器和拇指盖形刮削器等3类，其中单刃刮削器又可分为单直刃刮削器和单凸刃刮削器等2类。

（1）单刃刮削器。

共24件，包括单直刃刮削器和单凸刃刮削器2类，其中单直刃刮削器14件，单凸刃刮削器10件。

①单直刃刮削器

共14件（图七），石料包括石英砂岩、石英岩、变质砂岩和硅质岩等4种，以石

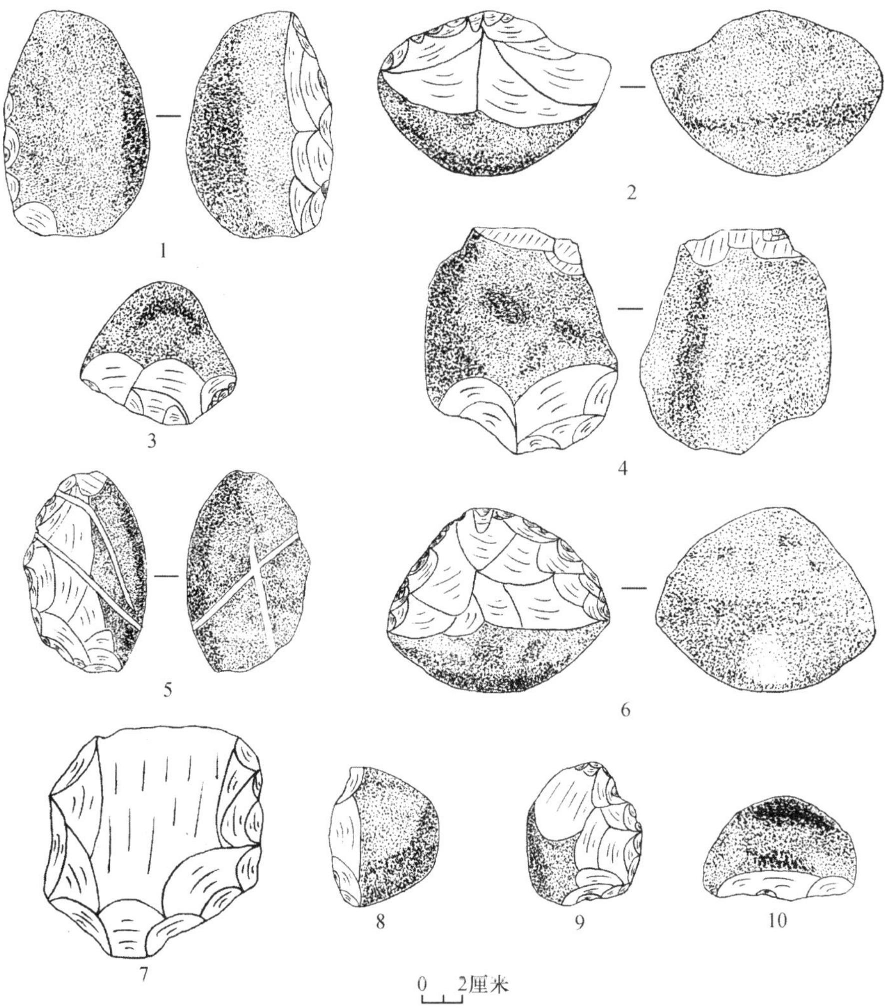

图六　砍砸器

英砂岩最多，共5件，占单直刃刮削器总量的36%，其次为石英岩、变质砂岩和硅质岩各3件。刃缘多为锤击法加工而成，仅4件标本刃缘上的加工痕迹较小、疤痕较浅似压制法修理而成，刃缘平均长度为3.02厘米。加工方式均为单向加工，毛坯以石片者有8件，以石块者有6件。单直刃刮削器的长、宽、厚、重量、刃角的最大值分别为7.91厘米、6.02厘米、3.48厘米、164克、83°；最小值分别为2.24厘米、1.42厘米、0.32厘米、4克、46°；平均值分别为5.12厘米、4厘米、1.83厘米、51克、63°。

② 单凸刃刮削器

共10件（图八，1～10），石料包括硅质岩、石英砂岩、石英岩、变质砂岩和泥岩等5种，以硅质岩最多，共4件，占单凸刃刮削器总量的40%，其次为石英岩和泥岩各2件，石英砂岩和变质砂岩各1件。刃缘多为锤击法加工而成，仅3件标本刃缘上的加工痕迹较小、疤痕较浅似压制法修理而成，刃缘平均长度为4.5厘米。加工方式多为单向加

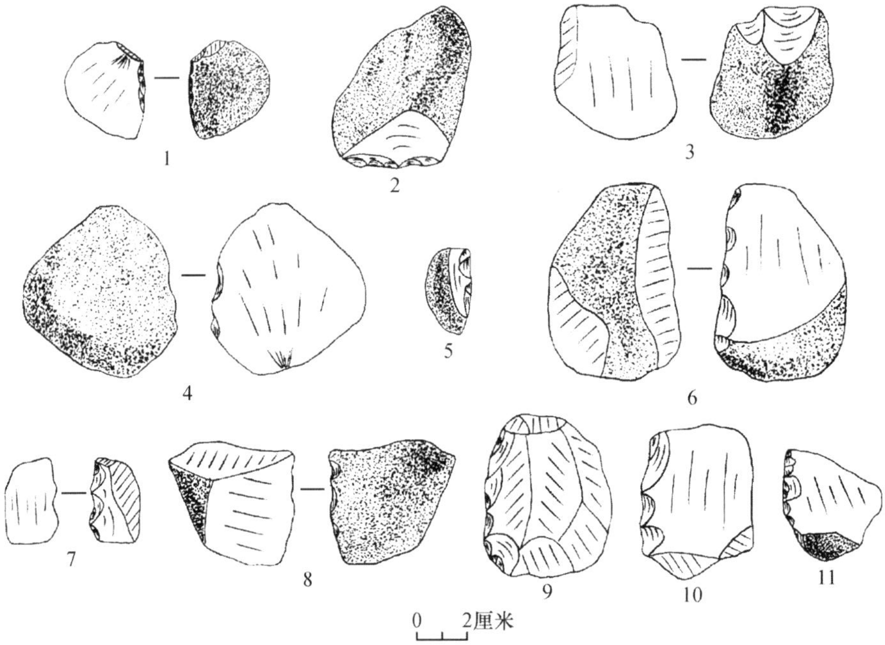

图七　单直刃刮削器

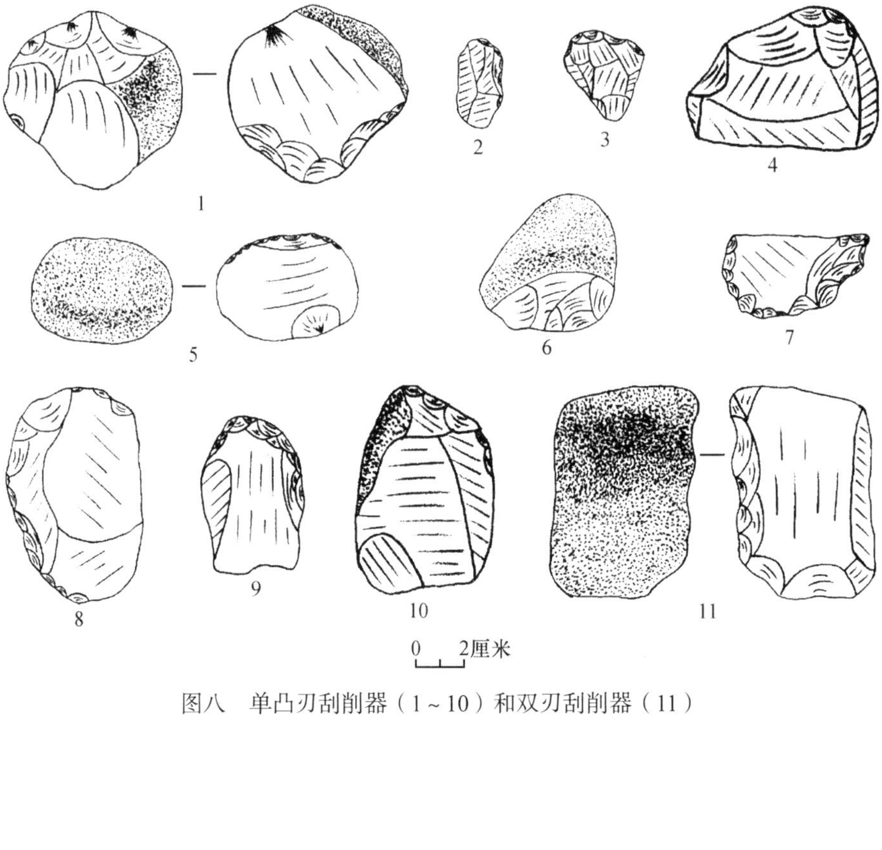

图八　单凸刃刮削器（1～10）和双刃刮削器（11）

工，其中反向加工者有6件，正向加工者有3件，仅1件标本为对向加工。毛坯以石片者有8件，以石块者有2件。单凸刃刮削器的长、宽、厚、重量、刃角的最大值分别为8.43厘米、6.36厘米、3.58厘米、148克、75°；最小值分别为3.16厘米、1.48厘米、0.92厘米、9克、56°；平均值分别为5.38厘米、3.84厘米、1.77厘米、55.7克、63.9°。

（2）双刃刮削器。

1件（图八，11），石英砂岩质，毛坯为一似长方形的石片构成，刃缘位于相邻的两个边上，锤击法反向加工而成，刃缘长度11.68厘米。长、宽、厚、重量、刃角的值分别为8.7厘米、5.31厘米、1.51厘米、140克、59°。

（3）拇指盖形刮削器。

共17件（图九），石料包括硅质岩、石英砂岩、硅质砂岩、石英岩、泥岩、玛瑙和水晶等7种，以石英岩最多，共6件，占拇指盖形刮削器总量的35%，其次为石英砂岩和水晶各3件，泥岩2件，硅质岩、硅质砂岩和玛瑙各1件。刃缘多为压制法加工而成，疤痕较小、较浅。刃缘平均长度为1.95厘米。有13件标本的加工方式为单向加工，有

图九　拇指盖形刮削器

4件标本为对向加工。毛坯以石片者有10件，以石块者有7件。拇指盖形刮削器的长、宽、厚、重量、刃角的最大值分别为3.02厘米、2.71厘米、1.38厘米、15克、82°；最小值分别为1.25厘米、1.01厘米、0.22厘米、2克、54°；平均值分别为2.16厘米、1.72厘米、0.82厘米、6.47克、64°。

4. 石锥

共5件（图一〇，1～5），石料由硅质岩和玛瑙构成，其中硅质岩类4件，玛瑙1件。毛坯以石块者3件，以石片者2件。长、宽、厚、重量的最大值为3.22厘米、2.61厘米、1.01厘米、9克；最小值为1.7厘米、0.78厘米、0.5厘米、2克；平均值分别为2.45厘米、1.69厘米、0.77厘米、5.2克。

5. 雕刻器

共7件（图一〇，6～11），石料由硅质岩、石英砂岩、石英岩和水晶等4类构成，其中以石英岩类最多，共3件。毛坯以石片和石块2类构成，其中以石片为毛坯者5件，以石块为毛坯者2件。长、宽、厚、重量、刃角的最大值分别为4.72厘米、2.24厘米、0.86厘米、8克、61°；最小值分别为0.94厘米、0.49厘米、0.19厘米、2克、31°；平均值分别为2.12厘米、1.10厘米、0.46厘米、3.28厘米、43°。

6. 凹缺刮器

仅1件（图一〇，12），石英砂岩质，以石块为毛坯，刃缘为单向加工而成。长、宽、厚、重量、刃角的值分别为3.57厘米、4.01厘米、1.71厘米、27克、74°。

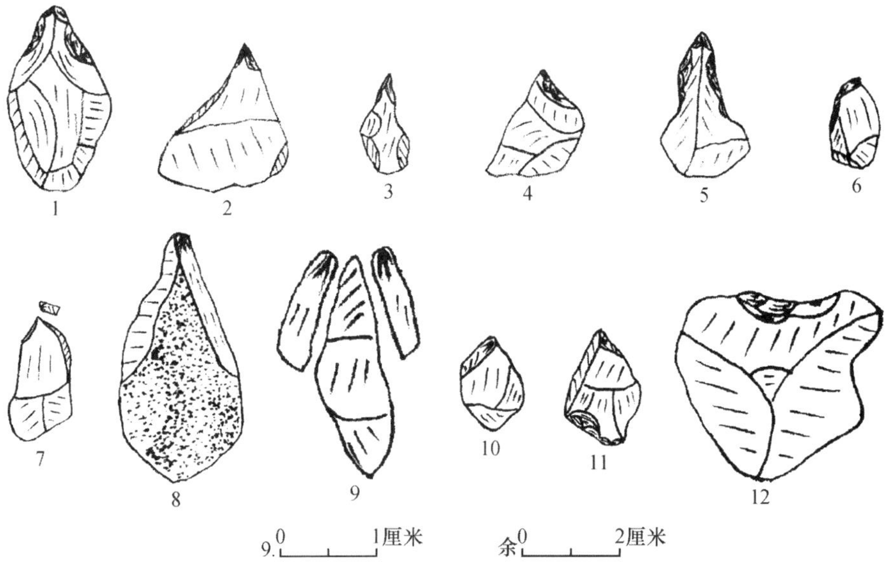

图一〇　石锥（1～5）、雕刻器（6～11）和凹缺刮器（12）

7. 石球

共14件（图一一），石料由硅质岩、石英砂岩、石英岩和水晶等4类构成，其中以变质砂岩类最多，共6件。这类石制品应该是用于敲砸物体使用的，因为在有些球体上有明显的敲砸痕迹。长、宽、厚、重量的最大值分别为8.95厘米、6.32厘米、5.42厘米、257克；最小值分别为3.05厘米、0.87厘米、0.73厘米、14克；平均值分别为5.32厘米、4.03厘米、2.63厘米、84.79克。

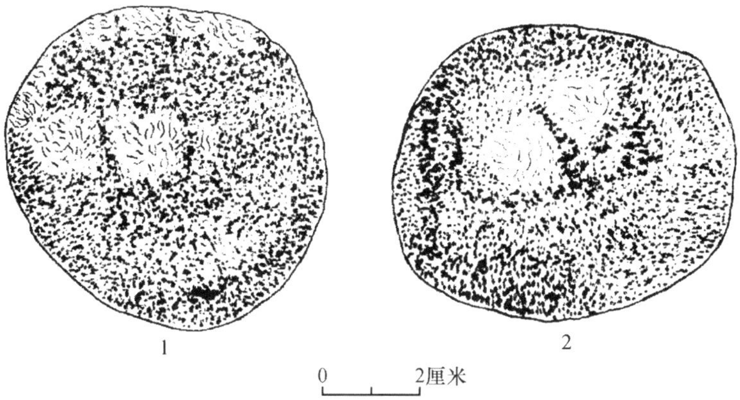

图一一　石球

（四）碎　块

共99件，占石制品总量的15%。此类石制品的特征是形体小、不规则，重量较轻。石料包括硅质岩、石英砂岩、石英岩、变质砂岩、泥岩等5类，其中以硅质岩类最多，共53件，占碎块类总量的53%。碎块类长、宽、厚、重量的最大值分别为9.15厘米、6.36厘米、4.72厘米、179克；最小值分别为0.93厘米、0.86厘米、0.47厘米、1克；平均值分别为3.42厘米、2.36厘米、1.6厘米、19.54克。

（五）碎　屑

共110件，占石制品总量的16%。此类石制品的特征是形体不规则，重量很轻，均不超过0.1克，厚度较薄，应当是对石制品进行压制法修理时所产生的副产品。石料包括硅质岩、石英岩、泥岩和水晶等4类，其中硅质岩类有34件，占碎屑类总量的31%；石英岩类有73件，占碎屑类总量的66.4%；两类石料共占碎屑类总量的97.4%。碎屑类长、宽、厚的最大值分别为2.42厘米、2.05厘米、0.93厘米；最小值分别为0.35厘米、0.29厘米、0.12厘米；平均值分别为1.2厘米、0.8厘米、0.42厘米。

三、小　　结

（1）此次研究的石制品类型较丰富，共包括锤击石核、似细石核、石片、似石叶、砍砸器、刮削器、雕刻器、石锥和石锤等多种类型。

（2）石料包括硅质岩、石英岩、石英砂岩、硅质灰岩、硅质砂岩、变质砂岩、变质灰岩、泥岩、玛瑙、水晶等10类。其中以硅质岩和石英岩为主，两者共计553件，占石制品总量的83%；两者的重量合计为7.7千克，占石制品总重量的48%（表二）。

表二　石料类别、数量及重量一览表

	硅质岩	石英砂岩	硅质灰岩	硅质砂岩	石英岩	变质砂岩	泥岩	玛瑙	水晶	变质灰岩	总计
数量（件）	316	46	1	2	237	31	24	6	6	1	670
重量（克）	4966.4	3362	124	692	2690.2	3007	1118	58	13	124	16154.6

（3）石核包括普通石核和似细石核两类。普通石核全部为单台面石核，台面以自然台面为主，有少数石核的台面经过修理，采用锤击法剥离石片。石片数量占到整个石制品总量的50%以上，整体上较修长、扁薄。似细石核的存在以及完整石片的厚度比较扁薄等特征来看，该遗址石制品中的剥片技术已达到比较高的水平。

（4）塘子沟遗址中的工具类型丰富，包括石锤、砍砸器、刮削器、石锥、雕刻器、凹缺刮器和石球等七类。第一类工具包括15件石锤和14件石球，共占工具类总量的35%。石锤富有区域特色，是该遗址中最有代表性的器物。它们大多由扁长形的砾石横向中间截断而成，用断口处做工作面。两侧面均较平坦，有的侧面上有明显的敲砸痕迹，可能还有兼做石砧来用的功能。第二类工具中砍砸器有10件，多为砾石加工而成，尺寸不是很大。刮削器、凹缺刮器、雕刻器、石锥等小型工具共有45件，占工具总量的54%。它们多以石片为毛坯，刃缘有用压制法加工而成者，疤痕较小、较浅，有些如拇指盖形刮削器者则加工的甚为精致。

（5）塘子沟遗址中的石制品内，石片石器基本占据着主导地位，刮削器等小型工具在工具总量中占据着一定的优势，所体现出的总体特征与我国西南地区旧石器时代晚期的石器工业特征是一致的[8]。由扁平砾石截断制成的石锤是该遗址中富有特色的遗存，也反映出该遗址文化面貌的特殊之处。其周边的保山坝龙王塘[9]、施甸县姚关坝火星山大岩房[10]与万仞岗[11]等遗址中的石制品也都表现出了类似的文化特征。

注　释

［1］云南省博物馆，保山地区文物管理所，保山市博物馆. 云南保山塘子沟旧石器时代遗址发掘简报［J］. 考古与文物，1989（6）.

［2］吉学平，Ninag Jablonski，George Chaplin，刘建辉，董为，李枝彩，王黎锐. 云南保山塘子沟遗址2003年发掘简报［A］. 第九届中国古脊椎动物学学术年会论文集［C］. 北京：海洋出版社，2004.

［3］宗冠福，黄学诗. 云南保山蒲缥全新世早期文化遗物及哺乳动物的遗存［J］. 史前研究，1985（4）.

［4］云南省博物馆，保山地区文物管理所，保山市博物馆. 塘子沟旧石器时代遗址发掘报告［A］. 保山史前考古［C］.昆明：云南科技出版社，1992.

［5］周国兴，张兴永. 云南元谋盆地的细石器遗存［J］. 北京自然博物馆研究报告，1980（5）.

［6］李峰. 石叶概念探讨［J］. 人类学学报，2012（1）.

［7］杨复兴. 关于塘子沟文化遗址的几个问题［J］. 云南民族学院学报，1990（2）.

［8］王幼平. 更新世环境与中国南方旧石器文化发展［M］. 北京：北京大学出版社，1997：113-115.

［9］耿德铭，刘晖，罗睿. 龙王塘旧石器遗址［A］. 保山史前考古［C］. 昆明：云南科技出版社，1992.

［10］李枝彩，李淳信，耿德铭，乐琪. 火星山大岩房旧石器遗址［A］. 保山史前考古［C］. 昆明：云南科技出版社，1992.

［11］张兴永，高峰，乐琪. 施甸姚关人类头骨化石初步研究［A］. 保山史前考古［C］. 昆明：云南科技出版社，1992.

The Stone Products Research of Tangzigou Site in Baoshan, Yunnan

ZHU Zhi-yong　WANG He　JI Xue-ping

The Tangzigou site is located at the top of the mountain about 100 meters east of Tangzigou Village, about 2 kilometers northwest of Pupiao, Baoshan, Yunnan. Founded in 1975, from December 1986 to January 1987, the Yunnan Provincial Museum and other units conducted formal excavations, and found more than 500 pieces of stone products and other relics. According to the ^{14}C, the absolute age of the Tangzigou site is 7000 years ago. The geological age belongs to the early stage of the Holocene, and the cultural appearance is in the transitional stage of the Paleolithic and Neolithic ages. In 2003, the Yunnan Provincial Institute of Archaeology re-excavated the Tangzigou site and found more than 600 stone products. This paper is the systematic collation and research of the stone products in the Tangzigou site in 2003.

The stone products in Tangzigou site, flakes and lithic basically occupy a dominant position, and small tools such as scrapers occupy a certain advantage in the total number of tools, which reflects the overall characteristics consistent with the lithic industrial characteristics of the late Paleolithic in southwest China. The stone hammer made of flat gravel cut is a distinctive relic of the Site and also reflects the unique cultural features of the Site.

白音长汗遗址兴隆洼文化聚落空间研究*

陈继玲[1]　陈胜前[2]

（1. 中国人民大学公共艺术教育中心，北京，100872；2. 中国人民大学历史学院考古文博系，北京，100872）

兴隆洼文化是我国新石器时代中期在燕山南北地区广泛分布的一种考古学文化，其文化边界往西可到潮白河流域，东至西辽河下游，北至大兴安岭南缘，南面直抵渤海岸边，距今6000～5300年，其年代与中原地区的裴李岗文化大体相当[1]。从20世纪80年代初期到现在，经过30多年的工作，考古工作者已经揭露了兴隆洼、兴隆沟、白音长汗、查海、南台子等重要的遗址，并出版了查海、白音长汗两处遗址的考古报告，为日后深入研究兴隆洼文化的性质提供了丰富的资料。

自发现兴隆洼文化以来，其成排分布的房址以及某些遗址独有的双体聚落形态引起了不少研究者的关注[2]。一般认为，兴隆洼文化独特的聚落空间结构形态与“凝聚型向心式”（以姜寨为代表）[3]的仰韶文化不同，当体现一种独特的经济形态及社会组织形式[4]。辽西地区自然环境多样，生态极不稳定，学者一般认为辽西史前时期的聚落多采用渔猎、采集及农耕并行及半定居的策略，以达到效益的最优化。但是，我们也注意到，除了渔猎、采集、农耕三种并行的生产策略外，辽西的史前聚落还可能采取另一种生存策略，即不同的聚落侧重不同的生产方式，并通过产品的交换保障各个聚落的生存。兴隆洼文化中经常出现的双体聚落形态极有可能与这一生存策略密切相关[5]。生计方式的差异亦当对应着不同的社会组织形式。因此，在研究辽西史前社会的性质时，我们也应当充分考虑各个聚落间的个体差异。本文以兴隆洼文化白音长汗遗址的双体聚落为例，通过对两个聚落的景观、陶器功能与纹饰的研究，并结合生产工具类型、遗址废弃过程等多种视角的分析，进行多重证据的比对，以探究白音长汗二期乙类遗址两个聚落经济生产和社会组织形态的特征。同时，本文进一步探究了下列问题：这两个聚落之间是否存在经济上的互惠关系，为什么白音长汗遗址会吸引两个聚落到此定居？上述问题的研究，将有利于深化我们对辽西地区兴隆洼文化乃至其他史前文化社会性质的认识。

---

* 本项成果得到中国博士后第61批面上项目以及中国人民大学海外人才科研启动经费资助。

一、研究方法

研究一个聚落的社会性质，除了考古学者经常利用的生产工具、生活工具、墓葬等材料外，还应当包括对一个遗址的空间分析。一个遗址的空间结构既包括外部宏观的自然景观，也包括其内部呈现的空间布局。国内学者往往比较关注后者，而较少关注遗址外部的自然景观。20世纪80年代在西方兴起的景观考古学则认为，自然景观不仅仅是经济资源，而且本身也是人类文化建构的一个部分。自然景观既是客观存在的对象，也是社会的反映，同时还是文化意义系统的表达[6]。在研究中引入景观考古学的视角，有助于我们认识白音长汗遗址自然景观的文化意义，准确还原影响古人居址选择的心理文化因素。

在研究兴隆洼文化白音长汗遗址的陶器时，我们借鉴了“陶器生态学”（ceramic ecology）的视角。“陶器生态学”关注陶器与文化进步间的关系，但强调自然环境、陶器本身的特性及功能对陶器技术的影响，认为在这一基础上才可理解陶器技术的变化所体现的一个社会的文化发展状况[7]。在分析白音长汗遗址的陶器时，我们也主要从陶器制作工艺及功能性质出发，以判断遗址聚落的定居程度、经济生产等社会生活状况。同时，我们也借鉴了陶器标准化研究的方法。陶器的标准化研究方法主要用于判断一个群体是否存在陶器的专业化生产。但是，陶器的标准化生产往往也与一个群体的定居水平、组织程度密切关联。因此，从另一个方面说，指示陶器标准化程度的指标在某种程度上也可以体现一个社会的组织形式及组织水平的高低。因此，按照不同的生产单位将白音长汗遗址兴隆洼文化乙类遗存两个聚落的陶器分成不同的组别，引入陶器标准化研究方法，应该有助于我们判断其社会组织形式。

最后，我们在研究中将特别注重多重证据法。除了陶器的标准化研究可作为一重证据外，我们还将分析遗址中的生产工具、兽骨、艺术品等遗存。不仅要比较各类遗存的分析结果，而且还要与陶器标准化研究的结果加以比对，以避免单一证据的不准确之处，从而更准确地判断两个聚落的经济形态、社会组织及它们之间可能存在的关系。

二、白音长汗遗址双体聚落宏观空间的构建

白音长汗遗址地处内蒙古赤峰市林西县的南部，位于白音长汗村西南的一条西北—东南走向的山冈（西荒山）上。西荒山的西南坡为陡坡悬崖，不适合人类活动，因此遗址就位于山冈东北侧的半山腰，海拔730～750米。从遗址往东可望见西拉木伦河河谷，往西可尽览支流河谷，其北面正对一处悬崖及一个小山坡。这处悬崖被称为“石砬子”，其上有敖包（积石堆），有宗教仪式上的含义；小山坡上有一块巨大的风化石，状如蟾蜍，其背面分布着一些凿出来的大小不等的浅窝，类似蟾蜍背面的凸起，当地人

因而称之为“蛤蟆石”（图一）。

白音长汗遗址分为两个聚居区（A区和B区），各有一个环壕。两区相距不远，最近间隔不足8米。环壕内为聚落的居住区，有成排分布的房址及散布的灰坑；环壕外，东南方向有两个小山包，分别为两个聚落的积石冢所在地（图一）。这就是小河西、兴隆洼、赵宝沟、红山及小河沿五种文化遗存在白音长汗遗址上的宏观空间结构。其中，除了最后第Ⅴ期的小河沿文化仅存灰坑外，其他文化均有房址保存下来，但以兴隆洼文化时期（白音长汗二期）的乙类遗存最为丰富，也最具代表性。这也是本文的研究对象。

1　2　3

图一　白音长汗遗址自然环境

1. 蛤蟆石近貌　2. 蛤蟆石全貌　3. 白音长汗遗址全貌

白音长汗二期乙类遗存包括A、B两个区，各有环壕包围。A区聚落内有29座房址，除AF18及AF12外，其他房址从西向东排为4排，中间又以AF12为分界线，自然将A区分为东、西两个部分，两个部分各有两排房址。从整体布局看，整个A区似一次规划而成。其中，东部两排房屋较西部两排整齐，分布更为均匀，其间距也较为紧密。

B区聚落未完全揭露：BF5以北有少量房址未发掘，BF70南、北两侧的空地及BF68南侧的空地也未发掘，经探测也有少量遗存。由此可见，B区的面貌虽不完整，但未揭露的遗存仅占极少一部分，故目前发掘的25座房址基本上可代表其原先的布局。原报告将B区房址由西至东分为七组，然而除第5排可勉强成行外，其余均难以排列（图二）。仔细分析B区的布局，其房址的分布更近似一个椭圆形，其中轴线是以BF68为中心的一排房址（报告中的第5排），其余房址（除BF70外）则在外围略成弧形分布。这样，B区除BF28打破BF30外，存在时间的先后关系外，其余房址似也有一定的规划。

由于A区房屋无打破关系，B区仅BF28打破BF30，而BF30也无器物出土，故我们难以从地层关系或借助陶器类型学判断各座房址的时间序列。然而，借助遗址废弃过程的研究，我们大致可以判断出A区与B区以及两个聚居区内房址的先后关系。谢弗认为，“拾荒”（scavenging）行为是聚落中普遍存在的现象。一个聚落内，早先废弃的房址内有用的或可能用得上的物品总会逐渐转移到后来的住户那里[8]。这样，废弃的房址与正在使用的房址在时间上就存在先后关系。我们也可以据此确定白音长汗遗址二期乙类遗存各个房址的先后关系。遗址中，A区的AF8、AF11、AF15、AF18，B区的BF2、BF3、BF4、BF5、BF6、BF34、BF38、BF60及BF70（仅有石块）的居住面未见生产或生活工具，其余房址的居住面均可见陶器或石器。由此可断定，A区内的AF8、

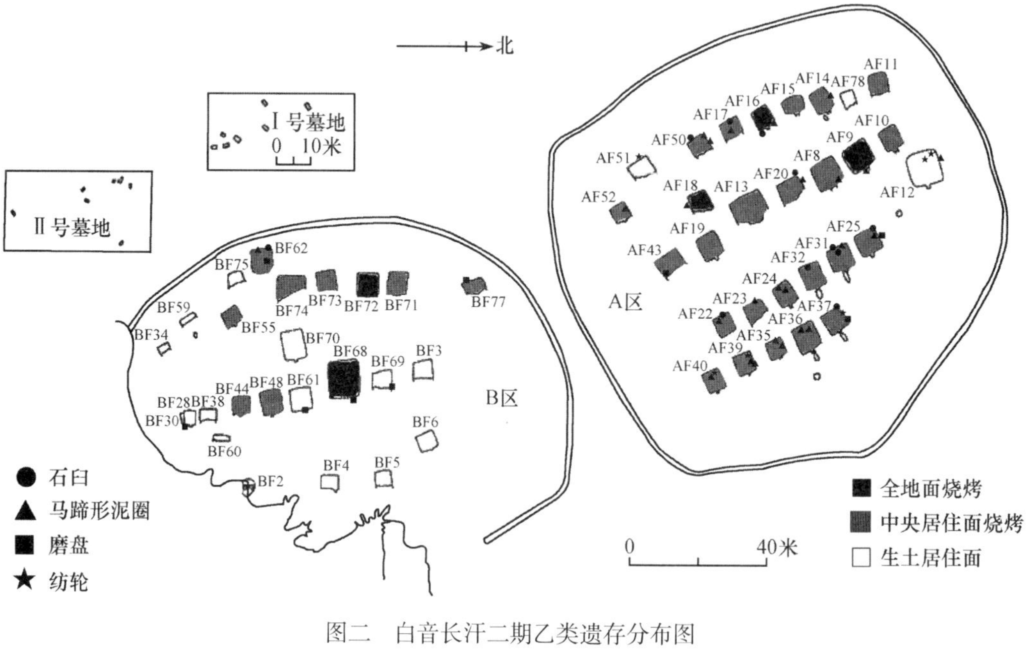

图二　白音长汗二期乙类遗存分布图

AF11、AF15及AF18应为较早迁出的住户，而其他房址为同期；B区内的BF2、BF3、BF4、BF5、BF6、BF34、BF38、BF60及BF70应为较早阶段的住户，其余房址则为同期。依此类推，A区与B区相隔不远，如果非同时定居，一定也会发生“拾荒”行为。然而，A区与B区内的大部分房屋均遗留有生活或生产用品，说明两个居住区的大部分房址基本上是同时使用，并同时废弃的（图二）。

在同期使用的房址中，我们注意到A区的房址均朝向东北，正对“石砬子”和“蛤蟆石”。然而，B区的房址除少量房屋朝向东北外，大部分均朝向东，遗址中赵宝沟文化时期的房屋朝向同样如此。到红山文化时期，遗址内A区的房屋则全部朝向东南方。现在，遗址周围1千米范围内的四个村庄基本也是面向南或朝向东。显然，白音长汗遗址二期乙类遗存B区房址的朝向更合乎常规，而A区的选择则显得与众不同。

此外，白音长汗遗址二期乙类遗存中，两个聚落所占据的空间并非完全对等。A区在地理空间上明显占据着更为显著与有利的位置。比如，与A区对应的Ⅰ号墓地海拔（781米）要高于与B区对应的Ⅱ号墓地[9]；而且，A区房屋的密度及整齐度也要高于B区，出土物也要比B区丰富得多。A区不仅居住规模大于B区，其组织、规划水平也要高于B区。从这一特性来说，A区可能与这片土地有更密切的联系，其不同寻常的房址朝向令人不得不从其他角度考虑其合理性。

显然，自然条件并非A区聚落考虑的唯一因素。房址朝向北面，唯一有利的因素是可以正对“蛤蟆石”。从景观考古学的角度来讲，我们可以理解为“蛤蟆石”和A区的聚落存在着某种精神上的关联[10]。蛤蟆（或蛙）则是中国新石器时期被普遍崇拜的一种动物，也是兴隆洼文化中常见的有象征意义的动物形象[11]。因此，对当时A区的人而言，“蛤蟆石”可能有着重要的象征意义，并被赋予了神圣的含义。因此，虽然白音长汗遗址的自然条件并非十分理想，但“蛤蟆石”的存在促使他们来到此地，并反常地将房址朝向东北，以便正对他们所膜拜的神灵。而B区的聚落在此定居则很有可能出于其他目的，因而大部分房址并未正朝向“石砬子”与“蛤蟆石”的方向。此外，两个聚落相距不远，但都建造了围沟，而围沟又较浅，并无防御功能。这种空间建构上的特性表明，两个聚落间有较为密切的联系，但也存在相当的差异。关于二者之间确切的关系，则还需要从其他方面加以分析。

三、双体聚落经济形态分析

（一）生产生活工具所反映的经济生产

一般而言，我们可以通过分析出土的生产、生活工具类型及消费的动植物种类推断史前的经济生产形态。白音长汗遗址二期乙类遗存中有相当数量的生产、生活工具，均为辽西地区新石器时代遗址常见的工具组合，如石斧、石铲等砍树或掘土类工具；石刀、石刃等收割工具；石磨盘、石棒、研磨器、饼形器、石杵等研磨工具，以及敲砸器、石叶、石片等食物加工工具。但是，两个居住区在生产、生活工具类型及数量分布上均有一定的差异。

从表一可见，A区与B区的收割类工具总量较为接近，A区石刀及石刃数量为10件，B区为12件；生产类工具总量，A区（33件）要略多于B区（28件），但数量分布较为不均：A区石斧几乎为B区5倍，但石铲数量少于B区；A区未见石锄，但有耘土工具穿孔石器；此外，A区的食物加工工具种类多于B区，总量更大大高于B区；最后，B区未见渔猎和纺织工具。

表一　A区聚落与B区聚落居住面生产及生活工具比较

工具／单位	生产类							食物加工								渔猎		
	石斧	石铲	石锄	穿孔石器	石刀	石刃	纺轮	敲砸器	磨盘	磨棒	研磨器	饼形器	石臼	石杵	石球	骨镞	骨鱼鳔	石弹丸
A区	16	15	0	2	9	1	6	2	3	16	4	4	10	3	2	2	1	1
B区	3	24	1	0	12	2	0	1	10	7	0	6	1	1	0	0	0	0

两区生产、收割类工具总体上较为接近，差异较为明显的是A区石斧远远多于B区（近5倍）。石斧与砍伐树木的行为有关，既有造房的实际需要，也与拓荒以利于耕种有关；如此大的差异，不排除A区较B区有更多的拓荒需求。两区工具的差异也体现在食物加工方面，A区食物加工工具种类及总量均高于B区，B区仅磨盘数量多于A区，其余均远逊A区。

B区房址的居住面未见渔猎及纺织类工具。纺轮是辽西地区的新石器时代遗址较为常见的遗物，一般用废弃陶片或石器打制，加工简单，搬迁时带走的价值不高，B区未见纺轮的原因可能是B区的居住者不从事或极少从事纺织活动。而B区未发现渔猎工具的原因则需要慎重考虑。因为骨镞、鱼鳔等工具制作成本高，且较易携带，户主可能在迁走时随身带走了骨镞、鱼镖等渔猎工具，另外也不排除发掘时有遗漏的可能。而且，B区内大量的兽骨遗存及在BF48居住面发现的石叶（这是细石器加工残留下来的副产品），证明狩猎当为B区的经济活动之一。下面，我们还会从其他方面证明这一判断。

综合上述证据，我们初步判断两区的经济活动均包括渔猎、初级农业生产或采集经济形态，A区的初级农业生产及采集经济强度可能要高于B区。但这一结论还需其他证据的检验。

（二）肉食类消费与经济生产

比较而言，从肉食消费的角度比较两个聚落的狩猎行为应当更为可靠。因为用于狩猎的细石器工具可以随身携带，在某些情况下可能会导致误判。然而，肉食消费过程中的残留物（兽骨、牙齿等）则会留在原地，从而使我们能够更直接，也更准确地判断一个聚落的狩猎种类及强度。

从两个聚落消费的肉食种类观察（表二），B区动物残骸的种类明显多于A区。A区内出土动物残骸的房址有8座，另有5个灰坑，其围沟（G1）的下层亦有少量动物残骸。B区内有动物残骸的房址共6座，其围沟（G2）的第2层则有大量的动物残骸。从狩猎的种类看，A区主要狩猎马鹿、斑鹿，另有少量的狍子和野牛。而B区的居民除了狩猎马鹿、斑鹿、狍子、野牛外，还捕食野猪，甚至包括野马、熊和兔；从统计数量上看，B区动物残骸的数量（129件）要多于A区（90件），虽然这并不意味着B区狩猎的动物必然要多于A区，因为这些残骸可能出自一个动物的不同部位，如BF68④出土的3件马鹿的右跟骨，与BF6①出土的3件马鹿的右桡骨可能都出自一个马鹿。但是，在G2的下层，出土了马鹿的3颗牙齿，均为右上M^3，可以确证为3个马鹿个体。再考虑到B区同时居住的人口规模小于A区，这说明B区聚落消费肉食的比例当高于A区，B区的狩猎行为可能要多于A区。

表二　A区与B区狩猎动物种类比较[12]　　（单位：件）

遗址单位 \ 动物残件		马鹿	斑鹿	狍	野牛	野猪	野马	熊	兔
A区	AF9①	2							
	AF10①②	3							
	AF14①		1						
	AF15①	12	2		1				
	AF19①		1						
	AF32①	4	1	2					
	AF36③④	5		1	1				
	AF43③	1							
	AH14	2							
	AH35	4	1	2					
	AH45	20	11	1	1				
	AH71	5	1						
	AH72	1							
	G1②	3			1				

续表

遗址单位＼动物残件		马鹿	斑鹿	狍	野牛	野猪	野马	熊	兔
B区	BF4①	4							
	BF5①	1	1	7			1		
	BF6①	37	6			10			
	BF68③④	17	5	2		1			
	BF71②	2			1				
	BF74③	7			1				
	G2②	17	2	2		3		1	1

B区残留的骨器数量和种类也明显多于A区。B区的骨制品共有12件，包括骨刀（4件）、骨锥（3件）、骨匕（1件）、骨针（1件）、骨管（1件）、骨簪（1件）以及2件骨器。而A区只有骨鱼镖、骨锥、骨针及骨镞4类，总数量仅为5，远远不及B区。这说明B区的居住者有更丰富的骨器使用资源，从而间接证明了B区比A区消耗了更多的动物。从上述两点再结合两区在人口数量上的差异[13]，我们认为，狩猎在B区的经济形态中所占的比重应高于A区。

（三）陶器风格特征与经济生产

遗址两区中陶器均以夹砂陶为主，制作方法大都为泥圈套接，仅小型器用捏塑法。在器形方面，两区的生活类陶器大同小异，均有筒形罐、杯、盆、钵、碗、盅、盏，不过，盂仅在A区发现，而盘仅分布于B区。两区的器物形态特征较为接近，器物大都为斜直壁，以平底或底微凹为主，但A区还有少量圈足器及曲腹器。

白音长汗二期乙类遗存陶器纹饰主要表现在筒形罐上，属于兴隆洼文化陶器的典型纹饰。往往借助工具压印或刻划，纹饰较为随意，类型比较丰富，主要模仿了篮筐等的各种编织纹。遗址中两个聚居区的筒形罐共享20多种纹饰，其中之字纹是主体，但其他纹饰如篦点纹、附加堆纹、勾连纹、网格纹、斜线纹、竖线纹、椭圆形纹、三角坑纹、指甲形纹等也较为普遍；在纹饰的结构上，两区均可见三段式、二段式及一段式，且两区某些筒形罐的附加堆纹上都有双层复合纹饰。但是，A区筒形罐的3段式比例（84%）要高于B区（78%），A区附加堆纹上有双层复合纹饰的比例（55%）也高于B区（33%）。

就陶器烧制火候而言，原报告未区分两区之间的差异，但依据报告中对陶器颜色的描述（报告中指出陶器内壁及器表颜色均为黄褐色的，烧制火候较高），我们发现，B区可统计的27件筒形罐中有7件火候较高（26%），分别分布于4座房址中，而A区可统计的77件筒形罐中有29件火候较高（38%），分别分布于17座房址中[14]。

由此可见，虽然A区和B区在陶器类型、制作工艺上较为接近，但是，A区的陶器显然更精致，纹饰结构更复杂（3段式纹饰及附加堆纹上有双层复合纹饰的比例更高），意味着A区的居民在陶器制作上投入了更多的时间和精力。再者，A区拥有烧制火候较高的陶器的家庭要远远高于B区。依照陶器民族学的调查资料，陶器制作工艺精致程度往往与其定居程度相关。如美国陶器生态学的代表人物阿诺德（Deane Arnold）就认为，陶器烧制火候越高，表明房主预期的居住时间越长[15]。A区更为精致的陶器，说明A区定居程度较B区高。在狩猎–采集–初级农业生产中，偏重狩猎的群体应当比偏重农业生产的群体流动性更强，这与上文所显示的B区更偏重于狩猎的判断是一致的。

B区偏向于狩猎的经济形态也得到了其他证据的证明。比如，两者在食物类加工工具方面存在较大的差异。A区共有12个房址有石臼，17座房址有用于食物加工的马蹄形泥圈，其中5座房址为双马蹄形泥圈，而B区仅BF62有石臼和马蹄形泥圈（表三）。这证明A区有比较稳定的食物加工设备，也意味着A区有更强的食物采集或生产能力，其采集经济或初步的农业生产水平要高于B区。由此，我们可以初步认定，A区和B区的经济生产都包括狩猎、采集或初级农业生产，但是，A区的居住者更偏重采集经济或初级农业生产，而B区居住者的狩猎行为在经济活动中占比重较大。

四、双体聚落社会组织形态研究

（一）房址空间关系体现的组织形态

在房屋的外部空间分布上，A区同期的房屋比较整齐，从西往东分成四排，西部两排与东部两排房址之间有大片空地，间距达15米，似将A区分为两个部分。东部较西部两组房屋排列更为严谨，其房址面积的分布变化也呈现出一种规律性。东部两排房址的面积在25～49平方米，其面积基本上遵循着从南往北渐次变小的规律。如第1排由北往南，房址面积依次由约49平方米（AF25）次第变为约46平方米（AF31）、39 平方米（AF32）、35 平方米（AF24）及28 平方米（AF22）；第2排面积最大的AF37（40 平方米）与AF36（43 平方米）也分布于最北侧。而西部两排房屋面积的分布则无一定规律。这表明A区以AF12为界，有可能分为东、西两个部分，东部为AF12东侧的两排房屋，有一定的组织性，两排房屋为一次性规划完成。西部则包括AF12在内的其余房址（图三）。

相比之下，B区同期房屋的分布则较稍显凌乱，除中部区域的 BF30、BF28、BF44、BF48、BF61、BF68、BF69的8座房屋较整齐外，其余房址的分布较为自由。在面积上，B区也表现出较大的差异，最小的BF28仅16 平方米，而最大的BF68则超过100平方米，但2座房址均在同一排（图三）。显然，B区整体缺乏较好的规划，其社会组织程度当不如A区。

从房屋的内部空间布局看，白音长汗二期乙类遗存的房屋可分为三种。第Ⅰ种房屋地面完全为生土地面，除灶外，没有进一步的空间分隔；第Ⅱ种是在中央居住面抹泥烧烤，与未烧烤的地面自然形成分区，某些房屋还在烧烤面与生土面间起土棱，进一步强化空间的区分。这些土棱通常宽0.1～0.25米，高0.05～0.15米，某些房址（如BF61）中的土棱甚至发展成为贯穿房屋东西的土台，因而可能还兼有其他功能；第Ⅲ类房屋为遗址中最精致的一种，整个地面及墙壁均经过烧烤处理，但空间分割与第Ⅱ种类似。B区内第Ⅰ类房屋占绝大多数，第Ⅱ类房址次之，第Ⅲ类房址最少；A区内第Ⅰ类与第Ⅲ类房屋均为4座，第Ⅱ类房址则达到21座（表三）。

表三　白音长汗二期乙类遗址房型及工具分布

房型、工具 / 房址分布	房址类型					磨盘	磨棒	马蹄圈	石臼	纺轮
	Ⅰ类	Ⅱ类	Ⅲ类	二期堆积	遗物（无）					
A区西	4	11	3	9	4	1	5	9	4	3
A区东	0	10	1	2	0	2	11	13	6	3
B区	14	9	2	7	10	10	7	1	1	0

在A区及B区，这三种房屋居住面的遗留物相似，均为普通的生活及生产工具，且三种房屋类型与面积大小之间并不存在关联。比如B区的BF68与BF72整个地面及墙面均经过烧烤，但两者面积相差很大。而A区内第Ⅲ类的房址面积都不大，面积次大的房址AF12反而是生土地面。最后，第Ⅲ类房屋也未表现出比第Ⅱ类的房址更复杂的布局。如在第Ⅲ类房址中，仅AF39有土棱，而第Ⅱ类房址中有8座房址均有土棱。这说明导致三种类型房屋差异的因素很可能不是社会身份，而可能与个人习惯、定居长短等因素相关。一般来说，流动性越强的社会，个人的随身物品及财产越少，而且生活方式也倾向于简单化[16]。A区的房屋较B区精致，出土的遗物也明显较B区丰富。由此判断，A区与B区在房屋空间布局方面的差异可能与定居程度相关，A区群体的定居程度当较B区高。

最后，从遗址两个居住区有二期堆积房址的分布上，也可观察到A区、B区以及A区东部与西部在组织程度方面的差异。民族考古学研究显示，半定居群体中，有二期堆积的房址表明其主人的搬离要早于无二期堆积的房址[17]。在B区，有二期堆积与无二期堆积的房屋相互混杂，而A区有二期堆积的房址主要集中于西部，东部仅有2座有二期堆积的房址，其分布亦表现一种规律性，每排房址中各有1座（表三）。结合两区在房屋外部空间及内部空间组织方面的差别，我们可以初步推断，B区的居住者比A区有更强的流动性。在社会组织性方面，则是A区好于B区。其中，A区东部又要好于A区西部。

（二）生产生活工具的分布与聚落之间的协作关系

上文分析遗址中A区与B区的生产生活工具时，我们就已经发现某些生产工具在两区的分布呈现不同的模式，并认为这种特点应当与两区不同的协作关系有关。B区生产工具分布一般较A区分散，比如B区11座房屋拥有石铲，7座房屋分别拥有石刀和磨盘。其较为分散、无规律的分布表明其合作形式可能是家庭间的个人行为，而较少可能存在家庭之上的组织单位。

然而，A区生产工具的分布却表现出一种规律性。除了石斧、石铲的分布较为分散外，其他比较重要的生产工具均集中于几座房屋中。比如A区西部第一排没有磨盘，仅AF51出土1个纺轮，9座房址中3座各有1个石臼，另AF52房址出土石刀。第二排仅AF43有1个磨盘，7座房址中仅AF20有石臼，有2座房址（AF9和AF43）出土石刀。第二排房址中虽未发现纺轮，但是与这排房址距离非常近的AF12出土了2个纺轮（图二）。

A区东部两排房址生产工具的分布则更有趣，首先，每排各有1座房屋有1座磨盘（AF25和AF37）。此外，第一排房屋没有发现纺轮和石刀，但拥有大量的石臼（4座房屋拥有5个）和石杵（3个）；第二排房屋中仅有1座石臼，没有石杵，但有3座房屋拥有纺轮，3座房址拥有石刀（图二）。A区磨盘、石臼、石刀及纺轮的较有规律的分布，表明A区除了存在家庭生产单位外，还很有可能存在家庭之间的合作形式，在这更高一级的组织中，家庭间存在一定的分工协作关系。

（三）陶器形态特征与社会组织形态的关系

陶器的形态特性也能反映一个群体的组织性。在陶器的标准化研究中，研究者经常利用陶器的定量特征，如口径、底径、腹径、高等确定的数值，计算出其标准偏差或变异系数，以确定一个群体陶器生产标准化的程度。比如，在陶器标准化研究中，一般认为，某项指标（一般为口径/高）的CV值（变异系数）越高，表明其标准化程度越低；反之，则表明其标准化程度越高[18]。在白音长汗遗址的兴隆洼文化时期，显然没有出现陶器的标准化生产。然而，借用陶器标准化研究的方法，可以帮助判断当时两处聚落的定居水平及组织程度。即CV值越高，表明其组织水平越低，反之则表明其组织水平越高。

白音长汗二期乙类遗址的两个居住区房址中均出土了大量较为完整的陶器。为了保证统计的准确性和可靠性，我们以筒形罐为统计对象。因为筒形罐不仅是兴隆洼文化时期的典型器物，而且也是白音长汗遗址出土最多的陶器。白音长汗遗址二期乙类遗址中有确切测量数据的筒形罐共95件，A区占74件，西部和东部各有37件；B区可以统计的则有21件，均在统计的有效范围内[19]。根据以往的研究经验，能比较准确反映陶器生产标准化程度的指标是口径/高的CV值。在这次研究中，我们决定还加入一个指标，即筒形罐底径与高的比例的CV值，因为底径与高的比例决定着筒形罐的美感（胖瘦），能更准确地反映每个陶器组别的总体形态特征，更有效地判断白音长汗两个聚落的定居水平、凝聚性及组织能力（表四）。

表四　白音长汗A区与B区筒形罐变异系数比较

区域 CV值	A区 （全）	A区 （西）	A区 （东）	B区 （全）
口径/高	0.11	0.11	0.11	0.13
底径/高	0.13	0.13	0.13	0.16

从表四可以看出，B区陶器在两个指标上的CV值均要高于A区，这说明A区的组织性确实要高于B区。意外的是，A区东部与西部在这两项指标上并没有差别，且和A区整体筒形罐的变异系数几乎一致，这似乎说明A区两个区域的组织程度并无差异。但也有可能是A区东部与西部之间的差异难以在陶器特征中表现出来，或者是样本数量还不够充足。

虽然陶器形态特征的变异系数没有直接支持A区东部与西部在组织程度上的差异，但根据A区东、西两个部分在房屋空间布局上的差异，我们倾向于认为A区的东部很可能在小家庭单位之上出现了更高一级的组织形态。

五、讨　　论

上文中的分析表明，白音长汗二期乙类遗址的两个聚落在生活习惯及文化观念上较为接近，但在生产经济形态、组织形态上有一定的差异。A区偏重于初步的农业生产及采集经济，而B区的主要经济形态应更偏重于狩猎；A区有更好的组织性和凝聚力，不同家庭间可能还存在协作关系。值得注意的是，各个家庭间的协作形式可能不限于以前学者指出的“排”的形式[20]，而有可能跨越了“排”的范畴。比如A区东部两排房屋在房址排列、面积分布格局上表现出较为突出的一致性，且在工具分布上又表现出极为强烈的协作特征，这两排房屋就很有可能属于同一组织形式。因此，用“组”来描述这一中层组织形态可能更为合适。现在，我们倾向于认为，在兴隆洼文化时期，某些聚落很有可能出现了“家庭”“组”“聚落”的三级组织形式。

那么，这两个聚落之间是否存在一定的生产资料交换关系？进行生产资料交换的前提是两个聚落必须建于同一时期。从遗址废弃过程考虑，倘若两个聚落为前后不同时期所建，那么，后来的聚落一定会侵占以前聚落的空间，在原有的居址上新建房址。然而，白音长汗遗址两个聚居区中，仅B区出现一例房址打破现象（BF28打破BF30），因此这种可能性不大。而且，两个聚落各有环壕，有明确的边界，这更说明两个聚落在同一时期使用的可能性极高[21]。

此外，从两个聚落经济生产形态的差异来看，A区聚落与B区聚落之间确实存在交换的可能性。两个聚落在石斧、石铲、石臼、研磨器等生产工具分布方面的不平衡，说明这两个聚落的生产活动存在相当的差异。更为重要的是，B区偏重狩猎，而A区偏重采集或农业生产，拥有大量加工粮食的设施；A 区有纺织行为，而B区则可能不从事或极少从事纺织。在民族学资料中，常见狩猎民族以皮货交易农耕民族的布匹及农产品的现象。因此，不排除两个聚落间存在类似的产品交换，只是考古发掘难以发现此类证据。上述事实表明，两个聚落间极有可能存在生活资料的交换。

最后，我们回到文章开始提出的问题：白音长汗遗址位于山冈的东北坡，自然条件并非十分理想，为什么能吸引两个不同经济形态的聚落到此建立营地？史前时期的在择址定居时，除了自然资源外，文化、宗教也是他们经常考虑的重要因素。在人类学资料中，某个出于宗教、信仰等原因而选择在一地定居的事例并不鲜见。比如，澳洲的土著人会遵从习俗，追寻祖先的足迹而不断迁徙，如此代代相传，以保证传统文化的延续性[22]。对A区和B区聚落的史前人类来说，白音长汗遗址所面对的神圣的“蛤蟆石”可能起到了关键作用，在此地居住，可以增强与祖先的联系以及在文化上的传承。因此，两个聚居区的墓葬也选择在不远处的山顶。

在白音长汗遗址中，A区聚落占据的位置更为优越，同时期的居住规模也大于B区，其房址的朝向似乎也表明其与“蛤蟆石”之间存在更直接的联系（包括在AF19发现的蛙形石雕）。我们不妨这样认为，可能是A区的聚落首先选择白音长汗遗址定居，而B区聚落选择这一地点的原因，除了有经济交换的需求外，还有可能与A区聚落拥有共同的祖先，因而关系较其他聚落更为密切。可以说，生计方式的互补、精神观念的相近这两方面的因素是两个聚落选择比邻而居的关键要素。

六、结　　论

通过对白音长汗二期乙类遗址两个居住区外部自然景观、房屋内部空间布局及生产生活工具以及陶器等方面的分析，我们确定两个聚落有不同的经济生产形态及社会组织形态，且存在一定的生产资料交换。同时，我们还认为，两个聚落同时在白音长汗遗址定居的原因除了经济交换的需求外，还有原始宗教信仰等文化因素的考虑。最后，我们推断，兴隆洼文化时期已经出现了生存策略和社会组织形态的分化，某些聚落可能已经出现了“家庭”、“组”（成组家庭）、“聚落”的三级组织形式（如A区聚落），而另一些聚落依旧保持着个体家庭+聚落的形式（如B聚落区）。上述多种类型材料的分析研究丰富了我们对辽西地区新石器文化的认识，当然，其中的结论还有待更多发掘材料及研究的验证。

注　释

［1］a. 中国社会科学院考古研究所. 中国考古学新石器时代卷［M］. 北京：中国社会科学出版社，2010：156-157.
b. 内蒙古自治区文物考古研究所. 白音长汗——新石器时代遗址发掘报告［R］. 北京：科学出版社，2004.

［2］a. 赵宾福. 兴隆洼文化的类型、分期与聚落结构研究［J］. 考古与文物，2006（1）：25-31.
b. 刘国祥. 兴隆洼文化聚落形态初探［J］. 考古与文物，2001（6）：58-67.
c. 刘晋祥，董新林. 燕山南北长城地带史前聚落形态的初步研究［J］. 文物，1998（8）：48-56.
d. 索秀芬，李少兵. 兴隆洼聚落形态［A］. 边疆考古研究（第8辑）［C］. 北京：科学出版社，2010：14-35.
e. 吉迪（Gideon）更为深入地探讨过兴隆洼文化的聚落形态及社会组织结构，虽然其论文主要是关于赵宝沟遗址的讨论，但有值得借鉴之处。Gideon, S. Economic adaptation, community structure, and sharing strategies of households at early sedentary communities in northeast China［J］. *Journal of Anthropological Archaeology*, 2006 (25): 318-345.

［3］a. Peterson, C. E., S. Gideon. Jiangzhai: Social and economic organization of a Middle Neolithic Chinese village［J］. *Journal of Anthropological Archaeology*, 2012 (31): 265-301.
b. Lee, Yun Kuen. Centripetal settlement and segmentary social formation of the Banpo tradition［J］. *Journal of Anthropological Archaeology*, 2007 (26): 630-675.

［4］同［2］.

［5］在已经发掘的兴隆洼文化遗址中，确定为双体聚落形态的仅为白音长汗遗址，但是兴隆洼文化中尚有很多遗址有待揭露和深入的研究。如兴隆遗洼遗址以西500米处还有一处较小的兴隆洼文化聚落。而与兴隆洼文化关系密切的赵宝沟文化中也存在类似的聚落形态（如赵宝沟遗址），而红山文化之后的小河沿文化（如大南沟墓地）可能也保持了类似的形态。这说明双体聚落在辽西地区很可能不是孤例。

［6］a. 科林·伦福儒，保罗·巴恩主编，陈胜前译. 考古学：关键概念［M］. 北京：中国人民大学出版社，2012：158-160.
b. Thomas, J. Archaeologies of Place and Landscape［A］. *Archaeological Theory Today*［C］. Cambridge: Polity Press, 2001: 165-181.

［7］Arnold, D. *Ceramic Theory and Cultural Process*［M］. Cambridge: Cambridge University Press, 1989: 13-19.

［8］谢弗在文中引用的Ascher（1968）对墨西哥印第安塞里（Seri）部落的研究较为详细地说明了“拾荒”行为的特征。见Schiffer, M. B. *Formation Processes of the Archaeological Record*［M］. Salt Lake City: University of Utah Press, 1996: 106.

[9] A区对应Ⅰ号墓地，B区对应Ⅱ号墓地，主要根据其位置的相关性，详见原报告（见［1］b：200）。亦可参见文中图一。

[10] 同［6］.

[11] 在兴隆洼文化中，蛙也是一种经常出现的有象征意义的动物形象。如查海遗址中出土的一件饰有蛇盘蛙浮雕的筒形罐，白音长汗遗址中AF19也出土有蛙形的石雕。

a. 如鱼. 蛙纹与蛙图腾崇拜［J］. 中原文物，1991（2）：27-36.

b. 王翼祥. 简论我国稻作文化中的生殖崇拜内涵［J］. 贵州民族研究，2002（1）：135-141.

c. 赵国华. 生殖崇拜文化论［M］. 北京：中国社会科学出版社，1990：180-214.

[12] 表二中的兽骨统计包括居住面及二期堆积层两个单位的遗存。

[13] A区不仅房址数量较B区多，而且有二期堆积的房址数量也多于B区，故判断A区同时期居住的人口规模要多于B区。

[14] 通过颜色判断陶器的烧制温度不够准确，但本文引用了报告中的相关判断，以便与其他证据进一步比对。

[15] 同［7］：153.

[16] a. 陈继玲，陈胜前. 查海遗址陶器风格研究的功能视角［A］. 边疆考古研究（第18辑）［C］. 北京：科学出版社，2015：161-177.

b. 诺伯特·肖瑙尔著，董献利，王海舟，孙红雨译，闫鲜宁校. 住宅6000年——人类住宅演化史［M］. 北京：中国人民大学出版社，2012：1-83.

[17] Montgomery, B. K. Ceramic analysis as a tool for discovering processes of pueblo Abandonment［A］. *Abandonment of Settlements and Regions*［C］. Cambridge: Cambridge University Press, 2003: 157-164.

[18] 戴向明. 陶器生产、聚落形态与社会变迁：新石器至早期青铜时代的垣曲盆地［M］. 北京：文物出版社，2010：78.

[19] 陶器的最小标本量最好要达到20件，CV值的统计结果才比较可靠。本文分类统计的陶器标本量均超过20件。同［18］：85.

[20] 赵宾福曾推测兴隆洼文化的聚落组织形式分为四个层次，即聚落-区-同排房屋-每座房址。我们认为，在兴隆洼文化中，用“家庭”、“组”（成组家庭）、“聚落”这样的概念可能更为合适。在白音长汗遗址二期乙类遗存中，就表现出成组的家庭数量不等，双排的房址很有可能属于同一组家庭，如本文A区东部两排房址。

[21] 关于两处聚落的共时性阐释，可参见原文第二部分的3、4、5段及［8］。

[22] 同［6］b：174-175.

Spatial Exploration of Settlement in Baiyinchanghan Site during the Xinglongwa Culture

CHEN Ji-ling　CHEN Sheng-qian

Xionglongwa culture is one of the local type in Northeastern China during the Middle Neolithic period. It has a unique settlement pattern. This field, however, is rarely investigated. This paper aims to analyze the double settlement pattern in Baiyinchanghan Site of Xinglongwa culture. Through the analysis and comparison of multiple evidence, the landscape, pottery function and decoration, and the types of their production tools, e.g., we conclude that the two groups in Baiyinchanghan Site have different subsistence pattern and community structure. We suggest that group A mostly relies on simple agriculture or collecting, and most probably has three layers of community structure-"family", "zu" and "group". On the contrary, group B heavily depends on hunting and a single family is possibly its smallest community unit. Further, we discuss the reason why the two groups select Baiyinchanghan Site as their settlements. We believe that the needs for production exchange equals to the intimate spiritual relations between two groups.

内蒙古白音长汗遗址兴隆洼文化时期的社会空间研究*

刘 岩[1, 2]

（1. 北京师范大学史学研究中心，珠海，519087；2. 北京师范大学历史学院，北京，100875）

空间一直是考古学研究的重要问题，不同的考古学研究范式会以不同的视角和理念对其进行研究。文化历史考古学关注考古学文化的时空分布以及文化的地域交流[1]。中国考古学中的“区系类型”理论[2]以及以社会上层的文化交流为特征的“中国相互作用圈”理论[3]背后就是这样的空间观。研究考古材料同人类行为之间关系的过程考古学关注宏观的区域聚落形态[4]、微观的遗址活动区[5]以及家户考古[6]等，认为空间能够客观反映古人的经济生活、社会组织及其发展状况。空间同样是研究辽西地区兴隆洼文化的学者们所关注的重点问题[7]。学者们主要分析遗址形态[8]、对房屋内的活动进行空间分析[9]，并从家户、社区和区域三个空间层次对社会复杂化进行研究[10]。在这些研究中，空间都被看作是人们日常活动的场所，是外在于人的存在。但除此之外，空间还具有社会性。人们可以用空间构建社会关系、表达社会观念、塑造群体认同。空间由此内化在了人们的社会文化之中，构成了一种社会空间。本文尝试应用西方后过程考古学常用的惯习（habitus，又译作“习性”）理论，对内蒙古白音长汗遗址兴隆洼文化时期的日常实践进行空间分析，去探索当时人们如何通过社会空间来表达惯习，在此基础上窥探当时的社会关系。

一、材料简介与问题的提出

白音长汗遗址位于内蒙古自治区赤峰市林西县南端，西拉沐沦河北岸白音长汗村西南约500米的山岗上，海拔约700米（图一）。1988～1991年，内蒙古自治区文物考古研究所对该遗址进行了三次发掘，并出版了发掘报告[11]。考古学家在白音长汗遗址发

* 基金项目：第66批中国博士后科学基金面上资助项目“中国考古学视野下的伊恩·霍德考古学理论研究”（编号2019M660534）。

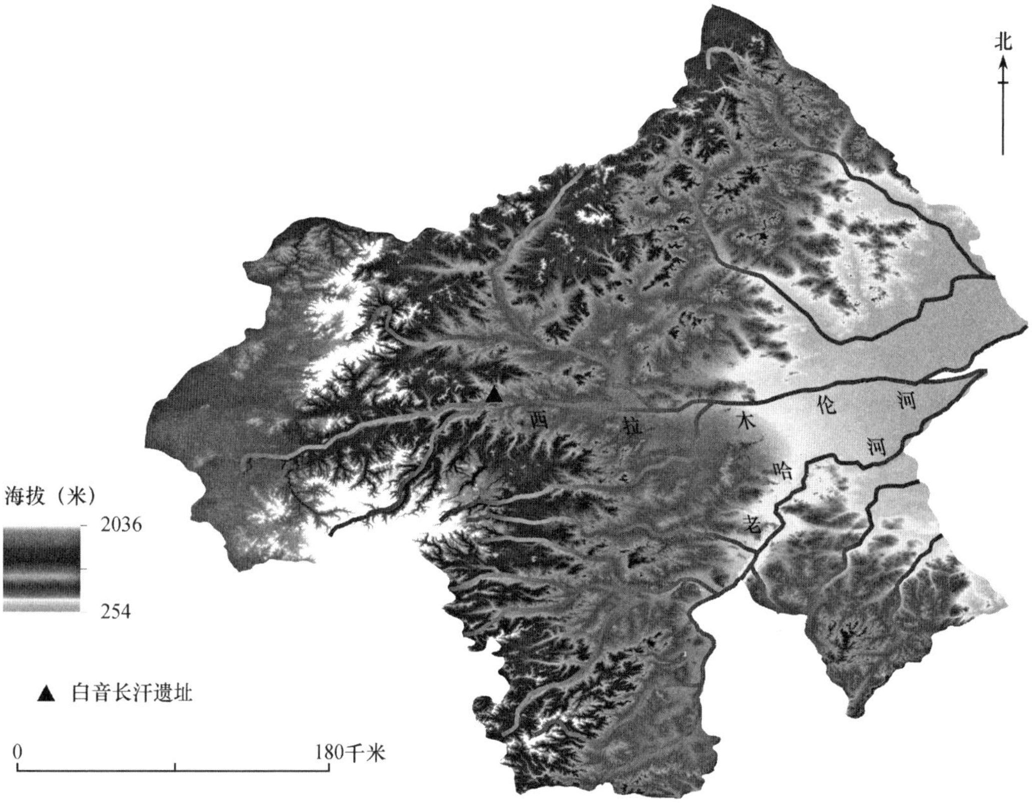

图一　白音长汗遗址位置示意图

现了小河西、兴隆洼、赵宝沟、红山与小河沿文化的遗物，以兴隆洼文化遗存数量最多，其中的二期乙类遗存（下文简称白音长汗遗址）的部分房屋及其居住面上的遗物是本文的研究对象。

在生产工具方面，白音长汗遗址发现有石锄、石铲、石刀、磨盘、磨棒等。石器功能研究表明，白音长汗遗址是与狩猎采集、刀耕火种的早期农耕生产相结合的混合经济[12]。白音长汗遗址由A、B两个环壕聚落组成，每个聚落内的房屋成排分布（图二；图版一九，1）。房屋特征很明显：门道多呈北向或东北向；大部分房屋以灶为中心；部分房屋出现凸起的泥垄将居住面分为内外两个区域；部分房屋在内居住面中部靠近西壁的地方有马蹄形泥圈；很多房屋内发现完整且摆放整齐的遗物。从房屋特征与居住面上遗物的空间分布推测，房屋存在着不同性质的活动区。同中原与北方地区其他的新石器时代早期遗址相比，白音长汗遗址的空间格局更为严整，结构特征更加清晰，应是人们有意构建的。这种严整空间形态背后的社会意义需要被揭示。这正是本文所要研究的主要问题。

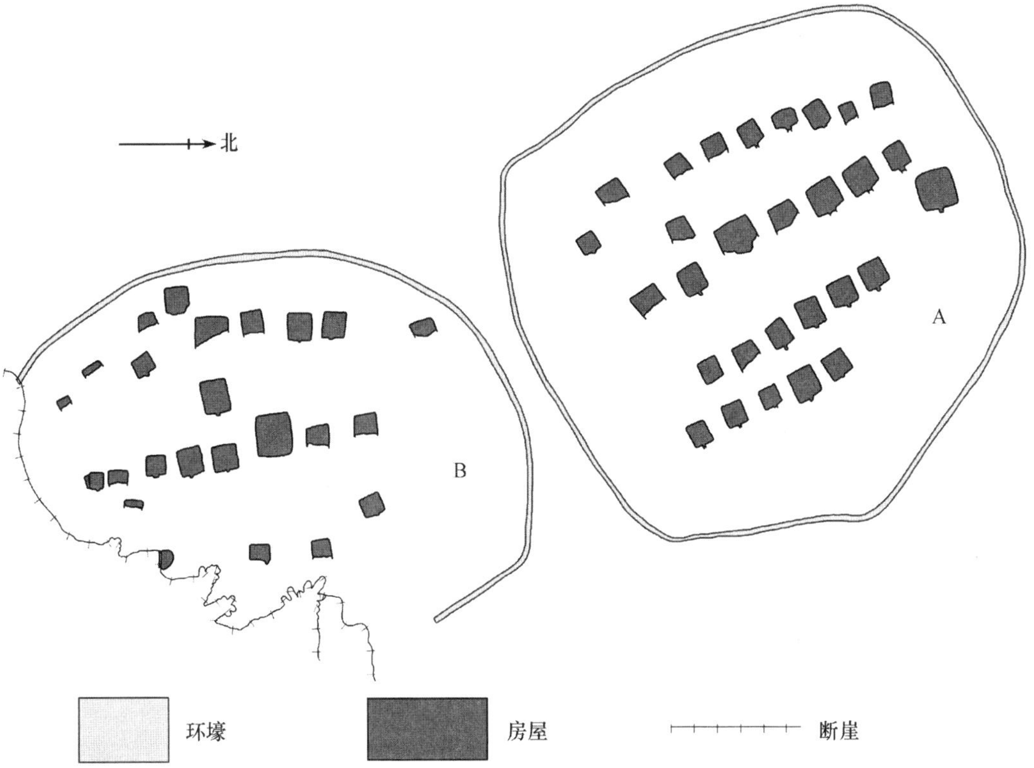

图二　白音长汗遗址（二期乙类遗存）聚落分布示意图

二、理论与方法

在考古学中，关注社会空间的流派主要是20世纪80年代兴起的后过程考古学。后过程考古学主张将物质文化放置在其所处的情境中，研究其社会与象征意义，并在此基础上研究社会实践与社会关系[13]。法国社会学家皮埃尔·布迪厄（P. Bourdieu）的惯习理论是后过程考古学的重要理论来源，也是后过程考古学应用得最为成功的理论之一，已经成为考古学家研究物质文化的社会意义以及社会空间的重要概念工具[14]。

惯习是生活在一定社会经济背景中的人们在日常生活中逐渐形成的行动准则、实践逻辑或者礼仪规范，是人们自幼所生活的家庭、教育与社会背景下，对自身生活空间与物质文化所传递的理念价值耳濡目染的结果，具体包括实践原则（practical principles）和差异性原则（differential principles），前者让实践者具有特定的实践方式、对事物的感知和品位，后者区分了不同人群的实践原则与实践方式，这种区分则是通过不同人群所在的经济、阶级、家庭、教育等社会历史背景实现的，而惯例化、规范化的实践反过来又能够强化实践者所处的社会背景条件，让社会充满秩序（图三）[15]。

惯习通过日常实践，潜移默化地将社会中的行为规范与文化理念进行结构化，具体表现在人类活动在时间与空间上的规范性，以及物质文化的空间与风格结构之中[16]。布

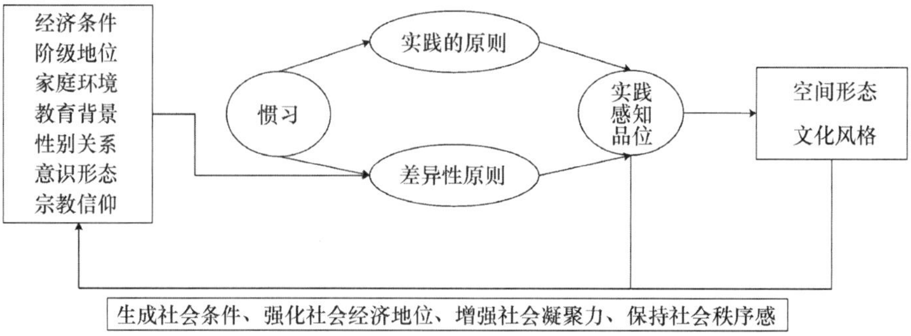

图三　惯习理论结构图

迪厄对非洲卡拜尔（Kabyle）社会的研究提供了惯习在日常生活中发生作用的例子。卡拜尔人的日常活动中遵循着一定的惯习，这种惯习是性别关系中男性居主导地位的表现[17]。这种性别关系以性别分工为基础，并体现在房屋空间上。卡拜尔社会的男性主要从事室外活动、女性主要从事室内活动，这在室内空间上表现为东侧是象征着隐秘且昏暗的女性空间、西侧是象征着开放且光明的男性空间[18]。

布迪厄的研究表明，人们通过日常实践将惯习表达为一种社会空间。这种社会空间不是简单的器物空间分布模式，而是蕴含着社会关系与社会结构。后过程考古学的代表人物伊恩·霍德（Ian Hodder）强调社会空间所具有的教化作用，认为人们自孩童时代起就在具有社会规范意义的家庭空间中生活，每天经过不同含义的空间，看到不同空间内所摆放的物品，进而理解空间所传达的社会意义与社会规范，并将其内化在自己的身体与血液之中，在日常生活实践中无意识地表现出来[19]。因此，通过对社会空间的情境分析，我们能够了解某一社会或群体的行动规范与社会关系。

在社会空间的研究方法上，霍德在研究土耳其恰塔霍裕克（Çatalhöyük）新石器时代遗址的社会组织方式时，采用了分析房屋居住面的微小遗存、土壤微形态分析、土壤化学等方法[20]。但由于发掘年代较早，白音长汗遗址并没有进行上述科技手段的分析。但这并不代表我们无法对其社会空间展开研究。除了上文的卡拜尔社会及恰塔霍裕克遗址，北美及大洋洲的诸多民族学及考古学的案例都表明，简单社会的房屋内存在日常实践的空间分区，这些分区大多同性别关系等社会规范有关，表现为不同功能与象征意义的器物分区摆放[21]。可见，惯习通过日常实践表现为一定空间特征的房屋结构或者房屋内物品的摆放方式。考古学家可以使用惯习与实践概念作为中介，去研究古代的社会关系，并对社会生活的秩序感进行解释。这让白音长汗遗址具备了应用惯习理论研究社会空间的可能。

三、白音长汗遗址的社会空间分析

在进行社会空间分析前，我们有必要首先对白音长汗遗址二期乙类遗存中A、B两个聚落及其内部房屋的共时性，以及居住面上的遗物是否能够反映当时人们的日常实践方式进行讨论。关于聚落及房屋的共识性问题，已有学者从地层关系以及陶器特征的角度对白音长汗遗址进行分期[22]，另有学者在分析白音长汗遗址的聚落形态时也对这一问题进行了探讨[23]。这些学者对这一问题的看法同考古报告相一致，都认为A、B两个聚落“排列而有序的布局、基本相同的聚落规模及诸多方面的相似性和一致性，充分表明这两处聚落为同一时期的产物”[24]。本文认同这一观点。关于居住面遗物能否反映当时的实践方式这一问题，有学者从行为考古中遗址形成过程理论角度研究白音长汗遗址二期乙类遗存的废弃过程，认为该遗址存在早、晚两期的废弃阶段，其中在较晚的废弃阶段，人们是有计划返回遗址的，在房屋居住面上留有大量供人们返回时继续使用的完整器物[25]。而且房屋内没有发现后期的人为破坏痕迹，因此，本文认为，房屋居住面的遗物是原初的废弃状态，即便不能排除居住者在离开聚落时将其有意识地整理的这种可能，也能够反映当时人们的日常实践方式且不影响这些遗物在当时的社会意义。不仅如此，根据遗址废弃过程的研究，本文分析的房屋皆处在较晚的废弃阶段，这从遗址废弃过程角度也保证了房屋与聚落的共时性。

在分析过程中，本文首先在以往学者对房屋居住面出土遗物的功能分析的基础上[26]，重建了白音长汗遗址的12种活动类型，并根据考古材料出土背景、常识性推断与民族考古材料[27]，区分出不同活动类型的活动空间（表一）。从中可以发现，当时的人类活动主要可以分为室内活动和室外活动。因此，本文以活动空间及器物种类都确定的食物加工、食物炊煮与盛放及生产活动工具为惯习特征的指示标志。

表一　白音长汗遗址兴隆洼文化时期的人类活动类型

活动类型		遗物	主要活动空间
石器生产		毛坯、石核、石片、磨石	遗址内、房屋外
生产活动	建房、挖壕	石铲	遗址内、房屋外
	纺织、缝纫	纺轮、骨锥、骨针	房屋内
	木材获取、加工	石斧、敲砸器、石凿、石锛	遗址外、遗址内；房屋外
	狩猎	石球、骨矛、细石器	遗址外
	捕鱼	骨鱼镖、石网坠	遗址外
	植物种植	石锄、石铲	遗址外
食物加工	切割	石刀、刮削器、骨刀	房屋内
	碾磨	磨盘、磨棒、石杵、石臼、研磨器	
食物炊煮与盛放		筒形罐、各种小型陶器	房屋内
装饰活动		骨簪、各类蚌饰	房屋内
象征活动		各类石雕	房屋内

本文在发现的54座房屋中选取了公布居住面的器物分布图且保存情况较好的23座房屋进行分析（表二）。在进行空间分析时，需要考虑房屋本身的空间结构差异，这种差异性可能表明了房屋的不同性质。发掘报告根据房屋居住面自身的结构差异将白音长汗遗址的房屋分为三类：第一类房屋居住面为生土面，经过夯实或踩踏；第二类房屋中间部分经过抹泥、烧烤并且边缘部分有泥棱分隔，形成中心居住面；第三类房屋整个居住面涂抹黄泥，后经烧烤[28]。各类房屋的空间特征如下文所述。

表二　本文研究所涉及的房屋类型

第一类	AF12/BF28/BF69	3座
第二类	Ⅰ型：AF10/AF25/AF43/AF50；Ⅱ型：AF17/AF31/AF32；Ⅲ型：AF35/AF37/AF39/BF61/BF71；Ⅳ型：AF52/BF73/BF74；Ⅴ型：AF19/AF36	17座
第三类	AF9/AF16/BF68	3座

第一类房屋有三座，分别是AF12、BF28、BF69。虽然这一类房屋没有中心居住面，但仍能看出居住面的器物大多分布在房屋南北两侧。部分房屋内室内活动和室外活动的遗物有较为明显的分布差异，如BF28，室外活动的遗物主要分布在南侧，室内活动的遗物主要分布在北侧（图四，1；图版二〇）。

第二类房屋室内居住面器物分布特征最为明显。根据从事室内、室外活动器物的分布情况，可以细分为五个类型。

第Ⅰ型共有房屋四座，分别为AF10、AF25、AF43和AF50（图四，2、3）。这一型的特征最为鲜明。遗物大多分布在房屋南北两侧的外居住面，中心居住面遗物分布较少。在房屋靠近西壁的地方多分布有浅坑和泥圈遗迹。此外，室内活动和室外活动的遗物分布差异较为明显，室外活动遗物大多分布在北侧的边缘居住面，室内活动遗物大多分布在南侧的居住面。

第Ⅱ型共有三座房屋，分别为AF17、AF31和AF32（图四，4、5）。这一类型房屋的遗物大部分集中在北部的居住面，其中AF17、AF31的遗物更是集中在北部没有抹泥的外居住面上。室外生产活动的遗物很少，且分布在没有抹泥的居住面上。房屋靠近西壁附近均有泥圈、浅坑等遗迹。

第Ⅲ型共有五座房屋，分别是AF35、AF37、AF39、BF61和BF71（图四，6）。这一类型的房屋遗物大多集中分布在南部居住面。且BF61和BF71中心居住面几乎没有遗物分布。室外活动的遗物分布在南部没有抹泥的居住面及抹泥居住面的南部，和室内活动的遗物在一起分布，且大多数更靠近外侧。多数房屋在近西壁附近有泥圈遗迹。

第Ⅳ型共有三座房屋，分别是AF52、BF73和BF74（图四，7）。这一类型的房屋特点是室外活动的遗物在南北两侧居住面均有分布，且和室内活动遗物的分布差异不明显。

第Ⅴ型共有两座房屋，分别是AF19与AF36（图四，8）。这一类型的房屋特点是

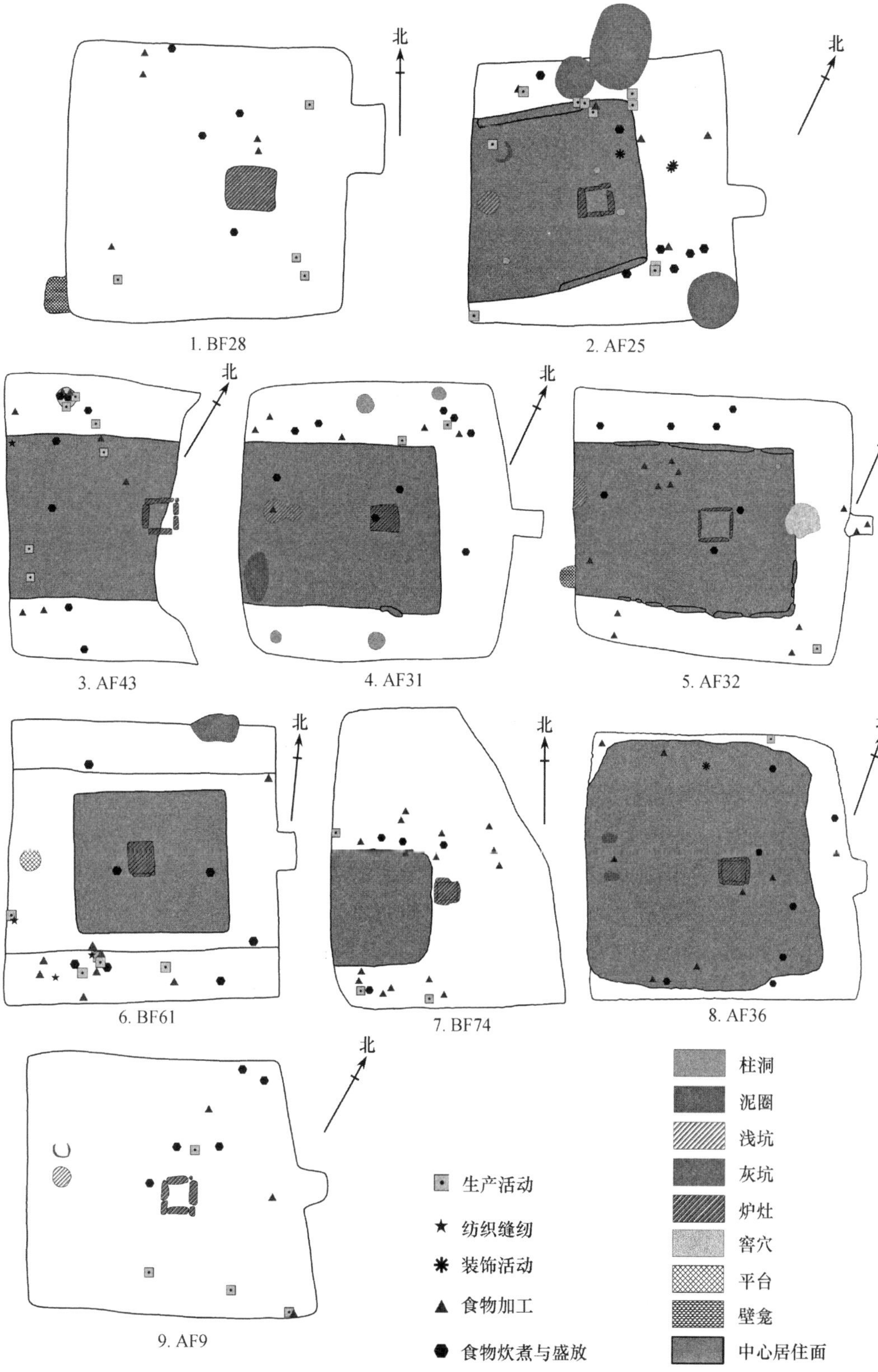

图四　白音长汗遗址房屋居住面器物分布示意图

中心居住面占整个居住面的比例更大，遗物大多分布在中心居住面的外围。室外活动的遗物数量非常少，AF36仅发现一件石铲，位于北侧外居住面。

第三类房屋有三座，分别是AF9、AF16与BF68（图四，9）。同第一类房屋一样，第三类房屋也没有中心居住面且遗物分布在南北两侧。部分房屋居住面能看到室内和室外活动的遗物分开摆放的现象，如AF9，室外活动的遗物多放置在房屋南侧，室内活动的遗物多放置在房屋北侧。

综上所述，白音长汗遗址的房屋内部空间存在着一定的特征。从整体上看，房屋门道朝向偏北方，房屋内以炉灶为中心，炉灶与门道相对。在炉灶的西边靠近房屋西墙壁处，很多房屋发现有泥圈、浅坑等设施[29]，浅坑内多放有石臼，成为固定放置研磨工具的场所，这套组合位置固定，已经成为遗址的家具。很多房屋居住面的遗物都存在室内活动和室外活动的物品分开放置的现象，而且室外活动的物品放置在更外侧或房屋边缘的位置[30]。第二类房屋的空间特征最明显，主要表现在：①房屋中部经抹泥烧烤，形成中心居住面同四周相分割开；②房屋中的大部分遗物都分布在外围的居住面上，其中的一些房屋中心居住面没有发现遗物（如BF71、BF74），另一些房屋的中心居住面出有少量遗物（如AF10、AF17、AF25等），这些遗物大多为室内活动用品；③第Ⅰ型房屋表现出明显的室内、室外活动的器物放置在位置相对（南与北）的居住面这一现象，第Ⅱ型与第Ⅲ型房屋表现出对南北两侧居住面利用程度的差异；④从食物加工类的器物分布能够看出一些房屋可能存在的食物加工区域，从石杵、陶器与储藏坑的位置分布看，AF25（图四，2）、AF43（图四，3）的食物加工区可能在南部，AF32（图四，5）、BF74（图四，7）的食物加工区可能分布在房屋北部；⑤在AF43北侧的外居住面靠近西北角的地方发现有器物储物坑，坑内放置有石杯、石磨棒、石锛坯、石锛、石刀、研磨器以及陶杯。这些器物可能是当时人们离开遗址时预留在此，待返回时继续使用。

四、惯习与社会空间的情境分析

虽然惯习作为一种无形的实践准则使得我们无法从考古材料中直接观察到它，但由于惯习让人们在日常实践中表现出特定的行动方式与空间形态（社会空间），这让我们能够通过考古材料的空间特征来说明惯习的存在。通过上文的分析发现，当时人们的日常实践存在着一定的惯习，表现为以下的社会空间形式：

（1）房屋成排分布，门道朝向偏北方，炉灶设置在房屋中央；

（2）多数房屋能够区分出中心居住面与外围居住面，并在房屋内居住面西侧中央位置有泥圈遗迹；

（3）很多房屋的室内活动与室外活动物品是分开放置的，中心居住面主要放置室内活动物品，室外活动物品主要放置在南、北两侧的外居住面，有时还会出现一侧居住面以室外活动用品为主、另一侧以室内活动用品为主以及室外活动的物品放在更外侧的现象。

根据惯习是一定社会环境与社会关系的产物，以及后过程考古学中的情境（context）与阐释学（hermeneutics）思想，我们有必要将上述社会空间特征放在当时的社会历史背景中进行研究，去探索惯习是如何体现经济与社会关系的。

（一）社会空间与生业经济的关系

石器功能分析的研究发现，白音长汗遗址已经出现了可以用来进行食物生产的工具，如可用于播种前的破土挖掘的石铲与石锄、可用于收割的石刀以及可用来碾磨食物的各种工具，但同时也发现了用于捕鱼与狩猎的工具[31]。因此，当时人们采用的是食物生产与狩猎采集相结合的混合经济。这种混合经济具有很强的不确定性，使得白音长汗遗址面临着诸多风险：①狩猎活动的不可靠性[32]；②早期农耕活动受气候、耕作技术与土壤状况的影响[33]；③早期农耕活动作为一种延迟回报（delayed return）机制，在付出劳动与获取回报之间会有很多不确定因素可能会让之前的付出一无所获，社会可能处在不稳定状态[34]；④地处生态交错带的白音长汗遗址对环境变化敏感[35]，加之当时气候波动频繁[36]，导致动植物资源的不稳定。除了混合经济的不确定性之外，还处在由狩猎采集社会向农耕社会过渡阶段的白音长汗遗址在人与物之间的关系上发生着巨大变化，包括更为复杂的物质技术[37]，物质文化被用作象征符号来传递思想观念等[38]。从复杂系统的观点来看，此时人与物之间的关系要比旧石器时代晚期更为复杂，不确定性更高[39]。

这些社会风险与不确定性需要人们采用一种稳定的社会规范与行为准则去应对，以减少社会冲突、维护社会安定。而上文中的社会空间与惯习，正是人们在当时的生业经济与社会风险的情境下，在日常实践中形成的。反过来，惯习又会指导实践，让日常生活安定有序，减少因缺少规矩所带来的混乱与冲突。室外资源获取活动与室内食物加工活动有着不同的工具组合与活动空间，人们将不同的工具组合相区隔开，使其各自占据着不同的空间区域，并通过泥垄将不同的空间区域区分开。久而久之，人们会对不同工具所处的位置有着一种熟悉感，这些工具会处在一种哲学家海德格尔（M. Heidegger）笔下的“上手状态”（ready-to-hand）[40]，即当人们需要时会拿过即用，不会在寻找工具上浪费时间，而且当从事资源获取的人从室外回到室内时，不会打乱食物加工活动的空间。这些正是惯习让日常生活充满秩序的表现。由此，我们可以理解为何第二类房屋内会出现中心居住面与周围居住面，以及食物加工区与室外工具摆放区等社会空间特征。

（二）社会空间与社会结构

惯习不仅是在特定的经济背景下产生的，还产生于特定的社会结构之中。因此，上文中社会空间背后的惯习还可能同当时的社会关系有关。具体来说，上文中的社会空间形式可能是当时社会中劳动的性别分工的结果。人类学家乔治·默多克（G. Murdock）与卡特琳娜普罗沃斯特（C. Provost）对全球182个民族群体的50种日常活动进行研究，发现了日常实践活动与性别之间存在着一定的对应关系[41]。在简单社会中，男性主要从事与狩猎并屠宰大型动物、寻找并处理矿物资源相关的活动，而女性主要从事洗衣、做饭、纺织、加工食物等居家活动。从这些活动的地点来看，男性的主要活动区域在室外和居址外、女性的主要活动区域在室内。同样，学者们对非洲卡拜尔社会[42]、北美纳瓦霍（Navajo）社会[43]及太平洋南岛语族社会[44]的研究也发现，这些社会中的很多群体也都存在着劳动的性别分工，在活动空间上主要表现为男性主要在室外与村落外活动，女性主要在室内或村落内活动，且男性同女性在室内活动空间上有着明显的区分。

基于上述理解（pre-understanding），我们可以分析白音长汗遗址兴隆洼文化时期的惯习是否可能同性别分工有关。在考古背景下，性别与器物之间相关联的最可靠证据来自墓葬。虽然白音长汗遗址的墓葬随葬品情况不理想，但我们可以从兴隆洼文化的其他遗址，以及同时期、处在相似社会发展水平的考古学文化中发现一些线索。李新伟等从兴隆洼遗址M118以及同一时期的贾湖文化墓葬的随葬品和性别之间的关系中推断，兴隆洼文化时期与男性有关的器物有骨鱼镖、石片、石斧、磨石、石铲、刮削器、骨凿、骨镞和石锛，与女性有关的器物有石磨盘、磨棒和纺轮[45]。其中，鱼鳔、石斧、石铲、石锛等是室外从事捕鱼、伐木、挖掘、加工木料的重要工具，磨盘和纺轮是室内从事食物加工与纺织活动的工具。同时，与白音长汗遗址同一文化时期的兴隆沟遗址的人骨经过生物考古研究发现，男性与女性在骨骼疾病的患病率上存在差异，其中男性颈椎的患病率更高，女性腰椎的患病率更高，说明男性与女性的行为模式可能存在差异[46]。由此可以推断，白音长汗遗址兴隆洼文化时期很可能存在着劳动的性别分工，即存在着男性与户外活动、女性与室内活动的关联。因此，房屋居住面上室内、室外活动的器物分开放置这一现象背后的惯习，可能反映了当时社会的性别关系。

五、两个环壕聚落间的关系讨论

上文通过分析白音长汗遗址日常实践留下的器物空间分布特征，来探究当时的社会惯习同生业经济、社会结构之间可能的关系。但白音长汗遗址是由两个环壕聚落组成的，上文的讨论中也已表明，学术界基本认为这两个聚落是同时期的，那么，同时存在的这两个环壕聚落之间存在着怎样的关系？我们同样可以应用惯习理论，对这一问题进行探索。

从考古报告得知，B区聚落在第二类房屋（即带有由泥棱分隔成的中心居住面的房屋）的数量上明显少于A区。从上文的分析中发现，B区没有发现最能体现社会惯习的第二类第Ⅰ、Ⅱ型房屋。而且从房屋的排列情况来看，A区可以明显看出存在东西两组对称分布的房屋，而B区聚落内的房屋分布则不如A区的整齐。这表明B区的社会组织程度，以及惯习与社会规范的约束程度都不如A区。

A、B两区惯习的差异同样可以从产生惯习的经济背景中得到解释。根据石器功能[47]与残留物分析[48]，白音长汗遗址与植物性食物资源的利用（包括采集与早期农耕活动）相关的遗物包括磨盘、磨棒、石杵、石臼和石铲，与动物性食物资源利用相关的遗物是动物骨骼。通过两个环壕聚落内各个房屋中相关遗存的出土情况进行统计（表三），发现A区的磨盘、磨棒、石杵、石臼以及石铲的数量多于B区，而B区的动物骨骼数量与种类多于A区[49]。虽然动物骨骼数量并不能直接反映出生计方式，但考虑到B区的房屋数量小于A区、人口规模也要比A区低，由此推测，B区依赖狩猎经济的程度要大于A区。而A区石臼等研磨工具的数量多于B区（表三；图五；图版一九，2），故A区更依赖采集或者早期农业生产。再考虑到B区房屋内泥圈、房屋的严整程度小于A区，由此可见，不同的经济背景使得A、B两个聚落具有不同的惯习，不同的惯习则让两个聚落的人有着不同的实践与空间组织方式。

表三 白音长汗遗址房屋内部分出土器物统计*

聚落区	房屋数量*			遗物数量	泥圈数量	陶器数量	研磨工具数量	石铲数量	野生动物数量
	一	二	三						
A	4	21	4	228	23	88	32	14	111
B	14	9	2	148	2	47	17	10	199

注：统计表中，房屋数量的单位为座，其余不同种类遗物数量的单位为件；房屋数量一栏中，一、二、三分别指的是房屋类别中的第一、二、三类。

不仅如此，根据惯习理论，不同的社会经济背景与惯习能够区分不同的社会群体，因此A、B两个聚落还可能是由惯习的差异而区隔成的两个不同群体。这两个群体由于惯习的差异而占据着不同的社会空间，具有不同的实践方式、生活方式与文化形式，并创造出不同风格的物品。除了房屋的类别、空间布局以及石器的种类与排列特征上的差异外，两个聚落在最能反映文化风格的陶器方面也存在着明显差异，具体表现为A区出土的陶器在三段式“之”字纹的数量、陶器的火候等方面都要高于B区。不仅如此，根据考古报告的数据，两个聚落的环壕都很浅，深度在0.2～1.05米[50]，防御能力很有限，更像是具有群体区分意义的界标符号。因此，我们有理由推测这两个聚落可能是两个不同群体。

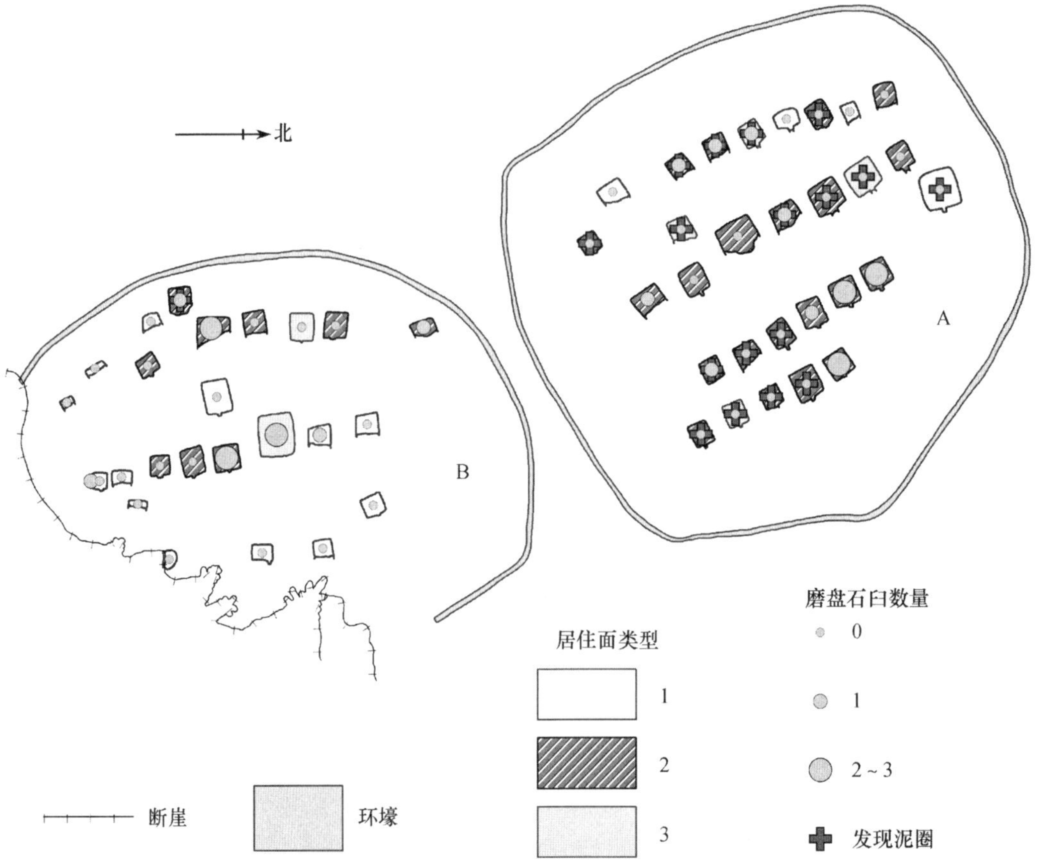

图五　白音长汗遗址部分遗物的分布情况

根据惯习、实践及人类学家安东尼·吉登斯（A. Giddens）的结构化（structuration）理论，实践并不完全是受惯习与社会结构的影响，它还会创造并改变世界，从而彰显人的能动性与创造性[51]。在布迪厄看来，人的身体具有生成能力与创造能力，是行动知识的载体[52]。这使得人在实践中会运用物质文化构建有意义的世界。因此，两个聚落内的器物与房屋在形态、风格与空间分布上的差异，可能不仅是由社会经济背景及惯习的差异造成的，还是人们创造性地运用物质文化的一种策略。当生态交错带的环境变差使得资源减少时，这两个聚落群体之间可能会因为资源的竞争而变得紧张。民族考古学研究发现，资源竞争比较大的群体在文化特征上会出现较大的差异性，人们会利用物质文化来加强对自身群体的认同感，会利用物质文化的结构特征让社会更有秩序感，因此，不同群体的房屋形态、陶器以及物质文化的形态会存在差异[53]。上文的分析表明，A区聚落内的房屋与陶器结构更加清晰、空间特征更加明显，因此对秩序感的追求更强。这或许是因为面对紧张的竞争关系，不同聚落的人们会通过文化的差异性强化人们的群体意识，增强对群体内部的认同。

六、结　论

上文的分析表明，白音长汗遗址有着明显的社会空间特征，表现为清晰的聚落与房屋布局，以及人们日常实践所留下的器物空间分布特征。其中，以第二类房屋的社会空间特征最为明显。这一类房屋能够看出明显的中心居住面与外围居住面。根据不同活动类型的器物分布特点，这一类房屋可以分为五种类型，其中，前两种类型的房屋室内活动与室外活动物品分开放置。社会空间背后指导人们实践的是惯习。白音长汗遗址的惯习体现的是当时的生业经济与社会结构，一方面，惯习是当时人们应对混合经济所带来的社会风险的社会规范与行为准则，另一方面，惯习也可能是劳动的性别分工在实践与空间上的体现。A、B两个聚落由房屋空间格局的不同所反映惯习的差异性，一方面是由不同的经济背景产生的，另一方面也让两个聚落区内的人们形成了不同的群体。面对由资源竞争可能引发的社会关系紧张，两个群体的人们运用风格鲜明的物质文化增强群体意识与认同。

不难发现，惯习同考古学文化之间有很多相似之处，二者在本质上都是一种抽象的文化观念与行为规范。因此，学者们往往会将房屋、聚落的空间布局看作是考古学文化的特征。但两者在概念的逻辑及适于解决问题的类型上是不同的，这使得惯习理论同考古学文化概念相比，在研究社会组织关系上更具优势。作为典型遗存的形态特征，考古学文化最适合解决的是“时”与“空”的问题。由于造成考古学文化特征相似与差异的原因众多，而考古学文化的内涵单一，我们很难应用这一概念去研究古代经济、社会组织以及人与社会之间的关系[54]。而经济、社会关系、实践等内容都是蕴含在惯习理论之中的，其理论自身就带有一种关联性，我们可以通过实践、社会空间等中间概念的桥梁，将惯习理论同考古材料联系在一起。这让我们在运用惯习理论时不会出现推理层次的跨越。

需要指出的是，并不是所有的房屋以及居住面上的器物都表现出严整的空间形态，也不是所有的空间形态都是相同的，这表明当时的惯习可能并不是很严格。虽然考古材料的保存与收集方式以及遗址的废弃方式可能会对惯习的分析结果带来一定的影响，尤其是B区聚落因靠近断崖使得房屋受到一定程度的破坏，这让我们对该区聚落社会经济状况的判断受到了影响，但惯习所指导的行动也不具备严格的规律性，甚至连惯习自身也是模糊含混的，它会在不同的情境中变换。因此根据布迪厄的观点，我们应该避免对惯习进行过度挖掘与提炼，因为对惯习的提炼一旦超出特定的程度，便将失去意义[55]。但社会结构与实践的辩证关系，以及通过惯习与实践使之能够同考古材料相结合，使得惯习理论仍不失为一种研究古代社会结构与社会关系的新视角。

附记：中国社会科学院考古研究所陈星灿研究员、中国人民大学历史学院陈胜前教授对本文提出了宝贵建议，谨此致谢！

注　释

［1］〔英〕戈登·柴尔德著，陈淳，陈洪波译. 欧洲文明的曙光［M］. 上海：上海三联书店，2008.

［2］苏秉琦，殷玮璋. 关于考古学文化的区系类型问题［J］. 文物，1981（5）：10-17.

［3］a. 李新伟. 中国史前社会上层远距离交流网的形成［J］. 文物，2015（4）：51-58.
b. 李新伟. "最初的中国"之考古学认定［J］. 考古，2016（3）：86-92.

［4］〔美〕戈登·威利著，谢银玲等译. 聚落与历史重建——秘鲁河谷的史前聚落形态［M］.上海：上海古籍出版社，2018.

［5］Kent, S. *Analyzing Activity Areas: An Ethnoarchaeological Study of the Use of Space*［M］. Albuquerque: University of New Mexico Press, 1984.

［6］Richard, W., W. Rathje. Household archaeology［J］. *American Behavioral Scientist*, 1982, 25 (6): 617-640.

［7］兴隆洼文化以赤峰市西拉沐沦河一带为核心分布区，为距今7500～6500年的新石器时代早期文化，以"之"字纹筒形罐以及成排分布的聚落形态为典型特征。见中国社会科学院考古研究所. 中国考古学：新石器时代卷［M］. 北京：中国社会科学出版社，2010.

［8］刘国祥. 兴隆洼文化聚落形态初探［J］. 考古与文物，2001（6）：58-67.

［9］a. 胡保华. 内蒙古白音长汗二期乙类遗存房址居住面上遗存分析［J］. 内蒙古文物考古，2010（2）：47-55.
b. 马欢欢. 新石器时代遗址内空间分析［D］. 吉林大学，2014.

［10］李新伟. 仪式圣地的兴衰：辽西史前社会的独特文明化进程［M］. 上海：上海古籍出版社，2017.

［11］内蒙古自治区文物考古研究所. 白音长汗——新石器时代遗址发掘报告［R］. 北京：科学出版社，2004.

［12］杨宽. 辽西史前磨制石器研究［D］.吉林大学，2016.

［13］a. Hodder, I. Postprocessual archaeology［A］. *Advances in Archaeological Method and Theory, Volume 8*［C］. New York: Academic Press, 1985: 1-26.
b. Hodder, I. *Reading the Past: Current Approaches to Interpretation in Archaeology (The first edition)*［M］. Cambridge: Cambridge University Press, 1988.

［14］a. Bourdieu, P. *Outline of a Theory of Practice*［M］. Cambridge: Cambridge University Press, 1977.
b. Bourdieu, P. *The Logic of Practice*［M］. Stanford: Stanford University Press, 1990.

［15］a，b同［14］.

c. Bourdieu, P. *Distinction: A Social Critique of the Judgment of Taste*［M］. Cambridge: Harvard University Press, 1996.

［16］ 不同的家庭由于职业或者教育水平的差异，对家庭空间及物质文化的选择不同，如农民家中一般会存在家畜活动区，而知识分子家中通常会设有书房并对高雅艺术品有着特殊的偏好。布迪厄对法国社会的研究表明了不同的人群由于存在职业、收入、教育水平等差异，使他们在食物消费结构、身体外形的审美、饮食习惯、消费构成、娱乐活动、体育运动项目、文化艺术品等选择与偏好上存在着巨大差异。见［15］c。

［17］ 在卡拜尔社会中，男性走路时可以昂首挺胸、目视前方，而女性则必须弯下腰，不能与人目光对视。见［14］b。

［18］ 同［14］b.

［19］ Hodder, I., S. Hutson. *Reading the Past: Current Approaches to Interpretation in Archaeology (The third edition)*［M］. Cambridge: Cambridge University Press, 2003.

［20］ 在研究中，霍德发现，当时的社会存在着周期性的粉刷墙壁以及严格的室内空间分区的惯习，这加强了社会认同与团结，规避社会冲突，从而使恰塔霍裕克这史前小镇持续存在数千年之久。见Hodder, I., C. Cessford. Daily practice and social memory at Çatalhöyük［J］. *American Archaeology*, 2004, 69 (1): 17-40.

［21］ a. Firth, R. *We, the Tikopia*［M］. London: George Allen and Unwin, 1936.

b. 同［5］.

c. Kent, S. *Domestic Architecture and the Use of Space: An Interdisciplinary Cross-cultural Study*［C］. Cambridge: Cambridge University Press, 1990.

d. 黄应贵. 空间、力与社会［C］. 台北：民族学研究所，1995.

［22］ a. 李晓慧. 白音长汗遗址出土陶器再研究［D］. 吉林大学，2015.

b. 杜战伟，韩斐. 论兴隆洼文化的分期与年代［J］. 考古，2019（3）：68-80.

［23］ a. 索秀芬，李少兵. 兴隆洼文化聚落形态［A］. 边疆考古研究（第8辑）［C］. 北京：科学出版社，2009：14-35.

b. 马天翼. 辽河流域新石器时代聚落研究——以白音长汗遗址为例［D］. 天津师范大学，2017.

c. 刘肖睿，孟庆旭. 试论白音长汗遗址的聚落结构［J］. 草原文物，2018（1）：57-63.

［24］ 同［11］.

［25］ 刘郭韬. 白音长汗遗址废弃过程研究［D］. 吉林大学，2014.

［26］ 同［12］.

［27］ 根据北非卡拜尔、北美纳瓦霍（Navajo）相当于早期农业群体的民族学材料，这些社会存在着性别分工与活动的空间划分，女性大部分劳动在室内、男性在室外，而石器大部分为男性的劳动工具，所以将石器的制作区域划分在遗址内、房屋外。此外，坦桑尼亚的哈德扎人（Hadza）中的男性也主要在公共区域内从事着工具维修等活动，而房屋内的石器根据遗址

废弃过程，是遗址废弃阶段留下的，所以无法推断当时人们在室内进行石器生产。将石雕划分为室内发生的象征活动，主要依据东北地区的少数民族资料。在AF19的炉灶旁发现了一件栽立的石雕人，石雕人的西边发现一件蛙形石雕。石头、蛙和火在鄂伦春、赫哲族等我国东北地区的少数民族中是受人崇拜的灵性之物。再结合考古报告中关于“石雕人在制作时就底部就为了便于栽立”这一特征的论述以及出土在炉灶旁，推测在炉灶旁可能发生过某些仪式活动场景。而蛙的形象还见于白音长汗遗址山坡北面的蛙形巨石，还见于查海遗址的陶器上出现的蛇衔蛙形象，有学者认为其有某种神圣的力量，可见蛙在当时具备某种象征意义。综上所述，将石雕界定为象征活动遗存。

a. 同［14］b.

b. 同［21］c.

c.〔美〕尼古拉斯·戴维，卡罗·克拉莫著，郭立新，姚崇新译. 民族考古学实践［M］. 长沙：岳麓书社，2009.

d. 关小云，王宏刚. 鄂伦春族萨满文化遗存调查［M］. 北京：民族出版社，2010.

e. 黄任远，黄永刚. 赫哲族萨满文化遗存调查［M］. 北京：民族出版社，2009.

f. 陈胜前. 思考考古学［M］. 北京：生活·读书·新知三联书店，2018.

［28］ 同［11］.

［29］ 发现泥圈、浅坑的房屋有AF43、AF50、AF17、AF9、AF12、AF16、AF25、AF31、AF32、AF35、AF36、AF39、BF73。

［30］ 室外活动物品位于更外侧或边缘的位置的房屋有AF9、AF10、AF12、AF32、AF36、AF39、AF50、BF28、BF61、BF68、BF71、BF74。

［31］ 同［12］.

［32］ a. Bird, D. W., J. F. O' Connell. Behavioral ecology and archaeology［J］. *Journal of Archaeological Research*, 2006, 14 (2): 143-188.

b. 潘艳，陈淳. 农业起源与“广谱革命”理论的变迁［J］. 东南文化，2011（4）：26-34.

［33］ Sutton, M. Q., E. N. Anderson. *Introduction to Cultural Ecology*［M］. Polymouth: Altamira Press, 2004.

［34］ Hodder, I. *Theory and Practice in Archaeology*［C］. London: Routledge, 1992.

［35］ 陈胜前. 史前的现代化——中国农业起源的文化生态考察［M］. 北京：科学出版社，2014.

［36］ 胡金明，崔海亭，李益垠等. 西辽河流域全新世以来人地系统演变历史的重建［J］. 地理科学，2002（5）：535-542.

［37］ Zeder, M. The Neolithic macro-(r)evolution: macroevolutionary theory and the study of culture change［J］. *Journal of Archaeological Research*, 2009, 17 (1): 1-63.

［38］ Renfrew, C. Mind and matter: cognitive archaeology and external symbolic storage［A］. *Cognition and Material Culture: the Archaeology of Symbolic Storage*［C］. Cambridge: McDonald Institute for Archaeological Research, 1998: 1-6.

［39］ Hodder, I. *Entangled: An Archaeology of the Relationships between Human and Things*［M］. West Sussex: Wiley-Blackwell, 2012.

［40］ Olson, B. *In Defense of Things: Archaeology and the Ontology of Objects*［M］. Plymouth: Altamira Press, 2010.

［41］ Murdock, G., C. Provost. Factors in the division of labor by sex: a cross-cultural analysis［J］. *Ethnology*, 1973, 12 (2): 203-225.

［42］ 同［14］b.

［43］ 同［5］.

［44］ a. 江芝华. 考古学中的家屋研究［J］. 考古人类学学刊，2008（68）：109-136.

b. Carsten, J., S. Huge-Johns. *About the House: Levi-Strauss and Beyond*［C］. Cambridge: Cambridge University Press, 1995.

c. 同［21］d.

［45］ a. 同［3］.

b. 乔玉. 兴隆洼文化房屋内遗存所反映的性别问题［J］. 北方文物，2014（4）：23-27.

［46］ 侯侃，王明辉，朱泓. 赤峰兴隆沟遗址人类椎骨疾病的生物考古学研究［J］. 人类学学报，2016（2）：87-100.

［47］ 同［12］.

［48］ Liu, L., N. A. Duncan, Xingcan Chen, Guoxiang Liu, and Hao Zhao. Plant domestication, cultivation, and foraging by the first farmers in early Neolithic Northeast China［J］. *Holocene*, 2015, 25 (12): 1965-1978.

［49］ 虽然A区的灰坑，以及A、B区的环壕内出土了动物骨骼，但即便将其都统计在内，B区的动物骨骼数量仍然多于A区。根据遗址废弃过程的研究，虽然二期乙类遗存的废弃过程可以分为早晚两个阶段，但较早废弃阶段的房屋居住面极少包含遗物且大多位于B区聚落内，因此统计数据并不会对研究造成影响。

［50］ 同［11］.

［51］ a. 同［14］b.

b. 同［19］.

c.〔法〕布尔迪厄，华康德著，李康，李猛译. 反思社会学导引［M］. 北京：商务印书馆，2015.

d. Dobres, M-A., J. E. Robb. Agency in archaeology: paradigm or platitude?［A］. *Agency in Archaeology*［C］. London: Routledge, 2000: 1-17.

吉登斯的结构化理论主要关注个人与社会、能动性与结构之间的关系，认为二者的关系并不是对立的，认为社会结构对行动具有制约作用，但它同时既是行动的媒介也是行动的结果；行动既维持着社会结构，又改变着社会结构。

［52］ 同［51］c.

［53］ Hodder, I. *Symbols in Action: Ethnoarchaeological Studies of Material Culture*［M］. Cambridge: Cambridge University Press, 1982.

［54］ 陈胜前. 文化历史考古的理论反思：中国考古学的视角［J］. 考古，2018（2）：68-78.

［55］ 同［14］b.

Research on the Social Space of Baiyinchanghan Site, Inner Mongolia in Xinglongwa Culture Period

LIU Yan

The social relations and cultural ideas of Baiyinchanghan site in Xinglongwa Culture is an important but less concerned topic. By employing French sociologist Pierre Bourdieu's *habitus* theory, the social space was spatial analyzed. The social space was demonstrated clearly, especially by the Type Ⅱ houses, including well-organized houses, well-divided living floors and artifacts with different usages put in distinct positions. It was revealed that the social space which expresses *habitus*, on the first hand, could be seen as a kind of social norm or behavioral code to deal with the social risks, and on the other hand, could be related to the gender division of labor. In addition, the differences of social space and *habitus* between Zone A and B, for one thing, were engendered by distinct economic backgrounds, and for another, made people in these two areas form two groups. Besides, these differences could be interpreted as a strategy that people used material culture creatively to strengthen the sense of identity in confronting with resource competition.

西梁垙墓地及其所揭示的玉皇庙社会*

洪　猛

（河北大学历史学院，保定，071002）

西梁垙墓地位于北京市延庆区古城村西北山坡上，属玉皇庙文化重要地点。所揭露的玉皇庙文化资料分两批。第一批系1965年发现、1985～1987年清理和发掘的41座墓葬，2010年出版的发掘报告《军都山墓地——葫芦沟与西梁垙》（下文简称"10报告"）刊布了全部资料[1]。第二批系1994年发掘的7座墓葬，已发表简报（下文简称"94简报"）[2]。

西梁垙墓葬不仅充实了玉皇庙文化内容，对于探索该文化社会结构、核心区的社会演进等颇具独特意义，学术价值突出。本文在墓地编年和布局分析基础上，对上述问题略作探索，以充实对玉皇庙文化乃至东周时期北方文化社会的认识。不当之处，敬赐指正。

一、西梁垙墓地编年

从资料丰富和报道详细的第一批墓葬谈起。"10报告"将这批墓葬分为两期，第一期为春秋中期至春秋中晚期的8座墓葬，第二期为春秋晚期至战国早期的33座墓葬。其所分第二期墓葬开口于不同层位之下，有关墓葬随葬品差异较大。据层位关系和随葬品变化，结合玉皇庙[3]、葫芦沟墓地[4]编年认识[5]，重新讨论这批墓葬的年代。

据层位关系首先可将41座墓葬分为早、晚两大期。早期为开口于第二层下的20个单位，晚期为开口于第1层下且打破第2层的21个单位。

早期单位据出土器物可分为三段。

第一段以87M25（图一，1～25）、87M6（图一，48～53）、87M24（图一，54）、87M5（图一，55～61）为代表。

87M25中，短剑柄部饰双道锯齿纹中间一列圈点纹（图一，3），同样风格见于玉皇庙M48、M261等墓短剑。刀子圆环首，柄身分界夹角呈钝角，凸背弧锋，刀体较长（图一，7），形制似玉皇庙M260铜刀。马衔端部两孔呈"凸"字形，中间环孔中大

* 本文系国家社科基金重点项目（编号：18AKG006）研究成果。

（图一，14），形制介于玉皇庙M250、M156马衔之间。带钩纵向正视单兽纹钩体（图一，24），形制似玉皇庙M48带钩。

87M6中，泥质罐弧领，圆折肩（图一，48），形制似玉皇庙M212陶罐。短剑镂空椭球体首，剑身窄长，凸棱贯穿脊部，剑锋弧收（图一，49），形制甚似玉皇庙M102短剑。刀子扁圆环首，柄身分界夹角呈小钝角，凸背微翘锋，宽长身（图一，51），形制接近玉皇庙M36、M148铜刀。

87M24夹砂罐宽侈口，形体方正，肩腹交接处贴附两两相对的双乳突形凸疣（图一，54），形制甚似玉皇庙M74带疣罐。

87M5短剑野猪围合虎形首，相背动物形首格，柄饰双道锯齿纹中间一列圈点纹（图一，55），形制近同87M25短剑（图一，3）。

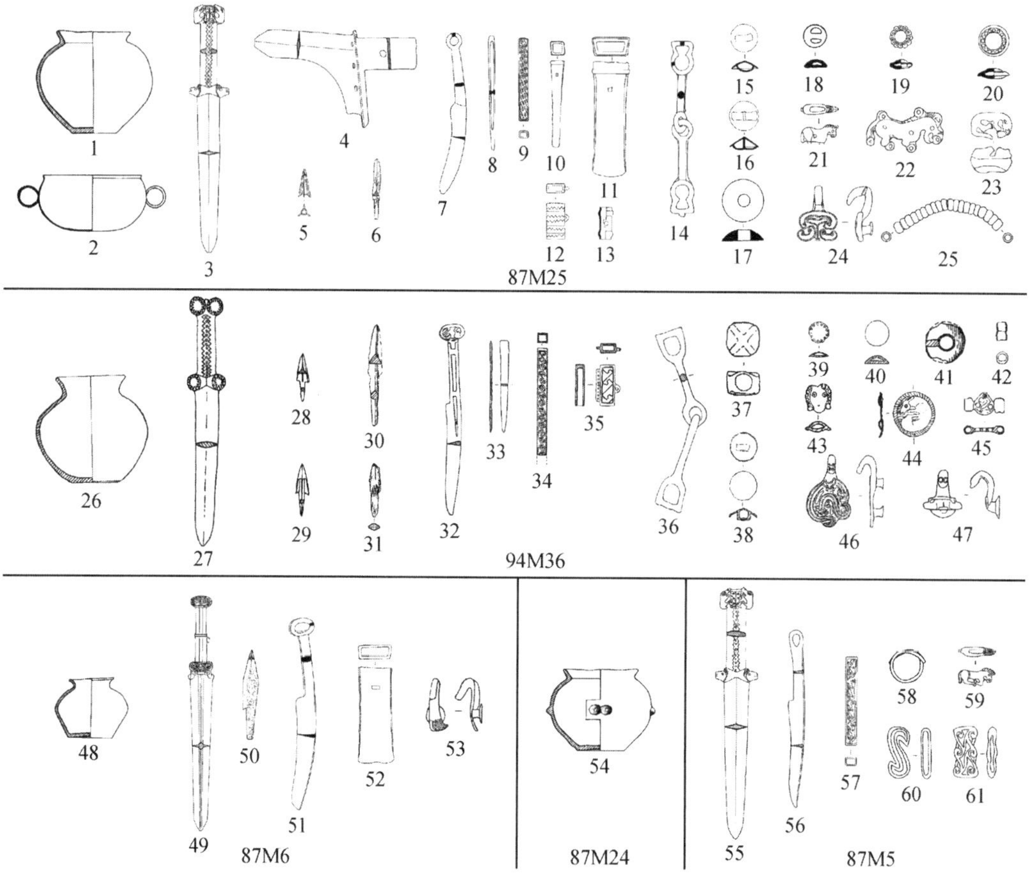

图一　西梁垙墓地一段遗存

1、26、54. 夹砂陶罐　2. 铜鍑　3、27、49、55. 铜短剑　4. 铜戈　5、28、29. 铜镞　6、30、31、50. 骨镞　7、32、51、56. 铜刀　8. 铜锥　9、34、57. 铜管具　10. 铜凿　11、52. 铜锛　12、35. 铜盒形器　13. 铜镈　14、36. 铜马衔　15、16、38. 铜泡　17. 骨环　18～20、39、40、43、44. 铜扣　21、23、45、59～61. 铜带饰　22. 铜牌饰　24、46、47、53. 铜带钩　25. 铜箍　33. 铜锥　37. 铜节约　41. 骨环　42. 联珠形铜饰　48. 泥质陶罐　58. 铜耳环

第二段以86M4（图二，35）、87M35（图二，36）为代表。

86M4短剑双环首，形制似葫芦沟M39短剑，二者均环首纹饰简化、素扁柄、叠翼格折棱相对突出，基于首部差异可分为不同型别，但诸多相似点说明年代基本一致。

87M35带钩椭圆形钩体，外围饰网格纹、中心空白，形制与纹饰似玉皇庙M173带钩。

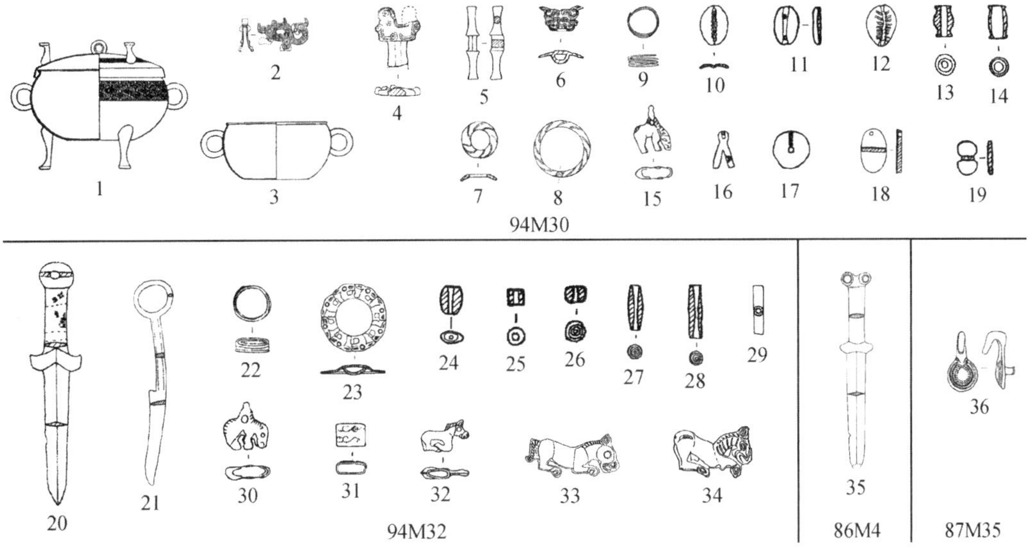

图二　西梁垅墓地二段遗存

1. 铜鼎　2. 铜容器附件　3. 铜𬭚　4. 铜剑柄　5. 铜马镳　6. 铜饰件　7、8. 铜环　9. 金耳环　10. 金贝饰　11. 绿松石贝　12. 贝饰　13、14. 金柱形饰　15、16、30～32. 铜带饰　17. 贝环　18、19. 绿松石饰　20、35. 铜短剑　21. 铜刀　22. 铜耳环　23. 铜扣　24～26. 绿松石珠　27、28. 绿松石管　29. 骨管　33. 铜牌饰　34. 金牌饰　36. 铜带钩

第三段以65M1（图三，1～12）、87M43（图三，13）为代表。

65M1早年被破坏，所余刀子椭圆形首，柄身分界夹角近直角，通体较窄（图三，3），形制似玉皇庙M376刀子，但环首大甚，当晚于后者。弓形饰（图三，10）形制似玉皇庙墓地所出，但器身较宽，弧度较小，当晚于玉皇庙M174同类器。带钩纵向正视单兽纹钩体（图三，11），形制近玉皇庙M325带钩。

87M43泥质罐，小口窄颈，折肩较高，除肩部无纽外，形制极似葫芦沟M61折肩罐。

晚期墓葬仅极少数发现陶罐（破碎）、铜耳环等，难以进一步区分年代。

第二批墓葬地层关系不明，通过随葬品比较可讨论部分单位的年代。

94M36（图一，26～47）短剑柄部亦饰双道锯齿纹中间一列圈点纹（图一，27）。马衔单环孔端部，中间环孔略大，端部环孔稍圆（图一，36），形制似玉皇庙M52马衔。带钩2件，钩体似四螭龙形者（图一，46）形制似玉皇庙M158带钩。

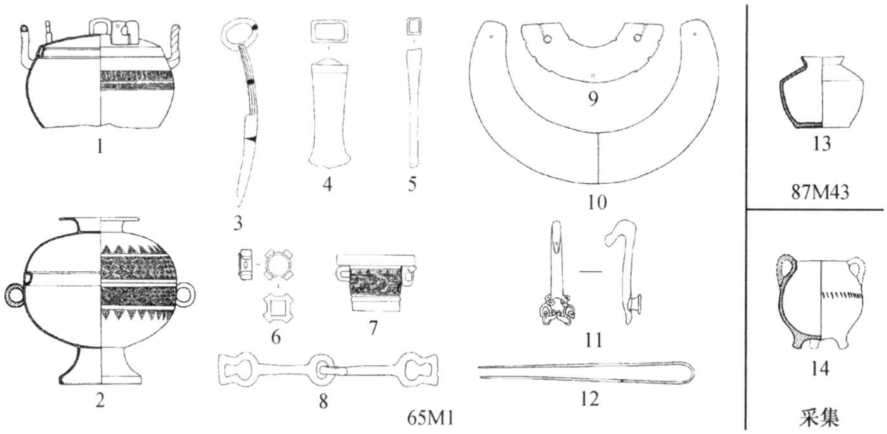

图三　西梁垅墓地三段遗存

1. 铜鼎　2. 铜豆　3. 铜刀　4. 铜锛　5. 铜凿　6. 铜节约　7. 铜车軎　8. 铜马衔　9. 玉璜　10. 金弓形饰　11. 铜带钩　12. 金钗　13. 泥质陶罐　14. 夹砂陶罐

94M30（图二，1～19）早年被盗，余存的一件铜铆，椭圆形，两侧附环耳（图二，3），形制似87M25铜铆（图一，2），唯下腹近折收，平底较宽，当略晚于后者。野猪形坠饰（图二，15）形制近玉皇庙M381同类器。

94M32（图二，20～34）短剑人字形格两端上翘、宽柄、剑身稍短等细节（图二，20）近似玉皇庙M344短剑。刀子圆环首，柄身分界夹角近直角，窄体（图二，21），形制似玉皇庙M344铜刀。野猪形坠饰（图二，30）形制近94M30同类器。卧马形牌饰（图二，33）形制相同者见于玉皇庙M344。

综上讨论，西梁垅两批墓葬可分为二期四段。

早期分三段。第一段包括87M25、94M36、87M6、87M24、87M5诸墓（图一），约当玉皇庙墓地第三段和葫芦沟墓地第一段。第二段包括94M30、94M32、86M4、87M35诸墓（图二），约当玉皇庙墓地第四段和葫芦沟墓地第二段。第三段包括65M1、87M43等（图三，1～13），约当玉皇庙墓地第五段和葫芦沟墓地第三段。

晚期包括87M11～87M21、87M27、87M30、87M33、87M40～87M42、87M44～87M47等21座墓葬，可顺编为第四段。

此外，第一批85M2、86M3、87M7～87M10、87M22、87M23、87M29、87M36、87M37、87M39等12座墓葬，据层位关系不出早期，但缺乏可细判年代的随葬品，暂不分段别。第二批94M27、94M29、94M31、94M35诸墓因层位关系和随葬品不明，难以推断段别。本墓地还采集到1件双耳三足罐（图三，14），形制近同葫芦沟M168陶罐，可归入第三段。

关于各段绝对年代，由对玉皇庙、葫芦沟墓地的年代认识首先可知，第一段约当春秋晚期中段，第二段约当春秋晚期晚段。第二段94M30铜容器被“94简报”详细讨论过，认为约当春秋晚期或春秋战国之际，其中的“龙形附件”或可精确为春秋晚期偏晚[6]，这与本文对第二段的年代认识基本相符。

第三段绝对年代可参考65M1的中原式器物。盖顶圆缓隆起的附耳鼎（图三，1），圜底腹粗柄有盖豆（图三，2）均合于中原地区战国早期偏早阶段同类器形制，所饰蟠螭纹、勾云纹、三角形纹等亦为此时流行。器物组合甚相近者见于金胜村M251[7]等。故65M1及该段年代大致在战国早期偏早。

第四段所见随葬品极少，更缺乏时代特征明显的器物，参照分段序列和第三段年代，该段约当战国早期偏晚，不排除有墓葬已入战国中期。

二、西梁垅墓地布局

据“94简报”可知，西梁垅两批墓葬属同一片墓地。遗憾的是，第二批墓葬具体位置不清。关于西梁垅墓地布局的讨论主要针对第一批墓葬分布而言（图四）。

从第一批墓葬分布来看，西梁垅墓葬排列总体较为稀疏，即使将第二批7座墓葬置于其中，空间密度仍远不及玉皇庙墓地或葫芦沟墓地等。7座墓葬不足总数的15%，图四所示基本代表了目前所知的墓地形态。西梁垅墓葬分布稀疏，一方面可能是墓地自体

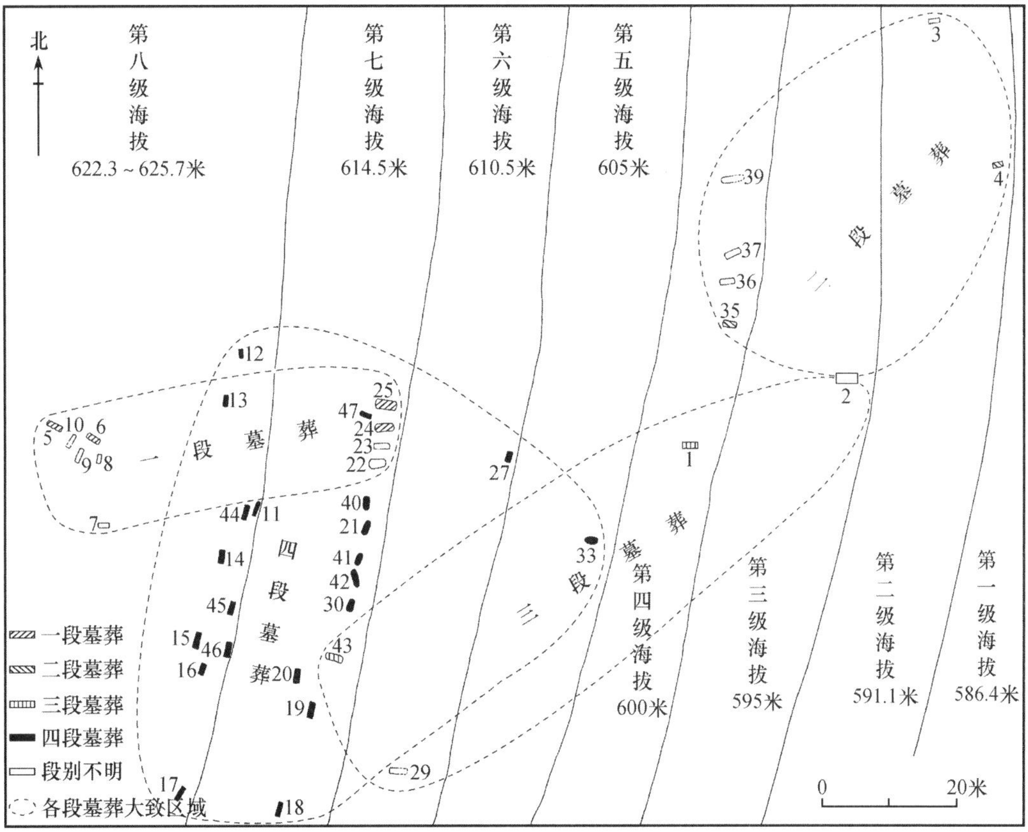

图四　西梁垅墓地第一批墓葬分布示意图

反映，另一方面当与揭露不充分有关。1994年在第一批墓葬区又发现墓葬即暴露了第一次工作的不足。1994年的发掘系勘探基础上的针对性发掘，似也难做到全面揭露。能够采集到三足罐等随葬品、较多战国末期以降非玉皇庙文化墓葬分布、晚期墓葬打破玉皇庙文化墓葬等情况皆提示，本墓地有些玉皇庙文化墓葬在发掘前或已不复存在。目前所识见的西梁垙玉皇庙文化墓地已非原初，具有一定的残缺性。另外，两次田野工作皆未交代墓地范围。讨论该墓地有关内容尤其是布局问题时应对资料的局限性予以注意。

前文将图四中的29座墓葬确立段别。分布显示，第一段87M5、87M6位置邻近，87M24、87M25位置邻近，4墓位于墓地西北区域。第二段86M4、87M35偏于墓地东北。第三段65M1、87M43大致在墓地中部偏东南。第四段21座墓葬基本位于墓地西南部。按照段别将有关墓葬连线，除第四段与第一、三段交叉外，前三段墓葬区域皆不相交。西梁垙墓葬年代当与分布区域呈现一定的相关性。29座墓葬占比已超过70%。综合来看，西梁垙墓地很有可能是先划定一处区域作为茔域，在这处茔域内按照一定逻辑安葬，待该茔域使用差不多时又转移到另一处相邻茔域埋葬。布局有规律可循。只是这种规律到了第四段被破坏，这当与西梁垙社会此时巨大变革有关（详后）。目前能大致辨识出，西梁垙茔域按照顺时针方向布设，即先在墓地西北开启茔域，然后向东，再向南、向西，最终形成一处较为闭合式的墓地。整体看各段布局，偏早的一、二段墓葬位置偏北，偏晚的三、四段墓葬相对偏南。

从对墓地布局认识出发，结合层位关系、随葬品等信息，似可推测87M7～87M10、87M22、87M23属于第一段，87M3、87M36、87M37、87M39属于第二段，87M29属于第三段。但区域临界墓葬则难以推测，如85M2应归入第二段还是第三段皆不可遽论。综上讨论，第一批41座墓葬各段别的分布区域大致如图四所示。

第二批墓葬中，前文将94M36定为第一段，94M30、94M32定为第二段。“94简报”信息透露，94M36位于第五阶台地，94M30、94M32位于第二阶台地。据此，更多墓葬体现的西梁垙墓地第一段范围东端应较图四所示偏东，第二段范围东南端或较图四所示偏南。因此，西梁垙墓地如若涵盖更多墓葬，各段分布范围应较图四有所调整，图四所示范围只能是大概位置。但墓地总体布局秩序应仍如前述。

西梁垙墓地渐次成片安葬、从偏西北处开启茔域、茔域安排总体“北早南晚”等布局与玉皇庙墓地、葫芦沟墓地等相似。“顺时针”安排茔域、有晚期墓位于海拔最高处等特点又呈现出一定个性。

可见，西梁垙墓地虽存在资料局限性，但结合年代分析等仍能揭示出其自身所蕴含的玉皇庙文化墓葬分布与排序的若干现象，有助于促进对于同一文化墓地布局的深入理解。

三、西梁垙墓葬所反映的社会结构

所谓社会结构内涵复杂，一般会包括横向的由于职能分工等所产生的社会组合形式、纵向的由于权力不同等所区分的人群层级关系等。本文主要从死者性别角色、职能分工差异等形成的社会组合，丧葬因素所揭示的人群层次等对西梁垙社会结构进行考察。

西梁垙第一批墓葬39座有人骨鉴定，65M1、87M5据短剑等性别指征信息可推断为成年男性。41位死者皆有年龄性别信息，均属成年群体，男性29人，女性12人，性别比为2.42。第二批墓葬中，94M32的1位死者和94M36死者据鉴定为成年男性，94M30据短剑等可推断为成年男性，其他死者信息不详。整体看，西梁垙男性比例偏高，性别比失衡。男性比例偏高的现象也见于玉皇庙、葫芦沟等地，但西梁垙社会尤为严重，或有特殊背景，也可能与墓地揭露不充分有一定关系。

将死者性别数据带入墓地分布图中，会发现西梁垙墓地同一性别墓葬存在集中分布的现象。比较明显的至少有五群（图五）。

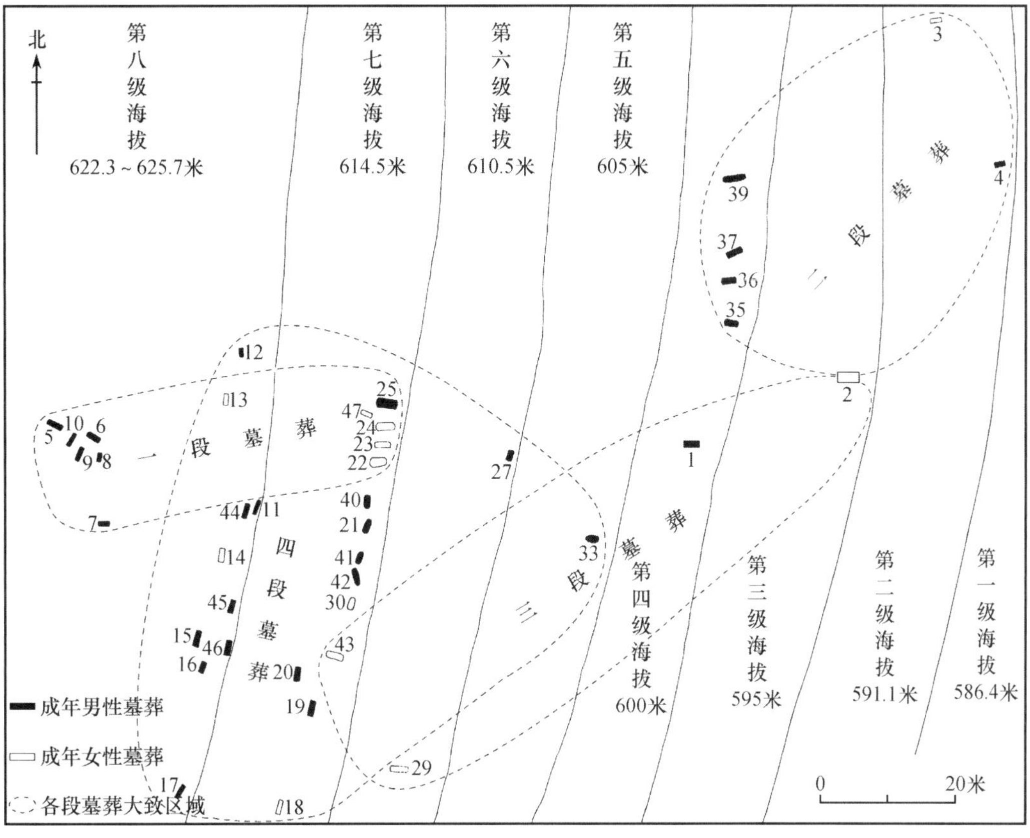

图五　西梁垙墓地不同性别墓葬分布示意图

第一群是位于墓地中部西端的成年男性墓群，由87M5～87M10等墓组成。

第二群是位于墓地中部偏西的成年女性墓群，由87M22～87M24等墓组成。

第三群是位于墓地中东部偏北的成年男性墓群，由87M35～87M37、87M39等墓组成。

第四群是位于墓地中西部偏南的成年男性墓群，由87M21、87M40～87M42等墓组成。

第五群是位于墓地西南部的成年男性墓群，由87M15、87M16、87M45、87M46等墓组成。

五个性别群涉及墓葬21座，已超过总数一半，分布位置涵盖墓地大部。不同性别死者除生理差异外，像武器仅限于男性随葬等也暗含其承担的社会职能或期待不同，社会身份有别。埋葬习俗或制度是当时社会的缩影，一定范围内的人群聚合安葬说明他们生前具有较为亲密的关系。西梁垙同一性别死者集群埋葬，很可能反映了有关人群生前承担的职能角色或期待相似而社会关系较近。这样一种强化社会身份的人群组合方式或社会结构关系，可称之为社缘结构。从墓葬涵盖性看，社缘结构是西梁垙人群具有普遍意义的社会组合形式。

墓葬差异在一定程度上反映死者生前或所属集团赋予死者的地位和等级。通过对墓葬等级的讨论可尝试探析西梁垙人群层级情况。

墓葬等级划分基于诸多要素的变化。西梁垙墓葬要素主要包括墓圹、葬具、随葬品、殉牲四类。一般来说，这四类要素对墓葬等级皆有影响。但以其为基准划分等级需尽可能消除一些干扰因素。例如，本墓地随葬品和殉牲某些内容明显也受墓主人性别等因素影响，像前揭武器仅限于男性，殉马也表现出强烈的“墓主人男性倾向”。相对而言，西梁垙墓圹皆竖穴土坑形制，葬具仅见木棺一种，墓圹大小、木棺使用与墓葬等级关联可能更为直接。由于木棺存在消失殆尽的可能性，其中又以墓圹大小最具一般性意义。本墓地墓圹大小诸因素中，长度与宽度基本呈正相关，但比宽度更具差异性；体积受墓葬深度被破坏影响较大，不如面积体现的差异准确。

西梁垙墓葬等级划分，以面积和长度体现的墓圹大小为第一标准，葬具为第二标准，并参考随葬品和殉牲有关内容。据此，48座墓葬可分为四个等级（表一），具体阐述以保存完整的墓例为主。

等级Ⅰ：墓圹长3～4米，面积大于3.5平方米，木棺葬具。皆为男性墓，分别是87M25（图一，1～25）、94M30（图二，1～19）、94M29、94M32（图二，20～34）、65M1（图三，1～12）。随葬器类齐全，涵盖容器、武器、工具、马具、饰品等，一般出土中原式青铜礼器、金饰品，个别有车器。殉牲保存完整者为马、牛、羊、狗四牲或马、牛、羊、狗、猪五牲组合。

等级Ⅱ：墓圹长2.8～3.2米，面积2.8～3.5平方米，木棺葬具。仅见男性墓94M35、94M36（图一，26～47）。随葬器类较齐全，有陶罐、武器、工具、马具、饰品等。殉牲见有马、牛等，具体组合不详。

等级Ⅲ：墓圹长2～2.8米，面积1.5～2.8平方米，木棺葬具或无葬具。所涉墓葬18座。男性墓以87M5（图一，55～61）、87M6（图一，48～53）、87M35（图二，36）、87M45等为代表。个别随葬品稍丰富，有陶罐、武器、工具、饰品等。殉牲不普遍，少数有马、牛、狗等，组合不确定。女性墓以87M22、87M24（图一，54）、87M43（图三，13）等为代表。有的随葬陶器、工具、饰品等。殉牲见有牛、狗等。

等级Ⅳ：墓圹长1～2米，面积0.7～1.5平方米，基本无葬具。所涉墓葬23座。男性墓和女性墓随葬和殉牲内容差别不大。多无随葬品，少数见有陶器、耳环、扣饰、石管等小饰品。男性墓极个别随葬短剑、刀子等（图二，35）。不少墓葬有殉狗。

表一　西梁垙墓葬等级统计表

等级	性别	一段	二段	三段	四段（含疑是该段墓葬，左同）	段别不明	合计
Ⅰ	男	87M25	94M30/94M32	65M1		94M29	5
Ⅱ	男	94M36				94M35	2
Ⅲ	男	87M5/87M6	87M35～87M37		87M15/87M19/87M21/87M42/87M45/87M46		11
	女	87M22～87M24		87M43		85M2	5
	不明					94M27/94M31	2
Ⅳ	男	87M7～87M10	86M4/87M39		87M11/87M12/87M16/87M17/87M20/87M27/87M33/87M40/87M41/87M44		16
	女		87M3	87M29	87M13/87M14/87M18/87M30/87M47		7

据墓葬信息可尝试推测墓主人的社会身份。等级Ⅰ墓圹体量大，最大者面积超过8平方米，现存土方量达12立方米，建造墓穴需消耗较多的劳动力，随葬品种类十分齐全，尤其是拥有的鼎、豆、铆等中原式青铜礼器、珍贵的金饰品为其他等级所不备，殉牲为四牲或五牲的顶级组合。凡此种种均显示等级Ⅰ墓主人的身份超越，代表了西梁垙社会最高等级，当属不同时期的首领阶层。等级Ⅱ在墓葬规格、随葬品品质等方面次于等级Ⅰ，但超越了墓地绝大多数墓葬，并随葬其他等级中唯有等级Ⅰ才具有的马衔、节约等，说明墓主人所属集团亦应为数量偏少的社会权贵人士。等级Ⅰ和等级Ⅱ墓主人应代表了高等级人群阶层，目前所知死者皆为男性，显示男性独占等级化权力体系上端，绝对支配所属社会。墓主有年龄鉴定者皆为成年，结合皆随葬兵器、马具等在某种程度上反映个人职能的物品来看，高等级人群社会地位或财富的获得应主要源于个人成就而非世袭。等级Ⅲ和等级Ⅳ墓葬合计约占总数的85.4%，数量庞大，墓主人男性、女性皆有，墓穴相对较小，多数不使用葬具，随葬品基本为玉皇庙文化大宗器类，鲜见稳定的

殉牲组合。丧葬内涵显示两等级墓主人社会地位较低，当代表着西梁垙社会的中下阶层。比较而言，等级Ⅲ墓葬内涵略丰富，墓圹体量稍大，殉牛等内容亦为等级Ⅳ所不见，墓主可能多有一定社会地位或经济能力。等级Ⅳ则墓圹体量更小，多无随葬品，墓主应主要是社会地位低下的贫民。但总体看，这两个等级墓主人间的社会差别可能更多体现为财富多寡。

各等级墓葬数量占比分别约当10.4%、4.2%、37.5%、47.9%。这一数据，由于受墓地保存和发掘现状制约会与实际情况存在一定偏离，尤其是等级Ⅱ所受制约可能较大。但大致能反映出西梁垙社会首领阶层等高等级人群较少，中下阶层人群较多，总体呈现了一种等级差异鲜明、底层人士众多的多层级社会结构。

需要说明的是，考虑到各段墓葬发现的不平衡性，上述对人群等级的探讨相对西梁垙墓葬整体而言，属于对西梁垙社会等级的总括性认识。实际上，各段别人群等级状况以及各等级历时性变化都有其独特内涵，下文将在玉皇庙文化的宏阔背景下对此再作探析。

四、从西梁垙墓地看玉皇庙社会演进

西梁垙墓地之于玉皇庙文化的重要性还在于它的地理位置（图六，1）。从目前发现看，玉皇庙文化是约当春秋后期至战国前期分布于冀北山地的一支北方青铜文化，重要地点20余处，集中发现于洋河下游、桑干河下游、妫水河流域、潮白河上游、滦河中游等地（图六）。延怀涿盆地一带因遗存地点密集，文化内涵丰富，发展脉络完整，且玉皇庙、甘子堡[8]、西梁垙、北辛堡[9]、九沟[10]、倒拉嘴[11]等多地发现不同时期的“首领”墓葬（图六，1～6），当属于该文化核心区。

西梁垙墓地年代和布局清晰，所反映的社会特点鲜明，在一定程度上代表了核心区玉皇庙文化，至少是该文化某些集团从春秋晚期中段到战国中期偏早的社会演进情形。

（一）社会结构的稳定与变化

西梁垙社会呈现社缘结构和等级分层。社缘结构是基于五群成年男性或成年女性聚合埋葬识别的，在性别角度暗含稳定性的特点。这一特点在年代、等级、葬俗等角度同样有体现。年代方面，第一、二群约当第一段，第三群约当第二段，第四、五群属于第四段（见图五中）。等级方面，第一至四群皆包括第三、四两个等级墓葬（见表一中）。葬俗方面，第一群由东西向墓和南北向墓构成，第二、三群为东西向墓，第四、五群为南北向墓（见图五中）。本墓地中，东西向为玉皇庙文化传统墓向，南北向则深受中原文化影响。由此可见，社缘性人群组合形式贯穿西梁垙社会始终，不同性别、不同等级、受不同文化传统影响的人群皆适用。这一社会结构具有较强的稳定性。

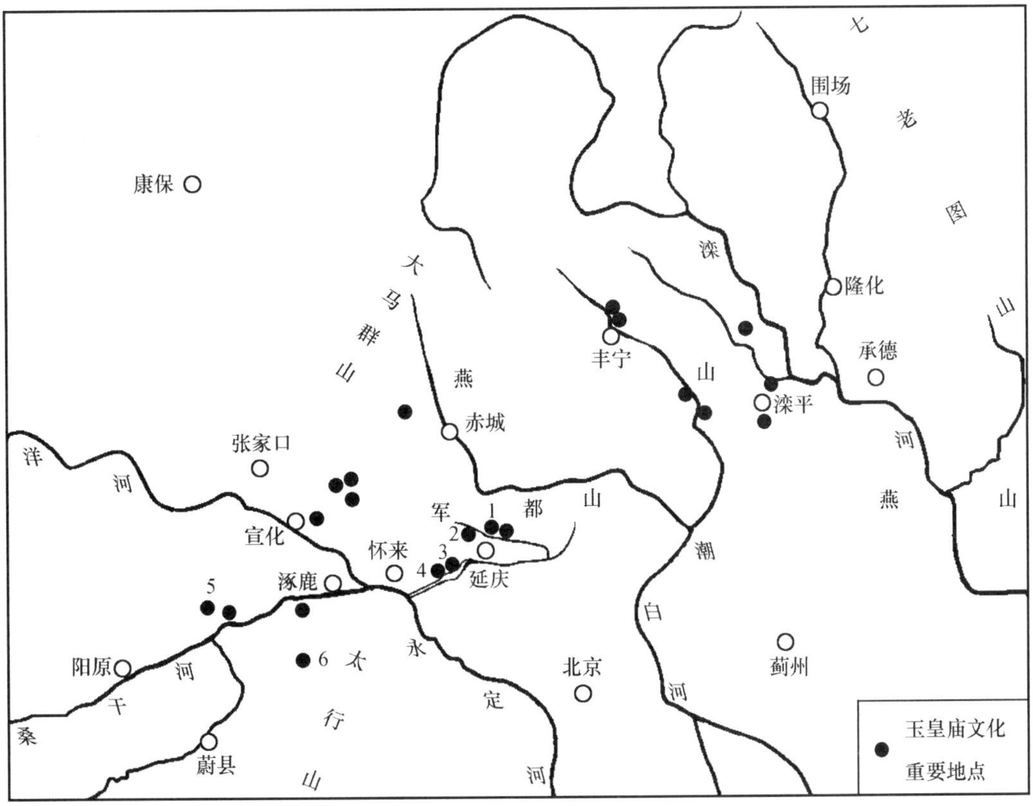

图六　西梁垙墓地位置及玉皇庙文化分布示意图
1. 西梁垙　2. 玉皇庙　3. 甘子堡　4. 北辛堡　5. 九沟　6. 倒拉嘴

同样，由上文分析，不同性别或不同时代人群皆含多个层级。等级分层也呈现其稳定性。

社会结构在稳定性之外，也有若干变化。等级在性别、时代方面的差异较为明显。首先，男性群体可分为四个层级，女性群体仅能分出两个层级，且只有第三、四两个级别。男性之间远较女性之间等级分明。其次，历时性看人群层级不断减少，第一段含四个层级，第二、三段有三个层级，第四段仅存两个层级，且只有三、四层级。层级递减虽在某种程度上可能受制于发掘资料，但大致也反映出西梁垙社会分层趋于简化的总体态势。

（二）中原化程度的不断增强

玉皇庙文化发展不断受到中原文化影响。西梁垙遗存在高等级墓葬和丧葬传统等方面对此有明确体现。

87M25、94M30、65M1三墓是西梁垙第一等级墓葬集中代表，恰分属于一、二、三段。第一段87M25中原式器物有铜锛（图一，2）、铜戈（图一，4），铜锛属于玉皇庙文化偏好这类中原式容器的延续，铜戈显示出对中原式武器的直接借用。第二段94M30余存的中原式器物有铜鼎（图二，1）、疑是铜罍（图二，2）、铜铏（图二，2）等，礼器增多，呈现组合分布。第三段65M1余存的中原式器物有铜鼎（图三，1）、铜豆（图三，2）、铜车軎（图三，7）、玉璜（图三，9）等，器类增多，还表现出对中原装饰习俗的接受。可见，西梁垙高等级人群不仅受中原文化影响，并且所接受的内容和层次渐趋深入。

墓向属于丧葬传统重要体现。西梁垙墓向分东西向和南北向两种，前揭东西向属玉皇庙文化传统墓向，南北向则深受中原文化影响。年代相对准确的西梁垙第一批墓葬中，早期20座墓，17座东西向，约占同期墓葬的85%，仅3座南北向，约占同期墓葬的15%，且位于墓地边缘。晚期21座墓，2座东西向，约占同期墓葬的9.5%，19座南北向，约占同期墓葬的90.5%。数据显示，西梁垙墓葬早期以东西向为主导，仅个别低等级墓葬从属于南北向，晚期则全面接受南北墓向传统，早、晚期葬俗因中原文化影响发生了巨大改变。

（三）玉皇庙文化衰落与消退

西梁垙遗存一、二段对应玉皇庙文化中期，三、四段分别对应玉皇庙文化晚、末期。从该遗存可窥探玉皇庙文化中期至末期的演进情形。前述社会结构的变化与中原化程度的增强等属于有关内容。如下从器物、葬俗、社会等层面再略作分析。

西梁垙器物顺时变化，与高等级遗存中原因素不断增强形成鲜明对比的是，玉皇庙文化自身内容趋于衰减。早期一段，陶器类型丰富，武器工具器类齐全，短剑制作精良，首部和柄部注重精巧装饰，刀子形制多变，管具发现较多，饰品类型多样，带钩颇有特色，动物形饰发达。早期二段，器物种类减少，短剑形制变得简单，不注重修饰，工具和饰品减少。早期三段，有关发现很少。晚期墓葬数量为数众多，但仅见耳环等个别器物。

早期所见南北向墓从位置和等级看，仅为东西向墓的附属。晚期则已变成南北向墓为主，体现中原文化影响大为增强的同时也反映了玉皇庙文化自身因素的衰减，并且多数墓葬已空无一物，仅个别墓葬的殉狗、小饰品等还留有自身文化标识。

前已指出，历时性看西梁垙人群层级不断减少，大致反映出社会分层趋向简化，整个社会趋于简单。不唯如此，晚期已不见第一、二等级墓葬。高等级人群尤其是“首领阶层”的缺失，很可能折射出西梁垙集团自主性的丧失。结合葬俗改变等看，此时所谓的玉皇庙文化或已变成他族或他文化集团的附庸，已接近丧失作为一支考古学文化的独立性。

受资料和认识限制，西梁垙遗存上述变化过程和细节有待充实或修正。但总体能在一定程度上反映出核心区玉皇庙文化衰落与消退、逐渐被中原文化取代的态势。这一态势恰与燕文化同时期西北向的拓展相呼应。

五、结　语

上文从多个角度探析了西梁垙墓地及其所揭示的玉皇庙社会，大致有如下收获。

西梁垙墓葬是核心区玉皇庙文化春秋晚期中段至战国中期偏早阶段的重要内容，可分为四段。一至三段分别对应玉皇庙墓地三至五段和葫芦沟墓地一至三段，分别约当春秋晚期中段、春秋晚期晚段、战国早期偏早。第四段约当战国早期偏晚至战国中期偏早。

西梁垙墓地布局有规律可循，目前看是渐次成片安置茔域，从所见墓地西北开启安葬，待该处茔域埋葬一定程度时，转移至邻近区域埋葬，茔域安排总体呈现顺时针排布和“北早南晚”的格局。墓地布局与玉皇庙、葫芦沟等墓地相似，亦有若干自身特点。

西梁垙人群具有社缘组合和等级分层的社会结构。社缘结构体现个人社会职能或期待对于划分社会组织的重要作用。西梁垙集团具有强化社会职能或期待的人群组合方式或社会结构关系。所有墓葬可分为四个等级，大致对应社会首领阶层、次高等级人群、有一定社会地位或经济实力的平民、地位低下或赤贫的贫民。等级分层显示西梁垙社会属男性支配、阶序鲜明的多层级结构。

从西梁垙遗存看核心区玉皇庙文化春秋晚期中段至战国中期偏早的社会演进，社缘结构和等级分层均具有较强的稳定性，但社会分层趋于简化。高等级墓葬和墓向变化显示受中原文化影响不断增强，与之相应的是，器物内容、丧葬习俗、社会层级等反映出玉皇庙文化不断衰落和消退。

对西梁垙遗存的探索充实了对玉皇庙文化的认识，上文形成的研究思路或结论也有利于进一步深入分析其他相关遗存，有助于将对玉皇庙文化乃至东周北方社会的研究推向深入。

注　释

[1] 北京市文物研究所. 军都山墓地——葫芦沟与西梁垙［M］. 北京：文物出版社，2010. 由于西梁垙墓葬发掘批次不同，文中有关墓葬前缀工作年份，以示区别。

[2] 北京市文物研究所. 龙庆峡别墅工程发现的春秋时期墓葬［A］. 北京文物与考古（第四辑）［C］. 北京：燕山出版社，1994.

[3] 北京市文物研究所. 军都山墓地——玉皇庙［R］. 北京：文物出版社，2007.

[4] 同［1］.

[5] a. 洪猛. 玉皇庙墓地分期研究. 待刊.

b. 洪猛. 葫芦沟墓地的编年与社会演进［A］. 考古学集刊（第22集）［C］. 北京：社会科学文献出版社，2019：138-157.

本文关于玉皇庙、葫芦沟墓地年代认识，皆出自两文。

[6] 关于该“龙形附件”疑是中原式铜罍以及其年代约当春秋晚期偏晚，以及有关战国早期阶段中国青铜器的认识取之于朱凤瀚先生的研究. 见朱凤瀚. 中国青铜器综论 [M] . 上海：上海古籍出版社，2009：1902-1932+2144.

[7] a. 山西省考古研究所等. 太原金胜村251号春秋大墓及车马坑发掘简报 [J] . 文物，1989（9）.

b. 山西省考古研究所等. 太原晋国赵卿墓 [M] . 北京：文物出版社，1996.

[8] 贺勇，刘建忠. 河北怀来甘子堡发现的春秋墓群 [J] . 文物春秋，1993（2）.

[9] 河北省文物局文物工作队. 河北怀来北辛堡战国墓 [J] . 考古，1966（5）.

[10] 河北省博物馆，文物管理处. 河北出土文物选集 [M] . 北京：文物出版社，1980：47，99.

[11] 陈信. 河北涿鹿县发现春秋晚期墓葬 [J] . 文物春秋，1999（6）.

The Xiliangguang Cemetery and the Society of Yuhuangmiao Culture

HONG Meng

This paper makes a systematic study of the Xiliangguang Cemetery and the culture and society of Yuhuangmiao reflected by it. Based on the understanding of the chronology and layout of the cemetery, this paper analyses the social structure of Xiliangguang from the way of social combination and the hierarchical stratification of the population. And this paper reveals that the culture of Yuhuangmiao in core area demonstrates the stability and change of society structure, the enhancement of the degree of centralization, the evolution trend of the decline of this culture from the middle to the end. The understanding will contribute to promoting the understanding of the culture of Yuhuangmiao and even the northern culture and society of the Eastern Zhou Dynasty.

西周早期青铜器修补与改制现象研究*

林　森

（吉林大学边疆考古研究中心，长春，130012）

夏商周三代的青铜容器在当时多属技术含量高的珍贵用具，其外形设计也大都独具匠心。所以，铜器一经铸成，虽经过使用、流转直至埋入窖藏或作为随葬品陪葬，大多数都不存在外观形态上的改变。然而一旦发生改变，其背后的历史原因必然值得深思。西周早期[1]青铜器外观形态发生改变的主要情形为修补，是对破损的铜器进行以维持原貌为目的的补铸或焊接[2]处理。另一种比较罕见的现象为改制，是对青铜器外形进行重大改变。本文主要从修补现象的整理和研究入手，兼及改制现象，以期探明其背后的历史原因。

一

铜器修补现象尤以西周早期比较多见。修补之目的在于恢复铜器原貌，使其继续保有使用价值。但限于当时的技术条件，修补行为总还是在铜器表面上留下了无法磨灭的痕迹。尽管破损的铜器可以回炉重铸，但熔铸新器的成本显然比修补要高出许多；而且大量铜器铭文也说明了这类青铜礼器具有重要的社会意义，更不能随意熔毁。所以西周早期铜器修补的情况时常出现。归纳总结这类修补现象，仍会发现许多值得思索之处。

出现铜器修补情况的原因有两种：一是铸造时的瑕疵，随即进行了修补；二是使用和流转过程中造成的损坏，对破损部位进行修补。现将西周早期修补过的铜器（共计130件）附表于文后[3]。从该表中首先可以看出铜器的修补部位主要有三种情形：①器物腹壁和底部出现穿孔后进行修补，修补的方法有用泥料做模范进行局部补铸，通常会形成一块补疤（图一，2、4～6），这样的补疤甚至会将原有的铭文覆盖（图一，7）。如遇较大的孔洞，在修补时还会插入一根铜料条[4]。腹身部位的修补在所有修补铜器中占比约58.5%。②铜器的足部残断后焊接在一起，或者对足部进行补铸，这种做法

* 本文系国家社科基金项目“考古视野下早期中国铜钺与王权研究”（批准号：18BKG013）的阶段性成果，同时得到吉林大学基本科研业务经费（项目号：2016BS021）的资助。

图一　西周早期修补铜器举例

1. 河南平顶山应国墓地M48：1　2. 陕西宝鸡石鼓山M4：102　3. 河南郑州洼刘99M1：3　4. 河南平顶山应国墓地M242：2　5.山西天马-曲村M6069：5　6. 陕西扶风庄白76FZJ1：23　7. 湖北随州叶家山M111：119

有时甚至会造成补接后的器足粗细不一（图一，3）。另外，足部和器腹交接的部位也常常出现修补的情况（图一，1）。这类对足部（含圈足）的修补占比约42.3%。③器耳、器盖、扉棱和爵柱等部位的修补情况在所有修补铜器中占比较小，约8.5%。

其次，从器形的角度来看，修补现象比较多见于鼎（在所有修补铜器中占比约46.2%）、甗（占比约10%）和簋（约占8.5%），除此之外的其他器形所占比例都非常小，如爵占比约4.6%，觯和斝占比均为约3.8%，卣占比约3.1%，盘、尊和鬲占比均为约2.3%，方觚、辖、戈和鍚占比均为约1.5%，最后，壶、觥、觚形器、瓿、罍、盘形器、盂、軎、眼形饰都只见有一例，占比均为约0.8%。

综合修补部位和器形两方面的信息可以看出：鼎、甗之类三足器的足底部位最容易出现修补。究其原因，首先是因为这类器物的浇铸口和冒口一般在足部，所以一次浇铸留有瑕疵的话，二次补铸的位置往往也发生在足部。其次大概是因为鼎、甗、鬲等一类炊煮器日常使用比较频繁，而且在使用过程中腹底部受到烟火高温熏烤，也容易造成损伤。目前所见修补行为常见于青铜容器上，兵器和车马器极少见到，应该是由于大部分的兵器、车马器和生产工具功能性较强且器形偏小，即使发生破损，对其进行回炉重铸也相对容易，所以很少修补。

再次，分布地域上陕西与河南省占比最高，在所有有明确出土省份的修补铜器中分别占27.8%和26.2%，其次是山西省（约17.5%）和湖北省（约15.1%），其余各省市都只是零星出现，如辽宁有6例，甘肃有3例，河北、山东和北京都是2例，江西和江苏各有1例。西周早期修补铜器的分布区域基本上覆盖了周原、丰镐和成周等西周王朝的核心文化区，以及一些在西周早期比较重要的地方封国，包括今山西的晋国、湖北的曾国、河南的应国、陕西的強国和北京的燕国等。

再者就是西周早期修补铜器约89.7%出自墓葬，剩余少数（约10.3%）出自窖藏，目前尚未见到明确出自其他种类遗迹单位的资料。西周早期的青铜器基本上都出自墓葬或窖藏，而尤以墓葬出土者为多。带有修补痕迹的铜器的出土情况也基本与之相符。

最后来探讨一下西周早期铜器修补现象背后所涉及人群的族属问题。按照族属的区别可大致划分为三类：一是商系铜器，这类铜器包括铭文中带有族徽或日名者[5]（附表中的1、2、13、16、19、23、25、30、33、36、45、46、49、69、76、79、86、87、92、96～98、104～106、116、121号）；铜器制作风格与晚商时期一致，甚至有可能就是商代铜器沿用至西周早期者（附表中的31、113号）；以及通过相关葬俗能够推测墓主人或窖藏主人可能是殷遗民者（附表中的14、17、21、28、29、37、50～68、90、119、123、124号）。这类商系铜器的铸造者应该大部分是殷人（包括方国盟友）或其遗民，在所有修补铜器中约占44.6%。

二是周系，除了上述商系铜器以外，其余铜器基本上可暂归为周系（附表中的3～12、18、20、22、24、32、34、35、38～44、47、48、70～75、77、78、80～85、88、89、93、95、99～103、107～109、112、114、115、117、118、120、122、125、

127～130号）。这类铜器的作器人应是周人及其联合克商的盟友们，在所有修补铜器中占比约50%。

第三类铜器是一件出自江苏土墩墓的带有明显南方地域特色的铜鬲（附表中的126号），作器人应该是当地土著贵族。这类铜器占比不到0.8%。

另外根据现有材料尚无法判断族属的修补铜器还有6件（附表中的15、26、27、94、110、111号），占比约4.6%。

通过对修补铜器背后所涉及人群的族属分析可以看出，西周早期的修补铜器中周系铜器占有较大比例，这与当时的政治背景密切相关。因为在武王伐商之前，安阳殷商青铜文明高度发达，而先周文化分布的陕西地区则比较落后，无论是铜器种类、数量还是精美程度都远逊于殷墟地区。克商之后，周人不仅直接获得了大量殷人的铜器，更重要的是得到了能够铸造出精美铜器的殷人工匠、铸铜作坊甚至是铜原料。而殷人的铸铜工艺在商周之际的时局动荡中应该会遭到一定的破坏，这恐怕是周系铜器修补现象大量存在的主要原因。有学者已经注意到西周早期存在一类周人仿商器而铸的铜器，但正是由于战争对殷墟手工业生产的冲击和破坏导致这类铜器往往做工较差、纹饰粗疏，有的还带有修补痕迹[6]。

西周早期铜器修补现象还可能与殷遗民存在密切的联系。商周之交政治格局的巨大变动或多或少都会对殷商晚期发达的铜器铸造业带来一些影响，无论是战争本身抑或是周初将殷遗民分封到各地诸侯国的行为，都有可能造成西周初年铜器铸造质量出现波动。所以不论是铸造完成后就发现有砂眼、穿孔等瑕疵，随即进行补铸；或者是使用了一段时间之后再出现破损，其实都是铸造质量不佳的体现。还有，商系的修补铜器部分应是从商代流传下来的，这些铜器因为长期使用又历经战乱，所以有的磨损明显，器表纹饰也已模糊不清，甚至存在多处修补痕迹。这类铜器的使用者中就有殷遗民，因此也可以看出西周殷遗民贵族在铸造新铜器方面已大不如前，其政治地位、资财实力的下降可见一斑。

二

除了修补以外，西周早期还有一种青铜器的改制现象。与玉石器和陶瓷器不同，青铜器可以回炉重铸，所以改制铜器的数量极为稀少，此前任雪莉等先生撰有专文讨论青铜器改制现象[7]，其文中提到的年代为西周早期的铜器仅有小臣𣪘簋、柞伯簋和丏觯三件：

小臣𣪘簋出土于山西天马-曲村晋国墓地M6384[8]，原器是一件商代铜瓿，西周时加装三耳变成瓿形簋，为此甚至将原器腹部的兽面纹都遮挡住了。后装的三耳比较粗壮，珥也较长（图二，1）。柞伯簋出土于平顶山应国墓地M242[9]，制作年代为西周早期，后在原铜簋的圈足之下、器腹外底又铸接了一个素面的喇叭状圈足，从而将簋身

图二　西周早期改制铜器
1. 小臣夐簋　2.丂觯　3、4. 柞伯簋

显著提高（图二，3、4）。任雪莉先生从喇叭状圈足的尺寸分析入手，推测柞伯簋后接的圈足可能是由商代常见的铜觚的口部改制而成。丂觯是一件传世铜器[10]，在原本的云雷纹圈足下又铸接了一个带弦纹的高圈足，这种形制十分怪异（图二，2）。

发生在小臣夐簋和柞伯簋这两件铜器上的改制现象也是和西周初年的政治背景分不开的。首先从铸铜技术的角度来讲，上文已经说到周人在克商之前原本没有十分发达的铜器铸造业，西周初年的铸铜行为是大量吸收和接纳了商人制作工艺的结果。所以这一时期铸造的青铜器在器形和纹饰等各个方面都很多地继承了殷商风格，也就不易与克商前铸造的商代末年青铜器区分开来[11]。

然而周人也并非是对殷商青铜文明的全盘接受，一个明显的改变就是从商代重视酒器到周代重视食器。重食的风格是周人对殷代重酒器的一种否定，是王朝更替带来的新风尚。周人将创作的重点放在了簋这一类盛食器上，由此出现了四耳簋、方座簋等新器形[12]。小臣夐簋和柞伯簋正是将殷代的酒器加以改制，创造出的新型盛食器。

另一方面的变化就是出现夸张的风格，正如上文所说，周人在克商之后突然间拥有了大量商人铸造的精美铜器及铸铜工匠和作坊等资源，所以这一时期周人的青铜资源可谓十分丰富，因此在铸造新器时也就不用过多地考虑用料成本问题，于是就给这一时期青铜器夸张的作风奠定了物质基础。同时这种夸张的作风还与当时的社会风气有关，周人联合诸多盟友以“小邦周”终克“大邑商”，军事上取得巨大胜利，财富上迅速的积累都使得部分这一时期铸造的铜器极具夸张的作风。例如原本商代就已经出现的方格乳钉纹到了周初乳钉变得极为凸出，一些铜器上的扉棱等部件也制作得非常突出，即陈梦家先生所言西周铜器出现“向外飞射的棱角”[13]。上文说到的小臣㲻簋和四耳簋也体现了夸张的作风，因为原本双耳就已经可以满足功能上的需要了，没必要多出一耳或两耳，而且簋珥也制作得特别长。

上述西周早期改制铜器的出现正是与商周王朝更迭的历史背景密切相关联的。

在夏商周时代，青铜器一直都具有非常特殊的意义，所以无论是细小的修补还是相对明显的改制行为都与作器人（或所有者）的身份、地位及所处的时代背景息息相关。从西周早期青铜器的修补和改制现象上既能看出周人新贵的奢华、亦能窥见殷遗贵族的没落。所以在对青铜器的著录和研究中，这两种现象都不应该被忽视。另外，对整个夏商周时代青铜器改制和修补现象的历时性观察也很重要，是今后值得深入研究的方向。

注　释

［1］西周早期铜器形制大部分承袭晚商而来，两者比较接近，而到了西周中期以后，铜器形制发生明显变化，所以本文暂以西周早期铜器为研究对象。具体而言，出自西周早期遗迹单位和制作于西周早期的青铜器都是本文研究对象。本文采用《中国考古学·两周卷》（中国社会科学出版社，第55页）对西周早期的时间界定，即从武王伐商至穆王早期约100年的时间。

［2］张昌平. 商周青铜礼器铸造中焊接技术传统的形成［J］. 考古，2018（2）.

［3］因为出土青铜器多锈蚀严重，所以不排除存在有修补疤痕却无法观察到的情况；另外，有的资料在发表时并没有对修补情况进行描述，因此实际发掘出土的修补过的青铜器数目应该超过附表的统计结果。

［4］陕西省考古研究所. 高家堡戈国墓［R］. 西安：三秦出版社，1995：182.

［5］a. 张懋镕. 周人不用日名说［J］. 历史研究，1993（5）.
b. 张懋镕. 周人不用族徽说［J］. 考古，1995（9）.
通过日名和族徽可以很大概率上辨识出商人做器。

［6］李龙俊. 陕西宝鸡石鼓山墓地出土铜器仿制现象研究［J］. 考古，2018（5）.

［7］任雪莉，王莉. 几例罕见的改制铜器［J］. 文博，2016（6）.

［8］北京大学考古学系商周组，山西省考古研究所. 天马-曲村（1980—1989）［R］. 北京：科学出版社，2000：497.

［9］ 河南省文物考古研究所，平顶山市文物管理局. 平顶山应国墓地［R］. 郑州：大象出版社，2012：151.

［10］ 陈梦家. 美国所藏中国铜器集录［M］. 北京：金城出版社，2016：1230-1231.

［11］ 张懋镕. 西周青铜器断代两系说刍议［J］. 考古学报，2005（1）.

［12］ 张懋镕. 西周方座簋研究［J］. 考古，1999（12）.

［13］ 陈梦家. 西周铜器断代［M］. 北京：中华书局，2004：354.

附 表

编号	出土地	器型	器号	修补位置	铭文信息	相关葬俗	资料来源	发掘年份
1	陕西麟游九成官镇后坪村	鼎		三足、器外底部	有族徽和日名	窖藏出土	（1）	1988
2	陕西麟游九成官镇后坪村	卣		腹一侧	有族徽	窖藏出土	（1）	1988
3	陕西宝鸡斗鸡台沟东区M3	鼎	M3：10312	一足、腹壁	无		（2）	1934
4	陕西宝鸡石鼓山M4	甗	M4：102	器壁	无		（3）	2012
5	陕西宝鸡石鼓山M4	鼎	M4：215	足部	无		（3）	2012
6	陕西宝鸡石鼓山M4	簋	M4：301	多处	无		（3）	2012
7	陕西宝鸡石鼓山M4	甗	M4：311	器壁	无		（3）	2012
8	陕西宝鸡石鼓山M4	鼎	M4：315	足部	无		（3）	2012
9	陕西宝鸡竹园沟一号墓	盘形器	BZM1：255	盘身	无	随葬大量西北地方特色器物	（4）	1976
10	陕西宝鸡纸坊头	鼎	2003BZFM3：4	腹与三足衔接处	无	強国墓葬	（5）	2003
11	陕西宝鸡纸坊头	鼎	2003BZFM3：6	腹壁	无	強国墓葬	（5）	2003

续表

编号	出土地	器型	器号	修补位置	铭文信息	相关葬俗	资料来源	发掘年份
12	陕西宝鸡硖石乡林家村	鼎		底部	无	随葬高领大袋足鬲	（6）	1983
13	陕西长安沣西新旺村	鼎	H2：1	腹壁	有族徽和日名	窖藏出土	（7）	1982
14	陕西长安沣西马王乳品厂北	鼎	97SCMM4：1	一足	无	有腰坑，随葬铜爵、觯、殷式陶尊，同墓其他铜器有族徽、日名	（8）	1997
15	陕西长安张家坡	簋	M106：1	底部	无		（9）55页	19?
16	陕西长安张家坡	鼎	M106：3	三足	有日名		（9）55页	19?
17	陕西长安张家坡	鼎	M167：1	器身腹壁	无	东西向墓，腰坑殉狗	（10）	1985
18	陕西长安张家坡	簋	M178：4	圈足	无		（11）	1955～1957
19	陕西长安花园村M15	爵	长花M15：30	鋬柱之间铭文处	被损坏	腰坑殉狗，随葬卣、尊、爵、觯等铜酒器，铭文中有日名、族徽	（12）	1981
20	陕西长安少陵原	鼎	M194：1	鼎腹下部	无	无典型商式葬俗	（13）	2004
21	陕西铜川王家河乡炭窠沟村	鼎		腹底和一足	无	腰坑、殉狗	（14）	1983
22	陕西周原遗址庄李M9	甗	M9：1	腹部和三足	无		（15）	2003
23	陕西周原遗址庄李M9	斝	M9：8	两足	有族徽		（15）	2003

续表

编号	出土地	器型	器号	修补位置	铭文信息	相关葬俗	资料来源	发掘年份
24	陕西岐山京当乡北窑村	鼎	岐127	足部	无	可能是窖藏	（16）	1974
25	陕西岐山王家嘴村北1号墓	鼎	WM1：1	器身外壁	有日名和族徽		（17）	1980
26	陕西岐山贺家嘴村西北M113	甗		器身	数字卦		（18）	1976
27	陕西扶风上宋乡红卫村	罍	06FSM1：7	腹部	无	墓葬出土，墓已被毁	（19）	2006
28	陕西扶风齐家村M8	爵		圜底	有日名	底部有腰坑，殉葬一狗，随葬铜爵、觯	（20）	1960
29	陕西扶风云塘	方鼎	M10：4	一附耳	5字	腰坑殉狗，随葬铜尊、爵、觯，商式陶簋，卜骨	（21）	1976
30	陕西扶风庄白1号窖藏	斝	76FZJ1：23	器身	有族徽和日名	周原微史家族铜器窖藏	（22）	1976
31	陕西陇县八渡镇杨家村	鼎		底部	无	窖藏出土	（23）	1994
32	陕西渭南南堡村	簋		腹部	无	填土中殉人1，有附葬的车马坑，多种族徽、日名	（24）	1974
33	陕西泾阳高家堡	甗	91SJGM3：2	一足、器身	有日名	填土中殉狗、人各一，墓底有腰坑，未见殉葬物，随葬铜卣	（25）54页	1991
34	陕西泾阳高家堡	斝	91SJGM4：6	一足	无	墓底有腰坑，未见殉葬物	（25）79页	1991
35	陕西泾阳高家堡	鼎	M4：19	底部	无	墓底有腰坑，未见殉葬物	（25）182页	1991

续表

编号	出土地	器型	器号	修补位置	铭文信息	相关葬俗	资料来源	发掘年份
36	河南浚县辛村	鼎	M60：4	一足	有族徽和日名	卫国墓地中型墓，随葬铜尊、爵、卣等酒器，带有殷人铭文	（26）34页	1933
37	河南浚县辛村	簋	M60：8	二耳、口和足	无	卫国墓地中型墓，随葬铜尊、爵、卣等酒器，带有殷人铭文	（26）35页	1933
38	河南平顶山薛庄乡北滍村滍阳岭	鼎	M48：1	二足接底处	4字	应国贵族墓葬出土	（27）（28）281页	1985
39	河南平顶山薛庄乡北滍村滍阳岭	壶	M48：4	圈足	5字	应国贵族墓葬出土	（27）（28）282页	1985
40	河南平顶山薛庄乡北滍村滍阳岭	鼎	M48：2	一足接底处	无	应国贵族墓葬出土	（28）282页	1985
41	河南平顶山薛庄乡北滍村滍阳岭	簋	M48：3	底部铭文处	被补锭盖住	应国贵族墓葬出土	（27）（28）282页	1985
42	河南平顶山滍阳岭	眼形饰	M230：66	腔内横梁	无	应国高等级贵族墓葬出土	（28）243页	1986
43	河南平顶山滍阳岭	鍚	M242：2	器身	无	应国高等级贵族墓葬出土	（28）158页	1993
44	河南平顶山滍阳岭	戈	M242：18	援部前端刃口处	无	应国高等级贵族墓葬出土	（28）157页	1993
45	河南郑州洼刘村M1	鼎	ZGW99M1：3	一足	有族徽和日名	墓中出土多种族徽和日名	（29）	1999
46	河南洛阳唐城花园	鼎	C3M417：12	足与器底	有日名	腰坑殉狗，随葬铜爵、觯等酒器	（30）	2002
47	河南洛阳北窑	辖	M174：31	键部	无	竖井形大型墓，无典型商式葬俗	（31）	1964～1966

续表

编号	出土地	器型	器号	修补位置	铭文信息	相关葬俗	资料来源	发掘年份
48	河南洛阳北窑	辖	M451：22	键下部	无	中字形大型墓，无典型商式葬俗	（31）	1964～1966
49	河南洛阳瀍河东岸中窑村北	觯	C3M575：2	内底	有日名	随葬铜爵、觯等酒器	（32）	2003
50	河南鹿邑太清宫长子口墓	方尊	M1：8	器腹、圈足底内角部	“长子口”	墓主为周初殷遗民贵族长子口	（33）97页	1997
51	河南鹿邑太清宫长子口墓	鼎	M1：9	口沿下	无	墓主为周初殷遗民贵族长子口	（33）57页	1997
52	河南鹿邑太清宫长子口墓	鼎	M1：43	一侧鼎耳上部	7字	墓主为周初殷遗民贵族长子口	（33）57页	1997
53	河南鹿邑太清宫长子口墓	方鼎	M1：46	一足、另一足跟与鼎腹衔接处		墓主为周初殷遗民贵族长子口	（33）63页	1997
54	河南鹿邑太清宫长子口墓	圆鼎	M1：80	一足	“长子口”	墓主为周初殷遗民贵族长子口	（33）63页	1997
55	河南鹿邑太清宫长子口墓	方鼎	M1：87	腹底内对应足根处	存4字	墓主为周初殷遗民贵族长子口	（33）65页	1997
56	河南鹿邑太清宫长子口墓	扁足圆鼎	M1：93	一足	“长子口”	墓主为周初殷遗民贵族长子口	（33）59页	1997
57	河南鹿邑太清宫长子口墓	方鼎	M1：95	一足根部承接鼎腹处	“长子口”	墓主为周初殷遗民贵族长子口	（33）69页	1997
58	河南鹿邑太清宫长子口墓	方觚	M1：118	器腹与圈足交界处	无	墓主为周初殷遗民贵族长子口	（33）79页	1997

续表

编号	出土地	器型	器号	修补位置	铭文信息	相关葬俗	资料来源	发掘年份
59	河南鹿邑太清宫长子口墓	尊	M1：137	器内壁近底处	“长子口”	墓主为周初殷遗民贵族长子口	（33）95页	1997
60	河南鹿邑太清宫长子口墓	圆鼎	M1：185	口沿	“长子口”	墓主为周初殷遗民贵族长子口	（33）63页	1997
61	河南鹿邑太清宫长子口墓	方鼎	M1：186	盖上提纽、一足	“长子口”	墓主为周初殷遗民贵族长子口	（33）71页	1997
62	河南鹿邑太清宫长子口墓	方鼎	M1：190	两足与鼎腹触接处	“子”	墓主为周初殷遗民贵族长子口	（33）68页	1997
63	河南鹿邑太清宫长子口墓	方爵	M1：202	器腹一角的扉棱处	无	墓主为周初殷遗民贵族长子口	（33）85页	1997
64	河南鹿邑太清宫长子口墓	盘	M1：210	圈足内与器底接处	“长子口”	墓主为周初殷遗民贵族长子口	（33）111页	1997
65	河南鹿邑太清宫长子口墓	方觚	M1：213	中腰与圈足交界处	无	墓主为周初殷遗民贵族长子口	（33）81页	1997
66	河南鹿邑太清宫长子口墓	方斝	M1：222	一足根部与器底接处	“长子口”	墓主为周初殷遗民贵族长子口	（33）94页	1997
67	河南鹿邑太清宫长子口墓	卣	M1：224	盖边一侧	“长子口”	墓主为周初殷遗民贵族长子口	（33）110页	1997
68	河南鹿邑太清宫长子口墓	方觥	M1：225	器之后壁、圈足座内角	“长子口”	墓主为周初殷遗民贵族长子口	（33）98页	1997
69	山西屯留县城北化工厂	鼎		足部	有族徽		（34）	1976
70	山西洪洞永凝堡	鼎	80SHYM12：1	底部	2字	有腰坑	（35）	1980

续表

编号	出土地	器型	器号	修补位置	铭文信息	相关葬俗	资料来源	发掘年份
71	山西天马-曲村	鼎	M6054：8	底接三足处	无		（36）455页	1980～1989
72	山西天马-曲村	鼎	M6069：1	两足	无		（36）350页	1980～1989
73	山西天马-曲村	鼎	M6069：5	腹部	无		（36）351页	1980～1989
74	山西天马-曲村	鬲	M6080：12	一足	无		（36）396页	1980～1989
75	山西天马-曲村	甗	M6081：1	两足	无		（36）336页	1980～1989
76	山西天马-曲村	圆鼎	M6081：3	底部	有族徽和日名		（36）336页	1980～1989
77	山西天马-曲村	鼎	M6179：2	一足接底部	无		（36）482页	1980～1989
78	山西天马-曲村	鼎	M6195：20	两足	无		（36）361页	1980～1989
79	山西天马-曲村	鼎	M6197：8	底部	有日名		（36）405页	1980～1989
80	山西天马-曲村	鼎	M6210：1	腹壁	3字		（36）370页	1980～1989
81	山西天马-曲村	鼎	M6210：10	腹部	无		（36）370页	1980～1989
82	山西天马-曲村	觯	M6210：14	底部	无		（36）371页	1980～1989
83	山西天马-曲村	簋	M6214：40	底上	无		（36）414页	1980～1989
84	山西天马-曲村	鼎	M6214：41	内壁	5字		（36）411页	1980～1989
85	山西天马-曲村	甗	M6231：16	两足	无		（36）431页	1980～1989
86	山西天马-曲村	鼎	M6308：1	周壁	有日名		（36）379页	1980～1989
87	山西天马-曲村	甗	M6384：6	一足	有日名		（36）497页	1980～1989

续表

编号	出土地	器型	器号	修补位置	铭文信息	相关葬俗	资料来源	发掘年份
88	山西天马-曲村	鼎	M7003：1	底外、三足	无		（36）517页	1980～1989
89	山西天马-曲村	鼎	M7146：1	底外中心处	无		（36）540页	1980～1989
90	山西绛县横水	鼎	M2158：150	左足和后足下部	3字	倗伯墓，墓主俯身葬，墓底腰坑殉狗，有殉人	（37）	2004～2007
91	湖北随州叶家山	甗	M1：011	器底和两足	无	曾国墓地出土，有腰坑殉狗	（38）	2011
92	湖北随州叶家山	斝	M1：015	下腹部	有族徽和日名	曾侯墓地出土，有腰坑殉狗	（38）	2011
93	湖北随州叶家山	鍚	M1：022	残缺的一角	无	曾国墓地出土，有腰坑殉狗	（38）	2011
94	湖北随州叶家山	觯	M27：10	器底	5字	曾国墓地出土	（38）	2011
95	湖北随州叶家山	戈	M28：60	内部	无	曾国墓地出土	（39）	2013
96	湖北随州叶家山	觯	M28：168	腹部	有族徽和日名	曾国墓地出土	（39）	2013
97	湖北随州叶家山	爵	M28：172	腹底部	有族徽和日名	曾国墓地出土	（40）75页	2013
98	湖北随州叶家山	爵	M46：14	爵底	有族徽和日名	曾国墓地出土	（40）249页	2011
99	湖北随州叶家山	鼎	M56：5	器身、三足	无	曾国墓地出土	（40）251页	2011
100	湖北随州叶家山	卣	M65：29	底中部	3字	曾国墓地出土	（41）	2011
101	湖北随州叶家山	尊	M65：30	颈部	3字	曾国墓地出土	（41）	2011
102	湖北随州叶家山	鼎	M65：41	腹底铭文处	3字	曾国墓地出土	（41）	2011
103	湖北随州叶家山	甗	M65：43	甑的下腹部	无	曾国墓地出土	（41）	2011

续表

编号	出土地	器型	器号	修补位置	铭文信息	相关葬俗	资料来源	发掘年份
104	湖北随州叶家山	鼎	M107：3	器耳及一足	有日名	曾国墓地出土	（42）	2013
105	湖北随州叶家山	鬲	M107： 4	颈下	有日名	曾国墓地出土	（42）	2013
106	湖北随州叶家山	爵	M107： 10	菌状柱帽	有日名	曾国墓地出土	（42）	2013
107	湖北随州叶家山	甗	M111：68	甑体的腹壁	无	曾国墓地出土	（40）122页	2013
108	湖北随州叶家山	盘	M111：119	器壁、器底	4字	曾国墓地出土	（40）131页	2013
109	湖北随州叶家山	觚形器	M111：123	器壁	无	曾国墓地出土	（40）128页	2013
110	辽宁凌源海岛营子	鼎	95号	一足	无	窖藏出土	（9）49页（43）	1955
111	辽宁凌源海岛营子	甗	96号	三足	无	窖藏出土	（9）49页（43）	1955
112	辽宁凌源海岛营子	盂		外壁	5字	窖藏出土	（9）51页（43）	1955
113	辽宁喀左北洞村	瓿	1号瓿	口沿和腹内		长方形窖藏出土6件铜器	（44）	1973
114	辽宁喀左山湾子	簋		器底	无	窖藏出土	（45）	1974
115	辽宁喀左山湾子	簋		一耳	6字	窖藏出土	（45）	1974
116	甘肃灵台郑家洼	鼎	M2：1	一足	有日名	小型墓葬，有腰坑、殉狗	（46）	1976
117	甘肃崇信于家湾	簋	82CYM9：3	口沿内	无	随葬瘪裆陶鬲	（47）72页	1982
118	甘肃崇信于家湾	軎	86CYM160：4	軎身	无		（47）83页	1986

续表

编号	出土地	器型	器号	修补位置	铭文信息	相关葬俗	资料来源	发掘年份
119	北京琉璃阁燕国墓地	鼎	M54：27	器壁、一足	6字	殉2人，有腰坑殉狗，同墓随葬铜盘铭文上有族徽和日名	（48）	1973、1974
120	北京琉璃河燕国墓地	簋	M1026：1	圈足内侧	无		（49）	1981～1983
121	山东滕州庄里西	卣	M7：3	盖纽	有族徽和日名	随葬铜器多是为父癸做器，且多为爵、觚、觯、尊、卣等酒器	（50）	1989
122	山东临淄齐国故城河崖头村	鼎	M103：0017	一足	无	齐国贵族墓葬。墓葬为西周中期，铜鼎或可早至西周早期	（51）	1989
123	河北邢台南小汪	鼎	92XNDⅤM28：2	一足	无	腰坑殉狗，同墓随葬铜爵、觯、尊等酒器，铜爵上有日名	（52）	1992
124	河北邢台南小汪	鼎	M28：3	一足	无	腰坑殉狗，随葬铜爵、觯、尊等酒器，铜爵上有日名	（53）	1992
125	江西万年西山蔡家艾	鼎		底部	无	出自一长方形土坑内，属墓葬或窖穴，坑内仅此一件青铜器	（54）	1964
126	江苏丹徒大港母子墩西周墓	鬲		一足的上部空心处	无	南方地区土墩墓	（55）	1982
127	山东师范大学历史系文物陈列室藏	觯	《集成》5841	口部、腹部和足部	6字	传世品	（28）318页	不详
128	江西省博物馆藏	甗		一足	6字	传世品 江西余干县1958年二次出土	（28）322页	不详
129	保利博物馆藏	鼎		内壁一侧近底处	4字	博物馆征集	（56）56页	不详
130	保利博物馆藏	盘		盘壁和底部	6字	博物馆征集	（56）109页	不详

资料来源：

（1）麟游县博物馆：《陕西省麟游县出土商周青铜器》，《考古》1990年第10期。

（2）苏秉琦：《斗鸡台沟东区墓葬图说》，中国科学院，1954年，图版六：5。

（3）陕西省考古研究院、宝鸡市考古研究所、宝鸡市渭滨区博物馆：《陕西宝鸡石鼓山商周墓地M4发掘简报》，《文物》2016年第1期。李龙俊：《陕西宝鸡石鼓山墓地出土铜器仿制现象研究》，《考古》2018年第5期。

（4）宝鸡市博物馆、渭滨区文化馆：《宝鸡竹园沟等地西周墓》，《考古》1978年第5期。

（5）宝鸡市考古研究所：《陕西宝鸡纸坊头西周早期墓葬清理简报》，《文物》2007年第8期。

（6）宝鸡县博物馆、闫宏斌：《宝鸡林家村出土西周青铜器和陶器》，《文物》1988年第6期。

（7）中国社会科学院考古研究所沣西发掘队：《陕西长安县新旺村新出西周铜鼎》，《考古》1983年第7期。

（8）中国社会科学院考古研究所丰镐工作队：《1997年沣西发掘报告》，《考古学报》2000年第2期。

（9）郭宝钧：《商周铜器群综合研究》，文物出版社，1981年。

（10）中国社会科学院考古研究所：《张家坡西周墓地》，中国大百科全书出版社，1999年，第134页。

（11）中国科学院考古研究所：《沣西发掘报告：1955～1957年陕西长安县沣西乡考古发掘资料》，文物出版社，1962年，第121页。

（12）陕西省文物管理委员会：《西周镐京附近部分墓葬发掘简报》，《文物》1986年第1期。

（13）陕西省考古研究院：《少陵原西周墓地》，科学出版社，2009年，第37页。

（14）尚友德、薛东星：《陕西铜川市清理一座西周墓》，《考古》1986年第5期。

（15）周原考古队：《陕西扶风县周原遗址庄李西周墓发掘简报》，《考古》2008年第12期。

（16）庞文龙：《岐山县博物馆藏商周青铜器录遗》，《考古与文物》1994年第3期。

（17）巨万仓：《陕西岐山王家嘴、衙里西周墓葬发掘简报》，《文博》1985年第8期。

（18）陕西省周原考古队：《陕西岐山贺家村西周墓葬发掘报告》，《文物资料丛刊》（8），文物出版社，1983年。

（19）扶风县博物馆：《陕西扶风县新发现一批商周青铜器》，《考古与文物》2007年第3期。

（20）陕西省文物管理委员会：《陕西扶风、岐山周代遗址和墓葬调查发掘报告》，《考古》1963年第12期。

（21）陕西周原考古队：《扶风云塘西周墓》，《文物》1980年第4期。

（22）北京大学考古文博学院、北京大学古代文明研究中心：《吉金铸国史——周原出土西周青铜器精粹》文物出版社，2002年，第80页。

（23）肖琦：《陕西陇县八渡镇发现的西周青铜器窖藏》，《考古与文物增刊·先秦考古》，考古与文物杂志社，2002年。

（24）左忠诚：《陕西渭南县南堡西周初期墓葬》，《文物资料丛刊》（3），文物出版社，1980年。

（25）陕西省考古研究所：《高家堡戈国墓》，三秦出版社，1995年。

（26）郭宝钧：《浚县辛村》，科学出版社，1964年。

（27）平顶山市文管会：《平顶山市新出土西周青铜器》，《中原文物》1988年第1期。

（28）河南省文物考古研究所、平顶山市文物管理局：《平顶山应国墓地》，大象出版社，2012年。

（29）郑州市文物考古研究所：《郑州市洼刘村西周早期墓葬（ZGW99M1）发掘简报》，《文物》2001年第6期。郑州市文物考古研究所：《郑州洼刘西周贵族墓出土青铜器》，《中原文物》2001年第2期。

（30）洛阳市文物工作队：《洛阳市唐城花园C3M417西周墓发掘简报》，《文物》2004年第7期。

（31）洛阳市文物工作队：《洛阳北窑西周墓》，文物出版社，1999年，第126页。

（32）洛阳市文物工作队：《洛阳瀍河东岸西周墓的发掘》，《文物》2006年第3期。

（33）河南省文物考古研究所、周口市文化局：《鹿邑太清宫长子口墓》，中州古籍出版社，2000年。

（34）王进先：《山西屯留县城郊出土西周早期青铜器》，《考古》1982年第6期。

（35）临汾地区文化局：《洪洞永凝堡西周墓葬发掘报告》，《三晋考古》（第一辑），山西人民出版社，1994年。

（36）北京大学考古学系商周组、山西省考古研究所编著，邹衡主编：《天马-曲村（1980～1989）》，科学出版社，2000年。

（37）山西省考古研究所、运城市文物工作站、绛县文物局联合考古队，山西大学北方考古研究中心，中国人民大学出土文献与中国古代文明研究协同创新中心：《山西绛县横水西周墓地M2158发掘简报》，《考古》2019年第1期。

（38）湖北省文物考古研究所、随州市博物馆：《湖北随州叶家山西周墓地发掘简报》，《文物》2011年第11期。

（39）湖北省文物考古研究所、随州市博物馆：《湖北随州叶家山M28发掘报告》，《江汉考古》2013年第4期。

（40）湖北省博物馆、湖北省文物考古研究所、随州市博物馆：《随州叶家山：西周早期曾国墓地》，文物出版社，2013年。

（41）湖北省文物考古研究所、随州市博物馆：《湖北随州叶家山M65发掘简报》，《江汉考古》2011年第3期。

（42）湖北省文物考古研究所、随州市博物馆、出土文献与中国古代文明研究协同创新中心：《湖北随州叶家山M107发掘简报》，《江汉考古》2016年第3期。

（43）热河省博物馆筹备处：《热河凌源县海岛营子村发现的古代青铜器》，《文物参考资料》1955年第8期。

（44）辽宁省博物馆、朝阳地区博物馆：《辽宁喀左县北洞村发现殷代青铜器》，《考古》1973年第4期。

（45）喀左县文化馆、朝阳地区博物馆、辽宁省博物馆：《辽宁省喀左县山湾子出土殷周青铜器》，《文物》1977年第12期。

（46）刘得祯：《甘肃灵台两座西周墓》，《考古》1981年第6期。

（47）甘肃省文物考古研究所：《崇信于家湾周墓》，文物出版社，2009年。

（48）中国科学院考古研究所、北京市文物管理处、房山县文教局、琉璃河考古工作队：《北京附近发现的西周奴隶殉葬墓》，《考古》1974年第5期。

（49）中国社会科学院考古研究所、北京市文物工作队、琉璃河考古队：《1981～1983年琉璃河西周燕国墓地发掘简报》，《考古》1984年第5期。

（50）杜传敏、张东峰、魏慎玉、潘晓庆：《1989年山东滕州庄里西西周墓发掘报告》，《中国国家博物馆馆刊》2012年第1期。

（51）临淄区文物局、临淄区齐国故城遗址博物馆：《临淄齐国故城河崖头村》，《海岱考古》（第六辑），科学出版社，2013年。

（52）李军：《邢台南小汪28号西周墓》，《文物春秋》2005年第2期。

（53）李军、石从枝、李恩玮：《邢台南小汪西周遗址考古新收获》，《三代文明研究（一）——1998年河北邢台中国商周文明国际学术研讨会论文集》，科学出版社，1999年。

（54）郭远谓：《江西近两年出土的青铜器》，《考古》1965年第7期。

（55）镇江博物馆、丹徒县文管会：《江苏丹徒大港母子墩西周铜器墓发掘简报》，《文物》1984年第5期。

（56）《保利藏金》编辑委员会：《保利藏金》，岭南美术出版社，1999年。

Study on the Repair and Reform of Bronze Wares in the Early Western Zhou Dynasty

LIN Sen

Repair and modification are changes to the appearance of bronzes, Because the bronze ware had a very special position in the early Western Zhou Dynasty, Therefore, any change in its appearance is worth in-depth analysis. This paper summarizes these two phenomena, it is believed that the patching and modification behavior is related to the identity and status of the owner, and is inseparable from the social background at that time.

四川盆地青铜烟荷包钺的年代及相关问题研究*

向明文

（湖南大学岳麓书院，长沙，410082）

青铜烟荷包钺以其形似四川盆地民间使用的皮烟袋而得名[1]，它不仅是巴蜀文化墓葬中的典型器物，而且是典型器物中年代特征最明显的铜器之一，对构建巴蜀文化墓葬的分期体系有着至关重要的作用。所以，学界对烟荷包钺的等级意义、功能用途和渊源问题一直不够关注，而对年代序列的研究则用力颇多，如罗开玉[2]、洪梅[3]、陈卫东[4]、黄尚明[5]、朱萍[6]等许多学者均对其类型与年代有过较细致的分析，可惜并未形成比较一致的学术认识。因此，本文拟在前人研究基础上，对四川盆地青铜烟荷包钺的类型、年代、等级、功能、渊源等多个方面做进一步的综合讨论。

一、型式划分

根据考古发现可知，青铜烟荷包钺的分布范围较广，在成都[7]、郫县[8]、新都[9]、彭州[10]、广汉[11]、什邡[12]、罗江[13]、绵竹[14]、崇庆[15]、大邑[16]、蒲江[17]、昭化[18]、荥经[19]、犍为[20]、峨眉[21]、渠县[22]、宣汉[23]、巴县[24]、涪陵[25]、万州[26]、云阳[27]、开县[28]、汉中[29]、水富[30]等多个地区均有出土，粗略统计不少于230件[31]，其中，224件出自175座墓葬，线图或者照片较清晰且可分型式者共136件。

根据刃部形态分二型。

A型　刃两侧起尖。根据器身形制分三亚型。

Aa型　整体较瘦长，弧形腰，器身长（肩部至刃部的最大距离）与器身最大宽之比大于或等于1.3。根据器身和刃部形态分五式。

Ⅰ式：2件。整体略宽，弧腰略直，刃弧弯曲度略小。标本：成都中医学院墓18号

* 本文为国家社科基金青年项目“东周秦汉时期巴蜀文化墓葬制度与社会变迁研究”（批准号：18CKG006）的阶段性成果。

（图一，1）。

Ⅱ式：5件。整体略宽，弧腰略曲，刃弧弯曲度稍大。标本：成都金沙巷M2∶7（图一，2）。

Ⅲ式：4件。整体略窄，弧腰较曲，刃弧弯曲度略大。标本：什邡城关M2∶9（图一，3），什邡城关M1∶22[32]（图一，4）。

Ⅳ式：2件。整体略宽，弧腰较曲，扇形略大，刃弯曲度略大。标本：荥经南罗坝M1∶47（图一，5）。

Ⅴ式：2件。整体略宽，弧腰较曲，扇形较肥大，刃弯曲度较大。标本：宣汉罗家坝M37∶1（图一，6）。

演变趋势：器身先渐窄后渐宽，弧腰渐曲，扇形刃弯曲度渐大。

Ab型　整体略宽短，弧形腰，器身长与器身最大宽之比小于1.3，多在1～1.25之间。根据器身分四式。

Ⅰ式：3件。弧腰不明显，上部较直，刃两侧略起尖。标本：成都白果林小区M4∶18（图一，7）。

Ⅱ式：3件。弧腰稍明显。标本：什邡城关M90-2∶9（图一，8）。

Ⅲ式：3件。弧腰略明显。标本：新都马家木椁墓出土（小）（图一，9）。

Ⅳ式：2件。弧腰较明显。标本：云阳李家坝1999M14∶3（图一，10）。

演变趋势：弧腰渐明显。

Ac型　整体略宽短，折腰或弧腰急促，器身长与最大宽之比小于1.3。根据器身形态分三式。

Ⅰ式：3件。整体较宽短，器身上部略直，折腰略不明显。标本：什邡城关M101∶9（图一，11）。

Ⅱ式：6件。整体略长于上式，折腰明显。标本：成都金鱼村M14∶6（图一，12）。

Ⅲ式：4件。整体略瘦长，折腰明显。标本：什邡城关M52∶8（图一，13）。

演变趋势：整体渐瘦长，折腰渐明显。

B型　刃两侧圆弧。根据器身形态分四亚型。

Ba型　直腰，整体略似矩形。根据銎口、銎颈和器身形态分六式。

Ⅰ式：1件。圆形銎口，銎颈较长，器身修长。标本：成都金沙遗址“黄河”地点M535∶4（图一，14）。

Ⅱ式：2件。橄榄形銎口略扁，銎颈较长，器身修长。标本：成都白果林小区M4∶17（图一，15）。

Ⅲ式：5件。橄榄形銎口略宽，銎颈较长，器身略宽胖。标本：什邡城关M25∶34（图一，16）。

Ⅳ式：5件。橄榄形銎口略宽，銎颈较长，器身较宽胖。标本：宣汉罗家坝

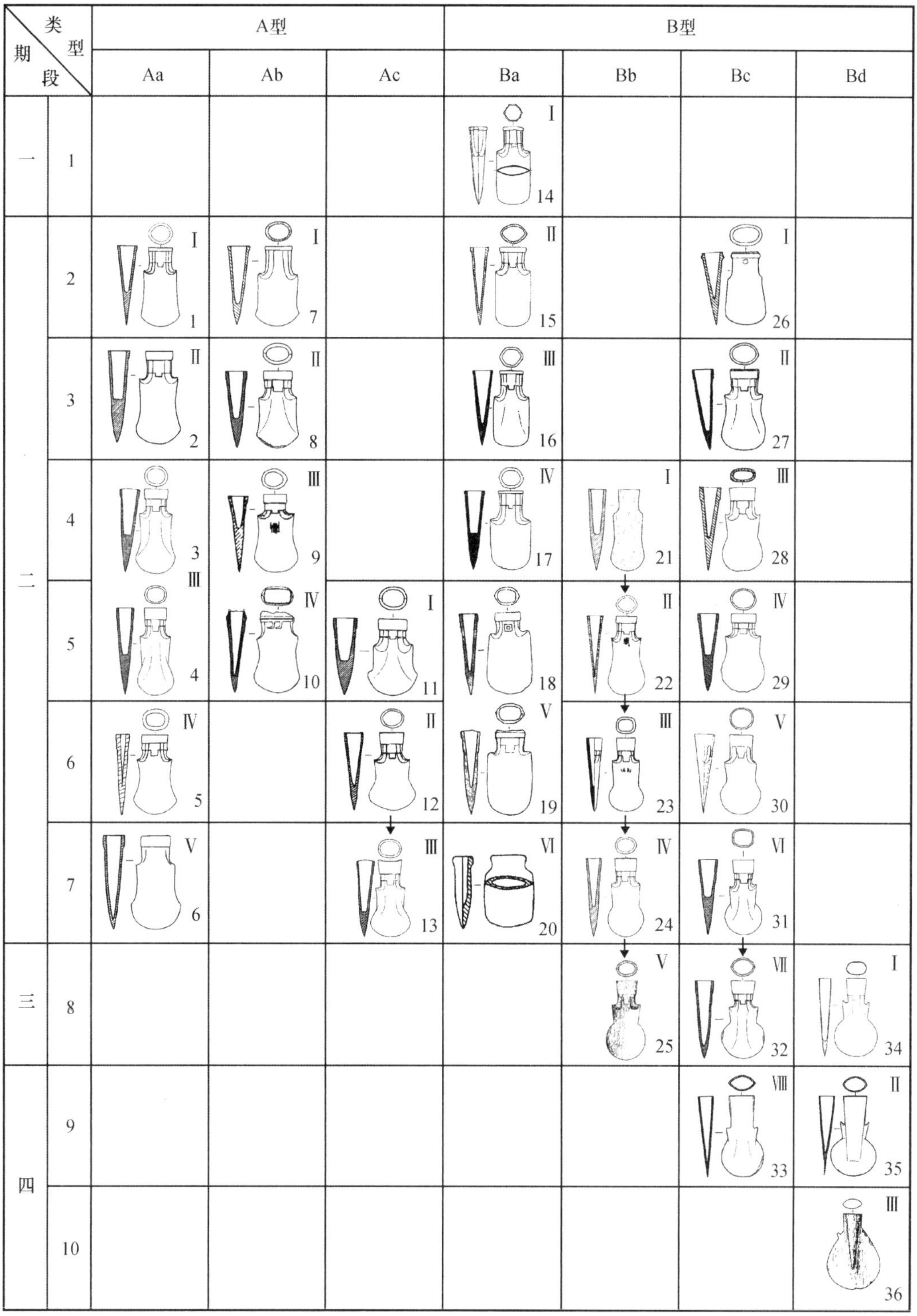

图一 烟荷包钺分期图

1. 中医学院墓18号 2. 金沙巷M2：7 3. 城关M2：9 4. 城关M1：22 5. 南罗坝M1：47 6. 罗家坝M37：1 7. 白果林小区M4：18 8. 城关M90-2：9 9. 马家墓出土 10. 李家坝1999M14：3 11. 城关M101：9 12. 金鱼村M14：6 13. 城关M52：8 14. 金沙遗址“黄河”地点M535：4 15. 白果林小区M4：17 16. 城关M25：34 17. 罗家坝M33：67 18. 李家坝1999M19：15 19. 李家坝1999M45：2 20. 余家坝1994采B220 21. 文庙西街M2：8 22. 马家墓出土 23. 小田溪M15：2 24. 盐井沟M3：6 25. 冬笋坝M50：4 26. 李家坝1997M43：5 27. 城关M25：32 28. 青羊宫墓27号 29. 罗家坝M62：17 30. 小田溪M10：30 31. 城关M52：9 32. 城关M95：8 33. 城关M67：1 34. 清镇村M1：18 35. 城关M66：2 36. 冬笋坝M67：2

（为排版需要，图中器物比例不一）

M33：67（图一，17）。

Ⅴ式：5件。椭圆形銎口，銎颈较短，器身较宽胖。标本：云阳李家坝1999M19：15（图一，18），李家坝1999M45：2（图一，19）。

Ⅵ式：1件。椭圆形銎口，銎颈极短，器身很宽胖。标本：开县余家坝1994采集品B220（图一，20）。

演变趋势：銎口由圆变扁橄榄形而后渐成椭圆形，銎颈渐短，器身渐短胖。

Bb型　亚腰，整体较瘦长，器身长与器身最大宽之比大于或等于1.3。根据銎口和器身形态分五式。

Ⅰ式：3件。椭圆形銎，器身整体较均匀，弧形亚腰，腰部以下较窄小。标本：成都文庙西街M2：8（图一，21）。

Ⅱ式：13件。椭圆形銎或橄榄形銎，器身上小下大，弧形亚腰，最小腰颈居腰中部偏上。标本：新都马家墓出土（大号）（图一，22）。

Ⅲ式：4件。椭圆形銎或圆角方銎，折腰偏下，腰部以下呈扁椭圆形。标本：涪陵小田溪M15：2（图一，23）。

Ⅳ式：15件。椭圆形銎，折腰居中，腰部以下呈圆形或不规则圆形。标本：蒲江盐井沟M3：6（图一，24），什邡城关M98：3。

Ⅴ式：2件。橄榄形銎略扁，折腰偏上，腰部以下呈圆形。标本：巴县冬笋坝M50：4（图一，25）。

演变趋势：銎口由椭圆或圆角方形趋于橄榄形，弧腰渐折，折腰最小径先下移后渐上移，腰部以下渐成圆形。

Bc型　亚腰，整体略宽短，器身长与器身最大宽之比小于1.3，多在1～1.25之间。根据銎口和器身形态分八式。

Ⅰ式：5件。整体略宽，扁椭圆形或圆角方形銎口，亚腰不明显，器身整体略似梯形。标本：云阳李家坝1997M43：5（图一，26）。

Ⅱ式：6件。整体略宽，椭圆形或橄榄形銎口，弧形亚腰略明显，最小腰约居器身中部，腰部上下略等长。标本：什邡城关M25：32（图一，27）。

Ⅲ式：1件。整体略瘦，扁椭圆形銎，弧腰微折，腰部上下约等长，下部圆鼓微垂。标本：成都青羊宫墓27号（图一，28）。

Ⅳ式：3件。整体略短胖，椭圆形銎，弧腰居中略偏上，腰部上部略短于下部，腰部以下似圆形。标本：宣汉罗家坝M62：17（图一，29）。

Ⅴ式：3件。整体略瘦，椭圆形銎，弧腰微折，腰上部略长，腰部以下似不规则圆形。标本：涪陵小田溪M10：30（图一，30）。

Ⅵ式：3件。整体略瘦，椭圆形或圆角方形銎，折腰明显，腰部居中或略偏上，腰上部略长，腰部以下明显呈圆形。标本：什邡城关M52：9（图一，31）。

Ⅶ式：10件。整体略瘦，椭圆形或橄榄形銎，折腰明显，腰部明显偏上，腰上部略短，腰部以下呈圆形。标本：什邡城关M61，什邡城关M95：8（图一，32）。

Ⅷ式：1件。整体略短胖，橄榄形銎，折腰明显，腰部明显偏上，腰上部较短，腰部以下呈圆形。标本：什邡城关M67：1（图一，33）。

演变趋势：椭圆形或圆角方形銎趋于扁橄榄形銎，弧腰渐折渐上移，腰部以下渐成圆形。

Bd型　整体略同于Bc型，唯肩部起倒刺。根据銎口和器身形态分三式。

Ⅰ式：5件。椭圆形或橄榄形銎，銎冠略明显，腰部以上略宽。标本：新都清镇村M1：18（图一，34）。

Ⅱ式：3件。橄榄形銎略扁，銎冠消失，腰部以上很窄。标本：什邡城关M66：2（图一，35），什邡城关M85：1。

Ⅲ式：1件。橄榄形銎较扁，銎冠消失，銎颈较短，腰部以上仅存倒刺。标本：巴县冬笋坝M67：2（图一，36）。

演变趋势：椭圆形銎渐成扁橄榄形，銎冠逐渐退化，器身上部渐窄，直至消失。

二、年代与分期

（一）年代判断

Aa型Ⅰ式所在中医学院墓出土楚式敦与河南平顶山滍阳岭M10[33]、湖北当阳杨家山M6[34]等战国早期早段楚墓所出基本一致（图二，1～3），三墓年代当基本一致，故该式烟荷包钺的年代应为战国早期早段。Aa型Ⅱ式所在金沙巷M2年代最晚的外来文化铜壶介于河南淅川徐家岭M11[35]和山西长子牛家坡M7[36]所出铜壶之间，并且更近于后者（图二，4～6）。徐家岭M11的年代虽然略有争议，但基本都在战国早期的范围[37]，长子牛家坡M7的年代为战国早期晚段[38]，故金沙巷M2的年代为战国早期晚段，Aa型Ⅱ式的年代宜为战国早期晚段。Aa型Ⅲ式所在什邡城关M1、M2原报告定为战国中期晚段，前者可从，后者器物组合与前者略有区别，年代或稍早，故Aa型Ⅲ式的年代为战国中期晚段，上限或至战国中期早段。Aa型Ⅳ式所在南罗坝M1所出的两件铜鍪中，单耳铜鍪与战国中期晚段新都马家墓[39]所出基本一致（图二，7、8），双耳铜鍪颈部略短的特征表明其略晚于新都马家木椁墓所出双耳铜鍪（图二，9、10），故该式烟荷包钺的年代宜为战国晚期早段。Aa型Ⅴ式的年代略晚于Ⅳ式，据前几式的演变速率推测其年代为战国晚期中段。

Ab型Ⅰ式所在白果林船棺墓出土的嵌错纹铜壶与战国早期早段河南淅川和尚岭M2[40]所出铜壶基本一致（图三，1、2），故墓葬年代及该式烟荷包钺的年代应均为战国早期早段。Ab型Ⅱ式所在什邡城关M90-2所出单耳铜鍪与金沙巷M2所出基本一致（图三，3、4），两墓年代当基本同时，故该式烟荷包钺的年代宜为战国早期晚段。Ab型Ⅲ式

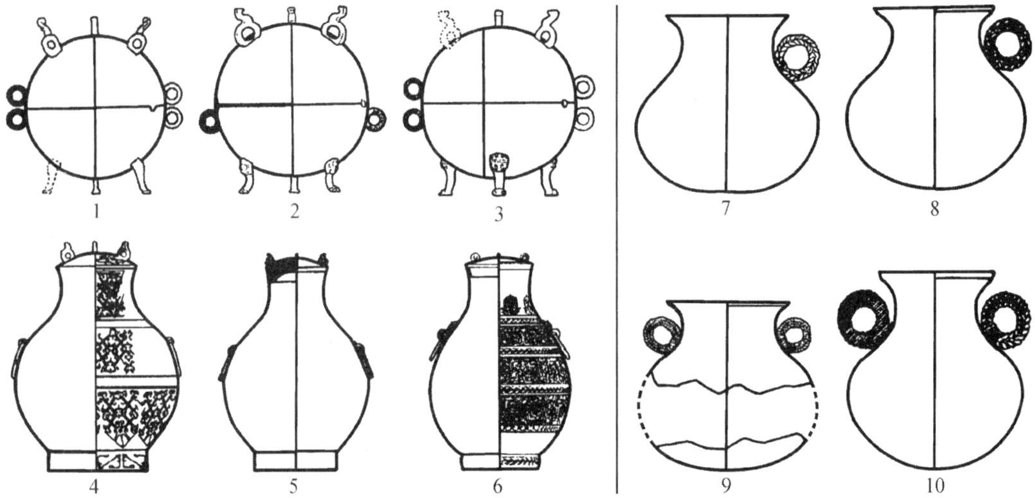

图二　A型烟荷包钺的年代判断（一）

1. 成都中医学院墓2号　2. 平顶山滍阳岭M10：7　3. 当阳杨家山M6：2　4. 淅川徐家岭M11：2　5. 成都金沙巷M2：16　6. 长子牛家坡M7：6　7、9. 荥经南罗坝M1：56、M1：61　8、10. 新都马家墓出土

（为排版需要，图中器物比例不一）

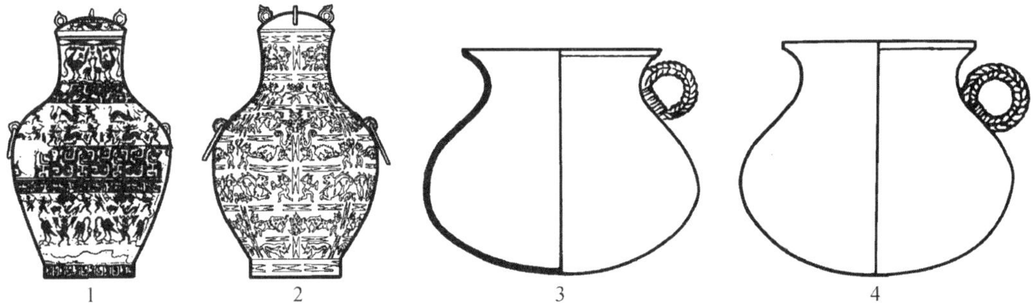

图三　A型烟荷包钺的年代判断（二）

1. 成都白果林小区M4：24　2. 淅川和尚岭M2：26　3. 什邡城关M90-2：3　4. 成都金沙巷M2：2

（为排版需要，图中器物比例不一）

所在新都马家墓和Ab型Ⅳ式所在的李家坝1999M14的年代均为战国中期晚段[41]，从演变逻辑来看，Ⅲ式的年代略早于Ⅳ式，故Ⅲ式的上限或可到战国中期早段，下限为战国中期晚段，Ⅳ式的年代为战国中期晚段。

Ac型Ⅰ式所在什邡城关M101的年代原报告定为战国中期晚段，可从，故该式烟荷包钺的年代为战国中期晚段。Ac型Ⅲ式所在的什邡城关M52的年代原报告定为战国晚期早段，不过，该墓所出另一件Bc型Ⅵ式烟荷包钺，在形制上介于战国晚期早段涪陵小田溪M10[42]所出Bc型Ⅴ式和战国末期什邡城关M95[43]所出Bc型Ⅶ式之间，故城关M52的年代可能晚至战国晚期中段，故与Bc型Ⅵ式共存的Ac型Ⅲ式烟荷包钺的年代也可能为战国晚期中段。Ac型Ⅱ式所在金鱼村M14的年代原简报定为战国晚期，而该式烟荷包钺又在形制上表现出早于Ⅲ式并略晚于Ⅰ式的特征，故Ac型Ⅱ式烟荷包钺的年代宜为战国晚期早段。

Ba型Ⅰ式所在金沙遗址"黄河"地点M535的年代原简报定为春秋中期偏晚至战国早期，有学者进一步定为春秋末至战国初[44]，笔者通过对该地点出土仿铜陶盏与楚式盏的对比，认为出土仿铜陶盏的M600、M592、M580、M577等四座墓葬的年代分别为春秋晚期早段、春秋晚期晚段、战国早期早段、战国早期晚段[45]，由于"黄河"地点M535出土陶尖底盏、铜剑、铜斤的形制与纹饰更接近于M592（图四），故M535的年代宜为春秋晚期，Ba型Ⅰ式烟荷包钺的年代也应为春秋晚期。Ba型Ⅱ式所在成都白果林船棺墓的年代前文已经指出为战国早期早段，故此式烟荷包钺的年代亦为战国早期早段。Ba型Ⅳ式所在宣汉罗家坝M33的年代为战国中期早段[46]，故该式烟荷包钺的年代亦为战国中期早段。Ba型Ⅲ式所在什邡城关M25的年代原报告定为战国早期早段[47]，有学者将其定为战国中期早段[48]，由于Ba型Ⅲ式的年代在演变逻辑上介于Ⅱ式和Ⅳ式之间，

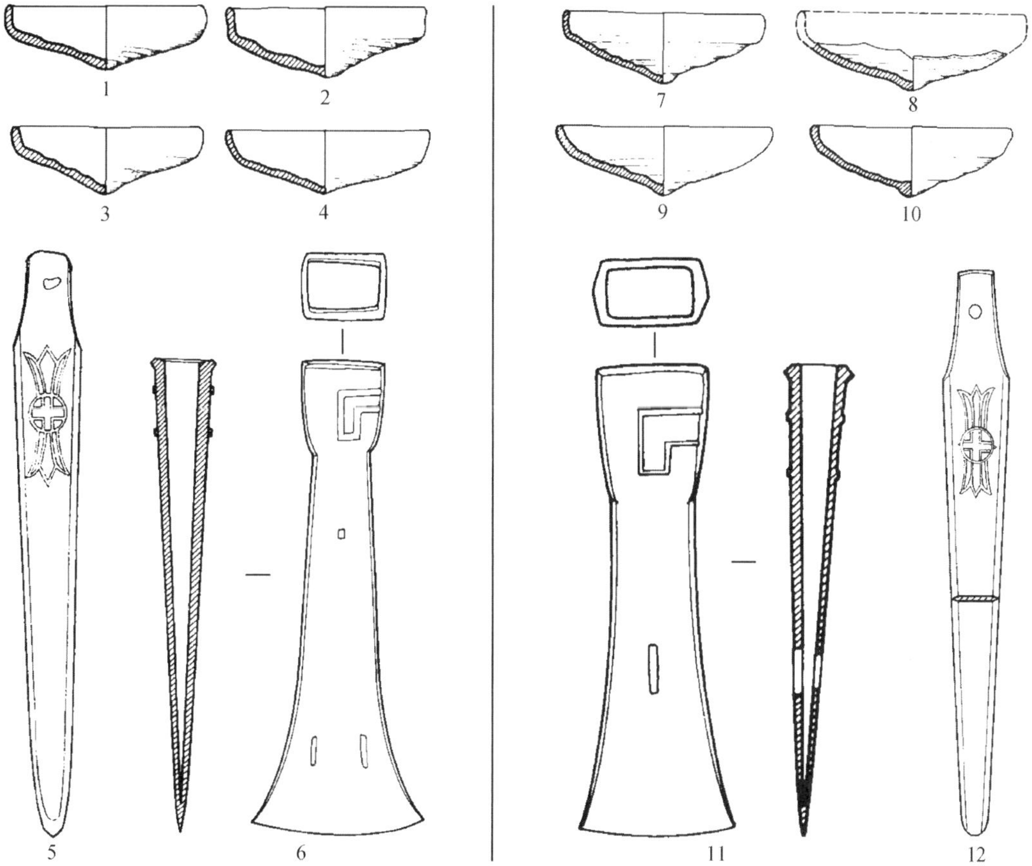

图四　B型烟荷包钺的年代判断（一）

1～6. 金沙遗址"黄河"地点M536：11、M535：12、M535：21、M535：22、M535：7、M535：9

7～12. 金沙遗址"黄河"地点M592：6、M592：7、M592：8、M592：9、M592：4、M592：1

（为排版需要，图中器物比例不一）

所以城关M25及其随葬品Ba型Ⅲ式烟荷包钺的年代宜为战国早期晚段。Ba型Ⅴ式所在云阳李家坝1999 M19出土铜匜与战国中期晚段荆门包山M2[49]所出铜匜基本一致（图五，1、2），故其年代当为战国中期晚段；该式所在云阳李家坝1999M45出土陶盖豆与李家坝1997M24所出陶盖豆（6号）形制略似（图五，3、4），但前者豆柄略高略细的特征又说明其年代略晚于后者[50]，因李家坝1997M24出土的另一件盖豆（5号）与战国中期晚段荆州施家地M973所出基本一致[51]（图五，5、6），故李家坝1997M24、1999M45的年代应分别为战国中期晚段、战国晚期早段，并且Ba型Ⅴ式烟荷包钺的年代应在战国中期晚段至战国晚期早段之间。Ba型Ⅵ式为采集品，从演变逻辑上推测其年代为战国晚期中段前后。

Bb型Ⅰ式所在文庙西街M2的年代原简报定为战国中期早段，可从。Bb型Ⅱ式所在新都马家墓的年代前文已述其为战国中期晚段。Bb型Ⅲ式所在涪陵小田溪M15的年代原简报定为战国晚期，该墓出土楚式铜壶与益阳楚墓M452[52]所出基本一致（图五，7、8），原报告将M452的年代定为战国中期晚段，由于该墓所出铜盒（原报告称洗）与战国晚期早段荆门包山M4[53]所出铜盒形制相同（图五，9、10），故涪陵小田溪M15、益阳楚墓M452的年代均为战国晚期早段。由此，上述三式烟荷包钺的年代分别为战国中期早段、战国中期晚段、战国晚期早段。Bb型Ⅳ式所在蒲江盐井沟M3、什邡城关M98的年代报告分别定为战国晚期至秦、战国末期，基本可从，鉴于Ⅳ式在逻辑上紧接

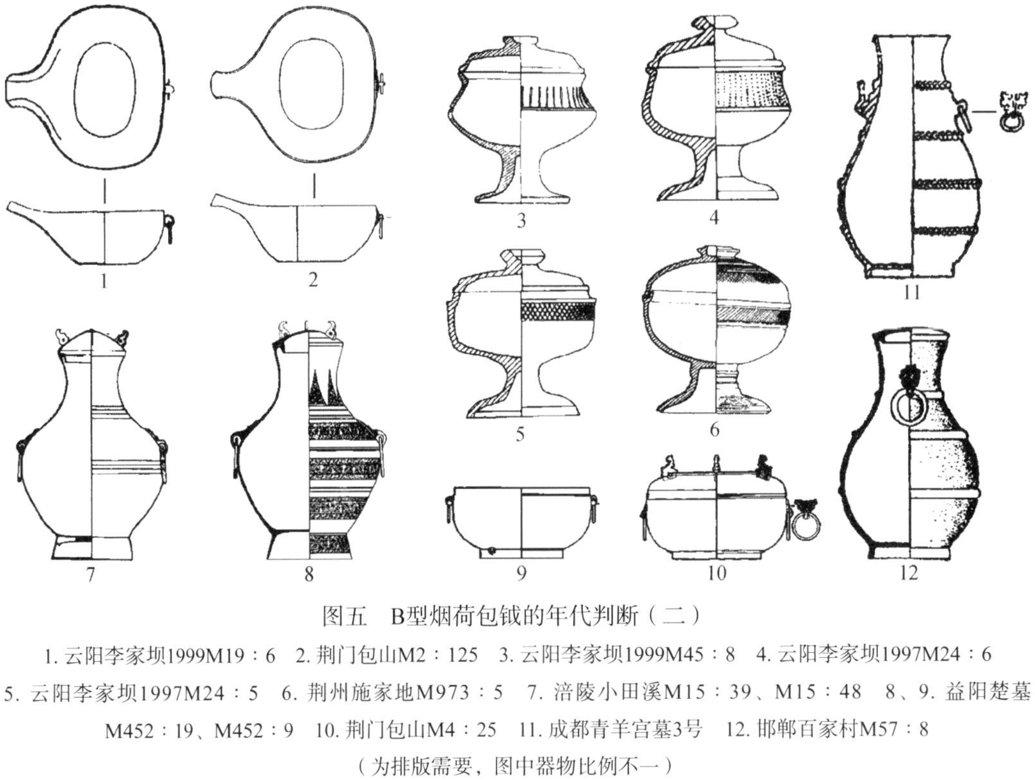

图五　B型烟荷包钺的年代判断（二）

1. 云阳李家坝1999M19：6　2. 荆门包山M2：125　3. 云阳李家坝1999M45：8　4. 云阳李家坝1997M24：6　5. 云阳李家坝1997M24：5　6. 荆州施家地M973：5　7. 涪陵小田溪M15：39、M15：48　8、9. 益阳楚墓M452：19、M452：9　10. 荆门包山M4：25　11. 成都青羊宫墓3号　12. 邯郸百家村M57：8

（为排版需要，图中器物比例不一）

Ⅲ式之后，故Ⅳ式烟荷包钺的年代上限或至战国晚期中段，下限为战国末至秦。Bb型Ⅴ式所在巴县冬笋坝M50原简报定为战国末期[54]，可从，鉴于该式在逻辑上略晚于Ⅳ式，故其下限或可至秦代。

Bc型Ⅱ式所在什邡城关M25的年代前文已述其为战国早期晚段，故Bc型Ⅱ式烟荷包钺的年代宜为战国早期晚段。Bc型Ⅰ式在逻辑上略早于Ⅱ式，且在形制上与Aa型Ⅰ式、Ab型Ⅰ式大体相似，故此式烟荷包钺的年代宜为战国早期早段。Bc型Ⅲ式所在青羊宫墓所出铺首衔环铜壶与邯郸百家村M57[55]所出铜壶基本一致（图五，11、12），有学者将百家村M57的年代定为“战国早期晚段”[56]，其绝对年代经换算后大体相当于本文战国早中期之际，并且青羊宫墓所出单耳铜鍪与战国中期早段文庙西街M2所出基本一致，综合来看青羊宫墓的年代宜为战国中期早段，故Bc型Ⅲ式烟荷包钺的年代亦为战国中期早段。Bc型Ⅴ～Ⅶ式分别所在的小田溪M10、城关M52、城关M95的年代前文已述分别为战国晚期早段、战国晚期中段、战国末期，Ⅶ式在秦代前后的什邡城关M61中也有发现，综合来看，上述三式的年代依次为战国晚期早段、战国晚期中段、战国末至秦。Bc型Ⅷ式所在M67的年代原报告定为西汉早期，有学者进一步将其定为西汉早期早段[57]，故Bc型Ⅷ式烟荷包钺的年代宜为西汉早期早段。

Bd型Ⅰ式所在新都清镇村M1的年代原简报定为秦代，鉴于墓葬中还有部分战国末期的因素，其上限或可至战国末期，故该式烟荷包钺的年代宜为战国末至秦。Bd型Ⅱ式所在什邡城关M66、M85的年代原报告定为西汉早期，有学者将后者进一步定为西汉早期早段[58]，故该式烟荷包钺的年代宜为西汉早期早段。Bd型Ⅲ式所在冬笋坝M67的年代原简报定为西汉时期[59]，根据前两式的演变速率推测此式烟荷包钺的年代为西汉早期晚段。

（二）期段划分

根据上述各型式烟荷包钺的形制演变、共存情况和年代特征，可将其发展过程划分为四期10段（图一）。

第一期1段，年代为春秋晚期。数量极少，仅见Ba型Ⅰ式烟荷包钺。

第二期为2～7段，各段年代依次为战国早期早段、战国早期晚段、战国中期早段、战国中期晚段、战国晚期早段、战国晚期中段。数量较多，型式丰富多样，A型较少，B型较多，且以Ba型Ⅰ～Ⅴ式、Bb型Ⅰ～Ⅳ式、Bc型Ⅰ～Ⅵ式居多。

第三期为8段，年代为战国末至秦。数量相对较少，型式稍显简单，以Bc型Ⅶ式、Bd型Ⅰ式为主。

第四期为9～10段，年代分别为西汉早期早段和西汉早期晚段。数量极少，形制极简，可见型式为Bc型Ⅷ式、Bd型Ⅱ～Ⅲ式。

总之，烟荷包钺使用时间较长，纵跨了春秋、战国、西汉三个时期，并且其演变速度较快，进入战国时期以后，基本上每四十年左右发生一次形制变化。

三、相关问题

（一）等级问题

根据前文可知，除了少量采集品之外，大多数烟荷包钺为墓葬出土遗物。笔者曾将巴蜀文化墓葬划分为三大类，各类之下又各分两个亚类，共计6个亚类，即A1、A2、B1、B2、C1、C2，分别代表巴蜀社会的高级贵族、中级贵族、富裕低级贵族、一般低级贵族、富裕庶民、一般及贫穷庶民[60]（表一）。在出土烟荷包钺的174座墓葬中，有84座为随葬品未受盗扰的完整墓葬。在这些完整墓葬当中，A类墓葬随葬烟荷包钺共19件，约占总数的18.63%，每座墓葬随葬数量多在2件或2件以上；B类墓葬随葬烟荷包钺共66件，约占总数的64.71%，每座墓葬随葬数量多为1件；C类墓葬随葬烟荷包钺共17件，约占总数的16.67%，每座墓葬随葬数量均为1件。由此说明，烟荷包钺的使用数量虽然在高级贵族和其他阶层之间具有一定的等级差异，但在中级贵族、低级贵族、庶民之间并无明显差异，说明烟荷包钺的等级意义十分有限。

表一　东周秦汉时期巴蜀文化用烟荷包钺使用情况统计表

等级	墓葬数量（座）	烟荷包钺数量使用数量详情	烟荷包钺总数（件）
A1类	1	4件（1座墓）	4
A2类	9	1件（3座墓），2件（6座墓）	15
B1类	10	1件（7座墓），2件（3座墓）	13
B2类	47	1件（41座墓），2件（6座墓）	53
C1类	17	1件（17座墓）	17
C2类	0	——	0
合计	84	1件（68座墓），2件（15座墓），4件（1座墓）	102

（二）功能问题

关于烟荷包钺的功能用途，发掘简报、报告和诸多研究者大多将其归为兵器一类，也曾有学者将其归为手工工具[61]，但并未引起学界重视。近年来，有学者从刃缘磨损形态、使用方式、制造技术、加工情况、装饰风格、摆放位置等多个方面，详细考察了其与手工工具、兵器的异同之处，指出烟荷包钺在制作、使用中均与戈、矛、剑等区别较大，而在制作、加工、装饰、摆放位置等方面与手工工具类同，不过在使用方式上又与用于劈砍斫击的斧类手工工具有所区别，从而提出了作为农具使用的可能性[62]。根据前文研究可知，烟荷包钺每四十年左右发生一次形制变化的演变速度明显异于形制上数百年未变或者变化较慢的戈[63]、矛[64]、剑[65]等青铜兵器，并且其十分有限的等级意义也与戈、矛、剑等兵器相对较高的等级意义[66]区别较大，所以烟荷包钺不是兵器而是工具的说法较为合理可信，并且其作为农具使用的可能性也值得重视。

（三）渊源问题

关于烟荷包钺的渊源问题，前人鲜有论及。从烟荷包钺的最早形制来看，金沙遗址“黄河”地点M535出土的Ba型Ⅰ式烟荷包钺与陕西宝鸡强国墓地竹园沟M4、茹家庄M1[67]、云南剑川海门口遗址[68]等地出土的铜斧或铜钺形制相似（图六，1～3、7），其中前两墓的年代分别为西周早期晚段昭王晚期和西周中期早段穆王前后，剑川海门口遗址出土者在形制上介于强国墓地和金沙遗址“黄河”地点所出同类器物之间，其年代应在为西周中晚期至春秋早中期之间。虽然海门口遗址所见烟荷包钺的雏形目前未见于四川盆地，但该遗址所见的另一种铜钺（图六，6）在四川盆地新凡水观音[69]、成都白马寺[70]、彭州竹瓦街[71]、汉源富林公社[72]等地均有发现（图六，4～5），故有学者指出海门口遗址所见铜钺应是受到了早期蜀文化的影响[73]。加之，巴蜀地区的青铜戈、剑等兵器也与宝鸡強国墓地的同类兵器有着密切关系[74]，所以，有理由认为，巴蜀地区烟荷包钺也可能与宝鸡強国墓地的铜斧钺渊源颇深。不过，值得说明的是，巴蜀地区和宝鸡地区所见的戈、斧钺等青铜器的更早渊源当与陕南城洋铜器群密切相关[75]。

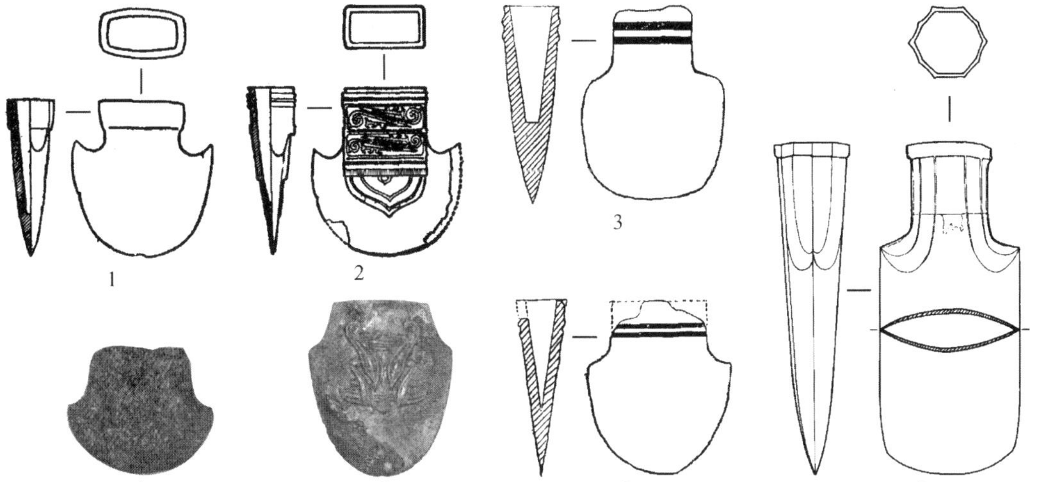

图六　烟荷包钺对比及其他

1. 竹园沟M4：127　2. 茹家庄M1乙：47　3.剑海228　4. 富林公社出土　5. 竹瓦街窖藏1980年出土

6. 剑海T1：4-74　7. 金沙遗址“黄河”地点M535：14

（为排版需要，图中器物比例不一）

四、结　　语

通过上述讨论，本文取得如下几点收获：

（1）确立了烟荷包钺的分期体系与年代序列，不仅为判断田野采集烟荷包钺的年代提供了参考依据，也对构建巴蜀文化墓葬分期体系具有十分重要的意义。

（2）探讨了烟荷包钺的等级意义和功能用途，指出其十分有限的等级意义和相对较快的演变速度，都进一步佐证了烟荷包钺不是兵器而是工具的观点。

（3）讨论了烟荷包钺的渊源问题，认为巴蜀地区东周秦汉时期常见的烟荷包钺可能与宝鸡強国墓地西周时期的青铜斧钺渊源颇深，其更早来源可能为城洋铜器群。

注　　释

[1] 得名缘由参见冯汉骥. 关于"楚公冢"戈的真伪并略论四川"巴蜀"时期的兵器［J］. 文物，1961（11）.

[2] 罗开玉. 晚期巴蜀文化墓葬初步研究（上）［J］. 成都文物，1991（3）.

[3] 洪梅. 战国秦汉巴蜀墓葬及相关问题研究［D］. 吉林大学，2001.

[4] 四川省文物考古研究院等. 什邡城关战国秦汉墓地［R］. 北京：文物出版社，2006.

[5] 黄尚明. 蜀文化研究［M］. 武汉：华中师范大学出版社，2007.

[6] 朱萍. 楚文化的西渐——楚国经营西部的考古学观察［M］. 成都：巴蜀书社，2010.

[7] a. 德. 成都天迴山发现三座土坑墓［J］. 考古，1958（8）.

b. 赖有德. 成都南郊出土的铜器［J］. 考古，1959（8）.

c. 四川省博物馆. 成都百花潭中学十号墓发掘记［J］. 文物，1976（3）.

d. 四川省文物管理委员会. 成都战国土坑墓发掘简报［J］. 文物，1982（1）.

e. 四川省博物馆. 成都西郊战国墓［J］. 考古，1983（7）.

f. 成都市文物管理处. 成都市金牛区发现两座战国墓葬［J］. 文物，1985（5）.

g. 成都市博物馆考古队. 成都京川饭店战国墓［J］. 文物，1989（2）.

h. 成都市文物管理处. 成都三洞桥青羊小区战国墓［J］. 文物，1989（5）.

i. 罗开玉，周尔太. 成都白果林小区四号船棺［J］. 成都文物，1990（3）.

j. 成都市博物馆考古队. 成都中医学院战国土坑墓［J］. 文物，1992（1）.

k. 罗开玉，周尔泰. 成都罗家碾发现二座蜀文化墓葬［J］. 考古，1993（2）.

l. 谢涛. 成都运动创伤研究所发现土坑墓［J］. 成都文物，1993（3）.

m. 成都市文物考古工作队. 成都市金沙巷战国墓清理简报［J］. 文物，1997（3）.

n. 成都市文物考古工作队. 成都西郊金鱼村发现的战国土坑墓［J］. 文物，1997（3）.

o. 成都市文物考古工作队. 成都西郊省水利设计院土坑墓清理简报［J］. 考古与文物，2000（4）.

p. 成都市文物考古研究所等. 成都龙泉驿区北干道木椁墓群发掘简报［J］. 文物，2000（8）.
q. 成都市文物考古工作队. 四川成都市北郊战国东汉及宋代墓葬发掘简报［J］. 考古，2001（5）.
r. 成都市文物考古研究所等. 成都西郊石人小区战国土坑墓发掘简报［J］. 文物，2002（4）.
s. 成都市文物考古研究所. 成都十二桥遗址新一村发掘简报［A］. 成都考古发现（2002）［C］. 北京：科学出版社，2004：172-208.
t. 成都市文物考古研究所. 成都市文庙西街战国墓葬发掘简报［A］. 成都考古发现（2003）［C］. 北京：科学出版社，2005：244-265.
u. 成都市文物考古研究所. 成都商业街船棺葬［R］. 北京：文物出版社，2009.
v. 成都文物考古研究所. 成都市金沙遗址“黄河”地点墓葬发掘简报［A］. 成都考古发现（2012）［C］. 北京：科学出版社，2014：177-217.
［8］ a. 李复华. 四川郫县红光公社出土战国铜器［J］. 文物，1976（10）.
b. 成都市文物考古研究所等. 郫县风情园及花园别墅战国至西汉墓群发掘报告［A］. 成都考古发现（2002）［C］. 北京：科学出版社，2004：277-315.
［9］ a. 四川省博物馆. 四川新都战国木椁墓［J］. 文物，1981（6）.
b. 成都市新都区文物管理所. 成都市新都区清镇村土坑墓发掘简报［A］. 成都考古发现（2005）［C］. 北京：科学出版社，2007：289-300.
［10］ a. 四川省文管会. 四川彭县发现船棺葬［J］. 文物，1985（5）.
b. 廖光华. 彭县致和乡出土战国青铜器［J］. 四川文物，1989（1）.
［11］ 四川省文物考古研究院. 四川广汉市三星堆遗址青关山战国墓发掘简报［J］. 四川文物，2015（4）.
［12］ 四川省文物考古研究院等. 什邡城关战国秦汉墓地［R］. 北京：文物出版社，2006.
［13］ 刘章泽等. 四川德阳罗江周家坝战国船棺墓地［A］. 2012中国重要考古发现［C］. 北京：文物出版社，2013：67-69.
［14］ 四川省博物馆. 四川绵竹县船棺墓［J］. 文物，1987（10）.
［15］ 施权新. 崇庆县出土战国铜器［J］. 成都文物，1987（4）.
［16］ 四川省文管会等. 四川大邑五龙战国巴蜀墓［J］. 文物，1985（5）.
［17］ a. 龙腾. 四川蒲江县巴族武士船棺［J］. 考古，1983（12）.
b. 龙腾，李平. 蒲江朝阳乡发现古代巴蜀船棺［J］. 四川文物，1991（3）.
c. 成都市文物考古研究所. 蒲江县飞龙村盐井沟古墓葬［A］. 成都考古发现（2011）［C］. 北京：科学出版社，2013：338-372.
［18］ a. 四川省博物馆. 四川船棺葬发掘报告［R］. 北京：文物出版社，1960.
b. 四川省文物考古研究所等. 广元市昭化宝轮院船棺葬发掘简报［A］. 四川考古报告集［C］. 北京：文物出版社，1998：197-211.
［19］ a. 荥经严道古城遗址博物馆. 四川荥经南罗坝村战国墓［J］. 考古学报，1994（3）.

b. 四川省文物考古研究所等. 荥经同心村巴蜀船棺葬发掘报告［A］. 四川考古报告集［C］. 北京：文物出版社，1998：212-281.

［20］ a. 四川省博物馆. 四川犍为县巴蜀土坑墓［J］. 考古，1983（9）.

b. 四川省文物管理委员会. 四川犍为金井乡巴蜀土坑墓清理简报［J］. 文物，1990（5）.

［21］ 陈黎清. 峨眉山市的巴蜀文化遗物［J］. 四川文物，1990（6）.

［22］ 四川省文物考古研究院等. 渠县城坝遗址出土文物［M］. 北京：文物出版社，2014.

［23］ 四川省文物考古研究院等. 宣汉罗家坝［M］. 北京：文物出版社，2015.

［24］ 四川省博物馆. 四川船棺葬发掘报告［R］. 北京：文物出版社，1960.

［25］ a. 四川省博物馆等. 四川涪陵地区小田溪战国土坑墓清理简报［J］. 文物，1974（5）.

b. 四川省文物考古研究所等. 涪陵市小田溪9号墓发掘简报［A］. 四川考古报告集［C］. 北京：文物出版社，1998：186-196.

c. 北京市文物考古研究所三峡考古队等. 涪陵镇安遗址发掘报告［A］. 重庆库区考古报告集·1999卷［R］. 北京：科学出版社，2006：747-785.

d. 重庆市文物考古研究所. 涪陵小田溪墓群发掘简报［A］. 重庆库区考古报告集·2002卷［R］. 北京：科学出版社，2010：1339-1376.

［26］ a. 重庆市文物局等. 万州大坪墓地［M］. 北京：科学出版社，2006.

b. 镇江博物馆等. 万州曾家溪墓地考古发掘报告［A］. 重庆库区考古报告集·2001卷［R］. 北京：科学出版社，2007：979-1019.

［27］ a. 四川联合大学历史系考古专业. 1994～1995年四川云阳李家坝遗址的发掘［A］. 四川大学考古专业创建三十五周年纪年文集［C］. 成都：四川大学出版社，1998：374-422.

b. 四川大学历史文化学院考古学习等. 云阳李家坝东周墓地发掘报告［A］. 重庆库区考古报告集·1997卷［R］. 北京：科学出版社，2001：244-288.

c. 四川大学历史文化学院考古系. 云阳李家坝巴人墓地发掘报告［A］. 重庆库区考古报告集·1998卷［R］. 北京：科学出版社，2003：348-388.

d. 福建省博物馆等. 云阳营盘包墓群发掘报告［A］. 重庆库区考古报告集·2002卷［R］. 北京：科学出版社，2010：467-512.

e. 四川大学考古系等. 重庆云阳李家坝巴文化墓地1999年度发掘简报［A］. 南方民族考古（第七辑）［C］. 北京：科学出版社，2011：427-480.

［28］ a. 山东大学考古系. 四川开县余家坝战国墓葬发掘简报［J］. 考古，1991（1）.

b. 山东大学考古系等. 开县余家坝墓地发掘简报［A］. 重庆库区考古报告集·2000卷［R］. 北京：科学出版社，2007：671-688.

c. 山东大学考古系等. 开县余家坝墓地2001年发掘简报［A］. 重庆库区考古报告集·2001卷［R］. 北京：科学出版社，2007：1429-1448.

［29］ 何新成. 汉中市石英沙厂清理三座战国墓［J］. 文博，1987（6）.

［30］ 丁长芬，胡长城. 水富张滩墓地［A］. 昭通田野考古之一［C］. 昆明：云南人民出版社，

2012：67-96.

［31］ 除了个别简报未交代烟荷包钺的出土数量外，还有许多烟荷包钺的资料并未发表，所以实际发现的数量当不止于此。

［32］ 什邡城关M2：9与什邡城关M1：22两件器物线图虽有区别，但其彩图照片两者几无二致，参见报告图版二二、图版八六。

［33］ a. 河南省文物考古研究所等. 平顶山应国墓地十号墓发掘简报［J］. 中原文物，2007（4）.
b. 朱凤瀚. 中国青铜器综论［M］. 上海：上海古籍出版社，2009：2039-2040.
c. 王乐文. 江北地区楚墓研究［D］. 吉林大学，2010：153-159.

［34］ a. 湖北宜昌地区博物馆等. 当阳赵家湖楚墓［R］. 北京：文物出版社，1992：123.
b. 同［33］c：75，76，154.

［35］ 河南省文物管理局南水北调文物保护办公室等. 河南淅川县徐家岭11号楚墓［J］. 考古，2008（5）.

［36］ 山西省考古研究所. 山西长子县东周墓［J］. 考古学报，1984（4）.

［37］ 同［33］b，c.

［38］ 同［33］b：1904，1906.

［39］ a. 同［9］a.
b. 向明文. 宣汉罗家坝遗址M33的年代及墓主社会地位［J］. 四川文物，2018（3）.

［40］ a. 河南省文物考古研究所等. 淅川和尚岭与徐家岭楚墓［R］. 郑州：大象出版社，2004.
b. 高成林. 淅川和尚岭楚墓的年代问题［J］. 中原文物，1996（4）.

［41］ 新都马家墓为战国中期晚段前文已述，李家坝1999M14的年代参见原简报。

［42］ 原报告将小田溪M10定为战国晚期，鉴于该墓所出铜壶与战国晚期早段黄冈曹家岗M5所出比较相似，故小田溪M10的年代应为战国晚期早段。参见：
a. 同［25］d.
b. 黄冈市博物馆等. 湖北黄冈两座中型楚墓［J］. 考古学报，2000（2）.

［43］ 同［12］.

［44］ 杨振威等. 成都金沙遗址“黄河”地点二层下墓葬年代及相关问题［J］. 四川文物，2017（4）.

［45］ 同［39］b.

［46］ 同［39］b.

［47］ 同［12］.

［48］ 同［3］：18.

［49］ 湖北省荆沙铁路考古队. 包山楚墓［R］. 北京：文物出版社，1991：109.

［50］ 楚式盖豆的演变规律参见［33］c：68，171.

［51］ 荆州施家地M973原简报定为战国中期，据该墓铜鼎、铜壶可知其年代为战国中期晚段，参见湖北省文物考古研究所. 湖北荆州市施家地楚墓发掘简报［J］. 考古，2000（8）.

［52］ 益阳市文物管理处等. 益阳楚墓［R］. 北京：文物出版社，2008：31.

［53］ 同［49］：294.

［54］ 前西南博物院等. 四川巴县冬笋坝战国和汉墓清理简报［J］. 考古通讯，1958（1）.

［55］ 河北省文化局文化工作队. 河北邯郸百家村战国墓［J］. 考古，1962（12）.

［56］ 王震. 中央集权国家形成的考古学观察——以中原地区东周墓葬为中心［D］. 吉林大学，2017：55.

［57］ 陈云洪，颜劲松. 四川地区西汉土坑墓分期研究［J］. 考古学报，2012（3）.

［58］ 同［57］.

［59］ 同［54］.

［60］ 向明文. 东周秦汉时期巴蜀文化墓葬等级分类新论. 待刊.

［61］ 徐文生. 中国古代生产工具图集（第2册）［M］. 西安：西北大学出版社，1986：120.

［62］ 代丽鹃. 名相之辨：四川盆地青铜“钺”研究［A］. 南方民族考古（第七辑）［C］. 北京：科学出版社，2011：211-224.

［63］ 井中伟. 川渝地区出土铜戈及相关问题研究［J］. 边疆考古研究（第5辑）［C］. 北京：科学出版社，2006：70-99.

［64］ 李健民. 论四川出土的青铜矛［J］. 考古，1996（2）.

［65］ 江章华. 巴蜀柳叶形剑研究［J］. 考古，1996（9）.

［66］ 向明文. 巴蜀古史的考古学观察——以东周秦汉时期巴蜀文化墓葬为中心［D］. 吉林大学，2017：186-187.

［67］ 卢连成，胡智生. 宝鸡強国墓地［R］. 北京：文物出版社，1988.

［68］ 云南省博物馆. 云南剑川海门口青铜时代早期遗址［J］. 考古，1995（9）.

［69］ 四川省博物馆. 四川新凡县水观音遗址试掘简报［J］. 考古，1959（8）.

［70］ 四川省博物馆. 巴蜀青铜器［M］. 成都：成都出版社，1993：图版一三一.

［71］ 四川省博物馆等. 四川彭县西周窖藏铜器［J］. 考古，1981（6）.

［72］ 岳润烈. 四川汉源出土商周青铜器［J］. 文物，1983（11）.

［73］ 范勇. 我国西南地区青铜斧钺［J］. 考古学报，1989（2）.

［74］ 同［67］：431-446.

［75］ 赵丛苍. 城固洋县铜器群综合研究［J］. 文博，1996（4）.

Research on the Age and Relevant Issues of *Yanhebao Yue* from Sichuan Basin

XIANG Ming-wen

Yanhebao yue is one of the representative bronzes of Ba-Shu Culture from Eastern Zhou to Western Han Dynasties. Known from the analysis, the evolution of the *Yanhebao yue* could be divided into four stages which consists of 10 small time intervals in chronology; in the perception of social class, there is very limited significance of hierarchy on the whole though some hierarchical differences exist between the higher ranks and other social classes; in terms of function and application, they are not weapons but tools, and maybe they are the farm tools; on the origin of the *Yanhebao yue* from Sichuan basin, it has a lot to do with the bronze axes from the cemetery of Yu State in Baoji area, and its earlier source should go back to the bronze group of Chenggu and Yang County in South Shaanxi.

上马石瓮棺葬类型探讨*

徐昭峰

（辽宁师范大学历史文化旅游学院，大连，116081）

关于上马石瓮棺葬的相关认识，有学者将其归入双砣子二期文化。也有学者认为上马石瓮棺葬的文化性质不同于双砣子二期文化，它应是辽东半岛另一支青铜时代考古学文化。关于这一认识，陈光先生[1]、王巍先生[2]、陈国庆和华玉冰先生[3]、栾丰实先生[4]、朱永刚先生[5]、段天璟先生[6]等已有相关论述。其中，王巍先生认为单砣子一号墓与上马石瓮棺葬属同一考古学文化，而与双砣子二期文化不同[7]。栾丰实先生也认为单砣子和高丽寨遗址出土陶器与双砣子二期相比有相当差别，并明确提出上马石瓮棺葬与岳石文化有相当差别，不宜归入岳石文化[8]。本文将在此基础上，对上马石瓮棺葬的内涵、时代、性质等作一简单探讨。

一、典型遗址

1. 上马石瓮棺葬[9]

上马石瓮棺葬位于大连长海县大长山岛东部，北依山，南临海，地属三官庙村。瓮棺发现于1974年，1975年进行了调查，1977、1978年先后两次进行了清理与发掘。瓮棺葬共发现17座，开口不详，打破上马石遗址中层，其中瓮棺口部朝上者6座，口部向下者11座。

上马石瓮棺葬除葬具瓮之外，随葬品以壶、罐为主，还有少量碗。陶质以夹砂黑褐陶和夹砂黑皮陶为主，轮制，表面打磨，多素面，仅个别陶器上有弦纹、弦纹乳点装饰等。共发现罐3、壶7、碗2和瓮3件，其陶器组合和陶器特征和双砣子二期文化无论在器物组合、器形器类，还是在陶质陶色，纹饰上均完全不同（图一）。

* 本文是国家社科基金后期资助项目“辽东半岛新石器至青铜时代考古学文化研究”（17FKG003）；辽宁省“兴辽英才计划”哲学社会科学领军人才项目（XLYC1804015）阶段性研究成果。

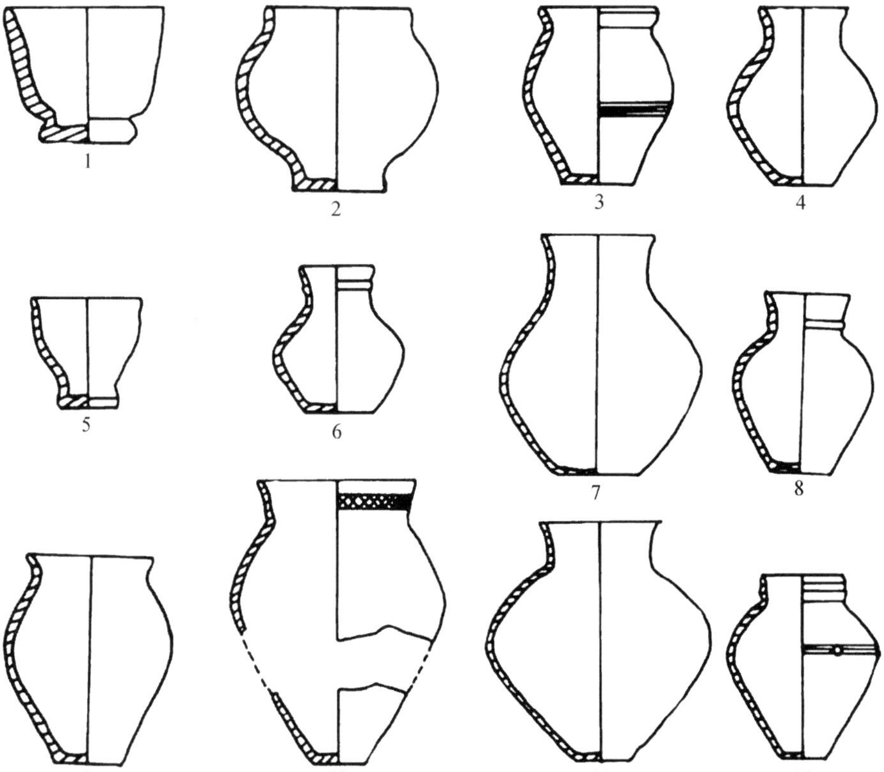

图一　上马石瓮棺葬出土陶器

1. 瓮M17∶1　2. 瓮M11∶1　3 .瓮M1∶1　4. 瓮M15∶1　5. 瓮M17∶2　6. 瓮M12∶1　7. 瓮M13∶1　8. 瓮M16∶1　9. 瓮M9∶1　10. 瓮M14　11. 瓮M11　12. 采集

2. 望海埚[10]遗址中的上马石瓮棺葬类型陶器

遗址位于现大连市保税区亮甲店街道金顶村赵王屯。1939年，日本人发掘了该遗址，资料公布于《羊头洼》发掘报告中。从公布的资料看，该遗址应该包含了四种不同的文化（或类型）。其中的上马石瓮棺葬类型陶器，有图版五二（8），中口罐，同于上马石瓮棺葬瓮M9∶1罐[11]。图版五三（1、2、3）直口弦纹罐，可归入上马石瓮棺葬类型。图版五三（5、6、7）罐，其鼓腹最大径应在器物中部或靠下，这一作风和双砣子三期文化中壶、罐最大径多靠近上部不同，倒和上马石瓮棺葬的同类器相近（图二）。

3. 单砣子遗存[12]

单砣子一号墓，出土器物3件，从照片观察，2件似为磨光黑陶，1件应为黑灰陶或黑褐陶。长颈壶1件，似为磨光黑陶，外饰6周凸弦纹，形成凸棱，高颈、鼓腹、平底。子母口罐1件，似为磨光黑陶，颈饰凸棱一周形成子母口，鼓腹，平底，腹饰两周凹弦

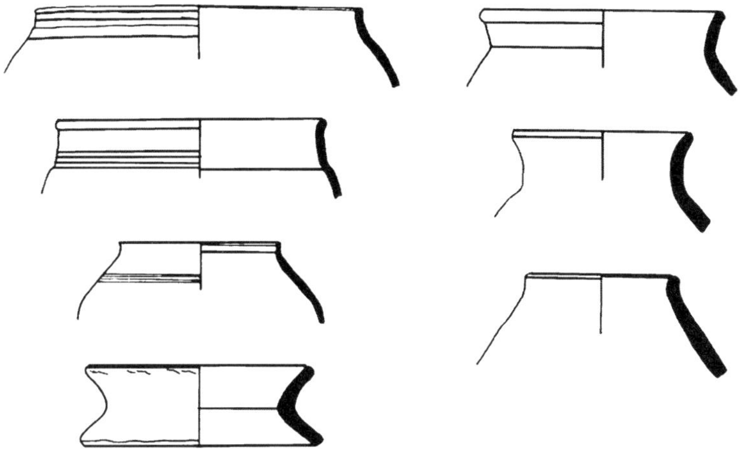

图二　望海埚遗址上马石瓮棺葬类型陶器

纹，其间饰以两泥饼，同于双砣子二期文化同类器。小平底壶1件，应为黑灰陶或黑褐陶，斜直颈，鼓腹部位在腹中部以上，小平底。上马石瓮棺葬发掘简报结语中说，上马石瓮棺葬陶瓮造型与单砣子第一号墓大型壶相同，也有颈部饰凸弦纹的装饰。是故瓮棺葬的年代应与单砣子第一、第二号墓相同[13]。笔者认为单砣子一号墓和上马石瓮棺葬不仅年代相同，器物以壶、罐为主、素面磨光作风、陶器以黑陶或黑褐陶为主、流行凸棱作风等，表明二者文化性质也相同，同属于上马石瓮棺葬类型。

单砣子二号墓，出土器物6件，其中近于一号墓的长颈壶1件。翻缘平底壶3件，虽大小有异，但形制相近，均翻缘，颈略长，颈部饰以凹弦纹，鼓腹部位在腹部正中略靠上，平底，形制近于上马石瓮棺葬M16：1Ⅰ式壶。附加堆纹罐2件，形制相近，1件直口，颈饰以戳印附加堆纹，近似子母口，鼓腹，平底；另1件侈口，因戳印附加堆纹过于靠近口部而似叠唇，形制近于上马石瓮棺葬M1：1Ⅱ式罐，故单砣子二号墓的时代同于上马石瓮棺葬类型，文化性质亦应一致（图三）。但从整体特征来看，单砣子二号墓的年代似略晚于单砣子一号墓。

4. 羊头洼遗址[14]

羊头洼遗址已经有学者注意到了其内在的早晚关系，而且有学者通过对羊头洼陶器的分类观察，进行了分组。A组陶器主要器形有大口壶、长颈壶、小口罐、敞口罐、豆和甗，此外还有折腹碗、大型敛口器等。该组陶器最突出的特征是带有一条或多条比较明显的凸棱纹，但凸起的程度远没有双砣子中层陶器高，有些器物上同时还配有简单的划纹、凹弦纹、点线纹或小泥饼纹，并有少量很短的类似藕节的纵向或斜向泥条纹。同时认为该组陶器不见于双砣子二期文化典型遗存中，但形制相近的小口罐、豆柄、豆盘等却见于高丽寨遗址，该组陶器可能和双砣子遗址中层组一类陶器具有一定的递嬗演变关系[15]。是故该文将羊头洼A组纳入到双砣子二期文化中，而将羊头洼B组纳入到

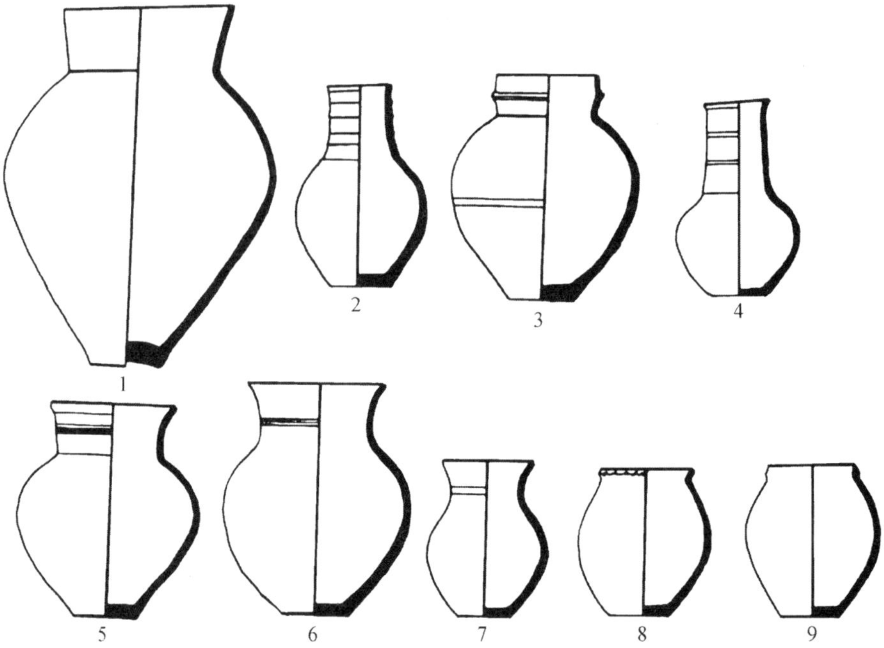

图三　单砣子一号墓、二号墓出土陶器

1 ~ 3. 单砣子一号墓　4 ~ 9. 单砣子二号墓

双砣子三期文化中。

笔者观察到，双砣子三期文化中的典型遗址如双砣子遗址、大嘴子遗址、大砣子遗址等，的确存在一部分具有凸棱作风的陶器，所以仅依据这些具有凸棱作风的陶器进行文化内涵的界定，恐有失偏颇。况且正如学者认识的那样，文化的传承性正是其递嬗演变关系的具体反映。上马石瓮棺葬类型的文化内涵，必须用文化内涵单纯的遗存进行界定，从现阶段来看，既不能否认羊头洼遗址存在上马石瓮棺葬类型，同样也不能予以肯定，只能待资料丰富后再做具体分析。

二、上马石瓮棺葬类型的内涵及其年代

1. 内涵

从现今3处上马石瓮棺葬类型遗存来看，上马石瓮棺葬类型的墓葬见有两种形式：瓮棺葬和竖穴土坑墓。瓮棺葬的葬法在上马石遗址有发现，分口部向上和口部向下两种：口部向上的葬法，一般是先挖好圆形竖穴，把装有幼童或未成年人的瓮棺放在竖穴内；口部向下式的葬法是，先挖好竖穴，然后把瓮底砸掉，瓮口向下放在已挖好的圆形竖穴里，再把小孩或未成年人及随葬品放在瓮中，再将瓮底盖上。在瓮M5和瓮M12中部发现了瓮底落入瓮内的现象。其他的口向下式均不见底部，亦可证明当时人们是有意

识地将瓮底砸掉的[16]。竖穴土坑墓在单砣子遗址有发现，单砣子一号墓和二号墓均为长方形竖穴土坑墓。其中一号墓为中年男性，随葬有陶壶3件；二号墓随葬陶壶4、陶罐2、石钺1、玉石装饰品3件[17]。由于资料有限，对其文化遗存的认识仅局限于此。

上马石瓮棺葬类型陶器的陶质以夹砂陶为主，次为泥质陶，陶色以黑褐陶和黑皮陶为主，轮制，表面多打磨，多素面，个别陶器上有凸弦纹形成的凸棱、弦纹及附加堆纹装饰等。器物组合为罐、壶、碗、瓮等。上马石瓮棺葬类型陶器特征和双砣子二期文化与双砣子三期文化既有联系也有区别。受资料所限，对其文化内涵的分析仅是有限的墓葬资料，缺少必要的生产生活资料，难免有挂一漏万之嫌，需要进一步的考古资料支撑。

需要说明的是，岳石文化也发现有墓葬，目前可以确定的有11座[18]，均为长方形土坑竖穴墓，以头向东的仰身直肢葬为主，均无随葬品，大口岳石文化墓葬还有在骨架上填一层马蹄螺和压小石块的习俗，这与上马石瓮棺葬和单砣子一、二号墓墓葬制度不同，也从另外一个方面说明上马石瓮棺葬和单砣子一、二号墓与属于岳石文化系统的双砣子二期文化不属于同一考古学文化。

2. 年代

上马石瓮棺葬类型和双砣子二期文化相比，在陶器方面两者存在一定的共性，如都存在一定的夹砂陶和泥质陶，陶色都见有黑褐陶、黑皮陶和磨光黑陶，器表多素面，纹饰都有凸棱和弦纹，一部分的罐、碗形制相近。但不同之处更为显著，双砣子二期文化器类多样，而上马石瓮棺葬类型器类较单一；双砣子二期文化中陶器凸棱、子母口作风显著，而上马石瓮棺葬类型虽也有表现，但不明显；双砣子二期文化陶器典型器类子母口罐、鼎、三足罐、盂、子母口器盖、浅盘折棱豆、杯、凸棱尊形器、腰饰附加堆纹的甗等，不见于上马石瓮棺葬类型；双砣子二期文化不仅常见平底器，还见有三足器和袋足，而上马石瓮棺葬类型仅见罐、壶、瓮、碗等器类，不见三足器和袋足。

上马石瓮棺葬类型和双砣子三期文化相比，在陶器方面两者存在一定的共性，如都存在一定的夹砂陶和泥质陶，陶色都存在颜色不纯的现象，器表都存在一定的素面；一部分的罐、壶、碗形制相近；一部分陶罐的凸棱作风和壶的弦纹作风近于双砣子三期文化的同类器。但不同之处更为显著，上马石瓮棺葬类型器类较单一，而双砣子三期文化器类多样；上马石瓮棺葬类型陶器凸棱作风若与双砣子三期文化相比则略为明显；上马石瓮棺葬类型陶器纹饰简单，多见弦纹，而双砣子三期文化纹饰多样，多见网状、羽状、波状、折线、斜线等划纹和刺点纹、乳点纹等；上马石瓮棺葬类型以平底器多见，不见圈足器、三足器和袋足，而双砣子三期文化圈足发达，也有平底器、一部分三足和袋足器；上马石瓮棺葬类型仅见罐、壶、瓮、碗等器类，而双砣子三期文化器类以罐、壶、簋、碗、豆、钵、碗、杯为主，也有一定的甗和三（多）足器。同被认定为双砣子三期文化墓葬的于家村砣头墓地出土物相比[19]，上马石瓮棺葬类型和于家村砣头墓地的差异也是显著的。如于家村砣头墓地墓葬形式是辽东半岛常见的积石冢，而上马石瓮棺葬为瓮棺和竖穴土坑墓；于家村砣头墓地器物组合为钵口壶、侈口簋、弧腹罐、折腹罐为主，还见有豆、带把（耳）钵和圈足碗等；上马石瓮棺葬器物组合以鼓腹长颈壶、鼓腹有领罐为主，还见有鼓腹束颈罐、弧腹堆纹罐、凸棱罐以及假圈足碗等；纹饰方面于家村砣头墓地以凹弦纹、竖条或马鞍形的堆纹、带状刺点纹或网格纹、花边状堆纹等多见，有部分素面，上马石瓮棺葬以素面为主，纹饰有凹弦纹、凸棱和附加堆纹等。是故上马石瓮棺葬类型是区别于双砣子二期文化和双砣子三期文化的一支独立的考古学类型，这一独立的考古学类型是受双砣子二期文化影响的一支土著文化。

时代上，不管是持上马石瓮棺葬类型归属于双砣子二期文化的学者，还是持上马石瓮棺葬类型属于与双砣子二期文化有别的一支文化或类型的学者，基本都认为其与双砣子二期文化年代相当。但笔者认为上马石瓮棺葬类型应晚于双砣子二期文化而早于双砣子三期文化。表现在：其一，虽然在陶器特征上上马石瓮棺葬类型也有双砣子二期文化的一些作风，如子母口罐、一些器物的凸棱作风、素面作风和磨光黑陶等，说明上马石瓮棺葬类型源于双砣子二期文化；其二，上马石瓮棺葬类型的器物组合、器类与双砣子二期文化相比发生了根本性变化，其罐、壶多见的作风近于双砣子三期，是故其时代具有从双砣子二期文化向双砣子三期文化的过渡性；其三，双砣子三期文化圈足作风显著，壶、罐、碗都有一部分的圈足，而双砣子二期文化不见这类圈足器，上马石瓮棺葬也不见，是故双砣子三期文化晚于双砣子二期文化和上马石瓮棺葬类型；其四，双砣子二期文化壶、罐在其整体器物组合中居于次要地位，而上马石瓮棺葬类型壶、罐为其主要组合，双砣子三期文化壶、罐也是最主要的器类，但上马石瓮棺葬类型壶、罐最大径基本在腹中部，而双砣子三期文化壶、罐最大径多在腹中部以上的部位而形成广肩作风，演变关系明确（图四）。这一切均说明上马石瓮棺葬类型上承双砣子二期文化，下启双砣子三期文化，其时代应晚于双砣子二期文化而早于双砣子三期文化。具体说，上马石瓮棺葬罐的最大径在中部或中部略偏下，这与栾丰实先生关于岳石文化分期中第四期罐的特征近似或略晚[20]，而岳石文化的第四期的下限基本在早商文化第三期和中商文化第一期之间，时代基本在商代早中期。

笔者在相关文章中论述过双砣子二期文化的性质，其应为岳石文化[21]。但正如上文所言，上马石瓮棺葬类型和双砣子二期文化在陶器方面存在一定的共性，但两者不同之处更为显著，这说明，上马石瓮棺葬类型和双砣子二期文化不是同一考古学文化。也就是说，上马石瓮棺葬类型不是岳石文化的一支。根据笔者的研究，双砣子二期文化的年代和海岱区的岳石文化并不完全一致，双砣子遗址的时代基本在岳石文化一、二期的范围内[22]；大嘴子遗址的时代基本不出岳石文化一、二期[23]；小黑石砣子遗址的时代基本在岳石文化一、二、三期的范围内[24]；大砣子遗址的时代基本在岳石文化二、三期的范围内，其中大砣子G1③：30覆碗形器盖，与照格庄遗址H11：82器盖形制相似，也与二里头遗址四期的VT201③：1覆碗形器盖形制相近，是故其时代在二里头

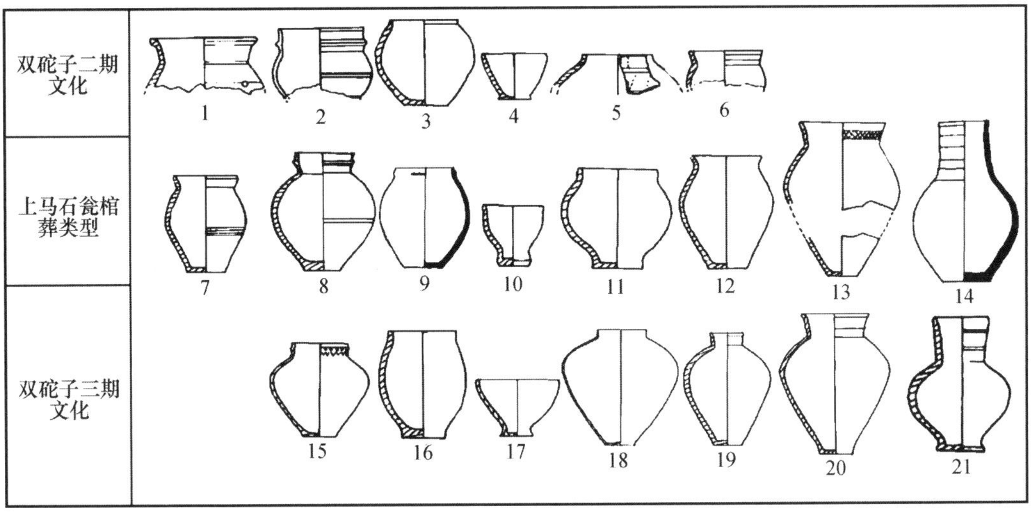

图四　三种文化间陶器演变

1. 大嘴子92T2④：5罐　2. 双砣子H6：6罐　3. 大嘴子92T2④：4罐　4. 小黑石砣子采：65碗　5. 大嘴子92T2④：12罐　6. 双砣子T2：72罐　7. 上马石瓮M1：1　8. 单砣子一号墓子母口罐　9. 单砣子二号墓叠唇罐　10. 上马石瓮M17：2碗　11. 上马石瓮M11：1　12. 上马石瓮M9：1　13. 上马石瓮M14壶　14. 单砣子一号墓长颈壶　15. 大嘴子87F17：3　16. 于家村砣头墓地M25：1　17. 大嘴子87T85③A：1　18. 双砣子F17：3　19. 大嘴子87F27：9　20. 大嘴子87F2：2壶　21. 大嘴子92F3：10

文化四期[25]。总之，辽东半岛以双砣子二期文化为代表的岳石文化和海岱区的岳石文化发展并不完全一致，岳石文化在辽东半岛的衰落早在岳石文化的第三期，对应二里头文化的四期，而非一般认为的在岳石文化第四期或更晚。海岱区岳石文化的下限，在泰沂山系以西地区，岳石文化结束时间相对较早，约为中商文化第一期；泰沂山系以东地区，岳石文化结束时间相对较晚，岳石文化的下限不会晚于商代晚期。而在泰沂山系以北地区，岳石文化结束的时间约从郑州二里岗上层二期即中商文化第一期延至殷墟文化时期[26]。如是，上马石瓮棺葬类型在辽东半岛地区是晚于以双砣子二期文化为代表的岳石文化，但其与海岱区的岳石文化则存在并行关系。虽然上马石瓮棺葬类型和海岱区的岳石文化陶器存在一定的相似性，但这种相似性笔者认为更多的是对辽东半岛地区双砣子二期文化的承袭，而非海岱区的岳石文化与上马石瓮棺葬类型的交流，这从双砣子二期文化之后岳石文化全面从辽东半岛的撤退可见端倪。而岳石文化从辽东半岛的全面撤退，与夏末夏桀东征东夷相关，而与中商时期的仲丁东征东夷无涉[27]。

注　释

［1］ 陈光. 羊头洼类型研究［A］. 考古学文化论集（二）［C］. 北京：文物出版社，1989：130-132.

［2］ 王巍. 夏商周时期辽东半岛和朝鲜西北部的考古学文化序列及其相互关系［A］. 中国考古学论丛［C］. 北京：科学出版社，1993：198-201.

［3］陈国庆，华玉冰. 大连地区早期青铜时代考古文化［A］. 青果集［C］. 北京：知识出版社，1993：256-261.

［4］栾丰实. 辽东半岛南部地区的原始文化［A］. 海岱地区考古研究［C］. 济南：山东大学出版社，1997：400.

［5］朱永刚. 东北青铜文化的发展阶段与文化区系［J］. 考古学报，1998（2）.

［6］段天璟. 胶东半岛和辽东半岛岳石文化的相互关系［A］. 边疆考古研究（第2辑）［C］. 北京：科学出版社，2002.

［7］同［2］.

［8］同［4］.

［9］旅顺博物馆，辽宁省博物馆. 辽宁长海县上马石青铜时代墓葬［J］. 考古，1982（6）.

［10］〔日〕金关丈夫，三宅宗悦，水野清一. 羊头洼［M］. 东方考古学论丛乙种第三册［C］.1942.

［11］同［9］.

［12］〔日〕滨田耕作. 貔子窝［M］. 东方考古学丛刊第一册［C］.1929.

［13］同［9］.

［14］同［10］.

［15］徐光辉. 旅大地区新石器时代晚期至青铜时代文化遗存分期［A］. 考古学文化论集（四）［C］. 北京：文物出版社，1997：194-195.

［16］同［9］.

［17］同［10］：31-33.

［18］a. 中国社会科学院考古研究所山东队. 山东长岛县砣矶岛大口遗址［J］. 考古，1985（12）.
b. 孙波等. 山东彭家庄遗址发现岳石文化墓葬和制陶作坊区［N］. 中国文物报，2009-4-1（2）.

［19］赵宾福. 中国东北地区夏至战国时期的考古学文化研究［M］. 北京：科学出版社，2009：149-154

［20］栾丰实. 岳石文化的分期与类型［A］. 海岱地区考古研究［M］. 济南：山东大学出版社，1997：318-347.

［21］徐昭峰. 试论岳石文化北向发展态势［J］. 考古与文物，2012（2）.

［22］中国社会科学院考古研究所. 双砣子与岗上——辽东史前文化的发现和研究［M］. 北京：科学出版社，1996：1-36.

［23］a. 辽宁省文物考古所等. 辽宁大连市大嘴子青铜时代遗址的发掘［J］. 考古，1996（2）.
b. 大连市文物考古所. 大嘴子青铜时代遗址1987年发掘报告［R］. 大连：大连出版社，2000：117-126.

［24］刘俊勇，王王从. 辽宁大连市郊区考古调查简报［J］. 考古，1994（4）.

［25］大连市文物考古研究所，辽宁师范大学历史文化旅游学院. 辽宁大连大砣子青铜时代遗址发

掘报告［J］.考古学报，2006（2）.
［26］ 徐昭峰.夏夷商三种文化关系研究［M］.北京：科学出版社，2013：40.
［27］ 同［21］.

Discussion on the Type of Shangmashi's Urn Burial

XU Zhao-feng

There are different understandings about the Shangmashi's urn burial in academia. Some scholars classify it into the second phase of Shuangtuozi culture. Other scholars believe that the cultural nature of Shangmashi's urn burial is different from the second phase of Shuangtuozi culture. It should be another archaeological culture of Bronze Age in Liaodong Peninsula. The connotation analysis of three typical relics of the Shangmashi's Urn Burial, Wanghaiguo, Dantuozi shows that their cultural features are quite consistent, and they are an independent archaeological type which is different from the second and third phase of Shuangtuozi culture. This independent archaeological type is an indigenous culture influenced by the second phase of Shuangtuozi culture. In the age, the type of Shangmashi's urn burial should be later than the second phase of Shuangtuozi culture and earlier than the third phase of Shuangtuozi culture, basically in the early and middle Shang Dynasty.

蒙古青铜时代墓葬形制的发展

——以积石塚文化为中心

宫本一夫[1]著　戴　玥[2]译

（1.九州大学，福冈，819-0395；2.天津师范大学，天津，300387）

乌拉尔山脉以东欧亚草原东部的青铜文化在草原西部青铜文化的影响下形成。公元前3千纪，阿凡纳谢沃文化扩展至阿尔泰。公元前2千纪前半叶，森林地带的赛伊玛-图尔宾诺文化与草原地带的安德罗诺沃文化扩展至长城地带，形成复杂的文化面貌。

公元前3千纪后半叶至前2千纪，蒙古的青铜时代被划分为切木尔切克文化（Chemurchek）、门海尔汗文化（Monkhkhairkhan）、特布希文化（Tevsh）、北塔文化（Baitag）四期[1]。先不考虑年代，这种分期的方法不涉及地域性，也有文化并行发展的情况，故而其编年不能适用整个蒙古。有关蒙古青铜时代墓葬，奇毕克塔洛夫（Cybiktarov）的观点最合理，他认为蒙古高原西部至中部的积石塚与蒙古高原东部至中部的石板墓对峙[2]。笔者也曾构建石板墓的编年，根据石板墓建造结构进行类型学分类，从机能的角度设定型式变化，并用人骨、动物骨骼^{14}C年代验证这种变化[3]。笔者认为具有系统性和连续性的典型石板墓，从西部积石塚与东部方形墓、亚腰形墓对峙后，才在蒙古东部出现和发展。笔者将方形墓、亚腰形墓变化至石板墓的社会定位为蒙古高原东部的石板墓文化，认为蒙古高原东部石板墓文化是夸耀个人财产具有分层结构的社会，积石塚是没有随葬品的平等社会[4]。哈尼查奇（Haneychurch）将石板墓文化称作乌兰祖克-特布希（Ulannzuukh-Tevsh）文化，认为其是蒙古高原东部的青铜文化[5]。

在这里有必要重新回顾被概括成积石塚的蒙古高原西部的墓葬形制。蒙古高原东部石板墓的墓葬形制，首先根据结构的机能变化，推测形制变化的方向，再根据发掘的人骨和兽骨的^{14}C年代，验证这种形制的变化，最终展现完整的墓葬形制的动态[6]。近年，阿木格兰托古斯（Amgalantogk）探讨过积石塚的编年[7]。他根据墓葬中人骨的^{14}C年代，确定了积石塚各类型的年代位置。根据近年日蒙共同发掘调查的勃鲁敖包（Bor Ovoo）遗址、哈尔哈拉其（Khyar Khyaraach）遗址、艾曼鲁特特鲁阁（Emeelt Tolgoi）遗址的成果[8]，本文对阿木格兰托古斯的分类进行重新划分，思考墓葬形制的变迁过程。再者，参照系统把握蒙古高原东部至中部石板墓文化变化的方法，将蒙古西部至中部的墓葬形制概括为积石塚文化，像石板墓那样，系统把握积石塚文化的变化，将积石塚文化把握成系统性的人类集团或社会集团。本文希望尝试把握积石塚文化和石板墓文化的历史性变迁。

一、积石塚文化

积石塚一般由圆形石堆及其周围的圆形或方形的石圈构成。石圈外还有小石堆。小石堆下一般埋有马头和马蹄，是墓前祭祀的牺牲[9]。有的人认为积石塚并非是墓葬，而是和祭祀相关的石造建筑。然而，最近积石塚中发现人骨的事例逐年增多，因此可以将积石塚判定为墓葬[10]。石堆围绕有石圈，根据石圈的形状，可分为圆形和方形两种。在方形或圆形石圈的四角有角石的类型，被称为萨克赛类型[11]。日蒙合作调查的戈壁阿尔泰省哈尔哈拉其遗迹[12]、巴彦洪戈尔省艾曼鲁特特鲁阁遗迹[13]也发现有这样的墓葬形制，属典型的积石塚。

在哈尔哈拉其遗址、艾曼鲁特特鲁阁遗迹，和典型的积石塚共存的还有圆形墓。圆形墓多在圆形石围内累积石块。科瓦列夫（Kovalev）和额尔德涅巴德尔（Erdenebaatar）称其为门海尔汗（Monkh-khairkhan）文化，认为门海尔汗文化的^{14}C年代在公元前2千纪前半叶，早于石板墓文化[14]。然而，在日蒙合作调查的巴彦洪戈尔省勃鲁敖包遗址中，圆形墓与典型的积石塚并存，圆形墓出土人骨的^{14}C年代集中在公元前2千纪后半叶[15]，和典型积石塚的^{14}C年代相当。因此，圆形墓可以理解成是没有圆形或方形石圈的积石塚。笔者将典型的积石塚和圆形墓合称积石塚文化，认为两者属于相同的墓葬文化。

萨克赛类型是圆形或方形石圈带有四个角石的类型。即使是圆形墓，有的石围也带有四个角石。这样的积石塚有圆形石围，石围上有四个角石。根据四个角石的样式相似，可以推测它们具有相同的年代。在哈尔哈拉其遗址和艾曼鲁特特鲁阁遗迹就有这样的圆形墓，人骨^{14}C年代也与典型积石塚相当。

在哈尔哈拉其遗址和艾曼鲁特特鲁阁遗迹，也有四角带有四个角石的方形墓。日蒙合作调查的哈尔哈拉其遗迹1号墓[16]就是带有方形石围，石围上有四个角石的墓葬。墓葬的中心有高耸的石堆，石堆和石围间铺有薄薄的砾石。根据石围和石堆间有砾石相连的现象，可以认为带有角石的方形墓源自带有角石的方形石圈。尽管哈尔哈拉其遗址1号墓的年代稍早于20号墓（带有角石的圆形墓），但是两者的年代都集中在公元前2千纪后半叶，两者的年代大致相同。因此，可以将方形墓和圆形墓都定义成积石塚文化。

二、积石塚文化墓葬的分类和变迁

积石塚文化包括没有或带有角石的典型积石塚、圆形墓，以及四角带有角石的方形墓。阿木格兰托古斯对积石塚文化的墓葬形制进行过分类和编年[17]。他根据近年的发掘和调查的结果，认为积石塚文化墓葬分布在蒙古高原西部，再根据^{14}C年代认为积石塚文化从公元前16世纪持续至公元前9世纪左右[18]。积石塚分布在蒙古高原西部的结论与奇毕克塔洛夫的观点一致[19]，可以预想其主体从西向东发展。这个阶段，蒙古高原东部石板墓的方形墓（A型）和亚腰形墓（C型）并行存在，积石塚在典型石板墓阶段（B型）消失[20]。

阿木格兰托古斯大致将积石塚分有圆形（1型）和方形（2型）两型（图一），再

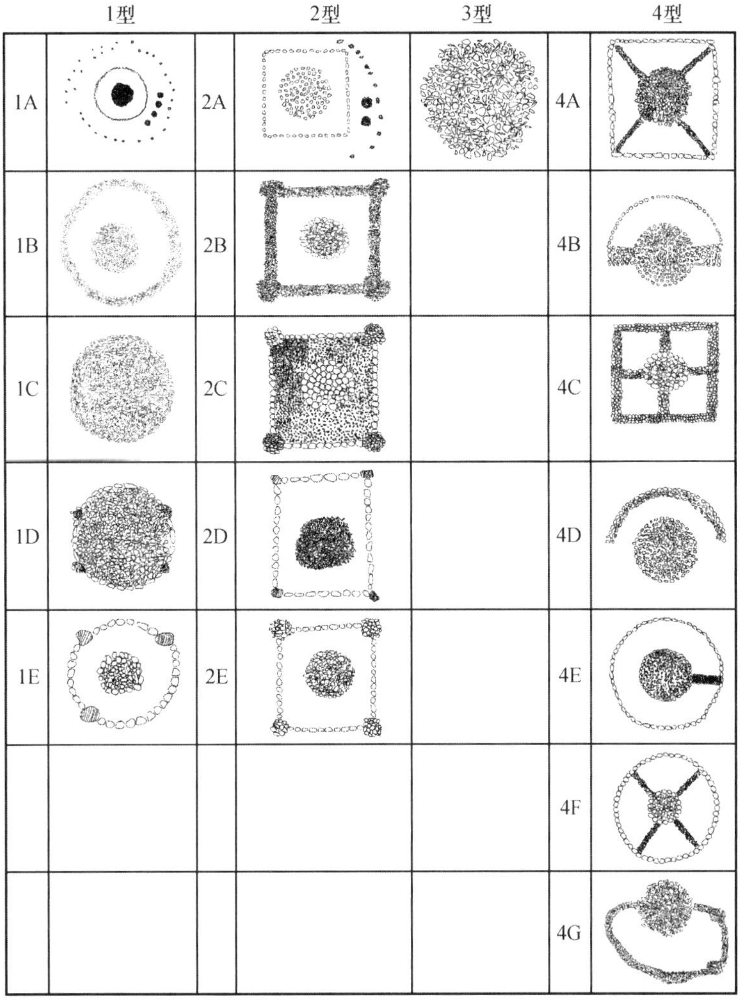

图一　阿木格兰托古斯的积石塚分类

将其中1型细分五亚型。其1A、1B、1E有石围，属典型积石塚。1C、1D没有石围。阿木格兰托古斯还将圆形墓细分成椭圆形墓（3型）。根据笔者的观察，认为完全没有这种细分的必要，因为椭圆形墓葬的数量极少。再有，阿木格兰托古斯将四角有角石或石堆的方形墓细分为2B～2E亚型。而4型的数量也极少，是些特殊的个例。

笔者根据阿木格兰托古斯的分类，想要尝试重新对积石塚进行分类。首先，将墓葬的整体形态（圆形或方形）作为分类的第一标准。分类的第二标准是石圈的有无。分类的第三标准是四角角石的有无。表一显示有这三个属性的组合，笔者根据这些属性组合进行分类。

首先，墓葬整体呈圆形的墓葬可以分为有圆形石圈的A型和没有石圈只有石堆的B型。再根据角石的有无，将A型细分成石圈上没有角石的AⅠ型和石圈上有角石的AⅡ型（图二，2）。同样，将B型细分成圆形石堆而石围没有角石的BⅠ型（图三，1）和有角石的BⅡ型（图三，2）。

其次，墓葬整体呈方形的墓葬也可以分为有方形石圈的C型和没有石圈只有石堆的D型。有方形石圈的C型可细分成石圈上没有角石的CⅠ型（图四，1）和石圈上有角石的CⅡ型（图四，2）。其中，CⅠ型包括石圈四角有石堆的墓葬。因为不能完全区分开四角的石堆与积石塚周围的石堆，所以CⅠ型的四角石堆可能变化成角石，进而发展成为CⅡ型。D型和石板墓中的方形墓类似，只是石板墓的石围内填充有平坦的砾石，D型从石围面向中心累积有中间高四周低的石堆。根据现有的观察，D型的石围上皆有角石（图五）。阿木格兰托古斯的分类中（图一），没有石圈而有角石的仅有2C型[21]。

表一　积石塚类型的属性组合

圆形石圈	方形石圈	圆形石堆	方形石堆	角石	类型
○	×	○	×	×	AⅠ
○	×	○	×	○	AⅡ
×	×	○	×	×	BⅠ
×	×	○	×	○	BⅡ
×	○	○	×	×	CⅠ
×	○	○	×	○	CⅡ
×	×	×	○	○	D

三、积石塚文化墓葬的编年

阿木格兰托古斯依据^{14}C年代，认为圆形A型和B型的年代早于方形C型和D型的年代[22]。A型和B型在的年代是公元前16世纪，C型和D型的年代是公元前14世纪，两者间存在年代上的差异。

日蒙联合发掘调查的哈尔哈拉其遗址，有除CⅡ型外的AⅠ型、AⅡ型、BⅠ型、

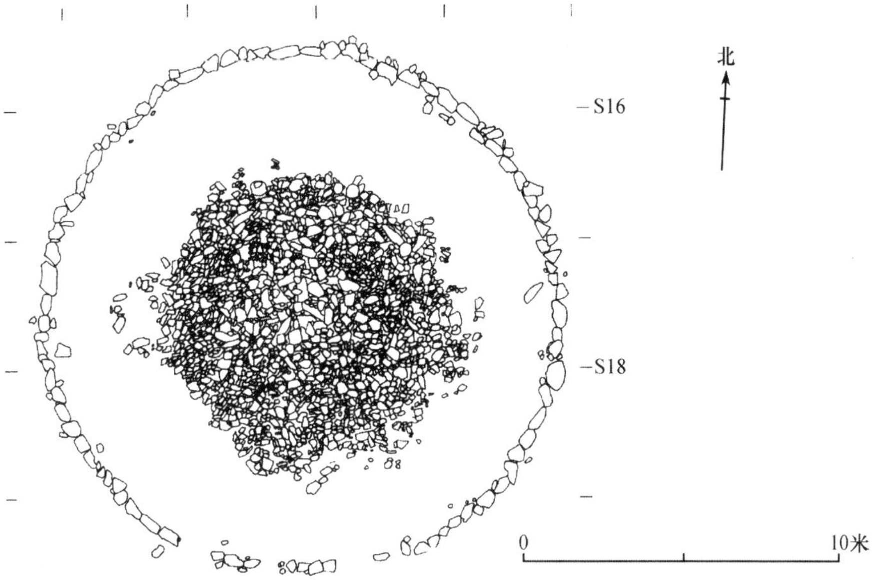

1

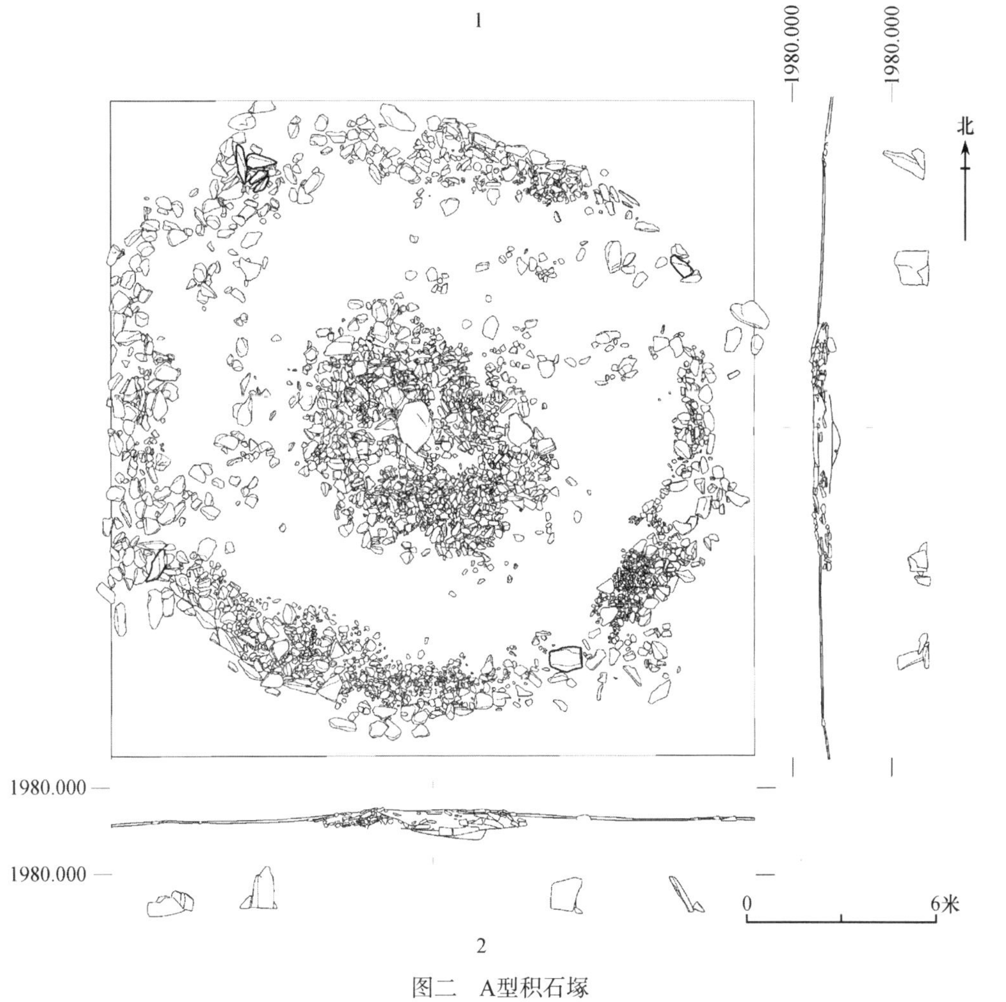

2

图二 A型积石塚

1. AⅠ型乌兰欧希古（Ulaan Uushig）12号墓 2. AⅡ型艾曼鲁特特鲁阁30号墓

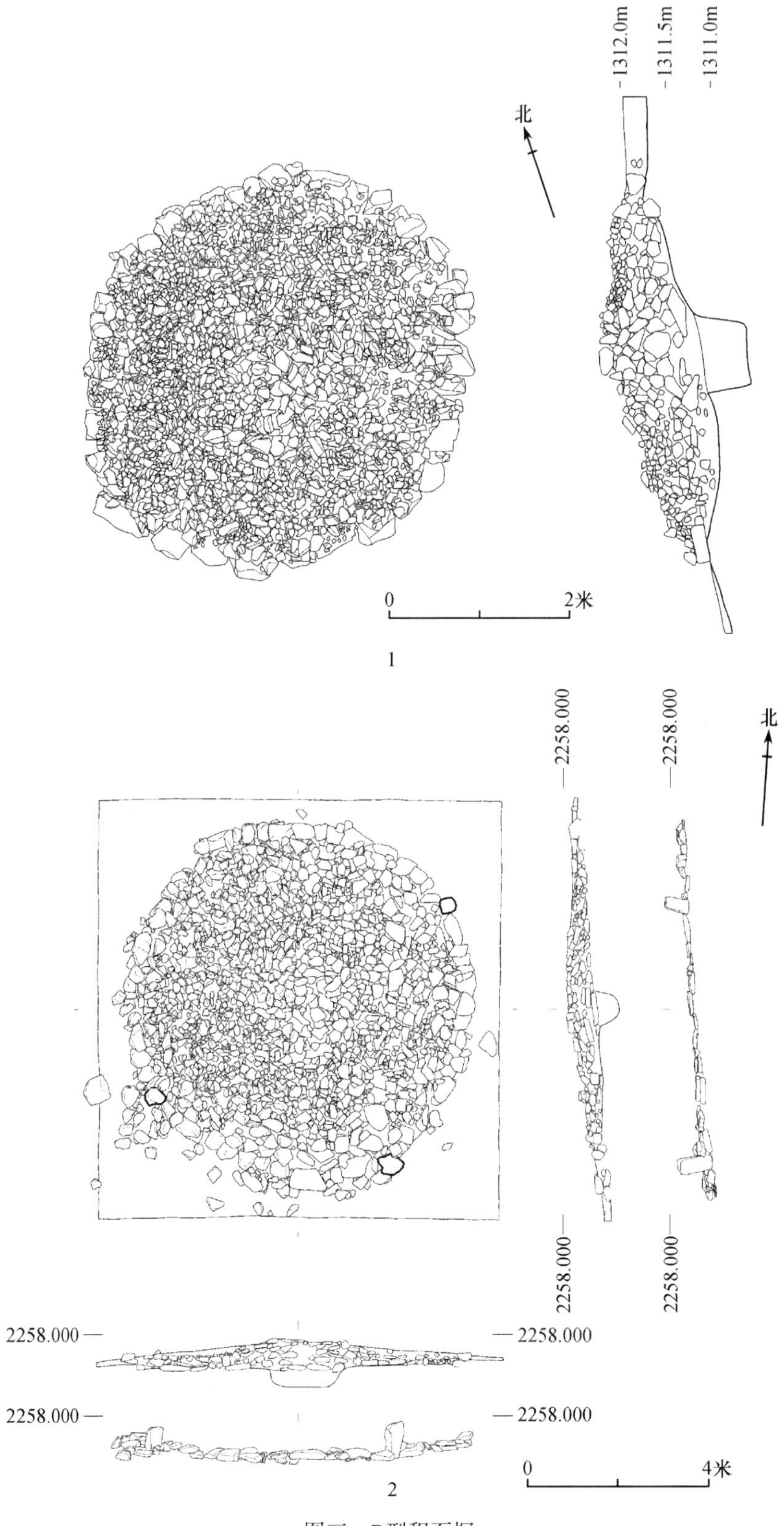

图三　B型积石塚

1. BⅠ型勃鲁敖包11号墓　2. BⅡ型哈尔哈拉其20号墓

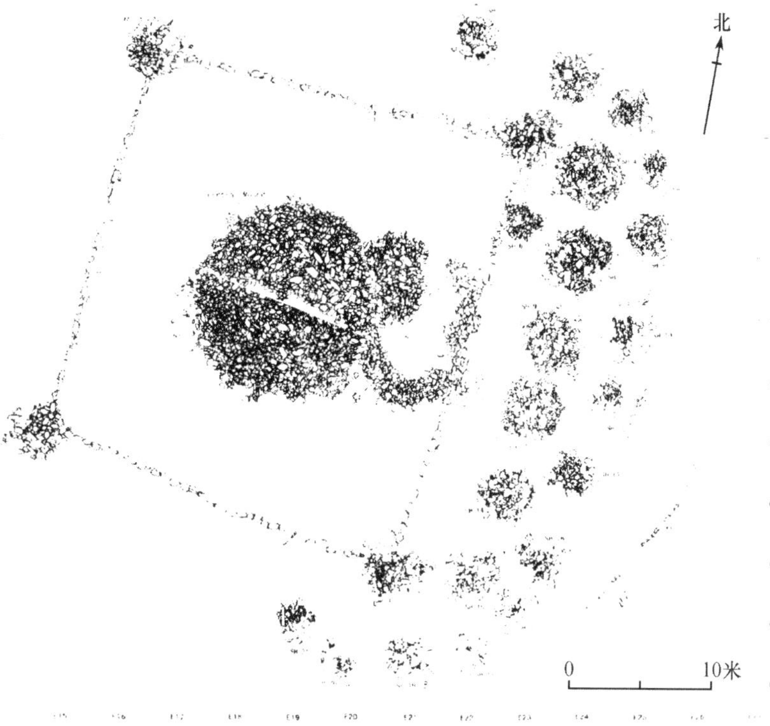

1

2

图四　C型积石塚

1. CⅠ型乌兰欧希古1号墓　2. CⅡ型艾曼鲁特特鲁阁4号墓

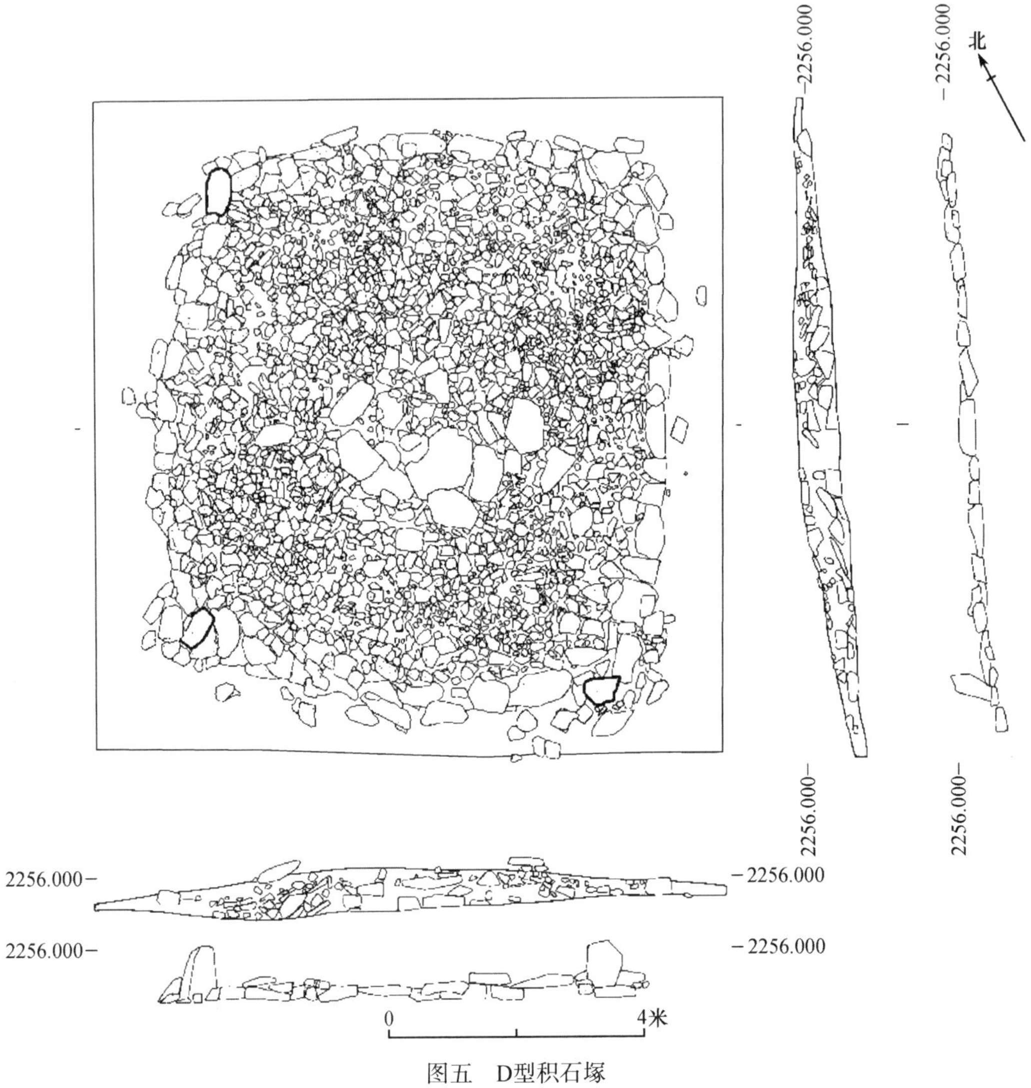

图五　D型积石塚
哈尔哈拉其1号墓

BⅡ型、CⅠ型、D型的积石塚[23]。其中，BⅡ型（20号墓）的^{14}C年代是1325～1209 cal. BC（2σ，68.8%），D型（1号墓）的^{14}C年代是1306～1054 cal.BC（2σ，90.1%）、1265cal. BC～1108cal. BC（2σ，94.2%）[24]。虽然数据的数量较少，但BⅡ型的年代相较D型普遍偏早。哈尔哈拉其遗址的年代约从公元前14世纪延续至11世纪。

勃鲁敖包遗址由积石塚AⅠ型、BⅠ型、CⅠ型以及石板墓亚腰形墓构成[25]。勃鲁敖包遗址BⅠ型（2号墓）年代为1316～1201cal.BC（2σ，77.3%），BⅡ型（13号墓）年代为1397～1259cal.BC（2σ，91.2%）。石板墓亚腰形墓（CⅡ型）^{14}C年代为1112～974cal.BC（2σ，91.2%），比积石塚BⅠ型晚。26号墓（亚腰形墓）打破7号墓（积石塚CⅠ型）石圈，故而亚腰形墓（CⅡ型）较积石塚AⅠ型、BⅠ型、CⅠ型晚。

亚腰形墓CⅡ型在蒙古高原西部积石塚AⅠ型、BⅠ型、CⅠ型出现后，才从蒙古高原东部扩展至勃鲁敖包墓地[26]。勃鲁敖包墓地2、13号墓（BⅠ型）与哈尔哈拉其遗址20号墓（BⅡ型）的^{14}C年代相差不大。故而，BⅠ型和BⅡ型的年代大致相同。

2016～2017年日蒙联合调查的巴彦洪戈尔省艾曼鲁特特鲁阁遗址由积石塚AⅠ型、AⅡ型、BⅠ型、BⅡ型、CⅠ型、CⅡ型、D型，以及1座石板墓亚腰形墓（CⅡ型）构成。墓葬组合与哈尔哈拉其遗址相似，多数是A型和B型，也有C型和D型。40号墓（BⅡ型）^{14}C年代为1266～1125cal.BC（2σ，95.4%）[27]，较哈尔哈拉其遗址1号墓（BⅠ型）年代晚，即BⅡ型晚于BⅠ型。

A型、B型的相对年代暂且不明，然而根据3个遗址的^{14}C年代，可以知晓D型比B型早，BⅠ型、BⅡ型并存，BⅡ型的年代较晚。再根据其他遗址的^{14}C年代，前14世纪的方形C型晚于前16世纪的圆形A型、B型[28]。

哈尔哈拉其遗址有4个地点（图六），各地点的墓葬型式不同[29]。第1地点仅有大型AⅠ型和鹿石。第2、3地点较第1地点，聚集小型AⅠ型、AⅡ型（图六、图七）。AⅡ型仅出现在第2地点（图七）。BⅠ型、BⅡ型仅分布在第2、3地点，第4地点仅有BⅠ型（图七）。第3地点东部有AⅠ型和BⅠ型（图六、图七）。根据^{14}C年代，上文已经指出BⅡ型的年代较晚，AⅡ型、BⅡ型的角石是同一时期的年代特征，出现在AⅠ型和BⅠ型之后。在哈尔哈拉其第2地点，同时存在AⅠ型、BⅠ型和AⅡ型、BⅡ型（图六、图七）。根据石围有无，圆形积石塚被分成A型和B型，实际上这反映出不同的社会背景，也就是说被葬者所具有的能力不同。在艾曼鲁特特鲁阁遗址，发掘有AⅡ型的

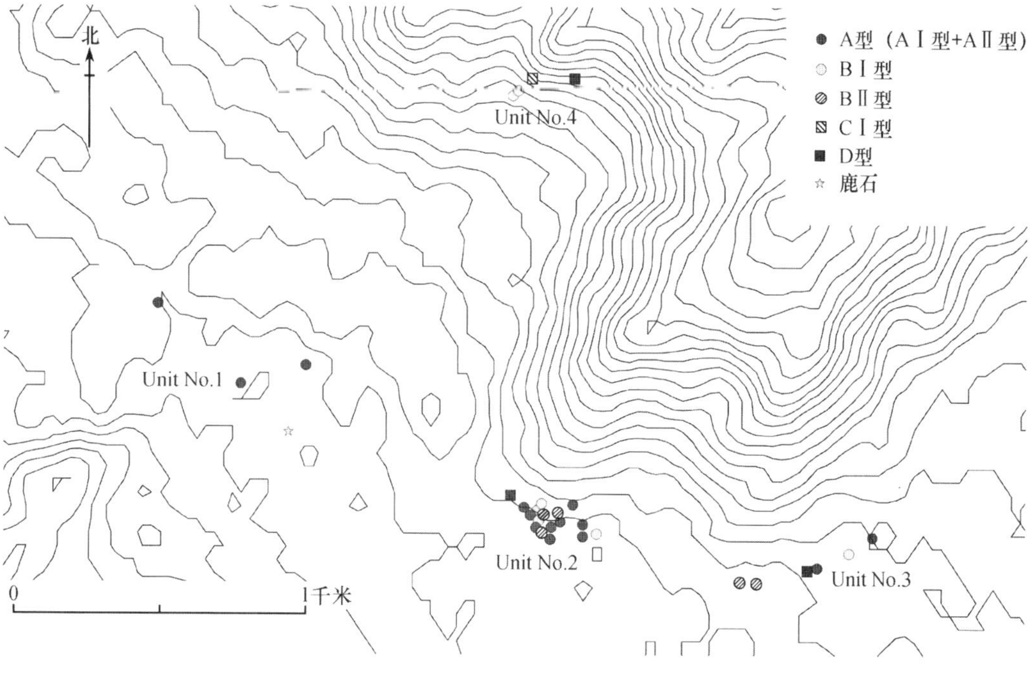

图六　哈尔哈拉其遗址墓葬分布图

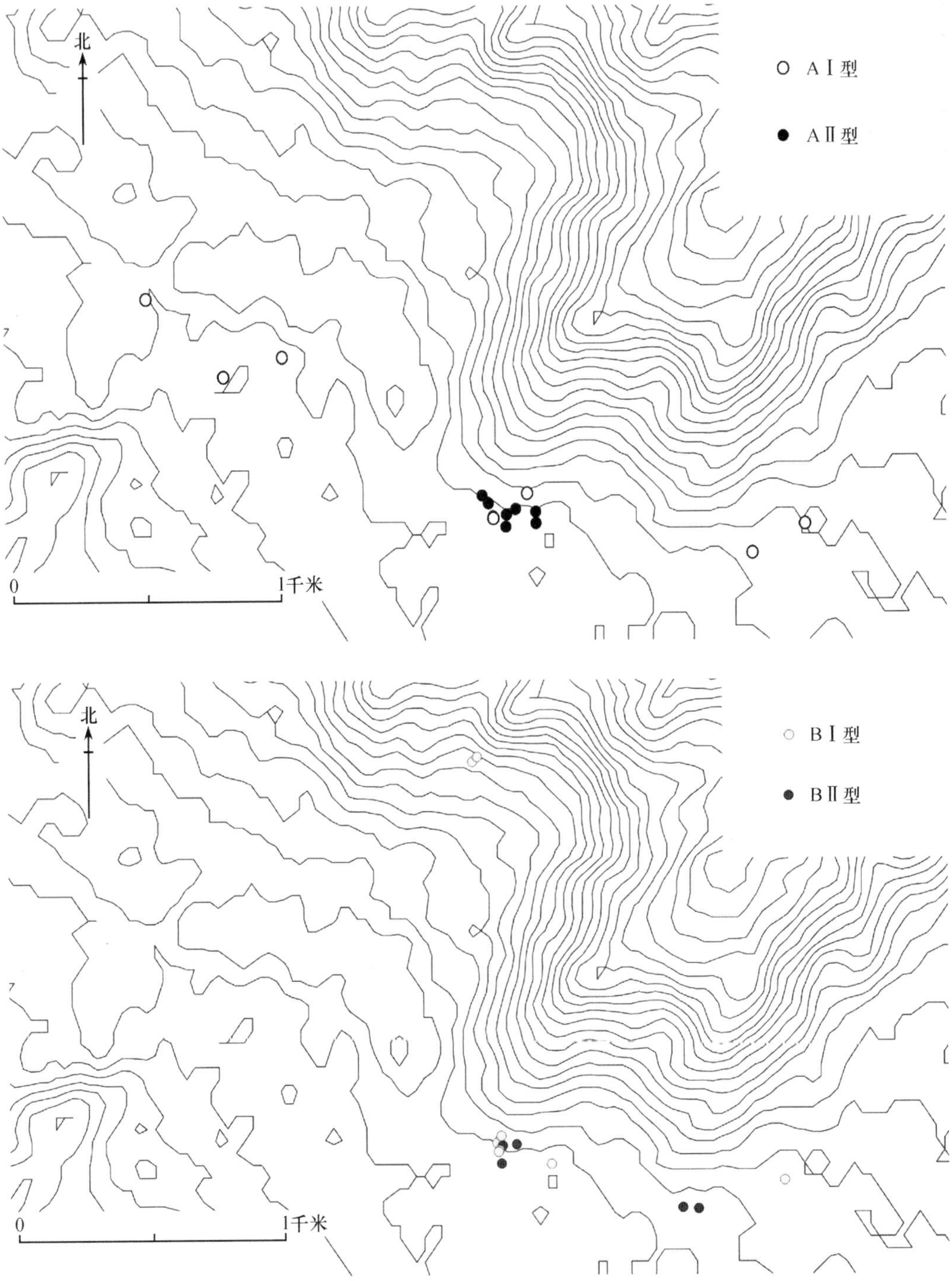

图七　哈尔哈拉其遗址A、B型墓葬分布图

30号墓（图二，2）和BⅡ型的40号墓。两者皆有墓坑，可是AⅡ型的墓坑和盖石较大。因此，石圈的有无暗示了阶层的差异，而非年代的差异。再有，大型AⅠ型集中在哈尔哈拉其第1号地点。中、小型AⅠ型集中在其他地点。小型AⅠ型与AⅡ型和B型并存。这说明大型AⅠ型被单独建造。在社会差异逐渐显现的过程中，作为阶层上位者或阶层上位氏族的墓葬，大型AⅠ型被集中在第1地点，形成单独的墓域。

方形CⅠ型仅分布在哈尔哈拉其第4号地点（图八）。圆形A、B型与方形C型存在系统性的差异。根据^{14}C年代[30]，C型晚于A、B型，它在不同地域出现，或移动至不同地域。与此同时，蒙古高原东部的方形或长方形石板墓从东向西扩展，积石塚圆形A、B型位于蒙古高原西部，受蒙古高原东部石板墓的影响出现积石塚方形C型。在哈尔哈拉其第2至第4号地点，各有1座带有角石的方形D型（图八，2），位于墓群周边（图六）。D型是将C型的石圈和石堆相连，整体覆盖砾石，是C型的延续。与A、B型不同，CⅠ型在哈尔哈拉其第4号地点，D型在哈尔哈拉其第2至4号地点较晚出现。

再者，圆形A、B型的形成还可能受到蒙古高原以西的影响。哈尔哈拉其遗址中，30 号墓（BⅡ型）的被葬者骨骼形态属中亚高加索系，1号墓（D型）的被葬者骨骼形态属欧亚东部的蒙古系[31]。牙齿锶元素分析结果也显示两者都是迁入者[32]，即从西向东或者从东向西移动。圆形A、B型从西向东移动，方形C、D型在与蒙古高原东部方形墓、亚腰形墓的接触中产生。

图九显示有上述积石塚文化墓葬形制的变化。圆形积石塚AⅠ型、BⅠ型各自变化，分别演变成为AⅡ型、BⅡ型。这样的变化发生在蒙古高原的西部。相较AⅠ型、BⅠ型，方形积石塚CⅠ型受蒙古高原东部石板墓文化的影响较晚出现，并演变成为CⅡ型，衍生出D型。

四、蒙古青铜时代墓葬形制的发展

再度整理蒙古东部石板墓文化墓葬形式的变化[33]。图一〇是蒙古东、中部石板墓文化墓葬型式的编年图。石板墓中，方形墓A型分石围外没有辅石的AⅠ型，以及石围外有辅石的AⅡ型。AⅠ型石围呈方形或近似方形，AⅡ型石围呈长方形。AⅠ型演变成为AⅡ型。AⅠ型的^{14}C年代是公元前16～前12世纪，AⅡ型的^{14}C年代是公元前15～前9世纪[34]。近年，蒙古高原东南发现有早期AⅠ型，称乌兰祖克（Ulaanzuukh）文化[35]。代表性的墓葬有乌兰祖克（Ulaanzuukh）和布鲁金艾克（Bulgiin Ekh）[36]、查德曼海鲁乌鲁（Chandoman Khar Uul）[37]。AⅠ型集中在蒙古高原东南，AⅡ型扩展至蒙古高原中部。

石板墓文化中，墓葬C型（亚腰形墓）可分为CⅠ型和CⅡ型，CⅠ型石围长轴与短轴相等或相近，整体呈方形或长方形，石围长边稍弯，角石不突出。CⅡ型石围长轴比短轴长，整体呈长方形，长边更加内弯，角石突出。甘肃至内蒙古阴山四角呈方形的井字形亚腰形墓[38]属CⅡ型。方形或长方形CⅠ型演变成为长边内弯CⅡ型。CⅠ型年代

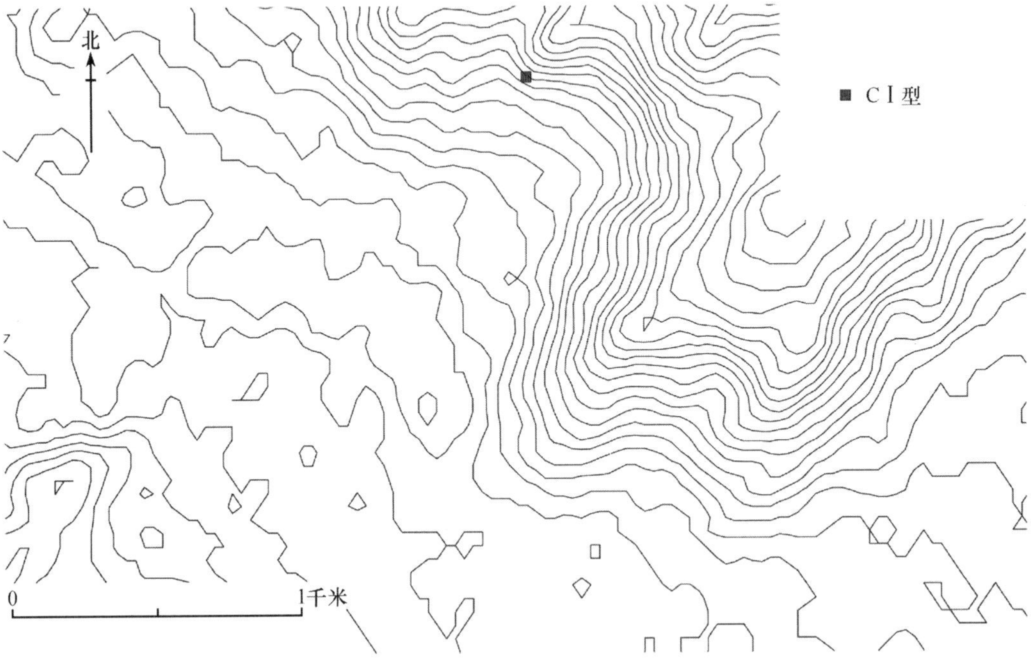

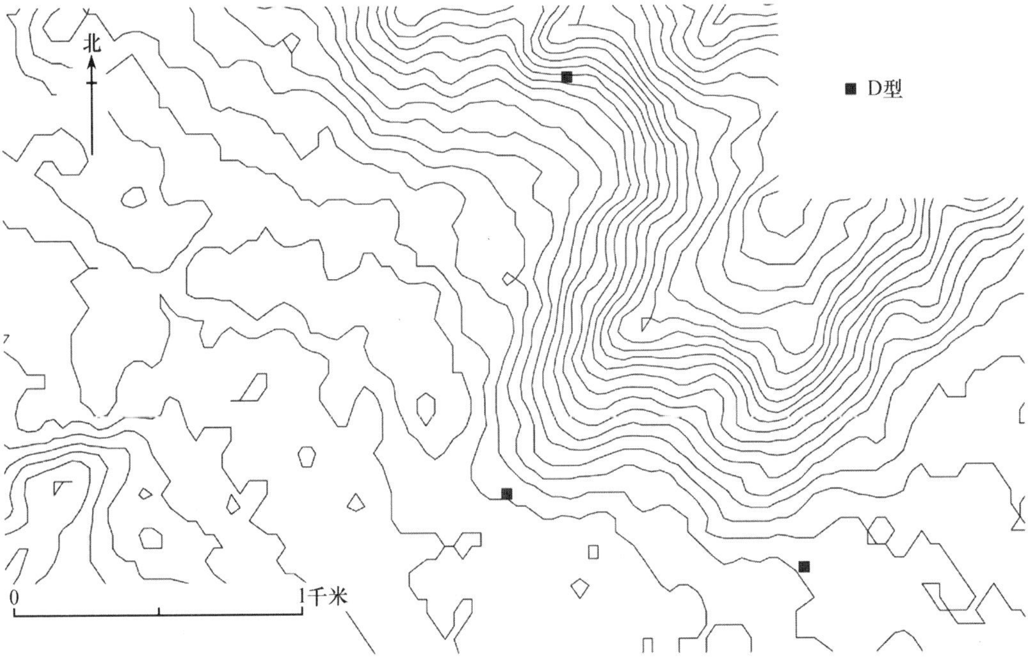

图八　哈尔哈拉其遗址C、D型墓葬分布图

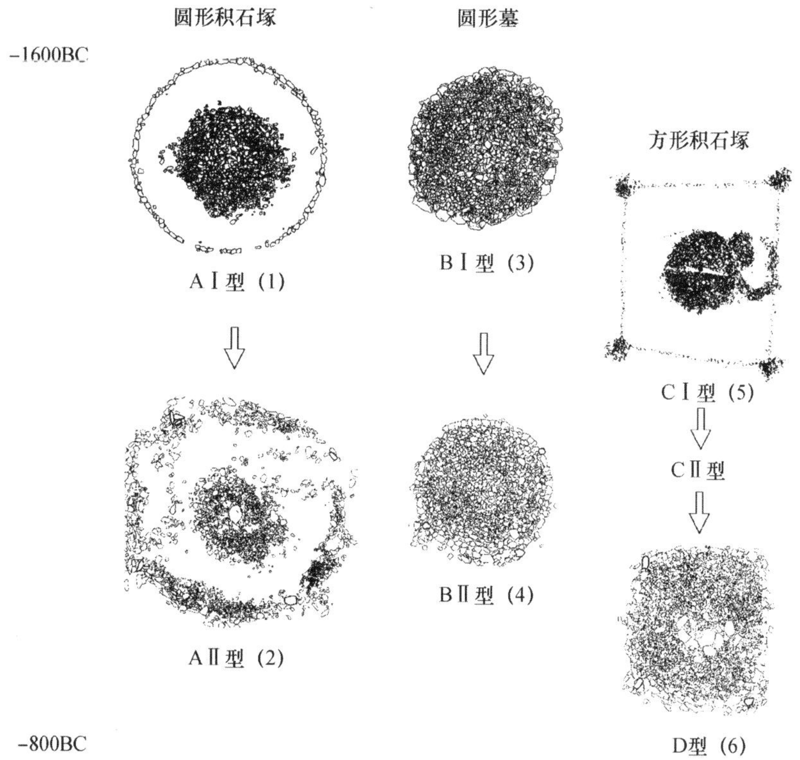

图九　积石塚编年图

1. 乌兰欧希古12号墓　2. 艾曼鲁特特鲁阁30号墓　3. 勃鲁敖包11号墓　4. 哈尔哈拉其20号墓
5. 乌兰欧希古1号墓　6. 哈尔哈拉其1号墓

是公元前15～前12世纪，CⅡ型年代是公元前13～前9世纪[39]。根据奇毕克塔洛夫有关蒙古墓葬形制的分析，C型出现在蒙古高原中部的贝加尔湖至前杭盖省特布希（Tevsh）遗址[40]。内蒙古中部阴山山脉也发现有石板墓[41]。根据近年的发掘成果，图一一显示有石板墓文化亚腰形墓C型的分布。它们集中在蒙古高原中部。石板墓文化中，可以从类型学的角度将CⅠ型（亚腰形墓）理解成为长边内弯的AⅠ型（方形墓）。AⅠ型在蒙古高原东南起源，逐步向蒙古中部扩展，演变成为CⅠ型。C型分布在蒙古高原中部贝加尔湖至内蒙古阴山山脉。

公元前15～前9世纪，蒙古高原西部还分布有积石塚文化的墓葬。公元前15～前12世纪，圆形A、B型首先出现，受石板墓文化A型影响演变成为积石塚方形C型。积石塚文化中，圆形墓葬的产生还可能受到蒙古高原以西的米努辛斯克盆地奥库涅夫文化、卡拉苏克文化等[42]的影响。根据古人骨的形态特征，上文已经叙述了高加索系从欧亚大陆中部移动至蒙古高原西部的可能。结合墓葬等文化动态及其人的移动，可以将其概括成从西向东的移动。

石板墓B型石围呈长方形，石围四角有突起的角石，是典型石板墓。石板墓B型可分为石围外有辅石和没有辅石的类型，前者BⅠ型变化成为后者BⅡ型，再向有辅石且石围逐渐增大的BⅢ型演变（图一〇）。BⅠ型的石围外没有辅石，角石较低，典型墓葬包括达拉姆（Daram）墓地4号墓（图一〇，5）。BⅡ型的石围外有辅石，角石突出，在达拉姆墓地的数量最多[43]，典型墓葬包括达拉姆墓地41号墓、达拉姆墓地8号墓等（图一〇，6）。BⅢ型石围整体增高，石块变大，想必是石围两侧增添了辅石的缘故。典型墓葬包括达拉姆墓地1号墓（图一〇，7）、乌兰欧希古石板墓1号墓[44]等。石板墓A型、C型没有随葬品，石板墓B型一般随葬陶器、石质、青铜装饰等。B型的社会性个人差异相比上一阶段A型、C型增大[45]。

典型石板墓B型的起源问题至关重要。最早的BⅠ型呈方形，有角石，角石周围没有辅石。从这些特征来看，BⅠ型的起源貌似可以从AⅠ型、CⅠ型中寻找。但是，不仅两者的年代差异不大，石板墓BⅠ型的角石也并非源自AⅠ型、CⅠ型。角石从AⅠ型、CⅠ型发展而来的观点缺乏类型学的根据。

积石塚文化的墓葬形制中，较晚出现的方形D型有角石，和石板墓相当。方形有角石的积石塚D型在形态上也最接近石板墓BⅠ型。哈尔哈拉其墓地1号墓是8米×9米的方形墓，有角石。人骨的^{14}C年代为1306～1054cal.BC（2σ，90.1%）、1265～1108cal.BC（2σ，94.2%）[46]。库苏古尔省Tsagaangiin ulaan uul 2号墓是4.3米×4米的方形墓，有角石，人骨的^{14}C年代为1267～993cal.BC，属积石塚D型[47]。带有方形石围以及角石的积石塚D型还包括查干金乌兰乌尔（Tsagaangiin ulaan uul）1号墓[48]。根据蒙古高原西北部库苏古尔省乌兰特鲁阁（Ulaan Tolgoi）遗址[49]，积石塚D型可能集中分布在蒙古高原西北部。积石塚D型的外形类似日本古坟时代的上圆下方坟，从有角石的积石塚CⅡ型演变而来，中心的积石塚和四周的方形石圈间有砾石相连。笔者曾将这种类型称作原型石板墓[50]，是石板墓BⅠ型的直接起源。

有角石和方形石围而没有辅石的石板墓BⅠ型和米努辛斯克地区塔加尔文化早期阶段巴伊诺沃期的墓葬结构基本相同[51]。两者的地下墓坑都覆盖有一块盖石。因此，可以认为石板墓分布在米努辛斯克盆地至内蒙古东部的广大地区。不过，这仅出现在石板墓的最初阶段。此后，石板墓在米努辛斯克盆地和蒙古高原中东部有着不同的演变方向。米努辛斯克盆地巴伊诺沃期的年代是公元前10～前8世纪[52]。格里亚兹诺夫（Gryaznov）认为巴伊诺沃是卡拉苏克文化至塔加尔文化的过渡期，拉扎勒妥夫（Lazaretov）将巴伊诺沃期的器物分成塔加尔初期阶段的器物和巴伊诺沃期的器物，认为巴伊诺沃期的器物受到哈萨克斯坦或蒙古高原西部的影响[53]。因此，蒙古高原西北部的积石塚D型可能形成了巴伊诺沃期有角石的方形墓葬。积石塚D型的年代为公元前14～前11世纪，持续发展至米努辛斯克巴伊诺沃期。在蒙古高原中东部石板墓的初期阶段（公元前8世纪），积石塚D型早于石板墓BⅠ型，两者之间有时间性的差异。积石塚D型从蒙古高原西部扩展至东部的过程中，逐渐向石板墓BⅠ型演变。

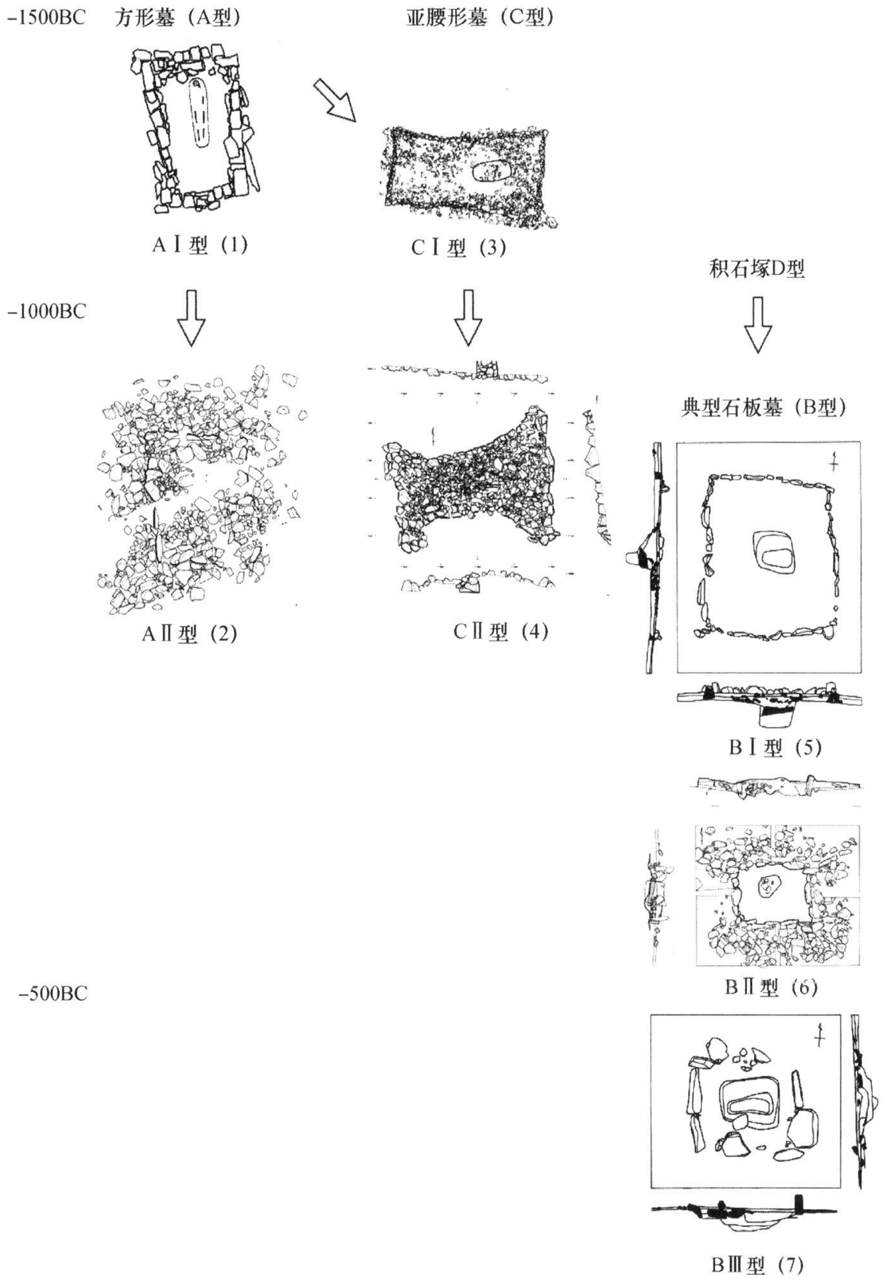

图一〇　石板墓编年图

1. 布鲁金艾克　2. 达拉姆9号墓　3. 查德曼海鲁乌鲁31号墓　4. 特布希1号墓　5. 达拉姆4号墓　6. 达拉姆8号墓　7. 达拉姆1号墓

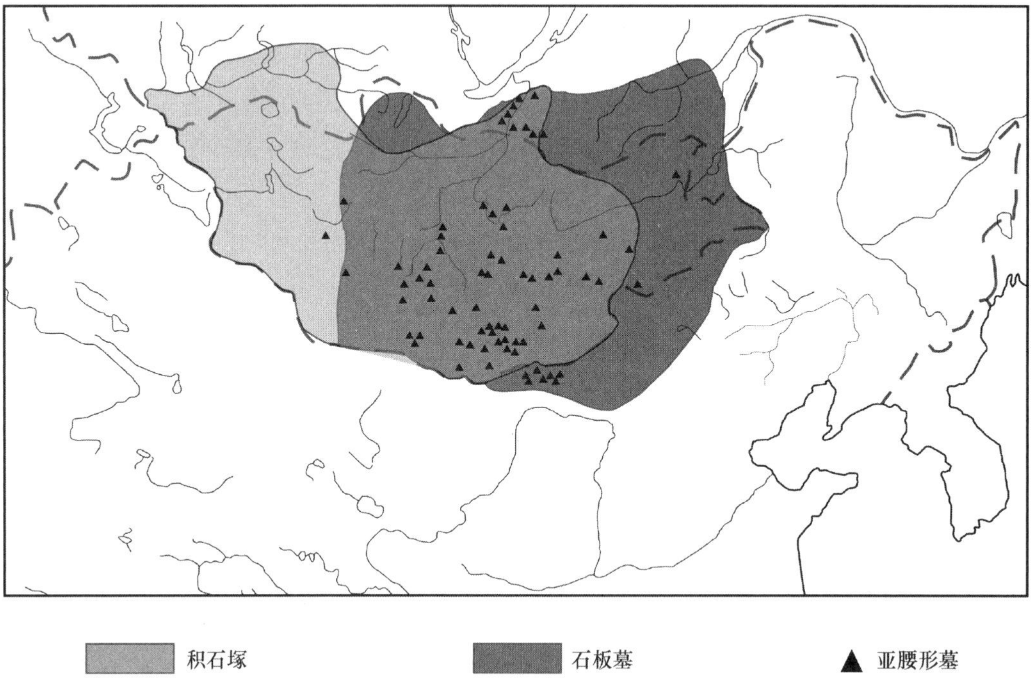

图一一　蒙古高原青铜文化墓葬的分布

五、结　　论

蒙古高原青铜时代历经从卡拉苏克文化向塔加尔文化的转变。蒙古高原与米努辛斯克、长城地带的青铜文化相同。然而，因为青铜器出土的数量较少，很难对青铜器进行考古学分析。笔者根据自身对蒙古高原青铜器时代墓葬的调查，基于墓葬形制的变迁，说明了蒙古高原青铜时代的文化动态。青铜时代的蒙古高原分为西部积石塚文化和东部石板墓文化。本文详细地描述了这两种墓葬形制的动态。蒙古青铜时代前半期，卡拉苏克文化阶段，蒙古高原西部存在积石塚A～D型。其中，A型和B型是主体，C型和D型较晚出现。C型和D型的出现可能和蒙古高原东部石板墓文化的产生有关。A型和B型受蒙古高原以西的影响，在从西向东的动态中产生。A型和B型、C型和D型的形制差异反映被葬者社会地位的差异，或是氏族系统的差异。这种社会间的差异逐渐在积石塚文化内部展开。有关蒙古高原东部的石板墓文化，方形墓A型源自卡拉苏克文化阶段的蒙古高原的东南部。此后，方形墓A型逐步向蒙古高原中部扩展，并逐渐演变成亚腰形墓C型。再有，无论是蒙古高原西部积石塚文化从西向东的移动，还是蒙古高原东部石板墓文化从东向西的移动，都可以在卡拉苏克文化的青铜器动态中找到它们的踪影[54]，也就是说墓葬形制和青铜器的文化动态是统一的。即卡拉苏克文化阶段，蒙古高原内部存在相互影响的东西两大社会集团。

从卡拉苏克文化至塔加尔文化的变动是连续性的，然而两者的文化面貌却大相径庭。文化变动的原因被认为和公元前9世纪的寒冷化相关[55]。公元前8世纪，新的青铜文化——塔加尔文化在欧亚东部扩展，从积石塚D型演变而来的典型石板墓BⅠ型在蒙古高原东部扩展，呈现BⅠ型→BⅡ型→BⅢ型的变化。米努辛斯克塔加尔文化的墓葬稍微有些复杂。公元前10～前8世纪（巴伊诺沃期），塔加尔文化巴伊诺沃期的墓葬受到积石塚D型的影响而形成。

和卡拉苏克文化阶段的积石塚文化以及石板墓文化A型、C型不同，塔加尔文化阶段的典型石板墓文化的社会性差异（陪葬品的多寡）逐渐形成。

塔加尔文化阶段的典型石板墓文化与卡拉苏克文化阶段的积石塚文化、石板墓文化A型和C型不同，根据陪葬品的多寡显现的社会性差异逐渐形成。卡拉苏克文化阶段，某种程度上形成的是氏族单位间的差异[56]，而塔加尔文化阶段，形成了个人性的社会差异[57]。布尔干省额金河流域的石板墓中随葬有青铜胄[58]，达拉姆墓地4号墓中随葬有大量玉器和铜泡[59]。随葬品多寡表现的集团内部个人性的阶层差异从典型石板墓B型阶段开始逐渐显现。至塔加尔文化波德戈尔诺沃期、萨拉加什期，墓葬的规模和结构逐渐扩大[60]。再者，蒙古高原西部查德曼（Chandmani）文化的展开以木椁墓（木棺墓）为主。查德曼文化的形成也可能受图瓦阿尔赞古墓以及阿尔泰巴泽雷克文化的影响。

（原载九州大学大学院人文科学研究院《史渊》第155辑，2018年3月）

注 释

［1］ Kovalev, A. A., D. Erdenebaatar. Discovery of new cultures of the Bronze Age in Mongolia according to the date obtained by the international Central Asian archaeological expedition［A］. *Current Archaeological Research in Mongolia*［C］. Papers from the First International Conference on "Archaeological Research in Mongolia" held in Ulaanbaatar, August 19th-23ed, 2007, Bonn: Rheinsishe Friedriheh-Wihelms-Universitat, 2009: 104-117.［A. A. 科瓦列夫，Д. 额尔德涅巴德尔. 蒙古青铜时代文化的新发现［A］. 边疆考古研究（第8辑）［C］.北京：科学出版社，2009：246-279.］

［2］ a. Цыбиктаров, А. Д. Купьтура плиточных могил монголии и забайкалья［A］. *Издателыство бурятского госуниверситета*［C］. Улан-Уде, 1998.

b. Cybiktarov, A. D. Central Asia in the Bronze and Early Iron Ages (problems of Ethno-Cultural history of Mongolia and the Southern Trans-Baikal Region in the middle 2nd-early 1st millennia BC)［J］. *Archaeology Ethnology & Anthropology of Eurasia*, 2003 (1-13): 80-96.

［3］ 宮本一夫.モンゴル高原における青銅器時代板石墓の変遷と展開.史淵［J］.九州大学大学院人文科学研究院，2016（153）：31-57.

［4］ 同［3］.

［5］ Honeychurch, W. *Inner Asia and Spatial Politics of Empire Archaeology, Mobility, and Culture Contact*［M］. New York: Springer, 2015.

［6］ 同［3］.

［7］ Амгалантөгс, Ц. Хиргисүүрийн гадаад хэльэр, ззохион байгуу лалтын ангилал. Археологйн Судлал［J］. *Улаанбаатар*, 2015 (1-41): 122-139.

［8］ Miyamoto, K. *Excavations at Bor Ovoo and Khyar Kharaach Sites*［M］. Fukuoka: Faculty of Humanities, Kyushu University, 2017.

［9］ Allard, F., Erdenebaatar Diimaajav. Khirigsuursritual and mobility in the Bronze Age of Mongolia［J］. *Antiquity*, 2005(79): 547-563.

［10］ a. Fitzhugh, W. *The Deer Stone Project Anthropological Studies in Mongolia 2002-2004*［M］. Washington D.C.: Arctic Studies Center National Museum of History Smithsonian Institution, Ulaanbaatar: National Museum of Mongolian History, 2005.

b. Takahama, Shu, Hayashi Toshio, Kawamata Masanori, Masubara Ryuji, D. Erdenebaatar. Preliminary report of the archaeological investigation in Ulaan Ushig I (Usshigiin Ovor) in Mongolia［J］. 金沢大学考古学紀要, 2006 (28): 61-102.

c. 宮本一夫. 漢と匈奴の国家形成と周辺地域—農耕社会と遊牧社会の成立—［A］.九州大学21世紀COEプログラム「東アジアと日本：交流と変容」統括ワークショップ報告書［C］. 福岡：九州大学，2007：111-121.

［11］ Гантулга, Ж. *Сагсай хэлбэрийн булж, Монголын Эртний Булш Оршуулга Ⅲ*［M］. Үлаанбаатар, 2016: 56-62.

［12］ Miyamoto, Kazuo, Tajiri Yoshinori, Amgalantugs Tsend, Batbold Natsag, Delgermaa Lhagvadorj. Excavations at the Khyar Kharaach Site［A］. *Excavations at Bor Ovoo and Khyar Kharaach Sites*［M］. Fukuoka: Faculty of Humanities, Kyushu University, 2017: 25-54.

［13］ 宮本一夫，田尻義了，松本圭太，T. Amgalantugs, D. Bazargur. モンゴル国バヤンホンゴール県エメルト・トルゴイ遺跡の発掘調査［A］. 第17回北アジア調査研究会報告会北アジア調査研究報告会実行委員会［C］. 2018：1-4.

［14］ Kovalev, A. A., D. Erdenebaatar. Discovery of New Cultures of the Bronze Age in Mongolia according to the Date obtained by the International Central Asian Archaeological Expedition［A］. *Current Archaeological Research in Mongolia*［C］. Papers from the First International Conference on "Archaeological Research in Mongolia" held in Ulaanbaatar, August 19th-23ed, 2007, Bonn: Rheinsishe Friedriheh-Wihelms-Universitat, 2009: 104-117.

［15］ Miyamoto, Kazuo, Amgalantugus Tend, Delgermaa Lhagvadorj. Excavations at Bor Ovoo Site［A］. *Excavations at Bor Ovoo and Khyar Kharaach Sites*［M］. Fukuoka: Faculty of Humanities, Kyushu University, 2017: 55-65.

［16］ 同［12］.

[17] 同［7］.

[18] 同［7］.

[19] Цыбиктаров, А. Д. Культура плиточных могил монголии и забайкалья［A］. *Издательство бурятского госуниверситета*［C］. Улан-Уде, 1998.

[20] 同［3］.

[21] 同［7］.

[22] 同［7］.

[23] 同［12］.

[24] 发掘报告（见［12］）中年代测定值与后者不同。报告中的数值属于误写，本数据正确。

[25] 同［15］.

[26] 同［15］.

[27] 同［13］.

[28] 同［7］.

[29] 同［15］.

[30] 同［7］.

[31] Okazaki, Kenji, Yonemoto Shiori. Human skeletal remains of the Bronze Age unearthed from the both sites of Khyar Kharaach in the Govi-Altai Province and Bor Ovoo in the Bayankhongor Province. Mongolia［A］. *Excavation at Bor Ovoo and Khyar Kharaachi Sites*［M］. Fukuoka: Faculty of Humanities, Kyushu University, 2017: 55-65.

[32] Yonemoto, S., Adachi T., Funahashi K., Nakano N., Osanai Y. The Strontium analysis on the human skeletal remains from the Khyar Kharaach site in the Gobi Altai, Mongolia［A］. *Excavation at Bor Ovoo and Khyar Kharaachi Sites*［M］. Fukuoka: Faculty of Humanities, Kyushu University, 2017: 66-72.

[33] 同［3］.

[34] 同［3］.

[35] Tumen Dashtseveg, Khatanbaatar Dorjpurev, Erdene Myagmar. Bronze Age graves in the Delgerkhaan mountain area of Eastern Mongolia and the Ulaanzuukh culture［A］. *Asian Archaeology*［C］. Beijing: Science Press, 2014 (2):139-163.

[36] a. Түмен, Д., М. Эрдэнэ, Д. Хатанбаатар, Г. Анхсанаа, Ч. Ванчигдаш. Дород Монгол төслийн хүрээнд гүйцэтэсэн археологийн судалгаа (2010). Mongolian Journal of Anthropology, Archaeology and Ethnology［J］. *Улаанбаатар*, 2010 (6-1): 167-215.
b. 同［35］.

[37] Амартувшин, Ч., Н. Батболд, Г. Эрдэнэ, Б. Батдалд. *Чандмань Харуулын археологийн дурсгал*［M］. Үлаанбаатар, 2015.

[38] 马健. 内蒙古阴山地区早期石板墓的初步调查与研究［A］. 中国北方及蒙古、贝加尔、西伯

利亚地区古代文化（上）［C］. 北京：科学出版社，2015：278-286.

［39］ 同［3］.

［40］ Цыбиктаров, А. Д. Купьтура плиточных могил монголии и забайкалья［A］. *Издателыство бурятского госуниверситета*［C］. Улан-Уде, 1998.

［41］ 同［38］.

［42］ Legrand, S. The emergence of the Scythians: Bronze Age to Iron Age in South Siberia［J］. *Antiquity*, 2006 (80): 843-859.

［43］ Miyamoto, Kazuo, Obata Hiroki. *Excavations at Daram and Tevsh Sites*［M］. Fukuoka: Faculty of Humanities, Kyushu University, 2016.

［44］ Takahama, Shu, Hayashi Toshio, Kawamata Masanori, Masubara Ryuji, Erdenebaatar D. Preliminary report of the archaeological investigation in Ulaan Ushig I (Usshigiin Ovor) in Mongolia［J］. 金沢大学考古学紀要, 2006 (28): 61-102.

［45］ 同［3］.

［46］ 同［12］.

［47］ Амгалантөгс, Ц., Б. Эрдэнэ, Б. Прохлич, Д. Хант. Умард монголд явуулсан археологийн судалгаа. Археологийн Судлал［J］. *Улаанбаатар*, 2007 (1-25): 106-130.

［48］ 同［47］.

［49］ Fitzhugh, W. T*he Deer Stone Project Anthropological Studies in Mongolia 2002-2004*［M］. Washington D.C.: Arctic Studies Center National Museum of History Smithsonian Institution, Ulaanbaatar: National Museum of Mongolian History, 2005: 66, Fig.5.9a.

［50］ 同［3］.

［51］ a. Грязнов, М. П., М. П. Завитухина, М. Н. Комарова, С. С. Миняев, Пщеницына, Ю. С. Хубяков. *Комплекс Археологических Памятников у Горы Тепсей на Енисее*［M］. Наука: Новосибирск, 1980.

b. Bokovenko, N. A. The emergence of the Tagar culture［J］. *Antiquity*, 2006 (80): 860-879.

［52］ Bokovenko, N. A. The emergence of the Tagar culture［J］. *Antiquity*, 2006 (80): 860-879.

［53］ Лазаретов, И. П. Памятники баиновского типа и тагарская культура, Археологические вести［J］. *Наука*, 2007 (14): 93-105.

［54］ 松本圭太. カラスク式短剣の成立と展開［J］. 古代文化，2009 (61-1): 37-55.

［55］ Geel, B. van, N. A. Bokovenko, N. D. Burova, K. V. Chugunov, V. A. Dergachev, V. G. Dirksen, M. Kulkova, A. Naglef, H. Parzinger, J. van der Plicht, S. S. Vasiliev, G. I. Zaitseva. Climate change and the expansion of the Scythian culture after 850 BC: a hypothesis［J］. *Journal of Archaeological Science*, 2004 (31): 1735-1742.

［56］ Wright, J. Landscapes of inequality? A critique of monumental hierarchy in the Mongolian bronze［J］. *Asian Perspectives*, 2014 (51-2): 139-163.

［57］ 同［3］.

［58］ Erdenebaatar. Burial materials related to the history of the Bronze Age in the territory of Mongolia ［A］. *Metallurgy in Ancient Eastern Eurasia from the Urals to the Yellow River* ［C］. Lewiston: the Edwin Kellen Press, 2004.

［59］ 同［43］.

［60］ 高濱秀.大興安嶺からアルタイまで［A］.中央ユーラシアの考古学［M］. 東京：同成社，1999：53-136.

Changing Process of the Burial System in the Bronze Age of Mongolian Plateau: Focused on Burials in the Khirigsuur Culture

MIYAMOTO Kazuo

DAI Yue (Trans.)

Khirigsuur culture, in which the grave scale indicates the group scale of the buried individuals, corresponds to the Karask culture and is distributed in western Mongolia. Khirigsuur culture spread from western Mongolia to central Mongolia with the movement of people from central Eurasia. Khirigsuur culture is believed to have been influenced by the Altai or the Minusinsuk Basin with the cultural attributes and immigration of people. The Khirigsuur in western Mongolia gradually changed in a horizontal space from westward to eastward in central Mongolia. The Khirigsuur symbolized the social unit or social group rather than a particular individual.

Typical stone-slab graves gradually changed from Type BⅠ to Type BⅡ and Type BⅢ in central and eastern Mongolia, dating from the 9th to 3rd centuries BC, thus corresponding with the Tagar culture of bronzeware. This process of change also led to the social development of herding societies in the eastern steppe area. In particular, certain individuals gained esteem within the social stratification. This social particularity is seen in the stone-slab burial culture of central and eastern Mongolia. On the other hand, Chandmani culture, which consists of wooden chambers coffins, spread at the same time throughout western Mongolia under the influence of the Pazyryc culture of Altai. These social particularities and esteem for the individual in the social stratification is also seen in Chandmani culture.

中国北方东周西汉时期偏洞室墓遗存及相关问题

曹建恩[1, 2]　孙金松[1, 2]
（1. 内蒙古师范大学科学技术史研究院，呼和浩特，010000；2. 内蒙古自治区文物考古研究所，呼和浩特，010000）

东周时期，中国北方文化带逐渐形成[1]，西汉时期，贯通中西的丝绸之路得以开通，两件划时代的大事为中国北方考古学文化的相互交流创造了前所未有的优越条件，同时也激发了一系列学术问题。

偏洞室墓是指竖穴墓道与洞状墓室并列配置的一种特殊的墓葬形制，在学术界又被称为竖穴侧室墓[2]、土坑半洞室墓[3]、竖穴侧龛墓[4]、臼字形墓[5]。此类墓葬及相关遗存自发现以来，便引起了众多学者的广泛瞩目，目前有学者们从偏洞室墓的起源[6]、地域性特征与文化属性[7]、类型学与年代学研究[8]、文化传统与起源动因[9]等。本文所言偏洞室墓遗存，是指含有偏洞室墓的考古学遗存，此类遗存因考古学文化特征较为复杂，年代持续较长，地域分布范围较广，且与其共存的其他遗存现象关系密切，已成为学界讨论的热点。而本文将时代限定在东周至西汉时期，是由于近年来在包括甘宁（甘肃及宁夏）、内蒙古中南部、新疆等地的中国北方地区新发现了大量此类遗存，为学术研究提供了丰富的基础资料（图一），本文拟从这三个地区相关遗存入手，对其文化特征、年代、相互关系以及发展历程、流布原因作简单分析，不尽之处，望方家指正。

一、遗存特征及年代

在中国北方地区东周至西汉这一时代背景下，中西方的文化交流互动频繁。偏洞室的发现主要集中在甘宁、新疆及内蒙古中南部地区，且各自考古学文化特征明显，在东周至汉代与西北地区，无论是在墓葬形制、殉牲习俗及青铜器种类及装饰风格上都反映出强烈的互动与融合。本文主要对这一区域的偏洞室墓葬的情况进行探讨。

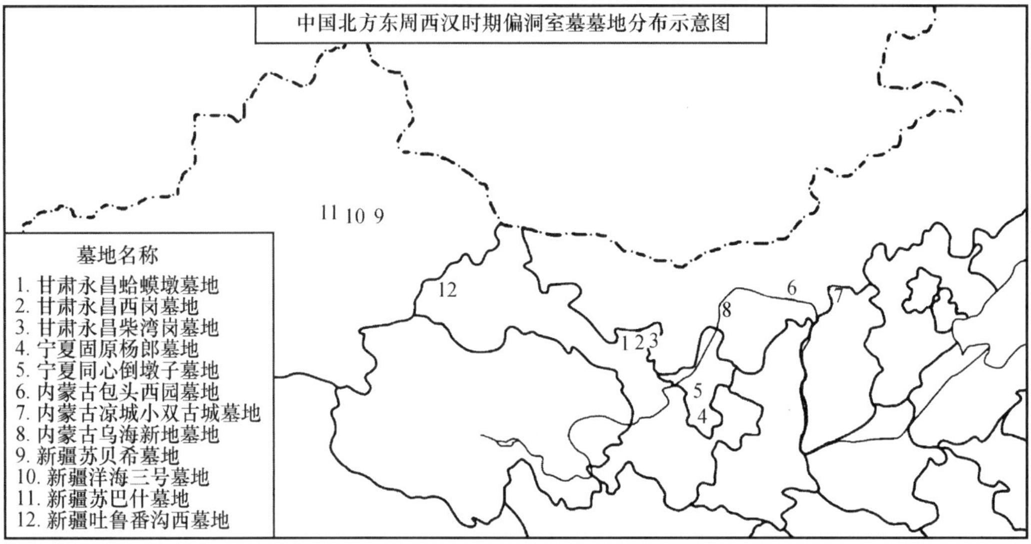

图一　偏洞室墓地位置示意图

（一）甘宁地区

甘宁地区发现这一阶段有偏洞室墓的墓地有蛤蟆墩墓地、西岗墓地、柴湾岗墓地、杨郎墓地、倒墩子墓地等，此外马家塬墓地也发现有个别偏洞室墓。

1. 蛤蟆墩墓地

位于甘肃省永昌县三角城遗址西1千米[10]。此墓地清理墓葬20座，其中偏洞室墓12座。

偏洞室墓墓道平面呈弧角的长方形，墓向多为北向或东北向。墓道与墓室之间多用成排的原木分隔，在每根原木一侧又斜顶一根原木。墓道底部大多放置马、牛、羊、驴的头骨及蹄骨作为殉牲。殉牲放置的方法皆为马、牛的头骨居前，羊的头骨置后。墓室底部多铺白灰，其上再铺芨芨草，人骨也多为芨芨草和芦苇席包裹。均为单人仰身直肢一次葬，个别墓葬中发现两具头骨和殉牲的羊头骨，女性墓葬中还发现有用儿童肢骨随葬的现象。有的上肢骨似遭到扰乱，一些人骨残留有火烧的痕迹，可能是火葬的遗痕（图二，1）。

随葬品以青铜器为主，木制器皿很发达，还有一定数量的陶器、骨器、琉璃器、皮革器和玉石器、铁器等。青铜器的种类最为丰富，其中直柄刀、联珠饰、扣饰、铃的数量最多，另外有少量的管状饰、云纹牌饰、耳环、盘角羊饰、S形饰等。木制器皿多放置于人骨的头前，有长方形木盘（图三，5）、桶状木盒、箭秆、长木条等，陶器有双耳罐、鬲足、单耳罐，多与木制器皿放置在一起。骨器主要为生产工具和生活用具，种类有匕、三棱翼銎镞、带扣、弓弭等。玉石及琉璃器除砺石外，均为耳、项间的装饰

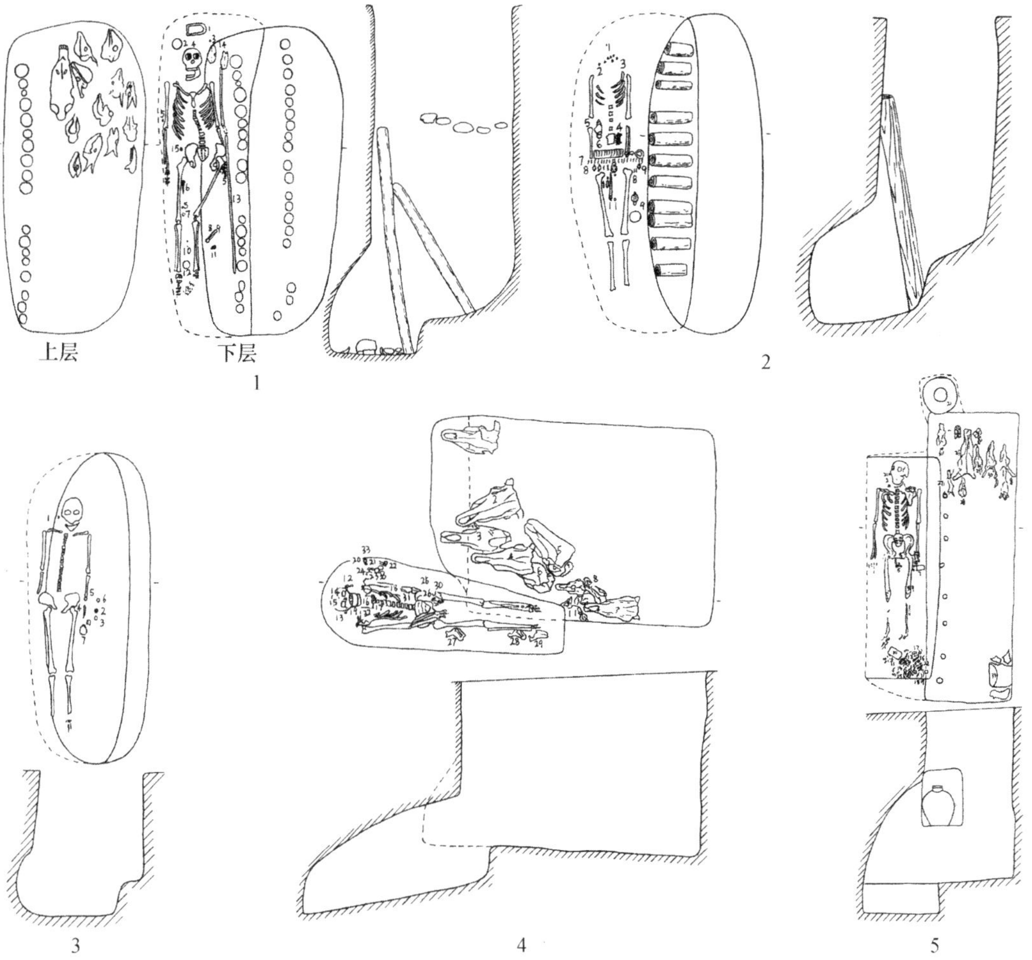

图二　甘宁地区偏洞室墓举例

1. 甘肃永昌蛤蟆墩墓地M15　2. 甘肃永昌西岗墓地M140　3.甘肃永昌柴湾岗M23　4. 宁夏固原杨郎墓地Ⅲ区M5　5.宁夏同心倒墩子墓地M13

（比例尺不同）

品。皮革器保存完整者很少，以皮条串联长方形镂孔铜牌、铜管状饰、联珠饰和鸾铃组成的鞭形饰最具特点，另外还发现缀有铜扣饰的眼罩及缀有联珠饰、铜扣饰的皮带。铁器只见有刀类。

根据^{14}C测年数据，发掘者认为蛤蟆墩墓地的年代为西周至战国时期。鉴于此墓地出土的直柄刀、联珠饰、扣饰、云纹牌饰均为长城沿线春秋时期至战国早期习见的器物，因此其年代上限不会早于春秋初期，下限可晚至战国早期。

2. 西岗墓地

位于甘肃省永昌县三角城遗址东部的台地上[11]。共清理墓葬452座，其中偏洞室墓281座。墓道平面略呈长方形，墓向以东北向为主，西北向很少。墓道与墓室之间斜插成排的原木，其上铺以芨芨草或芨芨草编席。墓室底部均铺有白灰，用芨芨草或芨芨草编席作为葬具，流行单人葬，合葬墓很少。葬式为仰身直肢葬，个别墓葬人骨有被火熏烤过或涂以白灰或撒上赭石粉的现象。部分墓葬在墓道填土中发现用山羊头、猪腿骨等殉牲的现象（图二，2）。

随葬品与蛤蟆墩墓地相近，但种类更为丰富。除蛤蟆墩墓地常见的器物外，新出现的随葬品有铲足陶鬲（图三，1）、陶单耳杯（图三，2）、陶双耳壶（图三，3）、陶筒腹杯（图三，4）、环首铜刀、铜带扣（图三，13）、动物纹方形铜带饰（图三，14、15）、铜联珠饰（图三，16）及金璜形项饰（图三，6）等。

根据^{14}C测年数据，此墓地的年代应介于西周晚期至春秋晚期。

3. 柴湾岗墓地

位于甘肃永昌三角城遗址东部，西距西岗墓地约500米[12]。发掘墓葬113座，其中偏洞室墓48座。此墓地墓葬形制、葬俗及随葬品与西岗墓地基本相同（图二，3），在殉牲方面，新发现有牛头骨、蹄骨、牙齿及羊角、蹄骨、马的牙齿，随葬品方面除了铜扣（图三，7）、铜管状饰（图三，8）、铜铃（图三，9）、铜联珠饰（图三，10、17）、铜带扣（图三，12）、铜环饰（图三，18）、 铜针管（图三，19）、铜直柄刀（图三，20）和铜环首刀（图三，21）外，还新发现了金耳环（图三，11）和铜环首短剑（图三，22）。

此墓地年代与西岗墓地同时，介于西周晚期至春秋晚期。

4. 杨郎墓地

位于宁夏固原杨郎乡马庄西南部[13]。杨郎墓地共清理墓葬49座，可辨墓葬形制的墓葬29座，仅发现2座偏洞室墓，位于第三地点墓地的东南部。

此类墓道平面呈长方形，墓室位于墓道一侧，前部呈洞状，有的墓室底部呈前高后低的斜坡状。殉牲放置于墓道底部，种类为马、牛、羊的头骨，以羊的头骨数量最多，其次为牛和马的头骨。殉牲摆放较为凌乱，马、牛的头骨放置于墓道的前部或靠近墓室的位置（图二，4）。

随葬品非常丰富，绝大多数置于墓室内，一部分随葬品与殉牲放置于一起。种类以车马器、装饰品类数量居多，武器及工具也很常见。车马器有铜羊首形竿头饰（图三，31）、车辕饰（图三，29）、车軎、当卢、节约及铁马衔和马镳构成，装饰品由铜圆雕羊形饰（图三，25）、圆雕鹿形饰（图三，26）、铃（图三，28）、带饰（图三，30）、耳环、环形带扣、管状饰、铁带饰（图三，23）及金耳环、石串珠构成。武器有铜柄铁剑（图三，32）、铁矛、铜戈。工具有铁刀（图三，27）和铜斧（图三，24）。

此墓地年代相当于春秋晚期至战国早期，个别墓葬可晚至战国晚期。

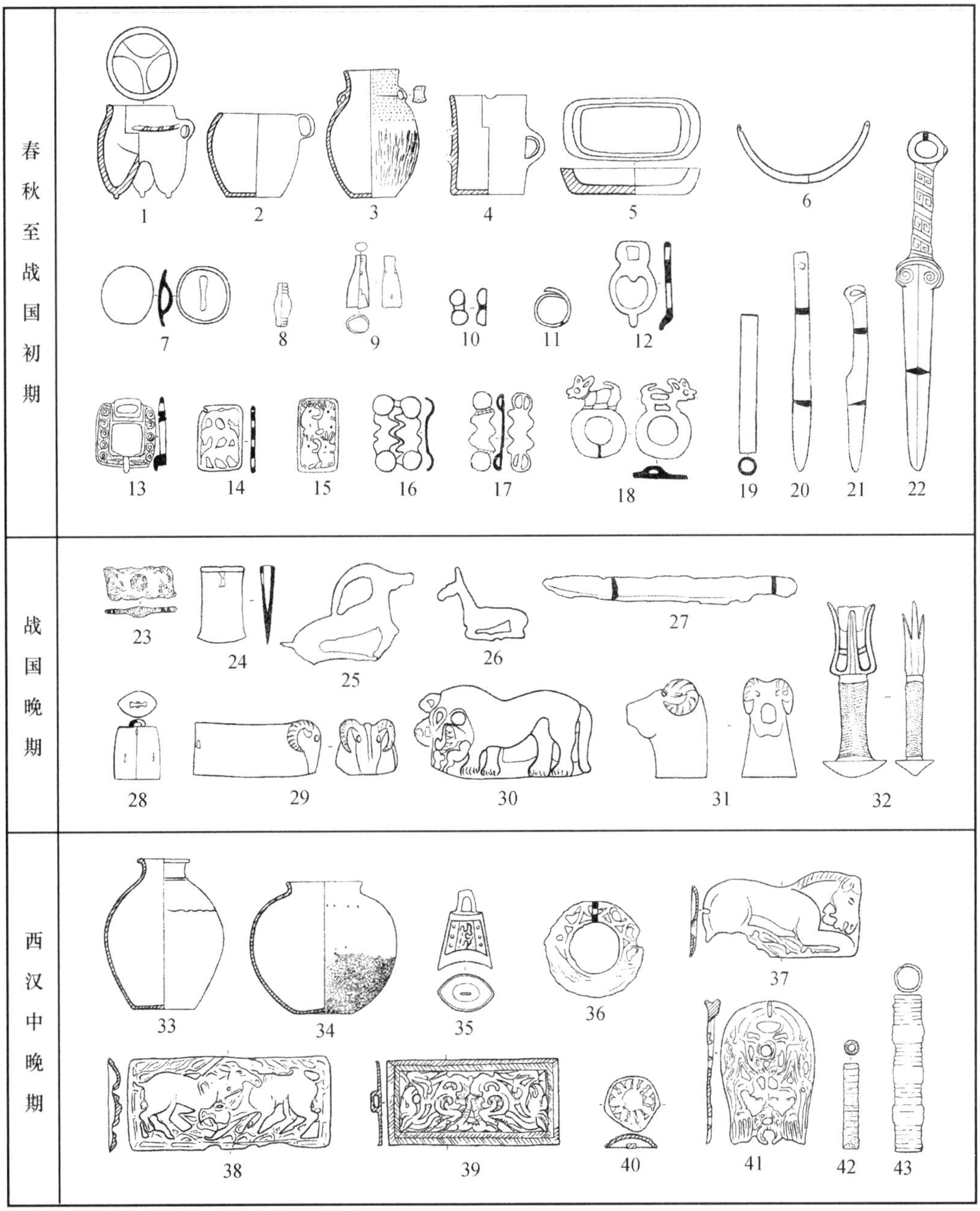

图三　甘宁地区偏洞室墓主要出土遗物

1. 陶鬲（西岗M334：2）　2. 陶单耳杯（西岗M108：1）　3. 陶双耳壶（西岗M41：1）　4. 陶筒腹杯（西岗M214：1）　5. 木盘（蛤蟆墩M18：2）　6. 金璜形项饰（西岗M26：2）　7. 铜扣（柴湾岗M69：2）　8. 铜管状饰（柴湾岗M61：7）　9. 铜铃（柴湾岗M93：2）　10. 铜联珠饰（柴湾岗墓地出土）　11. 金耳环（柴湾岗M75：1）　12. 铜带扣（柴湾岗M23：6）　13. 铜带扣（西岗M146：5）　14. 铜带饰（西岗M392：3）　15. 铜带饰（西岗M422：4）　16. 铜联珠饰（西岗M56：5）　17. 铜联珠饰（柴湾岗M547-①）　18. 铜环饰（柴湾岗M6：4）　19. 铜针管（柴湾岗M54：8）　20. 铜直柄刀（柴湾岗M4：6）　21. 铜环首刀（柴湾岗M75：8）　22. 铜环首短剑（柴湾岗M4：3）　23. 铁带饰（杨郎ⅢM5：17）　24. 铜斧（杨郎ⅢM4：76）　25. 铜圆雕羊形饰（杨郎ⅢM4：77）　26. 铜圆雕鹿形饰（杨郎ⅢM5：28）　27. 铁刀（杨郎ⅠM2：45）　28. 铜铃（杨郎ⅠM14：11）　29. 铜车辕饰（杨郎ⅢM4：3）　30. 铜带饰（杨郎ⅢM4：82）　31. 铜羊首形竿头饰（杨郎ⅢM4：1）　32. 铜柄铁剑（杨郎ⅠM12：3）　33. 陶素面罐（倒墩子M1：1）　34. 陶绳纹罐（倒墩子M7：1）　35. 铜铃（倒墩子M6：4）　36. 铜透雕环饰（倒墩子M15：4）　37. P形带饰（倒墩子M10：14）　38. 铜长方形带饰（倒墩子M6：5）　39. 铜长方形带饰（倒墩子M19：9）　40. 铜扣饰（倒墩子M9：1）　41. 铜马蹄形带饰（倒墩子M1：3）　42. 铜管状饰（倒墩子M23：2）　43. 铜管状饰（倒墩子M10：7）

（比例尺不同）

5. 倒墩子墓地

位于宁夏同心王团乡倒墩子村东南的坡地上[14]，共清理墓葬27座，其中偏洞室墓6座。

墓道平面呈长方形，墓向北，北壁存有小龛，内置随葬陶器和漆器。墓室置于墓道一侧，殉牲放置于墓道底部，种类有牛、羊的头骨和蹄骨，数量以牛的头骨居多，摆放的顺序很有规律，牛的头骨居前，羊头骨居后。个别墓道的底部与墓室之间发现有成排的小柱洞，可能是封堵墓室的木栅栏留下的痕迹。人骨均放置于墓室内，皆为单人一次葬，仰身直肢，大部分骨架呈足高头低之势。成人墓葬中均有木质葬具（图二，5）。

随葬品除大部分陶器放置于墓道壁龛内外，其余的物品多放置于墓室人骨的周围。有陶器、铜器、石玉串珠及钱币、海贝最为流行。陶器分为素面罐（图三，33）及绳纹罐（图三，34）两种，铜器以腰带饰品为主，还有铜铃（图三，35）、扣饰（图三，40）及管状饰（图三，42、43）等。腰带饰品有铜P形带饰（图三，37）、铜长方形带饰（图三，38、39）、铜马蹄形带饰（图三，41）、透雕环饰（图三，36）及铁带扣组成，其中铜长方形牌饰及P形牌饰均饰有浅浮雕纹饰，主体图案为双马咬斗纹、虎噬羊纹、车马战俘纹和俯卧马纹等。石玉串珠多用作项链或还缀连透雕铜环饰，钱币均为汉代五铢。

此墓地年代定为西汉中晚期。

（二）内蒙古中南部地区

内蒙古中南部地区发现的大型墓地较少，其中发现有偏洞室墓的仅见西园墓地、小双古城墓地，偏晚的仅见乌海新地墓葬。

1. 西园墓地

位于包头市东郊西园村北大青山南坡的台地上[15]，清理墓葬5座，其中偏洞室墓葬4座，另有2座偏洞室式祭祀坑。墓地规模很小，墓葬大体成排分布，祭祀坑位于墓地的西侧。

墓道平面略呈长方形，墓向东。殉牲置于墓道底部，种类为牛和羊的头骨，个别见有羊的肩胛骨和蹄骨，放置方式多为牛头骨在前，羊头骨在后，羊的肩胛骨放在人头骨上方。畜头皆侧置，面向墓主人，吻部朝向东方。多为单人墓，只见1座双人合葬墓，葬式以仰身直肢葬为主，仅见1座侧身直肢葬（图四，1）。

随葬品以青铜器为大宗，未发现陶器。青铜器中，以装饰品占绝大多数，有少量的工具和生活用具。装饰品由铜联珠饰（图五，1）、扣饰（图五，2）、弹簧式耳环

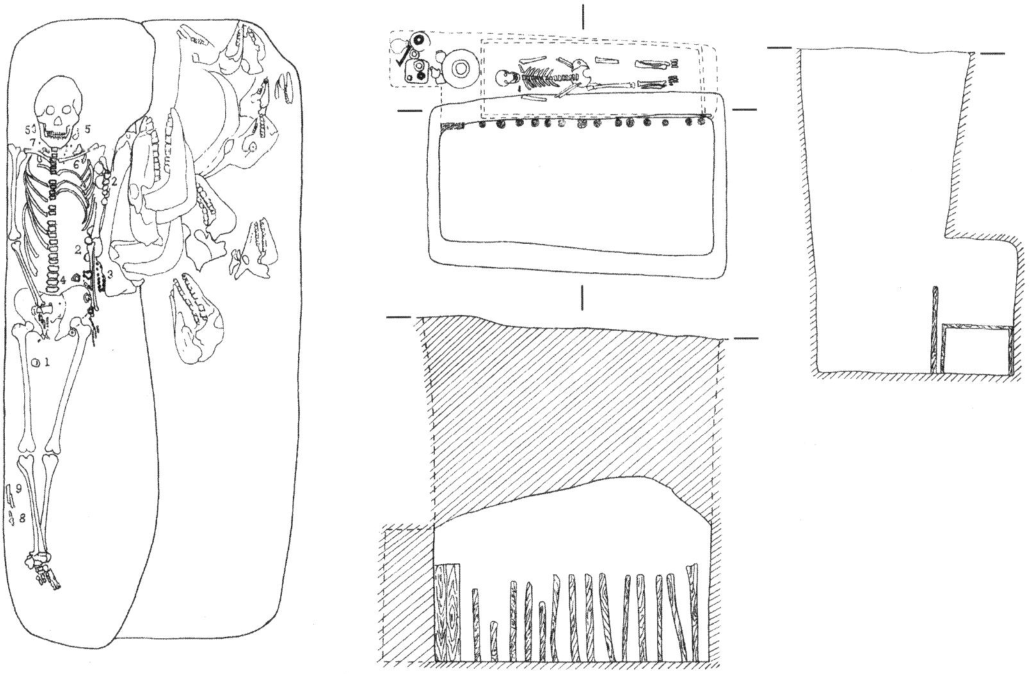

图四 内蒙古中南部地区偏洞室墓举例
1. 包头西园墓地M4 2. 乌海新地M8
（比例尺不同）

（图五，3）、环饰及管状饰构成主体成分，另外有带钩、三翼式銎镞、连续云纹牌饰（图五，7）、动物形牌饰、铃（图五，5）、带扣（图五，4）、匙（图五，11）、璜形饰（图五，6）、刀等。其中铜刀只见残刀身，是很值得注意的一个现象。骨器以镞最为常见，弓弭（图五，12）、纺轮、匕、串珠的数量很少。另外还见有少量的玉珠、石珠、蚌环等。

年代相当于春秋中晚期。

2. 小双古城墓地

位于凉城县岱海南岸[16]，面积近3000平方米。清理墓葬14座，其中偏洞室墓12座。墓道平面呈长方形，皆向东。大部分墓葬的墓道底部殉牲，种类以马、牛、羊的头骨为主，均正置，吻部向东，马、牛等大型牲畜的头骨排列在前，羊的头骨排列在后，蹄骨散见于牲畜的头骨周围。均为一次单人葬，为仰身直肢。

随葬品较为丰富，主要见于人骨的腰部及颈部。青铜器在随葬品中所占比重最大，主要为各类带饰，其中云纹牌饰（图五，8）、大型动物纹带饰（图五，9、10）、扣饰构成腰带的主体，另外还见有少量的璜形饰、刀（图五，13）、锥、环饰等。陶器放置于人头骨前方，有绳纹侈领罐、素面双耳罐。椭圆形金牌、玉石珠、弓弭及骨镞数

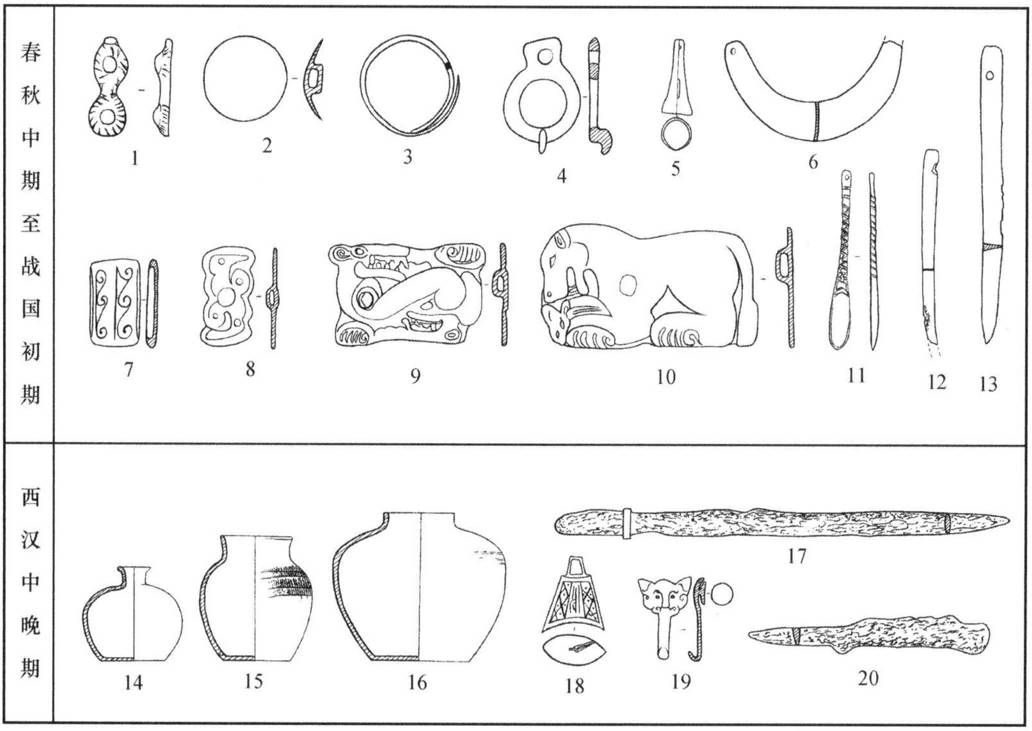

图五　内蒙古中南部地区偏洞室墓主要出土遗物

1. 铜联珠饰（西园M2∶4）　2. 铜扣饰（西园M4∶1）　3. 铜弹簧式耳环（西园M5∶1）　4. 铜带扣（西园M4∶4）　5. 铜铃（西园M6∶6）　6. 铜璜形饰（西园M5∶3）　7. 铜连续云纹牌饰（西园M5∶4）　8. 铜云纹牌饰（小双古城墓地）　9. 铜动物纹带饰（小双古城墓地）　10. 铜动物纹带饰（小双古城墓地）　11. 铜匙（西园M6∶2）　12. 骨弓弭（西园M4∶9）　13. 铜刀（小双古城墓地）　14. 陶罐（新地M8∶2）　15. 陶罐（新地M10∶2）　16. 陶罐（新地M10∶1）　17. 铁剑（新地M10∶5）　18. 铜铃（新地C∶16）　19. 铜带钩（新地M9∶2）　20. 铁刀（新地M9∶1）

（比例尺不同）

量极少。

年代相当于春秋晚期至战国早期。

3. 新店子墓地

位于呼和浩特市和林格尔县新店子乡小板申村西北坡地之上，总面积约256平方米。正式发掘56座，其中偏洞室墓12座。偏洞室墓多为长方形或梯形墓道，墓道底部右侧横向挖筑的长方形墓室，墓向东。葬式为仰身直肢单人一次葬。殉牲均置于墓道底部，种类以马、牛、羊头骨并见少量肩胛骨、距骨等。殉牲所用动物头骨摆放规律性较强，多吻部向前，呈倒置或侧置状摆放。

新店子墓地随葬品较为丰富，以青铜器为主，陶器、金、骨、玉石器较少。青铜器以短剑、戈、带扣、联珠饰、环、扣饰、耳环为大宗，另见少量匙形器、刀尖挂饰、长方形牌饰、节约、虎头形饰等，陶器、金器仅见一种。另见少量骨镞、针筒、针、扣、蚌环、贝饰等。

年代相当于春秋晚期至战国早期。

4. 新地墓地

位于乌海市西北15千米的五一农场[17]，墓地南侧即为一座汉代古城。此墓地墓葬极为丰富，仅有选择的清理了12座墓葬，发现偏洞室墓葬5座。

偏洞室墓均属小型墓葬，墓道平面呈长方形，墓向多为西向。墓道与墓室底部在同一平面，有的墓葬墓道与墓室之间用成排的原木相隔。墓道内未见殉牲，墓室置木棺，除1座双人合葬墓外，皆为单人一次葬，葬式以仰身直肢为主，仰身屈肢和侧身直肢少见（图四，2）。

随葬品主要放置于木棺前头端头龛内，以陶器为大宗，种类有各种罐类（图五，14～16）、灶、釜。另外还有铜带钩（图五，19）、铜镜、铜铃（图五，18）、铁剑（图五，17）、铁刀（图五，20）及钱币置于人骨两侧。

年代相当于西汉中晚期。

（三）新疆地区

新疆地区发现较多，然因该地文化谱系尚未完全建立，很多墓地延续时间较长，偏洞室墓也延续时间较长。近年来，仅在伊犁河流域就发现20余处属于早期铁器时代的有偏洞室墓的遗存，这些遗存大多为偏洞室墓葬与竖穴土坑墓共存，地表还发现有石头封堆、墓道内大多填石[18]。因新疆地区牵涉墓地较多，无法一一赘述，仅选择部分墓地进行介绍。

1. 苏贝希墓地

位于鄯善县吐峪沟乡苏贝希村南部的戈壁坡地上[19]，墓地与遗址相邻，1号墓地位于遗址的北部，发现墓葬35座，可分为东、西两区，东区有偏洞室墓9座，西区有偏洞室墓4座；3号墓地位于遗址的西部，清理墓葬30座，其中偏洞室墓1座。

该墓地的墓道平面呈圆角长方形，墓向西北。墓道与墓室之间斜搭成排原木，其上再置芦苇、干草，用以封堵墓口。尸骨置于墓室，葬式为仰身直肢（图六，3）。

随葬品以毛裤、毛衣、皮衣、皮带、皮靴、毛毡等随身穿着皮毛制品最为丰富，另外还见有一些生活用具及工具，主要有陶钵、壶（图七，1）、单耳杯（图七，2）、筒腹杯（图七，3）、豆（图七，5）及铁带钩、铁刀（图七，7、9）、木盘（图七，6）、弓箭袋、角弓（图七，8）、马鞍辔等。

根据^{14}C数据，此墓地年代居于公元前5～前3世纪，年代下限为战国晚期。

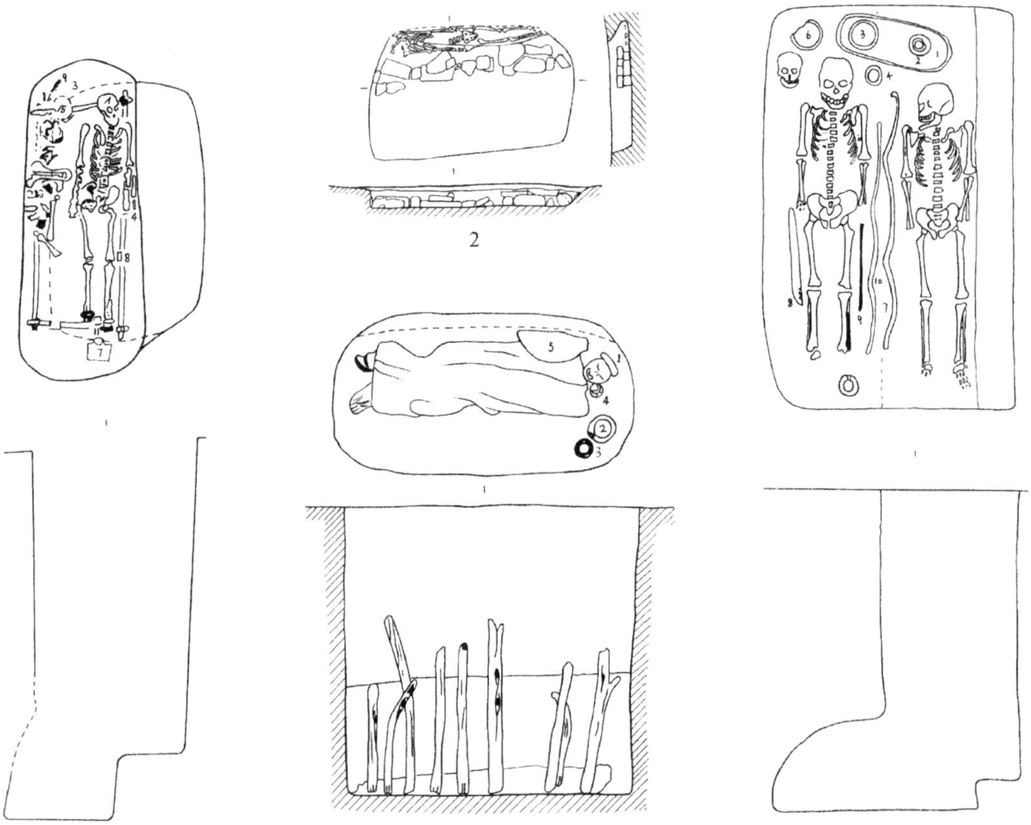

图六　新疆地区偏洞室墓举例

1. 鄯善苏巴什M3　2. 吐鲁番沟西M06　3. 鄯善苏贝希ⅢM25　4. 鄯善洋海三号墓地M316

（比例尺不同）

2. 洋海三号墓地

位于鄯善县吐峪沟乡洋海夏村西北、火焰山前风蚀的沙漠戈壁地带[20]。共清理墓葬80座，其中偏洞室墓52座，多分布于墓地的北部。

该墓地的偏洞室墓墓道平面呈长方形，墓向东北。墓道与墓室之间用原木、芦苇、席子或者土坯封堵。个别墓葬为适应合埋葬的需要，墓室面积有所扩大，导致墓室外壁与墓道外壁几乎重合，仅留下很窄的二层台，实际上墓室已占有了墓道的面积。有的墓葬侧壁挖有两个墓室或者将墓室底部修整，使墓室与墓道底部处于同一平面，本是为适应合葬的需要的产物。见有单人葬、双人葬，三人葬，葬式为仰身直肢（图六，4）。

由于墓地处于气候干燥的沙漠戈壁之中，因此有些墓葬内墓主人的发辫、衣物、冠饰都保存得非常完整，除此之外，还在尸骨的周围发现大量的陶器、木器、皮具和少量的铁锥、石斧、草娄等。木器的数量最多，种类有盘、刀、手杖、梳子、锥、耳杯、弓、箭镞。陶器有筒腹杯（图七，10）、碗、罐。皮具有包、枕等。

此墓地的年代为战国晚期至西汉时期。

3. 苏巴什墓地

位于鄯善县吐峪沟乡一大队一小队西南3千米火焰山北麓[21]，清理偏洞室墓6座。

墓道平面呈不规则长方形，口部普遍覆盖一层树条、芦苇、杂草等，上面堆积封土。墓道与墓室之间用短原木分隔，墓室底部多用木质尸床，流行多人合葬，葬式为仰身直肢，头向西（图六，1）。

随葬品多置于人骨头前，种类有陶单耳罐（图七，11）、陶筒腹杯（图七，12）、陶钵、木带扣、小木盒、雕花木器、漆器、环首铁刀、蚌饰及玛瑙珠饰。

偏洞室墓属于此墓地第二期遗存，年代推定为西汉中晚期。

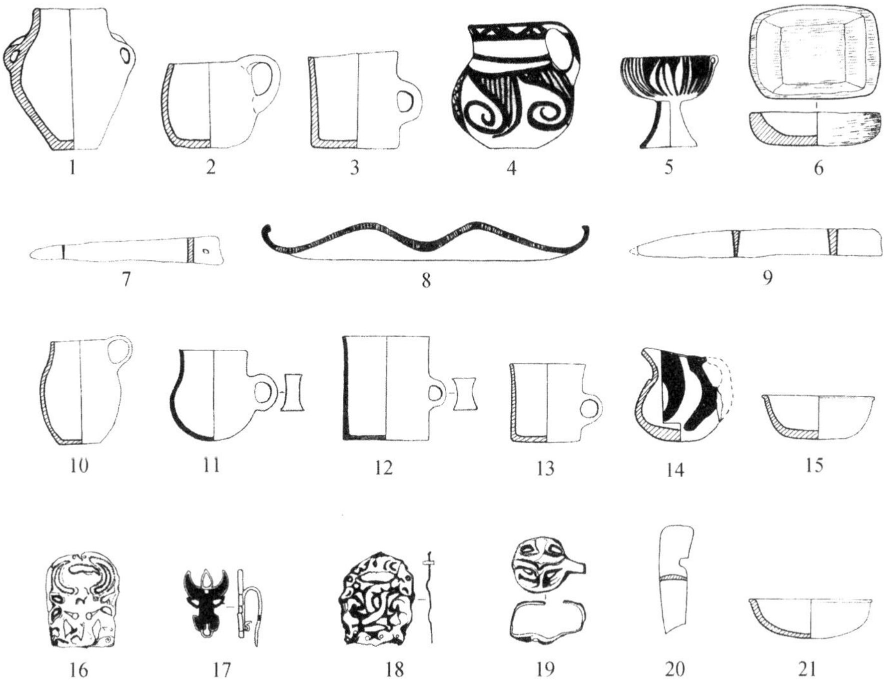

图七　新疆地区偏洞室墓主要出土遗物

1. 陶壶（苏贝希ⅠM10：7）　2. 陶单耳杯（苏贝希ⅢM10：2）　3. 陶筒腹杯（苏贝希ⅠC：1）　4. 陶单耳罐（苏贝希ⅢM15：16）　5. 陶豆（苏贝希ⅢM6：20）　6. 木盘（苏贝希ⅢM7：4）　7. 铁刀（苏贝希ⅢM13：2）　8. 角弓（苏贝希ⅢM4：8-①）　9. 铁刀（苏贝希ⅠM10：6）　10. 陶筒腹杯（洋海ⅢM372：6）　11. 陶单耳罐（苏巴什M4：3）　12. 陶筒腹杯（苏巴什M3：7）　13. 陶单耳杯（沟西M9：1）　14. 陶单耳罐（沟西C：1）　15. 陶钵（沟西M16：14）　16. 金马蹄形带饰（沟西M1：4）　17. 金耳饰（沟西M1：2）　18. 动物纹金牌饰（沟西M16：15）　19. 金戒指（沟西M1：4）　20. 骨弓弭（沟西M7：6）　21. 陶钵（沟西M11：1）

（比例尺不同）

4. 交河故城沟西墓地

位于吐鲁番市西10千米交河故城与盐山之间的台地上[22]，发现墓葬21座，其中偏洞室墓6座。

从已发表的两座偏洞室墓葬的情况分析，墓道平面呈长方形，墓向为西向。墓道与墓室之间用生土块或土坯封堵，葬式均为仰身直肢，单人葬（图六，2）。

随葬品贫乏，墓道填土中发现有陶钵及少量陶片，而在竖穴土坑墓葬中发现陶单耳杯（图七，13）、单耳罐（图七，14）、陶钵（图七，15、21）以及金马蹄形带饰（图七，16）、金耳环（图七，17）、动物纹金牌饰（图七，18）、冠饰、金戒指（图七，19）等。骨器见有弓弭（图七，20）。

据^{14}C测年数据，年代属于西汉中晚期。

二、不同形制墓葬之间的关系

偏洞室墓是前述诸墓地的共性特征，同时这些墓地也大多存在着数量不等的其他形制的墓葬，了解不同形制墓葬之间的关系，有助于把握这些考古学文化整体的文化内涵（表一）。

表一　偏洞室墓与共存的其他墓葬形制的差异

区域	墓地	竖穴土坑墓/洞室墓	偏洞室墓	殉牲	随葬品
新疆地区	洋海三号墓地	28	52	无	两者差异较小
	苏贝希一号墓地	13	22	无	两者差异较小
	苏贝希三号墓地	29	1	无	两者差异较小
	苏巴什	数量不明	6	无	两者差异较小
	交河故城沟西	15	6	无	前者多于后者
甘宁地区	蛤蟆墩	8	12	前者仅见羊头 后者马、牛、羊	前者少 后者丰富
	西岗	171	281		前者明显少于后者
	柴湾岗	47	48		前者略少于后者
	杨郎	29（洞室墓）	2	两者不见明显区别	两者差异较小
	倒墩子	21	6	前者无 后者普遍	前者较少

续表

区域	墓地	竖穴土坑墓/洞室墓	偏洞室墓	殉牲	随葬品
内蒙古中南部地区	西园	1	4	前者明显少于后者	前者明显少于后者
	新店子	44	12	基本相同	基本相同
	小双古城	2	12	基本相同	基本相同
	新地	3（洞室墓）	5	基本相同	基本相同

上述比较的结果表明，甘宁地区春秋至战国早期的蛤蟆墩、西岗、柴湾岗墓地，竖穴土坑墓偏洞室墓共存，年代大体同时。偏洞室墓的数量明显多于或者等同于竖穴土坑墓，两者在葬俗及随葬品种类方面基本相同。偏洞室墓葬的殉牲种类及数量和随葬品种类及数量皆明显丰富于竖穴土坑墓，尤其是在蛤蟆墩墓地及西岗墓地中表现得较为突出。战国晚期至西汉时期的杨郎和倒墩子墓地，偏洞室墓所占比例很小，竖穴土坑墓及土洞墓的数量明显增多，由此可以推断，由早及晚偏洞室墓有着逐渐减少的发展趋势。除杨郎墓地外，偏洞室墓的随葬品多比竖穴土坑墓丰富，说明一些偏洞室墓的社会地位比较高，在当时社会居于显赫位置，但是鉴于偏洞室墓与竖穴土坑墓均存在数量庞大的无随葬品的墓葬，因此不能认为偏洞室墓是当时社会上层专用的一种墓葬形制。

内蒙古中南部地区墓地的规模大多较小，西园墓地5座墓葬中4座偏洞室墓，而且2座祭祀坑也作偏洞室式。特别应注意的是：唯一的这座竖穴土坑墓，殉牲习俗与其他墓葬相同，但殉牲和随葬品的数量明显低于偏洞室墓葬。小双古城墓地偏洞室墓为主，除墓葬形制外殉牲与随葬品基本相同。而新地墓地的5座偏洞室墓与3座土洞墓同时，随葬品种类也基本相若。

与甘宁地区有所区别，内蒙古中南部自春秋至西汉中晚期偏洞室墓一直在诸墓地中占据主要位置，虽然也保持着由早及晚逐渐减少的趋势，但变化并不是很明显。甘宁地区流行的偏洞室墓社会地位高于其他墓葬形制的传统，在内蒙古中南部也没有得到充分体现。

在新疆地区，洋海三号墓地发现28座竖穴土坑墓与52座偏洞室墓共用一个墓茔，从发表的几个墓葬资料来看，偏洞室墓与竖穴土坑墓的随葬品组合大体相同，无法观察到等级上的差别。苏贝希一号墓地发现与13座偏洞室墓共处一个墓茔的竖穴土坑墓22座，三号墓地发现29座竖穴土坑墓与1座偏洞室墓。苏巴什墓地发现的竖穴土坑墓年代要早于偏洞室墓，故可以认为6座偏洞室墓独自使用一个墓地。交河故城沟西墓地发现15座竖穴土坑墓与6座偏洞室墓共存，其中金冠饰、带扣、带饰、牌饰及其他质地的随葬品均出土于竖穴土坑墓，而偏洞室墓多空无一物或仅随葬陶钵一件。

由于新疆地区偏洞室墓资料皆见于发掘简报，大量的墓葬没有全面发表，为深入研究带来了一定困难。根据目前的资料来看，这一地区不见殉牲，且由早及晚偏洞室墓数量并没有出现逐渐减少的变化，苏巴什墓地及交河故城沟西墓地的发现可以说明，至少在西汉时期，既出现了以竖穴土坑墓为主的墓地，也存在着以偏洞室墓为主的小型墓茔。与甘宁地区的情况相反，新疆地区还出现了竖穴土坑墓的随葬品远比偏洞室墓丰富的情况，交河故城沟西墓地就是典型的例证。

综上所述，偏洞室墓与其他形制的墓葬往往共处一个墓地，虽然不同形制的墓葬在葬俗及随葬品方面表现出一定的差异，但是没有出现本质的区别，因此同一墓地不同形制的墓葬可以归于同一支考古学文化。至于不同形制墓葬在墓地中比重以及地位的变化，应该与文化传统有关。

三、诸墓地文化性质及相互关系

东周至西汉时期，是中国北方由青铜器时代向早期铁器时代发展的重要阶段，在长城地带、河西走廊以及新疆地区，诸考古学文化均不约而同地完成了农业向畜牧业或游牧业的转化过程，这一时期畜牧业或游牧业为主体的经济形态的最终形成，使不同区域间的文化交流、迁移、融合以一种不同以往的更为机动的方式进行，除学界广为熟悉的颇具共性的武器、工具、装饰品在这一地区流行以外，还出现了两个新的值得关注的文化现象。其一，偏洞室墓普遍分布，构成了许多考古学文化的共性特征。其二，不同体质特征的人群杂居错处，初显融合趋势，例如在具备东亚人种特征人群长期集居的长城地带，突然大规模出现了具备北亚人种特征的人群，西岗、柴湾岗[23]以及西园、凉城县小双古城墓地[24]均提供了这方面的人骨证据，而在新疆地区的苏贝希墓地，体质人类学鉴定的结果表明，大量人骨接近典型欧罗巴人种，只有少量的人骨具有蒙古人种支系及混合人种支系。以这些文化现象为研究背景，是正确把握偏洞室墓遗存文化性质及相互关系的重要前提。

西北地区发现的蛤蟆墩、西岗及柴湾岗墓地，文化内涵相同，基本可归于沙井文化[25]范畴，这一文化分布的中心区域为黄河以北的甘肃省中部地区[26]。以杨郎墓地为代表的文化遗存，在宁夏有着大量的发现，此类遗存分布的中心区域是陇山周围地带，与沙井文化隔腾格里沙漠东西对峙，在春秋时期，两者平行发展，相互间存在着密切的交流关系，杨郎墓地发现的偏洞室墓数量少，年代偏晚，应该是来自沙井文化的文化因素，墓室底部称斜坡状，保留了本文化土洞墓的特征。

倒墩子墓地一类遗存目前发现的很少，陶罐、透雕铜环及大量的透雕动物纹牌饰与匈奴文化存在着相当的一致性，墓葬形制和葬俗与其他地区的匈奴墓存在明显差异，表现出鲜明的地域特征，因此发掘者认为使用倒墩子墓地的人群可能属于内附的南匈奴的一支。从墓葬形制来看，这一墓地与沙井文化最为相似，特别是保留墓道作为殉牲场所及偏洞室墓随葬品普遍多于竖穴土坑墓的传统葬俗，与沙井文化的蛤蟆墩墓地完全相同，头低脚高的葬式具有杨郎墓地土洞墓的特征，因此倒墩子墓地一类遗存是保留沙井文化葬俗，又接受了杨郎文化、匈奴文化影响的一支考古学文化。

在内蒙古中南部，这一地区在西周时期以前，一直以竖穴土坑墓为主要的墓葬形式，虽然在朱开沟文化时期，曾在伊金霍洛旗白敖包遗址[27]发现偏洞室墓葬，但流行的时间很短。进入春秋时期，西园、小双古城墓地偏洞室墓又开始出现，这种不同于本地区传统的墓葬形制，应该与外来的文化迁徙有关。值得注意的是，目前偏洞室墓遗存仅分布于内蒙古中南部阴山山脉与黄河之间的平原山地，在这一区域的浑河流域发现了流行土洞墓的阳畔墓地[28]，土默川平原西部发现了以偏洞室墓为主的西园墓地，这种分布态势与流行偏洞室墓的沙井文化及流行土洞墓的杨郎文化，在甘宁地区东西对峙的格局极为相似，似乎预示着内蒙古中南部与甘宁地区之间存在异乎寻常的密切关系。

西园墓地居于土默特平原的西部，有的学者将其划归毛庆沟文化[29]，又有学者将其单独命名为西园文化[30]，显然学界对西园墓地文化性质的认识存在着分歧。从西园墓地墓葬形制来看，与沙井文化基本一致，在墓道殉牲的葬俗，与蛤蟆墩墓地惊人的相似，出土的随葬品大多可以在西岗、柴湾岗墓地找到相同的式样，只有弹簧式耳环、连续云纹牌饰表现出一些土著特征，故此沙井文化因素构成了这一墓地的主体成分，鉴于两个墓地的人骨经鉴定均具有北亚人种特征，所以可以将使用西园墓地的人群视作沙井文化北上迁移的一支。需要补充说明的是沙井文化的陶器以及铜器的一些种类在西园墓地没有发现，可能与西园墓地规模过小有关，另外，沙井文化双耳直领壶、单耳罐以及鹿纹牌饰、联珠饰与凉城县忻州窑子[31]、崞县窑子墓地[32]的同类器相似，是引人深思的一个文化现象。

小双古城墓地位于蛮罕山南部的岱海地区，在墓葬形制和葬俗方面与西园墓地、蛤蟆墩墓地相近，但在随葬品组合方面，这一墓地区域特征明显突出，绳纹陶器及云纹铜牌饰与凉城县毛庆沟墓地[33]更为相似，因此，小双古城墓地一类遗存是西园墓地与毛庆沟墓地相关遗存相融合的产物，应视作毛庆沟文化的一个地方类型。

新地墓地位于鄂尔多斯高原的西部，地域与宁夏毗邻。从墓地的随葬品组合分析，大量的陶器、钱币均属于西汉文化，因此这一墓地的主体文化因素应是中原系统，偏洞室墓葬虽出土西汉文化的遗物，但墓葬形制却与陇山地区倒墩子墓地最为相似，显然，新地墓地的偏洞室墓应该是受到倒墩子墓地的影响。

新疆地区的苏巴什、交河故城沟西、洋海三号及苏贝希墓地均发现于吐鲁番地区，文化内涵基本一致，应属于苏贝希文化[34]。交河故城沟西墓地出土的金冠饰与内蒙古杭锦后旗阿鲁柴登[35]的同类器别无二致，牛纹马蹄形金带扣与倒墩子墓地透雕动物纹铜带饰相似，表明在战国晚期至西汉时期，苏贝希文化曾与内蒙古地区、甘宁地区的考古学文化有着一定的联系，但是综合整体文化特征来考虑，这一文化与分布于甘肃中部的沙井文化存在着更多的一致性，如沙井文化常见的木器、皮毛制品以及单耳杯、直腹杯等陶器在吐鲁番地区也颇为流行，显示出两个文化间应该存在着较为密切的关系。新疆地区在青铜时代主要流行竖穴土圹木棺墓、竖穴石棺墓、竖穴石室墓，进入战国时期出现的偏洞室墓，与传统的墓葬形制存在着明显的结构性差异，应该是外来的文化因素，而且极有可能是受到沙井文化的影响，鉴于苏贝希文化和沙井文化的人群，在体质特征方面存在明显的差异，而且前者流行多人合葬的墓葬习俗保留着浓郁的地域特征，可以推断以沙井文化为代表的偏洞室墓遗存向新疆地区的发展，并非殖民性的入侵，而是采用了文化融合的方式。此外，陈戈先生曾提出新疆洞室墓为月氏西迁遗存的论断[36]，撇开沙井文化是否为月氏的论点，也验证了本文关于偏洞室墓的观点。

总之，东周西汉时期内蒙古、新疆、甘宁地区的许多墓地，虽然多采用偏洞室墓作为流行的墓葬形制，但文化性质却有着明显的区别，不同地域不同时代的偏洞室墓遗存多分属不同的考古学文化，文化之间的交流、迁移、融合也以多种形式进行。这一阶段偏洞室墓及其遗存的传播，大多与沙井文化发生过联系，显然，沙井文化在中国北方文化形成过程中，曾起到过重要的作用。

四、偏洞室墓遗存的发展历程及流布原因

偏洞室墓最早起源于新石器时代中晚期，分别发现于关中平原、内蒙古东南部地区和甘宁地区。关中平原偏洞室墓最早见于陕西高陵杨官寨遗址[37]庙底沟文化墓地，文化特征单纯、鲜明。内蒙古东南部的偏洞室墓仅见于赤峰市大南沟墓地[38]，与竖穴土坑墓共存，构成了小河沿文化[39]独特的墓葬形式。甘宁地区的偏洞室墓在常山下层文化[40]及马厂文化[41]的分布区较为常见，在宁夏海原县菜园村[42]及甘肃兰州土谷台墓地[43]，偏洞室墓往往与土洞墓共生，两种墓葬难以严格区分。进入青铜时代特别是西周时代以前，内蒙古东南部的偏洞室墓仅在敖汉旗大甸子夏家店下层文化墓地[44]中有少量的发现，以后便销声匿迹，而在包括甘宁的西北地区，偏洞室墓得到了前所未有的发展，在卡约文化[45]、火烧沟文化[46]、辛店文化[47]、先周文化[48]中均有数量不等的发现，分布的范围也有所扩大，向西南进入青海地区，向东北一度深入到鄂尔多斯高原腹地[49]，向东扩展至关中地区，可能其中一支与先周文化[50]融合，直接参与了西周文化的形成。由以上偏洞室墓发展的脉络来看，内蒙古东南部虽然出现的时代很早，但流行的时间非常短暂，难以成为后期偏洞室墓的源头，而甘宁地区的同类遗存不仅也可以早到新石器时代，而且有着较为完整的发展序列，因此，这一地区成为偏洞室墓的发源地是毋庸置疑的。

西周时期以降，偏洞室墓在甘宁地区继续发展，沙井文化以及倒墩子墓地的发现，成为这一时期的典型代表，与前代相比，其分布地域更为广阔，向东扩展的势头有所遏制，更偏重于向其自身分布区的西、东北两侧发展，在春秋中晚期及战国早期沿黄河进入内蒙古阴山南麓的土默川平原和岱海地区，稍晚又沿河西走廊西进新疆吐鲁番盆地。

根据前文的研究，内蒙古、新疆发现的偏洞室墓遗存，主要是受到了沙井文化的

影响，那么是什么原因导致了这一文化由甘肃中部向外扩张呢？本文认为可以作如下解释：其一，向东方发展受到了西方强国秦国的阻挡，为实现称霸西戎，统一中原的战略目的，公元前623年秦穆公“用由余伐西戎，益国十二，开地千里，遂霸西戎”，秦国的势力向西已达到了狄道（今甘肃省东部临洮一带），对沙井文化的生存产生了巨大压力，在北拒沙漠，东遇强秦，南为祁连山脉所阻的情况下，沙井文化只能向西、东北寻找发展之地。其二，在沙井文化分布的中心地域，发现了面积达2万平方米的三角城城堡，城外发现蛤蟆墩、西岗、柴湾岗等墓地，仅经发掘的墓葬就有近六百座，由此可见这一文化的人口数量已经达到了一定的规模。由于主要经营畜牧业，寻找新的牧场是减缓人口压力的迫切要求，内蒙古阴山南麓的土默川平原及新疆的吐鲁番地区，宜农宜牧，因此成为沙井文化迁移的首选目标。值得一提的是，中原另一强国赵国为“攘戎狄”，由阴山南麓“南下击秦”，历经与林胡、楼烦的数次战争，在战国晚期占领了土默川平原，并在其东部设立了云中郡，类似西园墓地一类遗存的发展受到了极大的限制，最终融于匈奴。而沙井文化西进的一支，与当地文化结合，形成苏贝希文化，得益于独特的人文及自然条件，得以顺利发展，至魏晋时期仍屡见踪迹[51]。

附记：内蒙古自治区文物考古研究所王燕、曹狄完成了本文所需插图的清绘工作，在此表示感谢。

注　释

[1] 杨建华. 春秋战国时期中国北方文化带的形成［M］. 北京：文物出版社，2004：8-9.

[2] 新疆文物考古研究所，吐鲁番地区博物馆. 新疆鄯善县苏贝希遗址及墓地［J］. 考古，2002（6）：42-57.

[3] 辽宁省文物考古研究所，赤峰市博物馆. 大南沟——后红山文化墓地发掘报告［R］. 北京：科学出版社，1998.

[4] 宁夏文物考古研究所，中国历史博物馆. 宁夏海原县菜园村遗址、墓地发掘简报［J］. 文物，1988（9）.

[5] 谢端琚. 试论我国早期土洞墓［J］. 考古，1987（12）：1-14.

[6] 同［5］.

[7] 陈戈. 新疆发现的竖穴洞室墓［A］. 新疆考古论文集［M］. 北京：商务印书馆，2017：741-759.

[8] 滕铭予. 论关中秦墓中洞室墓的年代［J］. 华夏考古，1993（2）：90-97.

[9] 韩建业. 中国先秦洞室墓谱系初探［J］. 中国历史文物，2007（4）：16-25.

[10] 甘肃省文物考古研究所. 永昌三角城与蛤蟆墩墓地沙井文化遗存［J］. 考古学报，1990（2）：205-237.

[11] 甘肃省文物考古研究所. 永昌西岗柴湾岗［R］. 兰州：甘肃人民出版社，2001.

［12］ 同［11］.
［13］ 宁夏文物考古研究所，固原博物馆. 宁夏固原杨郎青铜文化墓地［J］. 考古学报，1993（1）：13-56.
［14］ a. 宁夏文物考古研究所等，宁夏同心县倒墩子汉代匈奴墓地发掘简报［J］. 考古，1988（1）：33-37.
b. 宁夏文物考古研究所，中国社会科学院考古所宁夏考古组，同心县文物管理所. 宁夏同心倒墩子匈奴墓地［J］. 考古学报，1988（3）：333-355.
［15］ 内蒙古文物考古研究所，包头市文物管理处. 包头西园春秋墓地［J］. 内蒙古文物考古，1991（1）：13-24.
［16］ 内蒙古文物考古研究所，内蒙古凉城县小双古城墓地发掘简报［J］. 考古，2009（3）：15-27.
［17］ 内蒙古文物考古研究所. 内蒙古中南部汉代墓葬［M］. 北京：中国大百科全书出版社，1998.
［18］ 刘建锋. 伊犁河上游早期铁器时代偏洞室墓研究［D］. 新疆大学，2017.
［19］ 同［2］.
［20］ 新疆文物考古研究所，吐鲁番地区文物局. 鄯善县三号墓地发掘简报［J］. 新疆文物，2006（2）.
［21］ 吐鲁番地区文管所. 新疆鄯善苏巴什古墓葬［J］. 考古，1984（1）：41-50.
［22］ 新疆文物考古研究所. 1996年新疆吐鲁番交河故城沟西墓地汉晋墓葬发掘简报［J］. 考古，1997（9）：46-54.
［23］ 韩康信. 甘肃永昌沙井文化人骨种属研究［A］. 永昌西岗柴湾岗［R］. 兰州：甘肃人民出版社，2001.
［24］ 张全超. 内蒙古和林格尔县新店子墓地人骨研究［M］. 北京：科学出版社，2010.
［25］ 安特生. 甘肃考古记［M］. 北京：文物出版社，2011.
［26］ 水涛. 甘青地区青铜时代的文化结构和经济形态研究［A］. 中国西北地区青铜时代考古论集［C］. 北京：科学出版社，2001.
［27］ 内蒙古文物考古研究所等. 伊金霍洛旗白敖包墓地发掘简报［A］. 内蒙古文物考古文集（第二集）［C］. 北京：中国大百科全书出版社，1997：327-337.
［28］ 孙金松. 内蒙古清水河县阳畔东周墓地发掘简报［J］. 考古与文物，2018（1）：4-17.
［29］ 田广金，郭素新. 毛庆沟墓地［A］. 鄂尔多斯式青铜器［C］. 北京：文物出版社，1986.
［30］ 田广金. 中国北方系青铜器文化和类型的初步研究［A］. 考古学论集（第4集）［C］. 北京：文物出版社，1997.
［31］ 内蒙古文物考古研究所，韩国高句丽文化研究财团. 内蒙古中南部鄂尔多斯青铜器和文化［C］. 韩国，2006.
［32］ 内蒙古文物考古研究所. 凉城崞县窑子墓地［J］. 考古学报，1989（1）：57-81.
［33］ 同［25］.

［34］ 同［11］.
［35］ 田广金，郭素新. 阿鲁柴登发现的金银器［A］. 鄂尔多斯式青铜器［C］. 北京：文物出版社，1986.
［36］ 陈戈. 新疆发现的竖穴洞室墓［A］. 中国考古学论丛——中国社会科学院建所40周年纪念［C］. 北京：科学出版社，1993：401-414.
［37］ 陕西省考古研究院，高陵区文体广电旅游局. 陕西高陵杨官寨遗址庙底沟文化墓地发掘简报［J］. 考古与文物，2018（4）：1-20.
［38］ 同［2］.
［39］ 辽宁省博物馆等. 辽宁敖汉旗小河沿三种原始文化的发现［J］. 文物，1977（12）：1-12.
［40］ 胡谦盈. 陇东镇原常山遗址发掘简报［J］. 考古，1981（3）.
［41］ 甘肃博物馆，兰州市文化馆. 兰州土谷台半山——马厂文化墓地［J］. 考古学报，1983（3）：191-232.
［42］ 同［4］.
［43］ 同［39］.
［44］ 中国社会科学院考古研究所. 大甸子——夏家店下层文化遗址与墓地发掘报告［R］. 北京：科学出版社，1996.
［45］ 青海文物管理处考古队. 青海省文物考古三十年［A］. 文物考古工作三十年［C］. 北京：文物出版社，1979.
［46］ 甘肃省文物考古研究所. 甘肃省文物考古十年［A］. 文物考古十年［C］. 北京：文物出版社，1990.
［47］ 青海省文物工作队. 青海互助土族自治县总寨马厂、齐家、辛店文化墓葬［J］. 考古，1986（4）.
［48］ 中国社会科学院考古研究所泾渭工作队. 陕西长武碾子坡先周文化遗址发掘纪略［A］. 考古学集刊（第6集）［C］. 北京：中国社会科学出版社，1989（3）：123-142.
［49］ 同［27］.
［50］ 陕西周原考古队. 扶风刘家姜戎墓葬发掘简报［J］. 文物，1984（7）：12-27.
［51］ 新疆文物考古研究所. 新疆鄯善三个桥墓葬发掘简报［J］. 文物，2002（6）：46-56.

Remains of Partial-Cave Tombs and Related Issues from Western Han Dynasty to Eastern Zhou Dynasty in Northern China

CAO Jian-en　SUN Jin-song

Based on the systematic analysis of the characteristics and ages of the partial-cave tombs in the central and southern Inner Mongolia, Ningxia and Xinjiang from the Eastern Zhou Dynasty to the Western Han Dynasty, this paper expounds the similarities and differences between the different shapes of the partial-cave tombs and the earthen pit tombs in different areas in terms of the age, cultural characteristic, scale, sacrificial system and the type of burial objects, as well as their development process, cultural relations and the causes of the spread, then attempts to analyze and summarizes the development process of the partial-cave tombs.

卢龙蔡家坟遗址出土陶纺轮及相关问题*

李小龙
（中国人民大学历史学院，北京，100872）

一、引　　言

新石器时代和青铜时代文化遗址中常见小型圆形穿孔的陶质、石质工具，一般认为是纺织工具—纺轮。这种古老的纺织工具和技术在世界上很多地区均有发现，在一些少数民族地区一直延续下来[1]。目前就世界范围而言，对于中美洲地区古典时期的纺织技术已经有了相当深入的研究，认为不同纺轮的大小、重量和形制与加工不同类型纤维有一定的关联，小而轻的纺轮可能主要用于纺织棉类细纤维，大而重的纺轮可能用于纺织麻等粗植物类纤维，不同类型的纺轮与纺纱技术有关[2]。另外纺轮作为一种女性性别代码的纺织工具，得到了国内外性别考古学研究的普遍关注[3]。也有学者从人类学视角下探讨纺轮状器物的多种用途[4]。在国内目前对先秦时期陶纺轮和纺织技术的研究还相对薄弱，且缺乏相关背景的关联性研究，关于陶纺轮的制作、使用、废弃过程及反映的文化现象等方面的研究尚未深入开展。

东北地区的吉林白城双塔遗址第一期文化遗存明确发现新石器时代早期的陶片改制纺轮[5]，是目前发现最早的纺织工具。在俄罗斯滨海边疆地区（Primorye）鬼门洞（Chertovy Vorota）遗址中发现距今9400～8400年的纺织品，是目前东亚发现最早的纺织品[6]。兴隆洼文化白音长汗遗址二期乙类遗存大部分房址内发现有单件陶片改制的纺轮，一直持续到相当于红山文化的第四期遗存均为陶片改制的纺轮[7]。渭河上游的大地湾遗址一期遗存发现的陶纺轮均为陶片改制，从第二期开始手制的纺轮逐渐增多，到了第四期手制的纺轮代替了陶片改制的纺轮[8]。中原地区的舞阳贾湖遗址[9]和武安磁山遗址[10]发现少量陶片改制的纺轮和半成品。淮河流域的双墩遗址也发现有陶片改制的纺轮[11]。长江下游的跨湖桥遗址也发现上百件陶片改制的纺轮和半成品[12]。可以看出，在新石器时代早中期中国就开始普遍出现陶片改制的纺轮，这在世界范围内是比较早的，且早期使用陶片改制的纺轮和纺织品的人群并非稳定的农业社会居民，狩猎

* 本文由中国人民大学科学研究基金项目（中央高校基本科研业务费专项资金资助）“燕辽文化区在中华文明演进过程中的地位与作用”（项目批准号：13XNL003）项目成果。

采集经济占有重要比重，陶片改制的纺轮是这一时期的主要类型。

进入新石器时代晚期，即仰韶文化和龙山文化时期，陶纺轮的数量开始增多，手制的纺轮开始普遍出现，但陶片改制的纺轮仍然作为重要的补充类型而普遍存在。在长江流域的河姆渡文化和屈家岭文化、石家河文化当中见到大量的刻划图案或彩绘的纺轮，河姆渡文化甚至发现了织机的构件[13]，反映出当时纺织业发展水平很高[14]。黄河流域仰韶文化核心区发现的陶纺轮多数为素面，并开始流行少量石质的纺轮，这类石质的纺轮在使用功能和应用分工方面应当与陶质纺轮存在一定的差别[15]。

青铜时代早期二里头文化阶段，纺轮的数量普遍有所减少[16]，石质纺轮仍然存在，陶片改制的纺轮少见。二里头遗址发现的陶纺轮多数属于第四期晚段和二里岗时期地层内[17]。进入商代以后受到商文化影响或控制的区域内发现的陶纺轮的数量又明显增多[18]。单个遗址考古发现中纺轮的数量和种类具有偶然性，不能直接反应当时纺织业的发达程度，因此有必要结合遗址中出土其他与纺织相关的遗物来进行综合判断。

蔡家坟遗址位于冀东地区卢龙县卢龙镇蔡家坟村北岭，2013年对该遗址进行了考古发掘，发掘总面积500平方米，其中商代晚期至春秋时期遗迹最为丰富，包括房址、墓葬、灰坑、灶址等遗迹，战国时期成为墓地[19]。其中商代晚期至春秋时期共出土78件陶纺轮，从纺轮的形制变化可以探讨其源流和文化交流，从出土背景可以推理其使用和废弃过程，从微痕分析可以复原其制作过程和钻孔技术，进而探究其所反映的文化现象。

二、陶纺轮统计和出土背景分析

蔡家坟遗址出土的78件陶纺轮从制作技术上可分为手制和陶片改制两类，从形制差异可将其划分为三型。

A型　陶片改制。这一类数量最多，共53件，多是利用陶片改制而成，包括一部分未加工完成，多数直径为6～7厘米，也有少部分直径4～5厘米或8～9厘米。正面一般有绳纹，背面素面（图一，6～9）。

B型　算珠形，均为手制一次成型。又可根据形制不同分为三亚型。

Ba型　4件。截面为椭圆形。T1004⑧：4，夹砂红褐陶，平面为圆形。直径4、高3、孔径0.5厘米（图一，5）。

Bb型　5件。截面为六边形。T1202⑬：1，泥质黑褐陶，平面为圆形。直径4、孔径0.6、高2.5厘米（图一，3）。

Bc型　1件。截面为菱形。T1203⑩：1，夹砂红褐陶，平面为圆形。直径4、孔径0.6、高2厘米（图一，4）。

C型　圆台形或梯形，均为手制一次成型。又可根据形制不同分为二亚型。

Ca型　8件。截面为压腰梯形。T1202⑫：1，夹砂褐陶。上台面直径2.5、下台面

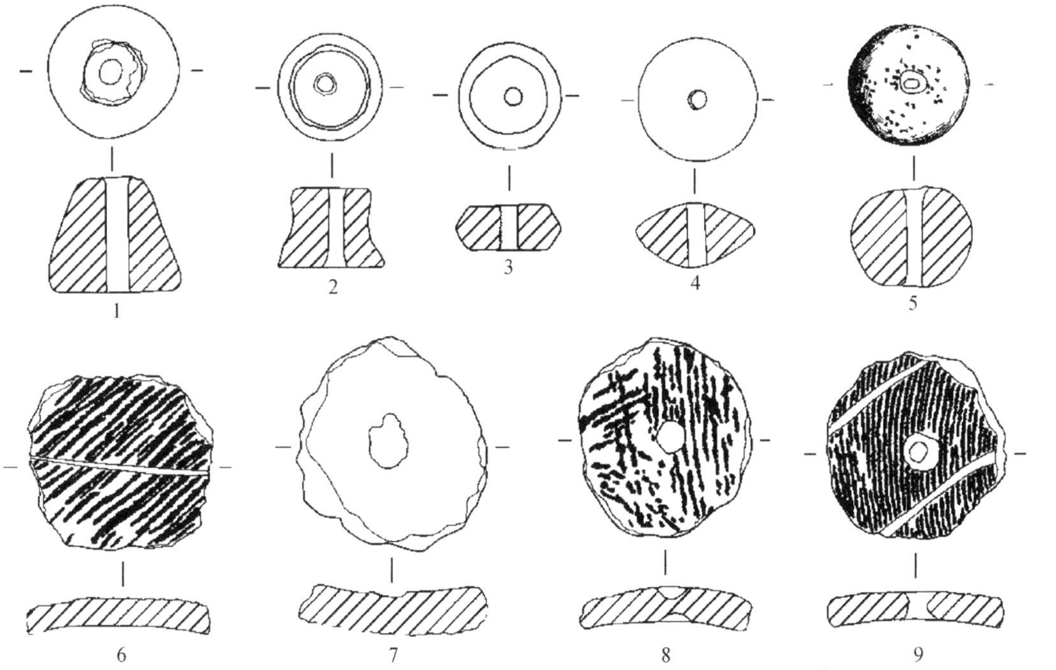

图一　陶纺轮型式

1、2. C型（T1004⑧：2、T1202⑫：1）　3～5. B型（T1202⑬：1、T1203⑩：1、T1004⑧：4）　6～9. A型（T1102⑫：8、T1102⑨：6、T1202⑩：19、T1202⑩：18）

直径4.5、孔径0.7、高3厘米（图一，2）。

Cb型　7件。截面为梯形。T1004⑧：2，泥质褐陶。下台面直径4.5、上台面直径2、孔径1、高4厘米（图一，1）。

根据民族学资料类比研究表明纺轮的大小、形状和重量设计用于控制不同纤维的细线和张力[20]。纺轮的重量决定了旋转的速度和力度，因此较大、较重的纺轮通常用纺有较长纤维的材料。纺轮的直径决定主轴在每次旋转期间在特定长度的绳索中将发生多少转数。蔡家坟遗址出土的陶片改制的纺轮在重量和直径方面最大，可能主要用于纺织麻等植物类长纤维。算珠形纺轮重量和直径最小，可能主要用于纺织棉或毛类短纤维。

陶纺轮的年代主要是通过出土单位的文化归属判断，同时陶片改制的纺轮可以结合正面的纹饰进行佐证，基本能够相互对应，其中商代晚期遗存又可分为早、中、晚三段。从陶纺轮的形制和种类来看（图二），商代晚期早段均为陶片改制的纺轮，充分利用废弃的陶片二次加工体现出“物尽其用”的观念，这种利用废弃原料进行二次改制的现象在蔡家坟遗址中多有发现，比如将罐底打磨改制成器盖和将石器二次改制利用等。商代晚期之后手制的纺轮逐渐成为主要类型，考虑到手制的纺轮在制作和使用前需要更有计划性，手制和陶片改制的纺轮可能存在一定的分工差别，但手制的纺轮在稳定性和

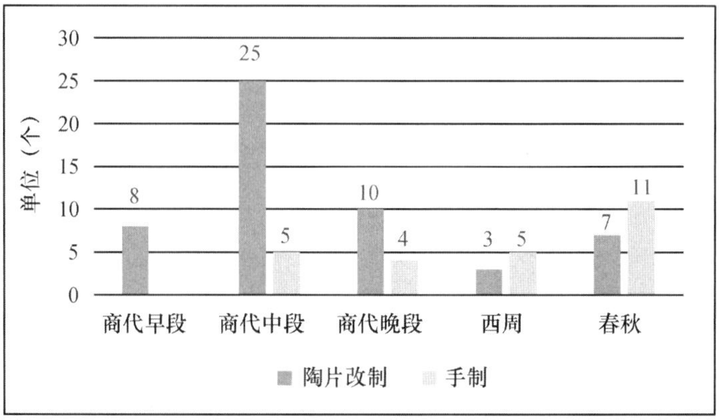

图二　陶纺轮种类及数量变化

（商代早段、中段和晚段是指蔡家坟遗址商代晚期的早、中、晚三段）

灵活性等性能方面要优于陶片改制的纺轮。

分布位置主要以探方为单位，多数是根据发掘记录和出土单位确定（图三），结合遗迹分布情况，一定程度上能够反映出纺轮的使用和废弃过程。

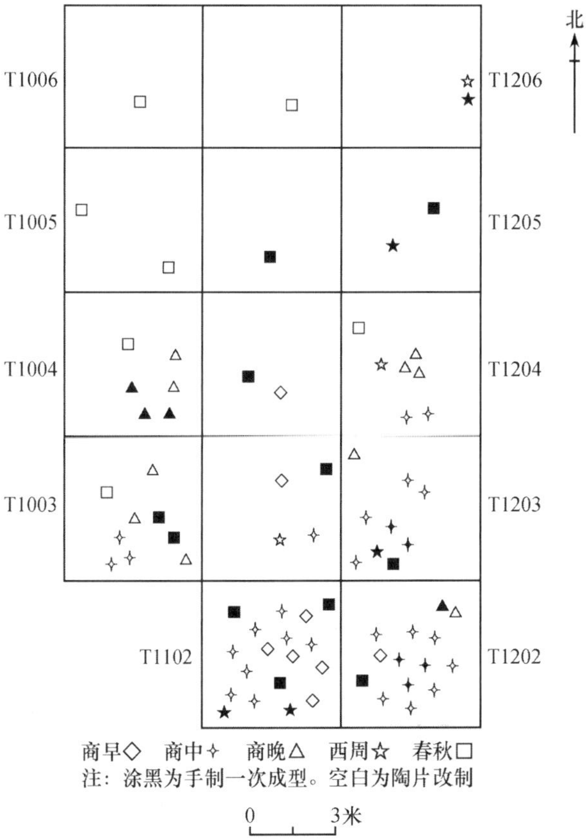

图三　陶纺轮出土位置分布示意图

商代晚期早段出土的8件陶片改制的纺轮有5件集中出土于T1102内（图三），其中3件两面钻未透，1件背面钻未透，未钻孔或未钻透的比例高达50%。

商代晚期中段出土的陶纺轮均分布于发掘区南部相邻的探方内。其中T1102出土8件陶纺轮，均为陶片改制；相邻的T1202出土10件，3件为手制；T1203出土6件，2件为手制；T1003出土3件，均为陶片改制。结合发掘区遗迹分布情况，陶纺轮多数都发现于房址内或者同时期的地层内，这些集中分布的陶纺轮的使用和废弃应当与房址的使用和废弃之间存在着密切的关联。另外这一区域还发现石质钻头、骨锥、铜锥、骨针等与纺轮加工和纺织相关的工具，初步推断这一区域应该是一处纺轮加工和纺织生产区域。

商代晚期晚段的纺轮也多数发现于房址及其周边区域。其中T1204F8内出土3件陶片改制的纺轮；T1003F9、F10、F18各出土1件陶片改制的纺轮；T1202Q1出土2件，1件为手制；T1004⑧层出土的5件纺轮2件为陶片改制。这一时期出土的纺轮仍然分布相对集中，与房址存在密切关联，每间房址出土1～3件陶纺轮体现出每个家庭对纺轮的实际需要。

西周和春秋时期陶纺轮整体数量减少，分散分布于各个探方地层内，发掘区内未发现房址，遗迹分布相对分散，发掘区的功能发生了变化。

三、陶片改制纺轮的制作过程

蔡家坟遗址出土的手制纺轮均系手制成型，并用管状钻孔工具钻穿后入窑烧制，由于这类陶纺轮制作流程稳定，本章不予重点讨论。而陶片改制的纺轮，不仅数量多，且有初步加工、半成品、成品等不同加工进度的标本（图四），还发现用于钻孔的石质钻头工具，为探讨该类陶纺轮的制作过程提供了依据。

陶片改制的53件纺轮中未钻孔的15件，背面钻未透的9件，两面钻未透的2件，两面钻钻透的27件，经统计显示最终完成加工或投入使用的陶片改制纺轮约占总数的50%（图四）。以上四种类型基本能够代表陶片改制纺轮的制作过程，使用显微镜可以进一步观察其制作痕迹和技术。

第一步将废弃的陶片加工成近圆形，多数使用硬度较高的石质或骨质的工具在石砧上打制而成，大部分陶片打制完成后边缘经过打磨。以往有研究认为仰韶文化带刃的圆陶片可能用于切割谷穗的工具[21]，蔡家坟遗址该类圆陶片周缘均经过打磨修整，应当是制作陶纺轮的初步加工，但打磨和穿孔不是同一工序，因此这类圆陶片和后期的穿孔应该不是连续完成的操作过程。

第二步在背面钻孔。蔡家坟遗址发现的9件单面钻未透的陶纺轮均是先在背面钻孔，即没有纹饰的内面，且使用大小不同的锥状钻头工具相互配合钻孔，先用大钻头钻出凹窝（图五），然后用小钻头加深，背面钻孔深度约占陶片厚度的2/3（图八）。在背面钻孔是因为器物内壁是没有纹饰的凹面，利于钻头旋转把握，这类未钻透的陶片应

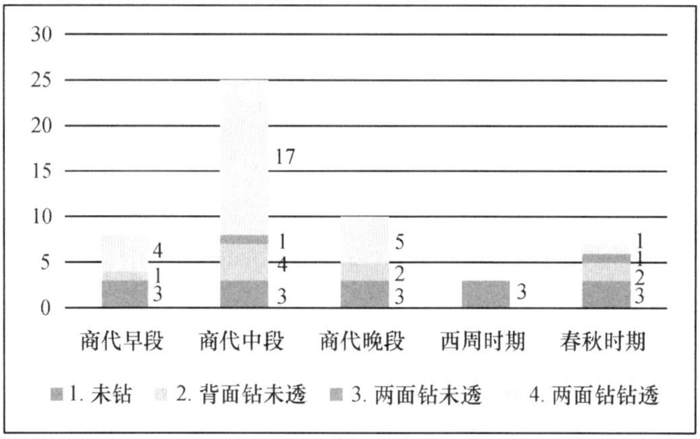

图四　陶片改制纺轮的制作过程

该是属于未加工完成的纺轮，可能钻孔过程耗时较长，被其他原因打断而搁置导致最终未完成加工。

第三步在正面钻孔。由于之前背面钻孔深度已达2/3，因此正面钻孔均是一次性钻透，并将两面钻孔结合处打磨光滑（图七）。理论上两面对钻可能发生偏差，目前仅发现有1件两面钻孔发生偏差（图八），多数两面钻孔能够相互对应，又或者是后期经过一定的修整（图六）。

根据以往的研究，钻孔技术按照孔的形成方法将钻头分为“实心钻”和“空心钻”两种，从钻头装配方式来看，又可分为手持钻头和复合机械钻头两类[22]。蔡家坟遗址出土的2件石制锥状钻头经过微痕观察有环状旋转痕迹[23]（图九），而非较规整的螺旋状旋转痕迹，因此应属于手持钻孔工具，另外也发现有铜锥和骨锥等加工工具，部分纺轮背面有小凹坑，当是先利用铜锥等工具刻出小窝（图一〇，1），然后将钻头垂直于陶片中心的小窝，通过手持钻头驱动产生摩擦（图一〇，2），随着钻头外缘下切逐渐形成规整的内缘，之后再翻转过来对另一面施钻，这类双面对称施钻会使钻孔呈

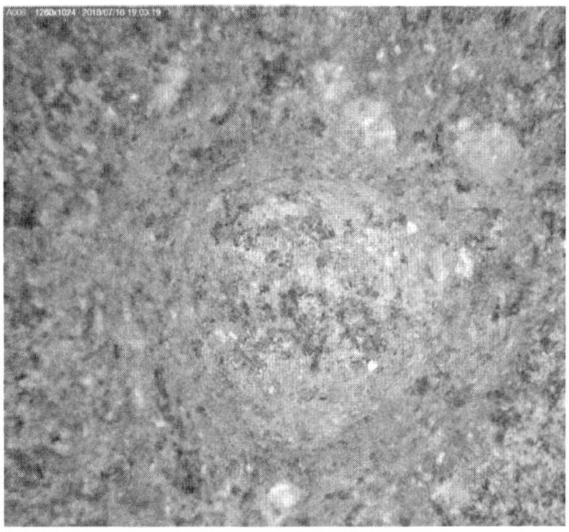

图五　T1202⑩：20背面钻孔微痕观察

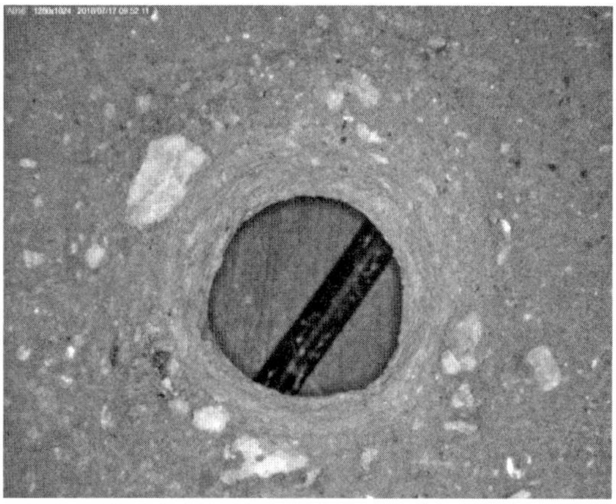

图六　T1204⑫：1背面钻孔微痕观察

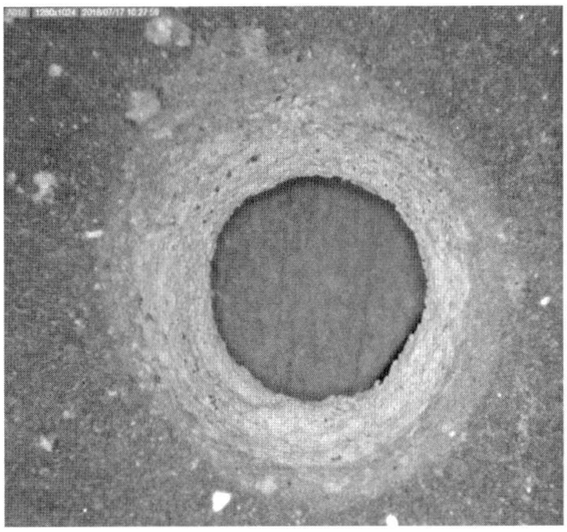

图七　T1204⑫：正面钻孔微痕观察

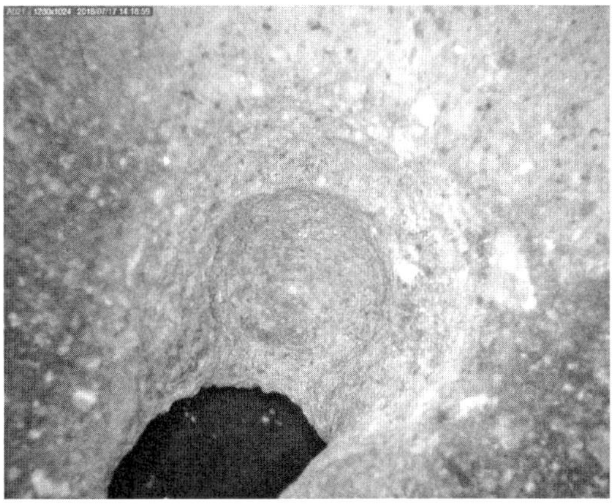

图八　T1204④：1背面钻孔微痕观察

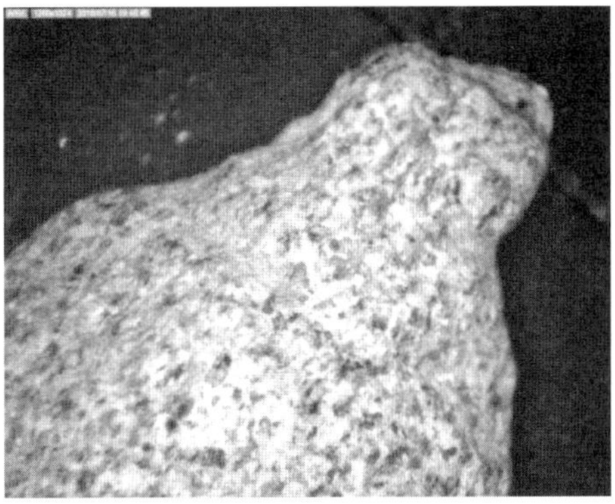

图九　石质钻头工具微痕观察（T1202⑩：1）

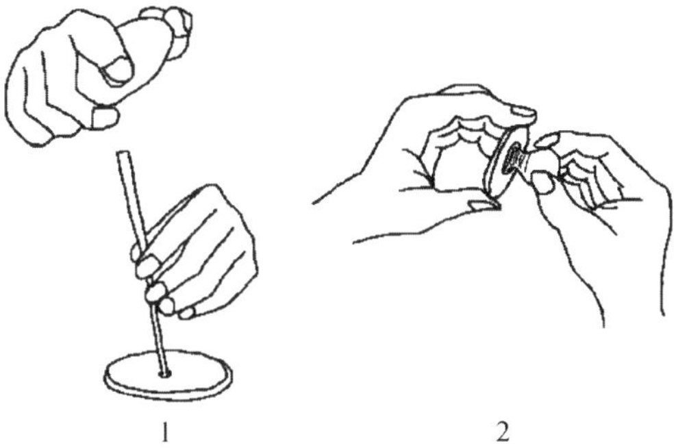

图一〇　钻孔技术示意图

双锥形剖面。在殷墟和周原遗址中发现的钻陀和钻头表明这一时期高等级聚落中已普遍使用简单机械功能的复合钻具[24]，蔡家坟遗址未明确发现复合工具的钻头和钻陀，可能商周时期级别较高的聚落内已出现专业化钻孔技术，而级别较低的聚落还采用传统的钻孔方式。

四、陶纺轮所反映的文化现象

单个遗址考古发现中纺轮的数量和种类具有一定的偶然性，因此有必要对同时期遗址出土的陶纺轮进行统计，并结合相关的遗物进行综合分析来判断纺织业的发展状况。

通过对燕山以南龙山晚期至春秋时期典型遗址出土陶纺轮的数量和类型进行统计[25]（表一），龙山晚期至早商时期各典型遗址单位面积内出土陶纺轮的数量较少，手制纺轮有算珠形和饼形两种，燕山以北夏家店下层文化遗址中也少有纺轮报道；商代晚期手制的纺轮数量明显增加，新出现了圆台形纺轮，这种圆台形纺轮在燕山以北夏家店下层文化大甸子女性墓葬中有发现[26]，更早的源头可以追溯到中原地区的新石器时代，商代晚期在燕山以南的围坊三期文化和燕山以北的魏营子文化中迅速的流行起来，并成为之后这一地区的主要类型。商代晚期还有一个重要的变化是陶片改制的纺轮开始增多，尤其像蔡家坟遗址和塔照遗址这样出土手制纺轮较少的遗址中数量很多，当是作为手制陶纺轮不足的补充需要。西周—春秋时期陶纺轮的种类继承商代晚期，主要以手制的圆台形、算珠形和饼形为主。

表一　燕山以南典型遗址出土陶纺轮数量及类型统计

时期	遗址名称	发掘面积	陶片改制		手制		
			成品	半成品	算珠形	饼形	圆台形
龙山晚期	哑叭庄	1300	无		23	4	
	后迁义	272	无		1		
	大城山	145	无		2	2	
夏至早商	围坊二期	164	无		4	1	
	后迁义	272	无		4		
	塔照	646	无		3	1	
	古冶	286	无		√	√	
	东庄店	小面积	无		√		
	大坨头	100	无		2		
	张家园	440	1	1	13	3	
商代晚期	蔡家坟	200	26	17	5		4
	后迁义	272	√		4	2	
	塔照	646	4	√	3		
	东阚各庄	100	2			6	7
	围坊三期	164	√		12		1
西周时期	青池	500	1	1	10		4
	蔡家坟	500		3	2	√	3
	镇江营	738	3	2		5	10
	古冶	286	√			√	√
春秋	蔡家坟	500	1	6	6	√	5
	镇江营	738	9	8	13	2	17

注：“√”表示有发现，但具体数量不详。

通过对陶纺轮的数量和种类进行统计分析，从商代晚期开始，燕山以南地区纺轮明显增多的现象应该与纺织品的需求有关。进入商周时期陶纺轮数量明显增加的现象在中原地区[27]、山东地区[28]、冀北地区[29]同样存在，应该与商文化的控制和影响有关。在中原地区的殷墟遗址出土的青铜器上大部分都残存有纺织品的痕迹，另外出土的人形玉器上雕刻出精致的衣饰及出土的大量带钩和饰品都说明这一时期的纺织业发达程度很高。燕山以南地区在一些保存较好的贵族墓葬中也能看到大量纺织品的痕迹。如商代中期藁城台西遗址就发现很多麻类纤维织物[30]；商代晚期的后迁义遗址墓葬中发现人工织造的布帛[31]；西周时期的琉璃河燕国墓地出土的青铜器上也能看到有麻类织物[32]；西周早期昌平白浮M2内也有纺织品的残痕[33]；西周时期的镇江营与塔照商周第三期遗存FZM2中清楚地看到纺织品的痕迹，呈井字形，分粗细两种织法[34]。商代晚期和西周时期商文化和燕文化的影响和控制已到达拒马河流域一带，燕山以南地区这一时期陶纺轮的突然增加和贵族墓葬中纺织品的发现说明纺织业得到了快速的发展，这种变化应该与商文化和燕文化的影响和推动有关。

常怀颖通过对夏商时期铸铜作坊空间布局的变迁研究，认为夏商时期王室或政权对铸铜作坊技术与生产的管控在逐步下降，而生产的专门化和生产能力则在不断提升，到殷墟时期铸造技术外传并可能已经有非王室控制的地方进行铜器生产[35]。纺织业作为手工业生产的组成部分，随着商周时期上层社会对高质量纺织品的需求量不断扩大，可能会需要更多的聚落参与到纺织生产中，目前还没有明确的证据能够说明商周时期贵族需要的大量的纺织品是如何组织生产和流通的。但商代晚期冀东地区发现后迁义遗址这样随葬大量青铜礼器的高等级墓葬，应该属于一处区域内级别较高的聚落遗址，但遗址内陶纺轮发现的数量却很少，而距离只有18千米的蔡家坟遗址这样的普通聚落却发现了大量的纺轮，其中的缘由值得进一步思考。

五、结　　语

通过对蔡家坟遗址商代晚期至春秋时期出土的陶纺轮相关问题进行研究，可以看出纺轮作为一种小型的纺纱工具，与人类活动密切相关。商代晚期随着商文化的影响到达这一区域，少量的手制纺轮不能满足纺织业生产需要，就用大量陶片改制的纺轮作为补充。结合微痕分析，陶片改制的纺轮制作是由初步加工、背面钻孔、正面钻孔三步工序完成，具体的钻孔技术是手持钻头驱动产生摩擦。从陶纺轮出土背景分析，商代晚期发掘区南部应该是一处手制纺轮加工和纺织生产的区域，而西周—春秋时期这一区域功能发生了变化。

通过对燕山以南地区龙山晚期至春秋时期的陶纺轮数量和种类进行统计，龙山晚期至早商时期陶纺轮数量较少，手制纺轮有算珠形和饼形两种；商代晚期新出现圆台形纺轮和大量陶片改制的纺轮，结合这一时期贵族墓葬中大量随葬纺织品的痕迹，说明这一时期纺织业得到了快速的发展，应该与商文化的影响有关；西周—春秋时期手制的陶纺轮逐渐取代了陶片改制的纺轮，成为主要类型。

由于以往对这类小型工具的研究不够重视及相关材料的发表、理论方法的限制，本文的研究只是初步性的，以期引起大家对这类小型工具的更多关注。

附记：本文写作过程中得到吕学明教授的悉心指导，特此致谢！

注　释

[1] a. 宋兆麟. 云南西双版纳傣族的纺织技术——皆谈古代纺织的几个问题［J］. 文物，1965（4）：6-13.

b. 宋兆麟. 从民族学资料看远古纺轮的形制［J］. 中国历史博物馆馆刊，1986（0）：3-9.

c. Baitzel, S. I., P. S. Goldstein. From whorl to cloth: an analysis of textile production in the Tiwanaku provinces［J］. *Journal of Anthropological Archaeology*, 2018 (49): 173-183.

[2] a. Ibarra, T. E., A. L. Corral, R. S. Cano. The artisan and the tool: a technological functional analysis of Tlaxcallan spindle whorls［J］. *Archaeometry*, 2018 (60)：1221-1236.

b. Baitzel, S. I., P. S. Goldstein. From whorl to cloth: an analysis of textile production in the Tiwanaku provinces［J］. *Journal of Anthropological Archaeology*, 2018 (49): 173-183.

c. Carpenter, L. B., G. M. Feinman, L. M. Nicholas. Spindle whorls from El Palmillo: economic implications［J］. *Latin American Antiquity*, 2012 (23)： 381-400.

[3] a. 郭立新. 墓葬情境分析与身份标识：以博罗横岭山墓地为例［J］. 中山大学学报，2006（5）：87-93.

b. 乔玉. 兴隆洼文化房址内遗存所反映的性别问题［J］. 北方文物，2014（4）.

c. 仪明洁，樊鑫. 甘青地区史前遗存的性别考古研究［M］. 北京：科学出版社，2018.

d. Meyers, G. E. Women and the production of ceremonial textiles: a reevaluation of ceramic textile tools in Etrusco-Italic sanctuaries［J］. *American Journal of Archaeology*, 2013 (117): 247-274.

[4] a. 王迪. 新石器时代至青铜时代山东地区纺轮浅析［D］. 山东大学，2009.

b. 王迪. 是不是纺轮——人类学视角下纺轮状器物的多种用途［J］. 民俗研究，2014（1）：89-92.

[5] 吉林大学边疆考古研究中心，吉林省文物考古研究所. 吉林白城双塔遗址新石器时代遗存［J］. 考古学报，2013（4）：512-514.

[6] Kuzmin, Y. V., C. T. Keally, A. J. T. Jull, G. S. Burr, Nikolai A & Klyuev. The earliest surviving textiles in East Asia from Chertovy Vorota Cave, Primorye Province, Russian Far East［J］. *Antiquity*, 2012 (86): 337-365.

[7] 内蒙古自治区文物考古研究所. 白音长汗——新石器时代遗址发掘报告［R］. 北京：科学出版社，2004：40-313.

［8］ 甘肃省文物考古研究所.秦安大地湾——新石器时代遗址发掘报告［R］. 北京：文物出版社，2006.

［9］ 河南省文物考古研究所. 舞阳贾湖［R］. 北京：科学出版社，1999：343.

［10］ 河北省文物管理处，邯郸市文物保管所. 河北武安磁山遗址［J］. 考古学报，1981（3）：335.

［11］ 安徽省文物考古研究所. 蚌埠双墩——新石器时代遗址发掘报告［R］. 北京：科学出版社，2008：301-302.

［12］ 浙江省文物考古研究所，常山博物馆. 跨湖桥［R］. 北京：文物出版社，2004：147-152.

［13］ 浙江省文物考古研究所. 河姆渡——新石器时代遗址考古发掘报告［R］. 北京：文物出版社，2003：365.

［14］ 饶崛，程隆棣. 湖北地区新石器时代纺轮新考［J］. 丝绸，2018（8）：94-102.

［15］ 汪英华，吴春雨. 内蒙古庙子沟、大坝沟遗址出土纺轮的分析与探讨［J］. 草原文物，2013（1）：91-95.

［16］ a. 王迪. 新石器时代至青铜时代山东地区纺轮浅析［D］. 山东大学，2009.
b. 饶崛，程隆棣. 湖北地区新石器时代纺轮新考［J］. 丝绸，2018（8）：94-102.

［17］ 中国社科院考古研究所. 二里头：1999～2006［R］. 北京：文物出版社，2014.

［18］ a. 河北省文物研究所. 藁城台西商代遗址［R］. 北京：文物出版社，1985：61-63.
b. 中国社会科学院考古研究所. 偃师商城（第一卷·下册）［R］. 北京：科学出版社，2013：693-700.

［19］ 河北省文物考古研究所，中国人民大学历史学院等. 河北卢龙蔡家坟遗址战国墓葬发掘简报［J］. 文物，2018（4）：20-34.

［20］ Schevill, M. B., J. C. Berlo, E. B. Dwyer. *Textile Traditions of Mesoamerica and the Andes: An Anthology*［M］. Austin: University of Texas Press, 1996.

［21］ 王炜林，王占奎.试论半坡文化“圆陶片”之功用［J］.考古，1992（12）：54-66.

［22］ 孙周勇. 西周石玦的生产形态：关于原料、技术与生产组织的探讨［J］. 考古与文物，2009（3）：49-63.

［23］ 两件均出土于商代晚期的早期地层内，与商代晚期发现大量的陶片改制纺轮相吻合。

［24］ 何毓灵，李志鹏. 殷墟出土之钻陀及相关问题［J］. 南方文物，2017（4）：75-79.

［25］ 表三中的统计主要是根据已发表的简报和报告中的数据完成。

［26］ 中国社会科学院考古研究所. 大甸子——夏家店下层文化遗址与墓地发掘报告［M］. 北京：科学出版社，1996：142.

［27］ a. 河南省文化局文物工作队.郑州二里冈［M］. 北京：科学出版社，1959：30-31.
b. 中国社会科学院考古研究所. 殷墟发掘报告1958～1961［M］. 北京：文物出版社，1987：162-163.

［28］ 王迪. 新石器时代至青铜时代山东地区纺轮浅析［D］. 山东大学，2009：33-39.

［29］ 河北省文物研究所. 藁城台西商代遗址［M］. 北京：文物出版社，1985：61-63.
［30］ 河北省文物研究所. 藁城台西商代遗址［M］. 北京：文物出版社，1985：174.
［31］ 张文瑞，翟良富. 后迁义遗址考古发掘报告及冀东地区考古文化研究［M］. 北京：文物出版社，2016：206.
［32］ 苏天钧. 北京考古集成（11）：琉璃河燕国墓地［M］. 北京：北京出版社，2000：122.
［33］ 北京市文物管理处. 北京地区的又一重要考古收获——昌平白浮西周木椁墓的新启示［J］. 考古，1976（4）：246-258.
［34］ 北京市文物研究所. 镇江营与塔照——拒马河流域先秦考古文化的类型与谱系［M］. 北京：中国大百科全书出版社，1999：205.
［35］ a. 常怀颖. 夏商都邑铸造作坊的空间规划［N］. 中国文物报，2018-9-20（6）.
b. 常怀颖. 夏商都邑铸铜作坊空间规划分析［J］. 中原文物，2018（5）：68-81.

Pottery Spinning Wheel Unearthed from Caijiafen Site and Related Issues

LI Xiao-long

By studying the shape, proportion, manufacturing technology and discarding process of pottery spinning wheels in Caijiafen site from the late Shang Dynasty to the Spring and Autumn Period, it suggested that a large number of pottery piece was made into spinning wheels as supplement, to meet the needs of the textile industry in the late Shang Dynasty. By analyzing the spinning wheels' use-wear, it showed that the process of making ceramic piece into spinning wheels includes three steps: primary processing, perforating in the back, perforating in the front of pottery piece. The technology of perforating is keeping aiguilles rotating in hand. According to the unearthed context of pottery spinning wheels, the southern of excavation area is used to make pottery spinning wheels and produce textiles in the late Shang Dynasty, then the function of this area has changed during the Western Zhou Dynasty and the Spring and Autumn Period.

甘青宁地区东周至汉墓内置牲现象研究

刘 駷

（中山大学社会学与人类学学院，广州，510275）

一、概念与研究现状

关于墓内置牲葬俗本质的表述历来众说纷纭，存在苞牲、祭牲、殉牲与奠牲诸说，其中祭牲与殉牲获得了较多的关注。黄展岳基于殷墓的研究，将墓内动物遗存划归为祭祀用牲[1]。与此相反，研究同时期长城地带考古遗存的学者则更倾向于使用殉牲的概念[2]。韩巍认为殉牲情况较为普遍，但填土与腰坑的殉狗应属祭牲范畴[3]。部向平认为保留全牲的动物更可能属于殉牲，而以肢体随葬的动物应为祭牲[4]。刘一婷在系统归纳前人研究的基础上，着重厘清了殉葬与祭祀用牲的差异[5]。

总而言之，祭牲与殉牲的表述仍然值得商榷：其一，二者描述的参与主体存在差异。祭牲着重表现礼仪过程中生人对于死者的献祭行为，而殉牲则主要体现所杀动物与墓主安葬过程的依附关系，这是两个不一致的分类术语。其二，概念存在不准确性。祭牲与殉牲体现的是牲畜这一主体与丧礼的关系，却并未关照到动物的具体形态：置于墓内的动物究竟是整牲还是仅余部分？动物是射杀后直接入葬还是作为食物而放置（如有无烹煮现象）？基于此，此处拟就墓内置牲的情况重新界定如下：生人将动物置于墓室内部，一般存在享牲与殉牲两种情况。前者随葬的动物多具有食物类性质。后者是供亡者于死后世界支配与玩乐。两种行为的理念基础为墓主亡灵有知的信仰与事死如事生的礼制，共同体现出生人对亡灵或神祇的献祭行为，只是关注的具体功能存在差异：墓主配飨或为墓主殉葬。一言以蔽之，若随葬的动物部位以可食用部位为主、出土情境与器用制度存在一定联系，则可归属为享牲；若随葬动物的部位具有特定含义、可食用部分较少且与特定器物并无明确、稳定的联系，则可统称为殉牲。具体情况还应根据出土情境加以分析。

殉牲是前人研究中关注最多的现象，既往著述存在以下主题：①针对特定墓地的微观考察，如新店子[6]、小双古城[7]、忻州窑子[8]、玉皇庙[9]等墓地的殉牲分析。②针对特定族属或某一考古学文化的综合探讨，如针对拓跋鲜卑[10]、北方系青铜时代墓葬[11]与四坝文化[12]开展的课题。③较为宏观的考察，如包曙光对于整个北方地带先秦时期的关注[13]。相关论著在取得对基本现象的归纳与总结之后，倾向于更为细微的、针对文化背景与作用机制的研究：由最初对特定时空内殉牲现象葬俗的总结、归纳，发展为基于墓主族属的分析与文化情境的还原。

二、东周时期墓内置牲

（一）春秋时期

该时段内甘青宁地区的墓内置牲现象较为兴盛，大致可以划分出两条置牲文化带：其一为固原-中卫构成的南北文化带。该区域的墓葬延续着北方长城地带既有的置牲传统，主要体现为殉牲。殉牲种类由多至少大致为羊、马、牛，殉牲数量越大，差异越明显。所选取的部位多为头、蹄与肢骨。殉牲摆放的位置有：人骨之上或之下（殉牲与人骨直接接触的情况可能与棺椁腐朽后造成的墓内塌陷相关）；人骨附近距墓道较远的墓室远端；距墓道较近的墓室近端；墓道底部；墓葬填土中（分为填土上部的墓葬开口处与填土中部两类情况）。

其二为天水与庆阳、平凉构成的西南、东北走向的文化带。该地区处于早期秦文化的分布范围之内，本土的西戎文化因素亦受到秦文化的影响，体现出文化融合的特征，墓内置牲传统体现出殉牲与享牲并存的情况，相关案例如下：

（1）腰坑殉牲。陕西境内春秋早期的户县宋村M3[14]、凤翔八旗屯M32[15]以及春秋晚期的长武上孟村M27[16]都存在腰坑殉葬猫、狗的情况。而在同一时期的甘肃地区，相关情况方兴未艾。大堡子山墓地中，西周晚期至春秋早期的ⅠM31、ⅠM32[17]、春秋中期的ⅠM25[18]都设置腰坑，其内殉狗。景家庄M1[19]也存在腰坑殉狗的现象。究其原因，相关墓葬的墓主多为秦人，随葬器物多属秦式，直接反映出秦人固有的文化传统。秦在穆公时期便已“益国十二，开地千里，遂霸西戎”[20]。伴随秦的崛起，其文化对西北区域的影响日渐深远。

（2）鼎内置牲。《礼记·第十七·少仪》：“其礼，大牢则以牛左肩臂臑折九个，少牢则以羊左肩七个，犆豕则以豕左肩五个。”[21]鼎内祀牛属于太牢的范畴。景家庄M1鼎内置牛肢骨的现象源自中原地区的祭礼，《周代用鼎制度研究（上）》一文所举案例尤多，此不赘述[22]。这类以鼎盛牲的葬俗与甘宁地区固有的置牲方式迥异，应属于中原礼制文化的产物。

（3）车马坑。墓葬设置车马坑的案例包括墓内与墓外两种情况，以灵台景家庄M1与宁县石家墓地为代表。而附近区域年代较早的秦墓亦存在殉葬车马的现象，如户县宋村M3、宝鸡福临堡[23]以及凤翔西村墓地[24]，这一现象很可能是文化传播所致。

综上可知，固原–中卫文化带固守本土传统：墓内置牲注重选取头、蹄与肢骨部分，其性质多属于殉牲的范畴。随葬动物的位置较为多样，在垂直空间上，存在置于墓底与填土的情况，在平面空间上，动物所处于区域邻近墓门或墓主。天水–庆阳、平凉文化带具有浓厚的秦文化因素：墓内置牲注重动物整体的入葬，其性质既有享牲（鼎内置牲），亦有殉牲（腰坑殉葬与车马坑）。随葬动物的位置存在差异，祭牲与墓主距离相对较远，殉牲则极为靠近墓主的棺椁，体现出殉葬与祭祀的时空差异。随葬动物位于特定的空间区域内，如以鼎为代表的礼器以及专门设置的葬域：车马坑、腰坑与壁龛。因此，该时段内甘宁地区的两个文化带呈现出分庭抗礼的格局。

（二）战国至秦

该时段内，秦国统一事业逐渐完成，秦人对于该区域的控制愈发强势。秦文化置牲传统的影响体现在以下方面：首先为殉狗，武山东旱坪M46[25]便是案例。该墓外围设有围沟，墓内填土中葬殉狗。就邻近区域相关葬俗而言，秦东陵一号陵园[26]与凤翔秦公陵三号陵园[27]中均发现墓葬外围构筑围沟的情况。以狗为殉的葬俗出现于同时期的秦墓中，如阳平秦家沟M1、M2[28]与福临堡M6。其次，伴随着战国以来“鬼犹求食”思想的兴起，墓葬中纯粹塑造等级制度的明器组合逐渐显现出生活类性质的特征：墓内置牲所使用的动物与盛放的器物都出现了明显的生活化趋势。秦安上袁家M6[29]所出陶鼎内盛放有鸡骨。平凉庙庄M6[30]于草织物内放置牛肩胛骨与肋骨。在邻近的陕西地区也存在相似的情况，具体案例如战国时期凤翔高庄M2[31]（陶鼎内置牲）与西安南郊山门口M10[32]（陶盂内置牲）。

与此同时，除上文所述较为明显的文化传播外，更深层次的文化融合现象也已出现。甘肃秦安上袁家M7为长方形带墓道竖穴土坑墓，墓内空间呈现出明确的规划与布局：墓道、前室与后室，该形制明显受到秦墓的影响。动物的位置见于上述区域，现由外至内介绍墓内置牲的具体情形：墓道内墓门处放置牛头10件、羊头110件，牛头的东、西、南三面皆为羊头所包围，位于动物遗存的核心位置。就朝向而言，牛头的吻部基本为东向，羊头的朝向则杂乱无章。前室中部偏南处前室随葬车马1件，马的吻部为东向，中部偏北处的车马两侧与车下共随葬羊2件与狗3件，位置较为凌乱。后室安置棺椁，椁内分厢，东厢内随葬马肩胛骨1件，南厢内安置鹿角2件。具体而言，各个区域的殉牲反映出不同传统的合流，意义各异：墓道属于墓葬的外围结构，这一区域被视为墓主的园囿与畜牧空间。墓道与墓门处放置大量牛与羊头骨这一特定部位的葬俗源于甘宁地区本土的殉牲传统，为墓主畜养家畜与游牧生活的鲜明写照。前室中车马的入葬则更多体现出秦文化的影响：前室中以车马与狗为代表的遗存再现了出行与狩猎的场景，承担着庭院与马厩的功能。然而，墓内直接殉葬车马而非另置车马坑安葬的做法，也体现出中原葬制传播至此所产生的地域性差异。后室堆砌了大量生活类与储存类器物，象征墓主独享的仓库与厅堂，其中的鹿角应为佩戴与玩弄的饰物，而马肩胛骨则应为墓主享用的食物或占卜的工具，似为享牲现象的表现。此外，在秦安上袁家M6也采用了类似的葬俗。该类墓葬墓主的身份颇为特殊，既可能为浸沐秦风之下的本土族群，也可能是在地化的秦移民。综合分析可知，M7在采纳中原式棺椁结构与车马殉葬习俗的基础上，整合了本土既有的置牲习惯与殉牲组合，体现出戎秦兼用、外戎内秦有所改制的文化风貌。上述融合的特征共同再现了墓主的生活情境。

该时段内，甘青地区出现了殉牲坑。庆阳地区的殉牲坑较多，其内殉马，如庆阳城北、后庄村[33]、袁家村[34]。天水地区的马家塬墓地亦存在殉牲坑。以M17[35]的殉牲坑为例，其规模较大，安葬牛、马、羊头与蹄骨，个体数量共计226个，形成四层堆积。这一文化现象可能与中原地区墓祭观念的传入存在关联[36]。

虽然同时段部分墓葬仍然保持了本土的殉牲传统，甚至在种类、数量与放置方式上都呈现出极为兴盛的态势，如王大户与中庄墓地。但更多的案例则接受了中原地区的置牲风格。以车马殉葬为例：既有设置在墓葬之外的车马坑，也流行诸如马家塬[37]与王洼墓地[38]中墓内直接殉葬车马的现象。中原势力大势渗入该地后，本土传统日渐式微。春秋时期形成的两个文化带濒临崩解，文化融合成为该区域的主题。

三、汉代墓内置牲

汉代墓内置牲制度的形成与演变是一个缓慢的过程，其文化内涵由器用制度、所处墓域与相关功能所构成，不可笼统概述。鉴于上述指标并未按照同一进程出现变化，现就不同层面分述如下。

（一）器用制度与置牲区域的历时性演变

伴随汉朝对西北地区控制的加强，汉制逐渐确立。汉代墓内置牲呈现出两个面向：一方面为继承固有传统，动物并未与特定器类形成明确或稳定的共存关系，置牲传统仍表现为殉牲。西汉晚期的同心倒墩子匈奴墓地便是鲜明的代表。殉牲以牛、羊为主，集中出现于偏洞室墓的墓道中。M6、M7与M13内，殉牲多仅具头骨，朝向北与墓主头向基本保持一致，头骨前部常放置蹄骨一对。殉牲中牛、羊的比例大致为1:6，形成两类主要的组合方式：其一为将牛头置于中部，左、右、后方皆由羊头骨环绕；其二为将牛头置于近墓主处，其余羊骨依次排列于远端。这一以牛为核心的殉牲葬俗既是对游牧生活的场景性再现，又是对战国以来既有殉牲模式的继承。这类墓葬多为个案，相关案例在东汉时便近乎消失。

另一方面则是汉制的推广，具体体现在动物与汉式器用制度的结合。以王莽至东汉初期的武威磨咀子M6与西汉中晚至东汉中晚期的民乐八卦营M75为代表，所出动物常与案、杯、盘类器物共出。武威磨咀子M6内东棺棺盖上漆盒内与西棺棺盖上置一竹盒，竹盒内部盛以鸡骨。甘肃民乐八卦营M75内棺旁漆盘上置以羊骨。在青海境内，漆、木案上置以鸡、羊骨等动物的葬俗见于大通上孙家寨墓地西汉中期的M148和东汉早、中期的M91、乙M11。此外，在平安古城东汉早期的M7中尚余木奁（鸡骨及羊肩脚骨）与木碗（鸡骨）内置牲的葬俗。上述器物皆位于棺前（一漆案对应一棺与一棺漆案对应多棺），部分位于棺侧的位置，所盛动物以鸡等小型动物为主。此处置牲的葬俗已不同于西北地区原生的殉牲习俗，应归属于新生的汉制，其功能需要结合装盛的器物加以解说。对于漆案、盘、耳杯等器物，学界存在生人祭器与墓主配享的明器两说。黄晓芬提倡前说，指出战国早期楚墓椁内供奉祭祀类器物与食物的行为应为墓内祭祀之肇始。西汉中期，墓葬空间呈现出殿堂化的演变趋势。伴随墓葬形制中横向开通的“室墓”逐渐取代了“椁墓”，祭祀与安葬的空间完全隔离，墓葬具备了沟通生人与亡灵的功能。汉代墓主生前多属于社会中、下阶层，其通用的设奠方式为在墓葬前室或耳室安置一套或多套祭具，如勺、杯、盘与案。与之相对，蒋若是以为该类器物专供宴饮之用。魏镇聚焦于该类组合与墓室演变的伴生关系，认为墓葬应为不可分割的仿生空间，进而分析陶案之形制与情境，认定以案为代表的器物组合属于墓葬“宅第”的宴饮单元。此处基于对置牲葬俗的考察与不同参与主体的认识，在肯定案、盒、耳杯等器物祭祀性质的基础上亦认可其存在供死者享用的功能：在器用制度层面，以洛阳地区为例，在西汉早期的汉墓中，鸡等小型动物置于陶鼎或直接放置于耳室内。西汉中期，金谷园HM1[39]便已出现漆案置牲的情境。西汉晚期，棺前所置漆案、盘、耳杯等器物内置鸡骨等小型兽骨的现象渐趋发展。该时段内出现了一些新的现象：随葬器物的器身上书文字以表明功用。如烧沟汉墓M125鼎盖上墨书“初祭肉”[40]，洛阳邮电局ⅠM372鼎盖上朱书“始祭鸡闾”[41]，洛阳西北郊M81鼎盖上粉书“始祭肉”[42]，洛阳西郊M3206鼎盖上粉书“始祠鸡口”[43]。因此，此处可以勾勒出置牲器用制度的沿革：置于墓底与以鼎盛牲→漆案、盘、耳杯内放置动物→鼎、盒、仓、罐装盛动物，且相关器类出现自铭。总而言之，动物与汉式器物的有机结合应为汉制的主题之一。在所处区域层面，可以李东汉墓[44]为例。西汉初期的M1内动物位于墓室与墓道交接处，似有看护墓室之意。李东M16内将动物置于罐与钵等生活类器物之间，亦颇具生活气息。墓葬中盛放动物的器物与死后享用的器具共处一域，这客观上导致了祭祀行为的模糊性，动物似乎更具有生活中陪伴的意味。西汉中期的李东M15内，殉牲则位于铜礼器组合的包围之中，可能亦具有祭奠献牲的意味。综合言之，该时段内墓内置牲主要表现为享牲，动物遗存主要为食物性遗存，且逐渐与祭祀类礼器单独形成组合。生人祭祀的单独区域开始出现，随葬的动物经历了从室内或椁内无明显规律的安置向位于特定区域、与特定器物形成组合的转变，具有了明显的祭祀功能。与此同时，随葬整只动物为墓主看护庭院、供墓主驱使与玩乐的案例依旧存在。于此，汉代墓内置牲迎来了第一次改变：享牲占据了墓内置牲的主导。

东汉时期，模型明器的出现导致了置牲文化内涵的再次变迁。伴随墓室空间构筑的宅第化，随葬器物也趋于生活化：战国以来以铜礼器与仿铜陶礼器为代表的器物群逐渐被新生的生活类器物所取代。前者小型化与模型明器化的风格转变导致模型明器的出现：房屋、仓廪、田地、工具、人物与动物的陶质、木质仿制品应运而生。而动物的模型明器在西汉时期便已出现于中原地带。除此之外，随葬实体动物的葬俗也受到了政令的限制。《汉书 · 成帝纪》：“乙未，有司言：‘乘舆车、牛、马、禽兽皆非礼，不宜以葬。’奏可。”[45]

甘宁地区的居民基于对以上因素的考虑，采用动物模型以代替动物实体。就文化内涵而言，用陶质或木质动物模型取代殉牲的现象其本质是基于交感巫术的祭祀行为：甘宁地区的居民通过以“相似律”为基础的“模仿巫术”实现了模型名器对动物实体的取代。具体案例如凉州西关汉墓随葬陶马、狗、猪、鸡等[46]；武威磨嘴子05M1内出土木马9件、木牛2件、木鸡2件[47]。上述器物主要位于墓室前部、甬道、耳室以及墓道口这些非主室的墓葬区域。其摆放位置与中原地区汉墓中动物模型明器的出土情境一致。将墓室与居室进行类比后可知，陶质与木质俑类所处位置与门、侧室、过道之处相契合，正是圈、栏、厩的位置。相对廉价的动物模型可以大量地存在于墓内空间，动物得以着重扮演更具生活气息的角色。因此，动物类俑的功能更倾向于陪伴与看门护院，而与享用与祭祀关联有限。在器物组合关系方面，动物类模型常常与储藏类器物（陶仓、罐等）同出且位置相近，共同构成了生活与储藏空间。综上，相较于食品性动物的实体入葬，陶质或木质的动物模型献祭的功能并不明显，其性质更倾向于陪伴墓主死后世界的明器。从动物与生活器具在墓内的共存到动物的模型名器对部分实体的取代，墓内置牲的文化内涵在东汉时期迎来了第二次改变：由以享牲为主转变为以殉牲为主，但是东汉墓葬中殉牲葬俗的表现主体发生了改变。

（二）置牲种类的历时性演变

如果说器用制度更倾向于礼制层面的解释，那么对于置牲种类的研究则更有助于我们揭示出墓主背后的族群图景，现将殉牲种类的情况阐述如下：西汉初期，虽然羊的数量最多，但是牛、马为出现频率最高的畜种，形成了以马、牛+马+羊+X、牛、狗为核心的殉牲组合。汉初的西北疆界仅限于故塞（秦昭襄王长城）附近，故塞西与塞北的广大区域尽属匈奴的掌控之下。相关殉牲墓例见于西汉初年的陇西郡与北地郡辖区。由于该区域与匈奴领地毗邻，文化交流频繁，因此殉牲的组合凸显了较强的游牧性质。殉牲的位置较为分散，未形成特定的空间性：位于墓葬的填土、墓室与墓道底部、墓葬台阶与二层台等区域。

西汉中期，殉牲的种类可大致区分为两类，一类以骆驼、马、狗、牛、羊为代表，是为具有游牧性质的本土殉牲组合；一类则以猪、鸡为代表，反映出定居农业的特征。两类组合并存的情况反映出西汉中期以来，汉朝的大势扩张与多元民族的共存。大规模的设郡置县正是发生于该时期：元朔二年，河南地收复，置朔方、五原郡，此后西北地区开始逐渐被汉王朝收入囊中。《汉书 · 西域传》载：“其后骠骑将军击破匈奴右地，降浑邪、休屠王，遂空其地，始筑令居以西，初置酒泉郡，后稍发徙民充实之，分置武威、张掖、敦煌，列四郡，据两关焉。”[48]元狩二年，酒泉郡初置。元鼎六年，分酒泉郡置张掖与敦煌二郡。宣帝其后分张掖郡而置武威郡，河西四郡的政区格局终于形成。大规模的移民时机已然成熟，《汉书・武帝纪》：“四年冬，有司言关东贫民徙陇西、北地、西河、上郡、会稽凡七十二万五千口，县官衣食振业，用度不足，请收银锡造白金及皮币以足用。”[49]《汉书・刘屈氂传》：“吏士劫略者，皆徙敦煌郡。”[50]该时期内天水、安定、金城、张掖郡出现了相关墓例。匈奴人在该区域亦多有分布，《汉书・武帝纪》：“秋，匈奴昆邪王杀休屠王，并将其众合四万余人来降，置五属国以处之。以其地为武威、酒泉郡。”[51]除匈奴以外，该区域还存在着属于氐羌系统的族群。《汉书・武帝纪》：“武都氐人反，分徙酒泉郡。”[52]《汉书・地理志》：“自武威以西，本匈奴昆邪王、休屠王地，武帝时攘之，初置四郡，以通西域，鬲绝南羌、匈奴。其民或以关东下贫，或以报怨过当，或以悖逆亡道，家属徙焉。习俗颇殊，地广民稀，水草宜畜牧，古凉州之畜为天下饶。”[53]多族兼容并蓄、多元并存的族群格局逐渐形成。以民乐八卦营[54]为例，M35棺外置骆驼1件，M20棺外铜鍪内置鸡1件，同一墓地使用截然不同的殉牲种类，反映出当地多元的生计模式。该时段内置牲的位置形成统一的风格：多位于墓室内部，与棺的联系颇为紧密，位于棺外与棺顶的情况最为常见。这一葬俗明显受到汉制的影响，反映出汉人大量出现于该区域的实际情况。此外，该时段的殉牲呈现出殉牲幼小化的趋势，民乐八卦营M6墓室填土中置以小羊骨。

西汉晚期，殉牲种类仍然可以看到以牛+羊+禽类、羊与以猪、鸡、狗+X为代表的两类组合。该时段内以灾、贫、罪民戍边的移民实边继续推行，《汉书・成帝纪》：“其徙万年敦煌郡。”[55]《汉书・平帝纪》：“置西海郡，徙天下犯禁者处之。”[56]《汉书・杨恽传》：“妻子徙酒泉郡。”[57]《汉书・李寻传》：“寻及解光减死一等，徙敦煌郡。”[58]置牲的区域亦存在分化，一类以上文所述的倒墩子墓地为代表，殉牲多位于墓道内，选取的部位多为动物头骨，吻部朝向与墓主存在相关性。一类则以众多的汉式墓为代表，殉牲的位置与棺存在较强的联系，多位于棺的前部与上部，如甘肃临夏大何庄M80[59]与青海大通上孙家寨M135[60]。结合文献可知，《汉书・宣帝纪》：“置西河、北地属国以处匈奴降者。”[61]汉人与其他族群的并存也反映出该区域的文化尚处于诸族群互相融合的阶段。

王莽至东汉中期，殉牲的种类呈现出强烈的农业属性，以狗、鸡、鸡+X为代表，甚至有随葬鸡蛋的案例。该情况反映出中原人群的强势徙来，《汉书・王莽传》：“又增法五十条，犯者徙之西海。徙者以千万数，民始怨矣。”[62]常乐汉墓M17[63]的情境最为繁复，该墓棺前置以盒、案与耳杯等漆木器与陶罐等陶器，漆盒内盛食物，陶罐内盛放粮食。棺盖上放置竹筐，其内盛放鸡蛋、肉串等物。殉牲多位于棺外器皿内部、耳室与墓门一侧，与上文所述的汉制一致，移民的强势到来在置牲上得以反映。

及至东汉晚期，羊与羊+X、狗的殉牲组合与上一阶段相去甚远。置牲现象的衰减可能与模型明器的愈发强势对传统置牲造成的冲击存在联系，而相关组合的变迁则可从文献中寻觅踪迹。《后汉书·梁慬传》："明年，安定、北地、上郡皆被羌寇，谷贵人流，不能自立。诏慬发边兵迎三郡太守，使将吏人徙扶风界。"[64]永初五年，羌人侵扰，安定、北地等郡内徙。《后汉书·顺帝纪》："九月，复安定、北地、上郡归旧土。"[65]其后诸郡虽于永建四年有回迁旧治的举措，但不久之后却再次内徙。以安定为例，永和六年，羌乱再起，《后汉书·西羌传》载："于是复徙安定居扶风。"[66]此后安定郡仍存在两次内徙事件。郡治的动荡意味着汉朝统治的风雨飘零。与汉朝统治的真空化相对应的是羌族的强势崛起。凉州地区的汉人也逐渐呈现出"羌人化"的趋势，汉文化进入崩解期，墓葬中的汉制亦受到了羌文化的影响。殉牲多位于各墓室、墓道与填土层中，先秦时期的本土特征再现，而以往汉式墓中常见的与器物存在的对应关系不再明确，墓葬的位置规律性不强。如甘肃兰州工业学校1957M3[67]前室二层台东南部墓底下散布羊骨，甘肃环县曲子汉墓[68]前室散布羊骨、侧室散布鸡骨与羊骨、后室四角散布羊骨与鸡骨，青海大通上孙家寨乙M6墓道内放置羊骨。

附记：感谢导师许永杰教授的指导。

注　释

[1] 黄展岳. 殷商墓葬中人殉人牲的再考察——附论殉牲祭牲［J］. 考古，1983（4）：935-949.

[2] 包曙光. 中国北方地区夏至战国殉牲研究［D］. 吉林大学，2014.

[3] 韩巍. 西周墓葬的殉人与殉牲［D］. 北京大学，2003.

[4] 郜向平. 商系墓葬研究［M］. 北京：科学出版社，2011.

[5] 刘一婷. 商周祭祀动物遗存研究综述［J］. 南方文物，2014（1）：58-64.

[6] 陈全家，曹建恩. 内蒙古和林格尔新店子墓地殉牲研究［J］. 内蒙古文物考古，2009（2）：66-77.

[7] 党郁，孙金松. 凉城县小双古城墓地殉牲问题探讨［J］. 草原文物，2015（1）：86-92.

[8] 陈全家，曹建恩. 内蒙古凉城县忻州窑子墓地殉牲研究［A］. 边疆考古研究（第5辑）［C］. 北京：科学出版社，2006：344-355.

[9] 靳枫毅. 军都山玉皇庙墓地殉牲制度研究［A］. 北京文物与考古（第6辑）［C］. 北京：民族出版社，2004：116-166.

[10] 张国文. 拓跋鲜卑殉牲习俗探讨［J］. 南方文物，2017（2）：212-218.

[11] 罗丰. 北方系青铜文化墓的殉牲习俗［J］. 考古学报，2018（2）：183-200.

[12] 包曙光. 四坝文化殉牲研究——以东灰山墓地为例［J］. 考古与文物，2017（3）：55-58.

[13] 包曙光. 中国北方地区夏至战国殉牲研究［D］. 吉林大学，2014.

[14] 陕西省文管会秦墓发掘组. 陕西户县宋村春秋秦墓发掘简报［J］. 文物，1975（10）：55-68.

［15］ 陕西省雍城考古队. 陕西凤翔八旗屯西沟道秦墓发掘简报［J］. 文博，1986（3）：1-31.
［16］ 陕西省考古研究所. 陕西长武上孟村秦国墓葬发掘简报［J］. 考古与文物，1984（3）：8-18.
［17］ 早期秦文化联合考古队. 2006年甘肃礼县大堡子山东周墓葬发掘简报［J］. 文物，2008（11）：30-49.
［18］ 秦文化与西戎文化联合考古队. 甘肃礼县大堡子山秦墓及附葬车马坑发掘简报［J］. 文物，2018（1）：4-25.
［19］ 刘得祯，朱建唐. 甘肃灵台县景家庄春秋墓［J］. 考古，1981（4）：298-302.
［20］ 司马迁. 史记・秦本纪・卷五［M］. 北京：中华书局，1962：194.
［21］ 郑玄注，孔颖达正义. 礼记正义・少仪第十七・卷三十五［M］. 上海：上海古籍出版社，2008：1416.
［22］ 俞伟超，高明. 周代用鼎制度研究（上）［J］. 北京大学学报（哲学社会科学版），1978（1）：84-99.
［23］ 中国科学院考古研究所宝鸡发掘队. 陕西宝鸡福临堡东周墓葬发掘记［J］. 考古，1963（10）：536-543.
［24］ 雍城考古队. 凤翔南指挥西村周墓的发掘［J］. 考古与文物，1982（4）：15-39.
［25］ 甘肃省文物考古研究所. 甘肃武山县东旱坪战国秦汉墓葬［J］. 考古，2003（6）：32-43.
［26］ 陕西省考古研究所，临潼县文管会. 秦东陵第一号陵园勘查记［J］. 考古与文物，1987（4）：19-29.
［27］ a. 陕西省雍城考古队. 凤翔秦公陵园钻探与试掘简报［J］. 文物，1983（7）：30-37.
b. 陕西省雍城考古队. 凤翔秦公陵园第二次钻探简报［J］. 文物，1987（5）：55-66.
［28］ 陕西省文物管理委员会. 陕西宝鸡阳平镇秦家沟村秦墓发掘记［J］. 考古，1965（7）：339.
［29］ 甘肃省文物考古研究所. 甘肃秦安上袁家秦汉墓葬发掘［J］. 考古学报，1997（1）：57 77.
［30］ 甘肃省博物馆. 甘肃平凉庙庄的两座战国墓［J］. 考古与文物，1982（5）：21-34.
［31］ 雍城考古工作队. 凤翔县高庄战国秦墓发掘简报［J］. 文物，1980（9）：10-15.
［32］ 王久刚. 西安南郊山门口战国秦墓清理简报［J］. 考古与文物，1994（1）：27-31.
［33］ 庆阳地区博物馆，庆阳县博物馆. 甘肃庆阳城北发现战国时期葬马坑［J］. 考古，1988（9）：852-860.
［34］ 刘得祯，许俊臣. 甘肃庆阳春秋战国墓葬的清理［J］. 考古，1988（5）：413-424.
［35］ 早期秦文化联合考古队，张家川回族自治县博物馆. 张家川马家塬战国墓地2008～2009年发掘简报［J］. 文物，2010（10）：4-26.
［36］ 刘驟. 内蒙古中南部地区战国时期洞室墓的消亡与殉牲坑的出现研究［A］. 北方民族考古（第5辑）［C］. 北京：科学出版社，2018：39-48.
［37］ 早期秦文化联合考古队，张家川回族自治县博物馆. 张家川马家塬战国墓地2008～2009年发掘简报［J］. 文物，2010（10）：4-26.
［38］ 甘肃省文物考古研究所. 甘肃秦安王洼战国墓地2009年发掘简报［J］. 文物，2012（8）：27-37.

［39］ 洛阳市第二文物工作队. 洛阳金谷园西汉墓发掘简报［J］. 中原文物，1987（3）：29-32.
［40］ 洛阳区考古发掘队. 洛阳烧沟汉墓［R］. 北京：科学出版社，1959.
［41］ 洛阳市第二文物工作队. 洛阳邮电局372号西汉墓［J］. 文物，1994（7）：22-33.
［42］ 贺官保. 洛阳老城西北郊81号汉墓［J］. 考古，1964（8）：403-407.
［43］ 中国科学院考古研究所洛阳发掘队. 洛阳西郊汉墓发掘报告［J］. 考古学报，1963（2）：111-124.
［44］ 冯锴. 临潼李东汉墓研究［D］. 西北大学，2017.
［45］ 班固. 汉书 · 成帝纪 · 卷十［M］. 北京：中华书局，1962：302.
［46］ 张永生. 甘肃武威东汉古墓出土大量珍贵文物［N］. 兰州晨报，2008. 8. 13.
［47］ 武威市文物考古研究所. 甘肃武威磨嘴子汉墓发掘简报［J］. 文物，2011（6）：4-11.
［48］ 范晔. 后汉书 · 西域传上 · 卷九十六上［M］. 北京：中华书局，1965：3873.
［49］ 班固. 汉书 · 武帝纪 · 卷六［M］. 北京：中华书局，1962：176.
［50］ 班固. 汉书 · 公孙刘田王杨蔡陈郑传 · 卷六十六［M］. 北京：中华书局，1962：2882.
［51］ 班固. 汉书 · 武帝纪 · 卷六［M］. 北京：中华书局，1962：176.
［52］ 班固. 汉书 · 武帝纪 · 卷六［M］. 北京：中华书局，1962：194.
［53］ 班固. 汉书 · 地理志下 · 卷二十八下［M］. 北京：中华书局，1962：1645.
［54］ 甘肃省文物考古研究所. 民乐八卦营——汉代墓群考古发掘报告［R］. 北京：科学出版社，2014.
［55］ 班固. 汉书 · 成帝纪 · 卷十［M］. 北京：中华书局，1962：322.
［56］ 班固. 汉书 · 平帝纪 · 卷十二［M］. 北京：中华书局，1962：357.
［57］ 班固. 汉书 · 公孙刘田王杨蔡陈郑传 · 卷六十六［M］. 北京：中华书局，1962：2898.
［58］ 班固. 汉书 · 眭两夏侯京翼李传 · 卷七十五［M］. 北京：中华书局，1962：3193-3194.
［59］ 黄河水库考古队甘肃分队. 甘肃临夏大何庄汉墓的发掘［J］. 考古，1961（3）：172-174.
［60］ 青海省文物考古研究所. 上孙家寨汉晋墓［R］. 北京：文物出版社，1993.
［61］ 班固. 汉书 · 宣平帝纪 · 卷八［M］. 北京：中华书局，1962：267.
［62］ 班固. 汉书 · 王莽传上 · 卷九十九上［M］. 北京：中华书局，1962：4077.
［63］ 王仁芳，陈晓桦. 宁夏中卫常乐汉墓2012年考古发掘［A］. 2012中国重要考古发现［C］. 北京：文物出版社，2013：110-113.
［64］ 范晔. 后汉书 · 班梁列传 · 卷四十七［M］. 北京：中华书局，1965：1593.
［65］ 范晔. 后汉书 · 孝顺孝冲孝质帝纪 · 卷六［M］. 北京：中华书局，1965：256.
［66］ 范晔. 后汉书 · 西羌传 · 卷八十七［M］. 北京：中华书局，1965：2896.
［67］ 甘肃省博物馆. 兰州市兰工坪兰州工业学校工地三号汉墓清理记纪录［A］. 甘肃省十年来遗址墓葬清理发掘资料汇编（油印本）［C］. 兰州：甘肃省博物馆，1959：64-65.
［68］ 庆阳地区博物馆. 甘肃环县曲子汉墓清理记［J］. 考古，1986（10）：954-955.

Research on Animals in Burials from Eastern Zhou to Han Dynasty in the District of Gansu, Ningxia and Qinghai

LIU Shuang

As a significant portion of etiquette system, animals in burials require to be further studied. This research focuses on such funeral customs in northwest China during Han Dynasty. Firstly, we divide these animals into food offerings and animal sacrifice. Differences lie in two aspects; the former has more esculent parts and remains regular connection with funerary objects. Secondly, by summarizing the change of animal sacrifice in chronological order, we reveal the obvious discrepancy between the burials in pre-Qin and Han Dynasty, based on the category, combinations and context of the animals. With the help of historic documents, it can be figured out that the cultural connotation of animals in burials varies in Han Dynasty. Food offerings or animal sacrifice enjoys its advantage in certain period, which can be explained as the interactions between the native and Han culture.

秦汉帝国的南疆：考古学视角的长时段观察

周繁文

（中山大学社会学与人类学学院，广州，510275）

秦汉时期，中原王朝首次将岭南纳入势力范围，奠定后世的疆域版图和文化格局之基础。从统治秩序上说，岭南成为帝国南疆始自中央政府的建郡设县，但从文化尤其是物质文化的层面来看，岭南与岭北的文化交流始自史前，及至秦汉时完成关键性发展，换而言之，从考古学文化发展的角度看，岭南成为南疆是一个连续性的长期过程。因此，这个问题可尝试从“长时段”的角度进行观察。“长时段”是历史研究的基本方法之一，建立在一种结构性的整体史观之上，尤擅揭示历史中的长期连续性和短期急剧变化[1]。从考古学的角度进行“长时段”观察，旨在从文化的层面解释岭南最终如何以及因何成为秦汉的南疆。这种观察将从三个层面进行：

第一个是自然层面，观察史前至秦汉时期岭南地区自然地理环境与生业类型、居住形态、行为模式和物质文化的关系；

第二个是技术层面，观察史前至秦汉时期岭南地区的考古学文化在变革性技术发展上的特征。所谓的“变革性技术”即是能够引发社会变革的关键技术。

第三个是文化互动的层面，观察岭南与岭北（主要是长江中下游地区）的文化交流互动关系（表一）。

表一　岭南及周边地区先秦时期主要考古学文化[2]

<table>
<tr><th colspan="2">地区
年代</th><th>新石器早期</th><th>新石器中期</th><th>新石器晚期</th><th>新石器末期</th><th>夏商</th><th>两周</th></tr>
<tr><td colspan="2">黔桂高原斜坡</td><td>顶蛳山一期遗存</td><td>顶蛳山文化</td><td></td><td></td><td></td><td>武鸣马头元龙坡、平乐银山岭</td></tr>
<tr><td rowspan="2">岭南</td><td>北部湾东北岸</td><td>阳春独石仔</td><td>遂溪鲤鱼墩</td><td></td><td></td><td></td><td></td></tr>
<tr><td>南岭南麓</td><td>青塘类型</td><td></td><td>石峡遗址一期</td><td>石峡文化</td><td>石峡遗址三期</td><td>乐昌对面山、广宁龙嘴岗、封开利羊墩</td></tr>
</table>

续表

地区 年代		新石器早期	新石器中期	新石器晚期	新石器末期	夏商	两周
岭南	珠三角			咸头岭文化	增城茶岭、东莞园洲、南海鱿鱼岗一期	村头文化	博罗横岭山二至四期、梅花墩、银岗、增城浮扶岭
	韩江-榕江流域			陈桥类型	虎头埔文化	后山类型、浮滨文化	揭阳面头岭
东南沿海地区		三明万寿岩		壳坵头文化、大坌坑文化	昙石山文化、牛鼻山文化、圆山文化	黄瓜山文化、黄土仑文化、马岭类遗存、白主段类遗存	
长江中游地区		玉蟾岩遗存	彭头山文化、皂市下层文化	大溪文化-屈家岭文化-石家河文化		荆南寺文化、周梁玉桥文化、盘龙城类型、吴城文化	蕲春毛家咀、望城高砂脊、楚文化
长江下游地区		上山遗存、仙人洞遗存	跨湖桥文化	河姆渡文化	樊城堆文化、薛家岗文化	马桥文化、点将台下层文化、湖熟文化	土墩墓、越文化
			马家浜文化-崧泽文化-良渚文化				

一、自然的岭南：陆地-海洋二元视角

作为地理概念的“岭南”位于东亚大陆南端地势最低的一级阶地，以南岭山脉为北界，以云贵高原-黔桂高原斜坡区为西界，即“西起广西的兴安，连接桂林、柳州偏西、南宁偏东、北部湾顶端的中越边境一线以东至海的空间范围”[3]。岭南历史上的气候总体为热带和亚热带类型，内部包括三个地理单元：

（1）北部湾东北岸，即今广西合浦、北海和广东雷州半岛。

（2）榕江-韩江流域，今称潮汕平原。

（3）珠江流域，又可分为四个子地理单元：南岭南麓岩溶地区，以桂林为中心，西至广西柳州，东至广东翁源一带，南可延伸到西江和北江沿岸的丘陵地带，如来宾、怀集和英德；珠江三角洲冲积平原，在今三水、黄埔、石龙一线以北；珠江三角洲北部网河平原，亦即围田区，南界在中山市至深圳市稍北一线；珠江三角洲南部网河平原，亦即沙田区，南抵大海[4]。

岭南地区多样化的地理环境是此处考古学文化发展的基础，从陆地和海洋的二元视角观察岭南地区的考古学文化进程，才能更好地理解岭南独特的生业类型、居住形态、行为模式和文化特征。

1. 陆地视角的岭南

中更新世（距今80万～70万年），南岭南麓的南江流域与邻近的百色盆地、湘北澧水流域同为长江以南重要的古人类活动地点[5]。

12000～10000年前，"南岭中心带"——以长江中游的玉蟾岩为代表，西至柳州，南至阳春，东至英德，北即道县，粤北、粤西和桂东北均囊括在内，甚至随着南岭的延伸而东及江西地区的仙人洞和吊桶环——成为长江以南新石器革命最重要的策源地[6]。以甑皮岩为代表的岭南古人类此时主要利用陆地资源，居溶洞，衣树皮布，优先攫取季节性强的植物类食物，冬季则补充动物类食物，并使用鱼镖捕鱼[7]。"在距今7000～5000年，南岭南麓由河口变为河流中游，谋生资源较前贫乏，或导致文化遗存贫乏。"[8]

约5000年前，石峡文化在南岭南麓岩溶区突现，中心在今广东封开至曲江地区，西达广西浔江流域，东至赣西南地区，东南及于广东增城地区，北面基本以南岭为界[9]。它的生存环境以山岗为主，也有台地和洞穴[10]。定居聚落出现，居住类型有木骨泥墙长屋。种植农业较发达，不少墓内随葬栽培稻，说明产量已有相当程度的富余。而同时期的珠江三角洲则以捕捞、狩猎为生[11]。

距今4000年左右，石峡文化原本占据的粤北地区，很快和榕江-韩江流域的广大区域一样，均为曾与其并行的虎头埔文化所辐射。后者主要分布在莲花山脉的南北两侧，榕江流域尤为密集，西可达佛山高明，南可及珠江口南岸[12]。虎头埔文化发现有房址、窑址，流行几何印纹陶器[13]，据其分布范围之广推断，已能组织起拥有专门技术且产量可观的手工业生产。之后相继发展出后山文化、浮滨文化，分布范围大致也在粤东、闽西南一带。但就目前发现而言，文化面貌尚比较简单，经济类型与社会组织尚不明确。

2. 海洋视角的岭南

岭南地区对海洋资源的开发利用始于7000年前。当时咸头岭文化出现在珠江三角洲南部网河平原[14]，分布范围遍及今深圳、香港、中山和珠海等地，中心聚落在深圳咸头岭遗址，生存环境为贝丘和沙丘，居住方式以亭棚为主[15]。咸头岭人最初主要直接利用海湾陆地资源，并利用水生资源互补以谋生，野外食物资源相对充裕且季节性波动小。随着人口增殖、常绿阔叶林带或热带雨林的蛋白质食物相对匮乏，网河平原的"沙堤-潟湖生境"同时也在发生演进，水生资源更为丰富，人们逐渐直接利用水生资源，并利用海湾陆地资源互补[16]。

此后沿海的考古学文化面貌不甚清晰，直到相当于中原地区的夏商之交，珠江三角洲冲积平原最终成陆[17]。以珠海东澳湾遗址为中心，珠海、深圳、香港等邻近岛屿的部分沙丘遗址形成了相对稳定的、较长期的、规模较大的聚落，开始铸造并使用小型青铜器[18]。北部网河平原则分布着以东莞村头遗址为中心的贝丘遗址群，遍及佛山、高要、三水等地，其中村头遗址形成了一定规模的有分区规划以及基础设施的聚落。沙丘遗址和贝丘遗址年代相当，经济生活都以采集和渔猎为主，陶器也存在许多共性。严文明、朱非素认为沙丘可能是冬春季节性聚落遗留，沙丘居民的大本营应是陆地的贝丘或岗地遗址[19]。商志（香覃）、湛世龙也认为沙丘遗址是季节性的聚居基地，但基地时常变化[20]。李果则认为沙丘遗址可分为前后两期，前期确与贝丘遗址有关联，但在后期，两者间的差别较大[21]。

自此以后，岭南沿海居民一直能持续稳定地利用海洋资源。譬如南越王墓、广州西汉早期墓内出土有笠藤壶[22]、龟足[23]、青蚶[24]、大黄鱼[25]、楔形斧蛤[26]等海产品。其中大黄鱼属洄游性鱼类，青蚶、龟足的生长环境都比较特殊，很难采掘[27]。但它们在墓葬中的出土量较大，说明当时对浅海资源的利用已比较专业化，产量也相当可观，日常食用之外尚有富余，甚至还能满足中间阶层（广州汉墓）的丧葬需求。

除了滨海地区对海洋资源的利用外，岭南还与环南海的其他地区存在较多的交流与互动。环南海地区包括中国华南地区以及相连的中南半岛、马来半岛，还有海南岛、台湾岛、东南亚群岛等海岛。新石器时期，环南海地区居民体质特征[28]和文化习俗（拔牙）[29]存在相似，并在有肩有段石器[30]、树皮布石拍[31]等工艺技术方面表现出交流的迹象。青铜时代，环南海地区的交流更加普遍和深入，不仅在社会中下层、不仅在生业及日用层面发生，而是渐有向社会上层集中的趋势，且交流物品多见凸饰玦[32]、靴形钺[33]、人面弓形格铜剑[34]、牙璋[35]等价值较高的非实用物品。两汉时期，岭南地区的墓葬中出土了相当数量的外来物品，包括香料[36]、珠饰[37]、象牙[38]、银器[39]、玻璃器[40]等，原产地多为东南亚、印度，亦有极少量产自波罗的海、波斯或地中海等地区，可能是通过海路辗转而来。

3. 小结

石器时代到青铜时代初期的岭南先民主要是利用陆地资源。对海洋资源的利用自距今7000年前开始。可能自新石器晚期开始，环南海地区内展开了日益频繁的交流与互动。

负山临海的环境加上热带–亚热带的气候，使岭南地区的生业方式有别于黄河、长江流域的大多数地区。直至青铜时代仍以渔猎采集为主，种植农业的影响范围和时间有限。目前能够确定的仅5000～4000年前粤北地区的石峡文化有较为发达的种植农业，但迅即消失。

岭南地区恰处在东亚内陆文化圈与环南海文化圈的交汇带，迥异于岭北大多数地区在内陆发育的考古学文化亦即陆地文化圈。陆地–海洋二元性使这里的文化既有内聚于陆的一面，也有外向于海的一面。这是理解岭南区域历史、文化和社会发展趋势的基础。

二、技术系统：断裂式发展与文化中介

从物质技术层面观察，与岭北多数地区渐变式、原生式的发展模式相比，岭南先秦考古学文化面貌最突出的特点是断裂式发展，在内部发展尚不足以引起关键技术变革的某一阶段，常常突然发生全新的文化面貌变革，其中最典型的有三个突变期。

1. 第一个突变期

约7000年前，珠三角突然出现的咸头岭文化很可能与人群迁徙相关。李伯谦、贺刚、李海荣等学者认为它与湖湘地区有密切的联系，来源可能是沅水流域的高庙文化–松溪口文化，或洞庭湖区的汤家岗文化–大溪文化[41]。但赵善德通过复原其资源、环境及谋生方式后认为这支人可能是从类似于“沙堤-泻湖生境”的生态环境如河口沿水路迁来，或为“甑皮岩人”的一支[42]。

同时期北部网河平原的西樵山遗址[43]，除了华南传统的“双肩石器类型”外，还出现了细石器类型，后者有别于此前本土的砾石石器工业为主的技术，而接近于华北细石器遗存[44]，可能与柳州白莲洞、鲤鱼嘴和石门皂市下层发现的细小石器或细石器有关，能和华北细石器地点连成一片[45]。

约5000年前，石峡文化出现在南岭南麓。它与同时期广东地区史前文化存在较大差异，在岭南地区找不到渊源。这支文化与长江中下游的樊城堆文化、良渚文化之间存在联系[46]，有一套完全不同于珠江三角洲地区的生活日用器具、生产工具、礼器、装饰品和葬俗。傅宪国认为不排除它是良渚文化南下形成一种新文化的可能[47]。

2. 第二个突变期

新石器晚期以后，岭南地区引进了两种关键性的技术系统：

第一种是青铜技术。相当于夏商之际的东澳湾类型已能铸造小型青铜器，青铜容器的铸造则可能始于西周末春秋初[48]。但青铜技术的传入对岭南的文化格局和社会组织未能发生触及根本的影响。商周时期岭南地区的铜器传统看来不甚发达，始终只有工具（刮刀、削刀）、兵器（斧、钺）、乐器和少数几种容器（越式鼎），其中可能仅青铜钺、权杖头等少数器类具备政治象征意义[49]，但也未能建立如岭北般整齐的礼器制度。虽然在恭城秧家、肇庆松山墓皆随葬大量铜器，吴春明认为有些墓葬甚至出现成套但不相配的编钟，有些墓葬出土铜鼎的数量多少与墓葬规模的大小一致，他更进一步提出铜钺上的“王”字符与国王或宗室相关[50]。但是，一则松山墓的年代有疑问，黄展岳认为应是南越国时期[51]。二则“王”字符是否为汉字体系尚存疑[52]。三则没有全

面贯彻而只有个别墓葬遵守的礼俗不叫等级序列。

中原地区强大发达的青铜文化强势辐射到周边地区包括长江流域，但对岭南地区的影响似乎较小。这存在两种可能性：一是丧葬观念。岭南地区的墓葬普遍规模小，随葬品简陋且少。过去通常认为这是当地的落后所致，但也有可能是由于此地“重生不重死”的观念所致。二是青铜器对岭南来说并不十分适用，未被普遍接受。从实用角度说，铜容器在高温潮湿地区易锈而难清洁，更易有残留，维护成本高。但铜工具和武器却显然比原先的木石系统更便利，体量小，维护和更换的成本较低。从观念角度说，铜器主要是高等级人群的政治资源，作为礼制和等级的象征，但岭南当地长期以来中下层较多，而上层较少（详见下节），因此作为礼制和等级象征的这一功能也并不完全适用，只有铜钺等少数几种器类可能承担了政治象征意义。

因此，更关键的是第二种技术体系：印纹硬陶–原始瓷。新石器晚期，以赣鄱地区为中心，湖南、岭南、闽台、粤东闽南纷纷被一种考古学上称之为“几何印纹陶”的文化类型所垄断。赣鄱与闽台不仅有几何印纹软陶，还生产硬陶，前者更是出现了原始瓷。商代开始，宁镇、太湖两地也加入这一“印纹硬陶–原始瓷”的技术阵营，岭南和粤东闽南区也已出现硬陶，粤东闽南区有少量原始瓷[53]。值得注意的是，印纹硬陶和原始瓷在长江以南是普遍使用的，并无等级垄断。而在黄河流域，尤其到晚商时期，似是被包括商王在内的少数高等级人群独占的稀缺资源，特别是后者，几乎只见于王陵区[54]。

由于印纹硬陶和原始瓷渗水性低或几乎不渗水，易清洁，附着物较少，在高温潮湿地区相对来说病菌的携带度较低，对岭南地区来说非常实用，加之原材料在本地即可获得[55]，制作成本较低。因此，“印纹硬陶–原始瓷”技术成为广大东南和华南地区文化面貌统一的关键要素：①在器物工艺方面，春秋时期，宁镇与太湖、岭南与粤东闽南已先后分别融合为一。战国时期，华南和东南的几何印纹陶也形成共同的文化面貌[56]。这意味着这一广大地域可能有共同的生产中心，或是在印纹陶–原始瓷行业形成了工艺和审美的统一标准。②在葬制葬俗方面，中小型墓葬的腰坑、碎石底、窄坑形制，高等级墓葬中的人字顶木椁墓形制[57]，还有以印纹硬陶瓮、罐、瓿和原始瓷碗、豆为主的随葬器物群[58]，广泛流行于江南、华南，也暗示着这个区域内部存在某些相同的丧葬准则，这也许指向一种至少在生命仪式和生死观层面达成的文化认同。③新石器晚期至浮滨文化，岭南地区的印纹硬陶上多见刻划符号，且表现出高度的一致性[59]。

以这项技术为基础，进入“王国时代”的长江下游表现出对东南和华南地区强势的文化辐射力，将此前面貌各异的文化区域整合为一，使之具有更频繁的交流和互动，拥有相似的工艺标准、文化习俗和符号系统，第一次带动了岭南与长江中下游的联动发展。

3. 第三个突变期

第三个突变期发生在南越国时期亦即西汉早期。这次变革是以铁器技术为基础发生的。铁农具和工具，即便是对岭南地区坚硬致密的网纹红土也能无往不利，迅速地受到欢迎。南越国时期开始，两广地区的墓内多随葬各种铁器[60]。

此时在广州（南越国都番禺）及其周边，一种新的考古学文化面貌迅速席卷并渗透。它以传统的“周”文化为主体，混融了列国如楚、巴蜀、秦、越等地的文化因素。宽坑木椁墓占据了相当大的比例，包括南越王墓在内的部分墓葬出现了楚式分厢的做法，更突出的特点是，70%的墓葬皆以一套仿铜陶礼器鼎、盒、壶、钫随葬[61]。这种外来的混合型文化逐渐适应岭南本地，从而产生新的地方传统[62]。与此同时，东亚内陆文化圈以外的文化因素也渐增多，不止有前文提及的琉璃器、香料等物品的引进，可能还有一些相关理念和技术的传入[63]，如南越国宫苑石构建筑遗迹中的密缝冰裂纹叠石柱、八棱石柱以及钠钾碱釉砖瓦等工艺[64]。

西汉中期开始，以广州为中心，岭南首次与中原同步迎来了一次新的考古学文化变革。旧的地区传统基本消失，前一阶段“周”文化为主体的混合型文化也逐渐弱化。随葬品组合中，只有仿铜陶礼器组合依然坚挺，但以之随葬的墓葬比例有所下降，组合也开始被打乱。代之而起的是新的“汉文化”以及重构的地区新传统。前者即汉式的宽坑木椁墓，以仓、井、灶为中心的模型明器群，瓮、罐、盆、碗、釜、盂等日用陶器，铜鼎、薰炉、盘、灯、壶、鐎壶、温酒樽等汉式铜器。后者为上下两层的椁室，四耳罐、五联罐、提筒、匏壶、薰炉、木仓、木井、木船等随葬品组合。在此基础上，又进入了新的汉代长江中下游的文化因素。这不仅意味着丧葬习俗和生死观的全新变革，也意味着汉文化的强势，前所未有地直接从中原腹心影响到岭南[65]。此后，周秦文化因素在岭南地区步入尾声，汉文化因素在岭南地区普及，同时并存有新形成的地区文化。到东汉时期，岭南也继续保持与岭北地区在主流考古学文化发展上的同步。东汉前期出现小型砖墓，案、勺、模型明器普遍流行，代表岭南区文化因素的四耳罐、双耳直身罐等大量存在。东汉后期，墓葬形制以汉式砖室墓为主，具有岭南地区特色的汉文化因素进一步发展，兼有西南区文化因素的影响[66]。

4. 小结

从技术层面上说，岭南先秦考古学文化发展有三次突变期。第一次突变期发生在新石器中晚期。西樵山细石器遗存目前只能看到技术的突现，而且此后中断，并未在当地形成传统。咸头岭、石峡则是新考古学文化的突现，一般认为可能和某种组织形式的人群整体迁徙造成。咸头岭的“浅海资源为主，陆地资源为补”的生业方式此后在岭南延续。石峡的文化传统与种植农业的生业方式未见明显地在地化发展。虽然石峡文化中有印纹陶，岭南地区从新石器晚期以后也开始流行印纹陶文化，但很难断定这是石峡留下的传统还是重新发生或引进的传统[67]。新石器中晚期的这个突变期对当地的影响有限，西樵山细石器技术迅即消失，咸头岭文化、石峡文化的去向也成疑，皆未能汇入当地大流。

第二个突变期发生在青铜时代早期，是以“印纹硬陶–原始瓷”为基础的“技术–制度”变革，普及面很广，中间有渐进的在地化过程，正是这次变革使得岭南与长江中下游文化一体化。青铜技术及文化的无法在地化也是此时中原尚无法控制岭南的原因之一。

第三个突变期发生在西汉早期，是以铁器技术为基础的“技术–制度–文化–社会结构”的全面变革。岭南地区出现了明确的等级制度，社会结构和组织。

而从技术受众来说，只有惠及中下层的技术和文化才能深刻影响到岭南，针对上层的、政治和象征意义的技术无法引动岭南地区的变革并使之汇入岭北主流，这与下一节将要述及的，岭南地区的社会特征有关。

三、岭南与岭北：从外围到边缘

从史前时期开始，岭南本地与岭北的考古学文化之间一直存在着互动与交流，与其关系尤为密切的是长江中下游地区。

1. 从外围到边缘

岭南与湖南西部在新旧石器过渡时期共同组成以后者为中心的“南岭中心带”。在距今4500～4000年，岭北形成中原为中心的历史趋势[68]。同时，长江中游地区的中心开始由澧阳平原向江汉平原转移，形成以石家河遗址为中心的历史趋势，湖南地区被边缘化[69]。岭南的发展开始进入长时间的静止状态。黄河流域的考古学文化能影响到长江流域，但很难越过南岭。商文化到达长江中游后形成盘龙城等地方类型，一度深入影响洞庭湖区；并与鄱阳湖及赣江中下游的地方文化结合形成吴城文化，但其影响力到湘江、资水流域已减弱，到达岭南地区的只是余波[70]。西周时期，岭南也仍然处于中原文化边缘的外围。

从长江中下游的角度说，新石器晚期开始，“印纹硬陶–原始瓷”文化（通常称之为越文化）逐渐在岭南地区扩散和渗透，甚至对江淮地区也有影响。西周时期印纹陶文化依然各具地区特色，春秋时期形成了宁镇–太湖、岭南–闽南几个大的区域类型。与这一过程几乎同步的是，另一支强大的文化——楚文化对长江中下游文化控制权的抢夺。春秋中期，楚文化渗透到湖南地区，战国中期以后则几乎完全占据此地。在湖南逐渐成为楚国南疆的过程中，伴随着楚文化与土著文化斗争和消长。此外，春秋晚期开始，原本为印纹陶文化影响的江淮地区也被纳入到楚文化圈内[71]。

战国晚期，长江中下游地区的楚越文化融合，楚文化逐渐占据主导[72]。但强大的楚文化却一直无法进入岭南[73]。所谓的“越”文化在岭南与当地文化结合形成顽固的传统。直到西汉早期，以“周”文化为核心的混合型的中原文化才直插岭南腹心，随后在西汉中期向汉文化转型同时在地化，形成汉文化边缘的岭南类型。

2. 边缘化社会

岭南早期的历史趋势存在上文曾提及的特点，即只有覆盖中下层的技术和文化才能深刻影响到岭南并触发变革，从而融入滚雪球式的“中原为中心”的历史大流中。这与岭南长期以来的社会组织和结构有关。

史前时期，岭南地区似一直处于内部成员相对平等的氏族社会阶段，聚落之间也未有明显的冲突迹象。只有石峡文化的墓主间存在明显的随葬品多寡和价值差异，一些大墓中出现了非实用性的玉石饰物和礼器[74]。推测石峡文化内部已存在阶层差异。但这支文化是史前岭南的“异类”，并未形成主流。

据吴春明分析，在相当于中原夏商的时期，岭南地区的聚落分布在内陆河谷、沿海贝丘与沙丘。房屋遗迹包括半地穴式、地面式、干栏式、洞居、岩棚、窝棚等多样类型的单体建筑，都是因地制宜的小型居所，缺乏结构完善的大中型建筑基址，反映的仍然是社会关系比较平等的氏族或部落的聚落遗迹。当时的墓地普遍无随葬品，或仅随葬几件至十多件陶、石器，也不见结构和内涵复杂或伴随杀牲与殉葬现象的高等级墓葬，观察不到等级的差别与冲突[75]。两周时期，虽然岭南仍处于进入“王国时代”的长江中下游的文化圈边缘，但社会阶层仍普遍不高。

直到西汉早期，岭南地区才表现出明显的等级分化和较为完整的等级序列：相当于地方诸侯王一级的南越王墓，地方贵族和高级官吏一级的罗泊湾汉墓，高、中级官吏一级的广州汉墓以及大量代表社会中下层的中小型汉墓。西汉中期以后，诸侯王一级的墓消失。

3. 小结

岭南地区在公元前3000年以前与长江中游关系密切，这之后长江下游考古学文化的影响渐渐明显。这可能与地理环境变迁（珠三角冲积平原成陆后，粤北和湖南内陆化，粤中南、粤东海岸化）、长江下游较早开发利用海洋资源有关。中原文化很难直接进入岭南，即便西汉早期发生的变革，也是以青铜时代长江中下游-岭南文化一体化为基础的。因此，长江中下游可说是中原文化控制岭南的“文化中介”，在历史进程中一直保持了相当密切的联系。

史前至秦汉的岭南地区始终处于文化低位，本地文化无法辐射到岭北地区，而往往是由岭北来的文化引发当地的被动式变革。因此从东亚内陆文化圈的角度来说，岭南处于长江中下游和中原文化的双重边缘。吴春明认为岭南包括闽台产生这种“文化滞后”现象的原因在于资源富余的生态环境以及半封闭的自然地理格局[76]。这个观点有一定的合理性。由于岭南地区的气候环境有别于岭北大多数地区，在这种独特的地理环境内发展出来的文化普适性较差，有其独特的适应策略，很难为其他地区所复制。

岭南资源富裕，人口密度低，因资源紧张造成的冲突较少，因此少有水利、筑城等需要大规模协作的工程，甚至对农业的需求也不大。这种富余资源型社会也是当地长期无明显等级分化的原因之一。

四、余　论

通过从考古学角度对史前至秦汉时期的岭南区域史进行长时段观察，可以发现如下一些趋势：

（1）岭南具有陆地（丘陵–平原）–海洋复合的生业模式和文化面貌。岭南高温多雨，还有雷暴、台风、瘴疫，北面多山多丛林，南面临海。长江中游和中原地区的考古学文化是在内陆河流流域发展起来的，粤北丘陵和珠三角平原是它们所熟悉的环境，因此每次南下都是直接进入这一地带。长江下游、环南海地区的考古学文化则沿海岸线与粤东和环珠江口等地区交流互动。桂南粤西南、南部网河平原的向海性很强，是半岛–海岛链型的文化，内陆文化难以介入。后来，中原文化通过对东南沿海的控制，以其为文化中介，才控制了岭南大部分地区。岭南考古学文化中的陆地（丘陵–平原）类型和海岸类型一直存在。自新石器晚期以后，珠三角南部网河平原在环南海文化圈内有一定的文化辐射力，但这点由于东南亚及海岛的材料不足，目前尚难确定。

（2）岭南地区的文化演进是“裂变–静止”的循环模式，关键性的技术和社会变革都由外力引发。当地的主体文化创造力和普适性不强，但吸收力和融合力很强，因而呈现混融型的文化面貌。并非每次外来的文化冲击都能引发当地的变革，只有适用于中下阶层的才能在地化。

（3）史前至秦汉，岭南从中原文明的外围到边缘，社会阶层整体低于岭北地区。长江中下游可说是中原文化控制岭南的“文化中介”。从考古学角度看，汉文化一度辐射到越南北部但最后又回缩至岭南，主要原因在于内陆文化圈对岛链生态环境的不适用，桂南粤西南、珠江三角洲网河平原由于与大陆一体，受后者的控制力更深，未能真正成为环南海文化圈的中心，对环南海文化圈的辐射力有限，致使汉文化至此已是强弩之末。这也可能是秦汉帝国势力范围至岭南而止的原因之一。

注　释

［1］ 张旭鹏. 长时段的回归与历史学的未来［N］. 文汇报，2017-8-4（W11）.

［2］ 该表系笔者据中国考古学·新石器时代卷［M］（中国社会科学院考古研究所. 北京：中国社会科学出版社，2010）、中国考古学·夏商卷［M］（中国社会科学院考古研究所. 北京：

中国社会科学出版社，2003）、中国考古学·两周卷［M］（中国社会科学院考古研究所. 北京：中国社会科学出版社，2004）、广东先秦考古［M］（杨式挺等. 广州：广东人民出版社，2015）制作，并部分采纳了广东省文物考古研究所李岩、刘锁强二位先生的意见。

［3］ 赵善德. 先秦秦汉时期岭南社会与文化考察——以考古学为视角［M］. 广州：暨南大学出版社，2014：2-7.

［4］ 赵善德. 先秦秦汉时期岭南社会与文化考察——以考古学为视角［M］. 广州：暨南大学出版社，2014：18，24，51，88，133.

［5］ 王幼平. 中国远古人类文化的源流［M］. 北京：科学出版社，2005：103-124.

［6］ 郭伟民. 南岭中心带史前文化现象考察［J］. 考古与文物，2008（5）：13.

［7］ 赵善德. 先秦秦汉时期岭南社会与文化考察——以考古学为视角［M］. 广州：暨南大学出版社，2014：46-47.

［8］ 赵善德. 先秦秦汉时期岭南社会与文化考察——以考古学为视角［M］. 广州：暨南大学出版社，2014：18.

［9］ 李岩. 对石峡文化的若干再认识［J］. 文物，2011（5）：48-54.

［10］ 杨式挺. 石峡文化类型遗存的内涵分布及其与樊城堆文化的关系［A］. 纪念马坝人化石发现三十周年文集［C］. 北京：文物出版社，1988：158-168.

［11］ 傅宪国. 石峡文化［A］. 中国考古学（新石器时代卷）［C］. 北京：中国社会科学出版社，2010：709.

［12］ 李岩. 虎头埔文化刍议［A］. 考古学研究（十）［C］. 北京：科学出版社，2012：607.

［13］ 魏峻. 普宁市虎头埔新石器时代遗址发掘报告［A］. 揭阳考古（2003～2005）［C］. 北京：科学出版社，2005：3-50.

［14］ 即邓聪所谓的“大湾文化”。

［15］ a. 深圳市博物馆，中山大学人类学系. 深圳市大鹏咸头岭沙丘遗址发掘简报［J］. 文物，1990（11）：1-11.

b. 深圳市文物考古鉴定站，深圳市博物馆. 广东深圳市咸头岭新石器时代遗址［J］. 考古，2007（7）：9-16.

［16］ 赵善德. 先秦秦汉时期岭南社会与文化考索——以考古学为视角［M］. 广州：暨南大学出版社，2014：64-79.

［17］ 李平日等. 珠江三角洲一万年来环境演变［M］. 北京：海洋出版社，1991：73.

［18］ 傅宪国. 珠江三角洲［A］. 中国考古学（夏商卷）［C］. 北京：中国社会科学出版社，2003：645-647.

［19］ a. 严文明. 珠海考古散记［A］. 珠海考古发现与研究［C］. 广州：广东人民出版社，1991.

b. 朱非素. 珠海考古研究新成果［A］. 珠海考古发现与研究［C］. 广州：广东人民出版社，1991.

［20］ 商志（香覃），湛世龙. 环珠江口史前沙丘遗址的特点及有关问题［A］. 深圳考古发现与研

究［C］. 北京：文物出版社，1994：161-167.

［21］ 李果. 环珠江口新石器时代沙丘遗址的聚落特色［J］. 考古，1997（2）：63-68，94.

［22］ 广州汉墓1175：74陶罐；南越王墓后藏室地面、G103陶罐。

［23］ 广州汉墓1175：74陶罐；南越王墓东耳室地面、后藏室G73铜鍪、G44铜提筒、G46铜壶、G28陶罐。

［24］ 南越王墓后藏室G65和G61铜鼎、G73铜鍪、G40铜烤炉、G37、G44和G47铜提筒、G46铜壶、G51和G71陶三足盒、G1残漆器。

［25］ 南越王墓后藏室G36铜鼎。

［26］ 广州汉墓1152：35陶罐；南越王墓东耳室B63残漆器、东耳室B57-59铜提筒、东耳室地面。

［27］ 王将克，黄杰玲，吕烈丹. 广州象岗南越王墓出土动物遗骸的鉴定［A］. 西汉南越王墓［M］. 北京：文物出版社，1991：471.

［28］ 张振标，王令红，欧阳玲. 中国新石器时代居民体征类型初探［J］. 古脊椎动物与古人类，1982（1）：77.

［29］ a. 张振标. 古代的凿齿民——中国新石器时代居民的拔牙风俗［J］. 江汉考古，1981（S1）：106-119.

b. 彭长林. 石器时代环南海地区的文化互动［J］. 东南亚南亚研究，2015（4）：88.

［30］ a. 林惠祥. 中国东南区新石器文化特征之一：有段石锛［J］.考古学报，1958（3）：11-13.

b. 傅宪国. 论有段石锛和有肩石器［J］. 考古学报，1988（1）：24-31.

c. 彭长林，何安益，周然朝. 论有肩有段石器［A］. 边疆考古研究［C］. 北京：科学出版社，2012：63-81.

d. 彭长林. 石器时代环南海地区的文化互动［J］. 东南亚南亚研究，2015（4）：87.

［31］ a. 凌纯声，凌曼立. 树皮布印文陶与造纸印刷术的发明［M］. 台北：“中研院”民族学研究所，1963：229-245.

b. 邓聪. 华南土著文化圈之考古学重建举要［A］. 东南考古研究（第二辑）［C］. 厦门：厦门大学出版社，1999：91-93.

c. 邓聪. 古代香港树皮布文化发现及其意义浅释［J］. 东南文化，1999（1）：30-33.

d. 邓聪. 台湾地区树皮布石拍初探［J］. 东南文化，1999（5）：6-13.

e. 邓聪. 史前蒙古人种海洋扩散研究——岭南树皮布文化发现及其意义［J］. 东南文化，2000（11）：6-22.

f. 彭长林. 石器时代环南海地区的文化互动［J］. 东南亚南亚研究，2015（4）：87-88.

［32］ a. 杨建芳. 商周越式玉器及其相关问题——中国古玉分域研究之二［A］. 南方民族考古（第二辑）［C］. 重庆：四川科学技术出版社，1990：161-174.

b. 〔新西兰〕尼古拉斯·塔林主编，贺圣达等译. 剑桥东南亚史［M］. 昆明：云南人民出版社，2003：82-83.

c. 邓聪. 东亚玦饰四题［J］. 文物，2000（2）：35-45.

［33］ a. 汪宁生. 试论不对称形铜钺［J］. 考古，1985（5）：466-475.

b. 文国勋. 试论中国南方不对称形铜钺的起源［A］. 湖南省博物馆馆刊（第七辑）［C］. 长沙：岳麓书社，2010：161-167.

［34］ a. 邓聪. 华南土著文化圈之考古学重建举要［A］. 东南考古研究（第二辑）［C］. 厦门：厦门大学出版社，1999：89-91.

b. 蒋廷瑜. 广西新出现的人面弓形格铜剑［A］. 中国古代铜鼓研究通讯（第十三期）［C］. 1997：12-13.

c. 邓聪. 人面弓形格铜剑雏议［J］. 文物，1993（11）：59-70.

d. 蒋廷瑜. 岭南地区的人面弓形格铜剑［J］. 收藏家，2003（3）：24-27.

［35］ a. 香港中文大学中国考古艺术研究中心. 南中国及邻近地区古文化研究［M］. 香港：香港中文大学出版社，1994.

b. 曾骐等. 仙桥石璋——兼论先秦中原文化对岭南的影响［A］. 汕头史志［M］. 1996.

c. 肖一亭. 岭南古牙璋研究述评［J］. 南方文物，1998（3）：23-30.

d. 邓聪，王方. 二里头牙璋（VM3：4）在南中国的波及——中国早期国家政治制度起源和扩散［J］. 中国国家博物馆馆刊，2015（5）：6-22.

［36］ 广州市文物管理委员会等.西汉南越王墓［R］. 北京：文物出版社，1991：141.

［37］ a. 岑蕊. 试论东汉魏晋墓葬中的多面金珠用途及其源流［J］. 考古与文物，1990（3）：85-87.

b. 赵德云. 西周至汉晋时期中国外来珠饰研究［M］. 北京：科学出版社，2016：185，198-207.

［38］ 王将克，黄杰玲，吕烈丹. 广州象岗南越王墓出土动物遗骸的鉴定［A］. 西汉南越王墓［M］. 北京：文物出版社，1991：463-472.

［39］ 白云翔. 岭南地区发现的汉代舶来金银器述论［A］. 西汉南越国考古与汉文化［C］. 北京：科学出版社，2010：154-159.

［40］ 安家瑶. 中国的早期玻璃器皿［J］. 考古学报，1984（4）：413-447.

［41］ a. 李伯谦. 广东咸头岭一类遗存浅识［J］. 东南文化，1992（Z1）：48.

b. 贺刚，陈利文. 高庙文化及其对外传播与影响［J］. 南方文物，2007（2）：54-55.

c. 李海荣，谢鹏. 深圳咸头岭遗址的发掘及其意义［J］. 南方文物，2011（2）：129-130.

［42］ a. 赵善德等. 边疆考古特色：追踪文化遗存的创造者——珠江水系岭南前几何印纹陶文化遗存分析［A］. 边疆考古与民族考古学集刊（第1集）［C］. 北京：文物出版社，2009.

b. 赵善德. 先秦秦汉时期岭南社会与文化考察——以考古学为视角［M］. 广州：暨南大学出版社，2014：63-64，67-69，165-166.

［43］ 贾兰坡最早于1960年提出“西樵山文化”的概念，杨式挺支持并发展了这一概念。参见：杨式挺，邱立诚，冯孟钦，向安强. 广东先秦考古［M］. 广州：广东人民出版社，2015：362. 但吴曾德等学者提出了反对，认为西樵山遗址以石器为主，并无完整陶器，不足以作为一种

考古学文化的代表，尚有待进一步的发现。参见：吴曾德，叶杨. 论新石器时代珠江三角洲区域文化［A］. 深圳考古发现与研究［C］. 北京：文物出版社，1994：154-156.
［44］安志敏. 海拉尔的中石器遗存——兼论细石器的起源和传统［J］. 考古学报，1978（3）.
［45］杨式挺等. 广东先秦考古［M］. 广州：广东人民出版社，2015：358-360.
［46］a. 李岩. 对石峡文化的若干再认识［J］. 文物，2011（5）：52-53.
b. 李家和，杨巨源，刘诗中. 再论樊城堆-石峡文化——二谈江西新石器晚期文化［J］. 东南文化，1989（3）：156-173.
［47］傅宪国. 石峡文化［A］. 中国考古学（新石器时代卷）［C］. 北京：中国社会科学出版社，2010：709.
［48］李伯谦. 我国南方几何形印纹陶遗存的分区、分期及其相关问题［J］. 北京大学学报（哲学社会科学版），1981（1）：50-52.
［49］黄展岳. 论两广出土的先秦青铜器［J］. 考古学报，1986（4）：409-434.
［50］吴春明. 从考古看华南沿海先秦社会的发展［J］. 厦门大学学报（哲学社会科学版），1997（1）：101.
［51］黄展岳. 论两广出土的先秦青铜器［J］. 考古学报，1986（4）：426-427.
［52］杨式挺等. 广东先秦考古［M］. 广州：广东人民出版社，2015：733.
［53］李伯谦. 我国南方几何形印纹陶遗存的分区、分期及其相关问题［J］. 北京大学学报（哲学社会科学版），1981（1）：38-56.
［54］黎海超. 黄河流域商时期印纹硬陶和原始瓷器研究［J］. 考古与文物，2014（3）：62.
［55］粤北和粤东分布的瓷土以及发现的虎头埔文化时期窑址都能作为证据。
［56］李伯谦. 我国南方几何形印纹陶遗存的分区、分期及其相关问题［J］. 北京大学学报（哲学社会科学版），1981（1）：38-56.
［57］张玮. “人”字顶木椁墓墓主族属的初步研究［J］. 东南文化，2011（3）：57-59.
［58］杨楠. 江南土墩遗存研究［M］. 北京：民族出版社，1998：109.
［59］a. 彭适凡. 中国南方古代印纹陶［M］. 北京：文物出版社，1987：329-335.
b. 杨式挺等. 广东先秦考古［M］. 广州：广东人民出版社，2015：732-733.
［60］黄展岳. 南越国出土铁器的初步考察［J］. 考古，1996（3）：51-61.
［61］中国社会科学院考古研究所，广州市文物管理委员会，广州市博物馆. 广州汉墓［R］. 北京：文物出版社，1981：456-462.
［62］如盘口鼎、Ac型陶壶等，参见：余静. 中国南方地区两汉墓葬研究［D］. 吉林大学，2009：149-152.
［63］史前至西汉时期，中国大部分地区的建筑均以木构为主。对于一个主要由“中国人”建立的地方政权来说，宫室全仿汉制，却将石材运用于生人尤其是宫室建筑，这意味着在观念上的重大突破。
［64］南越王宫博物馆筹建处，广州市文物考古研究所. 南越宫苑遗址——1995、1997年考古发掘

报告（上册）［R］. 北京：文物出版社，2008：208，212-232，284-286.

［65］ 余静. 中国南方地区两汉墓葬研究［D］. 吉林大学，2009：149-152.

［66］ 余静. 中国南方地区两汉墓葬研究［D］. 吉林大学，2009：153-154，165.

［67］ 关于印纹陶的起源，有一地起源说和多地起源说。参见：李伯谦. 我国南方几何形印纹陶遗存的分区、分期及其相关问题［J］. 北京大学学报（哲学社会科学版），1981（1）.

［68］ a. 赵辉. 以中原为中心的历史趋势的形成［J］. 文物，2000（1）：41-47.
b. 赵辉. 中国的史前基础——再论以中原为中心的历史趋势［J］. 文物，2006（8）：50-54.

［69］ 郭伟民. 南岭中心带史前文化现象考察［J］. 考古与文物，2008（5）：16.

［70］ 唐际根. 长江中游的商代考古学文化［A］. 中国考古学（夏商卷）［C］. 北京：中国社会科学出版社，2003：473-490.

［71］ a. 杨楠. 江南土墩遗存研究［M］. 北京：民族出版社，1998：146-150.
b. 郭伟民. 南蛮向化还是夷夏相融——考古解开远古湖南的华夏密码［EB］. 中国社会科学院考古研究所"2017年度考古学研究系列学术讲座"第六讲纪要. 参见：http://www.kaogu.cn/cn/tonggaolan/2017/0613/58531.html。

［72］ 杨楠. 江南土墩遗存研究［M］. 北京：民族出版社，1998：139-140.

［73］ 高崇文. 试论岭南地区先秦至汉代考古学文化的变迁［A］. 西汉南越国考古与汉文化［C］. 北京：科学出版社，2010：139-148.

［74］ 广东省文物考古研究所等. 石峡遗址：1973～1978年考古发掘报告［R］. 北京：文物出版社，2014.

［75］ 吴春明. 从考古看华南沿海先秦社会的发展［J］. 厦门大学学报（哲学社会科学版），1997（1）：100.

［76］ 吴春明. 从考古看华南沿海先秦社会的发展［J］. 厦门大学学报（哲学社会科学版），1997（1）：101-103.

The Southern Borderland of Qin-Han Empire: An Archaeological Longue-Durée Perspective

ZHOU Fan-wen

From the perspective of development of archaeological culture, it is a continuous, long-term process for Lingnan region to form the southern borderland of Qin-Han Empire. In terms of the environment, the livelihood and the culture in Lingnan region relate to the land (hills-plains) as well as ocean. In terms of the technological development, the mode of cultural revolution in Lingnan region is a cycle of fission and static, and the crucial revolution of technology and society are both triggered by external forces. In terms of cultural interaction, from prehistoric times to Qin-Han dynasties, Lingnan region turned into the border of the civilization of Central Plains from the periphery. During this process, the middle and lower reaches of Yangtze River could be regarded as the "cultural intermediary" in which the Central Plains culture controlled Lingnan region. The social stratum of Lingnan region is lower than that of Lingbei region in general. Through the longur-durée observation of the development of archaeological culture in Lingnan region from prehistoric times to Qin-Han period, we may explain how and why Lingnan region eventually became the borderland of Qin-Han Empire.

汉代带柄方身器研究*

毕　洋[1]　申歆梦[1]　唐　静[2]

（1. 四川大学历史文化学院，成都，610064；2. 成都金沙遗址博物馆，成都，610074）

在汉代器物中，有一种形制较为特殊的铜器，大体而言，器身主体为长方形，上有一近方形的柄；柄上再接一首；身、柄、首各部施有各种纹饰图案。铜制之外，见有少量铁制同类器。一般通长10～19厘米，宽4～7厘米。

此类器物的著录始见于北宋王黼的《宣和博古图》，对其形制、尺寸等有过简要描述，并称之为“压胜钱”[1]。在清代，又有李佐贤的《古泉汇》[2]、冯云鹏和冯云鹓的《金石索》[3]、梁诗正等编撰的《钦定钱录》[4]也收录有这类铜器，亦沿用王氏的称谓并将其归入钱币一类，均认为是专门用于墓葬中镇墓辟邪的“压胜钱”。此外，容庚的《秦汉金文录》亦收录有这类铜器，称其为“压胜牌”或“宜月器”[5]。

随着考古资料的增多，学界对于此类铜器的命名、功能等问题都进行了相关的探讨，就已发表有此类铜器的考古报告或简报而言，主要有四种观点：①直接与金石学文献比照附会，沿用王氏“压胜钱”的说法[6]；②结合其形制特征称其为“瓶”[7]；③根据墓主人身份与随葬器物推测是调兵遣将的“信符”[8]；④从实用功能主义出发称其为“锉”[9]。此外，又有诸多学者如程永建[10]、史树青[11]、吴铭生[12]、周萼生[13]、吴小平[14]、苏奎[15]等都对这类铜器进行过考证研究，或认为是与早期宗教相关联的牌饰，或认为是具有实用功能的工具。

本文在前人研究的基础上，对考古出土及金石学著作中收录的这类带柄方身器（以下简称方身器）试做较为全面的图像[16]类型分析，对其使用者身份与功能等问题做出相应探讨，以期为进一步研究提供方便。

一、图像类型分析

目前，在全国范围内出土方身器的墓葬或遗址共36处：荆州纪南毛家园[17]、华阴岳庙[18]、永州鹞子岭[19]、兴平豆马村[20]、万州大坵坪[21]、江川李家山[22]、西安

* 基金项目：国家社科基金西部项目“夜郎地区青铜时代考古遗存的谱系结构与西南夷文化变迁研究”（14XKG002）。

邮电学院长安校区[23]、雅安芦阳先锋[24]、绵阳涪城[25]、盱眙东阳军庄[26]、焦作嘉禾屯[27]、洛阳吉利[28]、常州兰陵恽家墩[29]、陕西交通学校[30]、石家庄东岗头[31]、邗江姚庄[32]、南漳城关花石桥[33]、甘肃武威[34]、成都中和红苕坡[35]、昭通象鼻岭[36]、万州青龙嘴[37]、西安雅荷智能花园[38]、平凉庄浪[39]、西北有色金属研究院[40]、成都岷山饭店[41]、长沙纸园冲[42]、烟台掖县（已撤消，本文仍沿用旧称）[43]、西昌六合公社[44]、汉源桃坪[45]、雅安荥经[46]、长沙五里牌[47]、安康黄土梁[48]、陕县刘家渠[49]、汉杜陵寝园[50]、成都双流庙山[51]、成都华阳新官山[52]。总计39件，可辨形制者38件。据检索，金石学著作收录的方身器总计27件，其中《古泉汇》13件，《金石索》2件，《钦定钱录》5件，《重修宣和博古图》5件，《秦汉金石录》2件，可辨形制者27件。

首先，我们根据器身主体纹饰图案的不同将其分型；其次，在同一类型中，根据柄部和器身纹饰的具体差异或综合考虑柄部、首部纹饰差异进一步划分亚型。

A型　共26件。器身主体为扶桑仙境图，柄部内铸翼马、刻字或无柄，首部均为一条长龙，昂首竖耳，卷尾盘身面向左侧或右侧。根据扶桑仙境图的具体差异与柄部纹饰的不同分四亚型。

Aa型　6件。器身为具象扶桑仙境图，主体镂空雕刻一蜿蜒向上扶桑树，正中有一凤鸟或翼马站立于树上，四周云气纹环绕。柄部铸敛翼状翼马。

标本1：万州大丘坪M39：27。扶桑树正中为凤鸟（图一，1）。

标本2：焦作嘉禾屯窖藏：20。扶桑树正中为飞奔状翼马（图一，2）。

此外，还有兴平豆马村、荆州纪南毛家园M5、江川李家山M86各出土1件，《古泉汇》收录1件（古：679下右[53]）（图一，3～6）。

Ab型　18件。器身为抽象扶桑仙境图，或遗留有抽象扶桑图痕迹[54]。主体透雕作绵延上升状抽象扶桑树，四周遍施粟状短齿，柄部内铸翼马。

标本：永州鹞子岭M2：41、M2：42。两件大小形制完全相同（图一，7、8）。

另外，在西安邮电学院长安校区M971、华阴岳庙刘崎墓、汉杜陵寝园便殿井窖Y2、常州兰陵恽家墩M23、盱眙东阳军庄M199、邗江姚庄M102、南漳城关花石桥M3、雅安芦阳先锋、绵阳涪城、陕西交通学校M31、石家庄东岗头、武威汉墓各出土1件；金石索收录1件（金：202右），宣和博古图收录3件（宣：955下右、宣：955上左、宣：955上右）（图一，9～24）。

Ac型　仅1件，柄部刻字。

标本：洛阳吉利M445：副3。柄部阴刻“常宜□□”四字（图一，25）。

Ad型　无柄，1件。

标本：陕县刘家渠M3：36。锈蚀较严重，器身遗有抽象扶桑图痕迹（图一，26）。

B型　共12件，器身均粟状短齿纹饰，柄部纹饰不一，有翼马、素面、云气纹、方形镂孔、云气纹、兔纹等，首部有卷曲龙首、卷曲蛇首、卷云纹首、异形首等。根据柄

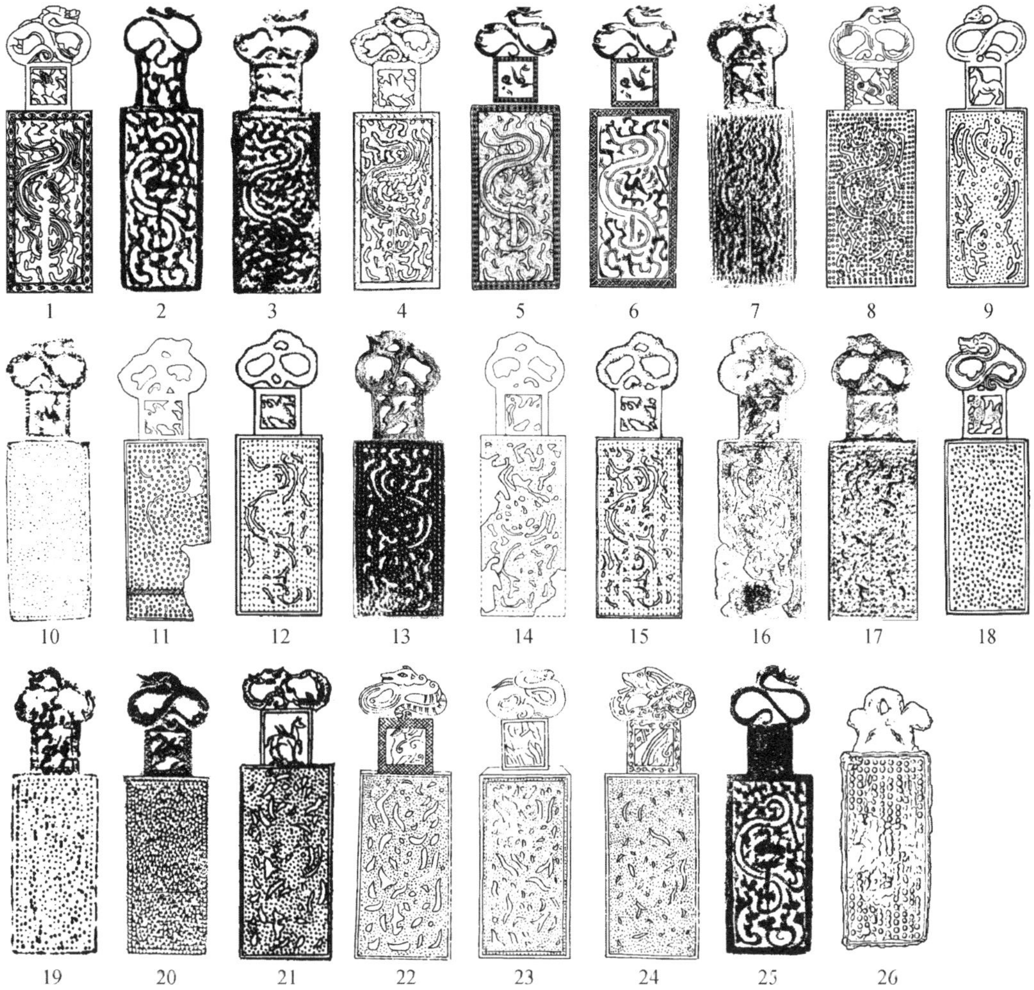

图一　A型带柄方身器

1. 万州大丘坪（M39：27）　2. 焦作嘉禾屯窖藏：20　3. 兴平豆马村窖藏　4. 荆州纪南毛家园（M5：2）　5. 江川李家山（M86：6）　6. 古：679下右　7、8. 永州鹞子岭（M2：41、M2：42）　9. 西安邮电学院长安校区（M971：12）　10. 华阴岳庙刘琦墓（M1：94）　11. 汉杜陵寝园便殿井窖（Y2）　12. 常州兰陵恽家墩（M23：22）　13. 盱眙东阳军庄（M199）　14. 邗江姚庄（M102：87）　15. 南漳城关花石桥（M3：8）　16. 雅安芦阳先锋　17. 绵阳涪城（MXY1：42）　18. 陕西交通学校（M31：12）　19. 石家庄东岗头　20. 武威汉墓　21. 金：202右　22. 宣：955下右　23. 宣：955上左　24. 宣：955上右　25. 洛阳吉利（M445：副3）　26. 陕县刘家渠（M3：36）

（1～6. Aa型；7～24. Ab型；25. Ac型；26. Ad型）

部及首部纹饰差异分为五亚型。

Ba型　5件。卷曲龙首，柄部均为翼马。

标本：安康黄土梁M1。《古泉汇》收录4件（古：679上左、古：679下左、古：680下左、古：680下右）（图二，1～5）。

Bb型　1件。柄部素面，卷云纹首。

标本：古：682上右。柄部为长方形（图二，6）。

Bc型　3件。柄部云气纹，异形首。

标本1：钱：196下。器身有圆环状痕迹，柄部单框，上有两穿（图二，7）。

标本2：钱：197上。器身饰不规则镂孔若干，柄部有三框（图二，8）。

标本3：古：681下左。柄部有若干不规则镂孔，首部略呈三角形，内铸三穿（图二，9）。

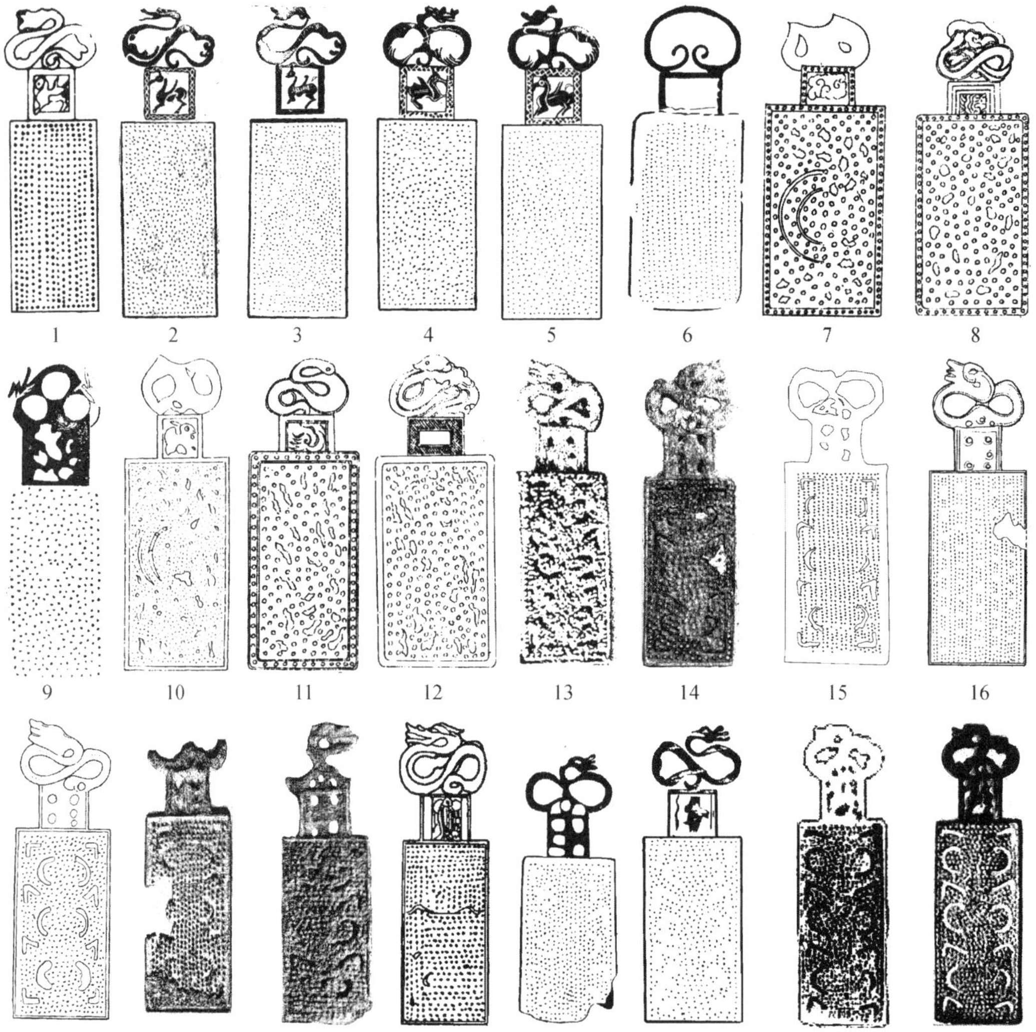

图二　B型、C型带柄方身器

1. 安康黄土梁（M1）　2. 古：679上左　3. 古：679下左　4. 古：680下左　5. 古：680下右　6. 古：682上右　7. 钱：196下　8. 钱：197上　9. 古：681下左　10. 宣：954下左　11. 钱：197下　12. 钱：198上　13. 万州青龙嘴（M33：4）　14. 成都岷山饭店　15. 烟台掖县　16. 西安雅荷智能家园（M9：21）　17. 西北有色金属研究院（M21：24）　18. 平凉庄浪　19. 长沙纸园冲（M79）　20. 万州大丘坪（M22：73）　21. 古：680上左　22. 古：681上右　23、24. 西昌六合公社

（1～5. Ba型；6. Bb型；7～9. Bc型；10. Bd型；11、12. Be型；13～22. Ca型；23、24. Cb型）

Bd型　1件　柄部兔纹，异形首。

标本：宣：954下左。器身有圆环状痕迹，不规则状首，内铸两镂孔（图二，10）。

Be型　2件。器身有不规则镂孔若干，柄部为方形镂孔或云气纹，卷曲蛇首。

标本1：钱：197下。柄部饰云气纹（图二，11）。

标本2：钱：198上。柄部单框，内铸一方形镂孔（图二，12）。

C型　共13件。器身饰对称月牙形和曲尺形镂孔纹饰若干，四周遍布粟状短齿，柄部透雕凤鸟或翼马。首部均作卷曲龙首。根据柄部纹饰的不同分为二亚型。

Ca型　11件。柄部较锈蚀，残留有四至五个圆形镂孔，似凤鸟[55]。

标本：万州青龙嘴M33：4（图二，13）。

另外，还有成都岷山饭店、烟台掖县、西安雅荷智能家园M9、西北有色金属研究院M21、平凉庄浪、长沙纸园冲M79、成都双流庙山M11（该材料待发表，残长10、残宽4，柄部凤鸟纹，属Ca型）、万州大丘坪M22各出土1件；《古泉汇》收录2件（古：680上左、古：681上右）（图二，14～22）。

Cb型　2件。柄部内铸翼马，均为西昌六合公社出土，一大一小（图二，23、24）。

D型　共7件，器身为西王母仙境图。器身上方中间镂刻西王母，安详端坐，其旁左右各有一作侍奉状侍者。器身左下方为一虎，右下方为一作奔腾状翼龙，皆朝西王母方向作侍奉状。柄部内铸翼马、凤鸟或云气纹图案，首部均为卷曲龙首。根据柄部纹饰不同分三亚型。

Da型　2件，柄部饰翼马。

标本：古：680上右（图三，1），另成都中和红砖坡出土1件（M70：1）。

Db型　3件，柄部饰凤鸟。

标本：昭通象鼻岭采：1（图三，2）。

此外，《宣和博古图》收录1件（宣：954下右）（图三，3）；华阳新官山出土1件。

Dc型　2件，柄部为云气纹。

标本：钱：196上。西王母坐于昆仑山上（图三，4）。

另外，还有《金石索》收录1件（金：202左）（图三，5）。

E型　3件。器身主体为单鱼纹或双鱼纹，周围遍饰粟状短齿纹。柄部有刻字或素面，首部为卷云纹或环首。根据柄部及首部差异分为二亚型。

Ea型　柄部刻字，卷云纹首。1件。

标本：汉源桃坪04HTM1：7。器身饰双鱼纹。柄部阳刻一“丐”字（图三，6）。

Eb型　柄部素面，环首。1件。

标本：荥经牛头山M2：2。器身内铸单鱼纹，长方形素面柄（图三，7）。

Ec型　仅1件，器身双鱼纹，周围满饰粟状短齿。柄部刻字。环形首。

标本：秦：445。柄部一面刻字“宜月”、一面刻字“[illegible]”。器身、柄部同Ea型，首同Eb型（图三，8）。

F型　1件，器身为菱形方格纹，柄部内铸蟾蜍，卷云纹首。

标本：古：681上左。首与柄交接处有两倒立“V”字形装饰（图三，9）。

G型　1件，器身饰圆形镂孔纹，柄部内铸蟾蜍，卷云纹首。

标本：古：681下右。首与柄交接处有一倒立“V”字形装饰（图三，10）。

H型　1件，器身、柄部均为素面，卷云纹首。

标本：古：682上左。柄部至器身镂刻长“V”字形装饰（图三，11）。

I型　1件，器身、柄部均有刻字，卷云纹首。

标本：秦：435。器身一面左刻字“日富”、右刻字“日贵”；另一面左刻字“长”、右刻字“日命”，下残。器身中部为长方形镂孔。柄部刻一“吉”字（图三，12）。

此外，五里牌M9出土1件，器身残缺，柄部饰翼马，卷曲龙首，形制不辨（图三，13）。

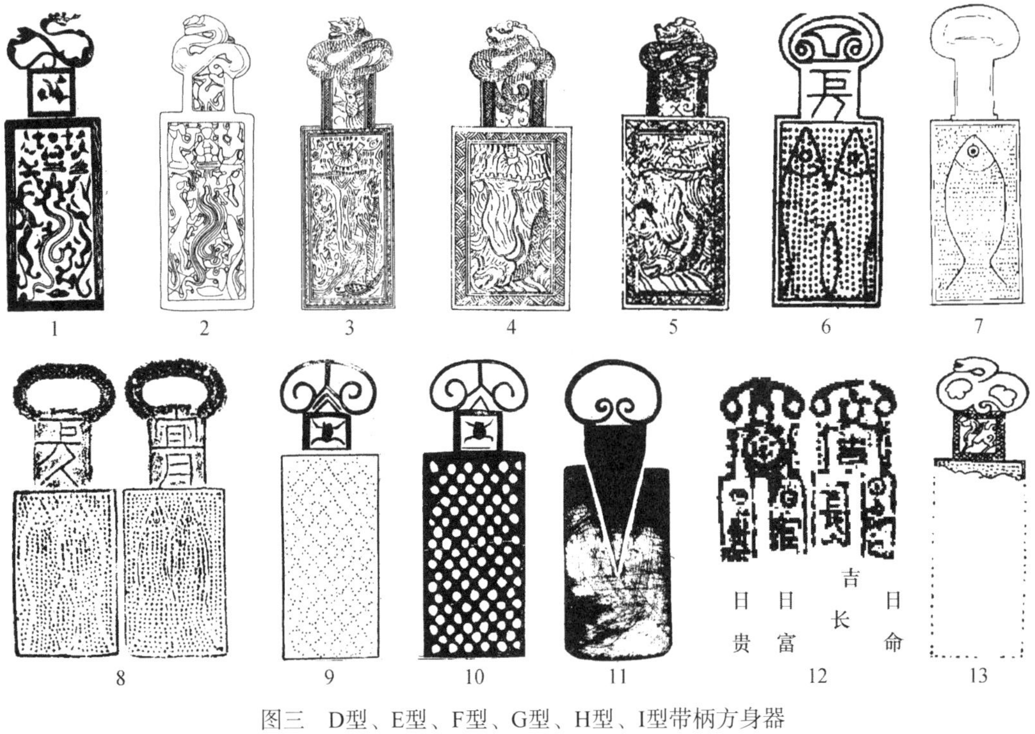

图三　D型、E型、F型、G型、H型、I型带柄方身器

1. 古：680上右　2. 昭通象鼻岭采：1　3. 宣：954下右　4. 钱：196上　5. 金：202左　6. 汉源桃坪（04HTM1：7）　7. 荥经牛头山（M2：2）　8. 秦：445　9. 古：681上左　10. 古：681下右　11. 古：682上左　12. 秦：435　13. 五里牌（M9）

（1. Da型；2、3. Db型；4、5. Dc型；6. Ea型；7. Eb型；8. Ec型；9. F型；10. G型；11. H型；12. I型；13. 残，形制不辨）

通过以上对考古出土和金石著作收录方身器的图像类型分析，我们可以看出，金石著作收录的方身器仅有Aa、Ab、Ba、Ca、Da、Db、E等型和亚型见于考古发现，而Bb、Bc、Bd、Be、Dc、F、G、H、I等型和亚型未曾在考古中发现，不仅与考古出土方身器上的各类纹饰相距较大，且亦无较为固定的纹饰内容搭配，鉴于其为晚期著录伪作或赝品的可能性较大，后文对方身器的研究仅围绕考古资料进行考察（即属于A、Ba、C、Da、Db、Ea、Eb等型和亚型的考古资料）。

二、分区、分期及发展阶段

为了解方身器的区域特征，根据发现地点的相对距离，并考虑到相关历史、地理、环境等因素，我们将其分布范围划分为五个区域（图四）。

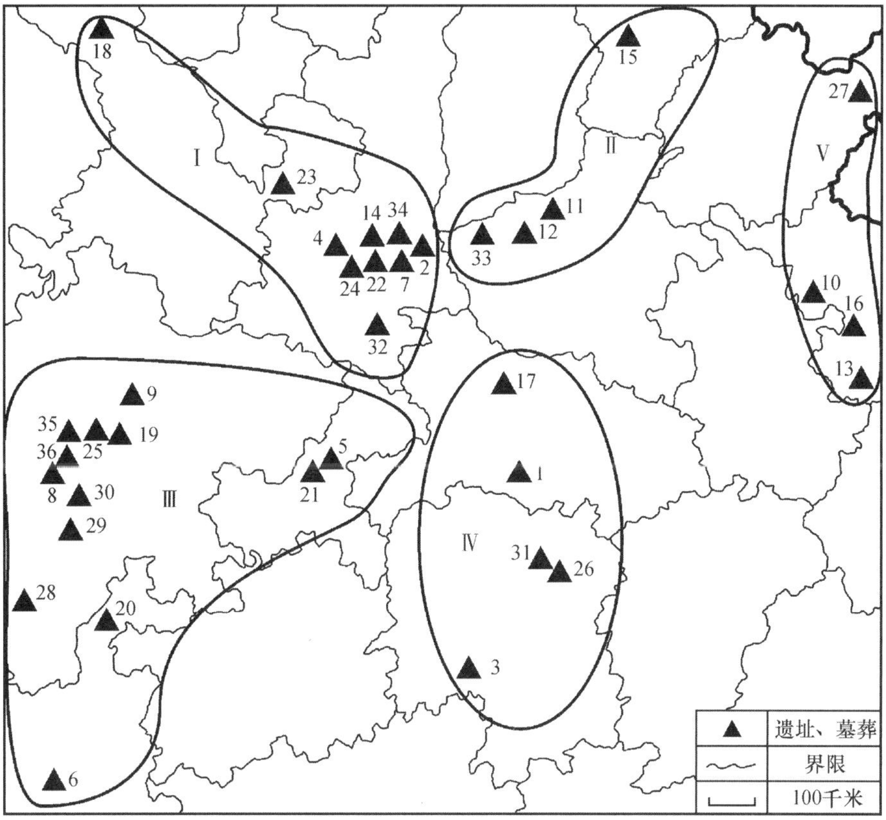

图四　出土带柄方身器分区图

1. 荆州纪南毛家园　2. 华阴刘琦墓　3. 永州鹞子岭　4. 兴平豆马村　5. 万州大坵坪　6. 江川李家山　7. 西安邮电学院长安校区　8. 雅安芦阳先锋　9. 绵阳涪城　10. 盱眙东阳军庄　11. 焦作嘉禾屯　12. 洛阳吉利区　13. 常州兰陵恽家墩　14. 陕西交通学校　15. 石家庄东岗头　16. 邗江姚庄　17. 南漳城关　18. 甘肃武威　19. 成都中和红茗坡　20. 昭通象鼻岭　21. 万州青龙嘴　22. 西安雅荷智能花园　23. 平凉庄浪　24. 西北有色金属研究院　25. 成都岷山饭店　26. 长沙纸园冲　27. 烟台掖县汉墓　28. 西昌六合公社　29. 汉源桃坪　30. 雅安荥经　31. 长沙五里牌　32. 安康黄土梁　33. 陕县刘家渠　34. 汉宣帝陵寝园　35. 成都双流庙山　36. 成都华阳新官山

Ⅰ区：陕甘区，主要分布于陕西省南部和中部。此区域在西汉是汉文化的核心区域，分布也最为集中。出土8件，以流行A型为主，其次为Ca、Ba型。另外，甘肃武威、平凉虽相对偏远，分布较为分散，数量也仅2件，但在类型上与陕西次流行方身器的类型相同，故并为一区。

Ⅱ区：豫冀区，主要分布于河南省西部。该区域位置与陕西联系甚为紧密，在东汉是汉文化的中心区域，尽管出土方身器数量较少，但类型有所发展。共出土3件，类型有Aa、Ab、Ac型等。另在河北中部出土Ba型1件，由于其地理位置与河南更近，合为一区。

Ⅲ区：西南区，主要集中于四川地区，该区域在汉代亦是汉文化较为发达的地区。共出土10件，类型最为丰富，主要有A、C、Da、Db、Ea、Eb等型。此外，重庆出土3件，1件为Aa型，2件为Ca型；云南出土2件，1件为Aa型，1件为Db型，结合这两地与四川的历史地理环境与区域相对位置，合并为一区。

Ⅳ区：两湖区。此区域方身器分布较为分散，数量较少。湖北出土2件，分别为Aa型、Ab型；湖南出土4件，除1件形制不辨外，2件Ab型，1件Ca型。在类型上，该区域与西南区的重庆联系较为紧密。

Ⅴ区：苏鲁区，亦是汉文化较为发达的区域，主要分布于江苏中南部。共3件，均为Ab型。另外，山东出土Ca型1件，由于其历史环境与地理位置与江苏更近，故合为一区。

综合以上，在方身器的五大分区中，Ⅰ区的分布范围最为集中，类型较为单一，主要流行Ab型，其次为Ca型和Ba型，共出土10件。Ⅱ区不仅分布较为分散，数量最少，类型最为单一；主要流行A型，共出土4件，在类型上与Ⅰ区联系较为密切。Ⅲ区分布范围最广，数量最多，类型也最为丰富，几乎涵盖了方身器的所有类型，共15件。Ⅳ区、Ⅴ区分布则相对集中，但在类型上较为单一；主要为A型，其次为Ca型，数量也较少，分别出土6件和4件。另外，Ⅳ区类型与Ⅰ区、Ⅲ区联系更为密切，Ⅴ区在类型上则与Ⅱ区联系更为紧密。

考古发现的方身器大多为墓葬出土，其墓葬年代范围相当于两汉时期。出土方身器的墓葬一般具有较为明确的层位关系，且有陶器、铜器或铁器与之共存，故本文对于方身器年代的判断主要基于其出土墓葬的年代。

需要说明的是，目前学界关于汉代墓葬分期年代的认识大体相同，但对于区域性的汉墓绝对年代的界定还小有分歧。因此，笔者在前人研究的基础上[56]，根据方身器的图像类型变化、分布以及数量等情况，结合墓葬中出土的带有较为明确的适合推测年代的器物，将其分为三期（图五）。

第一期为西汉中晚期。数量最多，共20件，类型较单一，在各区均有分布。主要分布在Ⅰ、Ⅱ区，其次为Ⅲ区。类型有Aa型、Ab型、Ea型等，以Ab型为主。

如出土Aa型的嘉禾屯窖藏，与其伴出的钫、洗、钟等铜器与太原东太堡[57]出土铜器中图5：5号钫、图13：23号洗、图2：2号钟（图六，1～3、9～11）等器形相近，且

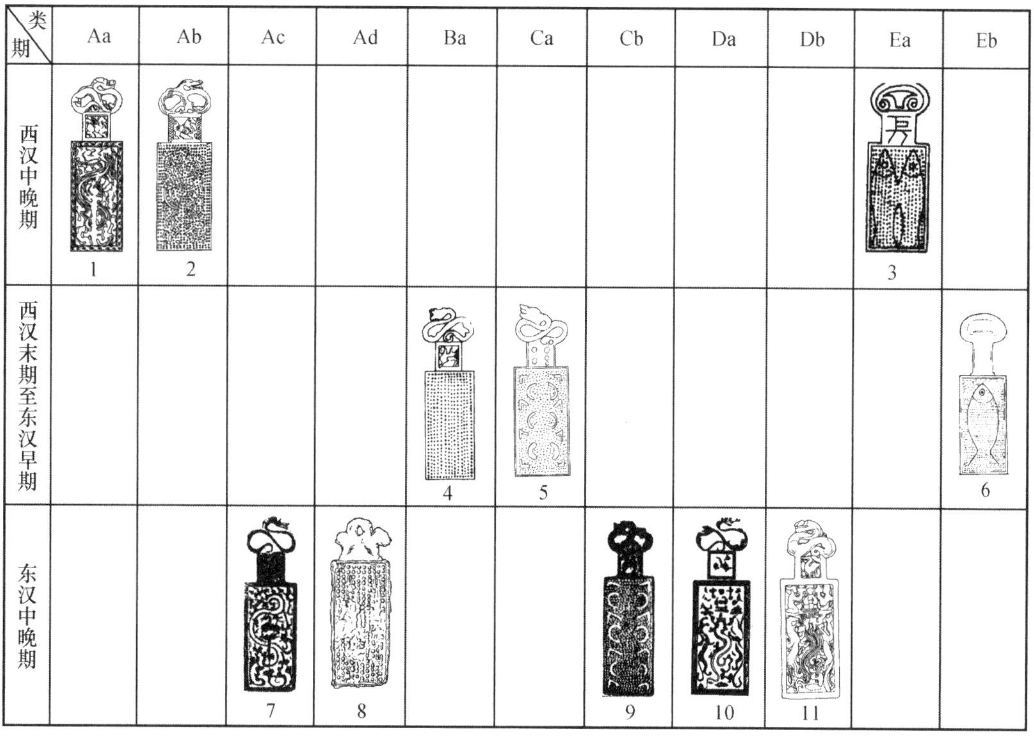

图五　出土带柄方身器分期图

1. 万州大丘坪（M39：27） 2. 永州鹞子岭（M2：41） 3. 汉源桃坪（04HTM1：1） 4. 安康黄土梁（M1） 5. 西北有色金属研究院（M21：24） 6. 荥经牛头山（M2：2） 7. 洛阳吉利区（M445：副3） 8. 陕县刘家渠（M3：36） 9. 西昌六合公社 10. 华阳新官山 11. 昭通象鼻岭（采：1）

钫、钟、甗、勺形器（图六，1、3～6）又与河北满城M1中的钫、钟、甗、勺形器[58]（图六，12～14、7、8）相似。从太原东太堡出土的铜钟、铜钫铭文[59]、文帝时期无内外郭四铢半两以及武帝时期有外郭四铢半两[60]和麟趾马蹄金[61]分析，其上限不超过武帝太始二年。而满城M1为中山靖王刘胜墓，刘胜死于西汉武帝元鼎四年。据此，嘉禾屯窖藏方身器的年代上限当不超过西汉中期。

Ab型见于汉杜陵寝园便殿井窖Y2，与其共出有较多的五铢钱，其中有一枚鎏金五铢[62]。相关研究表明，鎏金五铢与横廓金五铢（图六，15、16）性质相近，均为“上币”，乃赏赐、馈赠之物，非流通货币；且二者形制相似，可能为武帝至昭帝时期所铸[63]；加之与Y2旁同一时期Y1出土有西汉昭宣以后的昭明连弧纹镜[64]，与洛阳烧沟M103所出昭明镜同[65]，故Ab型的年代可能为西汉中期偏晚。

桃坪M1出土有1件Ea型，与其共出有较多的均为西汉中晚期流行的陶器、铜器和铁器如陶灶、朱口陶罐、陶甑、铜钟、铜鐎斗、铜格铁剑、环首铁刀等（图六，17～23），这说明此墓的年代上限应不早于西汉中期。其中，朱口陶罐与忠县罗家桥西汉中期土坑墓M18：2陶罐[66]（图六，18、24）形制相同，陶甑与汉源麦坪西汉土坑墓M1：3陶甑[67]（图六，19、25）形制相似，铜钟与满城一号汉墓铜钟[68]（图六，20、13）同。尽管此墓所出铜鐎斗与绵阳涪城王莽时期砖室墓XYM1：14铜鐎斗[69]（图六，21、26）形制相似，但其所出Ⅱ、Ⅲ式五铢钱的流行年代约在宣帝至平帝时期，所出磨郭钱流行的年代也相当于元帝至哀帝时，并未见王莽钱[70]。据此推断，Ea型的年代在西汉晚期偏早较为适宜。

第二期为西汉末期至东汉早期。牌饰数量较少，类型较丰富，共11件。主要分布于Ⅰ、Ⅲ区，主要流行Ca型，其次为Ba型、Eb型。

Ca型见于长沙纸园冲M79，与此墓同出的器物有带柄陶钵、陶房（图六，27、28）等。其中，带柄陶钵与洛阳烧沟M1022所出陶碗[71]（图六，29）相似，结合同墓所出陶房的形制特征，我们认为该墓的年代下限大致在东汉早期。另外，其旁M76出土有神兽镜，与洛阳烧沟M111所出“四神规矩镜”（图六，30、31）同，已有研究表明，四神规矩镜的年代最早出现或在王莽之前，最盛当是在王莽时[72]。而两墓距离相近，所出器物相仿，由此推测两墓年代大致相差不会太大。再如西安雅荷智能家园M9，同墓中所出釉陶壶、釉陶仓、陶甑、陶樽（图六，32～35）等均有东汉早期的鲜明特点，且伴出有釜、灯、环首铁刀（图六，36、37）等铁器；结合所出货泉与铜镜（图六，38～40）推断，该类方身器的年代当在西汉末期至东汉早期。

出土有Ba型的墓葬如安康黄土梁M2，与其伴出有五枚五铢钱，形制相同，廓穿好，钱文“五”字两笔交缓弯曲；“朱”字方折明显，字迹清晰，直径2.5厘米，重2.5克，与《洛阳烧沟汉墓》第二型五铢钱[73]同。据此推断，Ba型方身器的年代应在西汉末期。

出土Eb型的墓葬如荥经牛头山M2，此墓葬形制为东汉早期的砖室墓[74]，并伴出有铜鋗、铜鍪、环首铁刀、铁釜等（图六，41～44），其器形在东汉初较为流行。而该募出土的大量Ⅱ式、Ⅲ式五铢也与《洛阳烧沟汉墓》的第二、三型五铢[75]同。由此我们推测，Eb型方身器的年代应与牛头山M2的年代大致相同，为东汉初期。

第三期为东汉中晚期，数量最少，类型最为丰富，共7件。主要分布于Ⅲ区，Ⅱ区仅有少量分布。类型有Ac型、Ad型、Cb型、Da型、Db型等，以Da型、Db型为主。

出土Ac型的墓葬如洛阳吉利M445，该墓出土陶器组合中的罐、壶、仓、奁等，与《洛阳烧沟汉墓》[76]中东汉中期的陶器组合相一致（图六，45～52），铜镜、货泉、五铢（图六，53～58）也具有东汉中期的特征，该墓的年代上限应不早于东汉中期，约在东汉中期晚段[77]。Ad型如陕县刘家渠M3，与其伴出的壶、瓢、楼、仓（图六，59～62）等也均与洛阳烧沟东汉中期墓流行器物相似。据墓葬年代推测，Ac、Ad型的年代大致与墓葬年代同时。

Cb型出土于西昌六合公社M1，与其共出有“朱雀”镜、“双龙”镜、规矩镜（图六，63～65）等，这三枚铜镜分别与洛阳烧沟汉墓东汉中晚期墓葬所出的铜镜[78]（图六，66～69）形制相似，故我们推测其年代也应与其所出墓葬的年代相近。

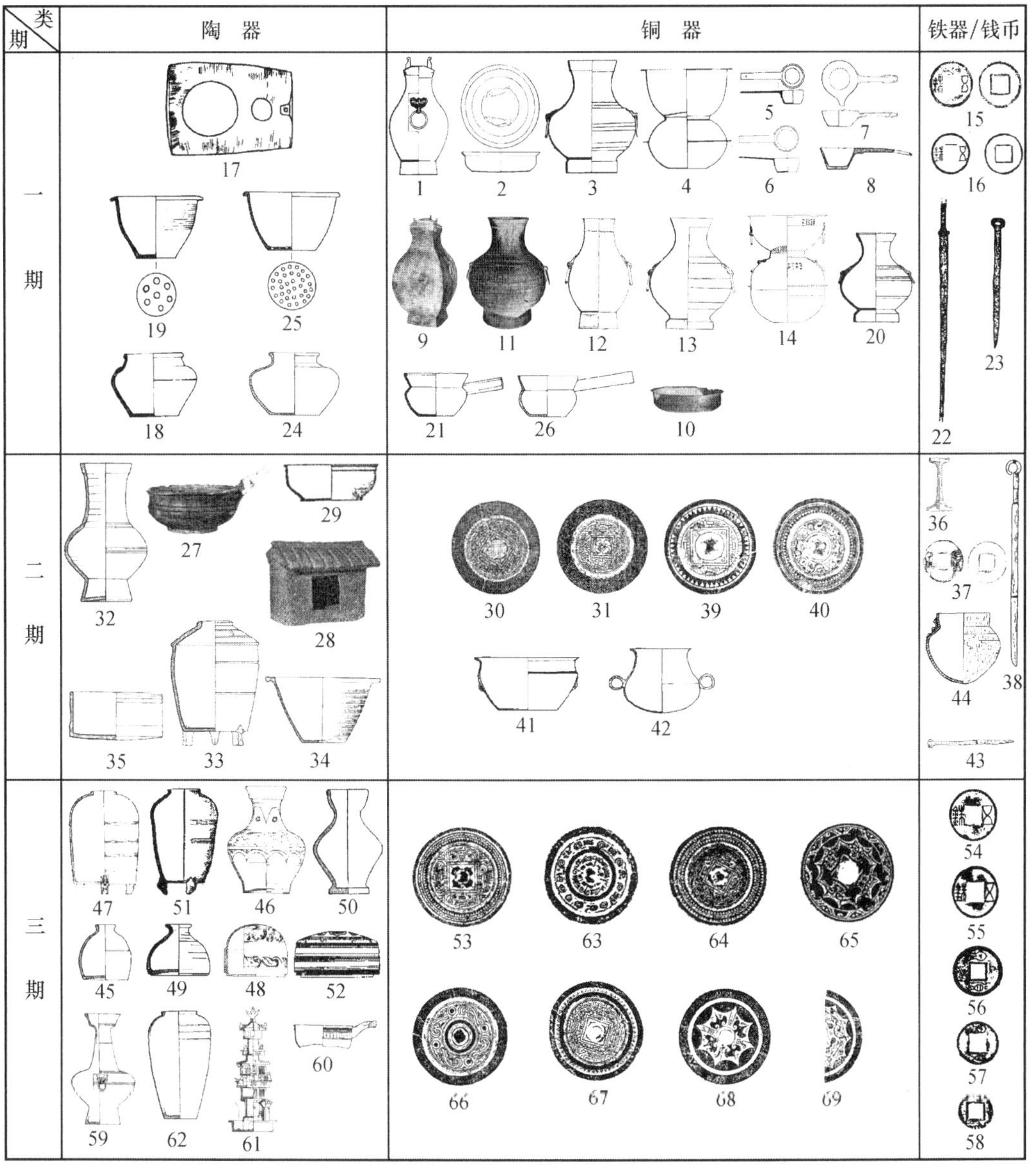

图六　出土方身器遗址或墓葬伴出器物与其他墓葬出土同类器对比图

1、9、12. 铜钫　2、10. 铜洗　3、11、13、20. 铜钟　4、14. 铜甗　5～8. 铜勺形器　15. 鎏金五铢　16. 金五铢　17. 陶灶　18、24、45、49. 罐　19、25、34. 陶甑　21、26. 铜鐎斗　22. 铜格铁剑　23、43、37. 环首铁刀　27. 带柄钵　28. 陶房　29. 陶碗　30、31、39、40、53、63～69. 铜镜　32、46、50、59. 陶壶　33、47、51、62. 陶仓　35. 陶樽　36. 铁灯　38、56～58. 货泉　41. 铜鋗　42. 铜鍪　44. 铁釜　48、52. 奁　54、55. 五铢　60. 陶瓢　61. 陶楼

1～6. 豆马窖藏（藏：11、藏：39、藏：32、藏：34、藏：30、藏：29）；7、8、12～14. 满城（M1：5084、M1：5128、M1：4326、M1：4108、M1：4104）；9～11. 东太堡（图5：5、图13：23、图2：2）；15. 汉杜陵寝园（⑤：Y2：18A）；16、45～48、53～58. 洛阳吉利（M445：42、M445：24、M445：19、M445：34、M445：59；钱币无编号）；17～23. 桃坪（M1：25、M1：12、M1：115、M1：22、M1：2、M1：11、M1：54）；24. 罗家桥（M18：2）；25. 麦坪（M1：3）；26. 绵阳涪城（XYM1：14）；27、28、31. 纸园冲（M79、M76）；29、30、49～52、66～69. 洛阳烧沟（M1022：33、M111：44、M147：13、M1019：14、M134：12、M1035：76、M160：21、M38A：18、M147：14、M1036：8）；32～40. 西安雅荷（M9：36、M9：9、M9：27、M9：26、M9：30、M9：13、M9：16、M9：24、M9：31）；41～44. 牛头山（M2：8、M2：4、M2：11、M2：10）；59～62. 刘家渠（M3：32、M3：74、M3：1、M3：24）；63～65. 凉山汉墓（无编号）

Da型、Db型大多均为崖墓出土，与其共出的一般有东汉五铢、货泉等。Da型、Db型器身皆为西王母仙境图，此类图像在汉代崖墓画像石棺中较为常见，如沱沟嘴崖墓石棺[79]、长顺坡砖室墓M4石棺[80]、白泥井M3砖室墓石棺[81]等，年代都在东汉晚期[82]；加之在有画像石、画像砖的汉墓中，未有方身器出土。故我们认为，Da、Db型的年代可能稍早于其所出土墓葬的年代，大致在东汉中期左右。

由上述分期断代结合分区情况，我们可以将方身器的存续时间和空间变化所反映的演变过程划分为三个阶段：

第一阶段为兴起阶段，年代为西汉中晚期。该阶段发现方身器数量最多，类型最为单一，除Aa、Ab和Ea型外，不见其他类型。在分区上，Ⅰ～Ⅳ各区中均有分布，除Ⅰ区较为集中外，其他区则呈零星分布，主要流行Ab型。

第二阶段为发展阶段，年代为西汉末期至东汉早期。该阶段数量较前一阶段减少，类型逐渐丰富。除Aa、Ab型继续流行外，新出现了Ba、Ca和Eb型，以Ca型对称几何纹饰为主要流行类型，数量最多，分布也最广，在Ⅲ区较为集中。其他类型在各区呈零星分布。

第三阶段为转折阶段，年代为东汉中晚期。这一阶段方形器数量急剧减少，总计只有7件。但该阶段类型最为丰富，除依然流行的Ab、Ca型外，新出现了Ac、Ad、Cb、Da、Db型等。主要流行Da、Db型，以西王母仙境图为主要流行纹饰，分布也主要集中在Ⅲ区。

由此我们可以看出汉代方身器的发展与演变过程。在西汉中期，方身器始由Ⅰ区分别向其他四个区域扩散和发展；到西汉末期至东汉早期，Ⅲ区方身器的数量与类型在此区域内逐渐丰富，并同时与Ⅰ区再次向其他区域发展和影响；至东汉中晚期，仅Ⅱ区在原来A型基础上继续发展出亚型，且除Ⅲ区方身器的数量与类型逐渐丰富增多外，其他各区的方身器则逐渐消失。这恰好与前文分区研究中，各区域之间的关系相对应。其时空分布大致呈现出由中原向西南、两湖、苏鲁同时发展的趋势，并且在由中原向西南发展后，二者又同时向两湖发展（图七）。

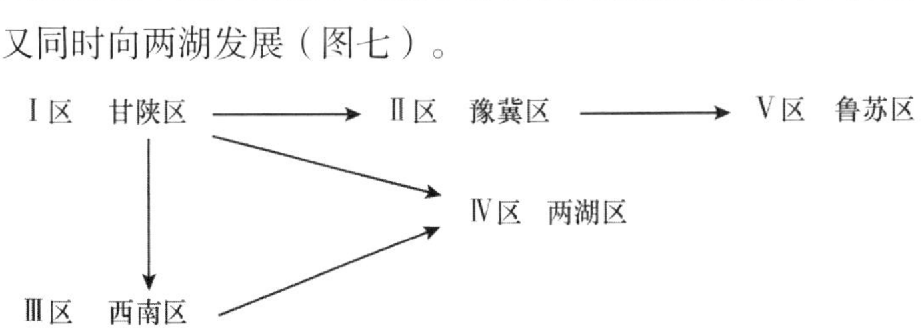

图七　出土带柄方身器区域发展方向图

三、图像内涵

基于上述探讨，并对照汉代画像石、画像砖的相关研究，我们发现这些方身器不仅在图像内容上与汉代画像的图像内容大致吻合；而且其分布范围也与汉代画像分布的集中区域[83]较为一致；更值得注意的是，方身器的出现时间也比汉代画像的主要流行时段[84]相对要早，这似乎说明了二者之间有着密切的联系。相关研究表明，汉代画像的图像内涵反映了当时人们的丧葬观念以及政治体制、社会关系、道德观念、精神信仰等诸多内容[85]。因此，厘清方身器的图像内涵对于我们了解其使用者身份及其功能等问题至关重要。有鉴于此，笔者参考文献记载和学界对相关图案纹饰的已有研究成果，将方身器所反映的图像内涵分为吉祥与升仙、神仙仙境两类以作进一步阐释。

（一）吉祥与升仙

属于这类的图像内容有龙、马、鸟、鱼、卷云纹、刻字等。

1. 龙

龙，为“四灵”之一。《周易》首卦中的乾卦便以龙取象，以象征天[86]。《说文解字·龙部》：“龙，鳞虫之长，能幽能明，能细能巨，能短能长。春风而登天，秋分而潜渊。”徐铉曰：“象宛转飞动之貌。”[87]龙类纹饰在方身器中较为常见，或形象生动，作卷曲龙首，可能与方身器上（首）、中（柄）、下（身）结构构图有密切关系，即龙首象征着天。或蜿蜒奔腾，与其他纹饰构成组合图案，如西王母仙境图下方的龙，与“婉转飞动之貌”相合。这也在西汉时期的帛画、壁画及各种器物上较为常见[88]，有升仙之意。

2. 翼马

马，“怒也，武也”[89]，是古代军事文化的象征符号[90]。《山海经·海外西经》载：“白民之国……有乘黄，其背上有角，乘之寿二千岁。”[91]《汉书·礼乐志》载：“訾黄其何不徕下！”应劭注曰：“訾黄一名乘黄，龙翼而马身，黄帝乘之而仙。”[92]同书又载：“太一况，天马下。”颜师古注曰：“言此天马乃太一所赐，故来下也。”[93]也就是说，马是天上派下凡间的接引使者。方身器上的马有双翼，或张或敛，多施刻于柄部。从图像内容并结合器物结构与相关文献来看，翼马可能为升仙途中的安全保障或为穿梭天地之间以作接引的瑞兽。

3. 凤鸟

亦称凤凰、凤皇、鸾鸟，为天国的象征[94]，其出现预示着天下安宁。《说文解字·鸟部》载："凤，神鸟也。……出于东方君子之国……见则天下大安宁。"[95]又《山海经·南山经·南次三经》载："有鸟焉，其状如鸡，五采而文，名曰凤皇，首文曰得，翼文曰义，背文曰礼，膺文曰仁，腹文曰信。是鸟也……见则天下安宁。"[96]可见，将凤鸟置于各类方身器柄部，突出了制作工匠或墓主人求乞吉祥与安宁的意图。

4. 鱼

鱼，是一种具有多种含义的祥瑞图案。鱼多卵，可寓意生殖和子孙繁盛，也可象征跃龙门升天。在我国古代汉语中，音相通可互换，其字义也可借用，意在表达借祥瑞。如"鱼"与"余"字同音，因而"鱼"包含"余"的含义[97]。鱼纹亦表达了墓主人乞求祥瑞的愿望。

5. 卷云纹

云纹是汉代的常用装饰图案，特别是在汉画像墓的装饰中，与其他纹饰一道构成天国仙境图像[98]。方身器以卷云纹作首，亦象征天国仙境。

6. 刻字

汉源桃坪04HTM1：7，柄部阳刻一"[illegible]"字。据其字形特征将其拆分来看，上部"巨"字与《汉代铜器铭文文字编》收录汉代巨孔钟[99]上的"巨"字同；下部"万"字与《金文续编》收录汉代万钟[100]上的"万"字同。故我们认为，"[illegible]"可能为"巨""万"二字的合文。另外，"巨""万"在汉代器物上较为常见。"巨"字其义原可与"大"通，也可表示"最、极"，以代言家资殷实，体现富足[101]。结合此方身器象征吉瑞的卷云纹与双鱼纹来看，"[illegible]"字可能也为象征吉瑞的文字。

洛阳吉利M445：副3，柄部阴刻"常宜□□"四字。"常宜"二字虽在汉代器物上较为少见，但常见到"昌宜"二字，如"富贵昌宜"洗[102]。另外，汉代铜镜亦有"长宜子孙，富贵昌兮"等铭文，因此我们认为，此方身器"常宜□□"四字也可能为吉语。

（二）神仙仙境

属于这类的图像内容多为组合纹饰，包括西王母与两侍者以及龙虎图、扶桑仙境图、对称几何纹。

1. 西王母

关于西王母的形象，一般而言，头戴胜，神态慈祥，端坐于昆仑仙山或龙虎座上，四周有灵芝草、九尾狐、玉兔、蟾蜍、三足乌等神兽组合，象征着“神仙仙境与升仙”。相关研究表明，表现西王母仙境系统的图像内容最为重要，西王母是汉代人所崇拜、祀奉的一位神通广大的神，掌管着长生丹与凡人能否成仙的大权[103]。如《淮南子·览冥训》就记载有“羿请不死之药于西王母”[104]的神话传说。人们在随葬品和葬具上描绘西王母，其目的就是为了让死者能抵达长生不死的神仙世界。

2. 龙、虎

一般而言，一龙一虎伴随西王母出现，代指龙虎座，象征西王母的坐骑，也表示其拥有超人的神力[105]。《楚辞·惜誓》载：“飞朱鸟使先驱兮，驾太一之象舆。苍龙蚴蟉于左骖兮，白虎骋而为右騑。”[106]又《易林》载：“驾龙骑虎，周遍天下，为神人所使，西见王母，不忧不殆。”[107]可见，方身器上所施刻的西王母与龙、虎图案表现着墓主人祈求顺利升入天国仙境的意图。

3. 仙人

在西王母仙境图中，西王母两侧有作侍奉状的侍者。罗二虎先生认为，两旁的侍者为仙人，仙人在汉代画像中通常有表达神仙仙境与升仙的寓意，描绘的是天国仙境的画面[108]。

4. 扶桑

《山海经·海外东经》载：“汤谷上有扶桑，十日所浴，在黑齿北。”[109]《说文》云：“榑桑，神木，日所出也。”[110]传说日出于扶桑之下。《太平御览》卷九五五引旧题《玄中记》曰：“天下之高者，扶桑无枝木焉，上至天，盘蜿而下屈，通三泉。”[111]方身器上的扶桑树从下至上呈蜿蜒上升状，正与文献记载中“无枝木”、“上至天”、盘蜿下“通三泉”相合。可见，扶桑树亦是表现天国仙境的图案。

5. 对称几何纹

此类图案一般以月牙纹、曲尺纹呈对称分布，犹如简化的“四瓣花”。这种图案最初可能为一种变形的植物茎叶，或与神话传说中沟通天地的建木有关。据《酉阳杂俎·续集》载：“木中根固，柿为最。俗谓之柿盘。”[112]建筑装饰如汉代墓室中多用柿蒂纹，寓意建筑物的坚固、结实，是汉代常用的装饰图案。在战国秦汉时期，四瓣花甚为流行，有标志四方之意[113]，而柿蒂纹则是四瓣花的一种[114]，象征天庭中央的华盖，是古代宇宙图式中的天穹之花[115]。因此我们认为，对称几何纹呈四瓣状分布，可能是柿蒂纹的变体形式，亦是天国仙境的象征。

综合以上，汉代方身器的图像内容均以表现升仙与仙境为主，其目的均是为了让死者能够顺利升仙和进入神仙仙境。

四、使用者身份与功能

考古发现的方身器，尽管在全国范围内出土的总量不多，但从出土方身器的墓葬形制、随葬品组合、数量及已有研究中对出土方身器墓葬的贵重随葬品统计[116]等情况看，其使用者身份并非一般平民的墓葬占出土方身器墓葬总数的90%左右。

如出土于汉杜陵便殿井窖的方身器，这间接表明了其使用者身份的特殊性。又如湖南永州鹞子岭M2，据相关文献记载，墓主人为西汉长沙泉陵国的第三代泉陵侯夫人[117]。再如华阴岳庙司徒刘琦墓，出土了“刘琦之印”和“司徒之印章”。据《后汉书·刘宽传》载：“刘宽字文饶，弘农华阴人也。父琦，顺帝时为司徒。”[118]又《后汉书·孝顺孝质孝冲帝纪》载：“十二月乙卯，宗正刘崎为司徒。”[119]可知，该墓主人身份尊贵，位列“三公”。

此外，不确定身份的其他墓葬（少数除外）在墓葬规格和等级上也都较高。如邗江姚庄M102，该墓为夫妻合葬墓，除出土大量陶器、铜器、漆器外，该墓男棺内出土了1枚龟纽铜印；另在女棺内出土了虎纽玛瑙印、龟纽铜印、琥珀“常乐富贵”印以及鎏金麒麟铜印。《汉官仪》载：“印者因也，所以虎纽，阳类，虎兽之长，取其威猛，以执服臣下也。龟者，阴物背甲觅文，随时蛰藏，以示臣道，功成而退也。”[120]1980年在扬州双山M2出土了一件虎纽玛瑙印，据考证，双山M2为东汉广陵王刘荆的陵寝，其妻身为王后，与使用虎纽玛瑙印的身份相符[121]。可见，拥有虎纽、龟纽印的姚庄M102女主人其身份也非同一般。

方身器由于其形制类似于战国时期的布币，故被宋代金石学家称之为“压胜钱”。“厌”可通“压”，故也称“厌胜钱”。“厌胜”一词，最早见于《汉书·王莽传》：“威斗者，以五石铜为之，若北斗，长二尺五寸，欲以厌胜众兵……”又见《后汉书·清河孝王庆传》：“因诬言欲作蛊道祝诅，以菟为厌胜之术。”可知，“厌胜”的原意是“以诅咒厌伏其人”，后来便演化成为人们祈福辟邪而制造的一种非流通钱币，供人驱除邪魅、祈求吉祥或辟邪镇墓。但根据我们前文对图像内涵的分析，其纹饰皆是反映求乞吉祥与升仙或到达天国仙境永生的图案，并没有如四神、猛虎、饕餮、蹲熊、镇墓神、门卒、魌头、守犬、驱鬼图[122]等纹饰所具有的驱鬼镇墓的功能或作用。

另外，在各类方身器中，有较多器身皆满饰粟状短齿纹饰，因此有学者认为是梳理马匹毛发的刷[123]、古代工具铜锉[124]、沐浴搓垢的“硝洗之器”[125]、磨姜汁蒜泥的厨房用具[126]或治疗足底胼胝的“脚锉”[127]等。但在饰有粟状短齿的一面，也多饰有鱼纹、抽象扶桑仙境图等祈求吉祥与升仙的纹样，更加之有些柄部还施刻有吉语，结合其使用者较为高贵的身份，这明显与普通的生活用具或处理生活中难言之疾的功能相违背。也就是说，所谓方身器的实用功能可能仅为一种象征实用性，并不能真正用于实用。因此，在以往诸种功能推定中，相较而言，我们更倾向于“凭证”或“信符”说，即汉代非富即贵阶层使用的一种特殊丧葬用具，象征着辅助升天功能，以便顺利进入天国仙界，甚或持此“凭证”或“信符”而向仙界报到。不过，若要确证这一观点，实际尚需更多的材料以丰富方身器的考古出土情境，以做出更周全的阐释。

附记：本文得到贵州大学历史与民族文化学院夏保国教授的帮助和审阅，吉林大学考古学院潘玲教授、赵俊杰副教授为本文提出了宝贵的修改意见，在此表示由衷的感谢！

注　释

[1] 王黼. 重修宣和博古图录·卷二十七［M］. 影印文渊阁四库全书（第840册）［C］. 台北：商务印书馆，1983：954-955.

[2] 李佐贤. 古泉汇·贞集卷三［M］. 续修四库全书·卷一一一二［C］. 上海：上海古籍出版社，1995：679-682.

[3] 冯云鹏等. 金石索·卷四［M］. 续修四库全书·卷八九四［C］. 上海：上海古籍出版社，1995：202.

[4] 梁诗正等. 钦定钱录·卷十五［M］. 影印文渊阁四库全书第844册［C］. 台北：商务印书馆，1983：196-198.

[5] 容庚. 秦汉金文录［M］. 容庚学术著作全集（第六册）［C］. 北京：中华书局，2011：435，445.

[6] 湖南省博物馆. 长沙五里牌古墓葬清理简报［J］. 文物，1960（3）：38-50.

[7] 李炳中. 四川荥经县牛头山发现汉墓［J］. 考古，2000（11）：94-96.

[8] 湖南省文物考古研究所等. 湖南永州市鹞子岭二号西汉墓［J］. 考古，2001（4）：45-62.

[9] 安康地区文管会. 黄土梁两汉墓葬清理［J］. 考古与文物，1991（1）：47-51.

[10] 程永建. 东汉长方形铜饰考［N］. 中国文物报，1999-2-21（3）.

[11] 史树青. 关于“桥形币”［J］. 文物，1956（7）：60-62.

[12] 吴铭生. 并不是“桥形币”［J］. 文物，1956（10）：70.

[13] 周萼生. 对关于“桥形币”一文中长方形铜牌名称的商榷［J］. 文物，1956（10）：70.

[14] 吴小平. 汉代方形牌饰的初步研究［J］. 考古，2013（10）：91-98.

[15] 苏奎. 汉代龙首方身铜器的类型与用途［J］. 华夏考古，2017（4）：93-104.

[16] 为便于区分带柄牌饰柄部刻划内容的不同，笔者将柄部的刻字也归入纹饰一类。

[17] 湖北省文物考古研究所. 纪南城毛家园新莽东汉墓［J］. 江汉考古，1994（7）：11-15.

[18] 杜葆仁等. 东汉司徒刘崎及其家族墓的清理［J］. 考古与文物，1986（5）：45-57.

［19］ 同［8］.
［20］ 陕西省考古研究所. 陕西兴平县出土的古代嵌金铜犀尊［J］. 文物，1965（7）：12-17.
［21］ 重庆市文物局等. 万州大坵坪墓群［R］. 北京：科学出版社，2014：80.
［22］ 云南省文物考古研究所等. 江川李家山——第二次发掘报告［R］. 北京：文物出版社，2007：144.
［23］ 西安市文物保护考古所. 西安东汉墓［R］. 北京：文物出版社，2009：844.
［24］ 2007年出土，该件材料未发表，同［15］.
［25］ 何志国，胥泽蓉. 四川绵阳市发现一座王莽时期砖室墓［J］. 考古，2003（1）：90-94.
［26］ 南京博物院. 江苏盱眙东阳汉墓［J］. 考古，1979（5）：412.
［27］ 焦作市文物工作队. 河南焦作嘉禾屯出土汉代窖藏铜器［J］. 华夏考古，1995（2）：18-27.
［28］ 洛阳市文物工作队. 洛阳吉利区东汉墓发掘简报［J］. 文物，2001（10）：52-29.
［29］ 江苏常州博物馆. 江苏常州兰陵恽家墩汉墓发掘简报［J］. 南方文物，2011（3）：44-58.
［30］ 西安市文物保护考古所等. 长安汉墓［R］. 西安：陕西人民出版社，2004：441，442.
［31］ 王海航. 石家庄市东岗头村发现汉墓［J］. 考古，1965（12）：655.
［32］ 扬州博物馆. 江苏邗江县姚庄102号汉墓［J］. 考古，2000（4）：50-66.
［33］ 南漳县博物馆. 南漳城关东汉墓清理简报［J］. 江汉考古，2000（2）：25-30.
［34］ 由甘肃博物馆展出，出土地点武威。
［35］ 该件材料未发表，2017年出土，资料由现成都金沙博物馆助理馆员唐静发掘整理，身部为西王母仙境图，柄部为翼马，卷曲龙首。
［36］ 昭通市文物管理所. 昭通田野考古·之一［M］. 昆明：云南人民出版社，2012：240.
［37］ 青海省文物考古研究所三峡考古队等. 万州大地嘴遗址青龙嘴墓地发掘报告［A］. 重庆库区考古报告集2001卷·中［C］. 北京：科学出版社，2007：744.
［38］ 同［23］：190.
［39］ 该件材料未发表，同［15］.
［40］ 同［23］：119.
［41］ 该件材料未发表，同［15］.
［42］ 湖南省文物管理委员会. 湖南长沙纸园冲工地古墓清理小结［J］. 考古通讯，1957（5）：40-48.
［43］ 刘桂芳. 山东掖县古墓出土的鎏金器和其他文物［J］. 文物参考资料，1956（12）：34-38.
［44］ 黄承宗. 西昌东汉、魏晋时期砖室墓葬调查［J］. 考古与文物，1983（1）：15-22.
［45］ 四川省文物考古研究院等. 四川汉源桃坪遗址及墓地发掘报告［J］. 四川文物，2006（5）：3-24.
［46］ 同［7］.
［47］ 同［6］.
［48］ 同［9］.

［49］ 黄河水库考古工作队. 河南陕县刘家渠汉墓［J］. 考古学报，1965（3）：182-207.

［50］ 中国社会科学院考古研究所. 汉杜陵陵园遗址［M］. 北京：科学出版社，1993：61.

［51］ 该件材料未发表，同［15］.

［52］ 该件材料未发表，卷曲龙首，柄部饰凤鸟，器身西王母仙境图，资料现存于成都文物考古研究院。

［53］ 因金石学著作收录方身器无编号，为便于本文统计与分析，笔者自定编号。如方身器在宣和博古图第954页下图左，则编号为宣：954下左；在古泉汇第681页上图左，则编号为古：681上左；以此类推。

［54］ 本文所收集方身器如图一，10、18身部均满饰粟状短齿纹饰，另在纹饰四周铸有不规则条形镂孔若干，或遗留有不规则空白痕迹若干，这些不规则条形镂孔和空白痕迹皆呈一定规律或形状排列；笔者通过比对所收集方身器的纹饰发现，这些痕迹皆似抽象扶桑树图案，故并入Ab型。

［55］ 因该亚型方身器柄部均较锈蚀，残留有四至五个圆形镂孔，笔者通过比对所收集方身器的柄部纹饰，根据柄部所遗留的镂孔痕迹判断，这些痕迹与图三，2、3柄部的凤鸟图案相似，故均归为凤鸟图案。

［56］ 由于方身器的分布主要集中在河南、陕西、四川等地，在全国其他地区出土的数量较少，故笔者主要以洛阳烧沟汉墓［R］.（洛阳区考古发掘队. 北京：科学出版社，1959：229-239）、长安汉墓［R］.（西安市文物保护考古所等. 西安：陕西人民出版社，2004：821-835）、四川崖墓的初步研究［J］.［罗二虎. 考古学报，1988（2）：133-169］、四川汉代砖石室墓的初步研究［J］.［罗二虎. 考古学报，2001（4）：453-482］、四川汉墓研究［D］.（索德浩. 四川大学，2017：146-170）的历史分期为参考。

［57］ 山西省文物管理工作委员会等. 太原东太堡出土的汉代铜器［J］. 文物，1962（5）：66-73.

［58］ 中国社会科学院考古研究所等. 满城汉墓发掘报告［R］. 北京：文物出版社，1980：50，54，70，77.

［59］ 太原东太堡3号铜钟，腹部带纹上刻“清河大后中府钟容五斗重十七斤第六”十六字，又5号钫，辅首衔环刻“晋阳容六斗五升重廿斤九两”十二字，据《汉书·文三王传》：“代孝王参初立为太原王。四年，代王武徙为淮阳王，而参徙为代王，复并得太原，都晋阳故……十七年薨，子共王登嗣。二十九年薨，子义嗣。元鼎中，汉广关，以常山为阻，徙代王于清河，是为刚王。并前在代凡立四十年薨……”故孝文帝四世孙刚王义于元鼎三年徙清河，且以前，晋阳始终为代国之都。

［60］ 据《汉书·食货志》记载，五铢钱铸造始自武帝元狩五年，从半两过渡到五铢，从无外廓过渡到有外廓皆为武帝之时。

［61］ 《汉书·武帝纪》：“（太始）二年春正月，行幸回中。三月，诏曰：‘有司议曰，往者朕郊见上帝，西登陇首，获白麟以馈宗庙，渥洼水出天马，泰山见黄金，宜改故名。今更黄金为麟趾裹蹏以协瑞焉。’”应劭注曰：“获白麟，有马瑞，故改铸黄金如麟趾裹蹏以协嘉祉

也。”
［62］ 同［50］：59.
［63］ 陈颖. 一枚罕见的西汉五铢金币［J］. 考古与文物，1981（1）：108-109.
［64］ 同［50］：57.
［65］ 洛阳区考古发掘队. 洛阳烧沟汉墓［M］. 北京：科学出版社，1959：162.
［66］ 成都市文物考古研究所等. 重庆市忠县罗家桥战国秦汉墓地第二次发掘报告［A］. 成都考古发现 · 2001［C］. 北京：科学出版社，2003：470.
［67］ 成都市文物考古研究所大渡河中游考古队. 四川汉源县2001年度的调查与发掘［A］. 成都考古发现 · 2001［C］. 北京：科学出版社，2003：336.
［68］ 同［58］：50.
［69］ 同［25］.
［70］ 同［45］.
［71］ 同［65］：139.
［72］ 同［65］：164，175.
［73］ 同［65］：225.
［74］ 罗二虎. 四川汉代砖石室墓的初步研究［J］. 考古学报，2001（4）：453-482.
［75］ 同［65］：225.
［76］ 同［65］：98，104，112，133.
［77］ 同［28］.
［78］ 同［65］：164，167，172.
［79］ 乐山市崖墓博物馆. 四川乐山市沱沟嘴东汉崖墓清理简报［J］. 文物，1993（1）：40-50.
［80］ 崔陈. 宜宾地区出土汉代画像石棺［J］. 考古与文物，1991（1）：22-28.
［81］ 孙太初. 两年来云南古遗址及墓葬的发现与清理［J］. 文物参考资料，1958（6）：30-40.
［82］ 罗二虎. 汉代画像石棺研究［J］. 考古学报，2000（1）：31-63.
［83］ 汉代画像石分布集中区域：一为鲁豫皖苏地区；二为河南南阳地区；三为西南地区（川渝滇黔）；四为陕北晋西地区。
［84］ 目前学界对于汉代画像的研究颇丰，就与方身器图像内容相同的画像而言，这些画像题材主要流行于西汉晚期至东汉晚期。参见罗二虎. 中国美术考古研究现状［M］. 上海：上海大学出版社，2008：76-78，96，100-106.
［85］ 同［84］：71.
［86］ 李零. 说龙，兼及饕餮纹［J］. 国家博物馆馆刊，2017（3）：53-71.
［87］ 许慎撰，徐铉等校. 说文解字［M］. 上海：上海古籍出版社，2007：587.
［88］ 罗二虎. 试论古代墓葬中龙形象的演变［J］. 四川大学学报（哲学社会科学版），1986（1）：103-112.
［89］ 同［87］：475.

［90］ 李零. 说马［A］. 万变——考古艺术史论集［M］. 北京：生活·读书·新知三联书店，2016：394.
［91］ 袁珂. 山海经校注［M］. 北京：北京联合出版公司，2014：204.
［92］ 班固撰，颜师古注. 汉书［M］. 北京：中华书局，1962：1059.
［93］ 同［92］：1060.
［94］ 罗二虎. 中国西南汉代画像内容分类［J］. 四川大学学报（哲学社会科学版），2002（1）：62-73.
［95］ 同［87］：177.
［96］ 同［91］：14，15.
［97］ 同［94］.
［98］ 罗二虎. 川渝地区汉代画像砖墓研究［J］. 考古学报，2017（3）：373-398.
［99］ 徐正考. 汉代铜器铭文文字编［M］. 长春：吉林大学出版社，2005：93.
［100］ 容庚. 金文续编［M］. 容庚学术著作全集（第五册）［C］. 北京：中华书局，2011：336.
［101］ 宋先世. 贵州兴仁汉墓出土"巨王千万"与"巴蜀守丞"印［J］. 四川文物，1991（6）：29-33.
［102］ 同［5］：570，573.
［103］ 同［94］.
［104］ 刘文典撰，冯逸等校. 淮南鸿烈集解［M］. 北京：中华书局，1989：217.
［105］ 同［94］.
［106］ 王夫之. 楚辞通释［M］. 北京：中华书局，1975：160.
［107］ 焦延寿. 易林·卷五［M］. 上海：上海中华书局，1936：13.
［108］ 同［94］.
［109］ 同［91］：231.
［110］ 同［91］：279.
［111］ 李昉等. 太平御览［M］. 四部丛刊三编·子部·太平御览（第21册）［C］. 上海：上海书店出版社，1936：56.
［112］ 段成式. 酉阳杂俎［M］. 北京：中华书局，1985：246.
［113］ 李零. 说云纹瓦当——兼论战国秦汉铜镜上的四瓣花［J］. 上海文博论丛，2004（4）：63-68.
［114］ 李零. "方华蔓长，名此曰昌"——为"柿蒂纹"证明［J］. 中国国家博物馆馆刊，2012（7）：35-41.
［115］ 刘道广. 所谓"柿蒂纹"应为"侯纹"论辩［J］. 考古与文物，2011（3）：58-66.
［116］ 同［14］.
［117］ 据《史记·建元以来王子侯者年表第九》《汉书·王子侯表》等对泉陵国的记载，武帝元朔五年六月壬子首封节侯贤（长沙定王之子），第二代为戴侯真定，第三代倾侯庆于黄龙元

年继位，第四代，“侯骨嗣，王莽篡位，绝”。史料中并未详记第三代和第四代泉陵侯的在位和薨年时间，但92YM1所出器物竹书纪年中的“河平二年”“鸿嘉二年”，均在黄龙元年之后；且文献明指骨侯继位后因王莽篡位而国绝，其无谥号发掘者从年代推算，倾侯庆薨年当为西汉，推定M1的墓主为第三代泉陵侯刘庆。

［118］ 范晔撰，李贤等注. 后汉书［M］. 北京：中华书局，1965：886-888.

［119］ 同［118］：257.

［120］ 王云五. 汉官仪及其他二种［M］. 北京：商务印书馆，1939：49.

［121］ 同［32］.

［122］ 同［94］.

［123］ 同［10］.

［124］ 同［11］.

［125］ 同［9］.

［126］ 同［13］.

［127］ 同［15］.

附表一　考古出土方身器统计表

序号	省/市	出土地点	尺寸（厘米）	纹饰图案			质地	类型	期别	区别
				首	柄	身				
1	河北	石家庄东岗头	通长17，宽5.3	卷曲龙首	翼马	粟状短齿纹	铜	Ab	一	Ⅱ
2	山东	烟台掖县	通长12，宽4.2	卷曲龙首	凤鸟	对称几何纹	铜	Ca	二	Ⅴ
3	陕西	华阴岳庙M1：94	通长16.5，宽5.2	卷曲龙首	翼马	抽象扶桑	铜	Ab	一	Ⅰ
4		西邮长安校区M971：12	通长11.2，宽5.4	卷曲龙首	翼马	抽象扶桑	铜	Ab	一	
5		陕西交通学校M31：12	通长17.6，宽5.4	卷曲龙首	翼马	粟状短齿纹	铜	Ab	一	
6		西安雅荷智能家园汉M9：21	通长12.9，宽4.2	卷曲龙首	凤鸟	对称几何纹	铜	Ca	二	
7		西北有色金属研究院M21：24	通长13.1，宽4.4	卷曲龙首	凤鸟	对称几何纹	铜	Ca	二	
8		兴平豆马村窖藏	通长17.4，宽5.3	卷曲龙首	翼马	具象扶桑	铜	Aa	一	
9		安康黄土梁汉墓M1	通长17.4，宽5.2	卷曲龙首	翼马	粟状短齿纹	铜	Ba	二	
10		汉宣帝陵寝园便殿井窖Y2	通长10.9，宽5.4	卷曲龙首	翼马	抽象扶桑	铜	Ab	一	
11	甘肃	武威汉墓	不明	卷曲龙首	翼马	粟状短齿纹	铜	Ab	一	Ⅰ
12		平凉庄浪	残长15.5，宽4.3	卷曲龙首	凤鸟	对称几何纹	铜	Ca	二	

续表

序号	省/市	出土地点	尺寸（厘米）	纹饰图案			质地	类型	期别	区别
				首	柄	身				
13	河南	焦作嘉禾屯窖藏（20）	通长11.2，宽5.3	卷曲龙首	翼马	具象扶桑	铜	Aa	一	Ⅱ
14		洛阳吉利M445：副3	通长18.6，宽5.6	卷曲龙首	阴刻字	具象扶桑	铜	Ac	三	
15		陕县刘家渠M3：36	通长11.5，宽4	卷曲龙首	无	抽象扶桑	铁	Ad	三	
16	江苏	兰陵恽家墩M23：22	通长约17，宽约5	卷曲龙首	翼马	抽象扶桑	铜	Ab	一	Ⅴ
17		盱眙东阳军庄M199	通长约17，宽约5	卷曲龙首	翼马	抽象扶桑	铜	Ab	一	
18		邗江姚庄M102：87	通长17，宽5.2	卷曲龙首	翼马	抽象扶桑	铜	Ab	一	
19	湖南	永州鹞子岭M2：41	通长17，宽5.6	卷曲龙首	翼马	抽象扶桑	铜	Ab	一	Ⅳ
20		永州鹞子岭M2：42	通长17，宽5.6	卷曲龙首	翼马	抽象扶桑	铜	Ab	一	
21		长沙纸园冲M79	通长13.8，宽4.4	卷曲龙首	凤鸟	对称几何纹	铜	Ca	二	
22		长沙五里牌M009	通长18，宽5	卷曲龙首	翼马	残，不明	铜	不明	不明	
23	湖北	南漳城关M3：8	通长17.5，宽5.6	卷曲龙首	翼马	抽象扶桑	铜	Ab	一	Ⅳ
24		荆州纪南毛家园M5：2	通长17.3，宽5.3	卷曲龙首	翼马	具象扶桑	铜	Aa	一	
25	四川	成都中和红苕坡M70：1	通长17.4，宽5.4	卷曲龙首	翼马	西王母仙境	铜	Da	三	Ⅲ
26		成都华阳新官山	不明	卷曲龙首	凤鸟	西王母仙境	铜	Db	三	
27		成都岷山饭店	通长15，宽5	卷曲龙首	凤鸟	对称几何纹	铜	Ca	二	
28		西昌六合公社	通长18，宽5.5	卷曲龙首	翼马	对称几何纹	铜	Cb	三	
29		西昌六合公社	通长13，宽4.4	卷曲龙首	翼马	对称几何纹	铜	Cb	三	
30		汉源桃坪04HTM1：7	通长17.4，宽7.1	卷云纹	阳刻字	双鱼纹	铜	Ea	一	
31		荥经牛头山M2：2	通长19，宽5.8	环首	无	单鱼纹	铜	Eb	二	
32		雅安芦阳先锋	通长17.3，宽5.4	卷曲龙首	翼马	抽象扶桑	铜	Ab	一	
33		绵阳涪城MXY1：42	通长16.9，宽5.4	卷曲龙首	翼马	抽象扶桑	铜	Ab	一	
34		成都双流庙山M11	残长10，残宽4	残	凤鸟	对称几何纹	铜	Ca	二	
35	云南	江川李家山M86：6	身长11.2，宽5.6	卷曲龙首	翼马	具象扶桑	铜	Aa	一	
36		昭通象鼻岭采：1	通长17.2，宽5.8	卷曲龙首	凤鸟	西王母仙境	铜	Db	三	
37	重庆	万州青龙嘴M33：4	通长13.8，宽4.4	卷曲龙首	凤鸟	对称几何纹	铜	Ca	二	
38		万州大丘坪M22：73	通长14，宽4.1	卷曲龙首	凤鸟	对称几何纹	铜	Ca	二	
39		万州大丘坪M39：27	通长17.3，宽5.4	卷曲龙首	翼马	具象扶桑	铜	Aa	一	

附表二　金石学著作收录方身器统计表

序号	编号	来源	纹饰图案			类型
			首	柄	身	
1	古：679上左	《古泉汇》	卷曲龙首	翼马	粟状短齿纹	Ba
2	古：679下左		卷曲龙首	翼马	粟状短齿纹	Ba
3	古：679下右		卷曲龙首	翼马	具象扶桑	Aa
4	古：680上左		卷曲龙首	凤鸟	对称几何纹	Ca
5	古：680上右		卷曲龙首	翼马	西王母仙境图	Da
6	古：680下左		卷曲龙首	翼马	粟状短齿纹	Ba
7	古：680下右		卷曲龙首	翼马	粟状短齿纹	Ba
8	古：681上左		卷云纹	蟾蜍	菱形网格纹	F
9	古：681上右		卷曲龙首	凤鸟	残似对称几何纹	Ca
10	古：681下左		异形首	不明	粟状短齿纹	Bc
11	古：681下右		卷云纹	蟾蜍	圆形镂孔	G
12	古：682上左		卷云纹	素面	素面	H
13	古：682上右		卷云纹	素面	粟状短齿纹	Bb
14	金：202左	《金石索》	卷曲龙首	云气纹	西王母仙境	Dc
15	金：202右		卷曲龙首	翼马	抽象扶桑	Ab
16	钱：196上	《钦定钱录》	卷曲龙首	云气纹	西王母仙境	Dc
17	钱：196下		异形首	云气纹	粟状短齿纹	Bc
18	钱：197上		异形首	云气纹	粟状短齿纹	Bc
19	钱：197下		卷曲蛇首	云气纹	粟状短齿纹	Be
20	钱：198上		卷曲蛇首	方形镂孔	粟状短齿纹	Be
21	宣：954下左	《重修宣和博古图录》	异形首	兔纹	粟状短齿纹	Bd
22	宣：954下右		卷曲龙首	凤鸟	西王母仙境图	Db
23	宣：955上左		卷曲龙首	残似翼马	抽象扶桑	Ab
24	宣：955上右		卷曲龙首	翼马	抽象扶桑	Ab
25	宣：955下右		卷曲龙首	翼马	抽象扶桑	Ab
26	秦：435	《秦汉金文录》	卷云纹	刻字	刻字	I
27	秦：445		环首	刻字	双鱼纹	Ec

Study on the Square Vessels with Handle in Han Dynasty

BI Yang SHEN Xin-meng TANG Jing

This paper began with the image of square vessels with handle from the Han Dynasty, which were collected in archaeological excavations and petrology works. On the basis of typology analysis, comparing the archaeological data with the literature data, this paper divided them into five zones around the archaeological literature: Shaanxi and Gansu region, Henan and Hebei region, southwest region, Hunan and Hubei region, Jiangsu and Shandong region; and three stages: the late Western Han Dynasty, the late Western Han Dynasty to the early Eastern Han Dynasty, and the middle and the late Eastern Han Dynasty. Through analysis, this paper summarized the development and evolution of the square vessels with handle from the Han Dynasty, and finally explained the user identity and function of the square vessels with handle in the light of the existing research and related documents, further gave impetus to the research in the angle of image content.

三峡地区土洞墓研究*

索德浩[1]　周　静[2]

（1. 四川大学历史文化学院，成都，610064；2. 北京大学考古文博学院，北京，100871）

土洞墓，一般修建于黄土中，自地面下挖墓道，在墓道一端横向掏洞作为墓室。墓道有竖穴和斜坡两类，内无排水设施。也有部分开凿于岩洞中，墓葬形制、随葬品、葬式与土洞墓一致，性质相同，故本文作一类论述。土洞墓主要分布于北方地区，南方地区少见。

近来，三峡地区发现的一批土洞墓引起了研究者的关注。目前的主要争议在于唐宋时期土洞墓的来源问题。孟华平认为三峡地区土洞墓出现于唐代晚期至北宋时期，与西北地区同时期土洞墓存在密切联系，可能是回鹘人遗存[1]。吴敬认为三峡地区土洞墓出现年代为晚唐五代，可能与安史之乱中原人口南迁有关[2]。王晶观点与吴敬基本一致[3]。吴小平认为三峡地区发现的下颌托均出土于土洞墓，二者与安史之乱后的中原移民有关，可相互印证[4]。这些研究大多认为三峡唐宋土洞墓与该时期北方移民有关，忽视了汉、六朝时期三峡地区已经存在洞室墓的事实。因此，有必要在全面收集资料基础之上，对三峡地区土洞墓重新梳理。

一、墓葬形制

三峡地区已公开的资料中，可确认为土洞墓者175座[5]，其中形制完整者67座。根据墓道差异，可分二型。

A型　33座。斜坡墓道。根据墓室构建材质差异分五式。

Ⅰ式：4座。土洞，墓内多无砖石构造，部分墓底局部铺以石板。江东嘴M12，墓室长4.4、宽3.2米[6]（图一，1）。

Ⅱ式：1座。土洞，墓底铺石板。瓦岗槽M19，带甬道，墓室长4、宽2.7米[7]（图一，2）。

Ⅲ式：6座。土洞，洞室内砌筑砖墙，但无券顶。土城坡ⅨM4，墓室长3.14、宽

* 本文为国家社科项目“四川新津瑞麟寺山墓地发掘报告”（批准号：19BKG019）阶段性成果。

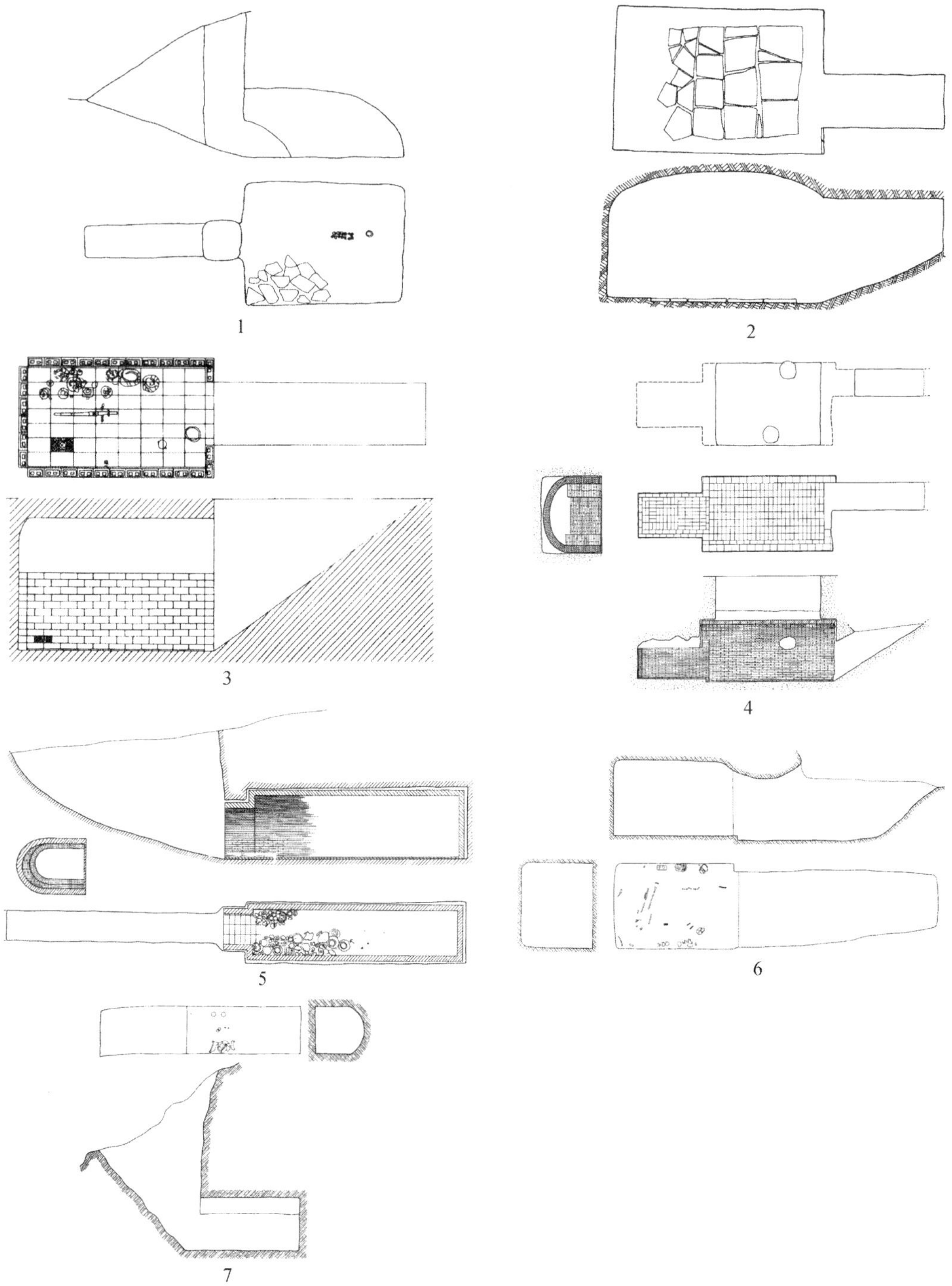

图一　A型洞室墓

1. A型Ⅰ式（江东嘴M12）　2. A型Ⅱ式（瓦岗槽M19）　3. A型Ⅲ式（土城坡ⅨM4）　4、5. A型Ⅳ式（巫山水泥厂M1、乌鸡沟M4）　6、7. A型Ⅴ式（赵家湾M23、拖板M4）

1.88米（图一，3）[8]。

Ⅳ式：14座。土洞砖室券顶墓。巫山水泥厂M1，前室为券顶，后室未砌砖顶。全长12.5米，墓室长9.3、宽2～3.7米（图一，4）[9]。乌鸡沟M4，带甬道，墓室长6.88、宽1.48米（图一，5）[10]。

Ⅴ式：8座。岩洞。赵家湾M23，墓室长2.9、宽1.8～1.9米（图一，6）[11]。拖板M4，墓道坡度较陡。墓室与墓道等宽，顶部呈拱形。墓室长2、宽0.9米（图一，7）[12]。

演变趋势：墓室由土洞演变成岩洞，内部构造逐渐复杂。

B型　34座。竖井墓道。根据墓道形制及墓室结构分四式。

Ⅰ式：2座。墓道底部较平。墓葬比较规整，长度多在6米左右，墓室空间较大。拖板M10，木质封门，葬3具人骨。墓室长2.9、宽1.5米（图二，1）。拖板M7，墓室长5.6、宽1.66米（图二，2）[13]。

Ⅱ式：12座。墓道多用砖封门，墓道底部仍然较为平整。墓葬空间有所减小，长度在4米左右，不规整。庙坪M88，长3.44、宽1.06米（图二，3）[14]。巴东孔包河M44，岩洞墓，大墓道、小墓穴，弧顶。长2.08、宽1米（图二，4）[15]。

Ⅲ式：9座。墓道前部向上倾斜，墓室变化不大。宝塔坪2004ⅣM1008，底铺长方形砖，中部有一腰坑。墓室长3、宽1.2米（图二，5）[16]。

Ⅳ式：11座。墓室整体倾斜。秭归庙坪M44，长2.92、宽0.64～0.84米（图二，6）[17]。

演变规律：墓室逐渐变小，墓葬形制变得不规则，墓道和墓室逐渐倾斜。

还有部分墓葬破坏严重，或者介绍不清，无法进入类型学分析。如巫山江东嘴ⅡM5，原报告说“在崖壁上横挖洞穴然后用砖起墓室”，但未介绍墓道及洞室形制[18]。

二、分期与年代

三峡地区洞室墓延续时间长，器物组合变化明显，常见以下几类组合。

陶器主要组合：长颈罐、鼎、壶、仓、灶、釜、俑群。

瓷器组合有两类：第一类，瓷盘口壶、唾盂；第二类，执壶、杯。

铜器组合常见三类：第一类，釜、盆、甑等容器；第二类：戒指、耳环、钗、带具等贴身用品；第三类：以下颌托为代表的特殊丧葬用具。

根据器物组合变化，再结合典型墓葬出土的特征器和纪年材料，三峡地区土洞墓可分为三期（图三）。

第一期：属于本期的墓葬共36座，又可分为两段。

早段：18座，其中代表性墓葬有江东嘴M13、瓦岗槽M19、土城坡ⅨM4、麦沱M29等。墓葬形制主要有A型Ⅰ～Ⅳ式。随葬品主要为陶器组合及铜器第一类组合。瓦岗槽M12有建初六年铭文砖。瓦岗槽M19出土的五铢为西汉晚期。巫山胡家包M19有

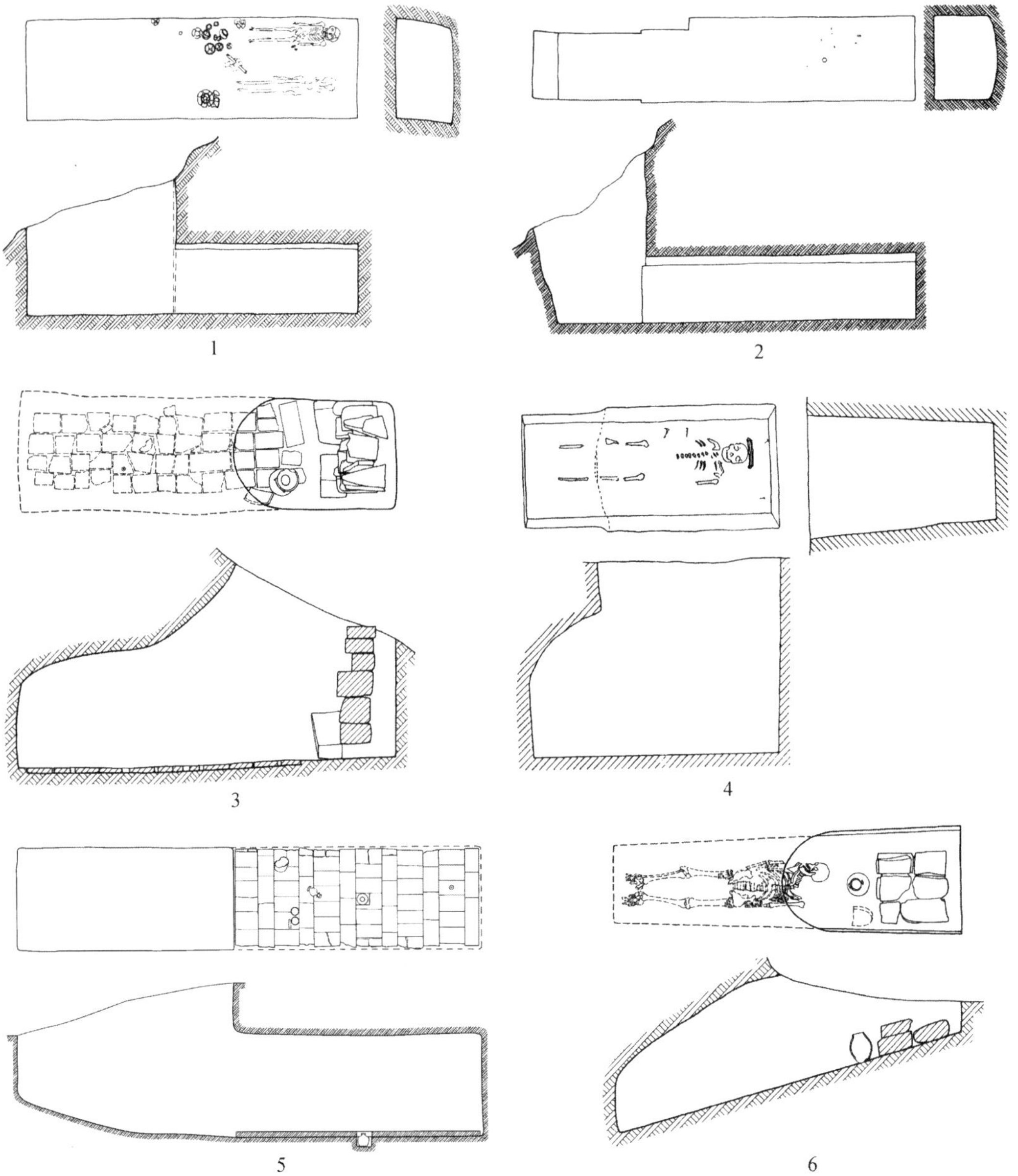

图二　B型洞室墓

1、2. B型Ⅰ式（拖板M10、M7）　3、4. B型Ⅱ式（秭归庙坪M88、巴东孔包河M44）　5. B型Ⅲ式（宝塔坪2004ⅣM1008）　6. B型Ⅳ式（秭归庙坪M44）

“永元十年二月”纪年砖。本期常见五铢与大泉五十、货泉等新莽钱币。综上，本段年代在西汉晚期至东汉中期。

晚段：18座。其中代表性墓葬有莲花池M10、赵家湾M26、拖板M10等。墓葬形制在延续A型Ⅲ、Ⅳ式的基础上，新出现A型Ⅴ式及B型Ⅰ式。随葬品以陶器组合为主，但器物种类较上段有所减少。本段常见剪边五铢及磨郭五铢，故年代在东汉晚期。

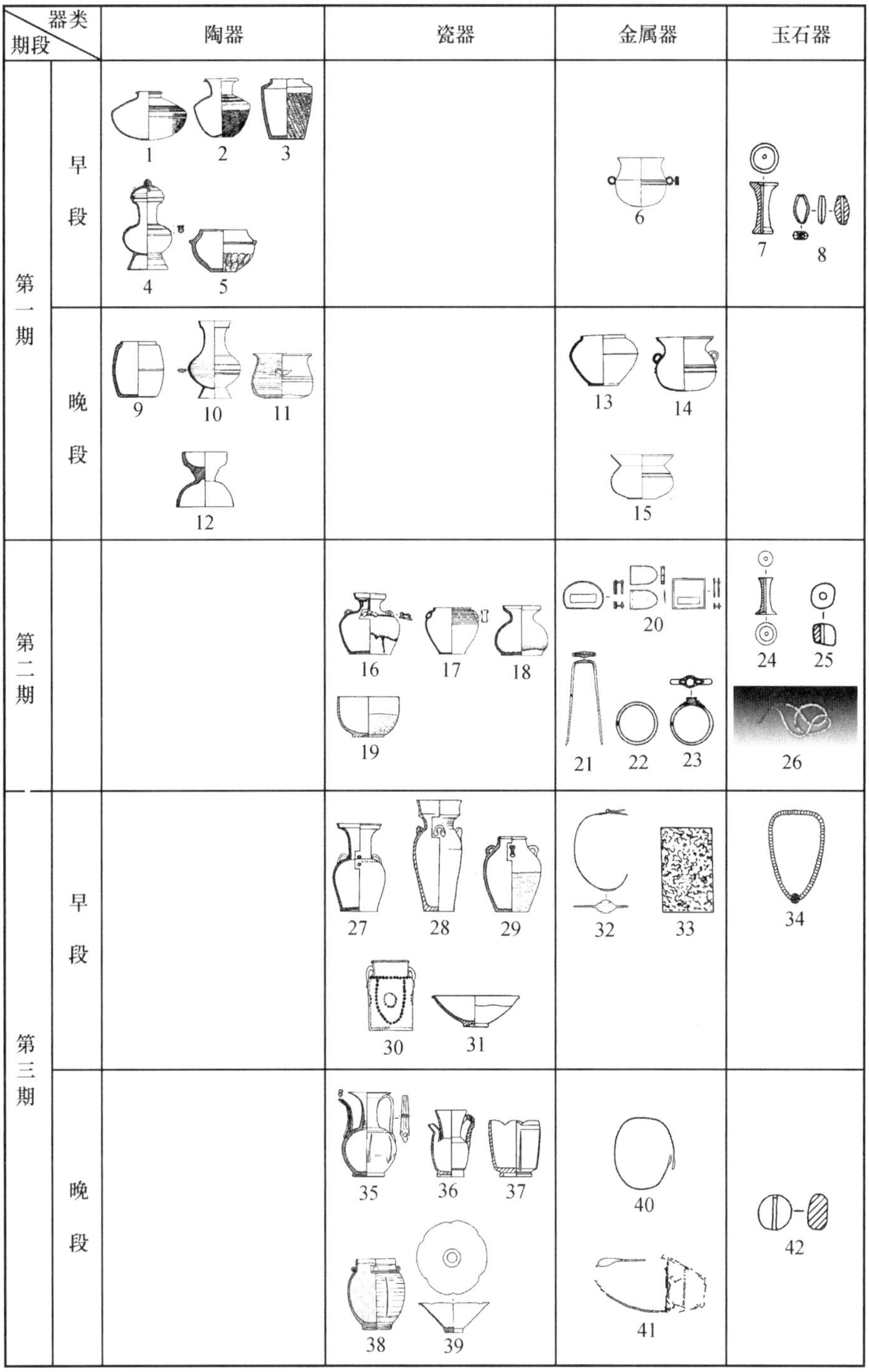

图三　各期段典型器物组合图

1. 陶瓮（麦沱M29：28）　2. 陶罐（江东嘴M12：1）　3. 陶仓（水泥厂M1：14）　4. 陶壶（江东嘴M12：15）　5. 陶釜（水泥厂M1：8）　6. 铜鍪（麦沱M29：4）　7. 料珠（江东嘴M12：14）　8. 玛瑙珠（麦沱M8：1）　9. 陶仓（赵家湾M22：9）　10. 陶壶（周家坪M3：14）　11. 陶釜（周家坪M3：16）　12. 陶灯（赵家湾M22：16）　13. 铁釜（赵家湾M22：20）　14. 铁鍪（莲花池M10：16）　15. 铁釜（周家坪M3：30）　16. 瓷四系罐（拖板M2：2）　17. 瓷双系罐（拖板M4：1）　18. 瓷唾盂（拖板M2：3）　19. 瓷碗（宝塔坪2001IM3008：1）　20. 铜蹀躞带（宝塔坪2001IM3008：3、宝塔坪2001IM3008：10、宝塔坪2001IM3008：4）　21. 铜发钗（拖板M7：3）　22. 银指环（拖板M4：7）　23. 银戒指（拖板M4：6）　24. 琉璃塞（拖板M7：2）　25. 琉璃珠（拖板M4：8）　26. 串珠（白杨沟M5：5）　27. 瓷盘口壶（上关M15：1）　28. 瓷盘口壶（宝塔坪2001IM3002：1）　29. 瓷四系罐（宝塔坪2000IM1061：1）　30. 瓷双系罐（宝塔坪2000IM1050：3）　31. 瓷碗（窑湾M34：2）　32. 铜下颌托（上关M34：2）　33. 铁牌（宝塔坪2001IM1010：3）　34. 石串珠（上关M20：2）　35. 瓷执壶（庙坪M37：1）　36. 瓷注子（宝塔坪2004IVM1009：2）　37. 瓷注碗（宝塔坪2004IVM1009：6）　38. 瓷四系罐（东门头M2：2）　39. 瓷碗（宝塔坪2000IM1005：5）　40. 银镯（庙坪M37：12）　41.银头饰及下颌托（庙坪M90：5）　42.料珠（宝塔坪2001IM3026：3）

第二期：属于本期的墓葬共有7座，有拖板M2、M4、M7～M9及白杨沟M5、宝塔坪2001ⅠM3008等。墓葬A型Ⅰ～Ⅳ式消失，流行A型Ⅴ式，B型Ⅰ式比例增加。陶器组合不见，瓷器成为随葬品主流，新出现瓷器第一类组合及铜器第二类组合。本期器物已具有明显的六朝风格。拖板M2出土的六系盘口壶与湖北鄂城M1[19]、浙江吉安M2[20]所出者形制相近，年代在西晋；拖板M2出土的唾壶与南京富贵山M6[21]所出者形制相近，年代在东晋至刘宋；白杨沟M5所出的唾壶与万州上河坝M12所见者形制相近，腹部下垂明显，年代在南朝[22]。宝塔坪2001ⅠM3008出土的碗，深折腹，直口，与成都化工厂隋墓所见者相近[23]。综上，本期年代在六朝至隋。

第三期：属于本期的墓葬有132座，其中32座破坏严重，亦无典型随葬品，其余墓葬可分两段。

早段：50座，其中代表性墓葬有上关M34、雷家坪M1、庙坪M88等。A型墓消失，出现B型Ⅱ、Ⅲ式。随葬品新出现瓷器第二类及铜器第三类组合。浅盘口壶短弧颈，且与乾元重宝、开元通宝伴出，应为唐代后期。深盘口壶年代特征明显，与四川盆地唐末五代墓葬中流行者形制极为相近，器腹瘦高，如青白江艾切斯M8：3[24]。上关M15的四系盘口壶，长直颈，竖系，具有从早期长直颈向晚期短颈发展[25]的过渡特征，年代在唐代前期。铜器第二类组合继续流行，新出现下颌托、铁牌等器物。钱币有“开元通宝”“乾封泉宝”“乾元重宝”等。综上，本期年代在唐、五代。

晚段：50座，其中代表性墓葬有宝塔坪2004ⅣM1008、庙坪M37等。墓葬形制在上段的基础上，流行B型Ⅳ式。瓷器第一类组合消失不见，第二类组合占据主要地位，铜器组合延续上段。本段墓葬中未见纪年材料，出土的执壶与湖北英山谢文诣墓、江西南城陈六娘墓所见者形制相近，两墓均出有纪年材料，分别为宋神宗熙宁十年[26]及宋仁宗嘉祐二年[27]。钱币多为两宋时期。综上，本期年代以宋代为主。

三、三峡地区土洞墓的演变及分布

据上文分析可知，三峡地区土洞墓出现于西汉晚期，流行于东汉，延续至六朝，唐宋时期再次繁荣，明代基本消失不见。其间一直存在于三峡地区，未有中断，并逐渐融入本地葬俗，成为三峡地区的重要墓葬类型。

从墓葬形制来看，汉、六朝、唐宋时期三峡地区土洞墓演变序列完整，未有缺环。东汉时期，三峡土洞墓流行斜坡墓道，东汉晚期出现竖穴墓道洞室墓；六朝时期，竖穴墓道洞室墓比例增加，而斜坡墓道逐渐变短，有向竖穴墓道演变的趋势，墓葬规模逐渐变小；唐代以后竖穴墓道完全取代了斜坡墓道，墓葬狭小，向倾斜演变，形制不规则。从早到晚虽然有变化，但是各期段之间的延续是非常明显的。

从随葬品来看，其演变与整个渝东地区同时期各类墓葬一致，土洞墓并无特殊之处。两汉时期三峡土洞墓以仓、灶、鼎、罐、壶、俑群等为主要陶器组合，与中原的汉文化一致。六朝至唐宋以盘口壶、双系罐、四系罐、无系罐、执壶等瓷器为主要器物，大多来自长江中下游地区，反而受北方影响较小，并无法与安史之乱后的北方移民建立更多联系。

从各时期分布地域来看，三峡土洞墓的传播线路非常清晰。第一期早段，所有土洞墓均发现于巫山地区；第一期晚段共发现洞室墓18座，其中巫山6座，奉节10座，云阳2座。墓葬形制以A型为主，随葬品无明显差异。但奉节地区的洞室墓也有新因素，出现了1座B型竖穴墓道岩洞墓。第二期洞室墓均发现于奉节，而巫山地区消失，墓葬形制也有所变化，流行A型Ⅴ式墓，B型墓比例增加。第三期早段，奉节仍为土洞墓主要分布区域，共发现33座。此外在秭归、巴东、巫山三地亦有发现，分别为12座、4座、1座，墓葬均为B型。第三期晚段，集中分布于奉节、秭归两地，分别为26座、24座，均为B型。秭归地区洞室墓数量上升明显。据各时期分布可知，三峡土洞墓最早出现于巫山，东汉中晚期以前其他地区未有发现；东汉晚期向西传播至奉节，云阳有零星发现；六朝时期至隋，土洞墓主要分布于奉节，其他地区未有发现；唐代以后，以奉节为中心向东部的巫山、巴东、秭归传播（图四）。

无论是墓葬形制、随葬品演变，还是传播路线都表明，唐宋时期三峡地区土（岩）洞墓就是汉、六朝时期墓葬传统的延续。三峡地区土洞墓主要分布于长江附近，应该是通过长江干道进行传播。

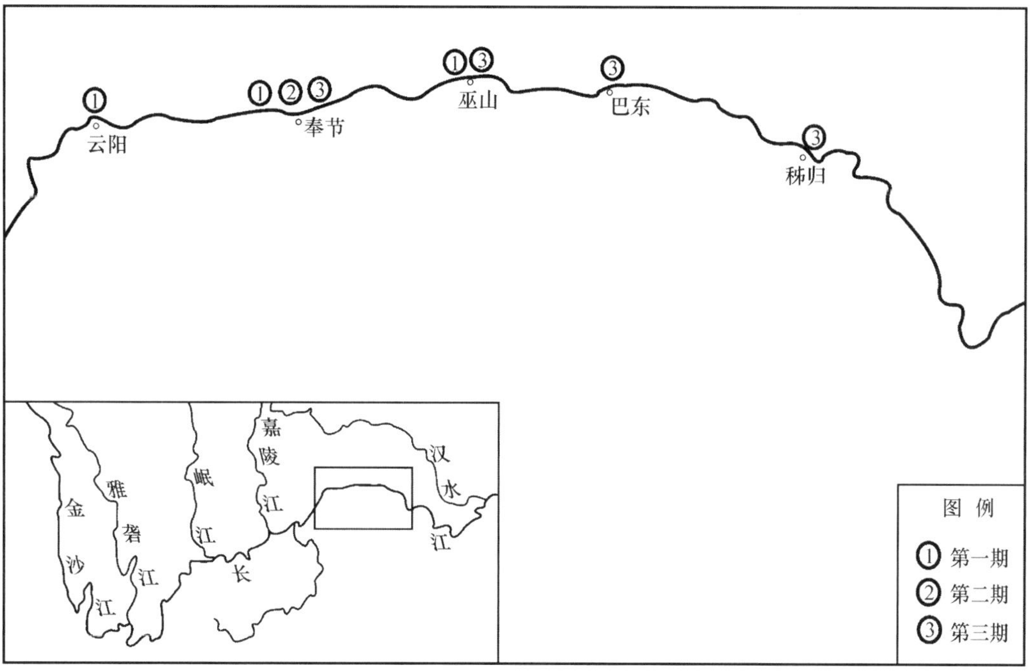

图四　洞室墓分布变化示意图

四、三峡地区汉代至六朝土洞墓流变

先秦时期土洞墓流行于西北地区[28]，战国中期土洞墓传播至秦，又随着秦国版图的扩张传播到中原、楚等地。汉代继续发扬光大，成为中原地区最主要的墓葬类型。

三峡地区土洞墓时代较晚，与西北地区的早期土洞墓无甚大关系。其源头应该在汉代中原地区寻找。土洞墓A型Ⅰ～Ⅳ式在关中地区很常见。A型Ⅰ式与西汉中晚期方新村开发公司M16（图五，1）[29]形制相近。A型Ⅳ式与西安石油学院M22西汉晚期

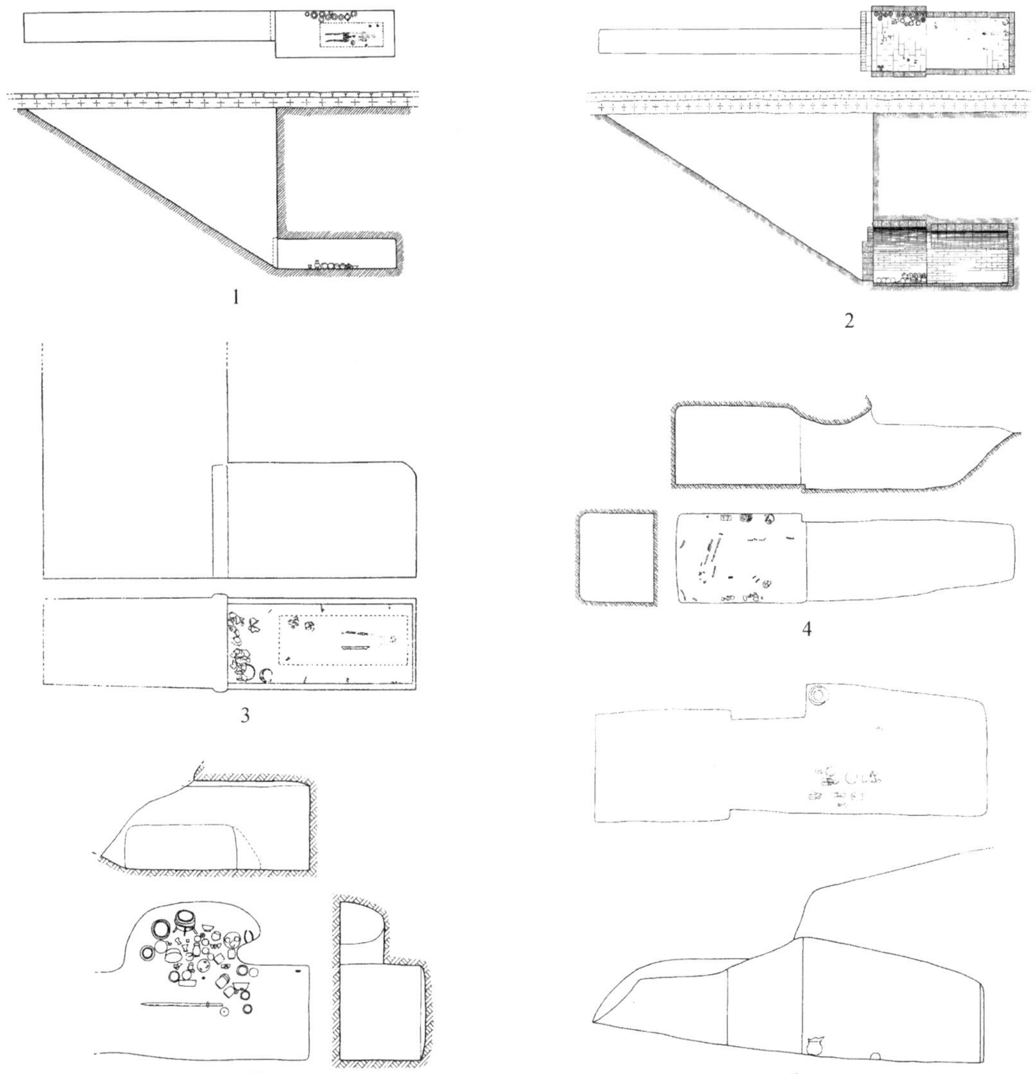

图五　汉代墓葬形制对比

1. 方新村开发公司M16　2. 西安石油学院M22　3. 凤翔高庄M1　4. 奉节赵家湾M23　5. 奉节赵家湾M22　6. 云阳马岭M2

墓（图五，2）[30]形制类似。三峡土洞墓B型主要特点是带竖穴墓道，其中B型Ⅰ式墓与凤翔高庄M1秦墓（图五，3）[31]形制相近。而关中地区的这两类墓葬都早于三峡地区，表明三峡土洞墓的源头很可能在关中地区。

土洞墓在整个南方地区都发现不多，为何在三峡地区有集中分布呢？这与三峡地区地质环境有关。土洞墓主要开凿于黄土中，而中国黄土主要分布在昆仑山、秦岭、泰山、鲁山连线以北的干旱、半干旱地区。原生黄土以黄河中游发育最好，故此地域土洞墓最为流行。长江流域的黄土主要分布于三峡[32]和镇江、南京下蜀地区，而镇江[33]、三峡地区恰恰有土洞墓的发现。巫山地处三峡腹地，具有重要的地理优势，还是汉代重要的产盐地，“有盐官”[34]，此处地理、资源优势吸引了一波中原移民，最早出现了土洞墓。

东汉晚期以后，土洞墓在墓葬形制及材质上均明显受到了四川崖墓的影响。如奉节拖板墓地[35]既接受了西来的崖墓传统，又受到东方土洞墓的影响。墓地内有典型的崖墓M3，也有岩洞墓M2、M4、M7～M10，岩洞墓开凿于岩石中应系受崖墓影响，但竖穴和斜坡墓道明显受到巫山土洞墓的影响。赵家湾墓地也是如此，M22（图五，5）为带斜坡墓道的岩洞墓，其壁龛明显是受到崖墓的影响；赵家湾M23（图五，4）所见墓室与甬道交接处的台阶为崖墓所常见[36]。深入崖墓分布区的云阳马岭M2（图五，6）、M3受崖墓影响更深，除了保持斜坡墓道外，墓内结构与崖墓基本相同[37]。

综上可见，土洞墓自关中传入三峡地区后，不仅长期保留了这一传统，而且逐步融入了本地崖墓的因素，东汉晚期至六朝时期已经形成了以竖穴墓道为主的土洞墓传统。

五、三峡地区唐宋时期土洞墓与中原之关系

唐宋时期三峡地土洞墓数量激增，本阶段土洞墓与关中地区差异扩大，反而具有明显的承袭三峡本地六朝土洞墓的地域特征，主要表现在墓葬形制与丧葬习俗两方面。

从墓葬形制上看，东汉以后，中原地区西汉早期常见的墓道与墓室同宽、平面呈长方形的土洞墓已消失不见，多流行墓道窄于墓室的斜坡墓道洞室墓，并逐渐发展出天井、壁龛等附属设施（图六，1、2）[38]，竖穴墓道比例较低，且墓道大多窄于墓室，规模相对较大；而三峡地区土洞墓均为竖穴墓道，墓道和墓室等宽（图六，3、4），规模相对较小，大多仅能容尸，部分竖穴半洞室墓，与之差异甚大。

值得注意的是，与三峡地区B型土洞墓相近的墓葬，目前北方地区仅在凤翔发现。凤翔墓地中的乙类墓和三峡土洞墓B型很相似，皆是竖穴墓道，墓葬狭小，墓道和墓室等宽，其中部分墓葬具有极为明显的竖穴半洞室墓的特征。如凤翔M77与三峡B型Ⅳ式土洞墓形制相似[39]（图六，5）；凤翔M324与三峡B型Ⅲ式土洞墓形制接近[40]（图六，6）。三峡地区B型土洞墓早在东汉时期已经出现，而凤翔墓地中此类墓葬最早出现在隋代，一直延续至唐末。

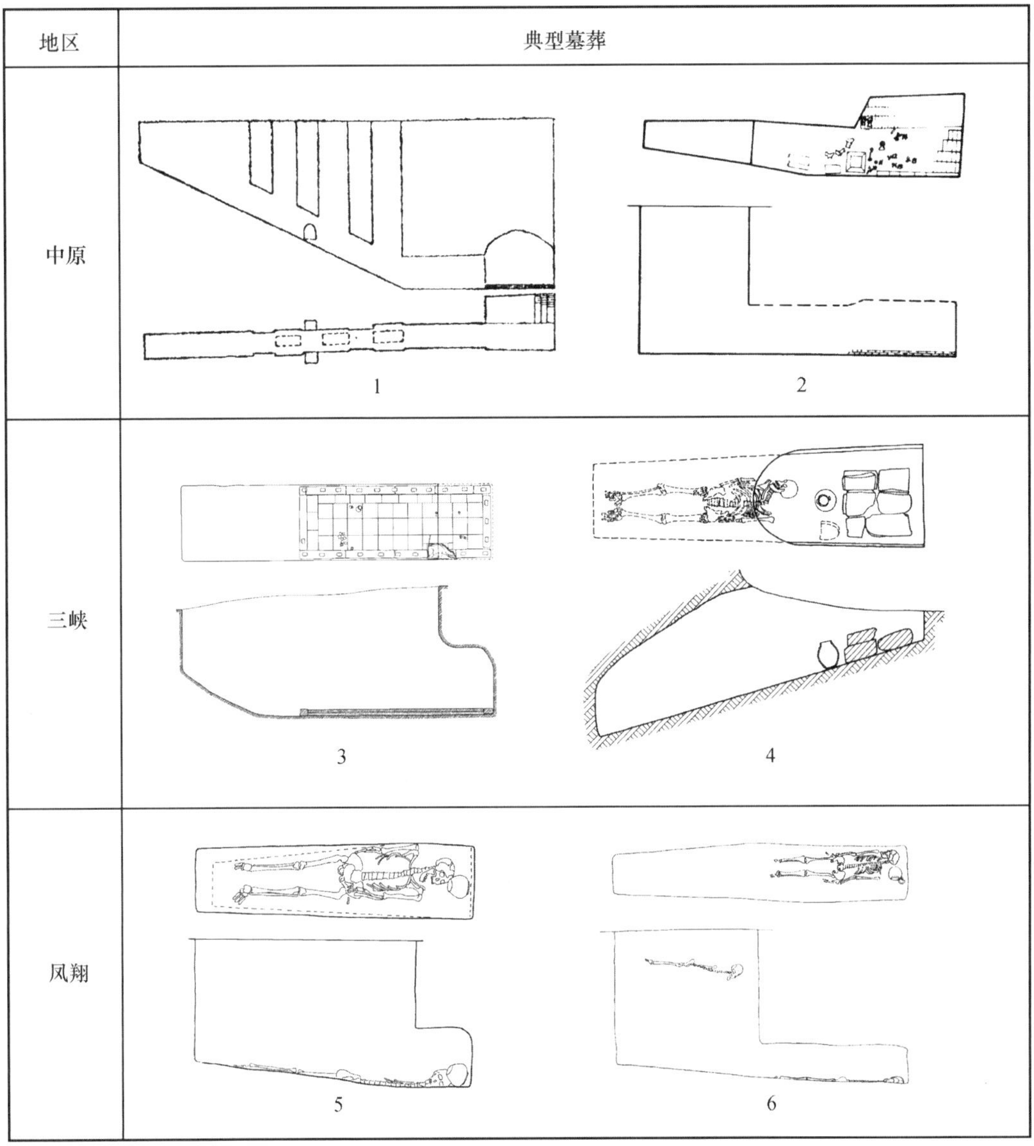

图六　唐宋时期墓葬形制对比

1. 裴谨墓　2. 净水厂M23　3. 宝塔坪2004ⅣM1011　4. 秭归庙坪M44　5. 凤翔M77　6. 凤翔M324

凤翔乙类墓与整个北方地区主流土洞墓差异很大，显得很另类，且数量少，即使在凤翔墓地中乙类墓也并非主流，共63座，仅占总数的18.7%。宿白先生很早就注意到这类墓葬形制更为简略，与以往西安地区发现的唐墓不同[41]。

凤翔墓地中还保存着特殊的丧葬习俗。凤翔墓地中有53座墓葬中发现多具人骨[42]。发掘者判定为殉葬现象，殉葬数量多少不一，少者一人，多者12人，平均一墓近3人。但是这批墓葬的墓主身份并不高，为普通农民或者平民[43]，如此低等级墓葬的“殉人”现象，确实让人费解。其中凤南M88的墓主戴有铁刑具，是为刑徒，仍有人为之殉葬，甚不合理。故“殉葬”的观点还有讨论的余地。不论性质为何，此种多人葬现象在北方地区并不常见，却流行于三峡地区的六朝、隋唐时期，以巴东、秭归发现最多，巫山、万州、云阳有少量发现。墓中尸骨一般在3具以上，最多达13具，如巴东汪家河M4[44]。墓葬中人骨保存完整者不多，大部分散乱且不全，以头骨和大件肢骨保存最多，缺乏椎骨、手脚部等处小件骨头。贺世伟称之“拾骨葬”，与巴地的蛮族有关[45]。此类墓葬中还有火烧现象，如秭归庙坪M98[46]、秭归大厶姑沱 M1[47]、巴东雷家坪M2[48]都有发现。火烧现象在凤翔南郊墓地也有发现，如M168，竖穴土洞墓，“棺内北部有一堆烧化的骨灰和烧为碎片的头骨”[49]。此外，三峡地区和凤翔南郊墓地都有葬马现象，如秭归庙坪M38棺上殉葬一匹马，随葬品中发现有铁马踏[50]。凤南M63为阶梯墓道土洞墓，墓道填土和墓室内有4个“殉人”，并伴出马骨[51]。葬俗相对于随葬品、墓葬形制更能体现三峡地区和凤翔南郊墓地之间的密切关系。

结合墓葬形制及丧葬习俗来看，我们有理由认为三峡地区与凤翔墓地之间可能存在密切的关系；从时间上看，三峡地区不管是在特殊葬俗还是墓葬形制上都早于凤翔。因此，凤翔乙类墓与北方流行的土洞墓关系不大，属于外来文化因素。其源头很有可能就是三峡地区的土洞墓，文化传播的背后很可能伴随着人群的迁徙，约发生在南北朝晚期至隋代。

三峡古属巴楚之地，有大量巴人居住。秦灭巴楚后，中原文化影响逐渐增加。西汉中期以后，成为汉文化的一个组成部分，以汉人为主，但仍有大量少数民族存在。南北朝时期，战乱不断，汉人势力不断退缩，三峡成为少数民族的天下。“世祖大明中，建平蛮向光侯寇暴峡川……时巴东、建平、宜都、天门四郡蛮为寇，诸郡民户流散，百不存一”[52]，此处的“民户”应主要指汉人。《周书·蛮传》载：“有冉氏、向氏、田氏者，聚落尤甚，余则大者万家，小者千户，更相崇树，僭称王侯，屯居三峡，断遏水路，荆、蜀行人，至有假道者。”[53]《华阳国志·巴志》也载：“（巴东郡）其属有奴、獽、夷、蜑之蛮。”[54]还有不少僚人，《梁书·良吏传》载，泰始初，孙谦为“明威将军、巴东建平二郡太守……至郡，布恩惠之化，蛮僚怀之”[55]。

魏晋南北朝时期战乱不断，中原汉人大量南迁，大量资源优越的地区空置出来，出现了少数民族大量北徙的现象。“蛮之种类……在江淮之间，依托险阻，部落滋蔓，布于数州，东连寿春，西通上洛，北接汝颍，往往有焉。其于魏氏之时，不甚为患，至晋之末，稍以繁昌，渐为寇暴矣。自刘石乱后，诸蛮无所忌惮，故其族类，渐得北迁，陆浑以南，满于山谷，宛洛萧条，略为丘墟矣。”[56]限于北魏疆域范围，文中并未谈到长江中游地区的蛮族。但从相关文献来看，巴地蛮族也有向北迁徙。《十六国春秋·蜀录》：“及魏武帝克汉中，（李）特祖父虎，将五百余家归魏。魏武帝嘉之，迁于略阳，拜虎等为将军。徙内者亦万余家，散居陇右诸郡及三辅弘农，所在北土复号之为巴氐。”[57]明确记载大量巴人迁到关中地区。《隋书·王谊传》：“（周静帝大象二年）于时北至商、洛，南拒江、淮，东西二千余里，巴蛮多叛，共推渠帅兰雒州为主。”[58]巴蛮分布范围扩大，北界已至商洛地区。

三峡地区还有不少蛮僚因战乱被俘虏到北方。“太祖平梁、益之后……每岁命随近州镇出兵讨之，获其口以充贱隶，谓之为压獠焉。后有商旅往来者，亦资以为货，公卿逮于民庶之家，有獠口者多矣。”[59]陆胜攻打三峡冉、向等蛮族，“获贼帅冉承公并生口三千人，降其部众一千户”[60]，后擒获向五子王，悉斩诸向首领“生禽万余口”[61]。根据当时习惯做法，这些生口中必定有部分被送往首都，供朝廷赏赐，或被安置于内地[62]。

在魏晋南北朝时期蛮族北迁潮流的影响下，三峡地区部分蛮僚主动北迁或被俘虏至长安地区，其中凤翔南郊墓地的部分人群很可能是来自三峡地区，故保留了三峡地区的土洞墓葬制。

六、三峡地区唐宋时期洞墓中的下颌托来源分析

三峡地区出土10余件下颌托，大多发现于土洞墓。吴小平认为三峡地区的下颌托与安史之乱之后的偃师、洛阳一带的中原衣冠逃入有关[63]。

但从目前资料来看，三峡地区的下颌托与新疆地区关系更为密切。首先，二者形制更为接近。吴小平将中国境内下颌托分成四型：A型，带的两端无环，且不相互缠绕；B型，带的两端无环，在头顶相互缠绕；C型，带的一端有环，一端无；D型，带的两端均有环。三峡地区发现的下颌托为B、C、D型，其中C、D型承自B型，而B型最早出现并流行于新疆地区。研究者对宝塔坪2000ⅠM1006出土的银质下颌托进行了检测，发现表面使用了喷涂乌银工艺，而这种工艺来源于中亚[64]，可进一步证明三峡地区下颌托受到新疆地区影响。

三峡与新疆地区有“青海道”相通。“这条道路的南段可沿四川省西北部的岷江上游抵达成都地区，汉晋六朝至隋唐时期一直是由四川经过青海通向西域的一条重要道路。”[65]此条道路促进了蜀地与青海、新疆的贸易。“其地（吐谷浑）与益州邻，常通商贾，民慕其利，多往从之。”[66]青海道的重要性往往凸显于中原战乱时期。南北朝时期，北方战乱，青海道成为西域与南朝的政治交往与商业贸易的主要通道。隋统一了中国，结束了战乱，丝绸之路又成为内地与西域的主要交往通道，而此时下颌托密集发现于两京地区，显然是沿着丝绸之路传播而来。安史之乱以后，中原地区大乱，晚期又有黄巢之乱。唐亡后五代十国割据。北宋并未统一北方，丝绸之路为西夏所隔断。南宋偏安东南一隅。也就是说，自唐代中期以后，中原地区战乱、割据不断，影响到了丝绸之路的交通。于是，青海道又成为内地与西域的重要交往通道。青海道通过岷江、长江与江南相通，而三峡地区为必经之路。故这一时期三峡地区成为下颌托的重要分布区。这批下颌托的时代均为唐代中晚期及宋代，亦与中原战乱时间相吻合。成都王建墓中也发现1件下颌托[67]，正处于与青海道相连的岷江通道上，进一步印证了下颌托的

传播路线。

故三峡地区的下颌托系从新疆地区经青海道贸易而来。下颌托的作用是固定下颌骨，保存尸体完整，思想极为朴素，并不一定归属于某个宗教或者族群，仅仅是一种商品，与移民群体无必然关系。不仅与南下的中原移民无关，也与西北回鹘关系不大。西北地区土洞墓与三峡地区的差异很大。新疆地区土洞墓以竖穴偏洞室墓为主[68]，墓室长边平行于墓道；而三峡地区的土洞墓狭窄，墓道在墓室短边一侧，尸骨一部分位于墓道中。甘青地区亦无与三峡地区形制相同的土洞墓。

七、结　语

本文对三峡地区土洞墓进行了全面收集和梳理，基本厘清了三峡土洞墓的源流。三峡地区土洞墓出现于西汉晚期，经六朝至唐宋一直绵延不断，并与三峡地区葬俗不断融合，最终在唐宋时期形成了具有三峡地域特点的土洞墓。土洞墓最早出现于巫山地区，东汉晚期向西传播至奉节、云阳地区，六朝时期奉节成为土洞墓分布中心，唐宋时期又传播至巫山、巴东、秭归等地。凤翔南郊乙类墓形制及多人葬、火烧、葬马等习俗在三峡地区都有发现，而在同期北方却很少发现，表明凤翔南郊乙类墓来源于三峡地区。三峡土洞墓的北传与六朝时期蛮僚北迁有关。三峡土洞墓出土的下颌托形制主要受新疆地区影响，应该是作为一种商品通过青海道贸易而来，与安史之乱后的中原衣冠南下无关，亦与西北回鹘人无甚大关系。安史之乱致使大量北方人口迁徙至广大的南方地区，但目前发现的土洞墓却仅集中见于三峡地区，在汉、六朝时期曾有过土洞墓分布的湖南长沙、益阳、耒阳[69]及镇江等地区，本阶段都未见土洞墓分布。显然三峡地区土洞墓的繁荣与安史之乱人口南迁并无必然联系，而是汉、六朝时期三峡土洞墓文化传统的延续。

土洞墓是汉唐时期三峡地区较为流行的一种墓葬形制，数量应远多于目前的发现，只是保存完好的并不多。特别是砖室墓，其上部多被破坏，很难辨识是否为土洞墓。据笔者统计，三峡库区公布的六朝墓葬有600余座，但是能确认无疑的南朝墓葬不足50座，且多为保存不好的砖室墓。这是南朝洞室墓发现较少的最主要原因。但从发现的一座唐代洞室砖室墓（江东嘴ⅡM5）来看，南朝时期应常见这类墓葬。

附记：新近出版的《重庆库区考古报告集》2003卷又新发表了一批洞室墓，其中奉节三塘2003M1～M5（《奉节三塘崖墓群2003年度发掘简报》）形制类似B型Ⅲ、Ⅳ式，其时代虽不至于早到发掘者所说的蜀汉时期，但下限至少也应该在西晋晚至东晋中期。可见三峡地区唐宋时期流行的土洞墓形制在两晋已有发现，进一步证明其源头在本地，与安史之乱后的北方移民关系不大。

注　释

［1］孟华平. 三峡地区土坑洞室墓初探［J］. 江汉考古，2004（2）.

［2］吴敬. 三峡地区土洞墓年代与源流考［J］. 中原文物，2007（3）.

［3］王晶. 奉节宝塔坪墓地唐宋墓葬研究［D］. 吉林大学，2006：43-49.

［4］吴小平，崔本信. 三峡地区唐宋墓出土下颌托考［J］. 考古. 2010（8）.

［5］部分被发掘者判定为东汉时期的土洞砖室墓，因为顶部破坏严重，或未见墓葬平剖面图等详细信息，无法确认。

［6］重庆市文化局，中国文物研究所等. 巫山江东嘴墓群发掘报告［A］. 重庆库区考古报告集（1998）［C］. 北京：文物出版社，2003：209.

［7］南京博物院考古研究所，重庆市博物馆，巫山县文保所. 巫山瓦岗槽墓地发掘报告［A］. 重庆库区考古报告集（1998）［C］. 北京：文物出版社，2003：150.

［8］武汉市考古研究所，巫山县文物管理所. 重庆巫山土城坡墓地2006年度发掘简报［J］. 四川文物，2008（3）.

［9］四川省文物考古研究所，重庆市文物局，巫山县文物管理所. 巫山小三峡水泥厂墓地发掘报告［A］. 重庆库区考古报告集（2000）［C］. 北京：科学出版社，2007：155.

［10］武汉市文物考古研究所，巫山县文物管理所. 巫山乌鸡沟墓地2003年度发掘简报［J］. 江汉考古，2006（4）.

［11］武汉大学考古与博物馆系，武汉大学科技考古中心. 重庆奉节赵家湾墓地2004年发掘简报［J］. 江汉考古，2009（1）.

［12］重庆市文化局，湖南省考古研究所等. 重庆奉节拖板崖墓群2005年发掘报告［J］. 江汉考古，2007（3）.

［13］重庆市文化局，湖南省考古研究所等. 重庆奉节拖板崖墓群2005年发掘报告［J］. 江汉考古，2007（3）.

［14］湖北省文物事业管理局，湖北省三峡工程移民局. 秭归庙坪［R］. 北京：科学出版社，2003：187.

［15］湖北省文物考古研究所. 巴东孔包河墓地2002年发掘简报［A］. 湖北库区考古报告集（第三卷）［C］. 北京：科学出版社，2003：371.

［16］重庆市文物局，重庆市移民局. 奉节宝塔坪［R］. 北京：科学出版社，2010：144.

［17］湖北省文物事业管理局，湖北省三峡工程移民局. 秭归庙坪［R］. 北京：科学出版社，2003：203.

［18］南京大学历史系，重庆市文物局，巫山县文物管理所. 巫山江东嘴遗址发掘报告［A］. 重庆库区考古报告集（2001）［C］. 北京：科学出版社，2007：30-31.

［19］湖北省博物馆. 鄂城两座晋墓的发掘［J］. 江汉考古，1984（3）.

［20］程亦胜. 浙江安吉天子岗汉晋墓［J］. 文物，1995（6）.

[21] 南京市博物馆. 江苏南京市富贵山六朝墓地发掘简报［J］. 考古，1998（8）.
[22] 青海省文物考古研究所三峡工作队，万州区文物管理所. 万州上河坝墓地发掘简报［A］. 重庆库区考古报告集（1997）［C］. 北京：文物出版社，2001：434.
[23] 罗伟先. 成都化工厂隋墓清理简报［J］. 四川文物，1986（4）. 发掘者将宝塔坪2001 I M3008年代判定为中晚唐，据此墓其时代可断为隋。
[24] 成都文物考古研究所，青白江区文物保护管理所. 成都青白江区艾切斯工地唐、宋墓葬发掘简报［A］. 成都考古发现（2006）［C］. 北京：科学出版社，2008：228-251.
[25] 刘辉. 三峡地区唐代墓葬出土瓷器研究［J］. 江汉考古，2014（5）.
[26] 黄冈地区博物馆，英山县博物馆. 湖北英山三座宋墓的发掘［J］. 考古，1993（1）.
[27] 刘涛. 宋辽金纪年瓷器［M］. 北京：文物出版社，2004：101.
[28] a. 谢端琚. 试论我国早期土洞墓［J］. 考古，1987（12）.
b. 高滨侑子（著），韩钊（译）. 中国古代洞室墓［J］. 文博，1994（1）.
[29] 西安市文物保护考古所，郑州大学考古专业. 长安汉墓［R］. 西安：陕西人民出版社，2004：143.
[30] 西安市文物保护考古所，郑州大学考古专业. 长安汉墓［R］. 西安：陕西人民出版社，2004：688.
[31] 雍城考古队. 陕西凤翔高庄秦墓地发掘简报［J］. 考古与文物，1981（1）.
[32] 谢明. 长江三峡地区的黄土状堆积物［J］. 地球化学，1991（3）.
[33] 镇江博物馆. 镇江丁卯小窑湾六朝及宋代墓发掘报告［A］. 印记与重塑——镇江博物馆考古报告集（2001～2009）［C］. 镇江：江苏大学出版社，2010：238-252.
[34] 汉书·卷二十八·地理志·卷八［M］. 北京：中华书局，1962：1566.
[35] 重庆市文化局，湖南省考古研究所，湖南省津市市博物馆，奉节县白帝城文物管理所. 重庆奉节拖板崖墓群2005年发掘报告［J］. 江汉考古，2007（3）.
[36] 武汉大学考古与博物馆系，武汉大学科技考古中心. 重庆奉节赵家湾墓地2004年发掘简报［J］. 江汉考古，2009（1）.
[37] 郑州市文物考古研究所，重庆市文物局，云阳县文物保护管理所. 云阳马岭墓地发掘报告［A］. 重庆库区考古报告集（2001）［C］. 北京：科学出版社，2007：613.
[38] a. 孙秉根. 西安隋唐墓葬的形制［A］. 中国考古学研究——夏鼐先生考古五十周年纪念论文集（二）［C］. 北京：科学出版社，1986：155.
b. 陕西省考古研究所配合基建考古队. 西安净水厂唐墓清理简报［J］. 考古与文物，1990（6）.
[39] 陕西省考古研究院，西北大学文博学院. 陕西凤翔隋唐墓［R］. 北京：文物出版社，2008：83.
[40] 陕西省考古研究院，西北大学文博学院. 陕西凤翔隋唐墓［R］. 北京：文物出版社，2008：151.

［41］ 宿白. 西安地区的唐墓形制［J］. 文物，1995（12）.
［42］ 后文中又说54座，根据表四“凤翔南郊隋唐墓殉人登记表”，应为53座。
［43］ 陕西省考古研究院. 西北大学文博学院. 陕西凤翔隋唐墓［R］. 北京：文物出版社，2008：293.
［44］ 武汉大学考古系，湖北省文物局三峡办. 湖北巴东县汪家河遗址墓葬发掘简报［J］. 考古，2006（1）.
［45］ 贺世伟. 略论三峡地区六朝隋唐墓所见的多人葬习俗［J］. 考古与文物，2010（4）.
［46］ 湖北省文物事业管理局. 秭归庙坪［R］. 北京：科学出版社，2003：173.
［47］ 湖北省文物考古研究所. 秭归大厶姑沱遗址发掘简报［A］. 湖北库区考古报告集（第三卷）［C］. 北京：科学出版社，2006：40.
［48］ 吉林大学边疆考古研究中心. 巴东县雷家坪遗址第三次发掘简报［A］. 湖北库区考古报告集（第四卷）［C］. 北京：科学出版社，2007：109.
［49］ 陕西省考古研究院，西北大学文博学院. 陕西凤翔隋唐墓［R］. 北京：文物出版社，2008：82.
［50］ 湖北省文物事业管理局. 秭归庙坪［R］. 北京：科学出版社，2003：193，194，198.
［51］ 陕西省考古研究院，西北大学文博学院. 陕西凤翔隋唐墓［R］. 北京：文物出版社，2008：138.
［52］ 宋书・卷九十七・蛮夷上［M］. 北京：中华书局，1971：2397.
［53］ 周书・卷四十九・异域上［M］. 北京：中华书局，1971：887.
［54］ 任乃强. 华阳国志校补图注［M］. 上海：上海古籍出版社，1987：34.
［55］ 梁书・卷五十三・良吏列传［M］. 北京：中华书局，1971：772.
［56］ 魏书・卷一百一・蛮［M］. 北京：中华书局，1971：2245，2246.
［57］ 十六国春秋辑补・卷七十六・蜀录［M］. 济南：齐鲁书社，2000：535.
［58］ 隋书・卷四十・王谊列传［M］. 北京：中华书局，1971：1168.
［59］ 周书・卷四十九・异域上［M］. 北京：中华书局，1971：891.
［60］ 周书・卷四十九・异域上［M］. 北京：中华书局，1971：889.
［61］ 周书・卷四十九・异域上［M］. 北京：中华书局，1971：890.
［62］ 葛剑雄. 中国移民史（第二卷）［M］. 福州：福建人民出版社，1997：492.
［63］ 吴小平，崔本信. 三峡地区唐宋墓出土下颌托考［J］. 考古，2010（8）.
［64］ 崔剑锋，刘爽，魏东，吴小红. 中国乌银工艺的首次发现和初步研究［A］. 边疆考古研究（第7辑）［C］. 北京：科学出版社，2008：314-321.
［65］ 霍巍. 粟特人与青海道［J］. 四川大学学报（哲学社会科学版），2005（2）.
［66］ 梁书・卷五十四・诸夷［M］. 北京：中华书局，1971：810.
［67］ 冯汉骥. 前蜀王建墓发掘报告［R］. 北京：文物出版社，2002：58.

［68］ 陈戈. 新疆发现的竖穴洞室墓［A］. 新疆考古论文集［C］. 北京：商务印书馆，2017：741-759.

［69］ a. 罗敦静. 湖南长沙发现战国和六朝的洞室墓［J］. 考古通讯，1958（2）.
b. 湖南省文物管理委员会. 耒阳花石坳的汉魏墓葬［J］. 考古通讯，1956（2）.
c. 周世荣. 湖南益阳市东郊发现汉墓［J］. 考古，1959（2）.

Study on Cave Tombs in the Three Gorges Region

SUO De-hao　ZHOU Jing

Cave tombs in the Three Gorges Region first appeared in the late Western Han Dynasty, and lasted from Six Dynasties to Tang and Song Dynasties. Eventually their unique characteristics were formed in Tang and Song Dynasties; tombs are narrow and small, rectangular in plane, with vertical paths, and part of them are semi-cave tombs with obvious characteristics. The earliest cave tombs were found in Wushan, and then new discoveries were westward spread to Fengjie in the late Eastern Han Dynasty, and besides that, they were also found sporadically in Yunyang in the Eastern Han Dynasty. Later in the Six Dynasties, Fengjie became the distribution center of cave tombs. During Tang and Song Dynasties, they spread eastward to Wushan, Badong and Zigui. The earliest cave tombs were influenced by the Central Plains, and gradually formed their regional characteristics in Southern Dynasty, Sui and Tang Dynasties. On the other side, they affected the second kind of cave tombs in the southern suburbs of Fengxiang, which was related to the northward migration of Man 蛮 and Liao 僚 in the Three Gorges Region during the Six Dynasties. Chin holders found in the cave tombs in Three Gorges Region were influenced by Xinjiang, which were transported as commodity by the trade in Qinghai road, and they were irrelevant to the southward migration caused by “the rebellion of An and Shi”.

辽代的宗庙与御容殿*

万雄飞

（辽宁省文物考古研究院，沈阳，110003）

宗庙是古代天子和诸侯祭祀祖先的场所，宗庙祭祀是我国古代最重要的政治活动之一。《左传·成公十三年》有言："国之大事，在祀与戎。"古人把宗庙和国家政权视为一体，常以宗庙象征国家政权。《过秦论》曰："一夫作而七庙隳。"就是用宗庙毁坏指代王朝覆灭。宗庙建筑至迟在商周时期已经出现，此后一直延续到明清，我国古代历朝皆建有国家宗庙。

御容像是古代宫廷专门绘写、雕铸或织造的帝王后妃图像，制作目的是供后人祭拜和瞻仰。我国古代帝王御容像的制作可追溯至南北朝时期，北魏皇帝受佛教造像的影响，出现了为自己或先帝制造等身佛像的现象[1]。隋文帝把自己的等身像向全国推行，供普通百姓瞻仰[2]。唐代的御容供奉十分普遍，开元时期长安大明宫别殿供奉了太宗、高宗、睿宗圣容[3]。北宋时期，宋真宗建造景灵宫供奉先帝御容，并且规定了御容祭祀的时间和仪轨[4]，御容供奉制度逐渐成为皇帝祭祖活动的重要内容。与此同时，传统的宗庙祭祀并未受到御容供奉的干扰，仍然占据国家宗庙祭祀活动的主体地位。金元明清时期，基本继承了北宋以来形成的宗庙祭祀与御容供奉并行的格局，帝王祭祖活动中由于增加了御容供奉，内容更加丰富。

辽代是以契丹族为主体建立的王朝，建国之初契丹统治者就模仿中原王朝建造了宗庙。《辽史》卷二《太祖本纪》载："（神册六年）春正月丙午，以皇弟苏为南府宰相，迭里为惕隐。……请不已，乃告于宗庙而后授之。"可见最晚在神册六年，辽国已建有宗庙，这也是《辽史》中首次提及宗庙。辽代皇帝十分重视宗庙祭祀活动，《辽史》中提到"宗庙"多达数十次，"谒庙仪"和"告庙仪"是辽代重要的礼仪[5]。

辽朝所处的时代正是御容奉安流行并逐渐形成制度的时期，辽代的御容供奉十分盛行，《辽史》中关于御容供奉或御容殿的记载不胜枚举。值得注意的是，《辽史》中关于御容供奉的记载与宗庙祭祀多有重叠，导致两者之间的关系扑朔迷离。此外，辽代宗庙祭祀与陵寝制度又有着密切关系，《辽史》记载辽代帝陵中置有陵庙，而御容殿也

* 本文系国家社科基金重大项目"医巫闾山辽代帝陵考古资料（2012～2017）整理与研究"（批准号：18ZDA226）中期成果。

是重要的陵寝建筑，两者关系如何尚不清楚，因此有必要对辽代的宗庙和御容殿进行全面梳理。

一、辽代宗庙的种类

按照其所在位置，辽代宗庙可分为京庙、陵庙、州庙、木叶山庙和行在庙。

1. 京庙

辽代有五京，即上京临潢府、东京辽阳府、南京析津府、中京大定府、西京大同府。据《辽史》记载，五京之中除西京外皆建有宗庙。

上京城内有太庙。《辽史》卷十《圣宗本纪》："（统和元年）六月丙戌，还上京。己丑，有司奏，同政事门下平章事、驸马都尉卢俊与公主不协，诏离之，遂出俊为兴国军节度使。辛卯，有事于太庙。"据此可知辽上京城内建有太庙。

上京城内有太祖庙。《辽史》卷三《太宗本纪》："（天显十一年）夏四月庚申，谒祖陵。戊辰，还都，谒太祖庙。"四月庚申日辽太宗谒祖陵，戊辰日即八天之后"还都"，这里的"都"应是指上京城。

上京城内还有宣简皇帝庙。宣简皇帝即辽太祖阿保机的父亲、德祖撒剌的，重熙二十一年追尊为"宣简皇帝"。《辽史》卷十《圣宗本纪》："（统和元年）九月庚申，谒宣简皇帝庙。辛酉，幸祖州，谒祖陵。壬戌，还上京。"从前后文分析，此次拜谒的宣简皇帝庙应位于上京城内。

东京城内有让国皇帝及世宗庙。《辽史》卷八《景宗本纪》："（保宁二年）夏四月，幸东京，致奠于让国皇帝及世宗庙。"

东京城内还有太祖庙。《辽史》卷十《圣宗本纪》："（统和元年）夏四月丙戌朔，幸东京。以枢密副使耶律末只兼侍中，为东京留守。庚寅，谒太祖庙。癸巳，诏赐物命妇寡居者。丙申，南幸。"辽统和元年四月丙戌朔（初一），承天皇太后携辽圣宗来到东京城，庚寅日（初五）谒拜太祖庙，丙申日（十一）离开东京。从四月初一至四月十一，太后与皇帝都在东京城内活动，谒拜太祖庙应在东京城内。

南京城内有太祖庙。《辽史》卷二十七《天祚帝纪》："（天庆二年）十一月乙卯，幸南京。丁卯，谒太祖庙。"

南京城内有太宗庙。《辽史》卷十二《圣宗本纪》："（统和六年九月）戊戌，幸南京。己亥，有事于太宗皇帝庙。"

南京城内有景宗庙。《辽史》卷十二《圣宗本纪》："（统和七年）秋七月乙酉，御含凉殿视朝。……丁酉，劳南征将士。是日，帝与皇太后谒景宗皇帝庙。"统和七年七月，辽圣宗在"含凉殿"视朝，含凉殿应在南京附近的夏捺钵地炭山。丁酉日，圣宗返回南京城慰劳南征将士，并在当日与太后一起拜谒景宗皇帝庙。

南京城内有奇首可汗庙。《辽史》卷十二《圣宗本纪》："（统和七年）是春，驻跸延芳淀。夏四月甲寅，还京。乙卯，国舅太师萧闼览为子排亚请上皇女延寿公主，许之。丙辰，谒太宗皇帝庙。……丁卯，皇太后谒奇首可汗庙。"延芳淀在辽南京城东南郊漷阴县。统和七年春辽圣宗驻跸延芳淀，夏四月返回南京城内。丙辰日（初六），圣宗拜谒了太宗皇帝庙，丁卯日（十七），皇太后拜谒奇首可汗庙。可见，南京城内不仅有太宗庙，还有奇首可汗庙。

中京城内有景宗庙。《辽史》卷十六《圣宗本纪》："（开泰八年）春正月壬戌，铁骊来贡。建景宗庙于中京。"中京城的景宗庙建于开泰八年正月。

中京城内有太祖庙。《辽史》卷十六《圣宗本纪》："（开泰九年）十二月戊子，诏中京建太祖庙，制度、祭器皆从古制。"中京的太祖庙建于开泰九年十二月。

中京城内还有祖庙。《辽史》卷二十《兴宗本纪》："（重熙十六年）冬十月辛亥，幸中京，谒祖庙。"中京城内除了有景宗庙和太祖庙之外，还有祖庙，即太庙。

2. 陵庙

辽代在皇帝的陵寝之地设有陵庙，这些陵庙有的设在陵园之内，有的设在奉陵邑内。"陵庙"的称谓《辽史》有明确记载，《辽史》卷一一五《国外列传》："（统和二十九年）二月己酉，谒乾、显二陵。戊午，所俘高丽人分置诸陵庙，余赐内戚、大臣。"这里称"诸陵庙"，说明乾、显二陵皆有陵庙。

祖陵有太祖庙。《辽史》卷三《太宗本纪》："（天显五年）夏四月乙未，诏人皇王先赴祖陵谒太祖庙。"这里所指的祖陵太祖庙，尚不能确定位于祖州城内，还是陵园之中。《辽史》卷三十七《地理志一》载："有祖山，山有太祖天皇帝庙，御靴尚存。"这条史料明确说明此太祖庙在祖山之中，当在陵园之内。

怀陵有太宗、穆宗庙。《辽史》卷二十一《道宗本纪》："（清宁元年）十一月壬申，次怀州。有事于太宗、穆宗庙。"按此条所述，太宗、穆宗庙应在怀州城内。《辽史》卷二十二《道宗本纪》："（清宁十年）九月壬寅，幸怀州，谒太宗、穆宗庙。"情形与上条史料相同。《辽史》卷三十七《地理志一》载："是年，有骑十余，猎于祖州西五十里大山中，见太宗乘白马独追白狐，射之，一发而毙。忽不见，但获狐与矢。是日，太宗崩于栾城。后于其地建庙，又于州之凤凰门绘太宗驰骑贯狐之像。""祖州西五十里大山中"正是怀陵陵园所在地，可见怀陵陵园内也建有太宗庙。

显陵有让国皇帝、世宗庙。《辽史》卷二十一《道宗本纪》："（清宁三年十月）庚申，谒让国皇帝及世宗庙。辛酉，奠酎于玉殿。"清宁三年十月庚申日，辽道宗拜谒让国皇帝及世宗庙，次日（辛酉日）在玉殿"奠酎"。两次祭拜日期紧邻，由此可知"让国皇帝及世宗庙"与"玉殿"相距不远。《辽史》卷十《圣宗本纪》："（统和元年二月）甲午，葬景宗皇帝于乾陵，……丙申，皇太后诣陵置奠，命绘近臣于御容殿，赐山陵工人物有差。……乙巳，以御容殿为玉殿，酒谷为圣谷。"据此可知，玉殿即乾陵陵前的御容殿，那么辽道宗此次拜谒的让国皇帝及世宗庙应在乾陵御容殿附近。《辽史》中数次记载皇帝或太后于一日之内遍谒显、乾二陵[6]，证明辽代显、乾二陵相距不远，里程在一日之内。辽道宗此次祭拜的让国皇帝及世宗庙即显陵陵园内的陵庙。

乾陵有乾陵庙。《辽史》卷二十三《道宗本纪》：“（大康三年）九月壬申，修乾陵庙。”这是《辽史》中再次出现“陵庙”的称谓。陵庙还有专人管理和维护。

庆陵有圣宗、兴宗、道宗庙。《辽史》卷二十一《道宗本纪》：“（清宁二年）五月戊戌，谒庆陵。甲辰，有事于兴宗庙。”又《辽史》卷一百《耶律章奴传》：“西至庆州，复祀诸庙，仍述所以举兵之意。移檄州县、诸陵官僚，士卒稍稍属心。”耶律章奴率领的叛军占领庆州之后，为了笼络军心和民心，采取了“祀诸庙”的措施。这里的“诸庙”，当指位于庆州的圣宗、兴宗、道宗三庙，其性质也属于陵庙。

3. 州庙

辽代在一些特殊的地方州设有皇帝的宗庙，如饶州有太祖庙。《辽史》卷十三《圣宗本纪》：“（统和十五年)九月庚午，幸饶州，致奠太祖庙。”

4. 木叶山庙

辽朝在永州木叶山建有始祖庙。《辽史》卷三十七《地理志一》永州条：“有木叶山，上建契丹始祖庙。奇首可汗在南庙，可敦在北庙，绘塑二圣并八子神像。”

5. 行在庙

除了上述这些固定不动的宗庙，辽代还有可以移动的宗庙。契丹族“转徙随时，车马为家”[7]，一年四季迁徙不定。建国以后，契丹皇帝率领南北臣僚、诸宫帐和辽内四部族等组成一个庞大的行宫部落集团，实行四时捺钵制度，保留了传统的游牧生活方式。为了适应这种“岁无宁居”的游牧生活，同时满足契丹皇帝政治生活所需要的频繁宗庙祭祀，辽朝创造了便于迁徙的穹庐式宗庙，有学者称之为“行在庙”[8]。

熙宁八年（辽大康元年，1075），出使辽国的北宋使臣沈括曾目睹了这种行在庙。他在驻扎于永安山麓的辽道宗营地看到：“又东毡庐一，旁驻毡车六，前植纛，曰太庙，皆草莽之中。”[9]契丹皇帝长年生活在捺钵营地，间或驻跸五京，因此这些随皇帝移动的行在庙是祭祀活动更为频繁的国家宗庙。

二、辽代御容的供奉场所

御容供奉是辽代祭祀祖先的重要方式。《辽史》记载，辽代御容供奉的场所有京城内的皇（宫）城、陵区、重要寺庙、捺钵地和一些地方州。另外，辽代在穹庐中也奉安御容像。

1. 皇（宫）城

上京皇城内有辽朝历代帝王御容殿。《辽史》卷三十七《地理志一》：“起三大殿：曰开皇、安德、五鸾。中有历代帝王御容，每月朔望、节辰、忌日，在京文武百官并赴致祭。”这里的历代帝王应指辽朝的历代皇帝，文中载“每月朔望、节辰、忌日，在京文武百官并赴致祭”，如此频繁的祭祀活动，祭祀对象不可能是辽代皇帝之外的其他人。

上京五鸾殿有辽景宗及宣献皇后石像。《辽史》卷十五《圣宗本纪》：“（开泰元年）十二月丙寅，奉迁南京诸帝石像于中京观德殿，景宗及宣献皇后于上京五鸾殿。”开泰元年，辽南京诸帝的石像被集中奉安于中京观德殿，只有辽景宗及宣献皇后的石像被迁奉于上京五鸾殿。

上京五鸾殿还有辽圣宗御容像。《辽史》卷十六《圣宗本纪》：“（开泰七年）秋七月甲子，诏翰林待诏陈升写《南征得胜图》于上京五鸾殿。”《南征得胜图》应是为了纪念统和二十二年辽圣宗与承天皇太后御驾亲征伐宋而作。

东京宫城北有让国皇帝御容殿。《辽史》卷三十八《地理志二》：“宫城在东北隅，高三丈，具敌楼，南为三门，壮以楼观，四隅有角楼，相去各二里。宫墙北有让国皇帝御容殿。”东京为东丹国都城，宫城北有东丹国首任国君耶律倍的御容殿。

中京皇城中有景宗、承天皇后御容殿。《辽史》卷三十九《地理志三》：“皇城中有祖庙，景宗、承天皇后御容殿。”

中京城有圣宗、兴宗御容殿。《辽史》卷二十一《道宗本纪》：“九月庚子，幸中京，祭圣宗、兴宗于会安殿。”会安殿应为圣宗、兴宗御容殿。

中京皇城中还有七庙御容殿。《辽史》卷十六《圣宗本纪》：“（太平元年）冬十月。还，升玉辂，自内三门入万寿殿，奠酒七庙御容，因宴宗室。”中京皇城万寿殿内有七庙御容，“七庙”应是指辽圣宗之前的七位皇帝（应包括德祖和让国皇帝）。另外，《辽史》卷十五《圣宗本纪》载：“（开泰元年）十二月丙寅，奉迁南京诸帝石像于中京观德殿。”可见，中京城观德殿内也有辽代诸帝御容像。《尚书·咸有一德》曰：“七世之庙，可以观德。”观德殿之名当来源于此。有学者认为万寿殿与观德殿实为一殿，只是不同时期名称有所改易[10]，我们认为很有道理。

南京皇城中有景宗、圣宗御容殿。《辽史》卷四十《地理志四》：“皇城内有景宗、圣宗御容殿二，东曰宣和，南曰大内。”

南京有兴宗御容殿。《辽史》卷二十一《道宗本纪》：“冬十月壬子朔，幸南京，祭兴宗于嘉宁殿。”嘉宁殿应为兴宗御容殿。

2. 陵区

辽代帝王陵区内常有关于御容殿的记载，这些御容殿有的位于陵园之内，有的位于奉陵邑。

祖陵有太祖御容殿。《辽史》卷三《太祖本纪》：“（天显五年）五月丁巳，拜太祖御容于明殿。”明殿就是辽太祖的御容殿。《辽史》卷三十七《地理志一》：“太祖陵凿山为殿，曰明殿。”据此语可知明殿在祖陵陵园之内。

祖州城内还有两座御容殿。《辽史》卷三十七《地理志一》祖州条：“西北隅有内城。殿曰两明，奉安祖考御容；曰二仪，以白金铸太祖像。”祖州城内城的两明殿供奉辽太祖之祖、考御容，即玄祖简献皇帝像和德祖宣简皇帝像；二仪殿奉安太祖白金御容像。

怀州有太宗御容。《辽史》卷三十七《地理志一》怀州条：“后于其地建庙，又于州之凤凰门绘太宗驰骑贯狐之像。”可见怀州凤凰门上有太宗御容。

显陵陵园有让国皇帝御容殿。《辽史》卷三十八《地理志二》显州条：“山形掩抱六重，于其中作影殿，制度宏丽。”这里的影殿就是指让国皇帝的御容殿。耶律倍生前未做过皇帝，“让国皇帝”是由其子辽世宗追册，故只称“影殿”。

乾州有景宗及承天太后石像。《辽史》卷十三《圣宗本纪》：“（统和十四年十一月）乙酉，奉安景宗及太后石像于乾州。”

乾陵陵园内有景宗御容殿。《辽史》卷十《圣宗本纪》：“丙申，皇太后诣陵置奠，命绘近臣于御容殿，赐山陵工人物有差。……乙巳，以御容殿为玉殿，酒谷为圣谷。” 玉殿是辽景宗陵园内的御容殿，建成于统和元年，玉殿中除了景宗御容之外，还置有景宗“近臣”的画像。

庆陵有圣宗御容殿。《辽史》卷三十七《地理志一》庆州条：“兴宗遵遗命，建永庆陵。有望仙殿、御容殿。”可见，辽代陵园内建御容殿已成惯例。《辽史》卷十八《兴宗本纪》：“（太平十一年七月）癸丑，诏写大行皇帝御容。……丁巳，上谒大行皇帝御容，哀恸久之。因诏写北府宰相萧孝先、南府宰相萧孝穆像于御容殿。”诏写萧孝先、萧孝穆像于辽圣宗御容殿的做法源于统和元年二月辽景宗下葬时“命绘近臣于御容殿”的旧例。

3. 寺庙

辽代在一些重要寺庙内奉安御容。上京天雄寺有辽太祖之父——德祖宣简皇帝御容像。《辽史》卷三十七《地理志一》：“又于内城东南隅建天雄寺，奉安烈考宣简皇帝遗像。”

西京华严寺有辽代诸帝御容像。《辽史》卷四十一《地理志五》：“清宁八年建华严寺，奉安诸帝石像、铜像。”辽代华严寺薄伽教藏殿建于重熙七年（1038年），有该殿大梁下的题记为证[11]。华严寺的始建年代应早于清宁八年（1062年），营建目的可能是专门奉安辽代诸帝御容像。

4. 捺钵地

延芳淀有景宗及皇太后石像供奉场所。《辽史》卷十三《圣宗本纪》："（统和十三年）丁卯，奉安景宗及皇太后石像于延芳淀。"延芳淀是辽圣宗时期春捺钵的重要地点，圣宗多次驻跸于此。在此奉安景宗及皇太后石像，正是为了方便辽圣宗拜谒。

5. 地方州

辽代在一些特殊的地方州城，也会供奉御容像。

仪坤州有太祖和应天皇后银像。《辽史》卷三十七《地理志一》仪坤州条："州建启圣院，中为仪宁殿，太祖天皇帝、应天地皇后银像在焉。"仪坤州是应天皇后出生之地，在此置太祖和应天皇后御容像，有特殊的纪念意义。

锦州有太祖画像。《晋出帝北迁记》载："又行七、八日，至锦州。卫兵迫拜太祖画像。"锦州是太祖以汉俘所建，隶属太祖弘义宫，因此有太祖画像。

6. 贵族宅第

一些辽代贵族的私人宅第中也可以奉安御容像。《辽史》卷十《圣宗本纪》："夏四月庚戌，幸夫人乌骨里第，谒太祖御容。"统和元年四月，承天太后与辽圣宗从东京返回显州，数日之后，在贵族夫人乌骨里的宅第拜谒了太祖御容。

7. 穹庐

与契丹族游牧生活方式相适应，辽代还把御容像供奉于穹庐之中。《辽史》卷四十九《礼志·爇节仪》载："及帝崩，……穹庐中置小毡殿，帝及后妃皆铸金像纳焉。节辰、忌日、朔望皆致祭于穹庐之前。"这种置有先帝、后妃铸像的穹庐就如同一座可移动的御容殿。《辽史》卷十一《圣宗本纪》："（统和四年）六月乙卯，皇太妃、诸王、公主迎上岭表，设御幄道傍，置景宗御容，率从臣进酒，陈俘获于前，遂大宴。"这是辽代在穹庐中祭奠先帝御容的实例之一。

三、辽代宗庙与御容殿的关系

我国古代宗庙中供奉神主，所谓"庙以藏主，列昭穆"[12]。神主俗称牌位，一般用栗木制作，牌位上刻有先帝庙号和谥号等，古人认为亡者的灵魂就依附于木制神主之上。辽代宗庙有一个突出的特点：供奉的不是神主而是御容像。这与其他任何朝代都不同，通过《辽史》"告庙仪"和"谒庙仪"的记载，可以清楚地认识这一特点。《辽史》卷四十九《礼志一》载："告庙仪。至日，臣僚昧爽朝服，诣太祖庙。次引臣僚，合班，先见御容……左右举告庙祝版，于御容前跪捧。”告庙仪在太祖庙中举行，殿中供奉御容而不见神主。同卷下文载：“谒庙仪。至日昧爽，南北臣僚各具朝服，赴庙。……分引臣僚左右上殿位立，进御容酒依常礼。”谒庙仪中也不见神主之位，但是有御容像。《辽史》修撰者一语中的：“告庙、谒庙，皆曰拜容。”拜容即拜谒御容，可见辽代宗庙中供奉的就是御容像。清代学者编撰的《钦定续文献通考》卷八十《宗庙考》亦称：“辽凡祭祀祖考，皆奉御容或金石肖像，所在立庙以祀。”

辽代宗庙的这一特点，还反映在契丹的始祖庙中。《辽史》卷三十七《地理志一》载：“有木叶山，上建契丹始祖庙。奇首可汗在南庙，可敦在北庙，绘塑二圣并八子神像。”木叶山契丹始祖庙供奉的就是二圣及八子的塑像，而非木制神主。

宋人王易的记载更加清晰。《燕北录》载：“赤娘子者，番语谓之‘掠胡奥’，俗传是阴山七骑所得黄河中流下一妇人，因生其族类。其形木雕彩装，常时于木叶山庙内安置，每一新戎主行柴册礼时，于庙内取来作仪注，第三日送归本庙。七祖眷属七人，俱是本人，着红锦衣，亦于木叶山庙内取到。”由此可见，木叶山庙内除了二圣及八子塑像之外，还供奉着辽朝七代皇帝、皇后的御容像。

宗庙和御容殿都是追思和祭祀祖先的场所，两者建造目的基本相同，宗庙一般都供奉神主，而御容殿奉安帝、后图像。然而，辽代宗庙供奉的不是神主而是御容像，那么辽代的宗庙与御容殿就没有严格的区别。实际上，《辽史》中也往往把它们视为一物，但在行文叙述中，在不同场合使用了不同的称谓，从而造成了混乱，这是阅读《辽史》时需要注意的。只要对比前文梳理的辽代宗庙与御容殿的分布地点，就可以发现两者存在很多重叠，这种重叠并非巧合，而是由于它们本来就是同一事物。

当然，辽代御容供奉场所不能与宗庙完全画等号，辽代御容供奉场所要多于宗庙。例如，辽代贵族私宅也可以供奉御容像。另外，辽代一些重要寺庙中也奉安御容像，如西京华严寺、上京天雄寺等，这种做法应是受到唐代及北宋前中期御容供奉的影响[13]，把这些寺庙称为宗庙亦不妥当。

四、辽代的宗庙制度

通过以上分析可知，《辽史》中所记载的御容殿，大多就是辽代的国家宗庙。基于此判断，我们有必要重新归纳一下辽代的宗庙制度。

（1）辽代的太庙。辽代在上京和中京城内各有一处太庙。《辽史》载上京皇城开皇、安德、五鸾三大殿，内有历代帝王御容像，五鸾殿内有景宗、宣献皇后石像以及圣宗《南征得胜图》。推测五鸾殿即上京城内的太庙，统和元年六月辽圣宗“有事于太庙”就是指这里。同样，中京皇城内的七庙御容殿——万寿殿（观德殿）就是中京城内的太庙，《辽史·地理志》称“皇城中有祖庙”即指这里。此外，辽代契丹皇帝的移动行宫中还有一处穹庐式太庙，这就是与辽代“行国”体制[14]相匹配的“行在庙”。

辽代太庙实行七庙之制。《礼记·王制》曰："天子七庙，三昭三穆，与太祖之庙而七。"北宋沈括所见为一个毡庐和六个毡车，它们合称太庙，数量正好符合周礼的七庙之制。辽中京太庙——万寿殿在辽圣宗时期就置有七庙御容，庙数也与七庙之制契合。万寿殿七庙御容同处一堂，是东汉以来太庙"同堂异室"的做法。清宁四年，辽道宗在永兴甸举行柴册礼时要拜"七祖殿"。王易《燕北录》载："七祖者，太祖、太宗、世宗、穆宗、景宗、圣宗、兴宗也。"七祖之数也与七庙之制相吻合。

（2）辽代京城之中有诸帝的专庙。辽代既有太庙，也有诸帝的专庙。辽太祖庙分布最广泛，除西京之外其余诸京皆有。上京还有德祖宣简皇帝庙。东京除太祖庙之外，还有让国皇帝及世宗庙，即皇城宫墙北的让国皇帝（世宗）御容殿。中京城有太祖庙、景宗庙、圣宗庙、兴宗庙。南京有太祖庙、景宗庙、圣宗庙和兴宗庙。

（3）辽代诸帝皆有陵庙。陵庙分为两种，一种位于奉陵邑内，另一种位于陵园内。祖州内有二仪殿，奉安太祖白金铸像，即太祖陵庙。乾州陵庙即位于乾州城内的凝神殿。《辽史》卷十《圣宗本纪》载："（统和元年四月）壬寅，致享于凝神殿。癸卯，谒乾陵。"辽圣宗壬寅日致享于凝神殿，第二天（癸卯日）谒乾陵，这两件事并不相同，头一天在乾州城内凝神殿致享，次日入山陵拜谒。另外《辽史》同卷又称："（统和三年八月）庚辰，至显州，谒凝神殿。辛巳，幸乾州，观新宫。"《辽史》中多条文献都记载凝神殿为乾陵祭殿，不可能建于显州城内，应属讹误。

《契丹国志》卷十一《天祚帝本纪》载："天庆九年夏，金人攻陷上京路，祖州则太祖之天膳堂，怀州则太宗德光之崇元殿，庆州则望仙、望圣、神仪三殿，并先破乾、显等州如凝神殿、安元圣母殿，木叶山之世祖殿、诸陵并皇妃子弟影堂，焚烧略尽，发掘金银珠玉。"这里把辽代诸奉陵邑内的陵庙作了一个汇总，天膳堂、崇元殿、凝神殿、安元圣母殿、望仙殿、望圣殿、神仪殿分别为祖州、怀州、乾州和庆州内的诸帝、后陵庙，推测天膳堂应是二仪殿后改之名。

另一种位于陵园内的陵庙《辽史》常称为御容殿，辽代皇帝葬礼中"受遗赐"的仪式就是在这里举行。《辽史》卷五十《礼志二》载："翼日诘早，率群臣、命妇诣山陵，行初奠之礼。升御容殿，受遗赐。"这一段记载辽圣宗的葬礼，"诣山陵"后"升御容殿"可知御容殿在陵园内。同卷又记载了辽道宗葬礼，称："皇帝免丧服，步引至长福冈。是夕，皇帝入陵寝，授遗物于皇族、外戚及诸大臣，乃出。"长福冈是辽道宗的下葬之地，这里的"陵寝"即指御容殿。

太祖陵园内的御容殿称明殿。《新五代史》卷七十二《四夷附录第一》载："明殿，若中国陵寝下宫之制。其国君死葬，则于其墓侧起屋，谓之明殿。置官属职司，岁时奉表，起居如事生。"按辽制，明殿内有太祖御容，实为太祖陵庙，是举行朝拜祭祀典礼的场所，相当于唐宋时期的献殿而不是下宫。太宗陵园内的御容殿名称暂无考，穆宗御容殿称为凤凰殿。《辽史》卷三十七《地理志一》载："穆宗被害，葬怀陵侧，建凤凰殿以奉焉。" 让国皇帝与辽世宗的御容殿名称《辽史》不载，景宗御容殿名为玉殿。圣宗御容殿称为金殿，兴宗御容殿名为同天殿。《辽史》卷二十一《道宗本纪》："（清宁三年）五月己亥，如庆陵，献酎于金殿、同天殿。"同卷下文载："冬十月己酉，谒祖陵。庚申，谒让国皇帝及世宗庙。辛酉，奠酎于玉殿。"清宁三年五月和十月，辽道宗分别祭祀了庆陵、祖陵、显陵和乾陵。"献酎于金殿、同天殿"与"奠酎于玉殿"是同一种祭仪，金殿、同天殿与玉殿也应是同一种性质，即均为陵园内的御容殿。

由辽代皇帝陵园内的御容殿，令人联想到辽代宗室外戚坟墓前的影堂制度。影堂如同皇帝陵园中的御容殿一样，是供奉墓主人影像的殿堂。《契丹国志》卷十八《耶律隆运传》载："葬乾陵侧，诏影堂制度一同乾陵。"既然称为"影堂制度"，那么辽代宗室贵戚坟墓之前应该都置有影堂。《契丹国志》卷十一《天祚皇帝中》载："天庆九年夏，金人攻陷上京路。……诸陵并皇妃子弟影堂，焚烧略尽，发掘金银珠玉。"这段文献说明辽代诸陵及皇妃子弟坟墓前皆建影堂，诸陵前的影堂即御陵殿。《契丹国志》卷八《兴宗文成皇帝》载："重熙三年。帝因猎过祖州白马山，见齐天太后坟冢荒秽，又无影堂及扫洒人，只空山中一孤冢，恻然而泣曰：'吾早同今日，汝不至于此也。'因诏上京留守耶律贵宁、盐铁使郎玄化等于祖州陵园内选吉地改葬，其影堂、廊库等并同宣献太后园陵。"影堂本应是齐天太后坟冢前必备的礼制建筑，由于某种特殊原因而付诸阙如，显得不成体统，而一旦局势好转就应该按制补齐。

通过以上分析，对辽代宗庙制度可得出如下几点认识：①辽代宗庙均供奉御容像，因此《辽史》中很多时候也称之为御容殿。②辽代宗庙主要分布于五京和诸陵区内，穹庐式的"行在庙"是辽国宗庙的又一特点。③辽代既有"太庙"，也有每位皇帝独享一殿的"专庙"，辽代太庙实行七庙之制。④辽代诸陵陵园和奉陵邑内都有陵庙，陵园内的陵庙即陵前的御容殿，是陵园内重要的祭祀建筑。总之，契丹统治者在学习和吸收中原汉制的过程中，结合本民族传统，创造了独具特色的辽代宗庙制度，在中国古代宗庙制度史上独树一帜，体现了契丹人既开放包容，又独立自信的民族特色。

注　释

［1］ 魏书［M］卷一百一十四·释老志："是年，诏有司为石像，令如帝身。既成，颜上足下，各有黑石，冥同帝体上下黑子。论者以为纯诚所感。兴光元年秋，敕有司于五缎大寺内，为太祖已下五帝，铸释迦立像五，各长一丈六尺，都用赤金二万五千斤。"

［2］ 大隋河东郡首山栖岩道场舍利塔之碑："乃召匠人铸等身像，并图仙尼，置于帝侧。是用绍隆三宝，颂诸四方，欲令率土之上，皆瞻日角，普天之下，咸识龙颜。"参见：历代拓本精华·首山栖岩道场舍利塔碑［M］. 上海：上海辞书出版社，2017.

［3］ 册府元龟［M］卷三十七·帝王部·颂德："伏见圣上於别殿安置太宗、高宗、睿宗圣容，每日侵早，具服朝谒。"

［4］ 刘兴亮. 论宋代的御容及奉祀制度［J］. 历史教学，2012（6）.

［5］ 朱丹丹. 辽代告庙仪与谒庙仪探微［J］. 辽宁工程技术大学学报（社会科学版），2016，18（6）.

［6］ 辽史［M］卷十·圣宗本纪："（统和元年二月）辛亥，幸圣山，遂谒三陵。"辽史［M］卷十·圣宗本纪："（统和元年四月）辛丑，谒三陵，以东京所进物分赐陵寝官吏。"
辽史［M］卷十五·圣宗本纪："（统和二十八年八月）丙寅，谒显、乾二陵。"
辽史［M］卷十五·圣宗本纪："（统和二十九年）二月己酉，谒乾、显二陵。"

［7］ 辽史［M］卷三十一·营卫志.

［8］ 朱子方. 辽朝契丹统治者的宗庙制度［A］. 中国民族史研究（四）［C］. 北京：改革出版社，1992.

［9］ （北宋）沈括.熙宁使契丹图抄［A］. 五代宋金元人边疆行记十三种疏证稿［C］. 北京：中华书局，2004.

［10］ 同［8］.

［11］ 刘致平. 大同及正定古代建筑勘察纪要［A］. 雁北文物勘查团报告［C］. 北京：文化部文物局，1951.

［12］ （东汉）蔡邕. 独断·卷下［M］.影印四库全书本［C］.上海：上海古籍出版社，1990：14.

［13］ 雷闻. 论唐代皇帝的图像与祭祀［A］.唐研究·第九卷［C］.北京：北京大学出版社，2003.

［14］ 杨若薇. 契丹王朝政治军事制度研究［M］. 台北：文津出版社，1992.

The Ancestral Temple and the Temple with the Emperors' Portraits in the Liao Dynasty

WAN Xiong-fei

The Liao Dynasty attached great importance to the activities of ancestor worship, and the temple sacrifices and worships to the emperors' portraits were very frequent at that time. There were dozens of records about "ancestral temple" in *The History of Liao Dynasty*, and there were also many records about "worships to the emperors' portraits" and "the temple with the emperors' portraits". However, there were many overlapping records about temple sacrifices and worships to the emperors' portraits in *The History of Liao Dynasty*, which led to an understanding ambiguity between them. This paper tries to explore the relationship between the ancestral temple and the temple with the emperors' portraits in the Liao Dynasty through a comprehensive review of them. Furthermore, it also discusses the ancestral temple system of the Liao Dynasty, and involves the mausoleum system of the Liao Dynasty.

陕甘宁地区金代墓葬初探*

赵永军

（黑龙江省文物考古研究所，哈尔滨，150008）

本文所述之陕甘宁地区大致指至潼关附近之黄河中游西岸以西地区，黄土高原的西段。包括今陕西省中部和北部、甘肃省东南部及宁夏南部小部分地区，金王朝行政区所辖鄜延路、京兆府路、庆原路、凤翔路、临洮路。

一、发现概况

相对而言，本区域发现金墓数量较少。据不完全统计，已见诸报道有28座[1]，可分三种形制，即砖室墓、土洞墓和崖洞墓。此外，甘肃庆阳市开发区清理1座墓[2]，但报道没有说明墓葬结构。发现的墓葬中，陕西省17座，包括砖室墓8座，土洞墓8座，崖洞墓1座；甘肃省11座，基本为砖室墓；宁夏1座，为砖室墓。以上发现墓葬，有10座墓有明确纪年（表一）。

表一　陕甘宁地区金代纪年墓葬一览表

序号	墓葬名称	年代	墓葬类型	典型器物	纪年资料
1	甘肃临夏四家嘴墓	大定十四年（1174年）	方形砖室墓	无存	铭文砖
2	甘肃临夏市南龙乡王吉墓	大定十五年（1175年）	方形砖室墓	陶豆1、铜镜1	砖墓志1
3	陕西韩城市安居寨僧群墓	大定十八年（1178年）	长方形砖室墓	瓷枕1、残砖1	陶棺题记
4	陕西甘泉袁庄村墓M3	大定廿九年（1189年）	方形砖室墓	无存	墓壁题记
5	陕西甘泉袁庄村墓M4	大定廿九年（1189年）	方形砖室墓	无存	墓壁题记

* 本文为国家社会科学基金项目（批准号：16BKG017）研究成果。

续表

序号	墓葬名称	年代	墓葬类型	典型器物	纪年资料
6	陕西甘泉袁庄村墓M1	明昌四年（1193年）	方形砖室墓	无存	墓壁题记
7	陕西西安西安医疗设备厂潘顺墓	明昌三年（1192年）	长方形土洞墓	陶罐3、陶釜5、铁猪1、铁牛1	砖买地券1
8	陕西耀州董家河97YDM2	明昌四年（1193年）	长方形土洞墓	铁钱1	砖买地券1
9	陕西千阳冉家沟赵海墓	明昌四年（1193年）	方形砖室墓	瓷罐1、瓷盏3、料石耳饰2、陶兽面3	砖买地券1
10	陕西西安黄渠头村M88	贞祐四年（1216年）	梯形土洞墓	镇墓石块4、香炉1、铁牛1、铁猪1	砖买地券1

本区域发现的墓葬，以仿木构砖雕的砖室墓为主，少量的土洞墓，崖洞墓仅1处。多数是二人以上的合葬墓，二至四人不等，为尸骨葬。少部分是二次葬。仅陕西韩城安居寨发现的僧人合葬墓，既有尸骨葬，也有火葬。

随葬品少而简单。陶瓷器为主，其他有铜镜、铁牛、铁猪等，铜钱发现数量少。

二、墓葬分类

目前，本区域主要发现有三种类型的墓葬。

1. 砖室墓

19座。

此类墓发现数量最多，一般多砌有砖雕仿木构装饰，有的或装饰有壁画等。墓内装饰题材内容流行孝行图、墓主人夫妇宴饮图、妇人启门图及以花卉、动物为主题的祥瑞图等，个别还有反映家居生活的劳作图、侍从和武士图、胡人牵驼出行图等。墓室平面多呈方形和长方形。墓顶结构多样，有攒尖顶、穹隆顶、八边形盝顶、覆斗形顶等。一般墓室内有长方形棺床，多为砖砌筑，多以木棺为葬具。

砖室墓依据墓室情况，又分单室墓和多室墓两种型制。

单室墓　15座。一般由墓道、墓门、甬道、墓室等几部分组成。如甘肃临夏市红园路金墓[3]，墓室平面方形，南北2.15、东西2.13～2.15、高2.47米。墓室顶部为八角攒尖穹隆顶，内壁有孝行图等内容的砖雕。墓室中有砖砌棺床，有木棺葬具（图一，1）。宁夏西吉县兴隆鱼场XJM1[4]，为仿木构建筑砖室墓，有简单的砖雕。墓室平面长方形、东西长2、南北宽1.7、高2.8米，墓底铺砖，有木棺葬具。墓顶为八边形盝顶（图一，2）。

多室墓　4座。形制结构和单室墓基本同。所不同的是墓室侧壁有耳室，还有的墓室侧壁带壁龛或棺龛，我们把这些“龛”看作“小耳室”，划入多室墓的界定范畴。墓室顶部多为八角攒尖顶。如甘肃兰州中山林M001[5]，正室为长方形，正室两侧各有一个长方形耳室，墓门方向30°（图一，3）。甘肃静宁张家湾墓葬[6]，墓室主室近方形，长2.4、宽2.2、高3.1米。后壁（北壁）有一壁龛，进深1.1、宽0.7、高0.8米（图一，4）。甘肃清水董湾村墓葬[7]，墓室主室为方形，边长2.4、高3米。棺（壁）龛开在墓室后壁（东壁）中下部，正对甬道，进深1.85、宽0.8米，较为低矮（图一，5）。甘肃兰州榆中墓葬[8]，墓室主室为方形，边长2.3米。后壁（东壁）有一壁龛，进深0.69、宽0.5、高0.53米（图一，6）。

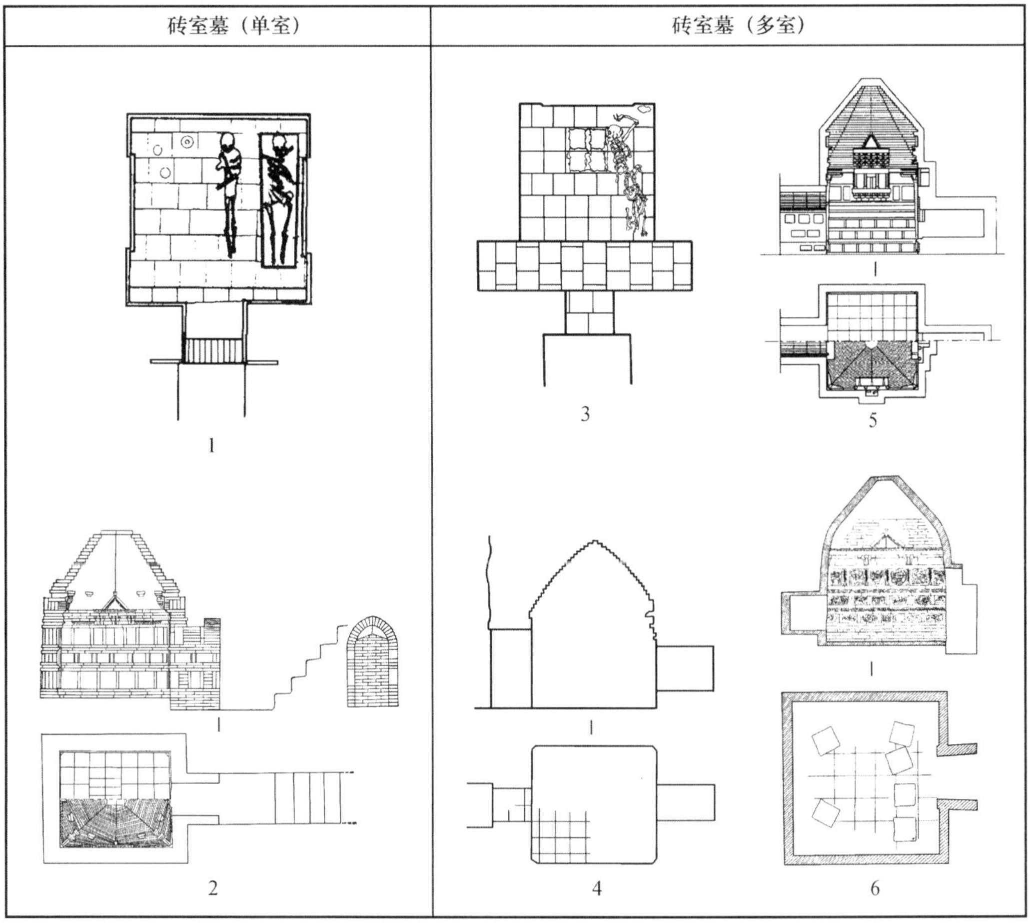

图一　陕甘宁地区金代砖室墓

1. 甘肃临夏红园路砖室墓　2. 宁夏西吉兴隆鱼场XJM1　3. 甘肃兰州中山林砖室墓M001　4. 甘肃静宁张家湾砖室墓　5. 甘肃清水董湾村砖室墓　6. 甘肃兰州榆中砖室墓

2. 土洞墓

8座。本区域内，土洞墓集中发现于陕西关中地区。大多为竖穴式墓道，个别为斜坡式墓道。墓室平面为长方形、梯形、椭圆形等，以木棺为葬具。如陕西西安黄渠头村M88[9]，由竖井墓道、墓室组成。墓室平面略呈梯形，长2.4、宽9～1.25、高1.5米。发现买地砖券1方，墓葬有明确纪年，为“贞祐四年”（1216年）（图二，1）。陕西咸阳瑞祥小区土洞墓[10]，由斜坡式墓道、甬道、墓室组成，青砖封门。墓室平面呈长方形，长2.62、宽1.5～1.6米，高0.78米（图二，2）。

3. 崖洞墓

1座。发现于陕西甘泉阳山崖壁上[11]。由前廊、门道、三洞室组成，仿木构楼阁建构，洞前、洞内有石雕（图二，3）。共有22具尸骨。从石雕内容看，多为佛教题材和佛道像龛，因此其应是一处有着佛道宗教信仰人员的丛葬墓。

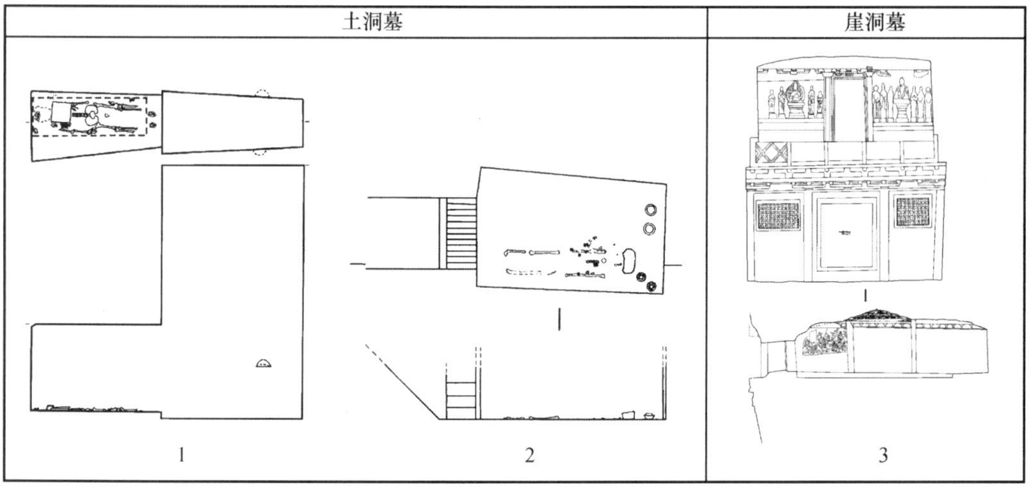

图二　陕甘宁地区金代土洞墓和崖洞墓

1. 陕西西安黄渠头村土洞墓M88　2. 陕西咸阳瑞祥小区土洞墓　3. 陕西甘泉阳山崖洞墓

三、墓葬分期

学界对金墓的分期认识较为一致，我们参照已有的成果，并结合金王朝发展的历史脉络和历史演进中的重大事件，将金墓的发展、演进划分为三期[12]。第一期：金代早期（1115～1152年），即太祖、太宗、熙宗、海陵王迁都燕京（中都）之前（天德年间）；第二期：金代中期（1153～1189年），即海陵王迁都于中都后（贞元、正隆年间）和世宗朝；第三期：金代晚期（1190～1234年），即章宗、卫绍王、宣宗、哀宗阶段。

早期：金王朝的区域，主要分两部分。一部分是承袭原北部辽王朝统治的地域，一部分是占据原南部北宋王朝统治的地域。本区域原属北宋政权管辖，其早期时段的划分归属，略有别于金王朝北部区域。金政权于1125年灭辽后，兵分两路南下攻宋。1127年攻下汴京，亡北宋后才发兵西进攻略北宋的永兴军路、秦凤路，即本区所指的陕甘宁地区。直到1130年左右才全部将本区纳入直接统治范围。因此，我们把1115～1127年这一段时间归入北宋晚期编年时限。相应地，发现的1115～1127年这一时段的墓葬也当属北宋晚期墓葬概念范畴。本区域早期的时限大致为1130～1152年，由于考古发现及报道材料所限，本区域发现确定的早期墓葬还比较少。

中期：属于中期的纪年墓有5座，均为砖室墓。纪年方式为砖墓志和题记。这一时期的墓葬数量不多，通过比较研究，甘肃静宁县张家湾墓、宁夏西吉县兴隆鱼场XJM1、陕西咸阳市瑞祥小区土洞墓等年代大致也在中期阶段。此期的砖室墓多为（墓室平面为方形、长方形）单室墓，还见有一侧带有壁龛（棺龛）的多室墓。仿木构砖雕形式简单，墓室内无棺床。以木棺或陶棺为葬具，多尸骨葬，为多人合葬。砖雕题材主要见孝行图、妇人启门图及花卉等祥瑞图。随葬品少，有陶器、瓷器等，陶器有陶釜、陶罐、陶瓶、陶豆等；瓷器多见有黑釉瓷器。发现1件有纪年的圆形瓷枕和1件八边形瓷枕。铜镜2件，为圆形素面镜。

晚期：属于晚期的纪年墓有5座，2座为砖室墓、3座为土洞墓。纪年方式为买地砖券和题记。砖室墓为主要（墓室平面为方形、长方形）单室墓，同时有一侧带壁龛的多室墓，还出现两侧带耳室的多室墓。除砖雕外，此期还发现壁画装饰。装饰题材内容较中期更为丰富。孝行图仍是最主要的内容之一，另见有墓主人夫妇宴饮图、胡人牵驼出行图、花卉图、祥瑞图等内容。出现土洞墓，数量所占比例较大，为竖穴式墓道，墓内置木棺。该区发现的1座崖洞墓，大致属晚期遗留。墓中流行多人合葬。随葬品较中期略丰，陶器、瓷器为主，其中陶釜是常见的一种器类。铜镜少量。铁器有铁牛、铁猪等。铁牛和铁猪是这一时期土洞墓中较常见的随葬组合，目前，有三例墓中随葬此类组合[13]（图三）；此外，西安夏殿村金墓中发现的是1件铜牛和1件泥猪[14]。墓内较流行放置买地砖券。

四、区域特征

该地区原为北宋统治区，属于北宋的西北边陲，主要是汉人活动区域。该区在北宋时期属于北宋的永兴军路、秦凤路所辖。

本区域北部、西北部和西夏相邻，南以秦岭一线与南宋临界，是金朝最西部的一个地理区域。自1127年金灭北宋后，金和南宋在陕西一带（即本区域）就展开了长时间的拉锯战，本区成为宋金交战的又一个主要的前沿地带，直到1142年的“绍兴和议”，双方划界停战，本地区才最终进入稳定的社会发展环境。

图三　陕甘宁地区金墓出土铁（铜）牛、铁（泥）猪

1. 陕西西安北郊医疗设备厂墓出土铁牛　2. 陕西西安北郊医疗设备厂墓出土铁猪　3. 陕西西安黄渠头村M88出土铁牛　4. 陕西西安黄渠头村M88出土铁猪　5. 陕西西安夏殿村XBM30出土铜牛　6. 陕西西安夏殿村XBM30出土泥猪

金晚期，从卫绍王时期始，西夏不断兴兵侵扰金王朝。为此，双方进行了多年的攻防战，战争主要涉及于本区西北部区域。到哀宗正大元年（1124年），双方始成和议。但战争已对金王朝本区的社会、经济等造成创伤。同时期，北部的蒙古也逐渐南下，对其他地区发动进攻的同时，对本地区也展开军事攻势，金蒙间进入全面的战事状态，晚期的最后二十多年，本地区始终处于动荡飘摇的社会环境中。

结合历史发展背景，概括该区域特征如下：

（1）仿木结构的砖室墓是主体墓葬形制。以平面呈方形或长方形的单室墓常见。墓内有的有砖砌长方形棺床，有的则无棺床，多以木棺为葬具。从砖室墓的基本形制和结构可以看出，本区自身的文化因素特征显著，这可能缘于本区所处的较为边缘的地理区域及隋唐以来所形成的深厚而独特的历史文化传统。同周边地区砖室墓特征最为相近者，数和晋南、豫西地区的联系最为紧密。无论是墓葬的基本形制结构，还是墓内的装饰题材内容等，均显现出后者对本地区一定程度的影响。

（2）土洞墓是本区流行的主要墓葬形制之一。除砖室墓外，本区所见基本的墓葬形制就是土洞墓。虽然目前发现数量不多，但从仅有的数种墓葬类型的比例构成看，足以说明这类墓在本区所占的重要地位。土洞墓的流行，应是对隋唐以来这种传统墓葬形制的继承，体现出极为鲜明的地域特色和文化传统。

（3）崖洞墓成为罕见的墓葬形制之一。目前，两宋时期所见的崖墓仅在以重庆大足为中心的大巴山以南、乌江以北地区[15]有少量发现。在北方地区，崖墓还是一种少见的墓葬形制。陕西甘泉县阳山崖洞墓，为前中后三室，仿木构二层楼阁建筑。洞室的前方及洞室内，浮雕出众多的佛教造像和与佛教有关的各类题材内容，说明此洞穴的雕凿当与佛教石窟相关。从地理位置看，甘泉县位于陕西中部，其周围地区有敦煌、麦积山、云冈、龙门四大石窟分布，阳山崖洞墓（瘗窟）的修凿，应当是受这些佛教石窟的建造影响而为。墓主人可能为信仰佛教的人士，抑或本身即为佛教人士。瘗窟的中后室凿出“凹”字形石棺床，显然是接受了晋南、豫西地区砖室墓构造的做法。在此瘗窟面临的雨岔沟内，还发现了两处石崖洞，两处洞穴均有题记，年代皆为宣宗贞祐年间。其中的一处，下寺湾乡香林寺石洞的记述提到：“维大金贞祐二年（1214）二月十一日（下残），西贼犯界至此（下残），党颜党平（下残）……贞祐三年（1215）二月二十日”[16]。这里的“西贼”应指西夏，记述所指当是从卫绍王开始，西夏兴兵不断寇钞金王朝西北边地的事情。综合以上因素，阳山瘗窟所葬的年代当为金朝晚期，墓主人可能系金和西夏间发生的战乱中死去的平民百姓。

（4）墓葬中以尸骨葬为主，流行多人合葬。本区发现的墓葬，除有明确身份的僧侣采用的是火葬外，其他墓葬多是以尸骨葬的形式埋葬，说明火葬在本区并不流行。也间接反映出本区在金代越来越泛边缘化的趋势，本区域内的人们更多地保持了传统的丧葬习俗。

（5）一些墓中随葬买地券。本区域发现的四例买地券均为章宗明昌年及以后，地券所记以迷信内容为主。一方面说明此时期道教在本区的传播和影响，另一方面也反映出现实生活中土地买卖的兴盛和社会上对土地的日益激烈的兼并现象。

（6）墓葬中流行随葬铁牛和铁猪。在中原地区，除山西、河南地区的一些墓室中置放有铁牛外，本地区的西安左近是又一个重要的发现区域。而且西安地区的一些墓中同时随葬有铁猪，一般多发现于土洞墓中。从铁牛、铁猪的考古发现情况看，西安地区是较早流行随葬铁牛、铁猪的源头地区之一[17]。因此，本地区金代土洞墓中的铁牛、铁猪的出现，当是历史上传统习俗的延续。

（7）本区域地处西北，历史上的“丝绸之路”在本区的西南部贯穿通过。各民族间文化、经贸上的往来活动，在金代的墓葬中也有深刻的体现。体现之一是墓葬中的装饰。如出行图内容中的一种——牵驼图，极具代表性。再如陕西宝鸡市长岭机器厂墓[18]一幅砖雕图案中出现的是一头戴折角尖顶帽的胡人，手执辔绳，牵驼迈步行进。同时期，在中原地区的山西平定县西关村M1[19]，山西长治市安昌村南ZAM2[20]，分别以壁画和砖雕的方式表现了同一相近的主题。这三处地点集中位于黄河中下游两岸区域。总的看，画面内容简洁明了，图案颇相一致。画面表现的均为少数民族的“胡人”形象，所牵引的骆驼背负箱夹，昂首前行。出现的时间大约在中晚期阶段。从图案表现看，三图的内容如此相似，说明金代中晚期，东西部各政权的民间贸易、交流已相当广泛和普遍。当时应有相当多的“域外”胡商通过河西走廊进入陕西关中，再进入华夏中原腹地，开展商贸活动。这也正是三幅牵驼图所映射出的时代背景。回溯牵驼图，作为一种生活图景的表现，也有相当的历史渊源。甘肃嘉峪关M6[21]墓室中的壁画中就出现一幅男子牵驼图，该墓年代为魏晋时期。此图表现的也是一人手持细棍，牵引骆驼前行的内容。图中体现的大致是当地人日常生活的一个场景片段。而金墓中的牵驼图，表现的却是载负箱包外出的情景。二者仅有如此些许的差异。但从其出现在墓葬中的构图表现特征看，二者应有一定的渊源承继关系。金墓中的牵驼出行图，应该是继承了西北地区魏晋时期的壁画墓中同类的牵驼图的题材表现。

注　释

［1］本文引用材料截至2016年12月的报道，共28座墓葬，包括瘗窟（崖洞墓）1处。

［2］赵建龙. 庆阳县城开发区隋至清代墓群［A］. 中国考古学年鉴2002［C］. 北京：文物出版社，2003：130-131.

［3］临夏州博物馆，临夏市博物馆. 临夏市红园路金代砖雕墓清理简报［J］. 陇右文博，2011（1）：8-14.

［4］宁夏文物考古研究所，西吉县文物管理处. 宁夏西吉县汉、金墓发掘简报［J］. 考古，1993（5）：408-413.

［5］甘肃省文物管理委员会. 兰州中山林金代雕砖墓清理简报［J］. 文物参考资料，1957（3）：76-78.

［6］平凉地区博物馆. 甘肃静宁发现金代墓葬［J］. 考古，1985（9）：806-809.

［7］北京大学中国考古学研究中心，甘肃省文物考古研究所. 甘肃省清水县贾川乡董湾村金墓［J］. 考古与文物，2008（4）：15-27.

［8］兰州市博物馆，榆中县博物馆. 兰州榆中金代墓葬清理简报［A］. 甘肃省博物馆学术论文集［C］. 西安：三秦出版社，2006：45-54.

［9］铜川市考古研究所. 陕西耀县董家河金墓清理简报［J］. 文博，1998（1）：17-20.

［10］咸阳市文物考古研究所. 咸阳瑞祥小区发现的金墓［J］. 文博，2004（5）：74-77.

［11］张燕，李安福. 陕西甘泉县金代瘗窟清理简报［J］. 文物，1989（5）：75-80.

［12］赵永军. 金代墓葬研究［D］. 吉林大学，2010：85-86.

［13］a. 倪志俊，韩国河，程林泉. 西安市北郊金代墓葬发掘简报［J］. 考古与文物，1991（6）：32-33.

b. 西安市文物保护考古研究院，辽宁师范大学历史文化旅游学院. 西安南郊黄渠头村金墓发掘简报［J］. 文物春秋，2014（5）：29-31.

c. 岳连建. 长安县西韦村唐、金墓葬［A］. 中国考古学年鉴（1989）［C］. 北京：文物出版社，1990：262-263.

［14］ 陕西省考古研究院. 西安南郊夏殿村金代墓葬发掘简报［J］. 考古与文物，2010（5)：24-28，113，114.

［15］ 吴敬. 南方地区宋代墓葬的区域性及相关问题研究［D］. 吉林大学，2008：133-136.

［16］ 张燕，李安福. 陕西甘泉县金代瘗窟清理简报［J］. 文物，1989（5）：75-80.

［17］ 孟原召. 唐至元代墓葬中出土的铁牛铁猪［J］. 中原文物，2007（1）：72-79.

［18］ a. 卢建国，官波舟. 宝鸡市长岭机器厂宋墓清理简报［J］. 文博，1998（6）：29-36.

b. 刘明科. 陕西宝鸡长岭机器厂宋代墓时代判断质疑［J］. 文博，2000（1）：41-45.

［19］ 山西省考古研究所，阳泉市文物管理委员会，平定县文物管理所. 山西平定宋金壁画墓简报［J］. 文物，1996（5）：4-16.

［20］ a. 商彤流，杨林中，李永杰. 长治市北郊安昌村出土金代墓葬［J］. 文物世界，2003（1）：3-7.

b. 商彤流. 长治市安昌村出土的金代墓葬［A］. 艺术史研究（第6辑）［C］. 广州：中山大学出版社，2004：407-420.

［21］ 甘肃省文物队，甘肃省博物馆，嘉峪关市文物管理所. 嘉峪关壁画墓发掘报告［R］. 北京：文物出版社，1985：图版五五，2.

A Preliminary Study on Tombs of the Jin Dynasty in Shaanxi, Gansu and Ningxia

ZHAO Yong-jun

Tombs of the Jin Dynasty found in Shaanxi, Gansu and Ningxia are mainly brick chamber tombs; there are also a few earth cave tombs and only one cliff cave tomb. Some tombs have clear chronology, which is an important criterion for burial stages. Multiple burials were usual. Funeral objects including iron ox and iron pig were popular in the tombs in Guanzhong area. In the late Jin Dynasty, some tombs were buried with *maidiquan* (unofficial land using permission). The contents of brick carvings and murals in tombs were deeply influenced by the Central Plain area.

考古与科技

内蒙古磴口县沙金套海墓地汉代居民的颅骨研究*

胡春佰[1]　朱　泓[2]　张文平[1]　王　浩[3]

（1. 内蒙古自治区文物考古研究所，呼和浩特，010011；2. 吉林大学边疆考古研究中心，长春，130012；3. 磴口县文物管理所，磴口，015200）

一、沙金套海墓地形成的历史背景

磴口县位于内蒙古自治区巴彦淖尔市西南部，东北邻杭锦后旗，东南与鄂尔多斯市杭锦旗隔黄河相望，西南连阿拉善盟阿拉善左旗，西北接乌拉特后旗。全县地处河套平原西端，由山地、沙漠、平原三种地形构成，西北部是狼山山脉，东部是黄河冲积平原，其余的广阔地域都属乌兰布和沙漠的组成部分。沿狼山沿线由东北向西南分布有一道列燧，是为西汉武帝元朔二年（公元前127年）收取河南地之后修筑的朔方郡长城[1]（图一）。

据《汉书·武帝本纪》记："汉武帝元朔二年春……遣将军卫青、李息出云中，至高阙，遂西至符離，获首虏数千级。收河南地，置朔方、五原郡。"同年夏募民徙朔方十万口。元朔三年秋，城朔方城。

另据《汉书·地理志下》，"朔方郡，武帝元朔二年开。西部都尉治窳浑县。……属并州。户三万四千三百三十八，口十三万六千六百二十八。县十：三封，武帝元狩三年城……窳浑，有道西北出鸡鹿塞。……渠搜，中部都尉治。……广牧，东部都尉治。……临戎。武帝元朔五年城。……"

* 基金项目：国家社会科学基金重大项目"汉民族形成过程的生物考古学考察"（编号11＆ZD182）。

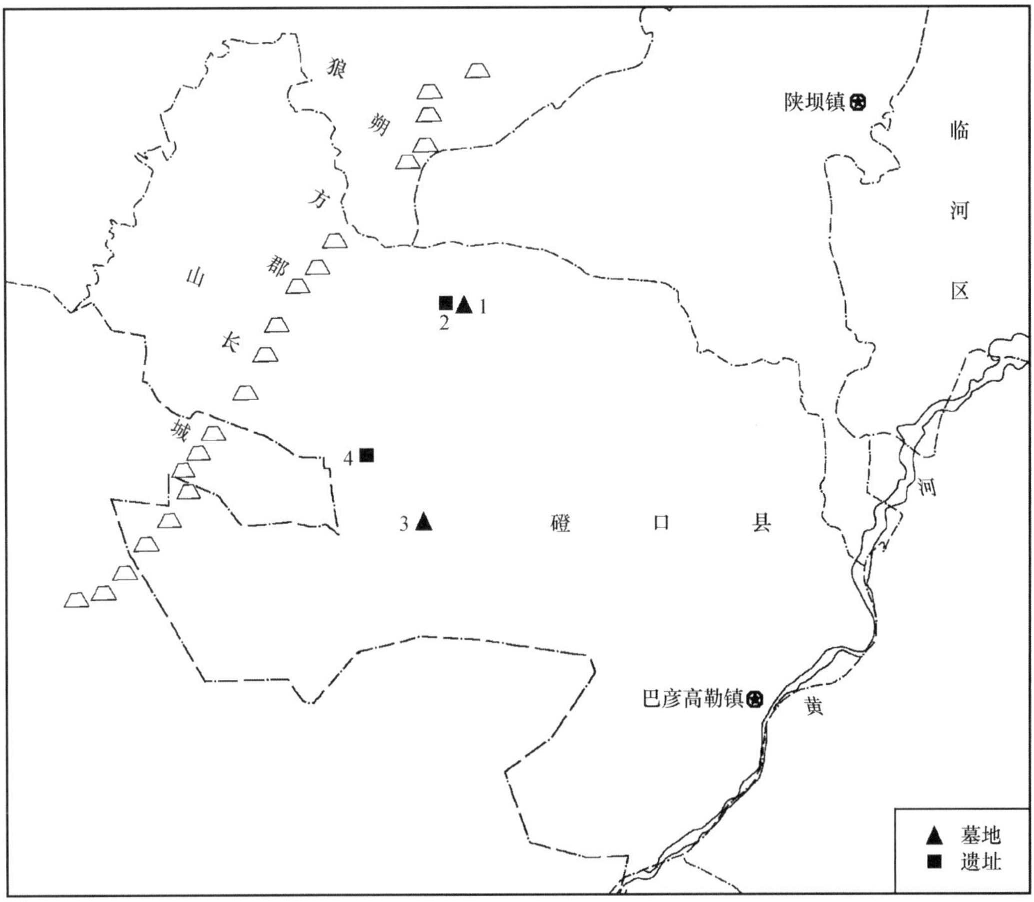

图一　磴口县遗迹分布示意图

1. 沙金套海墓地　2. 窳浑县故城遗址　3. 纳林套海墓地　4. 三封县故城遗址

又据《后汉书·郡国志》“朔方郡武帝置。六城，户千九百八十七，口七千八百四十三。临戎、三封、朔方、沃野、广牧、大城故属西河。”

由上述史料可知：第一，朔方郡始置于西汉武帝元朔二年，下辖包括三封、窳浑、临戎、渠搜、广牧等在内的十个县。至东汉时朔方郡的行政区划有所变更，撤销了窳浑县的行政建置。第二，初设朔方郡时居民之中有十万口是政府由外地迁入的移民，而《汉书·地理志下》记载（西汉平帝元始二年，即公元2年）朔方郡的人口总数是十三万六千六百二十八，由此大致可以推算移民人口约占朔方郡人口总数的70%以上。第三，朔方郡是西汉王朝新增设的一个北部边郡，北邻匈奴，郡下设西、中、东三个部都尉，管理边防军事，治所分别在窳浑县、渠搜县、广牧县。

沙金套海汉代墓地处于汉武帝朔方郡长城的内侧，西北与该段长城的最短距离是22千米，与西汉朔方郡窳浑县故城遗址（保尔浩特古城）[2]相距仅700米，极有可能是安葬窳浑县县城居民的一处墓地。1992～1993年内蒙古自治区文物考古研究所曾在磴口县发掘了时代和文化性质与沙金套海墓地相同的另一处墓地——纳林套海墓地。该墓地与西汉朔方郡三封县故城遗址（陶升井古城）[3]相距约10千米，西北与汉武帝朔方郡长城的最短距离为28千米，汉时属三封县辖地，即便墓地内安葬的不是三封县城居民，也应该是三封县的编户齐民。

二、沙金套海墓地的发掘概况和人骨的性别年龄构成

沙金套海墓地位于内蒙古自治区巴彦淖尔市磴口县沙金套海苏木西南3千米。1993年内蒙古文物考古研究所、巴彦淖尔市文物工作站作过发掘，共清理汉代墓葬39座[4]。2016年下半年，为配合G7高速公路的建设，内蒙古自治区文物考古研究所又对该墓地进行了发掘，共清理小型单室砖室墓19座，台阶式墓道，墓向多为南北向或东西向，有木棺，以双人合葬为主，少量单人葬，葬式除M8为仰身屈肢葬外，其余均为仰身直肢。采集人骨30具。共出土陶、铜、玉、琉璃等各类器物百余件，以陶器为大宗，有壶、罐、鼎、鸮壶、仓、灶、井、屋、俑等，其中屋、俑、鸮壶较有地方特色；另有“五铢”“大泉五十”等铜钱，以及铜印、带钩、琉璃耳珰、玉扣饰等，较为重要的发现是4方铜印和百余粒植物种子。

沙金套海汉代墓地采集人骨标本30例，其中性别明确者27例，鉴定率为90%；年龄段明确者26例，鉴定率为86.67%。男性标本13例，女性标本14例，男女性别比例0.93：1。个体平均死亡年龄39.62岁，男性标本的平均死亡年龄为40岁，女性标本的平均死亡年龄为41.65岁（表一）。

表一　沙金套海汉代墓地人骨性别年龄鉴定信息表

编号	性别	年龄（岁）	编号	性别	年龄（岁）
DSM1左	男	45～50	DSM8左	男	35～40?
DSM1右	女	30～35	DSM8右	女	30～40
DSM2	男?	成年	DSM10	不详	6±
DSM3左	女	20～25	DSM11	男	25～30
DSM3右	男	40±	DSM12①	女	30～40
DSM4左	男	35±	DSM12②	男?	35～40?
DSM4右	女	45～50	DSM13左	男	45±
DSM5	女	20±	DSM13右	女	50～60
DSM6左	男	35～40	DSM14左	男	50～60
DSM6右	女	50～60	DSM14右	女	60～70
DSM7左	男	35±	DSM15左	男	30～50
DSM7右	女	20～23	DSM15右	女	45～60

续表

编号	性别	年龄（岁）	编号	性别	年龄（岁）
DSM16左	男	35 ±	DSM17右	女	中年?
DSM16右	女	40 ±	DSM18左	男	35 ~ 40
DSM17左	男	45 ±	DSM18右	女	60 ±

三、颅骨的形态特征和种族类型分析

通过对颅面部形态特征的观察和测量，可将沙金套海的颅骨材料区分为两组，即沙金套海Ⅰ组和沙金套海Ⅱ组。

1. 沙金套海Ⅰ组

（1）颅骨的非测量性形态特征

男性可作颅型观察的共6例，除1例楔形外其余皆为卵圆形。眉弓突度5例发育中等、1例稍显、2例显著，眉弓范围1级6例，2级3例，眉间突度6例发育中等， 2例显著。前额都表现出倾斜的特征；多无额中缝，只有1例完全保留，另1例保留不到1/3。矢状缝前囟段微波型2例、深波型2例、复杂型1例；顶段皆为锯齿型；顶孔段锯齿型、深波型各2例，微波型1例；后段深波型2例、锯齿型3例。乳突6例发育小、3例中等、2例大。枕外隆凸稍显3例，中等4例、极显3例。眶形以椭圆形为主，另有2例圆形、1例方形。心型和梨型的梨状孔各占一半，梨状孔下缘表现为锐形和鼻前沟型的概率相等。鼻前棘不显、稍显各2例，中等1例。鼻根点处2例略有凹陷， 2例凹陷明显。翼区均为蝶顶型。齿槽弓以抛物线型为主，只有1例椭圆形。颏形多呈方形，少数圆形。外翻的下颌角较常见，直型的较少。5例无腭圆枕，2例丘状型，1例瘤状型。颧骨上颌骨下缘转角多欠圆钝。犬齿窝发育较弱，3例无犬齿窝、3例较浅、2例中等。无矢状嵴、下颌圆枕和缝间骨。

女性与男性标本之间的差别主要表现为：女性无楔形颅，眉弓、眉间、鼻根凹、枕外隆凸、乳突、犬齿窝发育较弱，额中缝的出现率为0，翼区除蝶顶型外也有翼上骨型，梨状孔下缘以鼻前沟型为主，无方形眶形、椭圆形齿槽弓、瘤状形腭圆枕，颏形以圆形为主、1例尖形，有内翻的下颌角，以平直的前额为主。

（2）颅骨的测量性形态特征

可供测量的颅骨共9例，男性5例（包括2016DSM1左、M6左、M7左、M14左、M16左），女性4例（2016DSM1右、M4右、M13右、M14右）。具体测量数据见附表一。沙金套海Ⅰ组男性从颅长宽指数来看，长颅型、中颅型和圆颅型各1例，平均值78.54落入中颅型的界值范围之内；从颅长高指数来看，正颅型1例，高颅型2例，平均值75.24落入高颅型范围之内，但接近正颅型的上限；从颅宽高指数来看，4例都为中颅型，平均值95.55落入中颅型范围之内。上面指数可供计算的仅1例，为54.81，属偏狭的中上面型。颧宽平均值为140.29，鼻颧角平均值为149.5°。从眶指数来看，中眶型和高眶型各1例，平均值85.46落入高眶型范围之内，但接近中眶型的上限。从鼻指数来看，狭鼻型、阔鼻型各1例，平均值49.38落入中鼻型范围之内。

女性从颅长宽指数来看，2例都属中颅型，平均值77.76落入中颅型界值范围之内。从颅长高指数来看，2例都为正颅型，平均值73.49落入正颅型范围之内。从颅宽高指数来看，3例都为中颅型，平均值93.68落入中颅型的范围之内。颧宽值可测量的仅1例，为136.81。鼻颧角平均值为152.42°，眶指数可计算的仅1例，为79.68，属中眶型。从鼻指数来看，狭鼻型、阔鼻型各1例，平均值50.45落入中鼻型范围之内，接近阔鼻型。

沙金套海Ⅰ组汉代居民的颅面部特征可以归结为：一般具颅长高指数上的正颅型或高颅型、颅宽高指数上的中颅型，但颅长宽指数变异范围较大，有长颅型、中颅型和圆颅型。偏狭的中上面型，较大的面部扁平度，中眶或高眶型，狭鼻或阔鼻型。

（3）颅骨的种族类型分析

①与现代亚洲各类型蒙古人种的比较

沙金套海Ⅰ组男性颅骨与现代亚洲蒙古人种的北亚、东北亚、东亚和南亚四个区系类型比较项目和数据见表二。

表二　沙金套海Ⅰ组男性颅骨与现代亚洲蒙古人种各区系类型的比较

（长度：mm，角度：°，指数：%）

马丁号	项目	亚洲蒙古人种				
		沙金套海Ⅰ组	北亚类型	东北亚类型	东亚类型	南亚类型
1	颅长	182.20	174.9 ~ 192.7	180.7 ~ 192.4	175.0 ~ 182.2	169.9 ~ 181.3
8	颅宽	144.62	144.4 ~ 151.5	134.3 ~ 142.6	137.6 ~ 143.9	137.9 ~ 143.9
17	颅高	137.60	127.1 ~ 132.4	132.9 ~ 141.1	135.3 ~ 140.2	134.4 ~ 137.8
9	最小额宽	88.98	90.6 ~ 95.8	94.2 ~ 96.6	89.0 ~ 93.7	89.7 ~ 95.4
45	颧宽	140.29	138.2 ~ 144.0	137.9 ~ 144.8	131.3 ~ 136.0	131.5 ~ 136.3
48	上面高（sd）	77.08	72.1 ~ 77.6	74.0 ~ 79.4	70.2 ~ 76.6	66.1 ~ 71.5
8：1	颅指数	78.54	75.4 ~ 85.9	69.8 ~ 79.0	76.9 ~ 81.5	76.9 ~ 83.3
17：1	颅长高指数	75.24	67.4 ~ 73.5	72.6 ~ 75.2	74.3 ~ 80.1	76.5 ~ 79.5
17：8	颅宽高指数	95.55	85.2 ~ 91.7	93.3 ~ 102.8	94.4 ~ 100.3	95.0 ~ 101.3
48：17（sd）	垂直颅面指数	56.28	55.8 ~ 59.2	53.0 ~ 58.4	52.0 ~ 54.9	48.0 ~ 52.2
48：45（sd）	上面指数	54.81	51.4 ~ 55.0	51.3 ~ 56.6	51.7 ~ 56.8	49.9 ~ 53.3
77	鼻颧角	149.50	147.0 ~ 151.4	149.0 ~ 152.0	145.0 ~ 146.6	142.1 ~ 146.0
54：55	鼻指数	49.38	45.0 ~ 50.7	42.6 ~ 47.6	45.2 ~ 50.2	50.3 ~ 55.5
SS：SC	鼻根指数	47.09	26.9 ~ 38.5	34.7 ~ 42.5	31.0 ~ 35.0	26.1 ~ 36.1
52：51（mf）	眶指数右	85.46	79.3 ~ 85.7	81.4 ~ 84.9	80.7 ~ 85.0	78.2 ~ 81.0

在15个比较项目中，沙金套海Ⅰ组男性颅骨各项测量值落入东北亚蒙古人种界值范围的有颅长、颅高、颧宽、上面高、颅长宽指数、颅宽高指数、垂直颅面指数、上面指数、鼻颧角等9项，此外，颅长高指数和眶指数都较接近东北亚类型的上限。落入北亚蒙古人种范围的有颅长、颅宽、颧宽、上面高、颅长宽指数、垂直颅面指数、上面指数、鼻颧角、鼻指数、眶指数等10项，但在颅长高指数和颅宽高指数上存在明显的差异，且与北亚蒙古人种低颅、阔颅颅型特征呈现出相反的趋向。落入东亚蒙古人种界值范围的项目有颅长、颅高、颅长宽指数、颅长高指数、颅宽高指数、上面指数、鼻指数等7项。此外，颅宽、上面高、眶指数都接近东亚类型的上限，最小额宽接近东亚类型的下限。落入南亚蒙古人种界值范围的只有颅高、颅长宽指数、颅宽高指数等3项，此外，颅长、颅宽、最小额宽、鼻指数等4项也分别接近南亚类型的上限或下限，但在颧宽、上面高、鼻颧角等面部特征上存在明显差异，且与南亚蒙古人种低矮、偏狭、扁平度较弱的面部特征呈现出相反的趋向。基于上述分析，可以认为沙金套海Ⅰ组汉代男性居民在颅面部形态特征上与现代蒙古人种的东北亚类型和东亚类型存在较多的相似性，而与北亚和南亚类型差异显著。

②与亚洲各蒙古人种各近代组的比较

本文选择了华北组、抚顺组、华南组、爱斯基摩（东南）组、爱斯基摩（勒俄康）组、楚克奇（河滨）组、楚克奇（驯鹿）组、蒙古组、布里亚特组、通古斯组等10个近代颅骨组与沙金套海Ⅰ组男性居民进行比较，具体比较项目和数据见表三。

由表四欧氏距离系数的计算结果来看，沙金套海Ⅰ组与爱斯基摩组和楚克奇组为代表的东北亚蒙古人种和华北组、抚顺组、华南组为代表的东亚蒙古人种在体质特征上存在较多的一致性，而与蒙古组、通古斯组、布里亚特组为代表的北亚蒙古人种差异较大。

由图二的系统聚类图可以看出，在刻度值小于25的范围内，11个对比组大致可以区分为两个聚类群，第一聚类群（1～8组）除沙金套海Ⅰ组外基本代表了现代亚洲蒙古人种东亚和东北亚类型的群体；第二聚类群（9～11组）主要代表了现代亚洲蒙古人种北亚类型的群体。在刻度值小于10～15的范围内，第一聚类群又分为两个小的聚类群，第一小类包括第1、5～8组，第二小类（2～4组）代表了现代蒙古人种的东亚类型。在刻度值小于10～15的范围内，第一小类又分为两个更小的聚类群，其中第一小类（5～8组）代表了现代蒙古人种的东北亚类型，第二小类为沙金套海Ⅰ组。沙金套海Ⅰ组与爱斯基摩组、楚克奇组代表的东北亚类型群体聚为一组，表明该组居民与现代蒙古人种东北亚类型在颅面部特征上存在较多的一致性。

③与各相关古代组的比较

本文选择了纳林套海组[5]、神木汉代全组[6]、东大井组[7]、三道湾组[8]、朱开沟组[9]、毛饮合并A组[10]、将军沟组[11]、土城子组[12]、姑姑庵组[13]、鄂尔多斯汉代合并组[14]等10组相关古代居民与沙金套海Ⅰ组汉代居民进行人种类型上的亲疏关系比较。男性对比项目和数据详见表五。

表三　沙金套海Ⅰ组男性颅骨与各近代颅骨组的比较

（长度：mm，角度：°，指数：%）

马丁号	项目	沙金套海Ⅰ组	华北组	抚顺组	华南组	爱斯基摩（东南）组	爱斯基摩（勒俄康）组	楚克奇（河滨）组	楚克奇（驯鹿）组	蒙古组	布里亚特组	通古斯组	同种系标准差
1	颅长	182.20	178.50	180.80	179.90	181.80	183.90	182.90	184.40	182.20	181.90	185.50	5.73
8	颅宽	144.62	138.20	139.70	140.90	140.70	143.00	142.30	142.10	149.00	154.60	145.70	4.76
17	颅高	137.60	137.20	139.20	137.80	135.00	137.10	133.80	136.90	131.40	131.90	126.30	5.69▲
9	最小额宽	88.98	89.40	90.80	91.50	94.90	98.10	95.70	94.80	94.30	95.60	90.60	4.05
45	颧宽	140.29	132.70	134.30	132.60	137.50	140.90	140.80	140.80	141.80	143.50	141.60	4.57
48	上面高（sd）	77.08	75.30	76.20	73.82	77.50	78.20	78.00	78.90	78.00	77.20	75.40	4.15
51	眶宽（mf）R	42.11	44.00	42.90	42.10	43.40	44.50	44.10	43.60	43.20	42.20	43.00	1.67
52	眶高R	36.01	35.50	35.50	34.60	35.90	35.90	36.30	36.90	35.80	36.20	35.00	1.91
54	鼻宽	28.13	25.00	25.70	25.25	24.40	23.50	24.60	24.90	27.40	27.30	27.10	1.77
55	鼻高	56.10	55.30	55.10	52.60	54.60	54.70	55.70	56.10	56.50	56.10	55.30	2.92
8：1	颅指数	78.54	77.56	77.30	78.75	77.60	77.50	77.90	77.20	82.00	85.10	78.70	2.67
17：1	颅长高指数	75.24	77.02	77.10	77.02	74.26	74.55	73.15	74.24	72.12	72.51	68.09	2.94
17：8	颅宽高指数	95.55	99.53	100.00	97.80	95.95	95.87	94.03	96.34	88.19	85.32	86.68	4.30
52：51（mf）	眶指数右	85.46	80.66	83.00	84.90	83.00	80.80	82.40	84.50	82.90	86.00	81.50	5.05
54：55	鼻指数	49.38	45.23	46.90	47.40	44.80	43.00	44.70	44.50	48.60	48.70	49.40	3.82

注：各对比组的数据来自张全超：《内蒙古和林格尔县新店子墓地人骨研究》，科学出版社，2010年，第53页。

表四　沙金套海Ⅰ组与亚洲蒙古人种各近代组之的欧氏距离系数

	1	2	3	4	5	6	7	8	9	10	11
1	0.00										
2	13.80	0.00									
3	10.65	5.21	0.00								
4	11.42	7.42	5.65	0.00							
5	10.59	10.37	8.93	9.56	0.00						
6	13.56	15.20	13.31	14.66	6.83	0.00					
7	11.03	14.49	13.05	13.77	4.93	5.63	0.00				
8	9.53	13.93	11.10	12.93	5.60	5.88	5.08	0.00			
9	13.19	21.79	20.38	19.41	14.57	15.09	11.45	14.35	0.00		
10	18.52	28.22	26.45	24.74	21.17	20.84	18.22	20.33	8.12	0.00	
11	17.20	23.97	23.45	22.40	17.65	19.40	14.85	18.25	10.12	15.53	0.00

1. 沙金套海Ⅰ组　2. 华北组　3. 抚顺组　4. 华南组　5. 爱斯基摩（东南）组　6. 爱斯基摩（勒俄康）组　7. 楚克奇（河滨）组　8. 楚克奇（驯鹿）组　9. 蒙古组　10. 布里亚特组　11. 通古斯组

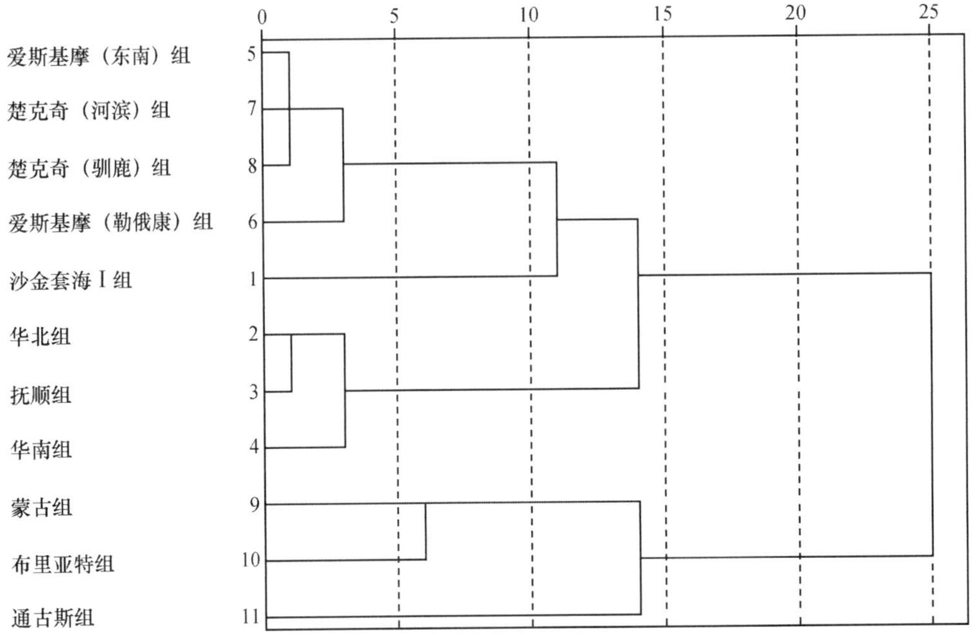

图二　沙金套海Ⅰ组与亚洲蒙古人种各近代组的系统聚类图

表五　沙金套海Ⅰ组男性与相关古代组的比较

（长度：mm，角度：°，指数：%）

项目＼组别	沙金套海Ⅰ组	纳林套海组	神木汉代全组	东大井组	三道湾组	朱开沟组	毛饮合并A组	将军沟组	土城子组	姑姑庵组	鄂尔多斯汉代合并组
颅长	182.20	181.67	182.98	185.50	181.69	179.07	182.04	181.00	180.33	177.10	181.66
颅宽	144.62	142.00	148.75	147.50	148.51	139.89	142.02	138.10	140.27	138.40	141.41
颅高	137.60	134.17	137.48	129.30	130.65	138.10	136.88	140.00	140.97	139.60	137.51
最小额宽	88.98	97.80	93.64	90.90	93.36	90.84	90.50	90.55	92.06	91.80	91.36
颧宽	140.29	142.00	140.48	142.30	141.08	135.20	134.64	133.70	136.22	132.80	133.23
上面高	77.08	74.60	75.41	74.60	78.91	71.77	74.50	73.58	75.56	72.30	75.56
眶宽	42.11	44.92	43.43	44.80	43.24	43.93	43.85	43.56	43.62	42.10	42.68
眶高	36.01	36.17	35.33	33.60	34.20	33.36	33.88	33.42	34.18	33.30	35.59
眶指数	85.46	80.58	81.00	74.20	78.22	76.00	77.41	77.72	78.41	79.10	83.40
鼻宽	28.13	27.17	26.76	27.00	27.43	26.97	25.97	26.31	26.51	25.70	26.19
鼻高	56.10	55.75	56.50	56.40	56.38	52.40	55.10	55.10	54.70	54.20	53.98
鼻指数	49.38	48.97	47.40	47.90	48.86	51.74	47.21	47.41	48.63	47.50	48.51
颅指数	78.54	78.17	81.36	79.60	81.88	78.22	78.10	76.30	77.56	78.20	77.86
颅长高指数	75.24	73.85	74.79	69.50	72.00	77.58	75.54	77.26	77.75	78.80	75.73
颅宽高指数	95.55	94.57	92.05	88.20	88.02	98.57	96.63	101.48	100.36	100.90	97.26
上面指数	54.81	52.53	54.17	52.40	56.21	52.45	54.48	54.89	56.69	54.40	57.26
鼻颧角	149.50	145.60	148.17	147.70	152.19	149.32	150.23	145.00	144.06	141.00	142.56

注：纳林套海组的上面指数为利用相关测量平均值计算所得；神木汉代男性全组的数值为利用原报告中的人骨个体测量值重新计算所得。

由表六欧氏距离的计算结果可知，沙金套海Ⅰ组汉代男性居民与神木汉代全组、毛饮合并A组、鄂尔多斯汉代合并组、纳林套海组在体质特征上都较接近，而与古蒙古高原类型的东大井组和古中原类型的姑姑庵组居民关系最为疏远。

由图三的系统聚类图可以看出，在刻度值小于25的范围内，11个对比组大致可以区分为两个聚类群，第一聚类群包括6～11组，代表了与现代亚洲蒙古人种东亚类型颅骨形态特征相近的群体；第二聚类群包括1～5组，代表了与现代亚洲蒙古人种北亚类型颅骨形态特征相近的群体和东亚、北亚蒙古人种混合体质特征的群体。在刻度小于10～15的范围内，第一聚类群分为两个小的聚类群，第一小聚类群包括8～11组，属于古中原类型的居民；第二小聚类群包括第6、7组，属于古华北类型的居民。在刻度小于15～20的范围内，第二聚类群又分为两个更小的聚类群，第一小聚类包括东大井组、三道湾组，属于古蒙古高原类型的居民；第二聚类群包括第1～3组，其中的神木汉代全组和纳林套海组都具有东亚蒙古人种和北亚蒙古人种的混合体质性状[15]，沙金套海组与之不但拥有最小的欧氏距离，而且最先聚为一类，说明他们在体质特征上具有较大的一致性。

表六　沙金套海Ⅰ组男性与相关古代组的Dij值

	1	2	3	4	5	6	7	8	9	10	11
1	0.00										
2	12.73	0.00									
3	9.64	10.56	0.00								
4	18.51	15.21	13.67	0.00							
5	15.24	14.96	10.83	10.47	0.00						
6	15.19	14.90	16.50	21.15	20.91	0.00					
7	11.53	12.99	12.07	17.13	16.30	8.17	0.00				
8	15.79	16.19	18.18	23.99	24.22	9.09	9.26	0.00			
9	13.64	14.11	15.50	23.01	22.07	9.90	9.72	5.35	0.00		
10	18.17	17.42	19.75	26.32	26.17	11.45	13.27	6.88	7.77	0.00	
11	11.83	13.82	14.46	21.83	20.50	13.30	10.72	9.84	8.32	10.20	0.00

1. 沙金套海Ⅰ组　2. 纳林套海组　3. 神木汉代全组　4. 东大井组　5. 三道湾组　6. 朱开沟组　7. 毛饮合并A组　8. 将军沟组　9. 土城子组　10. 姑姑庵组　11. 鄂尔多斯汉代合并组

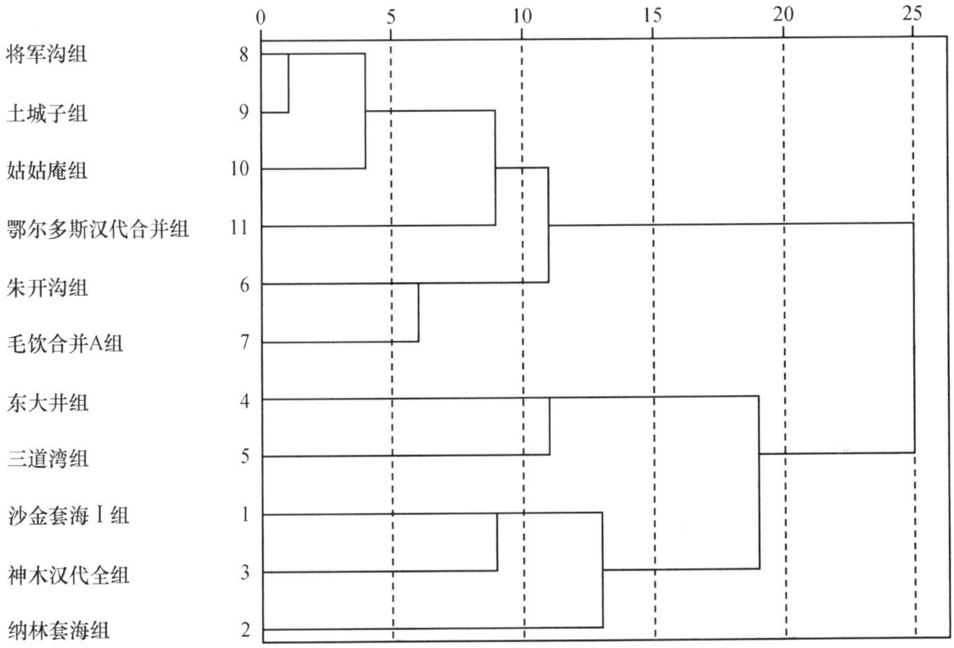

图三　沙金套海Ⅰ组男性与各相关古代组的系统聚类图

女性居民各对比项目和数据详见表七。由表八欧氏距离的计算结果可知，沙金套海Ⅰ组女性居民与朱开沟组、神木汉代全组、毛饮合并A组女性居民的体质特征最为接近，而与土城子组、后城嘴组等古中原类型的女性居民保持着较远的欧氏距离，与东大井组、三道湾组等古蒙古高原类型的女性居民在体质特征上的差异更大。

表七　沙金套海Ⅰ组女性与相关古代组的比较

（长度：mm，角度：°，指数：%）

项目＼组别	沙金套海Ⅰ组	神木汉代全组	东大井组	三道湾组	朱开沟组	毛饮合并A组	姑姑庵组	鄂尔多斯汉代合并组	土城子组	后城嘴组
颅长	176.10	170.28	177.00	179.25	175.44	172.51	172.00	173.63	172.93	171.00
颅宽	141.96	141.71	146.30	148.85	137.41	137.60	138.30	136.70	135.81	133.00
颅高	132.93	128.90	122.80	120.00	135.64	132.00	133.40	130.83	134.52	135.25
最小额宽	92.25	90.00	90.00	88.25	90.59	89.23	92.80	89.16	87.14	86.25
颧宽	136.81	129.71	131.80	132.75	128.39	127.10	126.30	130.04	126.13	125.70
上面高	63.29	70.19	71.30	72.15	67.00	69.51	66.90	70.04	67.91	70.00
眶宽	39.96	41.68	42.10	45.00	43.67	41.83	40.40	41.76	41.04	40.25
眶高	32.57	33.80	34.80	35.35	34.16	33.80	33.00	35.25	32.46	33.33
鼻宽	25.53	26.33	26.60	27.10	26.76	25.89	25.60	26.33	25.90	27.25
鼻高	50.59	52.90	54.70	52.10	51.74	50.86	50.10	49.12	50.15	51.80
颅指数	77.76	83.09	80.80	83.05	78.53	80.01	80.40	78.75	78.37	77.80
颅长高指数	73.49	75.59	69.40	66.48	77.15	76.52	77.60	75.36	77.46	79.09
颅宽高指数	93.68	90.80	86.00	80.97	99.32	96.00	96.60	95.71	98.41	101.80
眶指数	79.68	81.12	86.00	78.61	78.28	80.41	81.70	84.13	78.92	82.83
鼻指数	50.45	49.95	48.80	52.17	51.72	50.97	51.00	53.88	51.56	52.64
鼻颧角	152.42	148.92	145.00	151.25	148.43	147.17	144.30	143.76	142.33	141.75
总面角	86.90	84.19	85.10	85.25	87.00	84.67	85.00	84.25	81.71	82.67
额宽指数	63.84	63.59	63.80	59.30	65.93	64.83	67.50	65.25	64.22	64.92

注：神木汉代女性全组的数值为利用原报告中的人骨个体测量值重新计算所得，但计算时排除了明显属于圆颅、低颅、阔颅特征的古蒙古高原类型的M19：a。

由图四的系统聚类图可以看出，在刻度值小于25的范围内10个对比组大致可以区分为两个聚类群，第一聚类群包括第1、2、5～10组，除沙金套海Ⅰ组和神木汉代全组外基本代表了与现代亚洲蒙古人种东亚类型体质特征相近的群体；第二聚类群包括东大井组、三道湾组，代表了与现代亚洲蒙古人种北亚类型体质特征相近的群体。在刻度值10～15的范围内，第一聚类群又分为两个小类，其中第一小类包括第2、5～10组，第二小类为沙金套海Ⅰ组。在刻度值小于等于10的范围内，第一小类又分为两个更小的聚类，第一小聚类包括第5～10组，第二小类为神木汉代全组。在刻度值5～10的范围内，第一小类又分为两个更小的聚类，分别为朱开沟组、毛饮合并A组、姑姑庵组、鄂尔多斯汉代合并组等古华北类型的群体和土城子组、后城嘴组等古中原类型的群体。

表八　沙金套海Ⅰ组女性与相关古代组的Dij值

	1	2	3	4	5	6	7	8	9	10
1	0.00									
2	15.06	0.00								
3	20.62	15.03	0.00							
4	25.32	21.38	14.69	0.00						
5	14.31	15.13	24.92	31.16	0.00					
6	15.30	9.35	20.58	27.56	7.98	0.00				
7	16.57	12.63	22.29	31.11	9.48	6.71	0.00			
8	16.63	12.42	19.51	27.74	11.74	7.42	9.27	0.00		
9	19.56	15.83	25.72	32.81	10.51	8.06	9.12	10.11	0.00	
10	23.79	19.44	29.16	37.47	13.54	11.73	12.24	11.97	7.49	0.00

1. 沙金套海Ⅰ组　2. 神木汉代全组　3. 东大井组　4. 三道湾组　5. 朱开沟组　6. 毛饮合并A组　7. 姑姑庵组　8. 鄂尔多斯汉代合并组　9. 土城子组　10. 后城嘴组

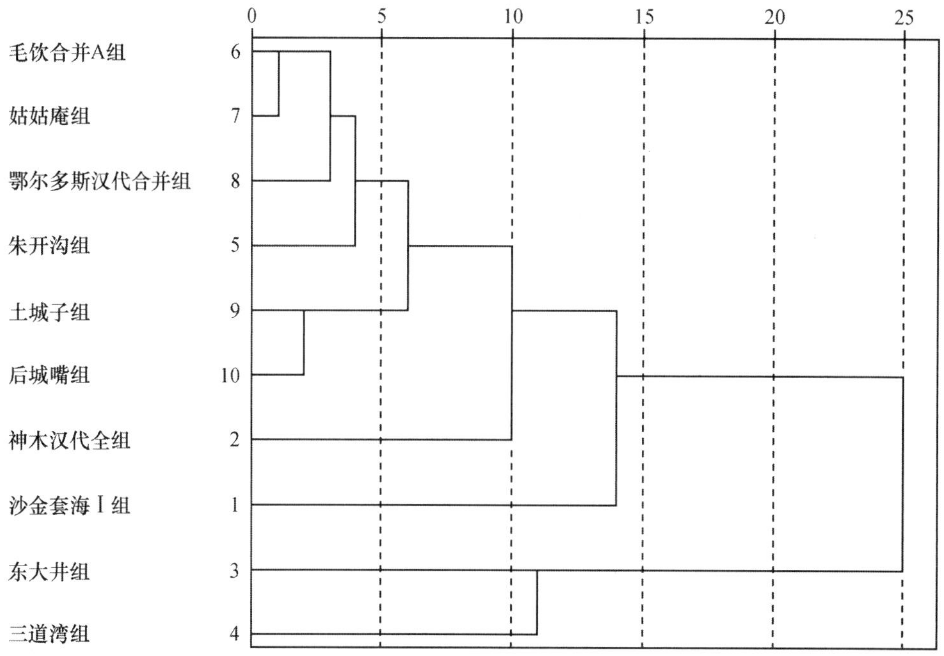

图四　沙金套海Ⅰ组女性与各相关古代组的系统聚类图

通过上述分析可知，沙金套海Ⅰ组男、女两性居民的体质特征基本一致，都与神木汉代全组和纳林套海组的体质特征存在相对较多的相似性，而不属于我国先秦时期的任何一个人种类型。所不同的是，各组居民所体现的种族融合程度不同，神木汉代组的居民更多地保留了古蒙古高原类型的圆颅、阔颅的颅型倾向，这可能与大保当城址的历史沿革有关，据《汉书·武帝本纪》和《汉书·卫青、霍去病传》等相关史料记载，元狩二年（公元前121年）秋，匈奴昆邪王率四万余众降汉，武帝“乃分处降者于边五郡故塞外，而皆在河南，因其故俗为属国”，而大保当城址很可能就是安置投降的昆邪王部众的属国之一——上郡属国的治所龟兹县[16]。若此说成立，那么以匈奴为主体民族的大保当城址，至大保当全组居民所生活的东汉时期仍然保留了很鲜明的古蒙古高原类型的体质特征就可以理解了。沙金套海和纳林套海墓地是在西汉武帝取得河南战役胜利之后，向边郡大规模移民实边的背景下形成的，其居民尤其是男性居民的主体成分应当是古中原类型，反映在颅型特征上是偏长和偏狭。

2. 沙金套海Ⅱ组

包括男性个体1例，为2016DSM8左；女性个体1例，为2016DSM7右。

（1）颅骨的非测量性形态特征

2016DSM8左：前额倾斜，额中缝保留在1/3以下，眉弓延伸至眶上缘中点，眉弓、眉间突度发育显著，鼻根点凹陷明显，鼻前棘和梨状孔残损，眶形为椭圆形，无犬齿窝和腭圆枕，颏形方形，颧骨上颌骨下缘转角欠圆钝，下颌角外翻；翼上骨型的翼区，枕外隆凸稍显，乳突发育中等；颅型为楔形，无矢状嵴和缝间骨，矢状缝的前囟段属微波型，顶段、顶孔段、后段皆已愈合。

2016DSM7右：前额平直，无额中缝，眉弓延伸范围不到眶上缘的中点，眉弓突度微显，眉间突度不显，鼻根点部位无凹陷，鼻前棘不显，梨状孔残损、梨状孔下缘为鼻前沟型，眶部残损，犬齿窝发育中等，上颌中门齿呈铲形，齿槽弓为U字形，无腭圆枕，颏形圆形，颧骨上颌骨下缘转角欠圆钝，下颌角外翻；蝶顶型的翼区，枕外隆凸缺如，乳突小；无矢状嵴、缝间骨和下颌圆枕，矢状缝的前囟段为深波型，顶段、顶孔段为锯齿型，后段为复杂型。

（2）颅骨的测量性形态特征及种族类型分析

2016DSM8左：就可测量的部分项目来看，颅长宽指数为87.25，属特圆颅型；颅长高指数为66.96，属低颅型；颅宽高指数为76.74，属阔颅型。颧宽值为141.54。鼻颧角为152.77°，具有颇大的面部扁平度。

2016DSM7右：由于该个体颅骨残损严重，许多重要的测量项目和指数都无从获取，仅知颅宽高指数为85.96，属阔颅型。

沙金套海Ⅱ组汉代居民的颅面部特征可以归结为：颅长宽指数上的特圆颅型、颅长高指数上的低颅型、颅宽高指数上的阔颅型相结合的颅型，且具有较大的颧宽值和面部扁平度（具体测量数据见附表二）。

为进一步分析沙金套海Ⅱ组居民的种族类型，我们将其与现代亚洲蒙古人种的北亚、东北亚、东亚和南亚等四个区系类型进行比较（表九）。

表九　沙金套海Ⅱ组与现代亚洲蒙古人种各区系类型的比较

（长度：mm，角度：°，指数：%）

马丁号	项目	亚洲蒙古人种				
		沙金套海Ⅱ组	北亚类型	东北亚类型	东亚类型	南亚类型
1	颅长	172.50	174.9 ~ 192.7	180.7 ~ 192.4	175.0 ~ 182.2	169.9 ~ 181.3
8	颅宽	150.50	144.4 ~ 151.5	134.3 ~ 142.6	137.6 ~ 143.9	137.9 ~ 143.9
17	颅高	115.50	127.1 ~ 132.4	132.9 ~ 141.1	135.3 ~ 140.2	134.4 ~ 137.8
45	颧宽	141.54	138.2 ~ 144.0	137.9 ~ 144.8	131.3 ~ 136.0	131.5 ~ 136.3
8：1	颅长宽指数	87.25	75.4 ~ 85.9	69.8 ~ 79.0	76.9 ~ 81.5	76.9 ~ 83.3
17：1	颅长高指数	66.96	67.4 ~ 73.5	72.6 ~ 75.2	74.3 ~ 80.1	76.5 ~ 79.5
17：8	颅宽高指数	76.74	85.2 ~ 91.7	93.3 ~ 102.8	94.4 ~ 100.3	95.0 ~ 101.3
77	鼻颧角	152.77	147.0 ~ 151.4	149.0 ~ 152.0	145.0 ~ 146.6	142.1 ~ 146.0
SS：SC	鼻根指数	41.78	26.9 ~ 38.5	34.7 ~ 42.5	31.0—35.0	26.1 ~ 36.1

就2016DSM8左可测得的部分项目来看，其在颅长、颅宽、颅高、颧宽、颅长宽指数、颅长高指数、颅宽高指数、鼻颧角、鼻根指数等9个比较项目中，落入北亚类型界值范围的有颅宽和颧宽两项，颅高值115.50、颅长高指数66.96、颅宽高指数76.74、鼻颧角152.77°等4项，虽不在其界值范围之内，但其反映的低颅、阔颅倾向和颇大的面部扁平度均与北亚类型相一致。落入东北亚类型界值范围的有颧宽和鼻根指数两项，除鼻颧角一项接近东北亚类型的上限外，其余各项均存在较大差异，尤其是颅高、颅长高指数与东北亚类型高颅的体质特征恰好相反。落入南亚类型界值范围的仅颅长一项，更无一项落入东亚类型的界值范围之内。由此可以看出，以2016DSM8左为代表的沙金套海Ⅱ组男性居民与现代亚洲蒙古人种北亚类型体质特征相近。

四、关于汉代河套地区移民问题的探讨

汉代河套地区的移民问题历来受到传统史学研究的关注，有些学者从史料研究的角度出发，认为西汉政府由外地迁入河套地区的移民多来自中原及其邻近地区，以及投降汉朝的匈奴昆邪王所统领的四万余少数民族[17]。东汉时期，乌桓、匈奴、鲜卑、诸羌、汉族从各方移居鄂尔多斯高原[18]。通过历年的考古工作，在内蒙古巴彦淖尔、鄂尔多斯以及陕北地区发现的人骨材料是探讨河套地区移民的直接依据，恰好可与史料研究相互印证，取长补短。体质人类学的研究表明，至少到了西汉中期以后，位于几字形

河曲之外的朔方郡窳浑县和三封县，有相当一部分居民从体质特征上来讲并不是单纯的中原地区移民的后裔——古中原类型，而是具有明显的东亚、北亚蒙古人种混合体质特征倾向；另外，还发现有少数古蒙古高原类型居民与之共处。而两汉时期在几字形河曲之内的河南地，除发现有准格尔旗西黑岱墓地Ⅰ区这种与几字形河曲之外相似的混合体质特征居民的墓地[19]，达拉特旗南壕、伊金霍洛旗敖包圪台[20]等古蒙古高原类型居民的墓地，神木大保当这种以混合体质特征为主体另有个别古蒙古高原类型居民与之共存的墓地以外，还较为广泛地分布着达拉特旗三棵圪旦墕、陈圪梁、鄂托克旗凤凰山这类男性属于古中原类型居民的墓地（图五）。

黄河河套以外的朔方郡西北部并不见单纯的古中原类型移民，而是以混合体质特征的居民为主，似乎表明生活在那里的居民种族融合程度更高，沙金套海墓地2016DSM8左这位带有鲜明北亚蒙古人种特征的男性墓主人，其在墓地中的位置并非偏安一隅，随葬品也看不出与其他墓葬有什么不同，甚至还用汉名，他随身佩戴的一枚私印印文“张奉”可以为证。这种相对于南部鄂尔多斯高原更高程度的种族融合，是与后套平原所处的地理位置密切相关的。后套平原北依阴山，是中原汉王朝管辖范围内最靠北的农耕区，阴山山后不宜农耕，虽然西汉王朝曾于元狩四年（公元前119年）以漠北战役的胜利取得了山后的大片土地，并修筑了汉外长城南线和北线，但是一方面由于匈奴呼韩邪单于向汉称臣后“外城”失去了军事上的意义；另一方面也由于该区域不适合军事屯田，而罢守外城。这样分布在阴山南麓以窳浑、三封为代表的朔方郡北部县城才成了真正意义的边城，是中原汉朝与北方匈奴在经济、文化等方面交汇融合的最前沿。

从沙金套海Ⅰ组居民与相关古代组的对比分析中，我们发现一个问题。姑姑庵组男性居民与将军沟组、土城子组等古中原类型居民不但拥有最小的欧氏距离，而且最先聚为一类；而姑姑庵组女性居民与属于古华北类型的毛饮合并A组不但拥有最小的欧氏距离，而且最先聚为一类，这说明姑姑庵组女性居民在种族类型上与男性不同，是自新石器时代以来一直都生活在北方长城地带的古华北类型。同一墓地的男女两性居民分别属于两个不同种族，这种现象实属罕见。造成这种现象的直接原因可能是属于古中原类型的男性外来移民与本土古华北类型女性的婚配，而婚配后所居住的聚落延续时间也很短，移民男性与本土女性的成年后代死亡之前聚落即已废弃，所以墓地内并不见混合体质特征的居民。鄂尔多斯汉代合并组似乎也存在类似的问题，虽然该组个体数很少，可信度并不高，但是从姑姑庵、沙金套海，以及鄂尔多斯汉代合并组的女性居民都不同程度地表现出与朱开沟组、毛饮合并A组相对较近的欧氏距离，可以窥见两汉时期古华北类型的女性在整个北方长城地带中段的女性居民中所起到的不容忽视的历史作用。

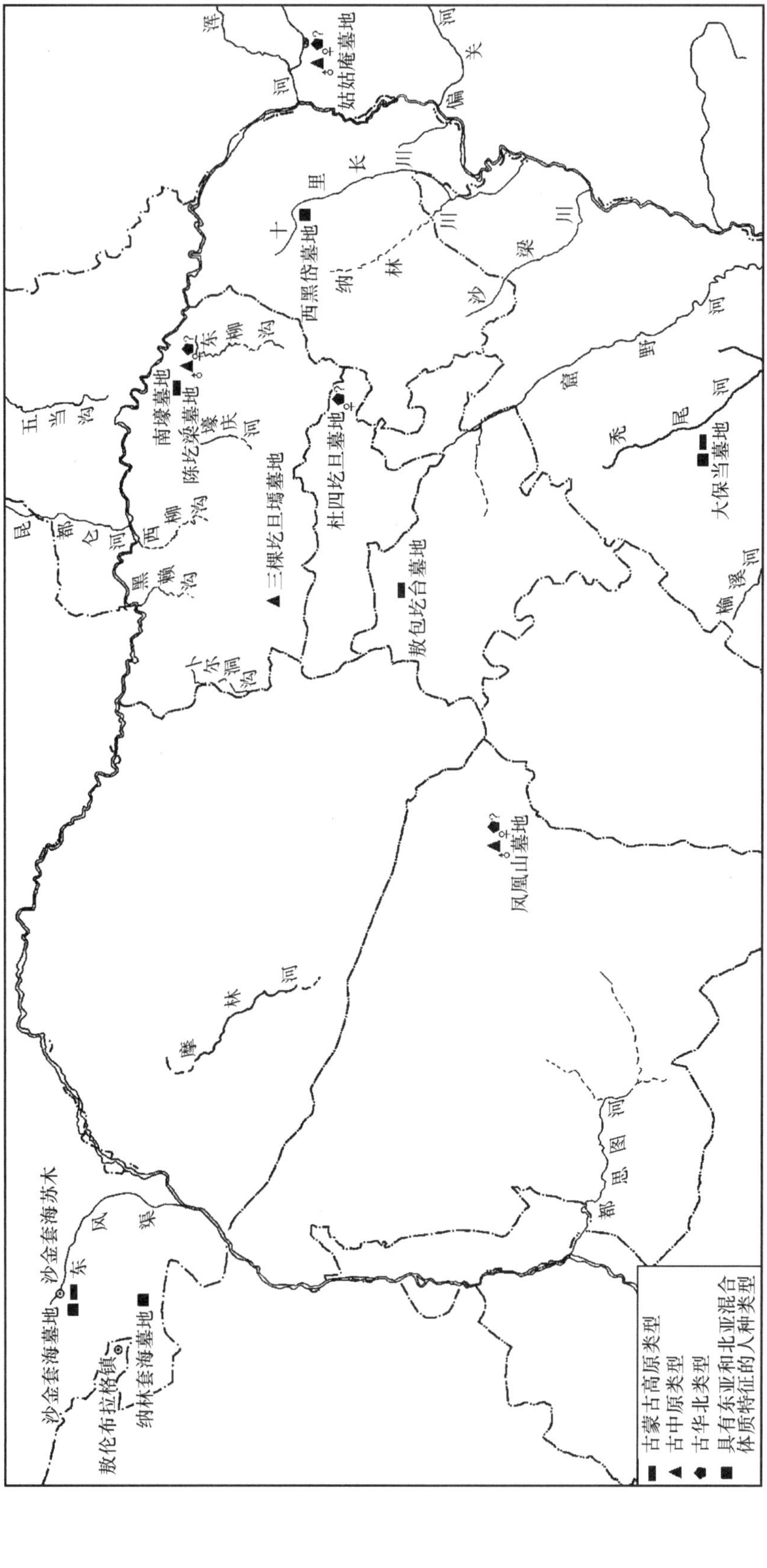

图五　两汉时期河套地区各人种的分布示意图

注 释

［1］ 张文平. 眩雷塞小考［N］. 中国文物报，2015-8-28（3）.

［2］ 侯仁之，俞伟超，李宝田.乌兰布和沙漠北部的汉代垦区［A］. 治沙研究（第7号）［C］. 北京：科学出版社，1965.

［3］ 同［2］.

［4］ 内蒙古自治区文物考古研究所. 内蒙古中南部汉代墓葬［R］. 北京：中国大百科全书出版社，1998：71-114.

［5］ 张全超，胡延春，朱泓. 磴口县纳林套海汉墓人骨研究［J］. 内蒙古文物考古，2010（2）.

［6］ 陕西省考古研究所，榆林市文物管理委员会办公室. 神木大保当——汉代城址与墓葬考古报告［R］. 北京：科学出版社，2001：132-159.

［7］ 陈靓，朱泓，郑丽慧. 内蒙古东大井东汉时期鲜卑墓葬人骨研究［A］.内蒙古地区鲜卑墓葬的发现与研究［C］. 北京：科学出版社，2004：289-308.

［8］ 朱泓. 察右后旗三道湾汉代鲜卑族颅骨的人种学研究［A］. 内蒙古地区鲜卑墓葬的发现与研究［C］. 北京：科学出版社，2004：273-288.

［9］ 潘其风. 朱开沟墓地人骨的研究［A］. 朱开沟——青铜时代早期遗址发掘报告［R］. 北京：文物出版社，2000：340-399.

［10］ 张全超. 内蒙古和林格尔县新店子墓地人骨研究［M］. 北京：科学出版社，2010：66，71.

［11］ 张全超，曹建恩，朱泓. 内蒙古和林格尔县将军沟墓地人骨研究［J］. 人类学学报，2006（4）.

［12］ 顾玉才. 内蒙古和林格尔县土城子遗址战国时期人骨研究［M］. 北京：科学出版社，2010：83，86.

［13］ 张全超，曹建恩，朱泓. 内蒙古清水河县姑姑庵汉代墓地人骨研究［J］. 人类学学报，2011（1）.

［14］ 原海兵，赵欣. 鄂尔多斯地区汉代居民的人类学特征及相关问题［J］. 内蒙古文物考古，2008（2）. 作为该文主要研究材料的三棵圪旦墕、陈圪梁、凤凰山等三处墓地出土的颅骨都属古中原类型，由于每个地点个体数都较少，故合并为一组使用。

［15］ 王昉. 陕西神木大保当汉代墓葬人骨再分析［D］. 吉林大学，2014：12-13.

［16］ 陕西省考古研究所，榆林市文物管理委员会办公室. 神木大保当——汉代城址与墓葬考古报告［R］. 北京：科学出版社，2001：111.

［17］ 吴晓红. 汉代“河南地”移民开发及安边政策考略［J］. 宁夏社会科学，2010（4）.

［18］ 艾冲. 东汉时期鄂尔多斯高原的民族迁徙与分布初探［J］. 西夏研究，2016（4）.

［19］ 朱泓，胡春佰，齐溶青，李强. 内蒙古准格尔旗西黑岱墓地人骨研究［J］. 华夏考古，2017（2）.

［20］ 胡春柏，齐溶青，李强，朱泓. 鄂尔多斯市伊金霍洛旗敖包圪台汉代墓地人骨研究［J］. 草原文物，2016（2）.

附表一　沙金套海Ⅰ组颅骨测量值　　（长度：mm，角度：°，指数：%）

马丁号	测量项	男性					例数	平均值	女性				例数	平均值
		DSM1左	DSM6左	DSM7左	DSM14左	DSM16左			M1右	DSM4右	DSM13右	DSM14右		
1	颅骨最大长 g-op	188.80	—	178.80	179.00	—	3	182.20	—	—	178.70	173.50	2	176.10
8	颅骨最大宽 eu-eu	140.70	147.20	145.70	142.50	147.00	5	144.62	151.99	—	140.00	133.90	3	141.96
17	颅高 b-ba	135.00	139.50	138.90	137.00	—	4	137.60	139.90	—	133.90	125.00	3	132.93
21	耳上颅高 po-po	113.80	114.20	113.50	116.50	—	4	114.50	122.50	—	113.40	—	2	117.95
9	额骨最小宽 ft-ft	89.97	93.92	90.15	81.87	—	4	88.98	94.02	97.74	82.41	94.82	4	92.25
7	枕骨大孔长 enba-o	—	—	38.56	37.60	—	2	38.08	35.43	—	36.38	—	2	35.91
16	枕骨大孔宽	31.08	32.27	34.65	—	—	3	32.67	—	—	31.85	—	1	31.85
25	颅失状弧 n-o	391.80	—	375.60	378.20	—	3	381.87	—	—	373.00	—	1	373.00
26	额骨矢状弧 n-b	135.00	—	133.80	122.80	—	3	130.53	131.60	—	122.20	—	2	126.90
27	顶骨矢状弧 b-l	130.00	122.80	122.80	136.30	—	4	127.98	121.50	—	123.00	123.00	3	122.50
28	枕骨矢状弧 l-o	126.80	117.50	119.00	119.10	—	4	120.60	—	—	127.80	—	1	127.80
29	额骨矢状弦 n-b	117.12	—	116.61	108.93	—	3	114.22	113.30	—	109.96	—	2	111.63
30	顶骨矢状弦 b-l	116.65	108.76	110.20	115.69	—	4	112.83	109.15	—	113.78	111.03	3	111.32
31	枕骨矢状弦 l-o	99.67	97.80	—	98.16	—	3	98.54	—	—	99.09	—	1	99.09
23	颅周长 g-op-g	541.20	—	522.50	520.60	—	3	528.10	—	—	507.20	504.00	2	505.60
24	颅横弧 po-b-po	300.80	317.90	316.20	315.20	331.50	5	316.32	341.60	—	306.00	297.50	3	315.03
5	颅基底长 n-enba	—	—	100.99	98.60	—	2	99.80	88.90	—	97.00	—	2	92.95
40	面底长 pr-enba	—	—	102.43	—	—	1	102.43	83.85	—	—	—	1	83.85
48	上面高 n-pr	72.41	—	74.91	—	—	2	73.66	63.09	—	—	—	1	63.09

续表

马丁号	测量项	男性							女性					
		DSM1 左	DSM6 左	DSM7 左	DSM14 左	DSM16 左	例数	平均值	M1右	DSM4 右	DSM13 右	DSM14 右	例数	平均值
	上面高 n-sd	75.58	—	78.58	—	—	2	77.08	63.29	—	—	—	1	63.29
47	全面高 n-gn	—	—	—	—	—	0	—	—	—	—	—	0	—
45	面宽/颧点间宽 zy-zy	137.89	146.32	—	136.65	—	3	140.29	—	—	136.81	—	1	136.81
46	中面宽 zm-zm	109.04	110.93	—	106.96	—	3	108.98	—	—	97.99	—	1	97.99
43	上面宽 fmt-fmt	—	—	108.78	103.77	—	2	106.28	100.26	—	90.73	—	2	95.50
50	前眶间宽 mf-mf	20.26	—	17.77	20.34	—	3	19.46	18.63	—	—	—	1	18.63
MH L	颧骨高 fmo-zm	—	32.80	—	42.21	—	2	37.51	42.02	—	46.19	—	2	44.11
MH R		—	—	46.73	42.45	—	2	44.59	—	—	45.60	—	1	45.60
MB L	颧骨宽 zm-rim.Orb.	27.06	28.25	—	24.57	—	3	26.63	21.87	—	22.45	—	2	22.16
MB R		29.14	28.36	27.71	26.50	—	4	27.93	—	—	22.48	—	1	22.48
54	鼻宽	—	29.40	26.87	28.12	—	3	28.13	23.04	—	28.02	—	2	25.53
55	鼻高 n-ns	—	—	60.34	51.86	—	2	56.10	50.45	—	50.73	—	2	50.59
SS	鼻骨最小宽	6.77	—	6.85	6.66	—	3	6.76	7.89	—	13.14	—	2	10.52
SC	鼻最小宽高	3.05	—	3.30	3.20	—	3	3.18	3.10	—	3.30	—	2	3.20
51 L	眶宽 mf-ek	—	—	42.11	38.69	—	2	40.40	38.54	—	—	—	1	38.54
51 R		—	—	42.68	41.53	—	2	42.11	39.96	—	—	—	1	39.96
51a L	眶宽 d-ek	—	—	—	38.78	—	1	38.78	38.34	—	—	—	1	38.34
51a R		—	—	42.00	40.30	—	2	41.15	39.28	—	—	—	1	39.28
52 L	眶高	—	—	38.65	33.67	—	2	36.16	32.44	—	32.42	—	2	32.43
52 R		—	—	38.59	33.43	—	2	36.01	31.84	—	33.30	—	2	32.57

续表

马丁号	测量项	男性 DSM1 左	男性 DSM6 左	男性 DSM7 左	男性 DSM14 左	男性 DSM16 左	例数	平均值	女性 M1右	女性 DSM4 右	女性 DSM13 右	女性 DSM14 右	例数	平均值
60	上颌齿槽弓长 pr-alv	39.46	43.13	50.16	—	—	3	44.25	—	—	—	—	0	—
61	上颌齿槽弓宽 ekm-ekm	68.65	66.62	66.33	—	—	3	67.20	—	—	—	—	0	—
62	腭长 ol-sta	39.67	37.07	—	—	40.09	3	38.94	—	—	—	—	0	—
63	腭宽 enm-enm	51.10	44.76	45.80	—	40.99	4	45.66	40.69	—	—	—	1	40.69
12	枕骨最大宽 ast-ast	115.15	109.13	110.90	122.49	119.16	5	115.37	—	—	109.49	105.86	2	107.68
11	耳点间宽 au-au	129.73	145.25	140.15	138.89	137.08	5	138.22	143.99	—	135.54	126.18	3	135.24
44	两眶宽 ek-ek	99.23	100.71	99.22	98.84	—	4	99.50	93.27	—	98.41	—	2	95.84
FC	两眶内宽 fmo-fmo	—	—	101.87	97.16	—	2	99.52	90.19	—	90.79	—	2	90.49
DC	眶间宽 d-d	—	—	—	22.36	—	1	22.36	18.39	—	—	—	1	18.39
32	额侧角 Ⅰ ∠n-m and FH	82.90	—	83.60	82.90	—	3	83.13	93.90	—	86.00	—	2	89.95
	额侧角 Ⅱ ∠g-m and FH	72.60	—	75.50	74.70	—	3	74.27	89.50	—	77.80	—	2	83.65
	前囟角 ∠g-b and FH	53.90	—	45.50	53.20	—	3	50.87	51.50	—	48.90	—	2	50.20
72	总面角 ∠n-pr and FH	89.50	—	82.50	—	—	2	86.00	86.90	—	—	—	1	86.90
73	中面角 ∠n-ns and FH	94.50	—	84.20	90.50	—	3	89.73	91.00	—	93.50	—	2	92.25
74	齿槽面角 ∠ns-pr and FH	85.70	75.60	70.20	—	—	3	77.17	68.00	—	—	—	1	68.00
75	鼻梁侧角 ∠n-rhi and FH	—	—	—	74.00	—	1	74.00	—	—	74.30	—	1	74.30
77	鼻颧角 ∠fmo-n-fmo	—	—	150.38	148.62	—	2	149.50	156.15	—	148.68	—	2	152.42
SSA	颧上颌角 ∠zm-ss-zm	133.54	130.06	—	131.14	—	3	131.58	—	—	132.10	—	1	132.10
	面三角 Ⅰ ∠pr-n-ba	—	—	68.50	—	—	1	68.50	63.39	—	—	—	1	63.39
	面三角 Ⅱ ∠n-pr-ba	—	—	68.04	—	—	1	68.04	73.59	—	—	—	1	73.59

续表

马丁号	测量项	男性					例数	平均值	女性				例数	平均值
		DSM1 左	DSM6 左	DSM7 左	DSM14 左	DSM16 左			M1右	DSM4 右	DSM13 右	DSM14 右		
SSA	面三角Ⅲ∠n-ba-pr	—	—	43.46	—	—	1	43.46	43.02	—	—	—	1	43.02
	鼻梁角72-75	—	—	—	—	—	0	—	—	—	—	—	0	—
8：1	颅长宽指数	74.52	—	81.49	79.61	—	3	78.54	—	—	78.34	77.18	2	77.76
17：1	颅长高指数	71.50	—	77.68	76.54	—	3	75.24	—	—	74.93	72.05	2	73.49
17：8	颅宽高指数	95.95	94.77	95.33	96.14	—	4	95.55	92.05	—	95.64	93.35	3	93.68
9：8	额宽指数	63.94	63.80	61.87	57.45	—	4	61.77	61.86	—	58.86	70.81	3	63.84
16：7	枕骨大孔指数	—	—	89.86	—	—	1	89.86	—	—	87.55	—	1	87.55
40：5	面突指数	—	—	101.43	—	—	1	101.43	94.32	—	—	—	1	94.32
48：17 pr	垂直颅面指数	53.64	—	53.93	—	—	2	53.79	45.10	—	—	—	1	45.10
48：17 sd		55.99	—	56.57	—	—	2	56.28	45.24	—	—	—	1	45.24
48：45 pr	上面指数 K	52.51	—	—	—	—	1	52.51	—	—	—	—	0	—
48：45 sd		54.81	—	—	—	—	1	54.81	—	—	—	—	0	—
48：46 pr	上面指数 V	66.41	—	—	—	—	1	66.41	—	—	—	—	0	—
48：46 sd		69.31	—	—	—	—	1	69.31	—	—	—	—	0	—
54：55	鼻指数	—	—	44.53	54.22	—	2	49.38	45.67	—	55.23	—	2	50.45
52：51 L	眶指数	—	—	91.78	87.03	—	2	89.41	84.17	—	—	—	1	84.17
52：51 R		—	—	90.42	80.50	—	2	85.46	79.68	—	—	—	1	79.68
52：51a L	眶指数	—	—	—	86.82	—	1	86.82	84.61	—	—	—	1	84.61
52：51aR		—	—	91.88	82.95	—	2	87.42	81.06	—	—	—	1	81.06
54：51 L	鼻眶指数	—	—	63.81	72.68	—	2	68.25	59.78	—	—	—	1	59.78

续表

马丁号	测量项	男性					例数	平均值	女性				例数	平均值
		DSM1 左	DSM6 左	DSM7 左	DSM14 左	DSM16 左			M1右	DSM4 右	DSM13 右	DSM14 右		
54 : 51 R		—	—	62.96	67.71	—	2	65.34	57.66	—	—	—	1	57.66
54 : 51a L	鼻眶指数	—	—	—	72.51	—	1	72.51	60.09	—	—	—	1	60.09
54 : 51a R		—	—	63.98	69.78	—	2	66.88	58.66	—	—	—	1	58.66
SS : SC	鼻根指数	45.05	—	48.18	48.05	—	3	47.09	39.29	—	25.11	—	2	32.20
63 : 62	腭指数	128.81	120.74	—	—	102.24	3	117.26	—	—	—	—	0	—
65	下颌髁突间宽 cdl-cdl	—	133.27	—	—	—	1	133.27	130.76	127.73	133.34	—	3	130.61
66	下颌角间宽 go-go	112.73	115.11	104.27	—	—	3	110.70	97.14	96.56	90.63	98.71	4	95.76
69	下颌联合高 id-gn	—	28.19	31.81	—	—	2	30.00	29.85	—	27.22	—	2	28.54
MBH Ⅰ L	下颌体高 Ⅰ	32.56	29.79	35.38	32.89	—	4	32.66	27.40	29.76	27.78	—	3	28.31
R		—	29.83	33.70	30.85	—	3	31.46	28.15	29.37	—	—	2	28.76
MBH Ⅱ L	下颌体高 Ⅱ	29.46	28.87	32.00	32.05	—	4	30.60	25.12	—	—	—	1	25.12
R		—	27.66	32.87	30.57	—	3	30.37	—	26.84	—	—	1	26.84
MBT Ⅰ L	下颌体厚 Ⅰ	12.71	10.54	12.75	12.95	—	4	12.24	10.66	12.78	11.69	—	3	11.71
R		12.61	12.85	13.38	13.40	—	4	13.06	11.28	12.12	—	—	2	11.70
MBT Ⅱ L	下颌体厚 Ⅱ	16.46	15.35	14.55	13.77	—	4	15.03	13.73	—	—	—	1	13.73
R		16.63	14.48	14.39	14.41	—	4	14.98	12.89	12.55	—	—	2	12.72
70 L	下颌支高	62.59	61.67	68.82	—	—	3	64.36	54.61	48.58	57.85	—	3	53.68
70 R		62.36	57.33	70.10	—	—	3	63.26	52.26	54.45	52.26	—	3	52.99
71 L	下颌支宽	37.57	32.25	34.04	—	—	3	34.62	29.40	31.35	31.49	—	3	30.75
71 R		34.83	32.67	37.73	—	—	3	35.08	27.55	30.43	28.95	—	3	28.98

续表

马丁号	测量项	男性					例数	平均值	女性				例数	平均值
		DSM1 左	DSM6 左	DSM7 左	DSM14 左	DSM16 左			M1右	DSM4 右	DSM13 右	DSM14 右		
71a L	下颌支最小宽	36.10	31.95	34.32	31.23	—	4	33.40	28.80	31.23	31.06	—	3	30.36
71a R		33.63	32.43	38.37	31.75	—	4	34.05	27.02	29.76	28.57	—	3	28.45
79	下颌角	124.00	125.70	124.30	—	—	3	124.67	129.00	125.20	119.00	—	3	124.40
67	颏孔间宽	48.47	48.59	50.93	—	—	3	49.33	44.01	47.71	48.63	42.05	4	45.60
	颏孔间弧	56.20	57.10	60.00	—	—	3	57.77	51.30	51.00	59.00	—	3	53.77

附表二　沙金套海Ⅱ组颅骨测量值

（长度：mm，角度：°，指数：%）

马丁号	测量项	男性	女性	马丁号	测量项	男性	女性
		DSM8左	DSM7右			DSM8左	DSM7右
1	颅骨最大长 g-op	172.50	—	73	中面角∠n-ns and FH	—	—
8	颅骨最大宽 eu-eu	150.50	141.70	74	齿槽面角∠ns-pr and FH	—	76.00
17	颅高 b-ba	115.50	121.80	75	鼻梁侧角∠n-rhi and FH	—	—
21	耳上颅高 po-po	110.50	109.50	77	鼻颧角∠fmo-n-fmo	152.77	—
9	额骨最小宽 ft-ft	—	—	SSA	颧上颌角∠zm-ss-zm	—	—
7	枕骨大孔长 enba-o	36.37	32.45		面三角Ⅰ∠pr-n-ba	—	—
16	枕骨大孔宽	—	24.89		面三角Ⅱ∠n-pr-ba	—	—
25	颅矢状弧 n-o	362.50	—		面三角Ⅲ∠n-ba-pr	—	—
26	额骨矢状弧 n-b	126.80	—		鼻梁角72-75	—	—
27	顶骨矢状弧 b-l	—	112.50	8：1	颅长宽指数	87.25	—
28	枕骨矢状弧 l-o	—	104.60	17：1	颅长高指数	66.96	—
29	额骨矢状弦 n-b	111.36	—	17：8	颅宽高指数	76.74	85.96
30	顶骨矢状弦 b-l	—	101.16	9：8	额宽指数	—	—
31	枕骨矢状弦 l-o	—	87.19	16：7	枕骨大孔指数	—	76.70
23	颅周长 g-op-g	521.50	—	40：5	面突指数	—	—
24	颅横弧 po-b-po	321.50	305.90	48：17 pr	垂直颅面指数	—	—
5	颅基底长 n-enba	90.00	—	48：17 sd		—	—
40	面底长 pr-enba	—	93.91	48：45 pr	上面指数 K	—	—
48	上面高 n-pr	—	—	48：45 sd		—	—
	上面高 n-sd	—	—	48：46 pr	上面指数 V	—	—
47	全面高 n-gn	—	—	48：46 sd		—	—
45	面宽/颧点间宽 zy-zy	141.54	—	54：55	鼻指数	—	—
46	中面宽 zm-zm	103.89	—	52：51 L	眶指数	—	—
43	上面宽 fmt-fmt	98.05	—	52：51 R		—	—
50	前眶间宽 mf-mf	17.59	—	52：51a L	眶指数	—	—
MH L	颧骨高 fmo-zm	—	—	52：51a R		—	—
MH R		47.31	—	54：51 L	鼻眶指数	—	—
MB L	颧骨宽 zm-rim.Orb.	—	18.43	54：51 R		—	—

续表

马丁号	测量项	男性	女性	马丁号	测量项	男性	女性
		DSM8左	DSM7右			DSM8左	DSM7右
MB R		28.63	—	54：51a L	鼻眶指数	—	—
54	鼻宽	—	—	54：51a R		—	—
55	鼻高 n-ns	—	—	SS：SC	鼻根指数	41.78	—
SS	鼻骨最小宽	7.18	—	63：62	腭指数	—	97.14
SC	鼻最小宽高	3.00	—	65	下颌颏突间宽 cdl-cdl	—	108.62
51 L	眶宽 mf-ek	40.76	—	66	下颌角间宽 go-go	—	86.28
51 R		43.86	—	69	下颌联合高 id-gn	—	28.85
51a L	眶宽 d-ek	—	—	MBH Ⅰ L	下颌体高Ⅰ	—	25.71
51a R		—	—	R		—	27.45
52 L	眶高	—	—	MBH Ⅱ L	下颌体高Ⅱ	—	25.26
52 R		—	—	R		—	26.11
60	上颌齿槽弓长 pr-alv	—	44.30	MBT Ⅰ L	下颌体厚Ⅰ	—	12.84
61	上颌齿槽弓宽 ekm-ekm	—	59.87	R		—	12.64
62	腭长 ol-sta	—	39.92	MBT Ⅱ L	下颌体厚Ⅱ	—	15.35
63	腭宽 enm-enm	—	38.78	R		—	15.05
12	枕骨最大宽 ast-ast	115.65	105.13	70 L	下颌支高	—	44.36
11	耳点间宽 au-au	142.40	130.55	70 R		—	46.41
44	两眶宽 ek-ek	99.93	—	71 L	下颌支宽	—	32.53
FC	两眶内宽 fmo-fmo	98.63	—	71 R		—	33.42
DC	眶间宽 d-d	—	—	71a L	下颌支最小宽	—	32.37
32	额侧角Ⅰ∠n-m and FH	85.30	—	71a R		—	32.99
	额侧角Ⅱ∠g-m and FH	82.90	—	79	下颌角	—	127.00
	前囟角∠g-b and FH	54.90	—	67	颏孔间宽	—	46.60
72	总面角∠n-pr and FH	—	—		颏孔间弧	—	53.60

A Research on Skulls of Han Residents from Shajintaohai Cemetery in Dengkou County, Inner Mongolia

HU Chun-bai ZHU Hong ZHANG Wen-ping WANG Hao

A viewpoint that the residents from Shajintaohai cemetery relied mainly on the individuals with Eastern Asiatic Mongoloid and North Asiatic Mongoloid Mixing characteristics while individuals individed into the type of Ancient Mongolia Plateau subsidiary is put forward with the method of Physical Anthropology research on the skulls excavated from Shajintaohai cemetery during Han dynasty in Dengkou County, Inner Mongolia. We suppose that the degree of racial integration is much higher in the southern foot of Yinshan Mountain than that in Ordos plateau based on the contrastive studies on the human skeletons from both inside and outside of Hetao.

汪沟遗址仰韶文化居民的颅骨形态学分析*

周亚威[1]　王艳杰[2]　顾万发[3]

（1. 郑州大学历史学院，郑州，450001；2. 安徽大学历史系，合肥，230000；3. 郑州市文物考古研究院，郑州，450001）

汪沟遗址是分布在黄河中游索须河流域的一处典型仰韶文化中晚期聚落遗址（大河村三期类型），地处河南省郑州市荥阳市城关乡汪沟南约500米的岗地上，地理坐标为北纬34°48.821′，东经113°23.786′。墓葬为长方形土坑竖穴墓，葬式均为仰身直肢，个别头向朝东，大多数向西，多数墓葬无随葬品，少数出土有陶罐、陶碗等随葬品，该遗址共出土210例人骨。从墓葬葬式、出土器物等来看，与在郑州地区已发现的仰韶文化遗存相类似，初步判定其遗址年代为仰韶文化中晚期大河村三期类型。本文寄希望于通过对汪沟遗址出土人骨的颅骨形态学研究，了解该地居民的颅骨形态特征，并综合颅骨的各项特征来尝试确定汪沟居民的种族类型。

一、观察与测量

1. 颅骨形态观察

颅骨连续性形态特征的观察选择了人类学研究中常用的21项观察项目，包括颅型、眉弓突度、眉弓范围、眉间突度、前额、额中缝、颅顶缝、乳突、枕外隆突、眶型、梨状孔形状、鼻前棘、上门齿、犬齿窝、鼻根凹、翼区、缝间骨、矢状嵴、腭形、腭圆枕、颏形、下颌角形、下颌圆枕。本文对颅骨非测量性形态的观察标准主要依据《体质人类学》[1]《人体测量方法》[2]和《人体测量手册》[2]的相关著述。

通过对汪沟遗址出土人骨的各项形态特征的观察与描述，汪沟遗址古代居民在颅骨形态上可以概括为：以卵圆形和楔形为主，眉间突度和眉弓的发育程度中等偏弱，颅

* 基金项目：国家哲学社会科学基金重大项目（19ZDA227）；国家哲学社会科学基金青年项目（17CKG021）；河南中原文明探源工程项目——“郑州地区仰韶文化人骨的体质与 DNA 研究及数据库建设”；2019河南省高等教育教学改革重点项目（2019SJGLX015Y）；郑州大学中华文明根系研究（XKZDJC202006）；西北大学文化遗产研究与保护技术教育部重点实验室开放研究课题“郑州地区仰韶文化人骨的体质人类学研究”。

顶缝简单，眶型多为圆形和椭圆形，梨状孔以梨形为主，具有浅平的鼻根凹陷，鼻前棘不发达，多为略有凸起，犬齿窝多为无或弱，翼区以H型为主，矢状嵴较弱，齿弓形状以U型为主，门齿均为铲形，颏形均以圆形为多，下颌角区男性以外翻为主，女性以直形为主，下颌圆枕不发育等。男女两性各形态的出现率略有差别，多数属于性别发育的差别。以上这些形态特征显示出较明显的蒙古人种的性质，因此，汪沟居民应归属于现代亚洲蒙古人的范畴（表一）。

表一　汪沟组颅骨连续性形态特征观察统计表

观察项目	性别（例数）	体质特征	观察项目	性别（例数）	体质特征
颅型	男（40）	椭圆形 6，卵圆形 17，圆形 3，楔形 14	梨状孔	男（30）	心形 6，梨形 24
	女（26）	椭圆形 6，卵圆形 8，楔形 11，菱形 1		女（20）	心形 7，梨形 13
眉弓凸度	男（42）	弱 16，中等 17，显著 8，特显 1	鼻前棘	男（31）	Broca Ⅰ级 19，Broca Ⅱ级 10，Broca Ⅲ 2
	女（24）	弱 19，中等 2，显著 3		女（21）	Broca Ⅰ级 8，Broca Ⅱ级 11，Broca Ⅲ 2
眉弓范围	男（42）	0级 4，1级 31，2级 7	上颌中门齿	男（23）	铲形 23
	女（24）	0级 6，1级 18		女（15）	铲形 15
眉间突度	男（40）	不显 10，微显 22，中等 4，显著 4	鼻根凹	男（34）	1级 19，2级 14，3级 1
	女（22）	不显12，微显 9，中等 1		女（20）	1级 8，2级 12
前额	男（42）	平直4，中等15，倾斜23	翼区	男（39）	H型 34，I型 1，缝间型 4
	女（24）	平直10，中等5，倾斜9		女（24）	H型 20，I型 2，X型 1，缝间型 1
额中缝	男（41）	无 6，1/3-2/3 1，2/3 2，全 32	缝间骨	男（17）	复杂 4，星点骨 1，人字缝 12
	女（23）	无 3，1/3 2，1/3-2/3 1，2/3 2，全 15		女（13）	复杂1，印加骨 2，星点骨 3，人字缝 7
颅顶缝 前囟段	男（39）	愈合 3，微波 17，深波 15，锯齿 4	失状嵴	男（41）	有 11，无 30
	女（23）	愈合 4，微波 10，深波 8，锯齿 1		女（23）	无 23
颅顶缝 顶段	男（39）	愈合 2，微波 1，深波 8，锯齿 23，复杂 5	腭形	男（35）	U形 35
	女（22）	愈合 2，微波 1，深波 6，锯齿 11，复杂 2		女（23）	U形 23

续表

观察项目		性别（例数）	体质特征	观察项目	性别（例数）	体质特征
颅顶缝	顶孔段	男（39）	愈合3，微波18，深波11，锯齿7	腭圆枕	男（35）	无31，嵴状2，瘤状2
		女（22）	愈合2，微波12，深波3，锯齿5		女（24）	无13，嵴状1，瘤状10
	后段	男（38）	愈合2，微波2，深波8，锯齿24，复杂2	下颌颏形	男（40）	方形14，圆形26
		女（22）	愈合1，微波2，深波4，锯齿14，复杂1		女（22）	方形4，圆形18
乳突		男（42）	极小1，小7，中等21，大10，特大3	下颌角形	男（40）	外翻27，直形13
		女（24）	小11，中等12，大1		女（23）	外翻6，直形17
枕外隆突		男（38）	0级8，1级18，2级5，3级3，5级4	下腭圆枕	男（40）	无40
		女（23）	0级4，1级15，2级3，4级1		女（23）	无23
眶型		男（37）	圆形15，椭圆形15，方形3，长方形3，斜方形1	犬齿窝	男（33）	无11，弱19，中等3
		女（20）	圆形7，椭圆形8，方形3，长方形1，斜方形1		女（22）	无12，弱8，中等2

2. 颅骨的测量性状观察

汪沟组男女两性的颅骨形态特征存在很多共性，基本可以将汪沟组颅骨形态特征概括为具有特圆颅型和圆颅型、高颅型和狭颅型相结合的颅型，狭额型、中上面型、偏低的中眶型、阔鼻型、狭腭型、正颌型、面部扁平度偏大、齿槽面突颌。但是男性的腭型比女性要窄，齿槽面角比女性更突出，面部的扁平度大于女性的面部扁平度（表二、表三）。

表二　汪沟组颅骨主要测量项目均值及指数

（长度：mm，角度：°，指数：%）

马丁号	测量项目	男性（例数）	女性（例数）	马丁号	测量项目	男性（例数）	女性（例数）
1	颅骨最大长（g-op）	172.37（34）	169.14（22）		前囟角（∠g-b And FH）	49.77（33）	48.14（21）
5	颅基底长（n-enbA）	102.21（15）	100.93（10）	72	总面角（∠n-pr And FH）	81.86（28）	81.26（21）

续表

马丁号	测量项目	男性（例数）	女性（例数）	马丁号	测量项目	男性（例数）	女性（例数）
8	颅骨最大宽（eu-eu）	146.49（36）	141.75（22）	73	中面角（∠n-ns And FH）	85.34（28）	84.21（19）
9	额骨最小宽（ft-ft）	94.13（40）	92.51（25）	74	齿槽面角（∠NS-PR And FH）	67.14（28）	69.63（20）
11	耳点间宽（Au-Au）	132.29（39）	123.94（24）	75	鼻梁侧角（∠n-rhi And FH）	65.64（14）	71.11（14）
12	枕骨最大宽（Ast-Ast）	110.62（24）	107.35（21）	77	鼻颧角（∠fmo-n-fmo）	146.40（29）	144.71（19）
7	枕骨大孔长（enbA-o）	35.27（14）	32.56（10）		颧上颌角（∠zm-ss-zm）	126.57（27）	126.88（20）
16	枕骨大孔宽	30.97（14）	28.26（9）		鼻梁角（∠72-75）	15.81（13）	10.12（13）
17	颅高（b-bA）	145.13（16）	140.88（13）		面三角（∠n-pr-bA）	68.25（12）	68.86（11）
21	耳上颅高（po-po）	113.23（35）	110.43（23）		（∠pr-n-bA）	71.5（12）	71.27（11）
23	颅周长（g-op-g）	511.75（32）	500.91（22）		（∠n-bA-pr）	40.25（12）	39.86（11）
24	颅横弧（po-b-po）	331.82（39）	322.39（23）	65	下颌髁突间宽（cdl-cdl）	126.95（26）	123.75（15）
25	颅矢状弧（n-o）	375.04（27）	363.41（17）	66	下颌角间宽（go-go）	103.99（33）	96.65（21）
26	额骨矢状弧（n-b）	130.29（38）	127.26（23）	67	髁孔间径	50.1（39）	49.03（23）
27	顶骨矢状弧（b-l）	129.48（33）	123.09（22）	68	下颌体长	70.4（36）	60.26（21）
28	枕骨矢状弧（l-o）	115.96（26）	112.17（18）	68-1	下颌体最大投影长	94.12（39）	82.81（21）
29	额骨矢状弦（n-b）	115.81（39）	112.31（23）	69	下颌联合高（id-gn）	33.47（35）	30.28（20）
30	顶骨矢状弦（b-l）	109.45（34）	107.72（23）	69-1	下颌体高Ⅰ（L）	32.12（41）	29.87（22）
31	枕骨矢状弦（l-o）	102.74（26）	99.93（18）		下颌体高Ⅰ（R）	32.03（41）	30.09（23）

续表

马丁号	测量项目	男性（例数）	女性（例数）	马丁号	测量项目	男性（例数）	女性（例数）
40	面底长（pr-enbA）	100.12（12）	98.12（11）	69-3	下颌体高Ⅱ（L）	29.68（42）	28.22（21）
43	上面宽（fmt-fmt）	103.90（32）	104.43（21）		下颌体高Ⅱ（R）	29.97（41）	28.99（22）
44	两眶宽（ek-ek）	99.09（31）	97.67（22）		下颌体厚Ⅰ（L）	14.03（40）	13.57（23）
45	面宽/颧点间宽（zy-zy）	140.45（11）	132.68（10）		下颌体厚Ⅰ（R）	14.2（41）	13.86（23）
46	中面宽（zm-zm）	106.03（26）	101.51（19）		下颌体厚Ⅱ（L）	17.76（39）	17.7（22）
47	全面高（n-gn）	121.03（24）	113.24（15）		下颌体厚Ⅱ（R）	17.9（41）	17.84（22）
48	上面高（n-pr）	69.19（31）	65.95（22）	70	下颌支高（L）	61（33）	56.19（18）
	上面高（n-sd）	73.73（31）	70.46（22）		下颌支高（R）	62.14（28）	57.37（17）
50	前眶间宽（mf-mf）	19.59（31）	18.59（22）	71	下颌支宽（L）	46.62（35）	44.93（18）
51	眶宽（mf-ek L）	42.06（35）	41.5（21）		下颌支宽（R）	46.97（32）	45.39（17）
	眶宽（mf-ek R）	42.47（31）	42.37（22）	71A	下颌支最小宽（L）	38.68（38）	36.35（22）
	眶宽（d-ek L）	46.93（29）	45.08（20）		下颌支最小宽（R）	37.6（37）	36.39（22）
	眶宽（d-er R）	46.57（25）	46.29（22）	79	下颌角	122.09（38）	123.55（21）
52	眶高（L）	33.55（34）	33.56（21）		颏孔间弧	58.28（39）	57.3（23）
	眶高（R）	33.31（27）	33.37（21）	8：1	颅长宽指数	84.9（31）	84.24（21）
MH	颧骨高（fmo-zm L）	45.04（31）	44.18（18）	17：1	颅长高指数	82.65（15）	82.99（11）
	颧骨高（fmo-zm R）	44.91（27）	44.16（19）	17：8	颅宽高指数	99.74（15）	99.72（12）

续表

马丁号	测量项目	男性（例数）	女性（例数）	马丁号	测量项目	男性（例数）	女性（例数）
MB	颧骨宽（zm-rim Orb L）	26.7（32）	25.38（21）	9：8	额宽指数	64.91（34）	65.23（21）
	颧骨宽（zm-rim Orb R）	26.58（28）	25.46（22）	16：7	枕大孔指数	87.88（14）	88.38（8）
54	鼻宽	26.38（32）	26.25（23）	40：5	面突指数	97.31（11）	91.62（10）
55	鼻高（n-ns）	53.45（30）	50.63（19）	48：45pr	上面指数（K）	49.58（9）	49.11（9）
SC	鼻最小宽	7.45（27）	7.82（21）	48：45sd		52.92（9）	52.52（8）
SS	鼻最小宽高	2.36（27）	1.99（15）	54：55	鼻指数	49.4（28）	52.06（19）
60	上颌齿槽弓长（pr-alv）	56.03（20）	52.37（18）	52：51	眶指数Ⅰ L	77.91（34）	80.99（20）
61	上颌齿槽弓宽（ekm-ekm）	67.34（32）	60.44（21）	52：51	眶指数Ⅰ R	78.00（28）	78.83（21）
62	颚长（ol-stA）	39.47（21）	45.87（14）	52：51A	眶指数Ⅱ L	77.06（26）	74.7（19）
63	颚宽（enm-enm）	39.47（31）	39.86（21）	52：51A	眶指数Ⅱ R	78.24（19）	72.74（21）
FC	两眶内宽（fmo-fmo）	97.75（31）	95.75（20）	63：62	腭指数	80.88（20）	83.29（13）
FS	鼻根点至两眶内宽矢高（n to fmo-fmo）	14.53（29）	14.45（19）	68：65	下颌骨指数	75.93（26）	65.31（15）
DC	眶间宽（d-d）	14.1（20）	10.47（21）	SS：SC	鼻根指数	31.78（27）	24.48（15）
	额侧角Ⅰ（∠n-m And FH）	82.45（32）	83.6（21）	48：17	垂直颅面指数	50.16（12）	50.88（11）
	额侧角Ⅱ（∠g-m And FH）	78.35（33）	79.84（22）				

表三　汪沟组颅骨主要颅面部测量特性出现率统计表

项目	性别（例数）	形态类型及出现例数						
颅指数		超长颅型	特长颅型	长颅型	中颅型	圆颅型	特圆颅型	超圆颅型
	男（31）	0（0.00%）	0（0.00%）	1（3.03%）	6（19.35%）	8（25.81%）	11（35.48%）	5（16.13%）
	女（21）	0（0.00%）	0（0.00%）	1（4.76%）	4（19.05%）	7（33.33%）	5（23.81%）	4（19.05%）
颅长高指数		低颅型	正颅型	高颅型				
	男（16）	1（6.25%）	2（12.50%）	13（81.25%）				
	女（11）	0（0.00%）	0（0.00%）	11（100.00%）				
颅宽高指数		阔颅型	中颅型	狭颅型				
	男（15）	1（6.67%）	4（26.67%）	10（66.67%）				
	女（12）	2（16.67%）	1（8.33%）	9（75.00%）				
额宽指数		狭额型	中额型	阔额型				
	男（35）	20（57.14%）	8（22.86%）	7（20.00%）				
	女（21）	13（61.90%）	5（23.81%）	3（14.29%）				
鼻指数		狭鼻型	中鼻型	阔鼻型	特阔鼻型			
	男（28）	6（21.43%）	9（32.14%）	13（46.43%）	0（0.00%）			
	女（18）	3（16.67%）	5（27.78%）	9（50.00%）	1（5.56%）			
眶指数 I（R）		低眶型	中眶型	高眶型				
	男（25）	9（36.00%）	13（52.00%）	3（12.00%）				
	女（21）	6（28.57%）	11（52.38%）	4（19.05%）				
上面指数（sd）		特阔上面型	阔上面型	中上面型	狭上面型	特狭上面型		
	男（10）	0（0.00%）	1（10.00%）	8（80.00%）	1（10.00%）	0（0.00%）		
	女（10）	0（0.00%）	2（20.00%）	6（60.00%）	2（20.00%）	0（0.00%）		

续表

项目	性别（例数）	形态类型及出现例数						
面突指数		正颌型	中颌型	突颌型				
	男（10）	6（60.00%）	4（40.00%）	0（0.00%）				
	女（9）	7（77.78%）	2（22.22%）	0（0.00%）				
腭指数		狭腭型	中腭型	阔腭型				
	男（19）	12（63.16%）	4（21.05%）	3（15.79%）				
	女（13）	4（30.77%）	3（23.08%）	6（46.15%）				
下颌骨指数		长狭下颌型	中下颌型	短阔下颌型				
	男（26）	26（100.00%）	0（0.00%）	0（0.00%）				
	女（15）	15（100.00%）	0（0.00%）	0（0.00%）				
总面角		特突颌型	突颌型	中颌型	平颌型	特平颌型		
	男（28）	0（0.00%）	5（17.86%）	19（67.86%）	4（14.29%）	0（0.00%）		
	女（21）	0（0.00%）	7（33.33%）	12（57.14%）	2（9.52%）	0（0.00%）		
中面角		特突颌型	突颌型	中颌型	平颌型			
	男（28）	0（0.00%）	0（0.00%）	12（42.86%）	16（57.14%）			
	女（19）	0（0.00%）	1（5.26%）	10（52.63%）	8（42.11%）			
齿槽面角		超突颌型	特突颌型	突颌型	中颌型	平颌型		
	男（28）	6（21.43%）	11（39.29%）	6（21.43%）	5（17.86%）	0（0.00%）		
	女（20）	4（20.00%）	5（25.00%）	10（50.00%）	1（5.00%）	0（0.00%）		
鼻颧角		扁平度小	扁平度中等	扁平度大	扁平度很大			
	男（29）	1（3.45%）	8（27.59%）	11（37.93%）	9（31.03%）			
	女（19）	2（10.53%）	7（36.84%）	7（36.84%）	3（15.79%）			

二、种系纯度检验

1. 颅长、颅宽和颅指数标准差变异度的估计

在对汪沟颅骨进行观察测量过程中，汪沟男性颅骨形态存在两类较大的差异。依据颅骨连续性形态特征和其体质特征项目的测量数据及指数的分析，将该组男性颅骨分为两个亚型，即汪沟A组和汪沟B组。为验证汪沟组居民在体质特征上是否属于同种族类型，我们采用了皮尔逊（Karl Pearson）设计的种系纯度检验方法[1]来测定汪沟组内部的离散程度。

本文我们将皮尔逊（Karl Pearson）与莫兰特（Morant）所举可能为同种系的若干组颅骨与汪沟组颅骨的颅长、颅宽及颅指数的标准差进行比较，同时还加入了可能为异种系的殷代祭祀坑组和可能为同种系的殷代中小墓组、磨沟齐家组以及齐家组。比较结果显示：

从表四中可以看出汪沟组男性颅长的标准差是6.67，颅宽的标准差是6.88，颅指数标准差是6.09；女性颅长的标准差是7.03，颅宽的标准差是6.49，颅指数标准差是6.27。通过汪沟组两性样本与其他样本所作折线图显示男女两性的颅长标准差、颅宽的标准差均大于或接近可能为异种系数的标准差（6.5）的界限，而且汪沟组男女两性颅骨长度的标准差均大于同种系数的颅骨长度标准差（5.5），宽度标准差大于同种系可能的标准差（3.3）界限，这也反映出汪沟组古代居民为异种系的可能性比较大。同时汪沟组两性的三项标准差均大于殷墟、磨沟各组，这说明汪沟组古代居民种系构成方面确实存在着较为复杂的情况（图一、图二）。

表四　汪沟组颅长、颅宽以及颅指数标准差与其他组之比较

	组别	颅长标准差	颅宽标准差	颅指数标准差
皮尔逊	阿伊努组	5.94（76）	3.90（76）	
	巴伐利亚组	6.09（100）	5.85（100）	
	帕里西安组	5.94（77）	5.21（77）	
	纳夸达组	5.72（139）	4.62（139）	
	英国组	6.09（136）	4.80（136）	
莫兰特	埃及E组	5.73	4.76	2.67
	纳夸达组	6.09	4.60	2.88
	维特卡普组	6.17	5.28	2.97
	莫菲尔德组	5.90	5.31	3.27
	刚果尼格鲁组	6.55	5.00	2.88

续表

	组别	颅长标准差	颅宽标准差	颅指数标准差
殷墟	殷墟祭祀坑	6.20（319）	5.90（317）	3.98（316）
	殷墟中小墓（男）	5.79（42）	4.44（39）	2.85（36）
	殷墟中小墓（女）	4.95（21）	4.58（20）	2.74（20）
磨沟	磨沟齐家组（男）	5.71（160）	5.01（158）	3.31（158）
	磨沟齐家组（女）	4.82（107）	4.37（107）	2.82（105）
	磨沟寺洼组（男）	3.30（5）	3.37（5）	2.18（5）
	磨沟寺洼组（女）	2.32（5）	4.92（5）	3.47（5）
汪沟	汪沟组（男）	6.67（33）	6.88（36）	6.09（30）
	汪沟组（女）	7.03（22）	6.49（22）	6.27（21）
	汪沟A组（男）	6.27（19）	5.50（24）	4.49（19）
	汪沟B组（男）	7.89（7）	3.73（6）	3.20（6）

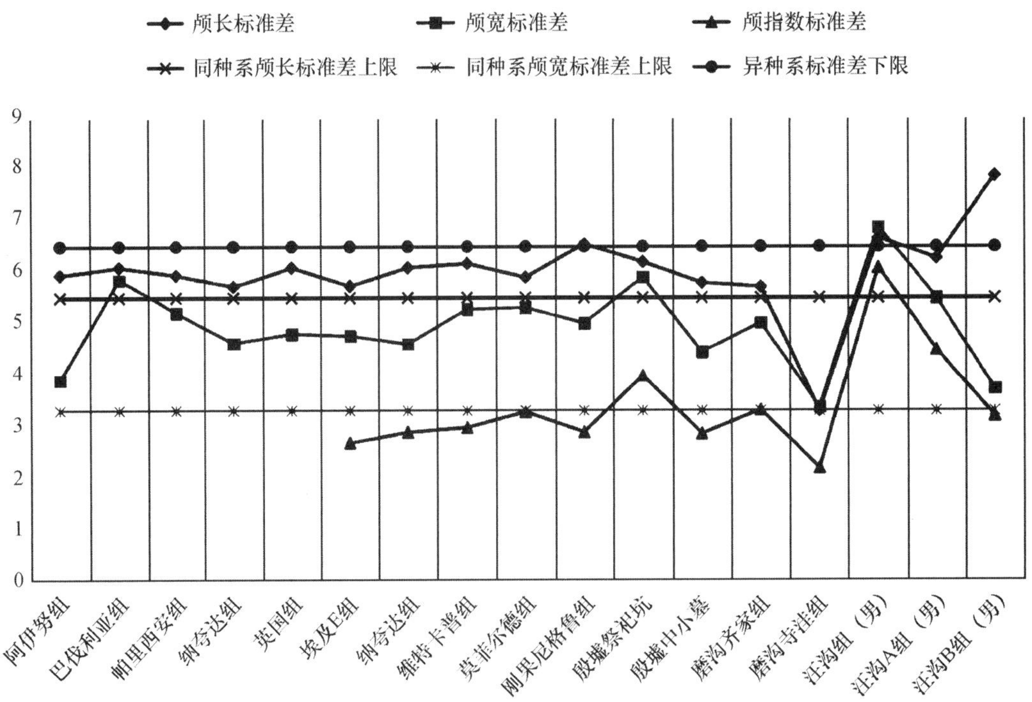

图一　汪沟组男性颅骨的种系纯度检验

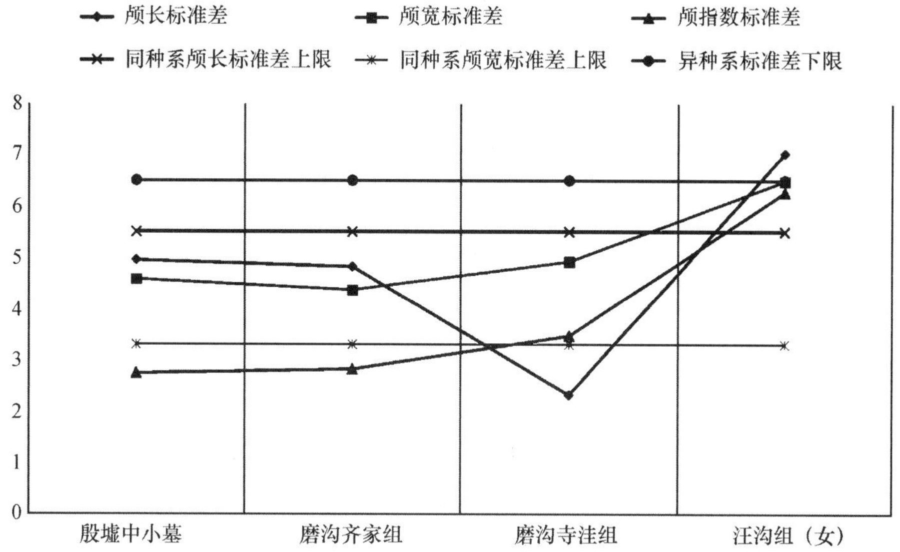

图二　汪沟组女性颅骨的种系纯度检验

2. 平均标准差百分比方法的估计

为进一步检验汪沟人骨的种系纯度，我们采用了豪厄尔斯所设计的多项同种系标准差值比较标准。方法是将所要检验的项目与之逐一对比，求出二者标准差的百分比，百分比越接近100%，则表明被检验的组别种系越纯正[2]。σ_n代表被测量组各项的标准差，σ_o代表欧洲同种系的各项标准差，m代表测量特征的项目数。

$$\text{平均标准差百分比}=\frac{\sum\frac{\sigma_n}{\sigma_o}\times 100}{m}$$

我们选取了25项线性测量数据和8项指数数据的标准差进行分析研究，从25项线性测量平均值标准差和8项指数平均值标准差来看，汪沟全组的25项线性项目平均标准差百分比（111.99）和8项指数项目平均标准差百分比（119.28）明显高于100，汪沟A组和B组的线性和指数的平均标准差百分比值则接近100。从整体上来看，这种结果更明显：汪沟全组的33项平均值标准差百分比为113.75，汪沟A组的33项平均值标准差百分比为95.84，汪沟B组33项平均值标准差百分比为95.71，汪沟全组的33项平均值标准差百分比明显大于100，这也说明汪沟遗址的种系成分确实存在着相对复杂的情况。

通过以上分析，汪沟全组的平均值标准差百分比虽然大于100，但是汪沟A组和汪沟B组在颅型、额型、面型、眶型、鼻型以及面部扁平度等方面有很多共性，因此不应因某些差异就把汪沟全组与汪沟A、B组视为不同的种系。汪沟A组和汪沟B组的各项参数均非常接近同种系数。相对汪沟全组而言，汪沟A组和汪沟B组所反映的种系成分比较单纯，虽然汪沟A组和汪沟B组在颅高、面高等存在某些相似，但二者在颅型、鼻型、面部扁平度等仍然有很大差异（表五）。

总体而言，汪沟全组所表现出的个体差异超出了较纯的种系程度，其种系成分是比较复杂的，可能存在着两个以上的人群类型。汪沟组所反映出的形态特征差异明显，但是这种差异的程度并没有超出同种系的范畴，在总体上系同一人种主干下的不同类型的区别，可以概括为汪沟组是一支同种系多类型的复合体。

表五　汪沟组颅骨数据标准差与欧洲同种系标准差百分率的比较（男性）

	汪沟全组 σ1	汪沟A组 σ2	汪沟B组 σ3	同种系σ0（%）	σ1/σ0（%）	σ2/σ0（%）	σ3/σ0（%）
颅长	6.67	6.27	4.44	6.09	109.52	102.96	72.91
颅宽	6.88	5.50	3.73	5.03	136.78	109.34	74.16
颅高	5.49	4.96	4.86	5.12	107.23	96.88	94.92
最小额宽	4.68	3.70	4.15	4.32	108.33	85.65	96.06
颅基底长	3.72	4.23	2.61	4.22	88.15	100.24	61.85
面基底长	4.55	3.10	6.24	4.88	93.24	63.52	127.87
颅周长	13.06	13.29	18.38	14.14	92.36	93.99	129.99
颅横弧	10.19	10.02	5.21	10.02	101.70	100.00	52.00
颅矢状弧	11.44	10.79	13.83	12.71	90.01	84.89	108.81
额矢弧	6.06	6.17	4.60	6.01	100.83	102.66	76.54
顶矢弧	20.27	8.62	4.50	7.65	264.97	112.68	58.82
枕矢弧	9.33	6.59	8.77	7.46	125.07	88.34	117.56
面宽	5.60	1.72	3.88	5.10	109.80	33.73	76.08
上面高	4.83	4.82	3.94	4.28	112.85	112.62	92.06
全面高	7.28	6.56	5.94	6.33	115.01	103.63	93.84
眶高	1.63	1.31	2.56	2.01	81.09	65.17	127.36
眶宽	1.83	1.14	1.95	1.82	100.55	62.64	107.14
鼻高	1.83	2.88	2.09	3.03	60.40	95.05	68.98
鼻宽	1.83	1.75	2.39	1.81	101.10	96.69	132.04
腭长	3.87	4.21	3.95	2.93	132.08	143.69	134.81
腭宽	3.30	3.31	1.50	3.19	103.45	103.76	47.02
下颌髁间突	7.17	6.54	5.13	5.58	128.49	117.20	91.94
下颌角间宽	6.58	6.86	5.71	6.62	99.40	103.63	86.25
下颌联合高	3.51	3.68	2.46	2.84	123.59	129.58	86.62
下颌支最小宽	3.08	3.57	2.61	2.71	113.65	131.73	96.31

续表

	汪沟全组 σ1	汪沟A组 σ2	汪沟B组 σ3	同种系σ0 （%）	σ1/σ0 （%）	σ2/σ0 （%）	σ3/σ0 （%）
25项线性项目平均标准差百分比					111.99	97.61	92.48
颅长宽指数	6.01	4.49	3.20	3.22	186.65	139.44	99.38
颅长高指数	5.02	4.24	5.86	3.05	164.59	139.02	192.13
颅宽高指数	5.45	5.01	6.51	4.61	118.22	108.68	141.21
额宽指数	3.57	2.37	3.62	3.23	110.53	73.37	112.07
上面指数	1.91	1.12	0.99	3.30	57.88	33.94	30.00
眶指数	6.19	4.13	5.69	5.33	116.14	77.49	106.75
鼻指数	4.61	3.55	3.58	4.49	102.67	79.06	79.73
腭指数	6.45	4.73	5.63	6.61	97.58	71.56	85.17
8项指数项目平均标准差百分比					119.28	90.32	105.81
全部项目平均标准差百分比					113.75	95.84	95.71

三、形态学分析

通过观察分析，我们将汪沟A组的颅骨形态特征概括为：头形以楔型为主，另有少量卵圆形和圆形。据颅骨指数分析，A组为特圆颅型、高颅以及狭颅相结合的颅型；额部较平，额指数较小，多为狭额型；面宽绝对值较大，中上面型居多；眼眶以圆形和方形居多，以低眶型、中眶型为主；鼻型以中鼻型为主，中面角偏小，鼻颧角以及颧上颌角偏大，面部扁平度中等，齿槽面突出。

汪沟B组的颅骨形态特征可以概括为：头形以椭圆形为主，少量卵圆形。据颅骨指数分析，B组为中颅偏长颅、高颅以及中、狭颅相结合的颅型，额部较宽，倾斜者居多，为中额型，眼眶低矮，呈椭圆形，上颌突出，中面角偏小，颧宽绝对值较小，颧骨纤细，面部扁平度偏大，齿槽面突出。

由表六数据分析可以看出，汪沟A、B两组的头骨形态有一定的相似性，如齿槽面突出，中面角偏小等。而在颅型、鼻型、眶型以及面部扁平度等有很大差异。A组颅型更倾向圆形，B组则为狭长颅型；B组的鼻型比A组更阔，面部扁平度也较A组大（图三）。

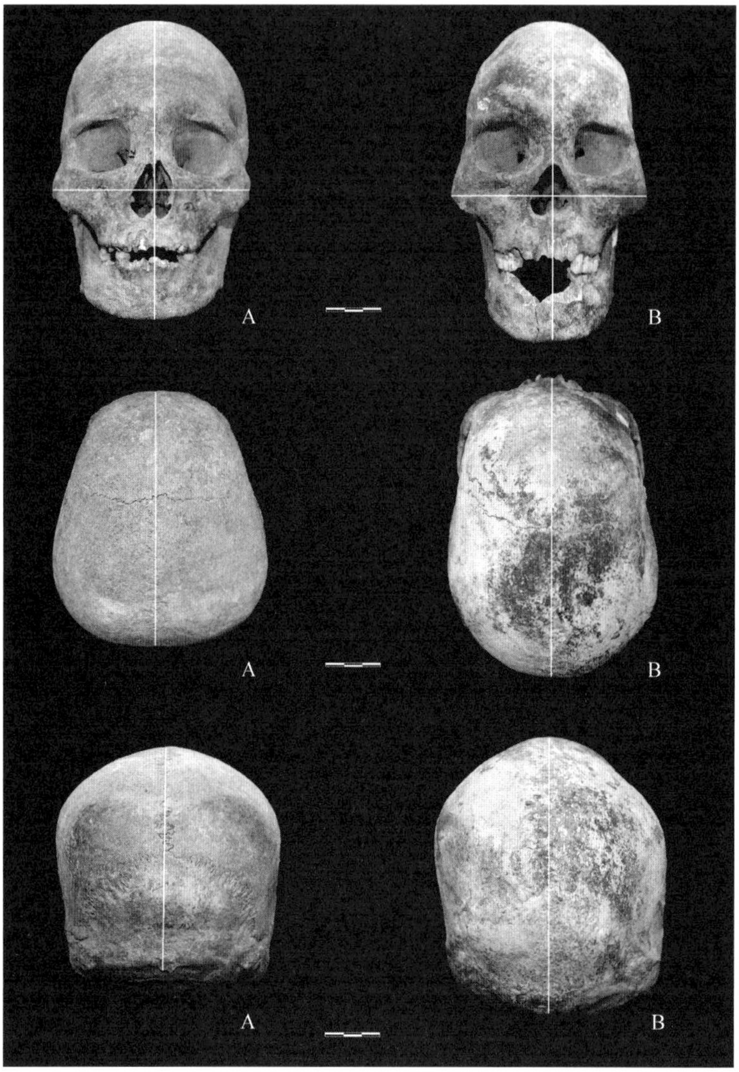

图三　汪沟A组与汪沟B组颅骨对比图

四、比较与分析

为进一步考察汪沟组与其他新石器时代居民组之间的亲缘关系，本文选取了先秦时期的西山组[3]、仰韶合并组[4~6]、庙底沟组[7]、姜家梁组[8]、庙子沟组[9]、后套一期组[10]、柳湾合并组[11]、菜园组[12]、昙石山组[13]、甑皮岩组[14]、中央石板墓居民[15]和贝加尔湖新石器组[16]等共计12组与汪沟组进行比较（表七）。

表六　汪沟A、B组男性颅骨主要测量项目均值及指数

（长度：mm，角度：°，指数：%）

马丁号	测量项目	A组（例数）		B组（例数）		马丁号	测量项目	A组（例数）		B组（例数）	
1	颅骨最大长（g-op）	170.34	（19）	177.43	（7）		前囟角（∠g-b And FH）	50.57	（21）	48.17	（6）
5	颅基底长（n-enbA）	103.34	（9）	101.20	（5）	72	总面角（∠n-pr And FH）	81.64	（18）	82.50	（6）
8	颅骨最大宽（eu-eu）	149.33	（24）	136.50	（6）	73	中面角（∠n-ns And FH）	85.42	（8）	85.33	（6）
9	额骨最小宽（ft-ft）	95.43	（22）	92.92	（7）	74	齿槽面角（∠NS-PR And FH）	66.59	（17）	64.00	（6）
11	耳点间宽（Au-Au）	134.97	（23）	123.67	（7）	75	鼻梁侧角（∠n-rhi And FH）	65.30	（10）	65.00	（1）
12	枕骨最大宽（Ast-Ast）	112.60	（15）	104.66	（5）	77	鼻颧角（∠fmo-n-fmo）	145.69	（16）	147.21	（7）
7	枕骨大孔长（enbA-o）	34.89	（7）	36.25	（5）		颧上颌角（∠zm-ss-zm）	126.53	（15）	127.00	（6）
16	枕骨大孔宽	32.03	（7）	30.49	（5）		鼻梁角（∠72-75）	16.22	（9）	17.00	（1）
17	颅高（b-bA）	147.33	（9）	142.00	（5）		面三角（∠n-pr-bA）	69.57	（7）	66.50	（4）
21	耳上颅高（po-po）	114.19	（21）	110.00	（7）		（∠pr-n-bA）	70.43	（7）	74.00	（4）
23	颅周长（g-op-g）	511.95	（19）	509.83	（6）		（∠n-bA-pr）	40.00	（7）	39.50	（4）
24	颅横弧（po-b-po）	335.92	（24）	320.43	（7）	65	下颌髁突间宽（cdl-cdl）	128.41	（15）	128.19	（4）
25	颅矢状弧（n-o）	373.69	（13）	377.29	（7）	66	下颌角间宽（go-go）	105.22	（19）	101.43	（5）
26	额骨矢状弧（n-b）	129.87	（22）	131.17	（6）	67	髁孔间径	42.98	（22）	49.38	（7）
27	顶骨矢状弧（b-l）	126.58	（19）	126.50	（6）	68	下颌体长	70.37	（19）	75.33	（6）
28	枕骨矢状弧（l-o）	115.15	（13）	116.50	（6）	Jan-68	下颌体最大投影长	93.79	（21）	105.00	（7）
29	额骨矢状弦（n-b）	115.80	（23）	115.34	（6）	69	下颌联合高（id-gn）	33.63	（21）	31.63	（5）
30	顶骨矢状弦（b-l）	109.16	（20）	111.72	（6）	Jan-69	下颌体高Ⅰ（L）	32.09	（23）	31.03	（7）
31	枕骨矢状弦（l-o）	103.02	（12）	102.71	（6）		下颌体高Ⅰ（R）	32.20	（23）	31.54	（7）
40	面底长（pr-enbA）	101.34	（7）	98.01	（4）		下颌体高Ⅱ（L）	29.80	（24）	28.44	（7）
43	上面宽（fmt-fmt）	107.35	（19）	105.70	（7）		下颌体高Ⅱ（R）	30.20	（23）	29.25	（7）

续表

马丁号	测量项目	A组（例数）		B组（例数）		马丁号	测量项目	A组（例数）		B组（例数）	
44	两眶宽（ek-ek）	99.63	（17）	98.68	（7）	Mar-69	下颌体厚Ⅰ（L）	13.91	（22）	13.60	（7）
45	面宽/颧点间宽（zy-zy）	142.67	（6）	135.67	（3）		下颌体厚Ⅰ（R）	13.83	（23）	3.74	（7）
46	中面宽（zm-zm）	105.91	（15）	102.70	（6）		下颌体厚Ⅱ（L）	17.36	（22）	17.89	（6）
47	全面高（n-gn）	121.97	（14）	116.96	（7）		下颌体厚Ⅱ（R）	17.57	（23）	17.78	（7）
48	上面高（n-pr）	69.49	（19）	66.22	（6）	70	下颌支高（L）	59.88	（17）	63.61	（5）
	上面高（n-sd）	74.25	（19）	69.55	（6）		下颌支高（R）	61.41	（16）	65.75	（5）
50	前眶间宽（mf-mf）	19.48	（17）	19.51	（7）	71	下颌支宽（L）	46.93	（18）	44.92	（6）
51	眶宽（mf-ek L）	42.47	（21）	41.48	（7）		下颌支宽（R）	46.93	（17）	46.79	（7）
	眶宽（mf-ek R）	42.96	（17）	42.40	（7）	71A	下颌支最小宽（L）	39.05	（21）	37.44	（6）
	眶宽（d-ek L）	47.42	（17）	47.85	（5）		下颌支最小宽（R）	37.92	（21）	36.57	（7）
	眶宽（d-er R）	46.88	（16）	44.27	（4）	79	下颌角	122.33	（21）	123.17	（6）
52	眶高（L）	33.68	（20）	33.96	（6）		颏孔间弧	57.95	（22）	57.86	（7）
	眶高（R）	33.19	（14）	33.53	（7）	8：1	颅长宽指数	87.82	（19）	76.51	（6）
MH	颧骨高（fmo-zm L）	45.35	（17）	43.83	（6）	17：1	颅长高指数	84.44	（8）	79.53	（5）
	颧骨高（fmo-zm R）	45.33	（15）	43.32	（6）	17：8	颅宽高指数	98.53	（9）	103.28	（4）
MB	颧骨宽（zm-rim Orb L）	26.93	（18）	25.30	（6）	9：8	额宽指数	63.97	（22）	68.84	（6）
	颧骨宽（zm-rim Orb R）	26.66	（15）	24.76	（7）	16：7	枕大孔指数	91.71	（7）	84.01	（5）
54	鼻宽	26.21	（17）	26.34	（6）	40：5	上面指数	52.29	（5）	52.45	（3）
55	鼻高（n-ns）	53.69	（18）	51.48	（6）	48：45pr	上面指数（K）	48.95	（5）	49.86	（3）
SC	鼻最小宽	7.55	（16）	6.77	（5）	48：45sd	眶指数Ⅰ L	79.30	（20）	81.59	（6）
SS	鼻最小宽高	2.19	（16）	2.74	（5）	54：55	眶指数Ⅰ R	77.84	（14）	79.29	（7）
60	上颌齿槽弓长（pr-Alv）	55.05	（12）	57.70	（5）	52：51	眶指数Ⅱ L	70.44	（17）	72.39	（5）

续表

马丁号	测量项目	A组（例数）		B组（例数）		马丁号	测量项目	A组（例数）		B组（例数）	
61	上颌齿槽弓宽（ekm-ekm）	67.25	（20）	66.94	（5）	52：51	眶指数Ⅱ R	73.32	（13）	76.37	（4）
62	颚长（ol-stA）	48.12	（12）	47.21	（6）	52：51A	鼻指数	49.24	（16）	51.12	（6）
63	颚宽（enm-enm）	38.92	（19）	37.67	（5）	52：51A	腭指数	79.00	（12）	80.27	（4）
FC	两眶内宽（fmo-fmo）	98.28	（17）	97.41	（7）	63：62	面突指数	91.19	（7）	95.78	（4）
FS	鼻根点至两眶内宽矢高（n to fmo-fmo）	14.67	（16）	14.97	（7）	68：65	下颌骨指数	73.71	（14）	81.76	（4）
DC	眶间宽（d-d）	13.53	（11）	19.03	（4）	SS：SC	鼻根指数	29.28	（15）	41.29	（5）
	额侧角Ⅰ（∠n-m And FH）	82.80	（20）	82.00	（7）	48：17	垂直颅面指数	50.34	（7）	48.30	（4）
	额侧角Ⅱ（∠g-m And FH）	79.20	（20）	76.14	（7）						

表七　各古代组背景资料情况

组别	来源	年代	人种类型
西山组	河南郑州市西山遗址	新石器时代	古中原类型
仰韶合并组	陕西省	仰韶时期	古中原类型
庙底沟组	河南陕县庙底沟遗址	龙山文化早期/仰韶时代向龙山时代过渡	古中原类型
姜家梁组	河北张家口阳原县东城镇	仰韶时代向龙山时代过渡	古华北类型
庙子沟组	内蒙古自治区乌兰察布察右前旗境内	仰韶时代晚期	古华北类型
后套一期组	吉林大安市后套木嘎遗址	新石器时代	古东北类型
柳湾合并组	青海省乐都县柳湾墓地	新石器时代晚期	古西北类型
菜园组	宁夏海原县菜园村遗址	新石器时代	古西北类型
昙石山组	福建闽侯县昙石山遗址	新石器时代	古华南类型
甑皮岩组	广西桂林市甑皮岩遗址	新石器时代	古华南类型
蒙古中央板石墓	蒙古东部	新石器时代	古蒙古高原类型
贝加尔湖新石器组	俄罗斯	新石器时代	古蒙古高原类型

从欧氏距离值来看，汪沟全组、汪沟A组均与古中原类型的庙底沟组、仰韶合并组、西山组关系最接近，其次为古华北类型的庙子沟组、姜家梁组关系较近，与古东北类型的后套一期组、古内蒙古类型的蒙古中央板石墓、贝加尔湖新石器组关系较疏远，这与各组组间均方根值表现基本一致。汪沟B组与古华北类型的庙子沟组最为接近，其次是西山组、仰韶合并组、姜家梁组，而与古东北类型的后套一期组、古蒙古高原类型的蒙古中央板石墓、贝加尔湖新石器组关系较疏远（表八）。

图四显示，在刻度值大于20处，15组人群可分为2组。第一聚类为古蒙古高原类型的蒙古中央板石墓、贝加尔湖新石器组，其余13组则归为第二聚类。在5～10刻度之间，第二大聚类又分为五小类：其中汪沟全组与汪沟A组归为一个小聚类，汪沟全组和汪沟A组的相似性较高并较早的聚成一组，其间的欧氏距离也最小，反映了汪沟全组与汪沟A组具有较明显的同质性。在20刻度时，汪沟A组和汪沟全组与其他各组汇在一起，在25刻度时才与古蒙古高原类型的蒙古中央板石墓、贝加尔湖新石器组汇在一起，这说明了汪沟全组和汪沟A组与古中原类型、古华北类型、古西北类型居民的关系要比古东北类型、古蒙古类型近。甑皮岩组和昙石山组聚为一类，这两组是分布在我国东南沿海地区古华南类型的代表，该类型的体质特征可以概括为：身材矮小，长颅型、低面、阔鼻、低眶、突颌等特点。柳湾合并组与后套一期聚为一类。柳湾合并组居民的体质特征表现为长颅型、正颅型结合狭颅型以及高而狭的面型，偏宽的中鼻型，中眶，平

颌及中等的齿槽突颌等颅面特征，与现代亚洲蒙古人种东亚类型较为接近[17]。后套一期组其基本种系属于现代亚洲蒙古人种，与其中东北亚类型在颅面部形态上最为相似，此外与东亚类型在颅型、面型及鼻型上表现出一定的相似性。庙底沟组、仰韶合并组、西山组、汪沟B组、庙子沟组、姜家梁组聚为一小类，这似乎可以说明在新石器时期，古华北类型与古中原类型在颅型、面型等体质特征上有若干相似之处。汪沟B组处于姜家梁组、庙子沟组所代表的古华北类型中，都表现出了较大的面部扁平度，中等偏长而狭的颅型，其次又与古中原类型各组聚在一起，都表现出中颅型，伴以高颅型和狭颅型相结合的颅型，中等的上面高，相对较阔的鼻型等。菜园组似乎可以独自归为一个小聚类，但在10刻度时，又与古华北类型、古中原类型代表居民组聚为一类，这似乎可以说明古西北类型、古中原类型在颅型、面型等体质上有若干相似之处。

表八　汪沟组与其他新石器组之Dij值（男性）

	1	2	3	4	5	6	7	8	9	10	11	12	13	14	15
1	0.00														
2	6.21	0.00													
3	16.66	22.52	0.00												
4	16.01	20.99	10.05	0.00											
5	13.06	18.61	10.11	12.53	0.00										
6	11.41	16.26	12.35	13.37	7.56	0.00									
7	20.46	26.28	10.82	12.39	12.87	15.54	0.00								
8	15.93	21.84	7.15	8.97	9.12	11.62	6.95	0.00							
9	29.41	34.33	22.79	23.20	21.66	23.81	15.77	21.17	0.00						
10	25.20	30.52	17.21	17.50	15.53	16.24	12.25	14.85	13.90	0.00					
11	24.07	29.45	13.19	15.97	17.44	17.59	15.72	15.69	22.21	15.15	0.00				
12	26.93	31.89	16.93	22.14	15.79	18.35	20.59	18.60	26.52	19.29	21.52	0.00			
13	28.54	33.16	21.09	25.67	17.88	18.73	23.39	22.30	25.76	18.01	23.05	10.43	0.00		
14	29.87	32.36	31.43	35.37	26.71	24.89	31.29	31.59	29.84	27.64	31.56	30.36	25.39	0.00	
15	32.07	35.82	28.84	32.76	25.12	24.07	28.32	28.78	27.12	22.67	28.52	24.82	19.39	13.46	0.00

1. 汪沟全组　2. 汪沟A组　3. 汪沟B组　4. 西山组　5. 仰韶合并组　6. 庙底沟组　7. 姜家梁组　8. 庙子沟组　9. 后套一期组　10. 柳湾合并组　11. 菜园组　12. 昙石山组　13. 甑皮岩组　14. 蒙古中央板石墓　15. 贝加尔湖新石器组

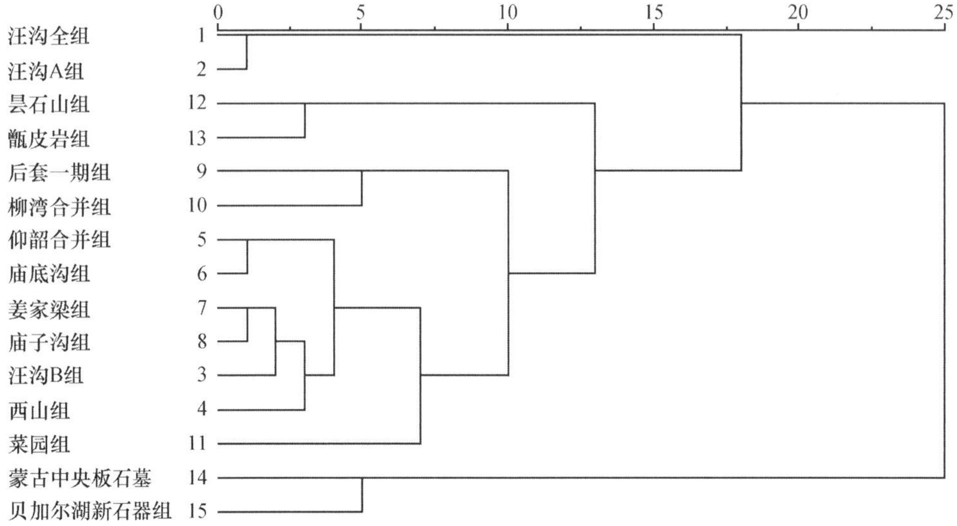

图四　汪沟组与其他新石器时期组的聚类图

为更全面了解汪沟组居民与新石器时代其他组之间的关系，我们使用SPSS 21.0软件对数据进行主成分分析。主成分分析也称作主分量分析，是将位数众多的变量线性组合成为较少的综合变量（主成分），每一种新的综合变量又含有尽量多的原变量所含有的信息，各综合变量之间彼此不相关，即没有信息重叠。第一主成分代表变量信息的最大部分，第二主成分次之，第三主成分更小，以此类推[18]。

表九对包括汪沟三组在内的15组居民组的17项线性、角度和指数值进行主成分分析，计算各线性、角度和指数值的因子得分。一般情况下，前三个因子的累计份额能够占总方差的60%以上。在本文的主成分分析中，第一主成分贡献率为33.466%，最大载荷的原变量有颅高、眶高、颅长高指数、眶指数、颅宽高指数、眶宽、颅长、鼻高等，代表了颅型的长宽高、面部、眼眶等形态特征。第二主成分贡献率为25.525%，最大载荷的原变量有颅宽、最小额宽、上面指数、面宽等，代表了颅型的宽度、额部、面部等的特征。第三主成分贡献率为19.297%，最大载荷的原变量有鼻指数、上面高、颅长等，他们大致代表了鼻部、面部等特征。可以认为前三个因子是包含了17项项目的多数特征的信息量，具有较高的可信度。

表九　三个主成分的方差累计贡献率及前三个因子的载荷矩阵

初始特征值	成分			原始变量	成分		
	1	2	3		1	2	3
合计	5.689	4.339	3.280	颅长	0.626	−0.109	−0.704
方差%	33.466	25.525	19.297	颅宽	0.220	0.873	0.218
累积%	33.466	58.991	78.288	颅高	−0.913	0.040	0.049
				最小额宽	−0.289	0.790	0.026

续表

初始特征值	成分			原始变量	成分		
	1	2	3		1	2	3
				面宽	0.210	0.765	0.374
				上面高	0.405	−0.478	0.711
				眶高	0.921	0.269	0.093
				眶宽	−0.726	−0.489	0.207
				鼻宽	0.220	−0.331	−0.477
				鼻高	0.621	−0.470	0.442
				面角	0.378	−0.083	−0.012
				颅指数	−0.262	0.665	0.646
				颅长高指数	−0.837	−0.046	0.495
				颅宽高指数	−0.732	−0.628	0.005
				上面指数	0.301	−0.781	0.495
				眶指数	0.789	−0.081	0.112
				鼻指数	−0.394	0.143	−0.833

图五显示，各古代组大致可以分成4个较为清晰的空间分布集团，即蒙古中央板石墓和贝加尔湖新石器组代表古蒙古高原类型，后套一期组代表古东北类型，甑皮岩组和昙石山组代表古华南类型，汪沟全组、汪沟A组、汪沟B组以及由古中原类型、古华北类型、古西北类型代表组所组成的第四集团。在第四集团中汪沟全组、汪沟A组、汪沟B组与古中原类型、古华北类型代表组的距离要比古西北类型的柳湾合并组、菜园组近。这与聚类分析的结果基本一致。

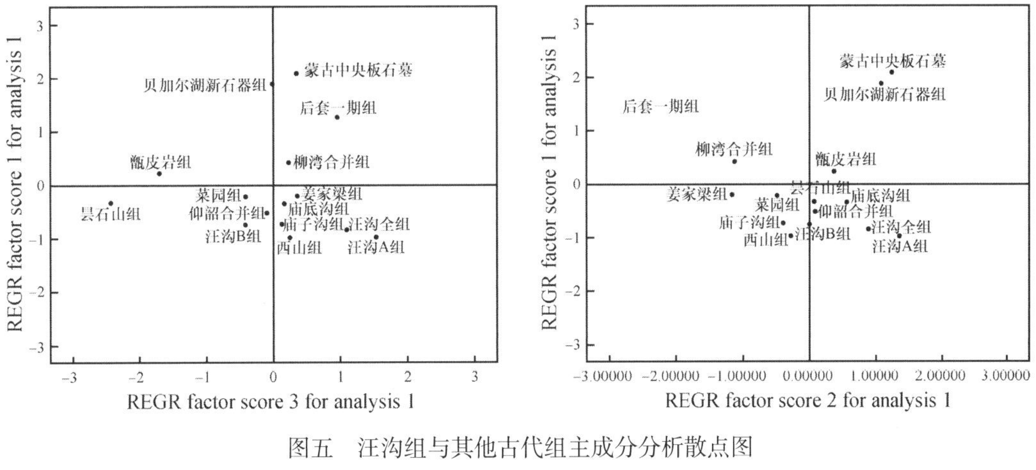

图五 汪沟组与其他古代组主成分分析散点图

五、小　　结

（1）汪沟人群的种系划分可归入到现代亚洲蒙古人种的范畴，并且表现出与亚洲蒙古人种东亚类型和南亚类型接近的特点。

（2）种系纯度检验显示，汪沟组可能是一支同种系多类型的复合体，汪沟组种系构成较为复杂，可能存在多个来源。

（3）汪沟A、B两组的头骨形态在颅型、鼻型、眶型以及面部扁平度等有很大差异。A组颅型更倾向圆形，B组则为狭长颅型；B组的鼻型比A组更阔，面部扁平度也较A组大。

（4）多元统计分析显示汪沟全组、汪沟A组与新石器时代的仰韶合并组、西山组关系较为接近，汪沟B组与庙子沟居民组关系最为密切，体现出汪沟人群两个亚型较为不同的体质特征。

附记：在人骨材料整理和测量工作中，得到郑州大学历史学院研究生王一鸣和樊欣同学的帮助，文章中颅骨照片由王一鸣拍摄，图表修订由樊欣同学负责，在此谨致谢忱。

注　　释

［1］ 韩康信，潘其风. 安阳殷虚中小墓的研究［A］. 安阳殷墟头骨研究［C］. 北京：文物出版社，1985：50-82.

［2］ 杨希枚. 河南安阳殷墟墓葬中人体骨骼的整理和研究［A］. 安阳殷墟头骨研究［C］. 北京：文物出版社，1985：21-44.

［3］ 魏东，张桦，朱泓. 郑州西山遗址出土人类遗骸研究［J］. 中原文物，2015（2）：111-119.

［4］ 考古研究所体质人类学组. 陕西华阴横阵的仰韶文化人骨［J］. 考古，1977（4）：8-16.

［5］ 颜誾. 宝鸡新石器时代人股的研究报告［J］. 古脊椎动物与古人类，1960（1）：33-43.

［6］ 颜誾. 华县新石器时代人骨的研究［J］. 考古学报，1962（2）：85-104.

［7］ 韩康信，潘其风.陕县庙底沟二期文化墓葬人骨的研究［J］. 考古学报，1979（2）：255-269.

［8］ 李法军. 河北阳原姜家梁新石器时代人骨研究［J］. 北京：科学出版社，2008：88-141.

［9］ 朱泓. 内蒙古察右前旗庙子沟新石器时代颅骨的人类学特征［J］. 人类学学报，1994（2）：126-133.

［10］ 肖晓明. 吉林大安后套木嘎遗址人骨研究［D］. 吉林大学，2014：3-11.

［11］ 潘其风，韩康信. 柳湾墓地的人骨研究［A］. 青海柳湾［R］. 北京：文物出版社，1984：261-303.

[12] 韩康信. 宁夏海原菜园村新石器时代人骨的性别年龄鉴定与体质类型［A］. 宁夏菜园——新石器时代遗址、墓葬发掘报告［C］. 北京：科学出版社，2003：349-357.

[13] 韩康信，张振标，曾凡. 闽侯昙石山遗址的人骨［J］. 考古学报，1976（1）：121-129.

[14] 张银运，王令红，董兴仁. 广西桂林甑皮岩新石器时代遗址的人类头骨［J］. 古脊椎动物与古人类，1977（1）：4-13.

[15] 内蒙古文物考古研究所，日本京都中国考古学研究会. 饮牛沟墓地1997年发掘报告［A］. 岱海考古（二）［C］. 北京：科学出版社，2001：278-327.

[16] 转引自韩康信，潘其风. 安阳殷墟中小墓人骨的研究［A］. 安阳殷墟头骨研究［C］. 北京：文物出版社，1985.

[17] 潘其风，韩康信. 柳湾墓地的人骨研究.青海省文物管理处考古队［A］. 青海柳湾［R］. 北京：文物出版社，1984：261-303.

[18] 林少宫. 多元统计分析及计算机程序［M］. 武汉：华中理工大学出版社，1987.

Morphological Analysis of YangShao Culture Residents' Skulls in Wanggou Site

ZHOU Ya-wei　WANG Yan-jie　GU Wan-fa

The Wanggou site is a settlement of the middle and late Yangshao culture distributed in the middle reaches of the Yellow River. The anthropological study of the human bones unearthed from the site helps us to understand the physical condition and human characteristics of ancient humans. The skull characteristics of the Wangou Group belong to the category of modern Asian Mongolians, and show the characteristics close to the East Asian types and South Asian types. The germline purity test showed that the composition of the Wanggou Group was complex, which may be a multi-type complex of the same species. Multivariate statistical analysis showed that the whole Wanggou Group, Wanggou Group A were close to the ancient population of Miaodigou Group and YangShao combined Group, and Wanggou Group B was closest to Miaozigou Group of the ancient North China.

试探田野考古资料数字化采集

马小飞
（河北省文物考古研究院，石家庄，050031）

随着考古学科的日益发展，考古学研究的重点已逐渐由原来时空框架的构建，转向研究古代社会过程的新阶段，向着张忠培先生提出的“透物见人”方向发展。这种学科发展的变化也导致田野考古工作理念随之变化，即从注重观察静态叠压打破关系，向了解动态的埋藏过程转变，这就使得考古工地需要观察、记录和采集的数据量激增。此外，考古学者不可能发现全部的古代遗存，考古学研究的本质其实是一种抽样分析，因此对样本数据的占有量越大、越详细，结论就越准确，越能贴近历史真相。这种数据量的爆炸性增长和全面占有数据的需求，使得传统的田野考古资料采集方法越来越不能满足考古研究需求，运用数字化手段全面采集相关田野考古资料成为一种学科发展的必然选择。

日常田野考古工作中我们需要采集的资料通常可分为六大类：实物资料即遗物、检测样品和部分提取的遗迹等；文字资料即日记、记录等；影像资料即照片和录像等；测绘资料即遗物坐标、遗迹位置等；图像资料即遗址地形图、发掘区总平面图、遗迹和探方的平剖面图等；还有就是近几年兴起的三维资料，它其实是融合影像、测绘和文字等资料的一个集合体，它的最大优势是不仅采集了资料本身更是将资料之间的相互关系也一并采集。每个考古项目完成后，实物归入库房，我们考古人手里剩下的主要也就是这些资料，因此，如何简便、准确、高效地完成考古资料的采集，便成为田野工作中急需解决的问题。为保证统一规范的采集资料，笔者在这几年的田野考古工作中特借助现代测绘、三维建模和电脑制图等技术设备，实践了一套简便易行的田野考古资料数字化基础采集方法，即“无纸化工地”模式，以期能在减少考古野外工作量的基础上更简单易行、规范统一、全面高效的采集田野资料，适应考古数字化的大潮。本文按照考古工作流程从开始进场到发掘结束的全流程进行介绍。

一、测绘控制点建立和数字化地图绘制

考古项目入场后，我们首先需要的是这个遗址的位置信息，一种是区划位置即某某市县的某某村庄，另一种是绝对位置，即它的大地坐标是多少。以前我们更多地重视

区划位置不太注重绝对位置。但随着学科的发展和社会发展带来的地名和地物的变化，精确的位置信息对开展相关考古记录和研究工作越来越重要，因此考古工作开始前要先布设测绘控制点，将工地的测绘网融入国家坐标系中。这是数字化采集最基础最关键的部分，它贯穿整个数字化采集过程的始终，像一条线将各数字化资料串联起来。

得益于现代卫星导航定位技术的发展，我们直接用RTK测绘设备，配合河北省CORS网卡和千寻知寸定位服务卡，得到遗址周边各控制点的厘米级三维坐标，同时为了保证和国家未来测绘要求一致，所有测绘数据统一采用国家2000坐标系。控制点布设本着利于保存、便于利用和覆盖全面的原则，即布设控制点的地方尽量隐蔽和可以永久保留，同时又要便于我们自己快速到达采集，外围控制点连线形成的多边形最好覆盖整个遗址区域，内部点放置在发掘区周边，利于每天的使用（图一）。另外，所有控制点要做详细的记录，包括编号、相对位置、坐标数据、坐标系、总分布状况、周边标识物照片等，以便日后考古人员使用方便（图二）。

一张详细的地图是开展考古工作必不可少的资料，原来的地图多数是从测绘部门购买的纸质地图，受制作周期、保密性和通用性的限制，存在内容老旧、比例小、信息不详、尤其考古信息太少等问题。为了解决以上问题，我们用现代卫星影像和无人机航拍影像，自己绘制考古专用的数字化地图，这种地图一般分为两种，第一种是大范围的地图，主要是为了表现遗址在一个大区域中的相对位置关系和总体的地形变化；另一种是小范围的遗址本体及周边的地图，即我们通常所说的遗址地形图和总图。其中前者我们是直接通过下载该区域的高分辨率卫星影像和数字高程模型，然后用Photoshop、

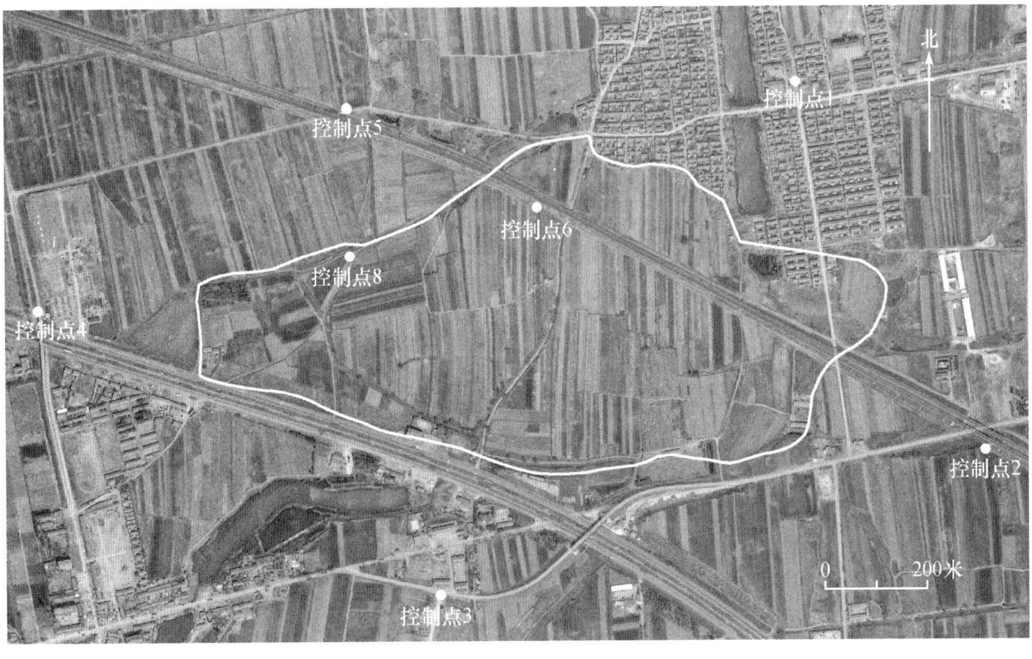

图一　测量控制点分布示意图

控制点1：北坐标：4227712.861；东坐标：527337.561；海拔：53.106。
位置描述：为旧城遗址南控制点。位于旧城城址南城门外，第二个十字路口东南角，现为土路，南侧有养殖场；控制点处埋有石柱桩。
控制点2：北坐标：4228726.847；东坐标：526385.318；海拔：46.533。
位置描述：为旧城遗址西控制点。在旧城村西，相对于村子位置西偏北。控制点东北方向有养殖场，在俗称"凉尸台"东侧约300米，"堤马5624线路51号"线杆下方；控制点处埋有石柱桩。

图二 控制点信息描述

CAD、Globalmapper和ArcGIS等制图软件直接描绘，并添加上相应的考古信息而成。第二种地图对精度要求高、内容丰富且需表现微地貌的变化，直接下载的卫图不能满足需要，我们是用无人机自己拍摄然后再用相关软件处理获得，具体过程刘建国老师已在其文章中有详细介绍，此处不予赘述[1]。需要注意的是航飞控制点的数据一定要采用和控制点相同的国家2000坐标系，且此图的绘制是一个动态的过程，需要根据考古进程不断完善相关信息。

二、考古探方的布设

探方是开展田野考古发掘的基本工作单位，传统的布设方法基本是用罗盘、皮尺和线绳直接在现场拉拽而成。这种布设方法最主要的问题是缺乏统一规划，不同区域或年度之间的探方各自独立，不便于统一到一个坐标系统下。为了解决这个问题，同时适应数字化采集的需要，我们采取了在软件中统一布设理论探方，然后现场用RTK、全站仪等测绘工具放样探方的方法。

具体方法是：首先，用校正好坐标参数的RTK、全站仪等测绘仪器在遗址中采集探方布设起算点的坐标，同时采集拟发掘区域的大致四至点坐标；其次，将采集的数据导入到CAD等软件中，通过起算点画出正南北和正东西的两条直线，将整个区域分为4个大的象限，然后根据布设探方的尺寸（一般为5米×5米或10米×10米）偏移以上两条直线形成每个探方。根据每个探方所处象限方向上的位置，给每个探方编号，如TN01E03

（图三）。这样整个遗址每个区域都已经处于某一个理论探方中了。找到拟发掘区大致四至点所在区域探方，记下探方编号并将各探方顶点坐标数据导入到测绘仪器中，用RTK、全站仪等在遗址现场找到各点位置，拉拽线绳完成探方布设。需在新区域布设探方时，只要采集大致区域的点坐标导入软件，找到所在的探方然后用测绘仪器放点即可。如果有高分辨率的正射影像，可以当作底图导入到软件中[2]，这样就可以清楚地看到遗址每个区域所处探方情况，需要在某个区域布方时直接导出相应区域探方坐标后，在遗址现场放点就可以了。

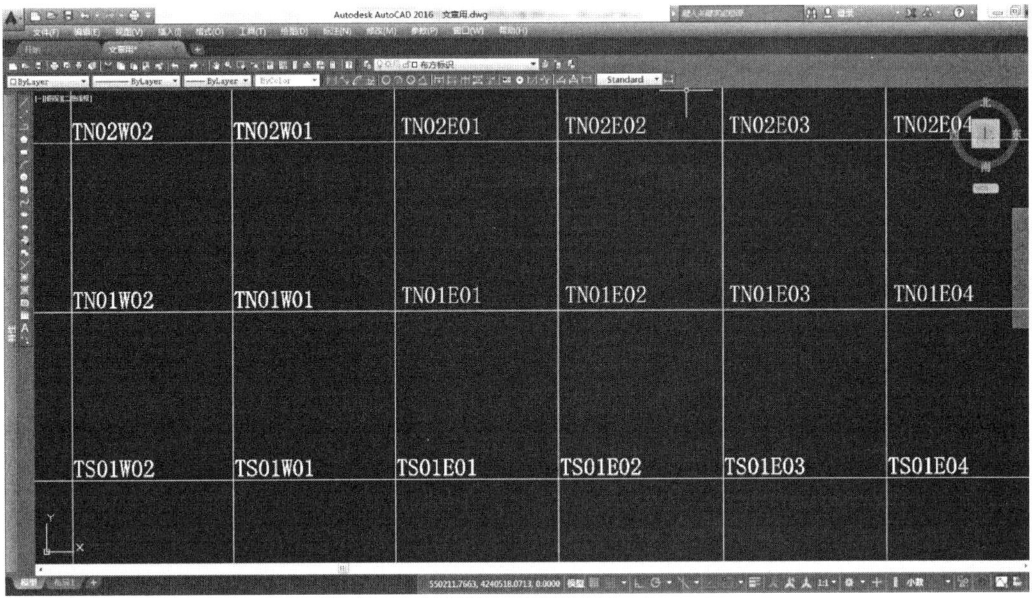

图三　理论布方图

三、发掘现场资料采集

野外发掘过程中根据工作情况，需要进行文字记录、测点、拍照和绘图等采集记录工作。传统记录方法中，各项记录工作是相互独立，且必须现场完成的。尤其绘图记录是最费时间、难度最大也是最影响发掘进度的工作。得益于现代测绘、三维建模和电脑制图技术的发展，我们不仅可以将多种资料作为一个整体采集，还可以将部分工作转入室内完成、减少野外工作量、降低采集难度。当然为了保证对遗迹、遗址的阐释，提高采集的准确度和效率，我们在现场采集三维信息时既要客观，同时又应该对遗迹、遗址等进行充分的观察、规划（如以后绘图会涉及的剖面等）、思考和解读，带着自己的思考和理解进行全面的采集。

具体操作：现场采集过程中特别注重拍照和测控点的采集工作，我们要求每个小件都要采集三维坐标、每个遗迹（含重要阶段）、每个层面（地层）、每个探方和整个发掘区都进行拍照和控制点的采集。拍摄照片时除用单反相机外，还根据现场情况用无人机拍摄。拍摄的照片分为两大类，第一类是日后报告或汇报中的图板照片，这是每个工地都会拍摄的照片，照片中要有比例尺、指北针和编号牌等；另一类是为生成三维模型、导出正射影像和相关资料用的照片，该类照片在拍摄的时候需要一些特殊技术要求。第一，拍照时除放置比例尺、指北针和编号等基本标识外，还要在被拍区域周边放置测控点标记牌，正常情况下3~4个标识牌就可以，尽量均匀地分布在被拍区域周边，标记牌尽量统一规范、大小适中、中心位置明显、便于准确测量和在不同分辨率的影像上标记出；第二，拍照的时候尽量用手动模式（M档），保证每张照片的清晰度和各种参数一致；第三，照片要有一定的数量，保证覆盖所有区域（含标记点区域）和细节，同时相邻照片之间要有足够的重叠率；第四，确定好镜头焦距后尽量不要再随意变化，可通过拍摄者位置变化调整画面和角度；第五，相机镜头主光轴与拍摄面的夹角尽量不要小于30°；第六，尽量在光线充足柔和的时间拍照，保证照片色彩准确。现场照片的拍摄是最基础最重要的步骤，它在整个采集过程中的作用就类似于田野发掘在整个考古学研究中的作用，因此一定要保证拍摄照片的质量。照片拍摄完成后，用RTK或者全站仪等测绘工具采集标识牌中心点的准确三维坐标数据，所有测绘数据建议都要保留文本格式（.dat或.txt）和.dxf两种格式的数据，前者主要用于三维建模时使用，后者可直接在CAD等测绘软件中打开，进行绘制。拍照的同时可以根据现场需要对某些重要的发掘过程或遗迹、遗物进行录像留取资料。另外，用平板电脑等采集终端设备现场记录发掘日记、记录等文字资料，除用传统的打字或手写之外，还可以配合像讯飞语音输入等语音转换文字软件提高采集的效率。发掘现场需要采集的资料主要就是这些，这些数据最终要和后期处理绘制完成的资料一起汇总到地理信息系统或者专门的数字化管理平台中[3]，以便进行进一步的研究和展示。

四、数据处理和输出

野外采集来的照片和测绘等数据需要进行一定的处理才能成为我们需要的三维模型和其他资料。由于考古发掘是不可逆的过程，为了保证采集资料的完整性，最好将采集的数据迅速进行三维建模处理，然后和现场情况相比较，保证资料的全面、完整和准确性后，再继续向下发掘。

得益于摄影测量技术的发展，现在可供选择的利用照片生成三维模型的软件很多。其中Agisoft PhotoScan以其通用性强、便于操作等优势在考古界得到较多的应用，我们大多数据的处理也是使用了该软件，由于许多先生如刘建国[4]、付仲杨[5]、周振宇[6]等已经刊文对其使用进行了详细的介绍，本文在此就不予赘述了。而是介绍另外一款三维处理软件Smart3D，该款软件使用也很简单，且在某些处理效果上还要略好于Agisoft PhotoScan，也可成为考古三维数据处理、展示和输出的一种选择。

Smart3D软件主要有三个模块组成，Master模块是主操作模块，处理过程的操作都是在该模块下进行；Engine模块是处理计算模块，每次处理数据的时候都需要打开该模块。Viewer模块是成果查看、查询模块，处理完的数据可以在该模块中查看质量和数据。具体操作步骤如下：

第一，打开Master模块，点击新建工程，填写工程名称和工程目录，勾选新建空堆块，点击OK按钮完成新工程的建立（图四）。

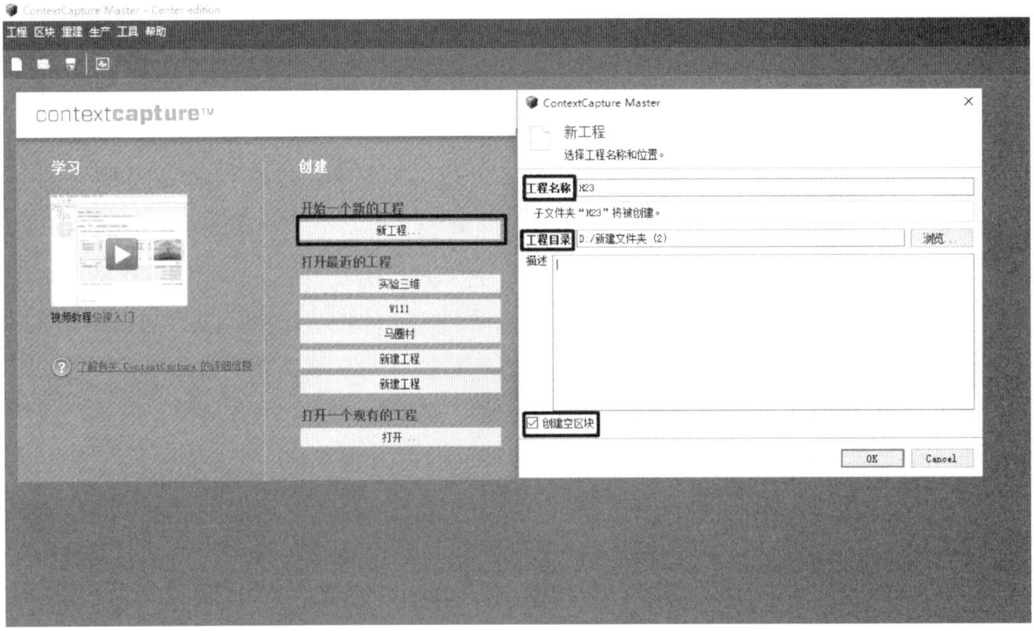

图四　新建工程项目

第二，点击工程内的Block_1（可根据需要修改名称）→影像→添加影像→选择照片点击打开，将需要处理的照片数据添加进来（图五）。

第三，点击Surveys→编辑控制点。点选需要的空间参考系统（和采集的控制点数据一致）→点击"+"号，添加一个控制点输入控制点坐标。在下面照片中选择带有控制点的照片，在照片上标记出控制点位置，完成一张照片控制点的编辑，每个控制点保证在三张以上的照片中进行过编辑。然后依次完成其他控制点编辑，选择文件→保存所有编辑（图六）。

第四，点击提交空中三角测量→输入名称、点击定位和地理参考，勾选使用控制点进行平差，设置相关参数，如一步法等，提交开始计算（图七）。

第五，完成空三计算后，在概要中点击新建重建项目→在空间架构中，通过边界框调整工作区域大小，在切块模式中，根据电脑性能和处理数据大小选择是否进行切块；在处理设置里对几何精度、孔洞填充等进行调整。完成后在概要中点击提交新的生产项目输入名称（图八）。

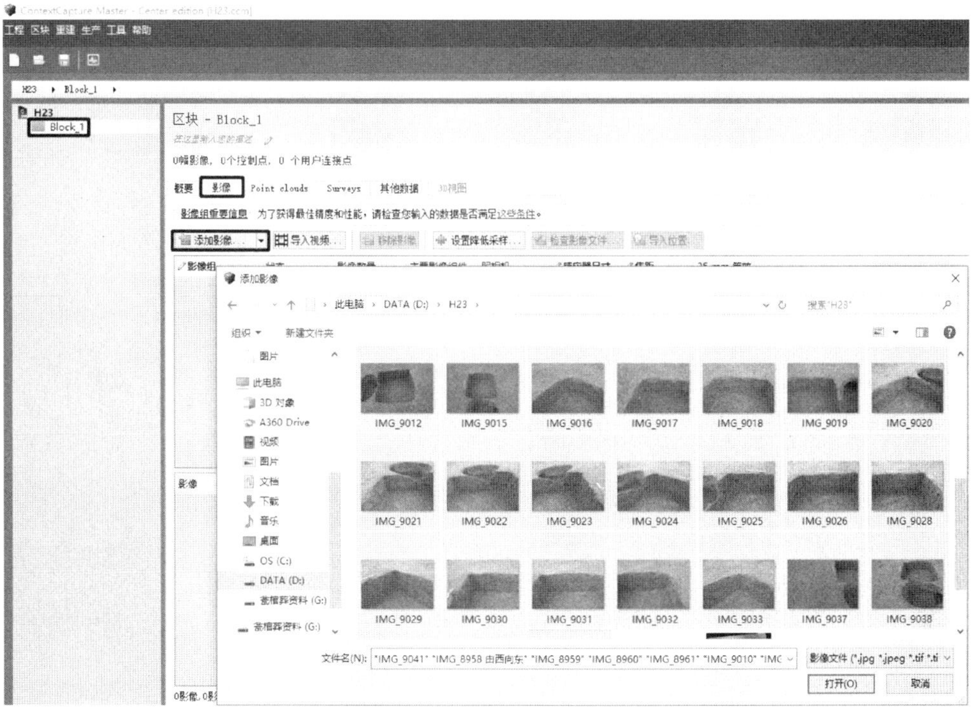

图五 导入照片资料

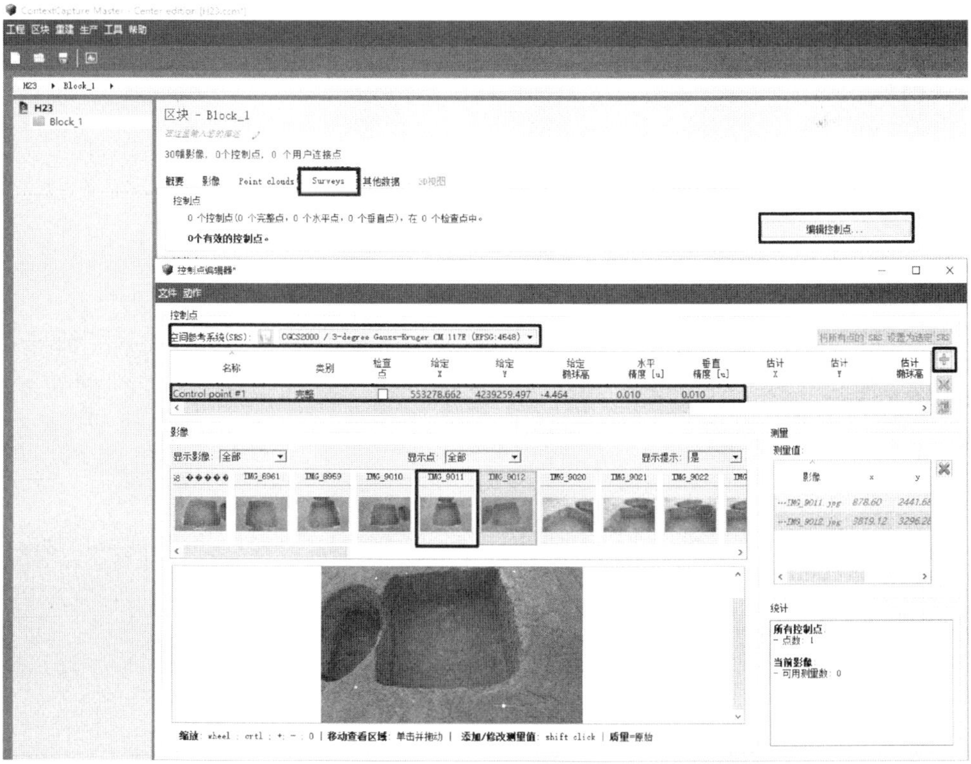

图六 控制点数据编辑

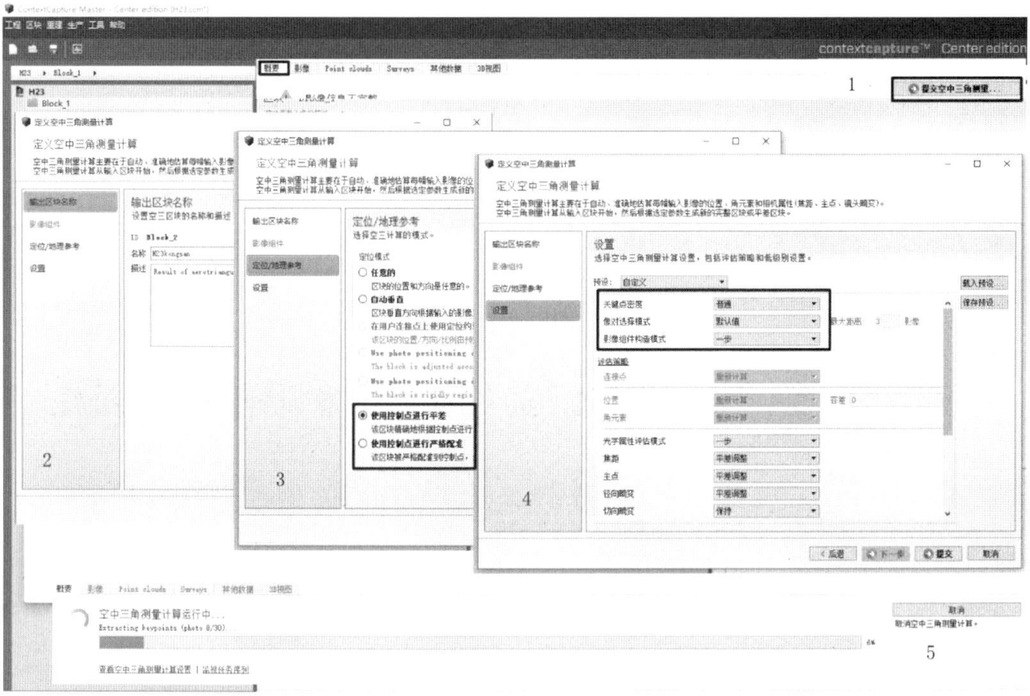

图七　数据空间计算及相关设置

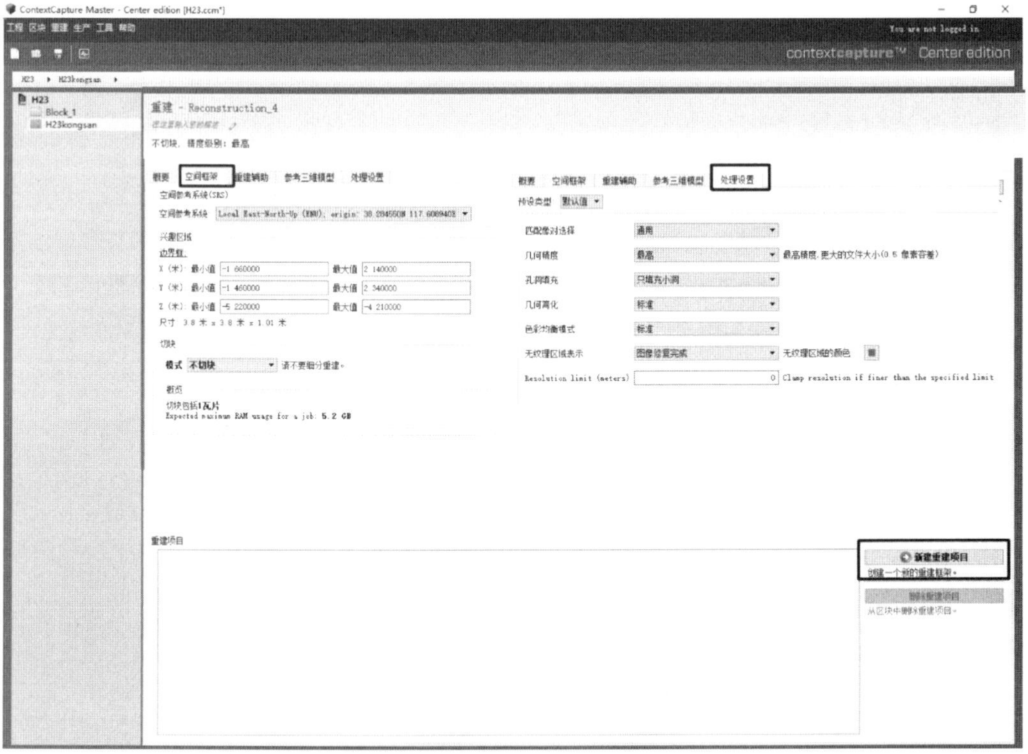

图八　新建重建项目、设置相关参数

第六，根据需要选择生产目的，一般生成三维网格和正射影像/DSM。生成三维网格时，在格式中选择三维数据格式，如obj格式、3MX格式，对贴图纹理进行编辑。设置好空间参考系统和目标输出位置，点击提交完成三维处理。生成正射影像/DSM时，在格式/选项中可对数据格式和投影模式等进行设置，然后设置好空间参考系统和输出位置后提交完成三维处理（图九）。

第七，生成的三维数据可以用Viewer模块打开，进行展示、查询相关的坐标、距离、面积、体积等（图一〇）。也可以导入到其他数据处理软件，如Geomagic、Globalmapper等软件中，查询和导出相关数据和图片，在此就不做详细介绍。

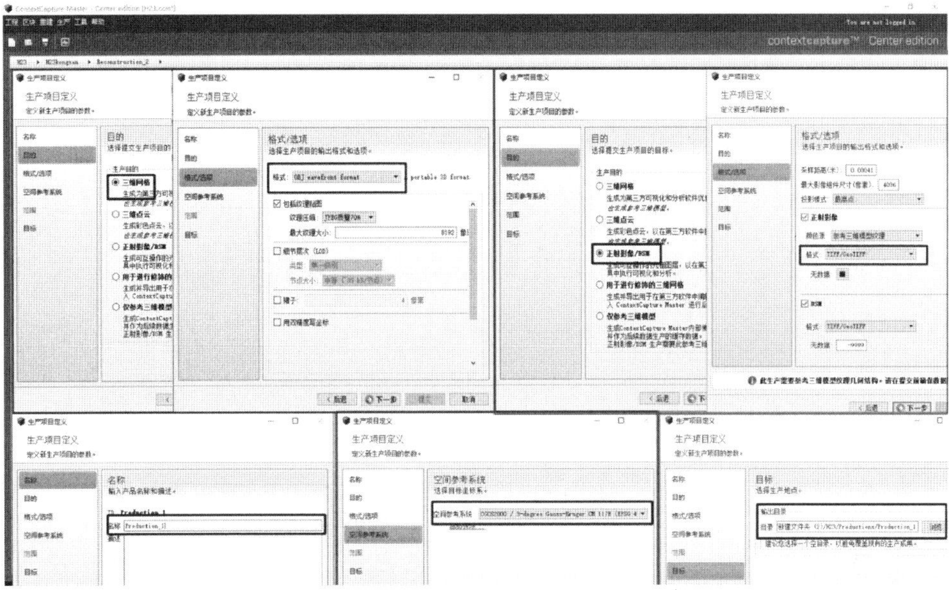

图九　设置成果资料参数

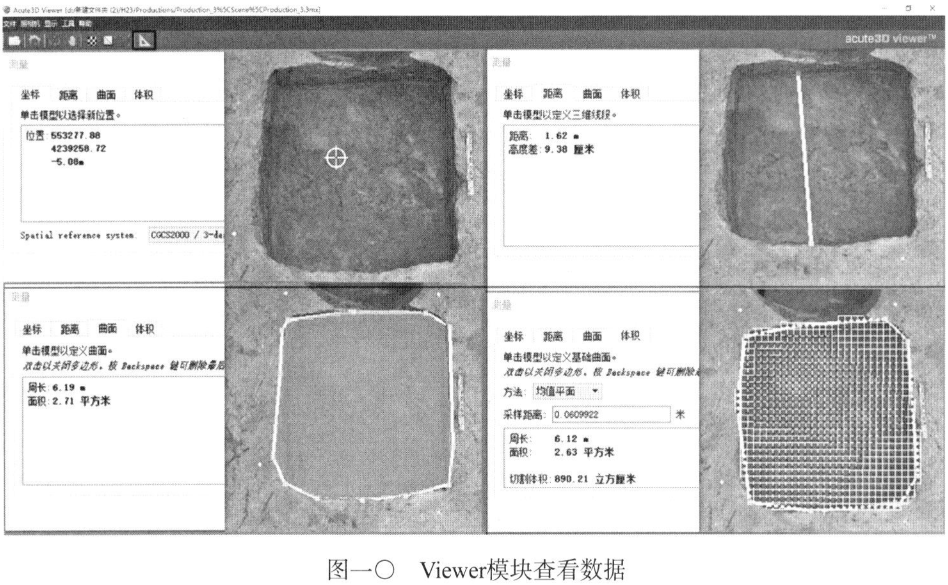

图一〇　Viewer模块查看数据

五、田野线图的绘制

田野发掘中需要绘制的图主要有单体遗迹平剖面图、探方平剖面图和整个发掘区的总平面图。传统的绘图模式是现场测量部分点，凭借自己的观察完成整个图的绘制，不仅准确性不高、效率较差、受野外环境影响较大，而且对于绘图者的空间想象和手上功夫要求较高。为解决这些问题我们采用了电脑制图的方法，它不仅提高了效率和准确性、减少野外环境的影响，更重要的是它将传统的绘图变成了直接的描图和简单调图，极大地降低了对绘图者的要求。电脑制图的方式有很多种，大家可以根据自身条件选取不同的软硬件，像付仲杨先生曾介绍过用Adobe Illustrator制图的方法[7]，本文根据制图类型的不同，介绍用Photoshop等软件绘制遗迹和探方的平剖面图、用CAD等软件绘制总平面图的过程。

第一，用Photoshop软件打开从三维软件中导出的遗迹平面正射影像，在图像→图像大小→文档大小中将分辨率设置成600，根据实际情况将宽度和高度调整为合适尺寸，添加比例尺（图一一）。

第二，在图像→画布大小中调整纸张尺寸，将遗迹剖面正射影像导入，利用标尺工具将平剖面对齐（图一二）。

第三，在右侧图层工具栏，新建图层然后修改名称（为便于后续修改建议多分

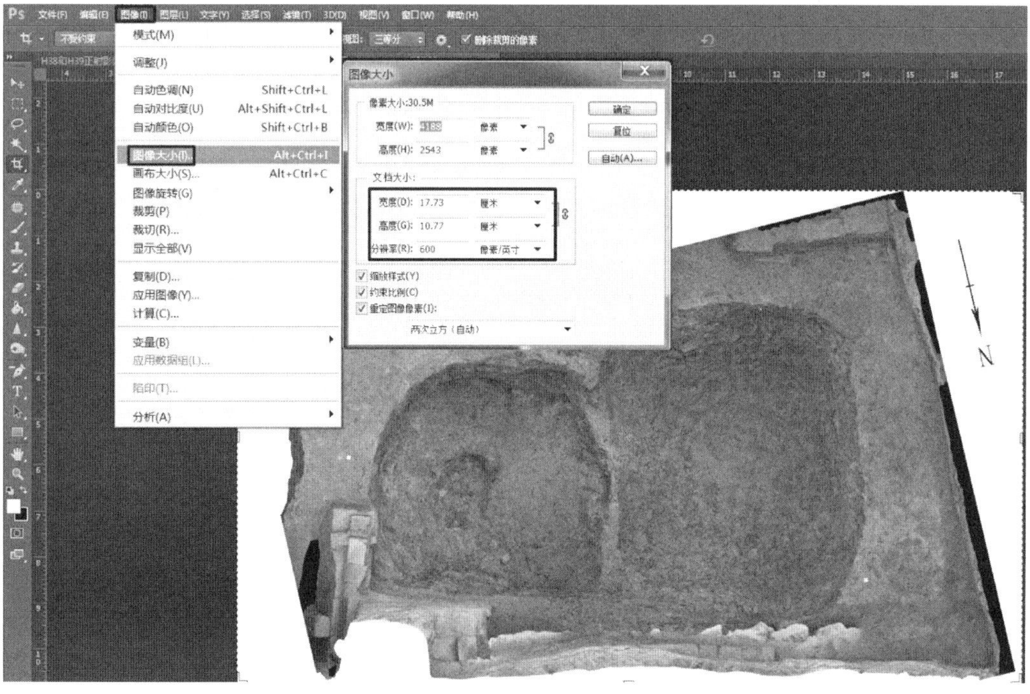

图一一　图像平面导入调整分辨率

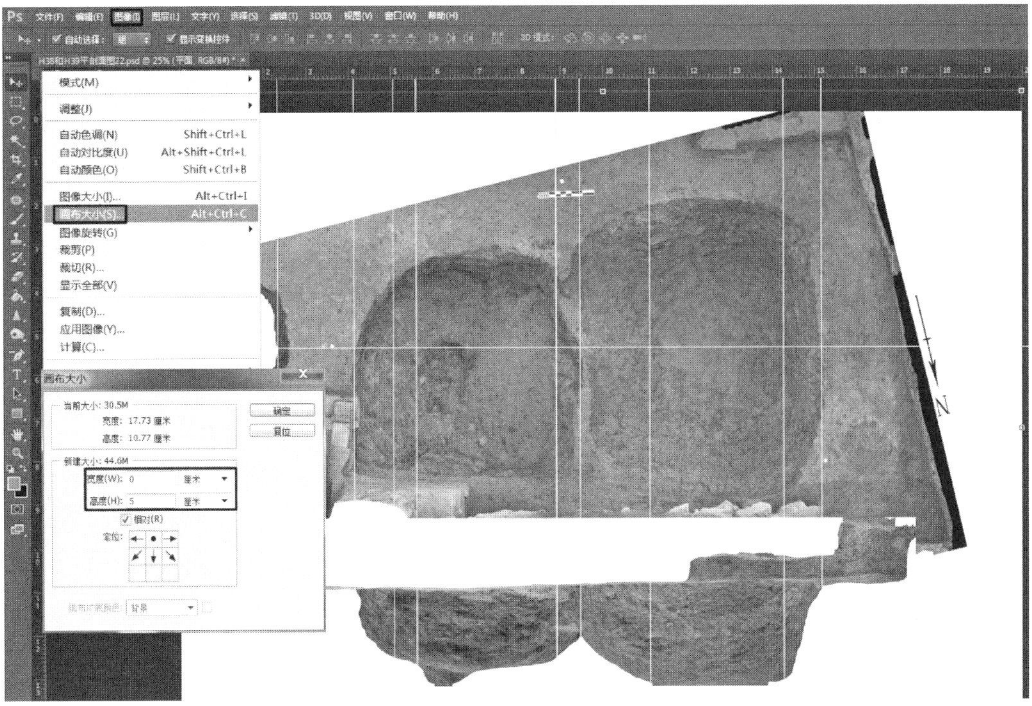

图一二　调整画布、对齐平剖面

图层），右侧选择钢笔路径，在图上描出轮廓，点击路径图层，修改相应的名称（图一三）。

第四，选择适当的线条，右击描边路径，添加比例尺和图例等信息完成平剖面的绘制（图一四）。

第五，将探方平面正射影像导入到Globalmapper中，并分别导入该探方需要绘制的遗迹平面正射影像（主要是已发掘掉的，不在探方正射影像上的遗迹），选择好投影方式，如投影选择UTM、带号选择-50、基准选择WGS84、单位选择meters（米）。所有影像进入软件并叠放倒原本位置。我们有两种方式来绘制探方平面图：一种是直接在该软件中，用软件中的不同线条绘制平面图（图一五）；另一种是将这些影像合并导出到Photoshop软件绘制。

第六，导出所有影像。选择文件→输出→输出光栅图像和影像格式，调整相关参数和框选范围，所有影像合并为一张输出（图一六）。

第七，将导出的图像用Photoshop打开，按照单体的方法调整分辨率、影像大小、导入剖面正射影像、新建图层等。然后将画好的单体遗迹平面图的路径复制过来，通过变化工具调整大小，放置到相应的位置，依次将所有遗迹的平面路径复制过来，钢笔路径描绘剖面线条，然后全部选中，选择线条描边，添加相应的比例尺、指北针图例等完成绘制（图一七）。

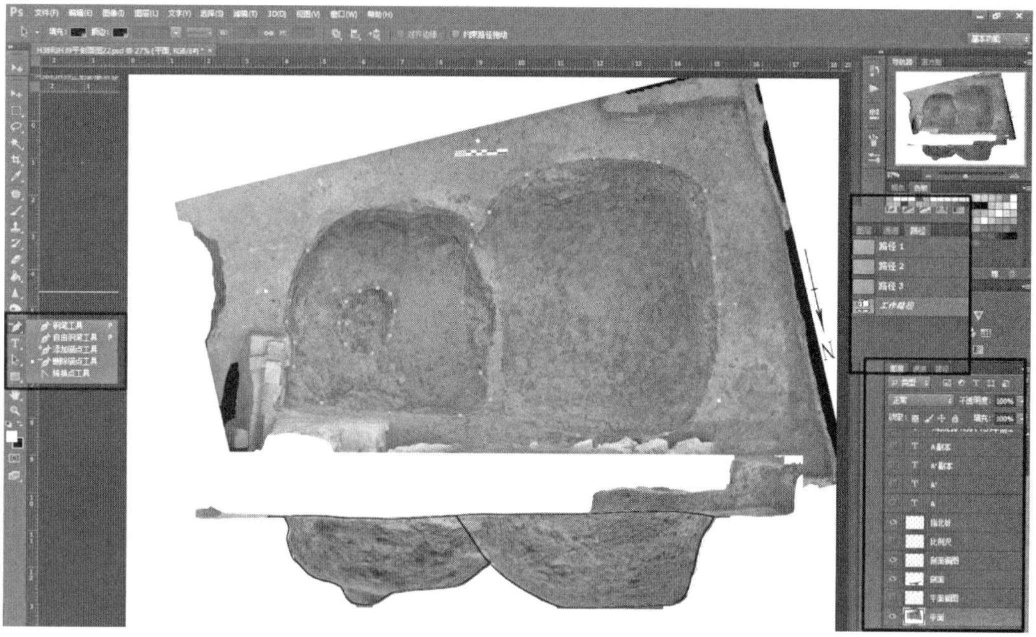

图一三　新建图层、钢笔描边

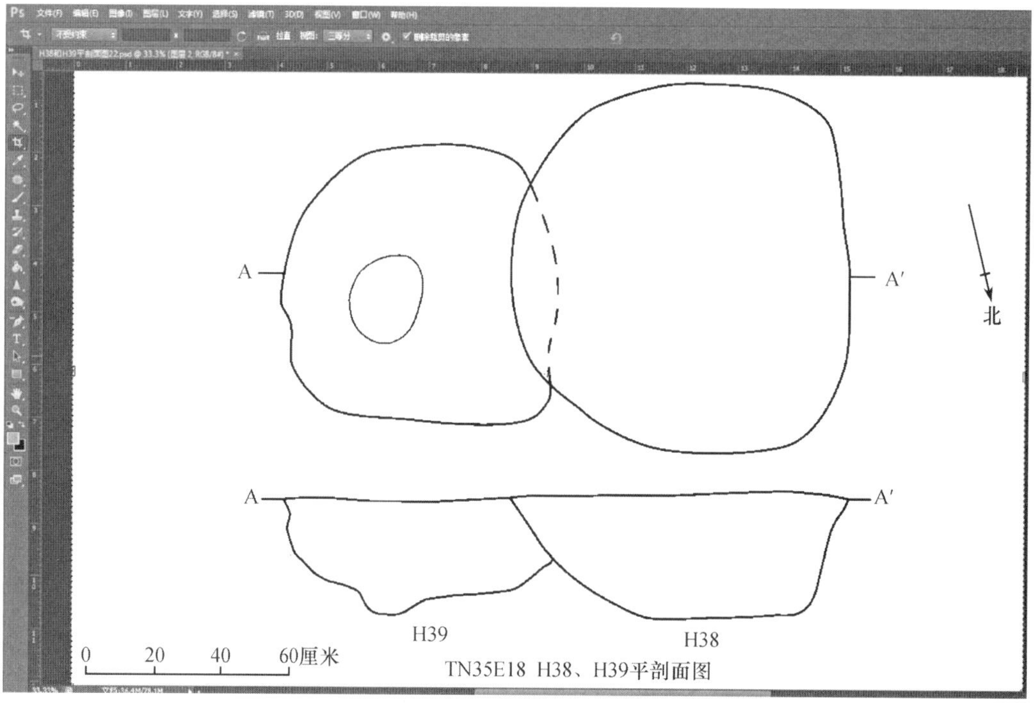

图一四　添加图例等完成绘制

图一五　选择投影、线图绘制

图一六　影像导出

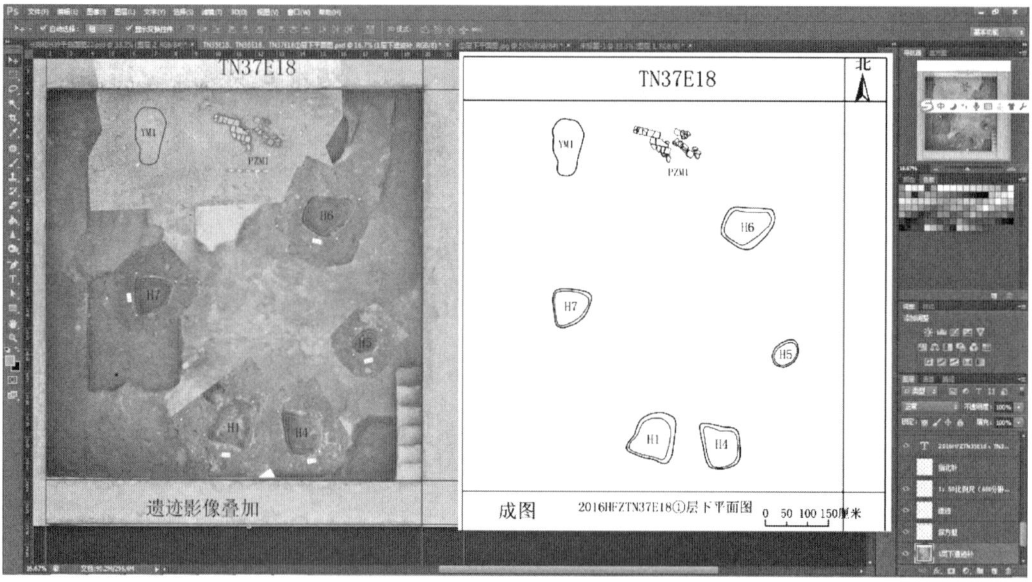

图一七　探方图绘制

第八，总平面图绘制其实就是将每个探方的平面图路径复制到一起描边而成。如果遗址面积较小可以在Photoshop中完成，如果范围很大建议在CAD的布方图中绘制。在布方图中点击插入→插入光栅图像参考：找到发掘区或者遗址的航拍正射影像和坐标文件。算出图像右下角的坐标和实际宽度。如图在插入点处输入：图像左下角的坐标，在缩放比例处输入图像实际代表的宽度，完成影像的导入（图一八）。然后将Photoshop中各探方平面图的路径导出为Adobe Illustrator格式，用Adobe Illustrator软件转换成CAD识别的.dxf或者.dwg格式，在CAD中打开，用缩放工具调整其大小，然后用复制和移动工具放置到图上相应的位置，依次导入所有探方的数据，完成总图的绘制。实际导入时可根据需要分层、分遗迹类型的导入。同时我们也可以根据需要用多段线或者直线等补绘一些线条或者将导入的三维测量点链接成图（图一九）。

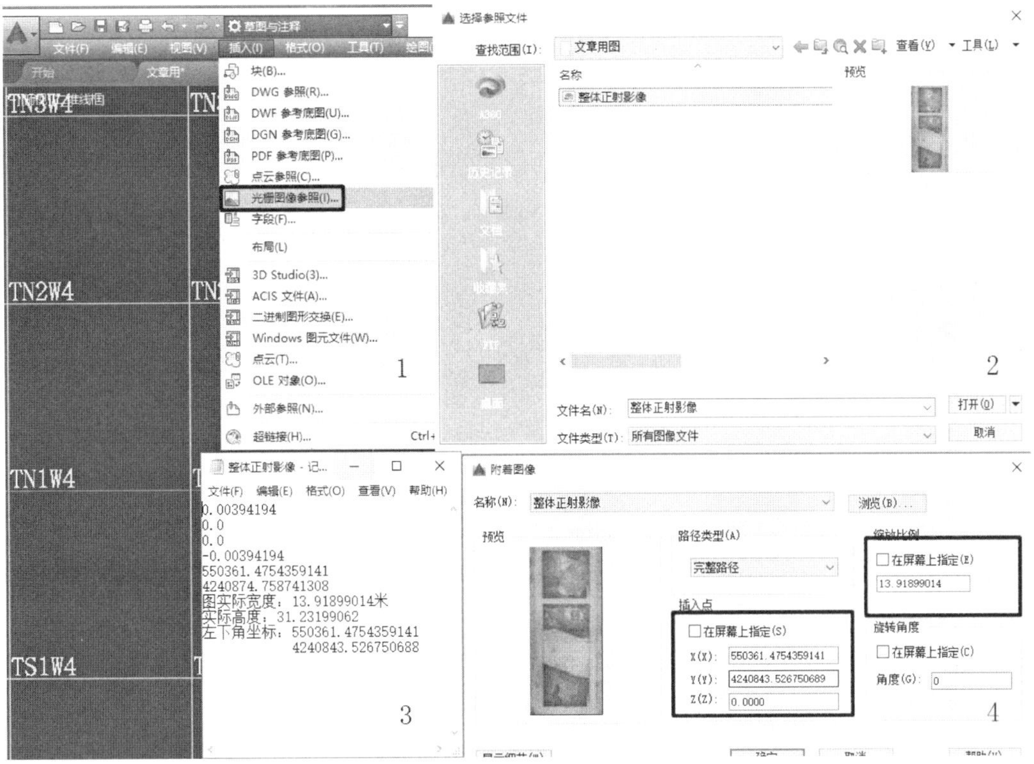

图一八　影像导入CAD

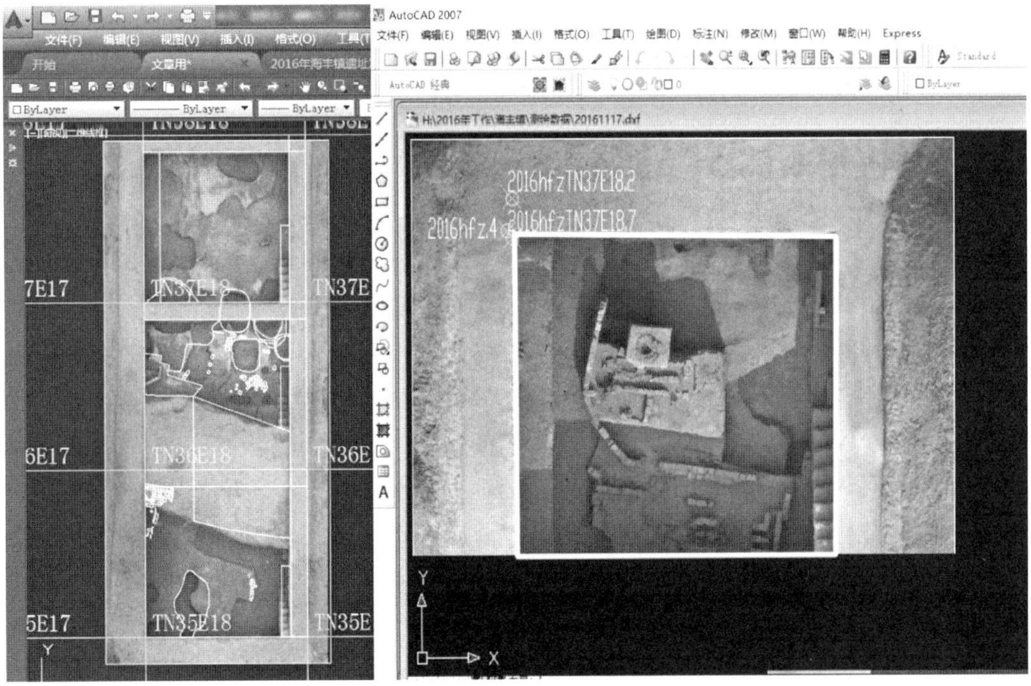

图一九　完成绘制总平面图

六、结　　语

在当今社会数字化的大潮下，考古学研究不能仅停留在将部分研究成果和文字资料数字化的阶段。而是应该在考古项目的初始就设计和布局好数字化的工作，并始终贯穿田野考古发掘、研究、展示利用的全过程。这其中田野考古工地的数字化是最基础、最繁琐也最重要的部分，本文根据实际工作试探实践的一套以现代测绘和国家2000坐标系统为主线，以三维建模技术为核心的田野考古资料数字化采集流程，也是希望可以更好地解决考古发掘现场部分最基础的采集工作。受限于作者对考古学的理解水平和对科技手段的掌握水平，该流程不论在需采集的田野内容上，还是在选择可运用的软硬件上都需要不断地提升改进。本文的目的除了介绍这个采集流程外，更是希望考古一线人员不要单单拘泥于某种设备或某款软件的使用，而是应该从考古研究本身需要出发，以考古人的角度在田野工作的全流程中设计和实践数字化采集。相信在所有考古人的不断努力下，考古数字化定会提升到一个全新的高度。

需要提及的是，田野数字化采集相较传统采集方式有许多优势，但使用时有些问题需多加注意，并不断完善。首先，像CORS网卡和千寻知寸定位服务卡等现代卫星定位系统，受环境影响较大，在高楼、密林或深山等地区效果较差；其次，受软硬件升级、操作系统更新等影响，许多数字化资料一段时间后会出现不能打开或使用的问题，因此需要对相关资料进行不定期备份和更新；再次，随着科技的进步，新的软件和硬件设备会不断出现，加之每个考古人的背景和使用习惯不同，并没有哪套数字采集系统是最完善的，找到适合自己的方法才是最关键的；最后，数字化采集考古资料只是提高了采集的精度、广度、深度和准确度，它只是一种技术手段，不可能替代我们在发掘现场对遗址、遗迹的思考、判断、解读和阐释过程。

注　　释

［1］ 刘建国. 考古遗址的超低空拍摄与数据处理［J］. 考古，2015（11）：98-104.

［2］ 参照本文“五、田野线图的绘制”中总平面图部分。

［3］ 笔者在雄安地区的考古工作中就使用了一套专门的考古数字化平台，可较为方便的管理和利用资料.

［4］ a. 刘建国. 考古遗址的超低空拍摄与数据处理［J］. 考古，2015（11）：98-104.

b. 刘建国. 辽宁建昌县东大杖子M40 的三维建模与探索［J］. 考古，2014（12）：94-98.

［5］ 付仲杨. Agisoft Photoscan和Adobe Illustrator 软件在田野考古绘图中的综合应用［J］. 四川文物，2016（4）：88-96.

[6] 周振宇. 多视角三维重建技术在旧石器时代遗址田野考古中的应用 [J] . 考古，2016（7）：102-110.
[7] 同 [5] .

On the Digital Collection of Field Archaeological Data

MA Xiao-fei

In this paper, based on the practice field archaeology work, according to the archaeological project comes into play from the start to the end of the excavation of the whole process, from the control point layout of plotting, theoretical exploration and digital map layout, field data collection, data processing and graph drawing, etc., we test a set of modern surveying and mapping and the national 2000 coordinate system as the main line, with 3D modeling technology as the core digital archaeological data acquisition process of the field.

检测分析技术在文物保护修复方案中的应用*

刘　爽

（吉林大学边疆考古研究中心，长春，130012）

制定文物保护修复方案在文物保护工作中占据非常重要的位置，因为，文物保护不同于一般的器物修复，需要遵守严格的审批程序：首先要由有资质的单位制定详尽的保护修复方案，报批通过后划拨经费才可以正式实施具体的保护措施。通常根据文物的级别或文物保护单位的级别制定相应的修复方案，如馆藏一级文物一件对应一个保护修复方案，二级、三级同类文物可以集中制定保护修复方案。

文物保护修复方案通常包括以下几方面内容：背景介绍（委托单位、承办单位、时间限定、人员、责任）、地理位置、自然环境特征（包括水文地质情况）、历史沿革、以前的保护修复情况、价值评估、保存现状调查（制作材料和工艺、病害类型和分布、绘制病害图）、制定保护方案（理论依据、遵循原则、工作目标、拟采取的技术路线和保护修复程序、材料和步骤、保存环境建议、工作进度、经费预算等），其间要提供尽可能详尽的文字描述，术语要符合国家颁布的标准化要求，辅之以图表数据、检测分析（定性和定量）、绘图、照片及音频视频资料等。

下面，我们以一件馆藏青铜器为例介绍检测分析技术在制定文物保护修复方案中的应用[1]。

一、背景介绍

这是一件收藏在山西省博物院的明代青铜豆（图一、图二），二十世纪五六十年代从电解铜厂抢救出来纳入馆藏，自入藏以来半个多世纪的时间里没有做过任何保护处理，存放条件随当地自然环境的变化而变化，入藏之前的残损因为日积月累而有劣化严重的趋势，因此对其进行及时保护修复是非常紧迫和必要的。

在对文物的基本信息、保存现状充分调查研究的基础上进行价值评估确定文物级别，并根据文物级别制定相应的保护修复方案，其中特别需要了解的是这件器物的组成

* 本研究成果由吉林大学基本科研业务费哲学社会科学研究科学前沿与交叉学科创新项目“检测联用技术在文物产源研究中的应用”（2018QY018）资助。

图一　青铜豆照片

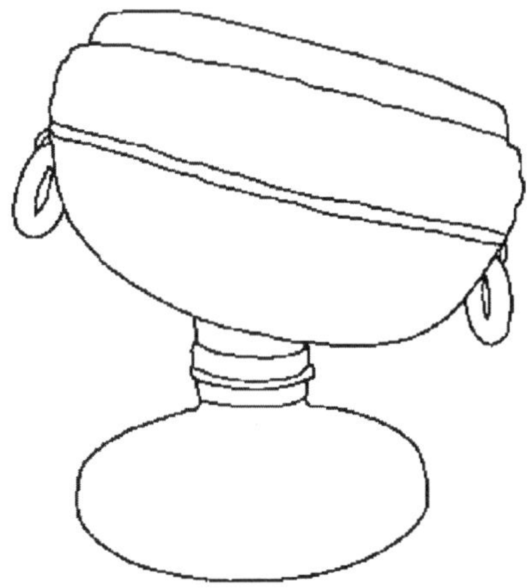

图二　青铜豆线图

结构、工艺特点、残损程度等，才能够确定进一步的保护目标及采取的原则、方法、仪器设备和试剂等。所以，检测分析是制定科学合理保护修复方案的基础。为了深入了解文物基本情况，准确把握病害类型，有的放矢地制订文物修复保护方案，我们对这件文物进行了X荧光能谱、显微激光拉曼光谱、X光探伤及显微仪器检测[2]，分别对这件青铜器本体及锈蚀产物的组成成分、结构、微观形貌及制作工艺进行全面的科学分析。

二、文物基本信息与价值评估

1. 文物基本信息

青铜豆重629.5克，浅腹圈座，双环耳，失盖。腹中部一道弦纹，柄部三道弦纹。器外上部錾刻铭文，可见三个，其他被锈蚀掩盖。通高11.3厘米，口径9.8厘米，底径9.2厘米，腹深6厘米，最大腹径12.1厘米。由于外力挤压，严重变形，整个豆腹倾向一侧约30°，腹底凸凹不平，有孔洞裂缝，可见垫片，通体锈蚀。

2. 文物价值评估

中国的青铜文明在商周时期达到巅峰，之后逐渐演衰，但并没有退出历史的舞台，仍然以顽强的生命力在社会生活中发挥着重要的作用。这件在三晋大地发现的明代青铜豆，造型规整，线条简洁，古朴大方，腹内有垫片可见，有些许铸造缺陷，最为重要的是，根据检测分析结果，在器底部发现铁质层状堆积物，应与用铁钉固定范芯的工艺有关，对我们了解当时的铸造工艺提供了珍贵的实物见证，具有较为重要的历史、科学和艺术价值，为三级文物。

三、文物保存现状调查与评估

1. 文物保存环境状况

该地属于暖温带大陆性季风气候，气温年平均7.8～10.3℃，冬季干冷漫长，夏季湿热多雨，春秋季短暂多风，干湿季节分明。无霜期117～202天，年照总时数为2360～2796小时。

山西省博物院位于汾河西畔，南北居迎泽桥与漪汾桥之间，占地168亩，建筑面积5.1万平方米，总投资近4亿元人民币。博物院建筑群由主馆与四角辅楼组成。主馆造型如斗似鼎，四翼舒展，象征着丰收富足与安定吉祥。整个建筑群如山似阙，跌宕起伏，雄浑大气，成为城市重要的标志性文化建筑。博物馆陈列展示面积1万余平方米，文物库房面积1.2万平方米，由中央楼控系统按文物材质要求分区域控制温湿度，照度等环境因素，基本做到恒温恒湿，金属类文物库房温度18～22℃，相对湿度R.H.35%～45%，并分区隔离放置保护过与未保护过的青铜器。

2. 青铜豆病害调查与评估

根据中华人民共和国文物保护行业标准《馆藏青铜器病害与图示》（WW/T0004-2007）所规定的标准术语及图示进行病害评估[3]。此件青铜豆的病害主要有挤压变形、表面硬结物、孔洞、裂隙、层状剥离和层状堆积等，还有一些小的铸造缺陷孔洞（图三～图九）。

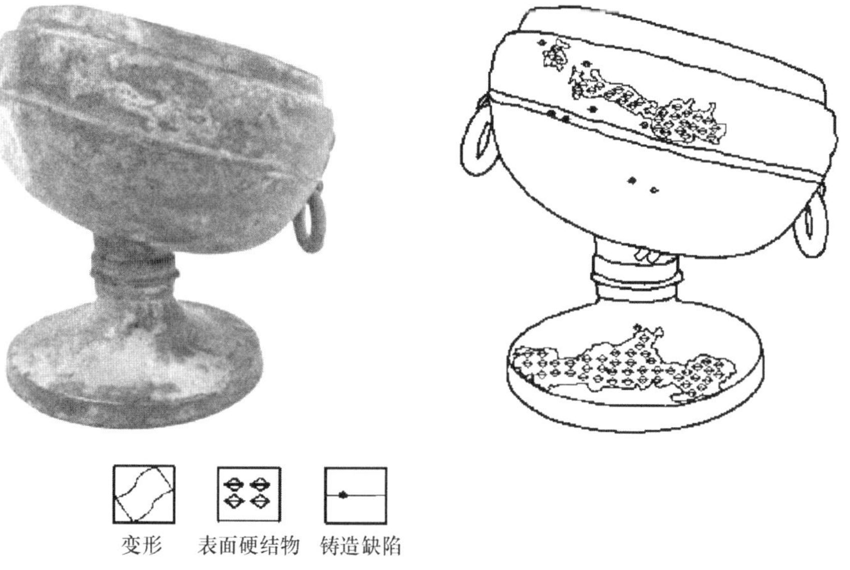

图三　器物正面病害图

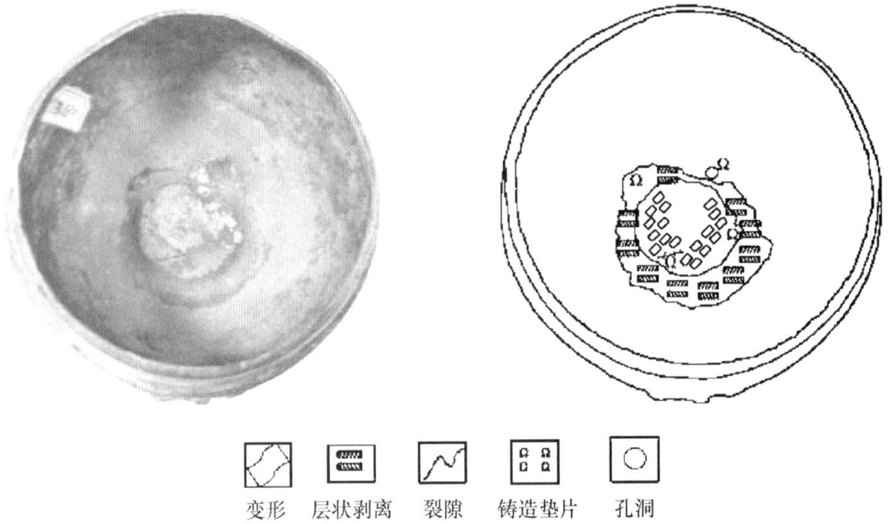

图四　器物俯视病害图

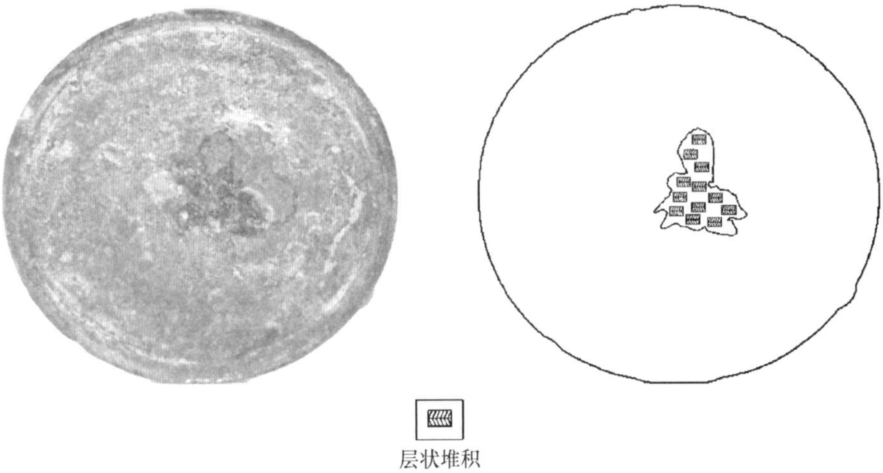

图五　器物底部病害图

图六　腹底变形、孔洞

图七　底座层状堆积

图八　铸造孔洞、铭文处硬结物

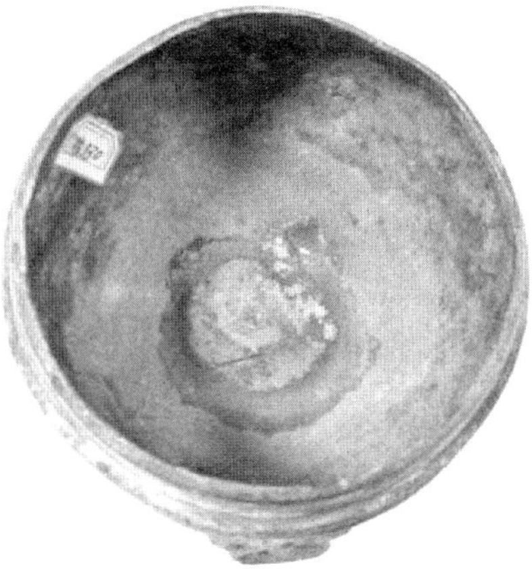

图九　腹部凸凹变形、裂缝、垫片及缺失孔洞、层状剥落

3. 青铜豆科技检测分析

（1）基体成分分析

我们使用Niton XL3型便携式X荧光能谱仪对器物表面进行基体成分半定量原位分析。X荧光能谱分析是采用X射线荧光（XRF）技术对被测材料进行无损多元素快速检测分析，直观显示合金的元素组成种类和相对百分含量，属于定性半定量分析。

测试条件为：X光管

Au耙

最大电压：50Kv

最大电流：40μA

持续时间：30s

测试模式：合金

我们在青铜豆表面取三处锈蚀较明显部位、底部层状堆积部位进行检测，测试结果见表一。

表一　便携式能谱分析结果（质量分数wt%）

No.	取样位置	Pb	Cu	Fe	Sn
1161	腹部绿锈	16.46	72.19	0.68	9.66
1163（见图一一）	器底褐红锈	3.21	30.86	63.67	1.64
1164	腹部锈蚀物	14.45	74.89	0.36	9.44
1166	腹部表面浮锈	13.89	75.59	1.07	8.54

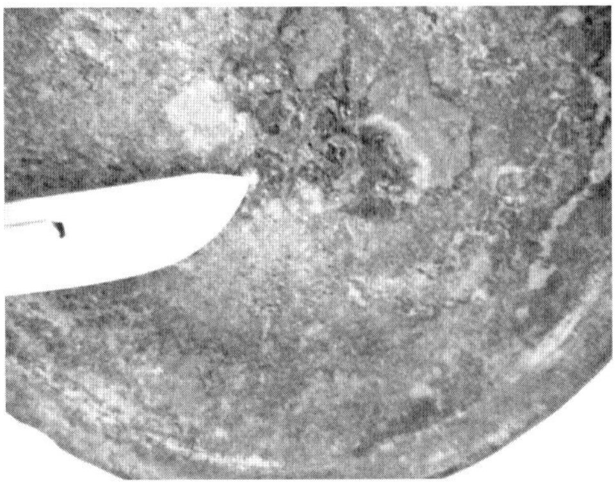

图一〇　底座褐红色取样点

由于底部层状堆积部位含铁量明显升高（图一〇），我们单独对其进行能谱检测，测试结果见图一一。

X射线荧光检测结果表明：此件青铜豆基体为铜、锡、铅三元合金，锡、铅含量很低。底部褐红色层状堆积物含铁量极高，为铁化合物，可以证明底部有铁锈的存在，此锈蚀坚硬致密，为无害锈，不需要去除。

（2）锈蚀结构分析

为了解青铜豆腐蚀产物的物相，确定腐蚀产物的性质，针对局部具有代表性的腐蚀产物，我们使用显微激光拉曼光谱仪对青铜豆底部锈蚀产物进行光谱分析。全自动显微激光拉曼光谱仪型号为XPLORA型，原理是通过光散射对物质的指纹性的振动谱进行测量，与红外互相补充，对物质进行鉴别和对其结构进行研究。测试条件：激光波长532nm；放大倍数50x；透光率10%；测试时间5s/次；测试次数10次。测试结果见表二。

测试结果表明，底部褐红色锈蚀物为α-FeOOH，为稳定结构的铁锈（图一三）。

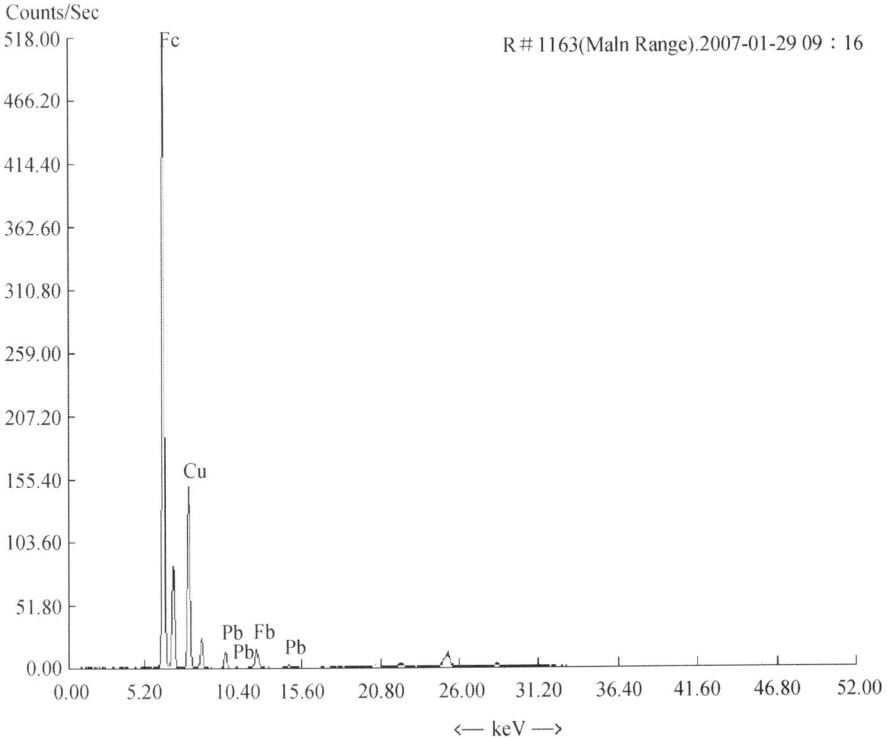

图一一　便携式能谱图（底部褐红色处1163号）

表二　显微激光拉曼光谱检测结果

描述	测量条件	检测结果	谱图
底部褐红处	532nm，50X	α-FeOOH	图一二

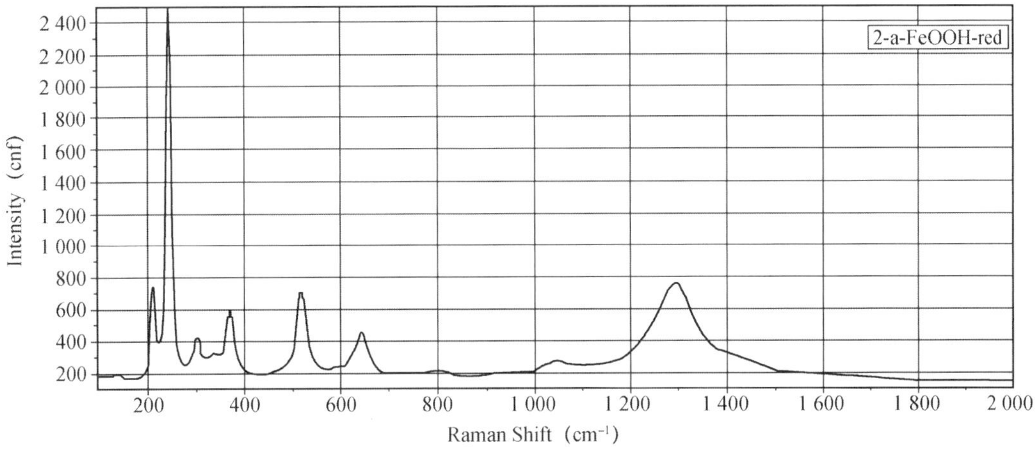

图一二　拉曼光谱图

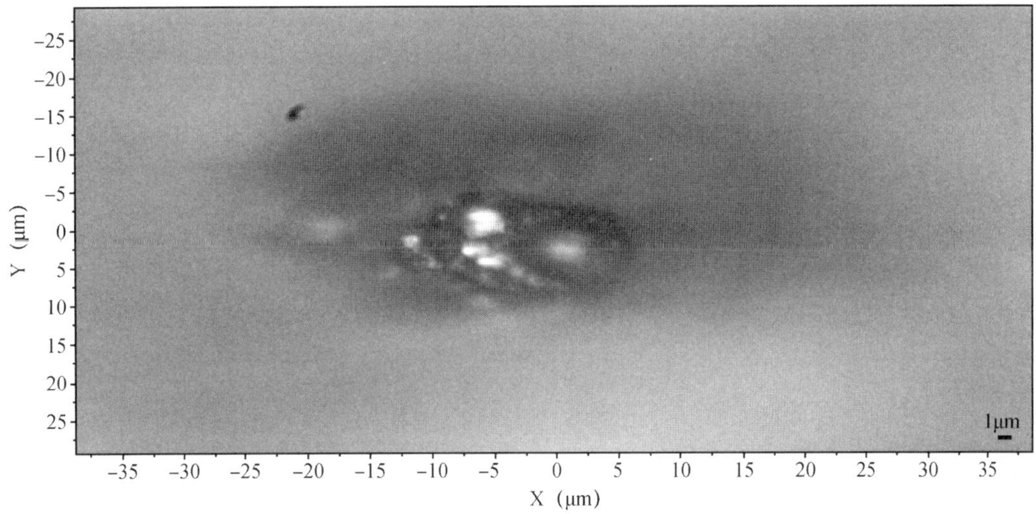

图一三　拉曼光谱测试点显微图

（3） 青铜豆X射线探伤检测

为了解青铜豆内部铸造信息，辅助了解文物内部腐蚀状况及是否有修复痕迹，我们使用X射线探伤仪器对青铜豆进行了内部探伤分析。

X射线探伤仪器型号为XYD-1520/4，测试条件100kV，从器物底部打点测试。测试结果见图一四。

测试结果表明，青铜豆豆柄内有范芯，密度很高，很难穿透。豆腹底部有四个垫片，其中一个垫片有部分剥落，留下孔洞，腹部有裂纹。

（4） 表面显微形貌分析

为了更清楚的了解青铜豆表面的损坏状况，我们使用VHX-600型的体式显微镜对青铜豆进行表面形貌观察，通过显微镜内置的摄像机将显微镜看到的标本图像传输到计算机上，通过计算机上安装的显微图像分析软件进行追踪分析，从而获得一系列有价值的定性定量数据。图一五放大20倍的青铜豆腹底孔洞，图一六是放大20倍的底座褐红色锈蚀照片，图一七是放大20倍的青铜豆腹部铭文上的锈蚀照片。

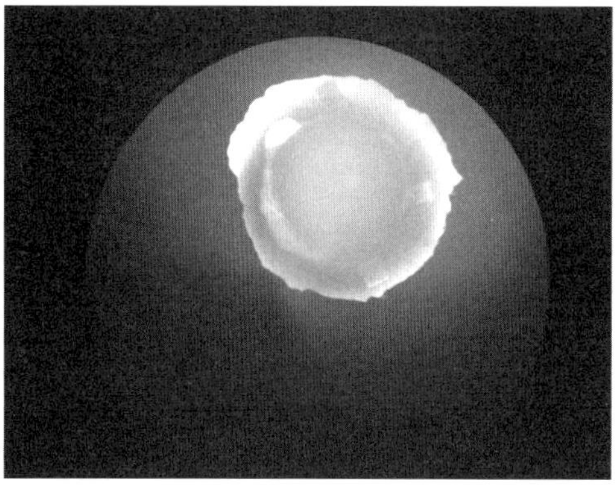

图一四　X光探伤图

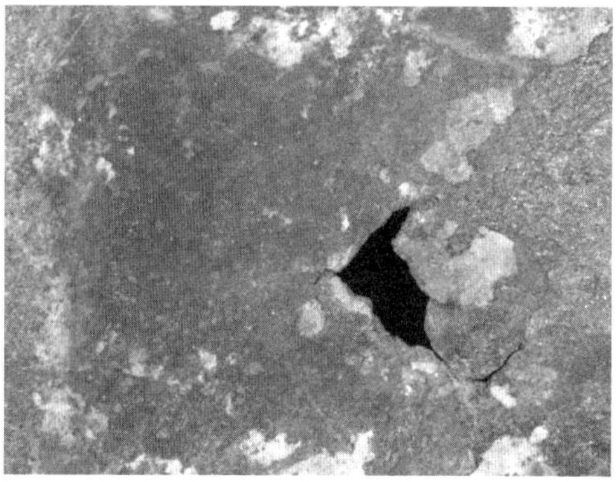

图一五　腹底孔洞显微照片（20X）

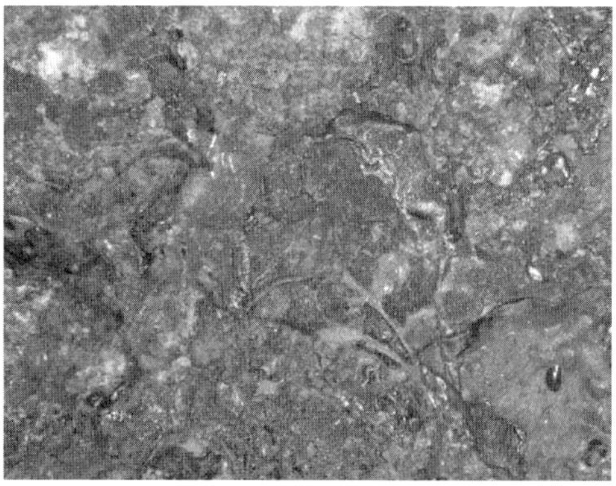

图一六　底座锈蚀部位显微照片（20X）

图一七　铭文处锈蚀（20X）

以上三组照片表明，青铜豆表面锈蚀并不是很严重，但是某些地方变形较严重，需要进行矫形修复，覆盖在铭文上的锈蚀物需要去除。

4. 结论

由以上病害勘察及检测分析结果可知，这件青铜豆表面锈蚀物为稳定的保护锈，不需要去除；底座上面的铁锈也是稳定锈，如果需要对其加工工艺进行研究，建议去除；铭文上有少量锈蚀物和表面硬结物，需要去除；青铜豆挤压变形严重，需要矫形；腹底有铸造垫片半脱落现象，形成孔洞，需要填补。

四、根据检测分析结果制定文物保护修复方案

1. 保护修复原则

根据《中华人民共和国文物法》《中国文物古迹保护准则》等相关法律法规及行业准则规定，遵守“不改变文物原状”的文物保护修复基本原则和“预防为主，抢救第一”的文物工作方针，坚持最小干预、可再处理性和安全有效性等要求，在筛选保护修复处理方法、工艺和材料时综合考虑，选用的工艺要以对文物最小的技术干预来获取文物最大的稳定；选用的材料应对文物无损、无有害物质残留，并可在有更新材料及技术出现时能进行更新处理；选用的方法能消除伴随文物的有害因素，清除导致青铜器腐蚀的根源，补全的过程要遵循可辨识性及协调性原则。

2. 保护修复目标

（1）表面清理与除锈：有选择性地清除青铜豆表面的一些锈蚀产物及表面硬结物、泥土等有害物质，做到使青铜豆外貌清晰、铭文清晰，采用机械法清除锈蚀时不能伤害到青铜器的本体。

（2）矫形补全：矫形恢复青铜器的本来形状，矫形过程中防止产生二次破坏；对青铜豆腹底的孔洞进行补全，用树脂进行填充补全。

（3）做旧：做旧采用化学稳定性好，不会对青铜器产生危害的材料，做旧的范围应控制在补全范围内。

（4）封护：在青铜豆表面形成良好的保护膜，同时控制青铜豆外观颜色不能有明显的变化。

（5）健全文物保护修复技术档案，分析检测数据完整翔实。

3. 青铜豆保护修复流程图

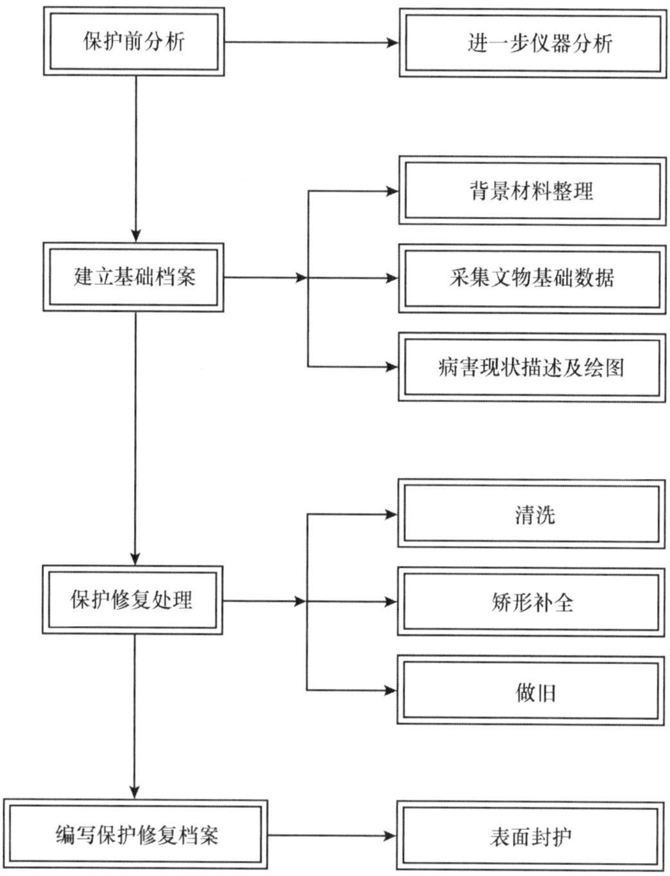

4. 保护修复技术路线

（1）前期的资料采集

此件青铜豆为馆藏三级文物，入藏以来没有做过任何保护修复工作，在搬入新馆前一直保存在自然环境中，有不同程度的劣变腐蚀。首先通过肉眼观察，对青铜器的本体、病害程度及病害分布做初步了解，绘制病害分布图，文字描述文物腐蚀残损状况。对青铜器进行整体、局部摄影，保留原始图像资料。

在此基础上，我们有选择地选取测试位置，并采集微量腐蚀产物，应用现代无损或微量检测技术进行分析检测，对材质组成、制作工艺、锈蚀机理、腐蚀程度和分布状况进行深入全面的了解。我们有针对性地选择合适的检测项目，为制定更加科学合理的保护方案提供依据。

（2）保护修复步骤实施

在对文物的流传经历、入藏背景、材质组成和腐蚀状况充分了解的基础上，拟对青铜豆进行如下的保护修复技术操作[4]。

1）清洗

青铜器表面附着大量的泥土、污垢、锈蚀等硬结物，因此首先需要对器物整体进行清洁。使用毛刷、钢丝刷、木刀等直接在文物表面进行操作，对于具有一定硬度的表面硬结物，配合使用机械工具如超声波洁牙机、电动凿等提高清洗效率。之后，置于超声波清洗容器中进行彻底清洗，超声波以每秒几万赫兹的频率进行高频振荡，将掩藏在缝隙深处的污垢清理出来。

掩盖在铭文上的锈蚀硬结物需要清理，必要时采用柠檬酸、草酸等弱酸试剂，之后要用大量蒸馏水清洗干净，以免留下隐患。

因为检测分析没有检出有害锈蚀物，山西省博物院新馆保存环境控制很好，因此根据最小介入原则，不进行缓蚀处理，矫形补全之后直接封护。

2）矫形补全

这件器物变形较严重，应使用台钳矫正，用木块垫衬缓冲压力，防止二次破坏，视情况辅助加以提高可塑性。

对于裂纹、垫片缺失及多处铸造孔洞，使用双组份环氧树脂粘接填补，操作时使用蜡板做支撑体，避免黏结剂流淌，几分钟后黏结剂固化即可摘除蜡板，24小时后黏结剂达到最佳强度，此时可用打磨机打磨修整补配部位，使填补部位要略低于青铜基体，以遵循可辨识修复原则，达到“远看浑然一体，近看有区别”的修复效果。

双组份环氧树脂黏结剂本身不具有可逆性使用前应在接触面涂刷可逆层B72-B44。

3）做旧

经过补全的文物要进行做旧处理，目的是使修复后的器物有良好的整体视觉效果，适合展出。做旧材料分粘接和着色两种，粘接材料使用传统工艺的酒精漆片，着色材料使用矿物颜料，操作手法可用喷、涂、弹、拨等手法。做旧程度要严格控制并遵守相关行业准则。

4）表面封护

表面封护剂选用1.5%～3%的Paraloid B72或B44的丙酮溶液，采用涂刷的方式，内外各涂刷三遍，每次涂刷操作要选择相互垂直方向涂刷。

5）保存环境建议

文物的实验室保护修复只是文物保护过程的一个环节，修复好的文物必须保存在适宜的环境中，消除可能的隐患，加强日常养护和监护，才能真正地使文物延年益寿，对此我们提出如下建议：

①青铜器应存放在稳定、洁净、干燥的环境中，温度控制14～20℃，温度日波动范围小于5℃，相对湿度RH＜40%±5%，相对湿度日波动范围小于5%。防止在展出、陈列、保存过程中的环境突变。

②不要使用口取纸作为标号的载体，已有的研究表明，口取纸上面的有机胶会对

青铜器基体造成不良影响，腐蚀青铜器。

③依照器物形状特别定制囊匣盒，在不展出的时候将青铜豆保存在囊匣中，以防外界环境因素对其产生振动、碰撞等破坏作用。

④包装运输时要考虑材料对文物的潜在伤害。

⑤加强日常养护，定期检查监护。

注　释

［1］刘爽. 文物保护概论［M］. 沈阳：辽宁教育出版社，2019.

［2］马清林等. 中国文物分析鉴别与科学保护［M］. 北京：科学出版社，2001.

［3］中华人民共和国文物保护行业标准《馆藏青铜器病害与图示》（WW/T0004-2007）［Z］. 北京：文物出版社，2010.

［4］许淳淳，潘路. 金属文物保护——全程技术方案［M］. 北京：化学工业出版社，2012.

The Application of Detection and Analysis Technology in Making Conservation and Restoration Project of Cultural Relics

LIU Shuang

Making conservation and restoration project of cultural relics plays a very important role in the protection of cultural relics. This article introduces the application of detection and analysis technology in making conservation and restoration project of cultural relics by taking a bronze ware as an example. Usually, the targets and specific steps should be designed and adjusted according to the results of detection and analysis.

楼兰故城三间房遗址2014年发现的动物骨骼遗存初步研究*

王春雪　吕小红　刘海琳　于　昕　于新月　王雪颖

（吉林大学考古学院，长春，130012）

2014年10月中旬至11月初，由中国科学院地质与地球物理研究所、中国科学院遥感与数字地球研究所、中国科学院新疆生态与地理研究所、吉林大学边疆考古研究中心及新疆文物考古研究所等单位联合开展了名为“罗布泊地区自然与文化遗产综合科学考察”的科考工作，获得了大量文化遗物。科考队主要针对罗布泊腹地开展为期五年的一系列自然与文化遗产考察活动，2014年主要对楼兰故城遗址周围进行系统考察，本文是对楼兰故城三间房遗址内发现的动物遗存进行的初步研究。

一、三间房遗址

楼兰故城城内布局主要以古水道为分界线，分为东北和西南两个区：东北区主要遗迹包括佛塔及其附近相关建筑；西南区保留下来的遗迹相对较多，除三间房遗址区，还有西部和南部大小许多院落。本文所选取的动物骨骼遗存主要来自三间房遗址区。

经发掘鉴定，三间房遗址是唯一用土块垒砌的房屋，布局相对严谨，一般被视为是一所标志性建筑，即西域长史府。三间房遗址位于楼兰故城遗址西南区残存遗迹正中，斯坦因将其编号为LA.Ⅱ。从现存遗迹看，房间较小。根据1980年楼兰考古队的测量数据可知，从三间房的房基线测得东西长12.5米，南北宽8.5米，房屋总面积为106.25平方米。其中西间宽1.5米，中间宽2.8米，东间宽1.2米，整体布局类似一座四合院（图一），自1901年起，大量的汉代木简、佉卢文书、纸文书等官署文书被考古工作者发现。在三间房及其东西两厢，除了这些文书外还有一些精美的陶杯、丝棉织物残片、木梳、彩绘木块、骨鞘等遗物[1~3]。

---

* 本文得到国家社科基金重大项目“古动物DNA视角下的丝路文化交流研究”（项目批准号：17ZDA221）、科技部科技基础性工作专项（2014FY210500）、吉林大学2018年基本科研业务费（科技平台基地建设项目）“新疆罗布泊地区晚更新世晚期至全新世早期古人类的适应行为研究”的资助。

图一　楼兰故城三间房遗址

在三间房西南，被斯文·赫定编号为O、P、Q和被斯坦因编号为LA.Ⅶ的一些房屋遗址出土的遗物相对较多。根据1980年所得数据看，北间出土了羊下颌骨、骨雕花柙、人形木件、门斗、铜铁渣等；南间出土了木纺轮、木臼以及牛羊骨等物。从两处房址出土遗物可以看出二者之间的等级差异，LA.Ⅱ为官宦之家，LA.Ⅶ为普通贫民之家。但可以猜测的是，当时的楼兰人的饮食主要以牛羊马为主，几乎不见猪狗。

二、出土动物骨骼遗存概况

该遗址中所出土的动物骨骼绝大部分都有风化痕迹，骨骼的保存状况不是很好，有的已经破碎严重，呈碎片或管状，无法判断种属，有的相对保存完整。据统计，此次三间房遗址共出土动物骨骼94件，其中可鉴定种属的有90件（见表一）。从图二看，在可鉴定的动物骨骼遗存中，牛的数量最多，其次是羊、马，最后是骆驼和驴。可以说明古楼兰人的饮食习惯是以牛、羊、马为主的。罗布泊地区气候干旱，在楼兰城区除风沙堆积物外，空气中水汽含量较低，中午最高温出现在15～16时；1月和7月是楼兰地区最冷的季节，春秋为过渡季节[4]，因此在这种反差极大的四季气候中，楼兰地区的畜牧业相对于农耕经济发达。对于动物的需求比中原地区要强烈，一方面是为了获取动物皮毛来取暖，另一方面则是通过肉、奶类来补充营养。在已发现的动物遗存中未见猪狗，猜测是因为宗教原因而使得楼兰人对这类生物敬而远之。

表一 可鉴定动物骨骼的种属鉴定及数量统计表 （单位：件）

部位 \ 种属				牛	马	羊			骆驼	驴
						山羊	绵羊	未定		
头骨	残片				左侧1		1			
头骨	上颌骨	左						臼齿1		
头骨	上颌骨	右					2			
头骨	下颌骨	左		1			1		1	1
头骨	下颌骨	右		2				臼齿2		
椎骨	胸椎			2				2		
椎骨	寰椎			1						
椎骨	颈椎			2				1		
椎骨	枢椎			4		1		1		
前肢骨	肱骨	左	远端			1				
前肢骨	肱骨	左	近端							
前肢骨	肱骨	右	远端	3						
前肢骨	肱骨	右	近端							
前肢骨	肩胛骨	左		1			1			
前肢骨	肩胛骨	右		5		3				
前肢骨	桡骨	左	远端							
前肢骨	桡骨	左	近端	2						
前肢骨	桡骨	右	远端							
前肢骨	桡骨	右	近端	1						
前肢骨	尺骨	左			1					
前肢骨	尺骨	右							1	
前肢骨	掌骨	左	远端		1				冠骨2	
前肢骨	掌骨	左	近端							
前肢骨	掌骨	右	远端	1					系骨1	
前肢骨	掌骨	右	近端							
前肢骨	指骨	左		2						
前肢骨	指骨	右		1	2					

续表

部位				牛	马	羊：山羊	羊：绵羊	羊：未定	骆驼	驴
后肢骨	髋骨	左			2					
		右		1	2		1	1		
	股骨	左	远端							
			近端							
		右	远端							
			近端		1			1		
	胫骨	左	远端		1				1	
			近端							
		右	远端		1					
			近端		1					
	跗骨	跟骨	左	3	1					1
			右	3					1	1
		距骨	左		1					
			右							1
	趾骨	左								
		右			1					
完整骨架				无						
最小个体数				5	2	2	2		2	1
总计				35	16	4	7	9	7	4

注：部分可鉴定的动物骨骼残片因无法判断左右未列入数据。

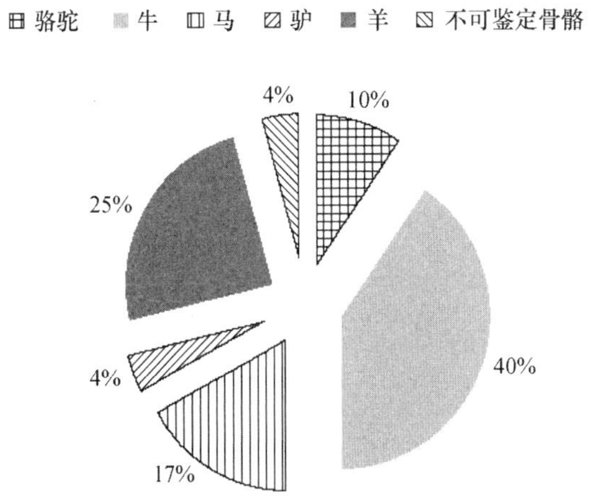

图二　动物骨骼遗存种属鉴定

三、种属鉴定及描述

1. 牛（Bovidae）

在该遗址所出土的动物骨骼中所占数量最多，共计37件。整体保存状况较好，最小个体数为5。

肩胛骨　共6件，其中有2件为小牛，1件保存相对完整，风化较轻，其余5件均有不同程度的损坏。

标本14XLLC049，成年牛的左肩胛骨，风化等级为1，肩峰略有残缺。标本残长为360.44毫米，肩胛颈最小长为52.80毫米，肩臼长为57.88毫米，肩臼宽为49.70毫米（图三）。

标本14XLLC063，小牛，右，肩颈部分保留相对完整，背缘消失。标本残长168.29毫米，肩胛颈最小长为30.38毫米，肩臼长为41.46毫米，肩臼宽为35.32毫米（图四）。

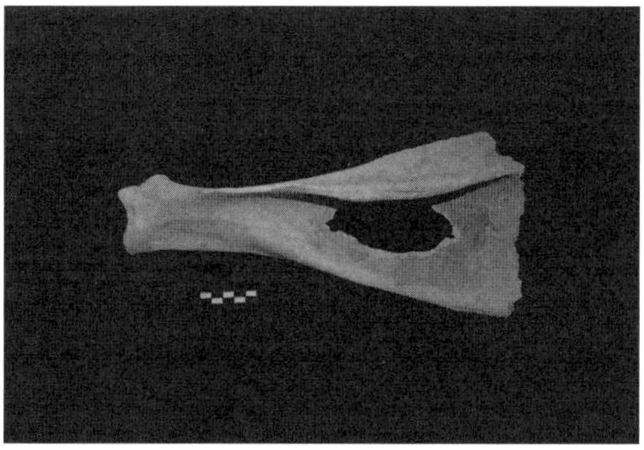

图三　标本14XLLC049

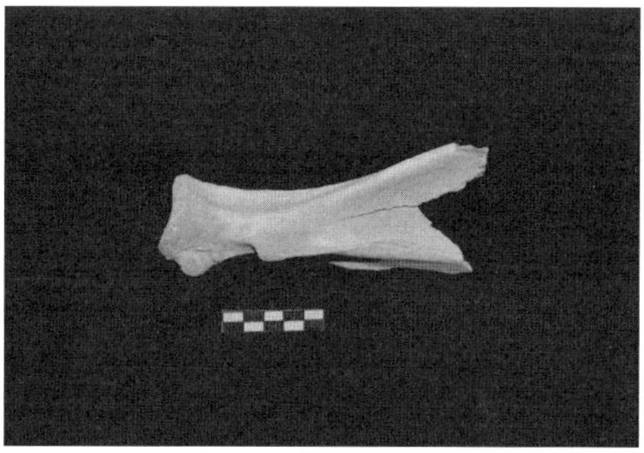

图四　标本14XLLC063

下颌骨　共3件，骨骼破坏程度较重，1件上升支，2件水平支。

标本14XLLC039，风化较严重，仅保留水平支与上升支的联合处，保留有m3（残缺），最后一颗牙齿未完全暴露在齿槽外部（猜测为自然下陷）。标本残长为160.46毫米（图五）。

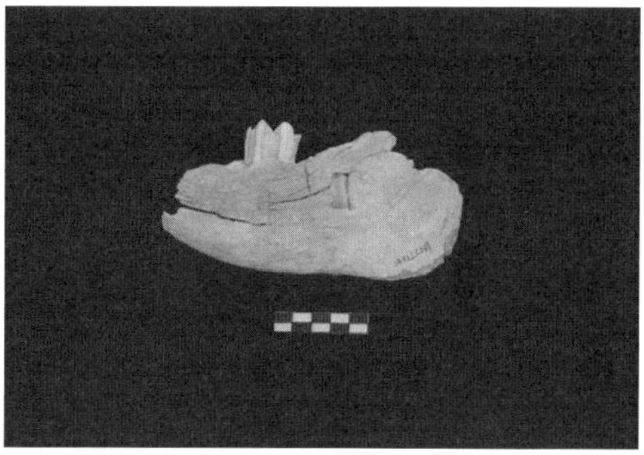

图五　标本14XLLC039

椎骨　共9件，保存不很完整，受风化破坏程度较重。

标本14XLLC047，整体保存较完整，棘突略残，但风化程度较高。前关节面（最大）宽为69.89毫米，椎体（最大）长包括齿突长为90.01毫米，椎体最小宽为38.67毫米，（最大）高为83.43毫米（图六）。

桡骨　共3件，仅有1件保存较完整，其余2件仅剩近端部分，且风化较严重。

标本14XLLC054，保存状况良好，仅有远端部分关节面不见，风化等级为1级，残长为168.11毫米，骨干最小宽为27.08毫米，骨干（最小）周长为72.31毫米，远端（最大）宽为59.36毫米（图七）。

跟骨　共计6件，2件保存较好，其余4件受风化影响保存略有残缺。

标本14XLLC040，整体保存较完整，但受风化影响跟骨体外侧出现较大裂纹。标本最大长为116.01毫米，最大宽为56.75毫米（图八）。

标本14XLLC041，该标本是所发现的牛跟骨中保存状况最好的，跟骨载距突和前突略有风化。标本最大长为112.89毫米，最大宽为52.31毫米（图九）。

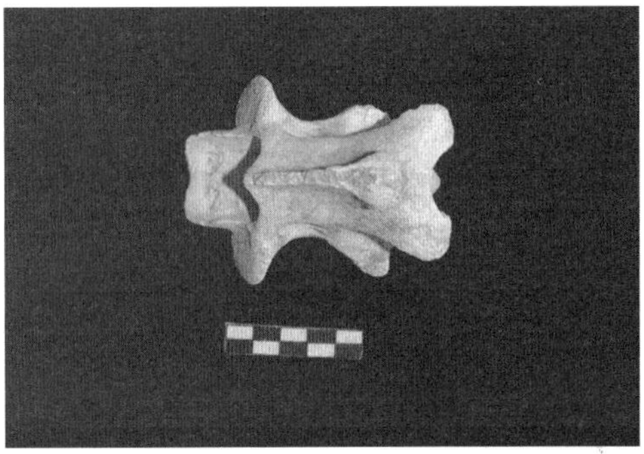

图六　标本14XLLC047

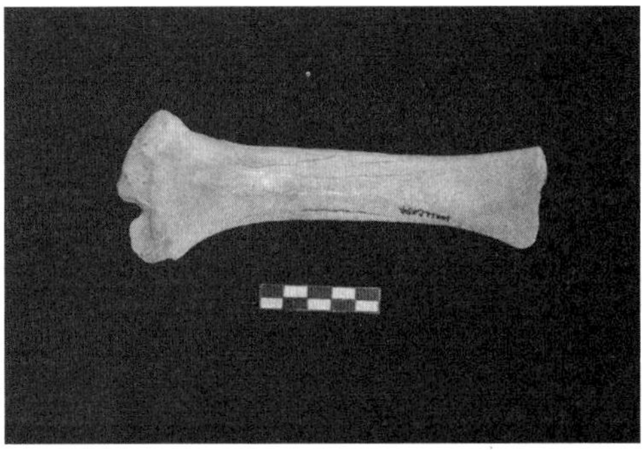

图七　标本14XLLC054

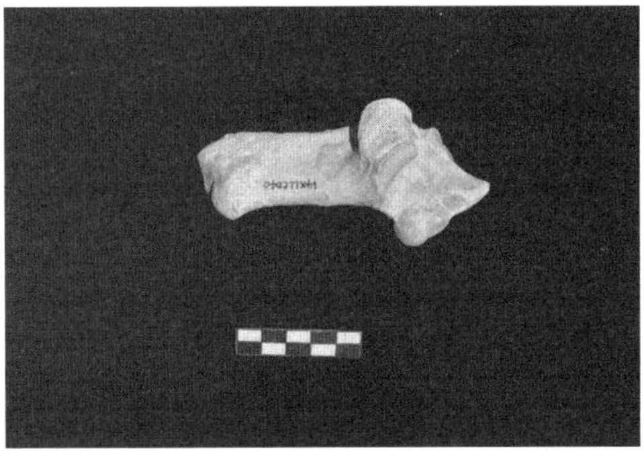

图八　标本14XLLC040

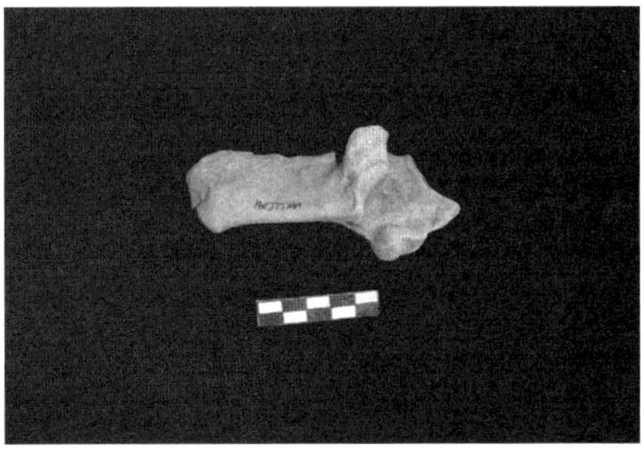

图九　标本14XLLC041

2. 马（*Equus caballus*）

发现16件，最小个体数为2。

尺骨　共1件，标本14XLLC057，保存较完整，但受风化影响较大骨膜脱落。标本残长为162.57毫米（图一〇）。

髋骨　共4件，未发现完整髋骨，其中3件均保留有髋臼窝。

标本14XLLC006，髋臼窝和闭孔保留完好，坐骨和耻骨明显被砍砸过。标本髋臼的长包括唇缘为64.55毫米，髋臼边缘上测量长为57.78毫米，闭孔内缘长为66.23毫米（图一一）。

标本14XLLC007，仅剩髋臼窝部分（坐骨和耻骨部分残留），标本髋臼的长包括唇缘为62.33毫米，髋臼边缘长测量长为57.03毫米（图一二）。

跟骨　仅1件。标本14XLLC002，保存完好，几乎不受风化影响（跟骨体侧缘略有一点）。标本最大长为104.63毫米，最大宽为47.83毫米（图一三）。

距骨　仅1件。标本14XLLC014，内侧滑车略有风化，整体保存完好。标本最大高为57.78毫米，距骨内侧部的长为56.83毫米，最大宽为59.09毫米，远端关节面宽为49.38毫米（图一四）。

胫骨　共3件，其中有2件仅保留远端部分，另1件则保留近端部分。

标本14XLLC016，保留远端部分，风化等级为2级。标本残长为73.79毫米，远端（最大）宽为59.19毫米，远端（最大）厚为35.94毫米（图一五）。

股骨　仅1件。标本14XLLC018，保留近端，股骨头相对完整，大转子、第三转子残。残长为223.54毫米（图一六）。

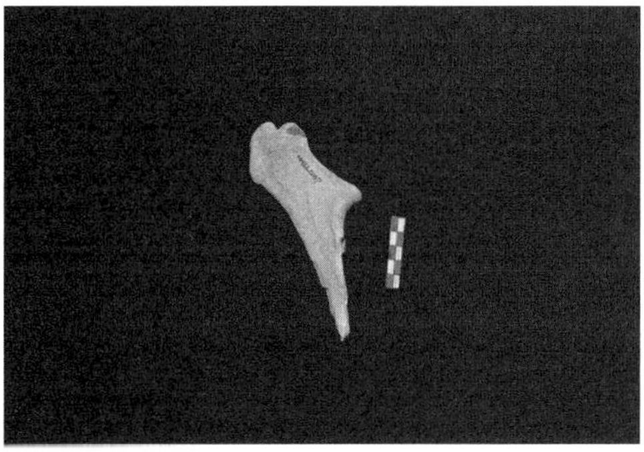

图一〇　标本14XLLC057

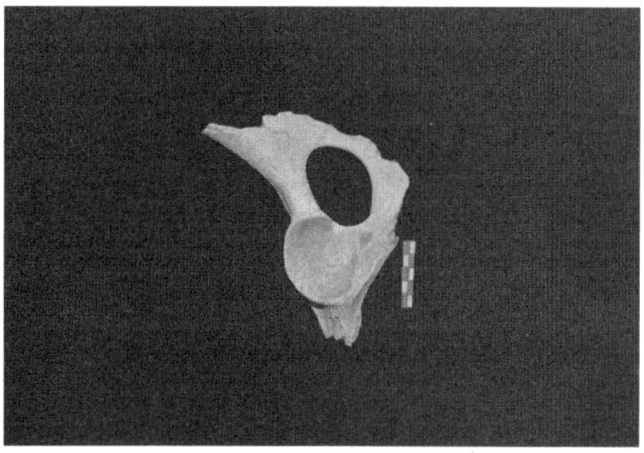

图一一　标本14XLLC006

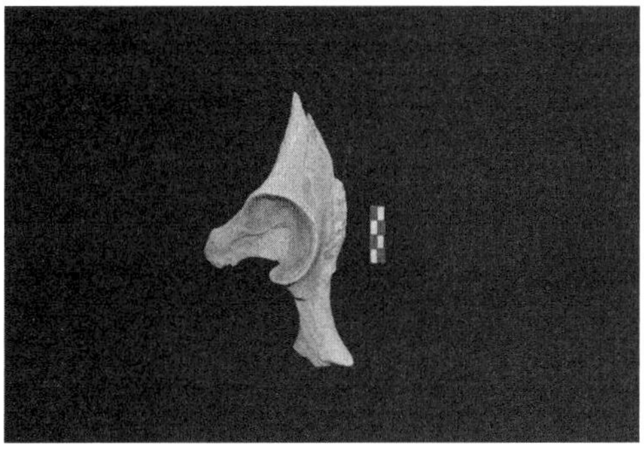

图一二　标本14XLLC007

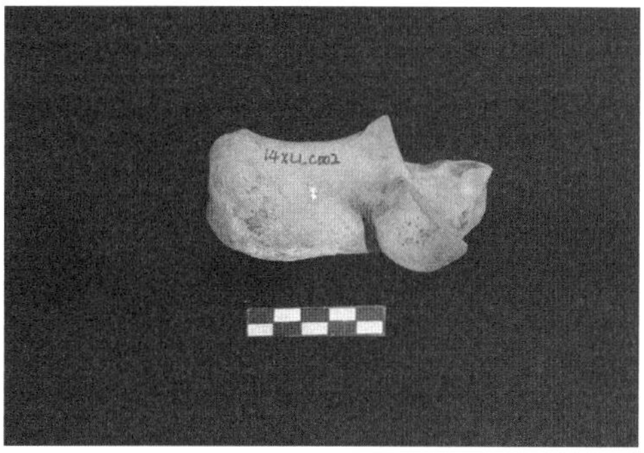

图一三　标本14XLLC002

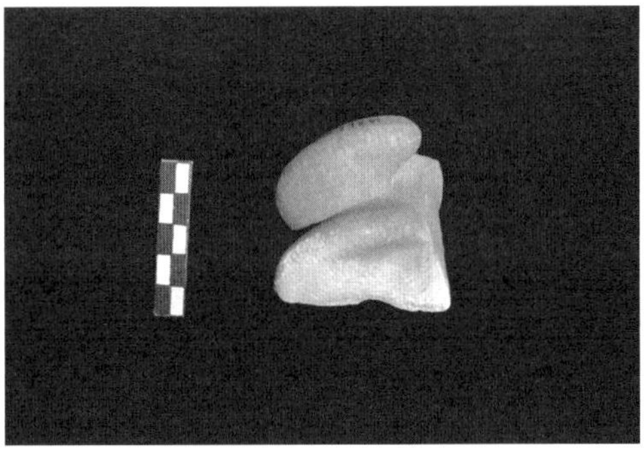

图一四　标本14XLLC014

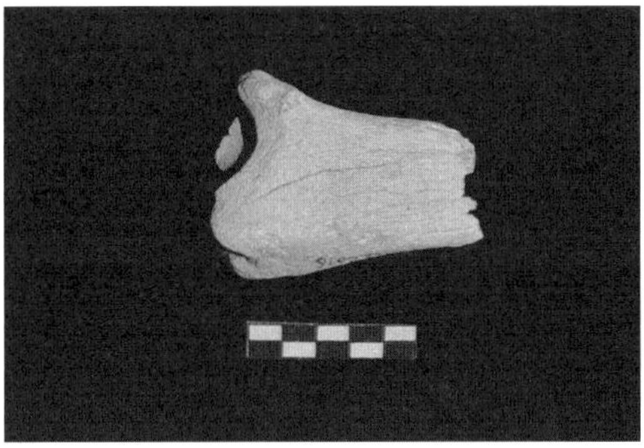

图一五　标本14XLLC016

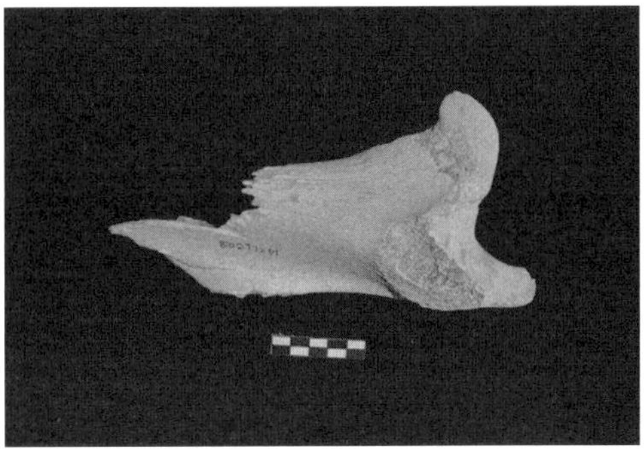

图一六　标本14XLLC018

3. 羊（Caprinae）

共出土23件，其中山羊最小个体数为2，绵羊最小个体数为2。标本均受到不同程度的破坏，有的风化严重仅剩部分残片，有的则是相对保存完整，其中3件绵羊的下颌骨未受到大的风化侵蚀。

下颌骨　共出土3件，即标本14XLLC025、14XLLC026、14XLLC027（图一七～图一九），3件标本均保存相对完整，几乎不见风化痕迹。除了标本14XLLC025缺2、3外，标本14XLLC026和14XLLC027只缺少2。3件标本的测量数据结果在表二中。

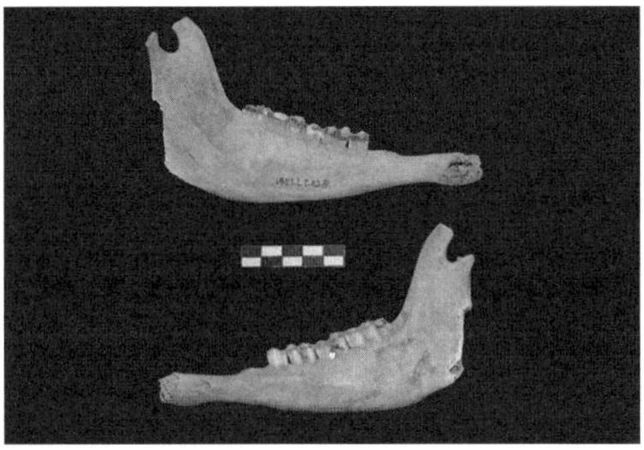

图一七　标本14XLLC015

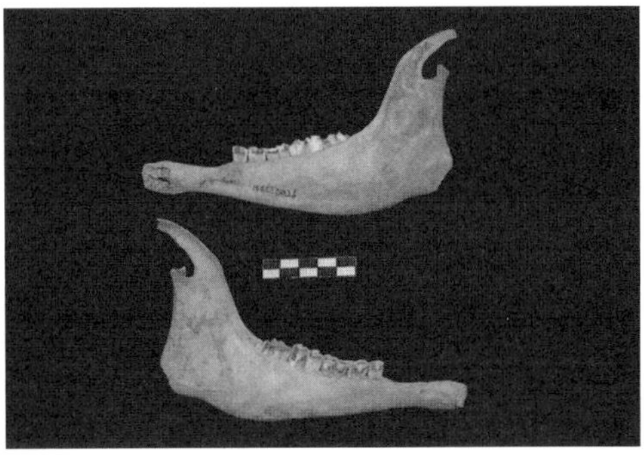

图一八　标本14XLLC026

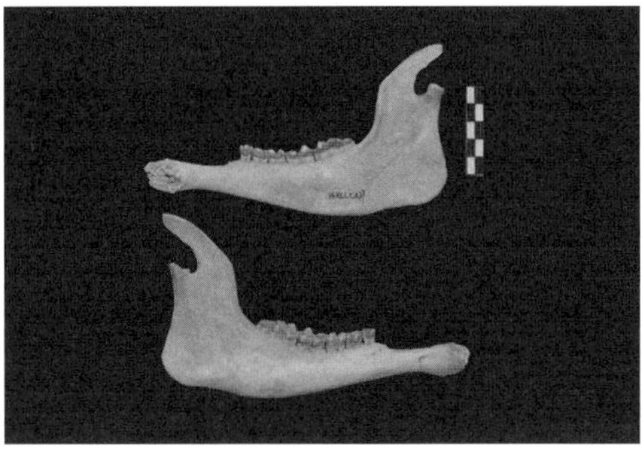

图一九　标本14XLLC027

表二　出土羊下颌骨的相关测量数据　（单位：毫米）

序号	标本名称 / 数据名录	标本14XLLC025	标本14XLLC026	标本14XLLC027
1	下颌骨从角长（Goc-Id）			170.21
2	下颌骨从髁长	172.53	175.79	162.64
3	长：Goc到m3齿槽的远口缘		44.95	54.70
4	下颌骨水平部长	120.12	119.96	110.47
5	长：Goc到p2齿槽的口缘			126.11
6	颊齿列长，沿齿槽颊侧测量			74.43
7	臼齿列长			51.81
8	潜臼齿列长	55.50	56.23	23.85
9	p3的长和宽（接近咀嚼面）			7.30\5.87
10	p4的长和宽（接近咀嚼面）			8.24\6.46
11	m1的长和宽（接近咀嚼面）			10.26\8.01
12	m2的长和宽（接近咀嚼面）			14.61\9.04
13	m3的长和宽（接近咀嚼面）	21.82\9.14		23.73\8.13
14	齿槽间隙长	31.14	30.95	34.83
15	m3后下颌骨高，从m3齿槽颊侧的最远口侧点测量	40.99	41.99	38.98
16	m1前下颌骨高	24.70	22.58	20.88
17	p2前下颌骨高	16.31	16.80	18.92
18	下颌骨垂直部中部高：Gov到下颌切迹最深处	65.06	60.55	61.99
19	下颌骨垂直部远口侧高：Gov到下颌髁最高点	65.19	65.93	
20	下颌骨垂直部口侧高：Gov-Cr		90.20	94.78
21	残长	121.19	124.93	

注：下颌骨的长和高均为一侧的测量尺寸。Cr：冠状突点—下颌骨冠状突的最高点。Goc：下颌角后点—下颌骨角的离口最远点。Gol：下颌角外侧点—下颌骨角的最外侧点。Gov：下颌角腹侧点—下颌骨角的最底点。Id：下齿点—切齿齿槽口缘最突出的中点（同上颌骨的P点相对应）。

肩胛骨　共4件，其中3件为山羊的，1件为绵羊。整体保存状况相对良好，但均有较重的风化现象。

标本14XLLC021，山羊，三缘仅剩前后两缘，背缘不见。肩峰略残，肩臼保存完整，冈下窝残。标本残长为120.15毫米，肩胛颈最小长为20.65毫米，肩胛结最大长为31.31毫米，肩臼长为21.40毫米，肩臼宽为22.37毫米（图二〇）。

标本14XLLC024，绵羊，仅剩肩胛颈部分，肩峰略残。标本残长为98.84毫米，肩胛结最大长为23.63毫米，肩臼长为33.35毫米，肩臼宽20.81毫米（图二一）。

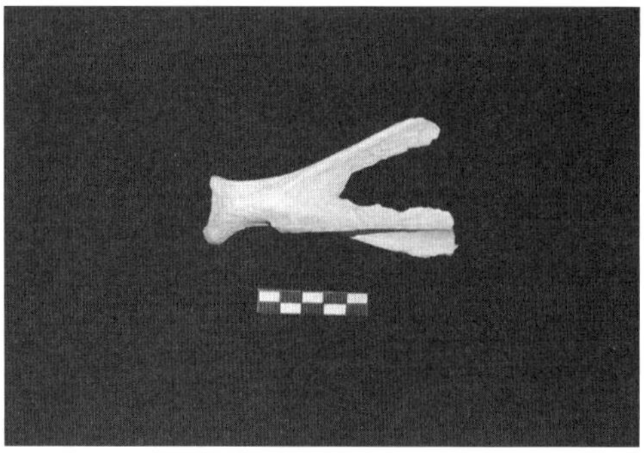

图二〇　标本14XLLC021

椎骨　共5件，其中有1件山羊的。所有羊的椎骨均受到较重破坏，保存不完整。

标本14XLLC046，枢椎，棘突和横突残破。椎体最小宽为20.67毫米，椎体（最大）长包括齿突长为55.29毫米，前关节面（最大）宽为39.72毫米（图二二）。

髋骨　共2件。其中有1件为绵羊的，保存状况相对较好。另1件残缺较严重。标本14XLLC019，绵羊，髋臼窝只保留一半，坐骨和髂骨残。标本残长为170.16毫米，髋臼的长（包括唇缘）为28.21毫米（图二三）。

股骨　共3件，1件股骨骨干残部，2件股骨近端，其中1件股骨头破坏较严重。标本14XLLC064，仅剩股骨头近端部分，标本残长为39.16毫米，近端（最大）宽39.17毫米（图二四）。

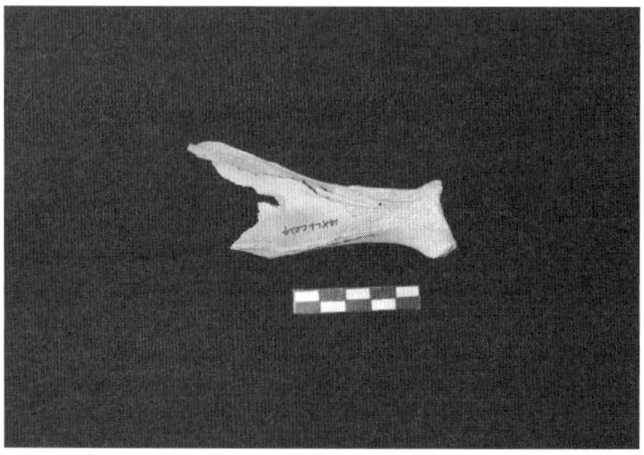

图二一　标本14XLLC024

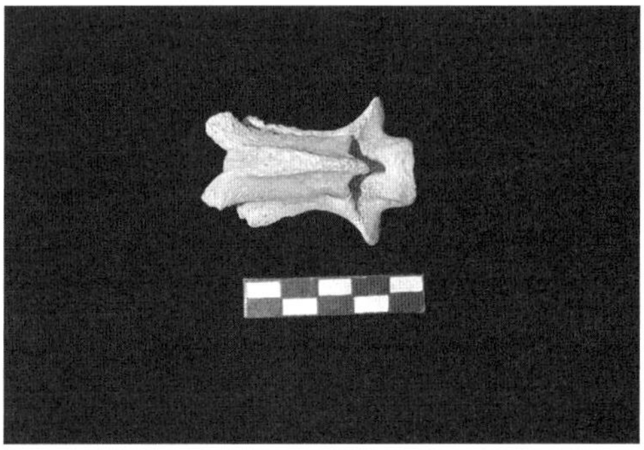

图二二　标本14XLLC046

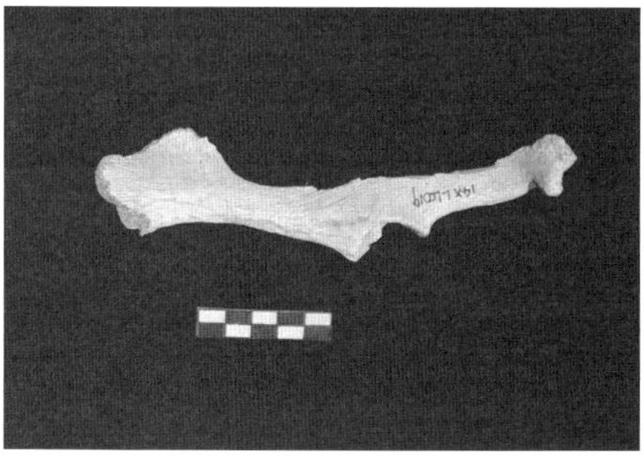

图二三　标本14XLLC019

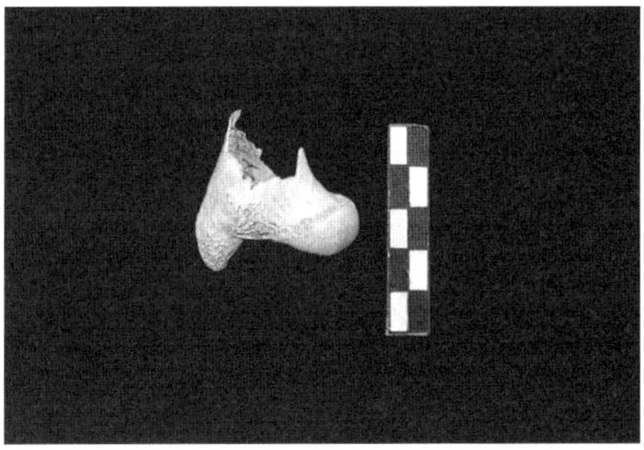

图二四　标本14XLLC064

4. 骆驼（*Camelus*）

共出土9件。所有标本均受到风化影响，但保存相对较好。

跟骨　仅1件。标本14XLLC032，跟骨体侧缘有风化痕迹，但整体保留完整，未见残缺。标本最大长为154.50毫米，最大宽为55.83毫米（图二五）。

系骨　仅1件。标本14XLLC033，整体保留完整，风化等级为1级。标本最大长为107.82毫米，近端（最大）宽为47.42毫米，骨干最小宽为24.01毫米，远端（最大）宽为43.13毫米（图二六）。

冠骨　共2件，整体保留完整，风化等级均为2级。标本14XLLC034，远端最大宽为38.98毫米，近端最大宽为34.19毫米，骨干最小宽为28.12毫米，最大长为66.90毫米（图二七）；标本14XLLC035，远端最大宽为39.13毫米，近端最大宽为37.77毫米，骨干最小宽为30.54毫米，最大长为73.14毫米（图二八）。

跗骨　仅1件。标本14XLLC065，骨骼表面受风化影响骨膜已经全部脱落。标本最大宽为51.95毫米（图二九）。

第二、三腕骨　仅1件。标本14XLLC083，整体保留较完整，但受风化影响骨骼表面的骨膜已全部脱落。长为44.34毫米，宽为39.76毫米（图三〇）。

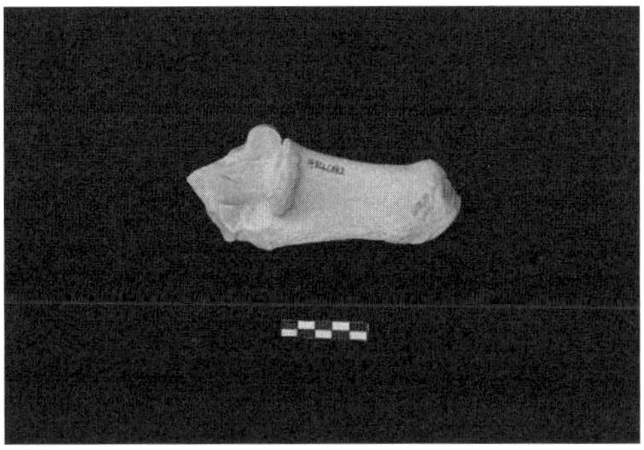

图二五　标本14XLLC032

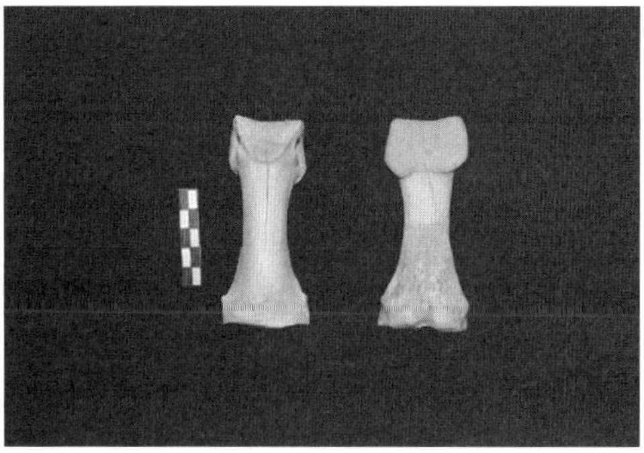

图二六　标本14XLLC033

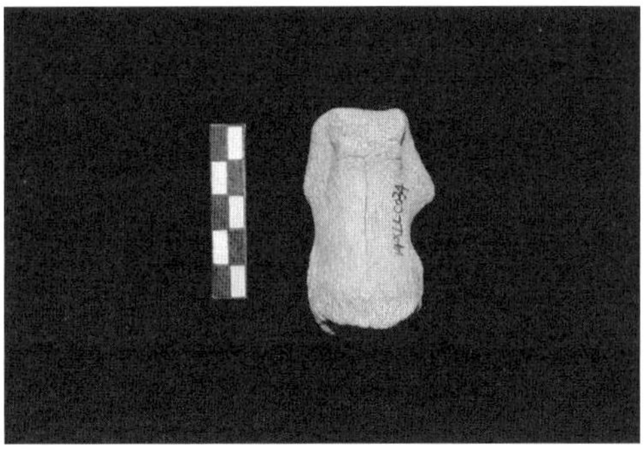

图二七　标本14XLLC034

图二八　标本14XLLC035

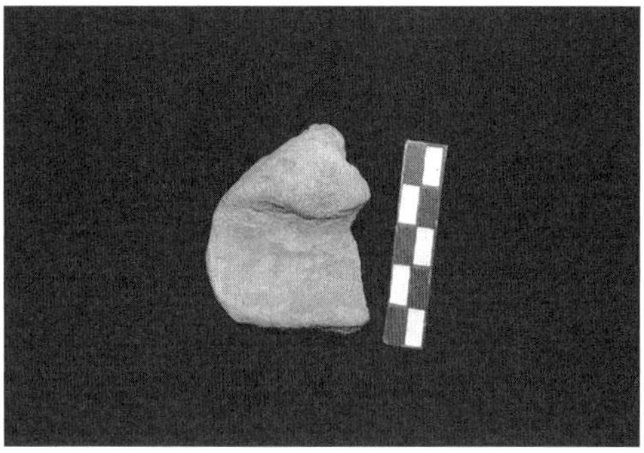

图二九　标本14XLLC065

图三〇　标本14XLLC083

胫骨　仅1件。标本14XLLC052，仅保留远端部分，骨骼表面有病态现象。标本残长为180.64毫米，远端（最大）宽为82.98毫米，远端（最大）厚为53.22毫米（图三一）。

下颌骨　仅1件。标本14XLLC036，只保留有上升支的髁突关节面和冠状突部分，风化等级为1。标本下颌骨垂直部分口侧高残长为155.62毫米（图三二）。

尺骨　仅1件。标本14XLLC037，保存不完整，只保留近端部分。标本残长为177.85毫米（图三三）。

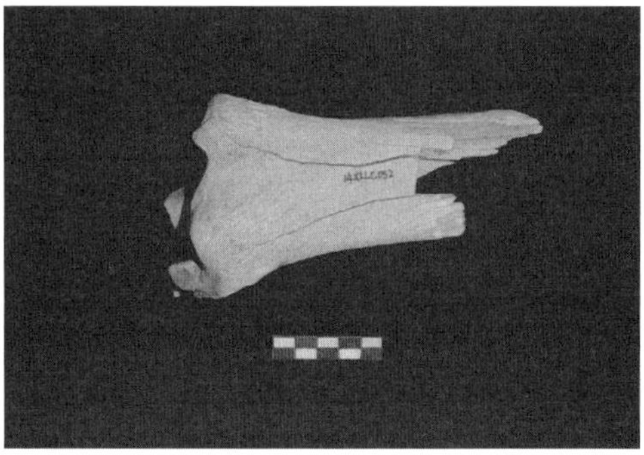

图三一　标本14XLLC052

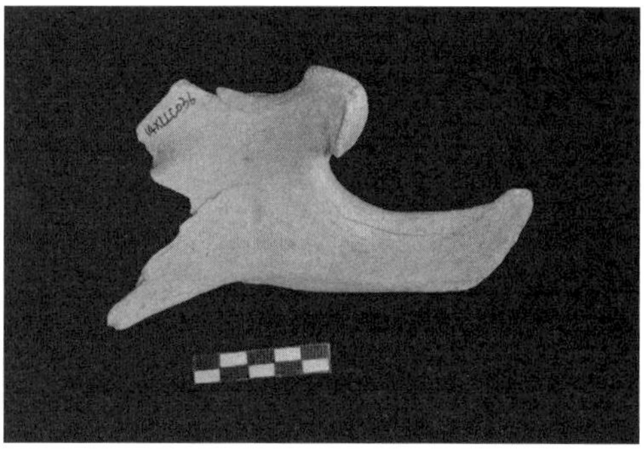

图三二　标本14XLLC036

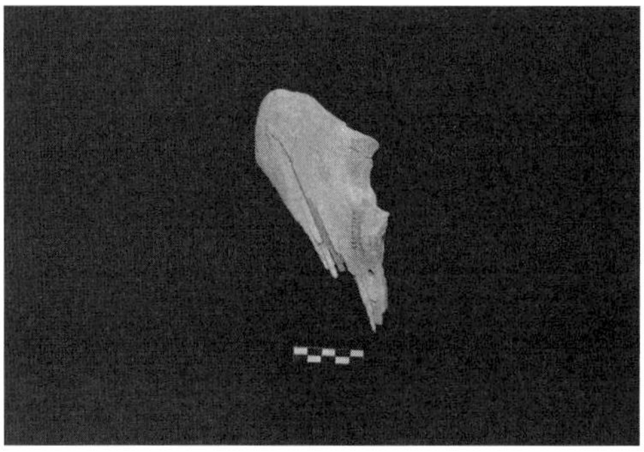

图三三　标本14XLLC037

5. 驴（*Equus asinus*）

共出土4件。

跟骨　共2件。标本14XLLC001，整体保留相对完整，风化等级为2，标本最大长为93.08毫米，最大宽为45.10毫米（图三四）；标本14XLLC003，跟骨头缺失，载距突残，风化等级为2，残长为77.80毫米，最大宽为40.35毫米（图三五）。

下臼齿M3　仅1件。标本14XLLC012，嚼面的磨损程度较低，齿根残。标本咀嚼面的长、宽分别是29.49毫米、12.42毫米（图三六）。

距骨　共1件。标本14XLLC013，距骨腹侧基本不见，风化等级为2，现高50.50毫米，现宽49.07毫米，现内侧部的长为47.27毫米（图三七）。

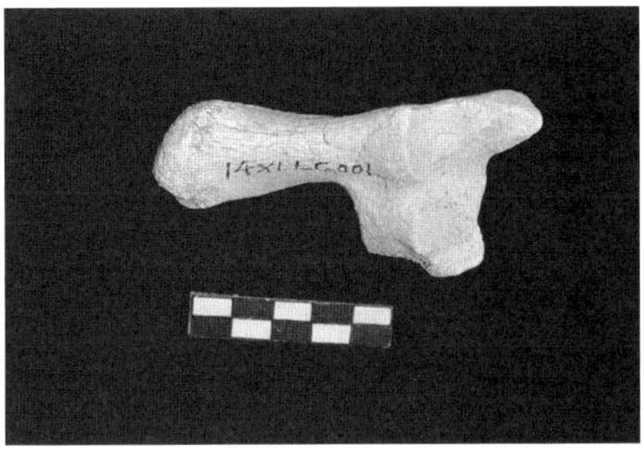

图三四　标本14XLLC001

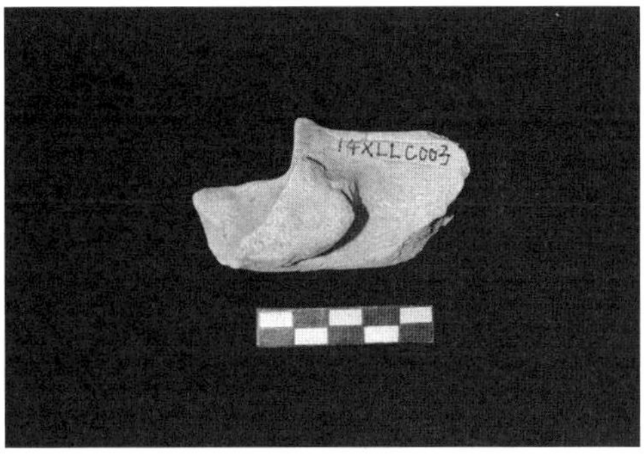

图三五　标本14XLLC003

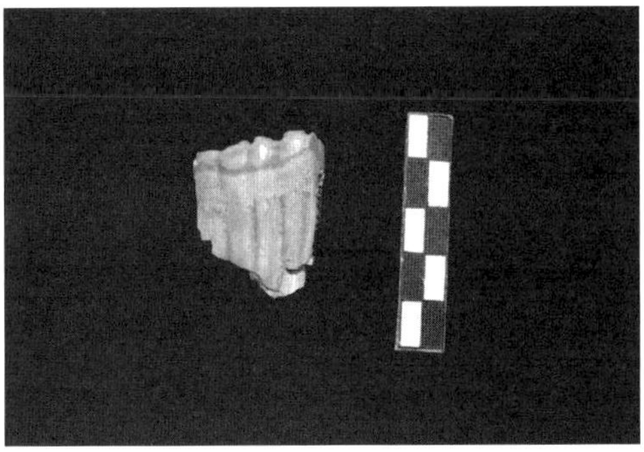

图三六　标本14XLLC012

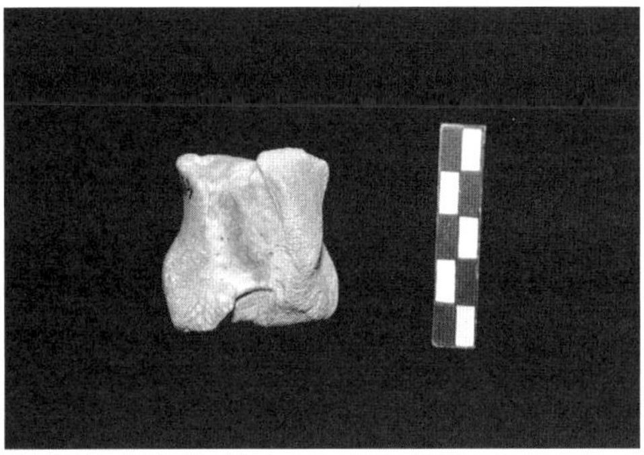

图三七　标本14XLLC013

四、动物骨骼表面痕迹分类研究及其鉴定分析

动物骨骼表面痕迹主要分为人工痕迹和非人工痕迹两种。通过痕迹分析可知该遗址内所出土的动物骨骼表面痕迹大致有自然作用产生的痕迹、植物作用痕迹等非人工痕迹和切割、砍砸以及打击等人工痕迹。从标本表面痕迹的表现特征看，人工痕迹明显是

一种人为的，有意识作用的痕迹。方向性较一致、痕迹深浅宽窄较相似、以粗细均匀的线状痕迹为主、底部略有破损[5]。而明显异于人工痕迹的食肉动物的啃咬痕迹则是凌乱的、痕迹深浅宽窄不一、以粗细不均的线状痕迹为主、底部较为光滑[6]。

1. 非人工痕迹

（1）自然作用产生的痕迹

这批动物遗存材料来源于新疆楼兰故城遗址，楼兰地处罗布泊雅丹地形区，气候干旱，风沙活动频繁强烈，因此当动物骨骼直接暴露在地表时，常年的风沙侵蚀、太阳的直接照射以及温差的变化等物理风化作用使得骨骼表面产生裂纹，甚至是裂开直至消失。根据2014年所出土的动物遗存表面风化的实际情况以及该遗址的具体环境状况，将该遗址所出土的动物遗存的风化程度具体分为三个等级（图三八）。

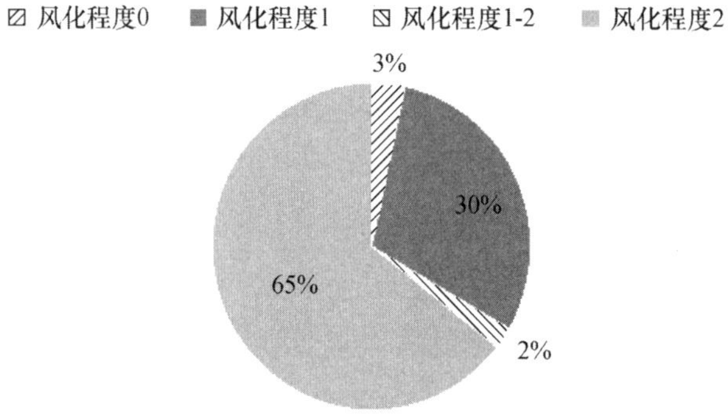

图三八　动物骨骼遗存风化程度等级概况

0级：无风化或者轻微风化。骨骼表面逛街，骨表质保留相对完好，没有裂纹。

1级：中度风化。骨骼表面出现轻微裂痕，局部骨质轻微脱落。

2级：重度风化。骨骼表面裂纹明显甚至裂开，透过骨表壁，大部分骨膜脱落甚至是全部脱落。

由图五可以见得该遗址出土的动物骨骼风化程度严重。风化程度越高，说明骨骼暴露在地表的时间越长或者是说其所在的环境风沙活动强烈，结合罗布泊的地理位置和气候环境情况，这批动物遗存是受到这两种综合因素作用的。但根据对风化程度较低的动物骨骼的初步研究，可以推测这些遗存是在被楼兰人遗弃后便被风沙掩埋掉，后期再次暴露在地层表面的，因此大部分动物骨骼的风化程度较严重。

（2）植物生长作用在动物遗存表面的痕迹

在动物骨骼表面时常会发现一些浅浅的线状痕迹，形状各异，分布杂乱，这些痕迹的由来主要是在植物根系生长过程中腐蚀骨骼造成的。在楼兰故城遗址发现的动物遗存中，受植痕影响的骨骼大约占骨骼总数的15%，但植物根系的腐蚀作用对骨骼的破坏程度影响不大。

（3）食肉动物啃咬痕迹

动物啃咬痕迹包括食肉类咬痕和啮齿类咬痕，咬痕主要出现在长骨两端、下颌骨、髋骨和肩胛骨几个部位，因为这几个部位相对于食肉动物而言骨松质较多，既营养又省力。在该遗址所发现的遗存中主要是食肉动物的啃咬痕迹，从形状上看，小的略呈圆形，底部有略尖的凹坑，猜测是在啃咬时留下的牙齿压坑痕迹。该遗址发现的带有动物啃咬痕迹的动物骨骼遗存数量很少，说明当时楼兰地区食肉动物的数量较少。标本14XLLC049是牛的左肩胛骨，在其前缘靠背侧有一个很明显的圆锥形凹坑，下窄上宽。由此可判断这是食肉动物在啃咬过程中遗留下的。

2. 人工痕迹

楼兰故城遗址2014年出土的动物骨骼中，有人工作用痕迹的骨骼标本占总数的55%，常见的有人工砍砸痕迹、切割痕迹、划痕等。从图二可以看出各类人工痕迹在所有痕迹中所占比重很大，尤其是砍砸和切割痕迹，可见楼兰故城居民分解动物很熟练。

（1）砍砸痕

痕迹粗短，外形不规则。痕迹底部浅宽，断面呈U形或不规则的V形。主要分布在肢骨骨干、肩胛骨、髋骨和下颌骨等部位，其原因主要根据使用者的需要而定。如：

标本14XLLC018，马，股骨近端，右，股骨头较完整，残长223.54毫米，在骨干上发现有砸击痕迹的茬口。猜测可能是为砸骨取髓或者是砸骨取料。

标本14XLLC049，牛，肩胛骨，左，在肩颈附近出现有一列竖向短浅的类似割痕的痕迹，猜测是在肢解过程中砍砸动物关节处的筋腱或韧带而留在骨体上的利器痕迹，即在砍砸过程中用力过重而留下的痕迹。

标本14XLLC052，骆驼，胫骨远端，左，在骨干上有明显的被砸断的痕迹。

（2）划痕和切割痕

由于都是利器在将肉与骨分离过程中作用在骨体上的痕迹，故划痕和切割痕迹比较相似，横断面呈V形，但不同于划痕的细长浅显，切割痕迹较短促有力。且切割痕迹外形特征在关节面上者与在非关节面上者略有一些差异，在关节面处多为柳叶形，非关节面处多呈线状。切割痕迹主要在出现骨骼关节处，目的有两个，一是截断关节处的筋腱或韧带，二是用于截骨取料。楼兰故城遗址出土的标本14XLLC032上的切割痕迹比较典型，该标本是一根骆驼的右跟骨，在跟骨的载距突、前突和跟骨体上各发现至少2条割痕，猜测载距突和前突部位的割痕是在隔断筋腱或韧带留下的，而跟骨体上的相对较密集的割痕则是在剔肉过程中留下的（痕迹略浅，用放大镜观看最佳，故本文不另附图）。在该遗址动物遗存表面痕迹所占比例中，划痕和切割痕迹占19%。标本14XLLC002（局部），马，跟骨，左，在前突、载距突、跟骨中部附近至少各有一条明显的切割痕迹，遗痕短且有力（图三九）。

但不同于切割痕，划痕细长浅显的特点在骨关节处、肩胛骨、髋骨、肢骨骨干等部位均有体现。标本14XLLC006，马，髋骨，左，在髋臼窝内侧有一条较浅长的线状痕迹，即本文所描述的划痕的一种表现形式。标本14XLLC065，骆驼，跗骨，在跗骨体上有至少两条的平行线状痕迹。标本14XLLC080，羊的股骨远端部分，在骨干上发现有划痕2条（图四〇）。

（3）打击疤痕

在该遗址中仅发现一件有打击疤痕的动物遗存。标本14XLLC071，肢骨残部，残长为100.55毫米，表面有非常明显的人工打击疤痕，猜测其为一截遗弃骨料。标本14XLLC071，肢骨残片，在骨体两侧可见有明显的修理疤（图四一）。

如图四二所示，除了植痕外，作用在骨骼表面的人工痕迹所占比例最大，总计达62%，与食肉动物的啃咬痕迹所占比重35%明显高，这种现象我们可以猜测遗址区内人们对动物资源的主体支配地位。因此，人类对动物骨骼的一般性改造痕迹所占比重要比食肉动物对骨骼表面的改造痕迹高。

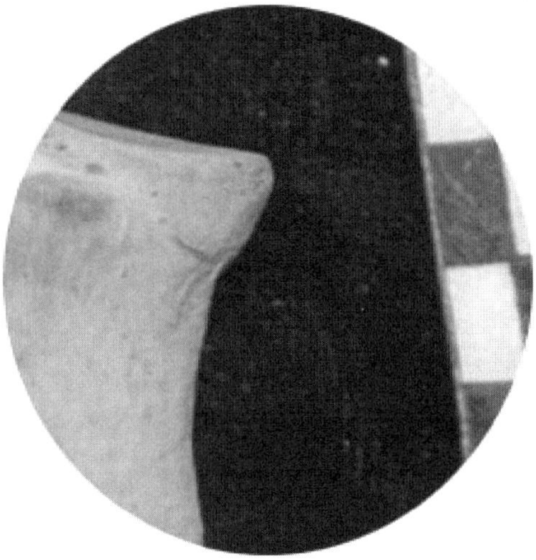

图三九　标本14XLLC002（局部）

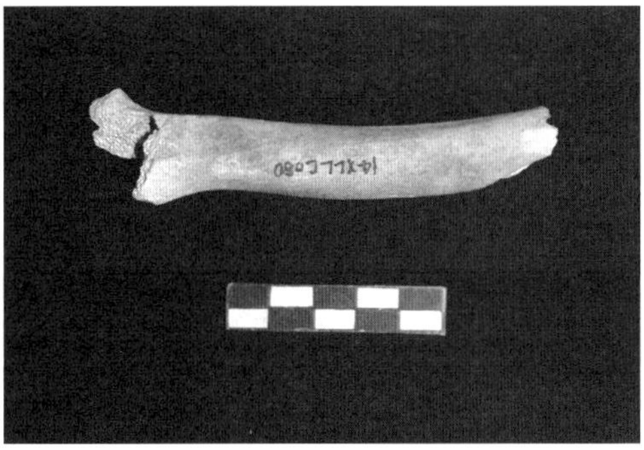

图四〇　标本14XLLC080

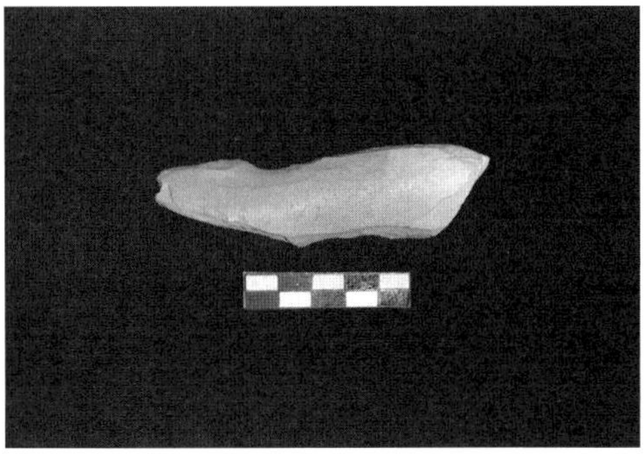

图四一　14XLLC071

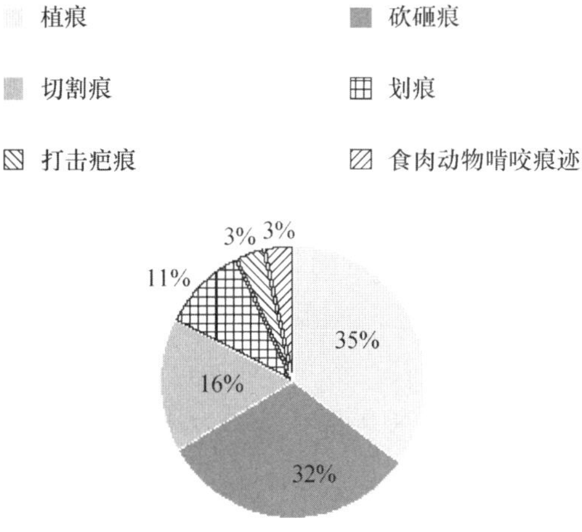

图四二　动物骨骼表面痕迹示意图

五、动物骨骼遗存的历史价值和研究价值

1. 结合罗布泊地区动物区系和动物地理区划分析楼兰故城地区的生态环境状况及其内动物群特征

罗布泊地区的范围包括孔雀河和塔里木河下游地区、库鲁克沙漠、库木塔格沙漠、台特玛湖地区和罗布泊湖盆及其邻近地区。因为该地区地理环境独特，气候干旱，风沙活动频繁，这种独特的生态环境使得在这一地带生存的动物群亦可以充分的利用荒漠中十分贫瘠食物资源和一些多汁的植物或盐泉来补充生存需求。据材料统计，这里共计有5纲27目3亚目59科22亚科213种[4]。三间房遗址出土的动物只是其中哺乳纲中的一小部分，通过对比研究，对该遗址出土动物的生活习性、分布位置、周围的生态环境都有了一定的猜测，即水资源相对紧张、气候干旱多沙。

1980年，中国科学院新疆分院根据多次对罗布泊地区科学考察中所收集到的野骆驼骨骼标本的分析研究，对野骆驼在罗布泊地区的地理分布、栖息地和生态生物问题做了分析介绍[4]。通过对比研究在楼兰故城遗址中出土的骆驼骨骼遗存，我们可以对楼兰故城地区的生态环境、地理气候环境以及自然植被环境等做出分析讨论。

骆驼的种群数量稀少，其分布的地区环境多荒漠，人烟稀少，水资源贫乏。说明在楼兰故城被废弃之前，孔雀河水资源应该是能满足人们的日常生活所需的。骆驼的生存栖息地有四个区：阿奇克谷地区、孔雀河下游三角洲区、白龙堆区和北山洪积扇边缘地区。这四地共同特征就是至少是洪积扇与丘陵的复合体，综合了各种活动、食物、水源和天敌等条件的利弊得失而寻找到的生存栖息地[7]。楼兰故城遗址位于孔雀河下游三角洲南部，地势低洼、开阔、多丘，典型的雅丹地形，大陆性气候特征明显。说明楼兰故城地区拥有覆盖率极低的地带性的荒漠植被和少量的丘陵灌木丛植被。

2. 从楼兰故城遗址2014年所出土的动物骨骼遗存看楼兰故城地区的饮食习惯以及社会经济状况

从已出土的动物骨骼看，大部分已经成年，少量牛骨未成年。牛、马、羊等已确定为家畜饲养范围，故而可以确定该遗址地区的社会经济有家畜饲养业。根据图四可知，牛、马、羊所占比例较大，说明该地区的家畜饲养业较稳定，饲养种类较固定，猜测可能与当地的地理气候环境有关。所出土的骆驼和驴的标本相对较少，虽不能肯定二者是否被饲养，但不可置疑的是在标本表面上可以看出人工切割、砍砸等痕迹，可见二者是人类获取肉食素材的来源之一。综上所述，该地区的家畜饲养业是人类稳定获取肉食的重要来源之一。且根据楼兰地区的实际地理环境看，多是以游牧形态进行畜养牲畜的。

根据历史文献《汉书·西域传》记载，楼兰国“地沙卤，少田，寄田仰谷旁国，国出玉，多葭苇、柽柳、胡桐、白草，民随畜牧逐水草，有驴马、多骆驼”。可见罗布泊地区曾经是一个水草肥沃、物产丰饶的地区，当时因楼兰地区多风沙盐碱，田少粮瘠，故而倚仗着孔雀河和塔里木河下游的丰富的水资源条件发展出了逐水草而居的游牧业和渔猎经济。但随着水系的枯竭，植被开始衰败，沙漠化升级，由此导致了楼兰故城地区的生态系统遭到破坏，进而严重影响到了家畜饲养业、游牧业和渔猎经济等经济状况。猜测这正是当时楼兰故城被废弃的主要原因之一。

通过对骨骼表面痕迹的分析，楼兰地区人们的饮食习惯应该是以煮食为主，对于粗大的肢骨通常是从中间砸断，目的有两种情况，一种是砸骨取髓，一种是为了方便煮熟食用。

六、结　　语

罗布泊及其邻近地区位于我国新疆塔里木盆地东部，气候干旱，终年不降水，塔里木盆地的积水积盐中心，风沙活动频繁[4]。楼兰故城遗址就坐落在罗布泊地区。故城起建于公元前176年，因水资源无法满足日常供给和生活环境多风沙不利发展等原因最终于公元630年被废弃使用，消失在历史长河之中。值得思考的是，对这拥有800多年寿龄的故城详细资料，我国文献记载少之又少。

但自1990年斯文赫定发现故城后，随着中外考察工作者的不断探索与收集，以及一些相关报告、论文和书籍等的发表出版，对于故城的历史位置、发展简况、人文面貌、社会环境、自然环境等都得到了确定和介绍，这对如何认识楼兰故城的历史地位和国家影响力具有重要作用。尤其是在1979～1980年中国考察队对罗布泊及其邻近地区的一系列的考察和发掘，填补了我国文献资料中对罗布泊及其邻近地区的记载空白。

本文主要是通过对楼兰故城三间房遗址出土的动物骨骼遗存种属、部位的鉴定，对骨骼表面痕迹的观察，对动物遗存的量化研究等相关研究方法，探讨该遗址先民的生存环境、生业模式、饮食习惯以及该遗址的科学研究价值等相关问题。从已出土的动物骨骼表面痕迹的研究分析看，人工痕迹明显多于非人工痕迹。在人工痕迹中，砍砸痕所占比重最大，其次是切割痕和划痕，且从痕迹所展现的熟练度看该地居民对此应当是很娴熟。故综合分析该地居民对动物资源处于主体支配地位；从动物群体所展现的生态特征看，牛、羊、骆驼、马等动物数量应该是很可观的，说明当时的水资源和食物资源满足人畜日常所需是绰绰有余的。当时的生态环境相对现在的状况较好，塔里木河水资源较为丰富，自然植被的覆盖率较高，由此产生的游牧业也为当地百姓的生活提供较为充足的食物资源，这或许是楼兰故城可以成为丝绸之路要塞的一个原因。

注 释

[1] 侯灿. 论楼兰的发展及其衰废［J］. 中国社会科学，1984（2）.
[2] 侯灿. 楼兰故城址调查与试掘简报［J］. 文物，1988（7）.
[3] 侯灿. 楼兰城郊古墓群发掘简报［J］. 文物，1988（7）.
[4] 夏训诚. 中国罗布泊［M］. 北京：科学出版社，2007.
[5] 赵莹. 云南银梭岛遗址出土的动物遗存研究［D］. 吉林大学，2011.
[6] 张双全等. 河南灵井许昌人遗址动物骨骼表面人工改造痕迹［J］. 人类学学报，2011，30（3）.
[7] 李晓英等. 楼兰城的兴衰与塔里木盆地环境演变之间的关系［J］. 干旱区资源与环境，2008，22（8）.

A Preliminary Report on Animal Bones Collected from Sanjianfang Site of Loulan City in Xinjiang

WANG Chun-xue LYU Xiao-hong LIU Hai-lin YU Xin YU Xin-yue WANG Xue-ying

A integrated investigation in Lop Nur was carried out by Institute of Geology and Geophysics, Chinese Academy of Geosciences, Institute of Remote Sensing and Digital Earth, Chinese Academy of Science, Xinjiang Institute of Ecology and Geography, Chinese Academy of Science, Xinjiang Institute of Cultural Relics and Archaeology and Research Center for Chinese Frontier Archaeology of Jilin University from mid-October to early November in 2014. The joint team made a systematic investigation of the site, and carried out small-scale excavation at the Sanjianfang site in Loulan ancient city. We collected a large number of animal bones. This paper discussed the identification of species and parts of animal bones remains, observation of bone surface traces, quantitative analysis of animal remains, the living environment, dietary habits of the ancestors of the site.

巴里坤西沟遗址1号墓出土绿松石制品来源初探*

先怡衡[1] 樊静怡[1] 李欣桐[1] 周雪琪[2] 曹 昆[1] 马 健[1]
于 春[1] 温 睿[1] 李延祥[3] 董利军[4]

（1. 西北大学文化遗产研究与保护技术教育部重点实验室，西安，710069；2. 北京大学文博学院，北京，100086；3. 北京科技大学科技史与文化遗产研究院，北京，100086；4. 内蒙古师范大学科学技术史研究院，呼和浩特，010022）

我国早在新石器时期的贾湖遗址就已出土大量绿松石文物，这也是目前世界上最早使用绿松石的地区，自此使用绿松石成为中原地区的用玉传统，绿松石也逐渐成为一种文化符号。事实上中原周边地区也蕴藏着世界级的绿松石资源，前人研究成果表明，先秦时期中原地区的绿松石制品很多取矿于东秦岭绿松石矿区[1，2]。与此同时，我国新疆等地区亦出土了大量的绿松石文物，其矿物来源或文化渊源情况如何，是否与中原有密切关系，是值得深入研究的问题。新疆地区作为古代东西方文明的汇集地，研究该地区绿松石等珍稀物料的来源情况，对探究早期内地与边疆地区的文化交流有着十分重要的考古学意义。

本研究以巴里坤西沟遗址M1号墓葬出土的绿松石珠为研究对象，拟探讨其矿料来源和文化因素来源。西沟遗址位于新疆哈密巴里坤山北部，是一座战国晚期至西汉早期的大型墓葬[3]，它与石人子沟遗址晚期遗存属于同一考古学文化，出土牌饰形制受到阿尔泰地区影响，葬式带有蒙古高原匈奴文化特征[4]。该遗址展现了浓厚的游牧民族特征，研究出土的绿松石文物能够有助于了解早期游牧民族的生活状态及其与中原、甘青文化的交流情况。

对于绿松石产源研究，现阶段多集中于中原地区，边疆地区涉及较少。方辉、栾秉傲等梳理了文献和考古资料研究绿松石的形制、称谓，推测其产源，进而探讨古代绿松石的贸易模式，理清当时的物质文化交流路径[5]。在科技考古领域，冯敏、李延祥、Sharon Hull等人利用绿松石元素成分或者同位素组成来进行产源分析，获得一定成

* 本文得到国家自然科学基金项目（51704241，51374030）、教育部人文社科基金项目（17YJC780007）、陕西省教育厅项目（17JK0722）的资助。

果[1, 2, 6~8]。前人研究成果对探索如何采用科技考古的方法示踪边疆地区绿松石的来源有良好的借鉴和参考意义。

一、实验样品和分析方法

1. 样品描述

该墓葬共出土59枚绿松石串珠，本研究将在前人研究基础上，分析8枚出土于西沟遗址1号墓的绿松石样品。所分析样品编号为12XBXM1：107（XG-1）、12XBXM1：153（XG-2）、12XBXM1：175（XG-3）、12XBXM1：230（XG-4）、12XBXM1：205（XG-5）、12XBXM1：177（XG-6）、12XBXM1：137（XG-7）、12XBXM1：198（XG-8）。实验采用LA-ICP-AES和超景深三维视频显微镜分别测试8枚绿松石珠的化学成分以及观察样品形制。在此基础上，结合文献资料，尝试探索西沟遗址1号墓出土绿松石的来源。

样品呈扁圆状，但圆形略有不规则，厚1～1.5毫米，外径大者有3.2毫米，较小者为2.6毫米，内径在1.1～1.6毫米。颜色一般以蓝或绿为基本颜色，有不同程度的风化、沁色（图一；表一）。

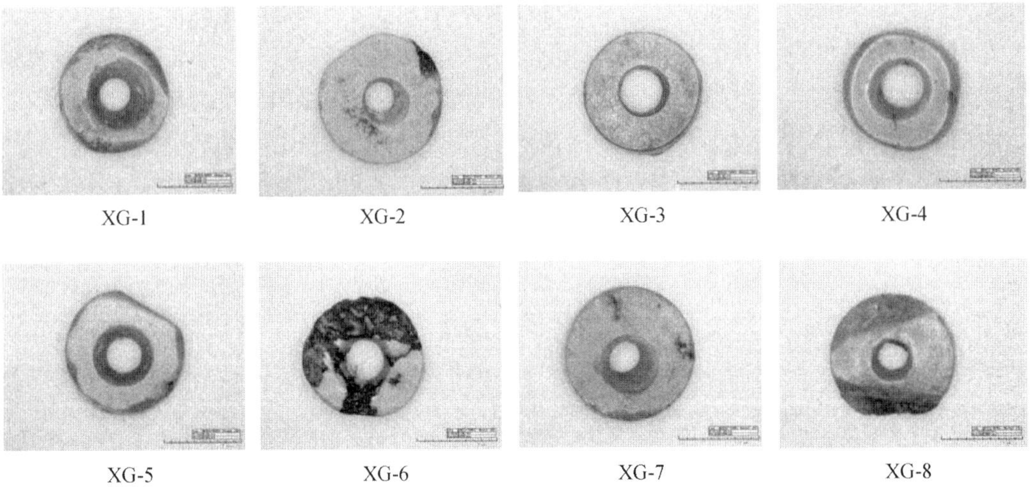

图一　样品照

表一　样品描述

样品编号	A面内径（毫米）	B面内径（毫米）	A面外径（毫米）	B面外径（毫米）	描述
XG-1	1.7	1.1	2.8	2.7	蓝，扁圆状，形状规则
XG-2	1.1	1.1	2.95	3.0	蓝，扁圆状，形状残缺
XG-3	1.3	1.45	2.8	2.9	蓝，扁圆状，伴生黑色围岩

续表

样品编号	A面内径（毫米）	B面内径（毫米）	A面外径（毫米）	B面外径（毫米）	描述
XG-4	1.6	1.55	2.7	2.6	蓝，扁圆状，伴生少量围岩
XG-5	1.2	1.5	3.0	3.0	蓝绿，扁圆状，形状残缺
XG-6	1.4	1.3	3.0	3.0	蓝，扁圆状，两面不平行
XG-7	1.1	1.5	3.2	3.2	蓝，扁圆状，可能为两面对钻
XG-8	1.15	1.1	3.0	3.0	天蓝，扁圆状，形状不规则

2. 实验方法

成分分析测试采用北京大学激光剥蚀电感耦合等离子体原子发射光谱法（LA-ICP-AES），激光器为美国NEW-WAVE公司UP266-MARCO激光器，ICP-AES为美国LEEMAN-LABS 公司的Prodigy型ICP。

激光剥蚀进样后采用电感耦合等离子体发射光谱（ICP-AES）进行测量，最后用标准样品进行数据校正，使用标样包括美国康宁玻璃博物馆标准：Corning-A、B、C、D。分析条件如下：①ICP-AES分析条件：RF（高频发生器）功率为1.1kW，氩气流量为20L/min，雾化器压力为30psig（英制单位，约20MPa），蠕动泵（样品提升）速率为1.2ml/min，积分时间为30sec/time；②激光器分析条件：激光波长为266nm，激光器：为Nd-YAG，激光光斑直径为610 μm，氦气流速为0.6L/min。

显微观察采用西北大学文化遗址学院的KH-7700型超景深三维视频显微系统以及自购的80倍读数显微镜。

二、实验结果

1. 成分分析

见表二。

表二 LA-ICP-AES数据表（wt/%）

样品编号	SiO_2	Al_2O_3	Fe_2O_3	MgO	K_2O	P_2O_5	TiO_2	Sb_2O_3	CuO	BaO	B_2O_3
XG-1	1.814	46.039	3.354	0.087	0.067	39.035	0.006	0.002	7.910	0.230	0.018
XG-2	0.131	47.772	3.320	0.030	0.039	41.190	0.005	0.006	6.585	0.047	0.057
XG-3	0.883	43.802	6.865	0.026	0.034	39.632	0.014	0.001	8.080	0.045	0.020
XG-4	0.093	49.049	0.717	0.024	0.000	40.976	0.006	0.002	7.528	0.081	0.006
XG-5	0.504	40.547	10.465	0.048	0.060	39.286	0.035	0.005	8.332	0.034	0.014

续表

样品编号	SiO_2	Al_2O_3	Fe_2O_3	MgO	K_2O	P_2O_5	TiO_2	Sb_2O_3	CuO	BaO	B_2O_3
XG-6	0.375	45.524	4.833	0.175	0.050	39.763	0.007	0.002	7.187	0.183	0.025
XG-7	0.863	45.957	4.679	0.278	0.083	39.517	0.006	0.006	5.459	0.140	0.033
XG-8	0.242	48.509	1.786	0.049	0.000	40.710	0.005	0.003	7.418	0.086	0.011

2. 显微观察

见图一、表一。

三、讨　　论

结合新疆黑山岭、天湖东两处绿松石采矿遗址出产的绿松石矿样LA-ICP-AES实验数据（表三），发现新疆东部的这两处矿料成分特征与西沟墓地出土绿松石器的成分都以含有较高的B元素和含有较低的Ba元素为特征，而中原东秦岭的绿松石矿样以含有较高的Ba元素和较低的B元素为特征。由图八可以看出，通过特征元素Ba和B的含量基本可以将样品分为两大类。西沟墓地、黑山岭和天湖东出土绿松石样品以高B低Ba为特征聚集，而中原东秦岭五地绿松石样品以高Ba低B为特征形成一个聚合区域。同时，综合前期的考古研究成果，巴里坤西沟遗址1号墓和黑山岭、天湖东绿松石采矿遗址的年代也较为相近，从多个角度反映出巴里坤西沟遗址1号墓绿松石样品与新疆这两处早期绿松石采矿遗址关系密切，文物原料有很大可能来自于这两处古矿。

表三　新疆黑山岭和天湖东绿松石矿样LA-ICP-AES数据表（wt/%）

样品编号	SiO_2	Al_2O_3	Fe_2O_3	MgO	K_2O	P_2O_5	TiO_2	Sb_2O_3	CuO	BaO	B_2O_3
黑山岭1	2.630	42.432	4.508	0.048	0.075	37.804	0.004	0.000	9.119	0.073	0.016
黑山岭2	3.546	42.664	4.034	0.107	0.210	36.749	0.016	0.002	9.030	0.089	0.019
黑山岭3	0.515	41.757	6.809	0.070	0.224	39.624	0.054	0.000	8.991	0.108	0.017
黑山岭4	4.186	43.238	3.527	0.052	0.205	38.176	0.009	0.002	8.396	0.126	0.018
黑山岭5	3.019	39.557	7.067	0.166	0.207	36.718	0.015	0.000	9.014	0.128	0.017
黑山岭6	1.937	43.780	3.785	0.206	0.241	38.300	0.030	0.000	9.269	0.227	0.025
黑山岭7	1.713	42.393	5.703	0.147	0.263	38.356	0.023	0.001	8.783	0.233	0.026
黑山岭8	1.453	40.155	6.719	0.319	0.172	38.536	0.019	0.003	11.427	0.049	0.009
黑山岭9	1.124	35.884	11.334	0.215	0.148	37.466	0.008	0.000	11.092	0.062	0.012
黑山岭10	1.165	42.415	5.664	0.125	0.181	39.293	0.035	0.012	10.603	0.044	0.010
黑山岭11	0.726	43.609	4.222	0.119	0.193	38.570	0.020	0.000	11.749	0.026	0.012

续表

样品编号	SiO_2	Al_2O_3	Fe_2O_3	MgO	K_2O	P_2O_5	TiO_2	Sb_2O_3	CuO	BaO	B_2O_3
黑山岭12	1.438	43.967	4.111	0.117	0.186	39.713	0.020	0.001	8.185	0.160	0.027
黑山岭13	2.237	43.667	2.815	0.361	0.347	37.198	0.059	0.009	10.679	0.129	0.017
黑山岭14	2.157	43.968	2.928	0.304	0.204	37.281	0.033	0.005	9.142	0.194	0.027
天湖东1	6.678	44.199	4.377	0.067	0.121	33.438	0.021	0.002	10.225	0.057	0.012
天湖东2	0.171	38.952	10.313	0.007	0.535	37.935	0.007	0.000	11.697	0.043	0.005
天湖东3	0.389	45.997	1.474	0.041	0.054	39.508	0.011	0.000	11.573	0.077	0.026
天湖东4	0.534	37.080	12.043	0.042	0.131	37.874	0.009	0.003	10.852	0.261	0.012
天湖东5	3.310	42.249	3.716	0.529	0.579	36.267	0.071	0.002	9.500	0.184	0.028
天湖东6	0.217	45.926	2.414	0.007	0.098	39.416	0.012	0.001	11.301	0.070	0.016
天湖东7	0.238	43.987	4.249	0.009	0.162	38.942	0.010	0.004	11.707	0.047	0.008
天湖东8	0.440	44.794	3.065	0.011	0.091	39.868	0.014	0.008	11.089	0.010	0.015
天湖东9	0.499	47.362	1.012	0.002	0.000	38.837	0.021	0.013	11.126	0.130	0.039
天湖东10	0.117	43.802	4.391	0.006	0.130	39.369	0.010	0.005	11.743	0.066	0.008
天湖东11	0.748	46.953	2.374	0.043	0.152	38.511	0.015	0.005	9.351	0.118	0.028
天湖东12	1.515	42.328	5.469	0.058	0.022	37.628	0.019	0.003	11.110	0.042	0.018

1. 新疆东部出土绿松石器来源探究

（1）新疆出土绿松石的考古学文化因素分析

据已统计资料显示，新疆地区绿松石器出现于青铜时代（公元前2000 ~ 前1000年[9]）。至铁器时代早期（公元前1000年 ~ 公元前后[10]），绿松石器集中出土于新疆东部地区（乌鲁木齐、哈密、吐鲁番等），而新疆境内其他地区出土的绿松石文物稀少且年代较晚。新疆东部地区出土的绿松石器形简单，这与我国中原地区有明显差异。与甘青地区新石器时代晚期、末期（公元前5000 ~ 前2000年[11]）的绿松石文物相比较，发现有相似之处：新疆地区发现的绿松石器主要是扁圆形珠以及石管，作为串饰使用，较少有其他形式存在。尽管甘青地区出土的绿松石器形多种多样，但仍以数量众多的珠及管状饰为特色，功用主要是作串饰、坠饰等个人装饰品[12]。

甘青地区早期绿松石制品的出现早于新疆东部地区，而新疆东部地区出土的绿松石文物上限又较新疆境内其他地区早，从一个侧面反映出新疆地区可能受到甘青宁地区绿松石文化的影响。

综上，根据文化交流的发展趋势，新疆东部地区可能与中国内陆，尤其是甘青地区的土著文化有渊源关系[13]。许多学者都曾在研究中得出天山东麓曾受到甘青地区早期文化强烈影响的结论[14]，认为新疆东部地区对绿松石的使用很可能是受到黄河上游甘青（宁）地区的影响，但这种影响如何作用于绿松石制品或者矿料获取方面，还需要进一步研究。

（2）新疆东部地区的古代绿松石矿

2001年，栾秉璈对黑山岭矿山进行了实地考察。在整个矿化带上古采坑有10多处（图二）。矿山上发现石片，疑似石器，山岗上发现古代的房屋遗址[14]。2015年，考古作者对该遗址进行勘察，已初步证实黑山岭矿山为古代绿松石的开采地。此外还发现天湖附近有古绿松石矿遗迹（图三），二者分别位于哈密市西南200千米和160千米左右的戈壁上，毗邻丝绸之路大海道。根据近年来这两处古代绿松石矿的发掘情况[15]，初步研究可知两处绿松石采矿遗址开采时限大致相同，测年在公元前1306～前396年。从陶片来看黑山岭采矿遗址含有较多与骟马文化相似的陶片，而天湖东遗址的考古学文化属性问题，还需进一步开展田野工作才能得以深入讨论。上述两处早期绿松石采矿遗址的发现为研究包括西沟遗址出土的绿松石和新疆地区绿松石文物制品的来源提供了新的视角。

图二　黑山岭采矿遗址的古采洞口

图三　哈密天湖东采集的绿松石矿石

2. 西沟遗址出土绿松石的成分分析

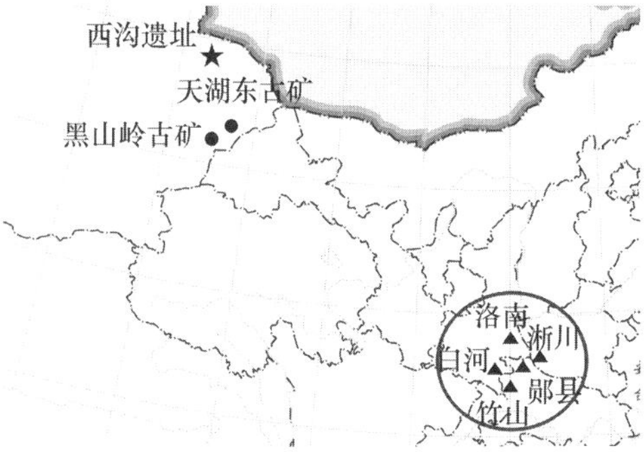

图四　西沟遗址与新疆、中原绿松石矿地理位置示意图（圈内为东秦岭绿松石矿区）

绿松石在成矿时受其所在区域地质环境的影响，因此特定区域绿松石的某些化学成分可能具有特征性，基于此可在一定程度上区分不同产地的绿松石[1]（图四）。对巴里坤西沟遗址1号墓绿松石样品的LA-ICP-AES实验数据与以往检测的中原地区白河、洛南、郧县、淅川、竹山等地的绿松石矿料数据进行综合分析[1]，发现在BaO、CaO、Sb_2O_3、B_2O_3含量上，西沟样品与东秦岭五处样品成分上存在明显差异，利用B_2O_3/Sb_2O_3与

CaO/BaO的比值能观察到这一点（图五）。

根据图六，发现西沟遗址绿松石文物样品与郧县的绿松石矿样在K与Mg的含量上有差异，郧县绿松石矿样K含量相对高，Mg含量则较低。图七中，Ti元素与K元素可以在一定程度上将西沟遗址绿松石文物与白河、竹山绿松石相区别，因为西沟遗址绿松石文物中所含的Ti元素与K元素含量相对较低。回顾并结合图五的散点分布，认为西沟出土绿松石文物与东秦岭这五处著名的绿松石矿石在成分上存在差异。

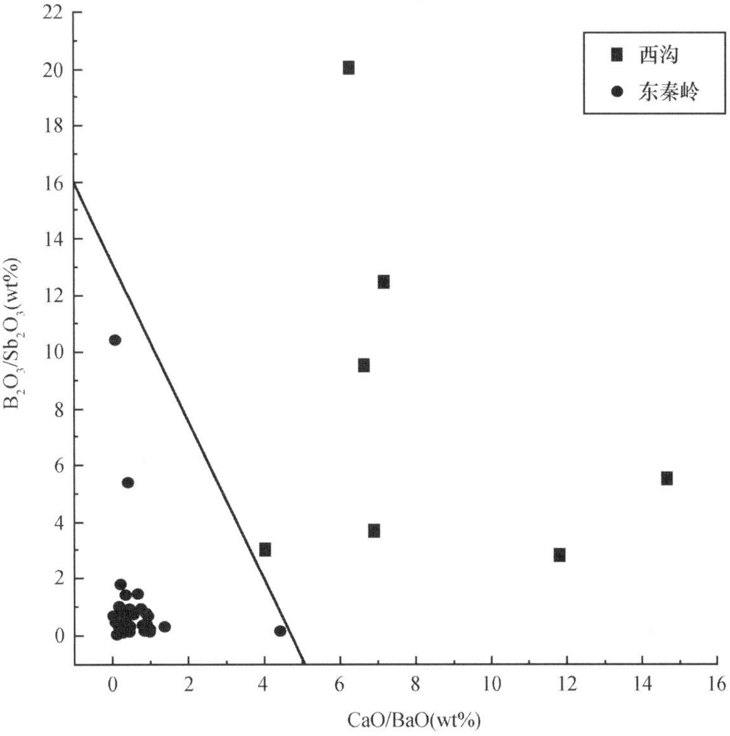

图五　西沟绿松石与东秦岭绿松石矿样的B_2O_3/Sb_2O_3与CaO/BaO散点图

四、结　　论

运用LA-ICP-AES技术对出土于巴里坤西沟遗址1号墓葬的8枚绿松石珠进行测试，与中原地区绿松石矿样和新疆东部新发现的两处绿松石采矿遗址的绿松石矿样进行成分对比，发现其在成分上和中原存在较明显差异；而与新疆黑山岭、天湖东绿松石古矿矿样成分特征相似，都以高B低Ba为特征，且古矿和西沟遗址年代相近。基于此，可初步认为西沟遗址出土的绿松石矿料并非来自于中原绿松石主产区东秦岭的绿松石矿区，而与其附近的新疆黑山岭、天湖东两座绿松石古矿关系密切。

在对新疆出土绿松石器物进行传播路径探究的过程中，发现同时期新疆地区绿松石器与新石器晚期、末期甘青地区绿松石存在一定的相似性，且在年代上相互衔接，推

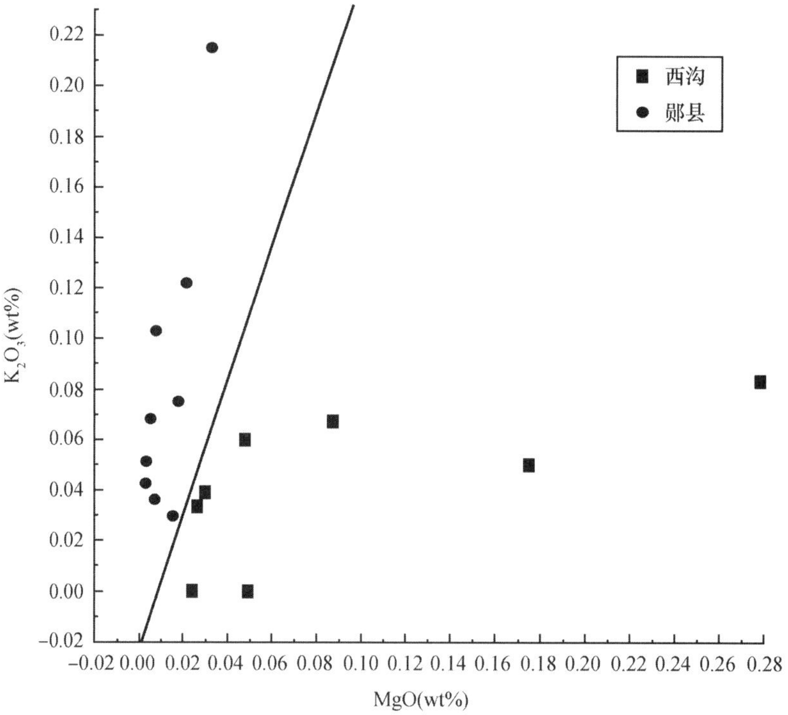

图六　西沟绿松石与郧县绿松石矿样的K_2O与MgO散点图

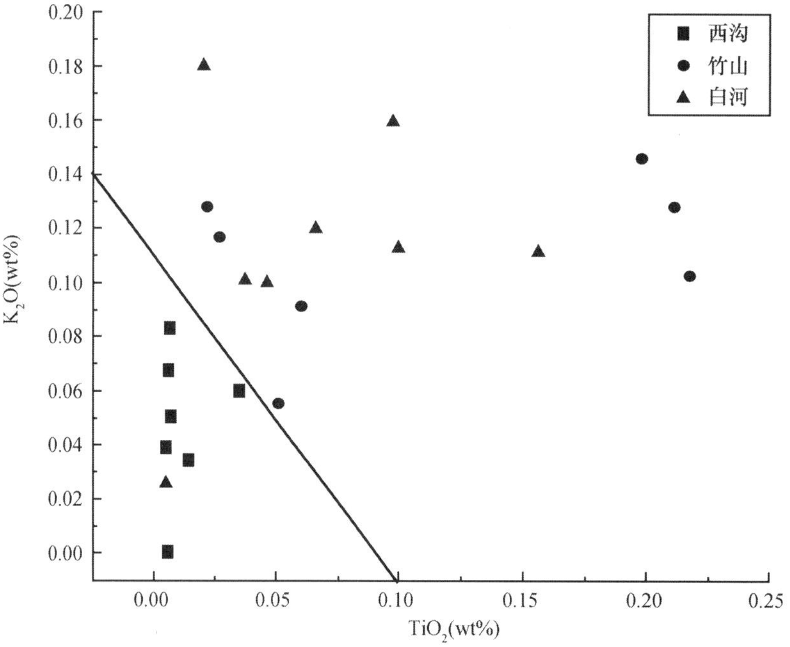

图七　西沟绿松石与竹山、白河绿松石矿样的K_2O与TiO散点图

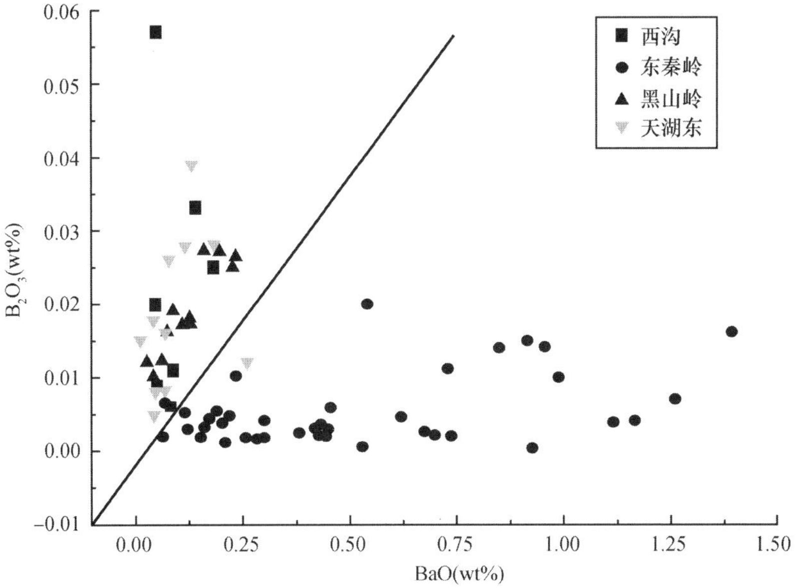

图八　西沟遗址与东秦岭、新疆东部绿松石古矿出产矿样的BaO与B_2O_3散点图

测新疆地区的绿松石文化可能受到甘青地区的影响。

本研究从绿松石文化的角度进一步证实了早期新疆东部地区与甘青地区的密切联系，从侧面反映了文化融合与人员流动的情况。

附记：感谢甘肃省文物考古研究所陈国科老师对新疆绿松石采矿遗址考古学研究的指导。

注　释

[1]　先怡衡，李延祥，谭宇辰，王炜林，杨岐黄，崔剑锋. 初步运用LA-ICP-AES区分不同产地的绿松石［J］. 光谱学与光谱分析，2016（10）：3313-3319.

[2]　张登毅. 中原先秦绿松石制品产源探索［D］. 北京科技大学，2016.

[3]　马健，程晓伟，唐云鹏，王远之，陈新儒，王建新，田宜亮，蒋晓亮. 新疆哈密巴里坤西沟遗址1号墓发掘简报［J］. 文物，2016（5）：15-31.

[4]　程晓伟. 新疆巴里坤西沟遗址1号墓及出土金饰品研究［D］. 西北大学，2014.

[5]　徐良高，赵春燕. “绿松石之路”的价值及其探索的可行性讨论［A］. 三代考古［C］. 北京：科学出版社，2011.

[6]　冯敏，毛振伟，潘伟斌，张仕定. 贾湖遗址绿松石产地初探［J］. 文物保护与考古科学，2003（3）：9-12.

[7]　Hull, S., M. Fayek, F. J. Mathien, et al. A new approach to determining the geological provenance of turquoise artifacts using hydrogen and copper stable isotopes［J］. *Journal of Archaeological*

Science, 2008, 35 (5): 1355-1369.

[8] Hull, S., M. Fayek, F. J. Mathien, et al. Turquoise trade of the Ancestral Puebloan: Chaco and Beyond [J] . *Journal of Archaeological Science*, 2014, 45 (3): 187-195.

[9] 韩建业. 新疆的青铜时代和早期铁器时代文化［M］. 北京：文物出版社，2007.

[10] 中国社会科学院考古研究所. 中国考古学・新石器时代卷［M］. 北京：中国社会科学出版社，2010.

[11] 庞小霞. 中国出土新石器时代绿松石器研究［J］. 考古学报，2014（2）：139-168.

[12] 羊毅勇. 新疆的铜石并用文化［J］. 新疆文物，1985（1）：39-45.

[13] 陈戈. 略论新疆的彩陶［J］. 新疆社会科学，1982（2）.

[14] 栾秉璈. 新疆哈密黑山岭绿松石古矿山考察记［J］. 中国宝玉石，2001（4）：66-67.

[15] 李延祥，谭宇辰，贾淇，等. 新疆哈密两处古绿松石矿遗址初步考察［J］. 考古与文物，2019（6）：22-27.

Preliminary Study of the Provenance of the Turquoise Crafts Unearthed from Tomb M1 of Xigou Site

XIAN Yi-heng　FAN Jing-yi　LI Xin-tong　ZHOU Xue-qi　CAO Kun　MA Jian
YU Chun　WEN Rui　LI Yan-xiang　DONG Li-jun

Preliminary study of the provenance of the turquoise crafts unearthed from Xigou to study the mineral sources and cultural origins of excavated turquoise beads, which were excavated from Tomb M1 at Xigou Site in Barköl Kazakh Autonomous County, Hami, Xinjiang, laser ablation-inductively coupled plasma-atomic emission spectrometry (LA-ICP-AES) was applied to analyze the composition of samples, and three-dimensional super depth video microscope was used to get the morphology of samples. The results showed that, compared with China's turquoise samples in some mining areas, the composition of turquoise artifacts in M1 was different from that of minerals of some mining region in Central Plains. But the composition of turquoise artifacts in M1 was similar to that of minerals of two turquoise mining sites in Xinjiang. In addition, it was found that turquoise relics unearthed in Xinjiang during Bronze Age and Early Iron Age (BC2000-the beginning of the Christian era) were similar with that excavated in Gansu and Qinghai areas during the late stage of the Neolithic Age (BC5000-BC2000), and the former might be influenced by the latter in the utility of turquoise.

金代长白山神庙遗址出土部分建筑构件的材料学分析*

赵俊杰[1]　崔剑锋[2]

（1. 吉林大学考古学院，长春，130012；2. 北京大学考古文博学院，北京，100871）

长白山神庙遗址（原名宝马城遗址）位于吉林省安图县二道白河镇，自2014年起，吉林省文物考古研究所联合吉林大学边疆考古研究中心对该遗址进行了连续多个年度的考古发掘，基本明确了遗址的时代、性质与建筑祖群的布局，确证其为金王朝修建的祭祀长白山的神庙。金代长白山神庙遗址是目前中原地区以外首次发掘的国家山祭遗存，对了解宋金时期岳镇海渎祠庙的格局，探索金代礼仪制度的发展具有什么重要的学术价值，对研究我国统一多民族国家的形成与发展也具有极其重要的意义[1]。

遗址中出土了大量砖瓦以及用于装饰屋脊的鸱吻等高级建筑构件，其中砖瓦分为红、灰两色，而建筑构件则从内而外可观察到黑灰色表面层，灰白色中间层以及黑灰色核心部分。为了解这些建筑构件的制作工艺，我们对长白山神庙遗址2015年发掘出土的各类建筑构件进行了取样测试，内容包括对砖瓦和鸱吻等建筑构件的化学成分和烧成温度测试，同时还观察了鸱吻的显微结构。

一、分析方法与使用仪器

显微观察使用设备日本Nikon公司Shuttle Pix型体式显微镜，放大倍数从20X至300X。同时，还使用了Hitachi TM3030扫描电子显微镜进行了成分区分。

ED-XRF无损分析使用日本堀场制作所（Horiba Inc.）生产的XGT-7000型能量色散X荧光光谱仪。分析条件：X入射线光斑直径：1.2mm；X光管管电压：30kV；X光管管电流：0.029mA；数据采集时间：150s。解谱方法为单标样基本参数法。

* 本文为吉林省社科基金重大委托项目“长白山金代神庙遗址平面格局及金代祠庙建筑制度研究”（项目编号：2018ZD2）、“长白山金代神庙遗址建筑复原研究”（项目编号：2018ZD1）与吉林大学基本业务费项目“金代长白山神庙遗址遗产价值研究”阶段性成果。

二、分析结果

1. 烧成温度测试

（1）红色砖

测试的四件红陶砖的烧成温度分别见表一。

表一　红色砖的烧成温度

样品号	烧成温度
T0707-红 1-1	977±20℃
T0707-红 1-2	1004±20℃
T0707-红 6-1	1005±20℃
T0707-红 6-2	1061±20℃
T0707-红色砖平均烧成温度	1011±35℃

图一为红色砖1-1和1-2两件红陶砖样品的烧成温度曲线。

四件红陶砖的平均烧成温度在1010℃左右，符合从新石器晚期开始的我国陶器烧制平均温度900～1000℃的特征。另一方面，1100℃也是泥质陶器烧制的温度上限，如果超过这一温度，陶土中高含量的Fe离子以及其他助熔剂氧化物如K_2O等将和SiO_2反应生成大量玻璃相[2]，将会导致陶器出现烧流现象，这表明此时的制陶技术相当成熟且稳定。

陶色呈现红色，且通体发红，颜色单一，表面没有任何渗碳痕迹，说明陶砖在氧化状态下烧成，而非由于后期失火导致。

（2）灰色瓦

测试的四件灰色瓦的烧成温度分别见表二。

表二　灰色瓦的烧成温度

样品号	烧成温度
T0707-灰 2-1	1004±20℃
T0707-灰 2-2	997±20℃
T0707-灰 3-1	1010±20℃
T0707-灰 3-2	1003±20℃
T0707-红色砖平均烧成温度	1002±7℃

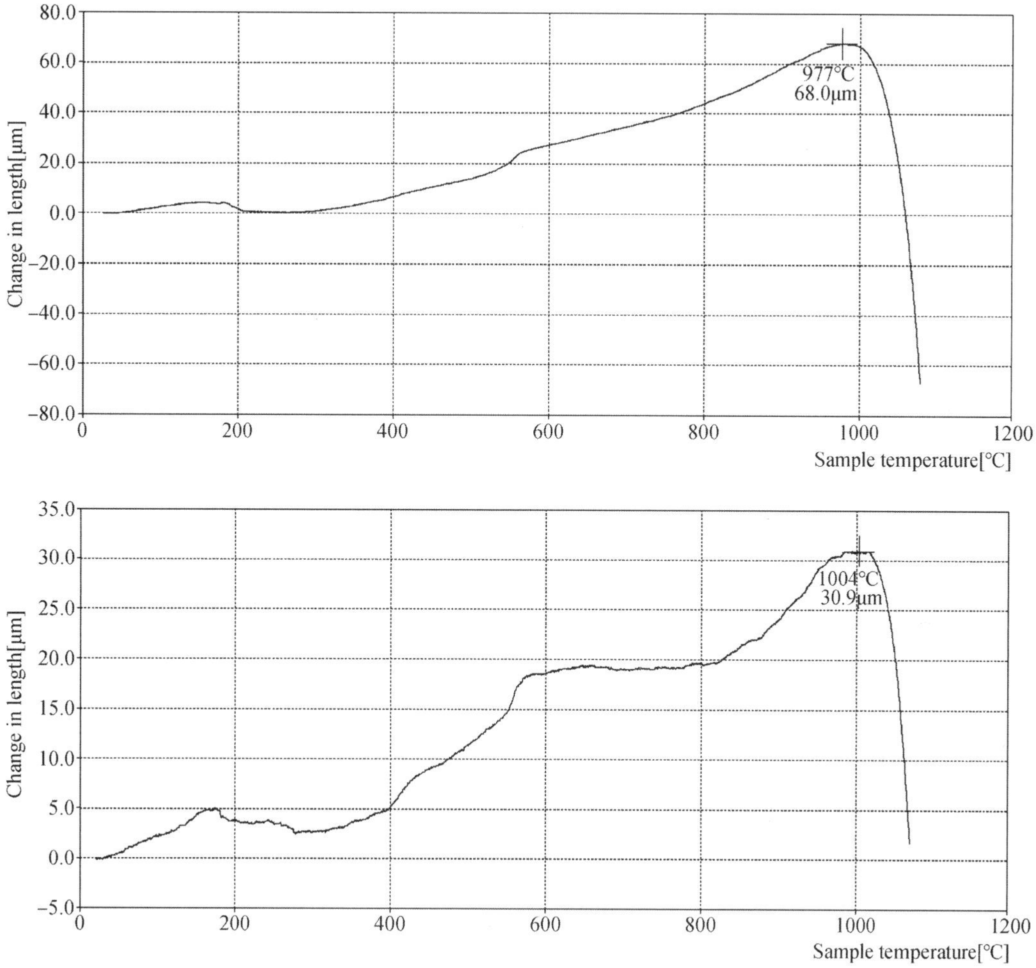

图一　两件红色砖的受热膨胀曲线

图二为灰陶瓦2-1和2-2这两件样品的烧成温度曲线。

灰陶瓦的平均烧成温度为1000℃左右，和红陶砖的烧成温度近似。如上所述，从龙山时代灰陶制品开始生产，无论灰陶还是红陶烧成温度都稳定在900～1000℃，这和生产陶器的易熔黏土原料的熔点以及陶窑的结构密切相关。而其陶色则只和烧成气氛有关。

通常情况下，红陶和灰陶可以在同一窑炉中烧制，只是在烧成的最后时刻，对窑炉通风设施进行控制，造成缺氧的还原环境，即可将红陶变为灰陶。

烧成温度分析结果表明，无论红陶还是灰陶，其烧成温度都在1000℃左右，符合我国古代烧陶的普遍温度。

（3）建筑构件

分析的三件建筑构件的烧成温度见表三。

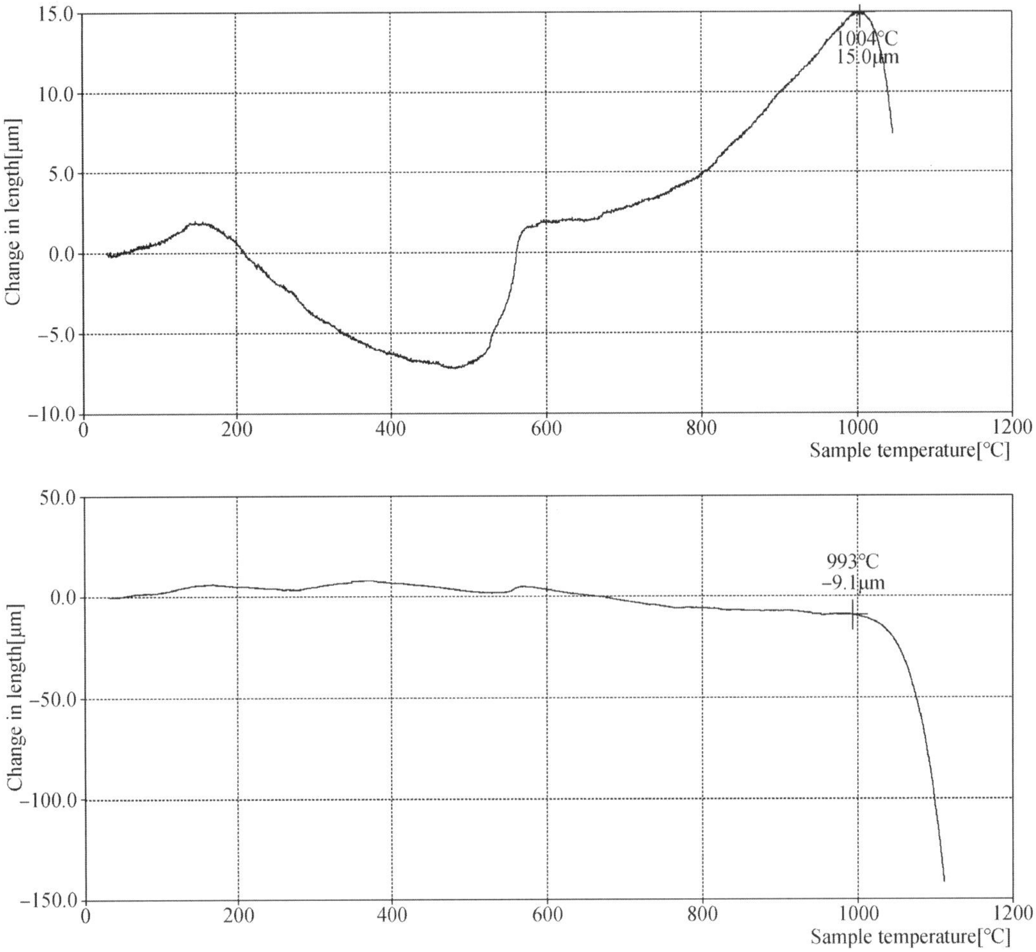

图二　两件灰陶瓦的热膨胀曲线

表三　建筑构件的烧成温度

样品号	烧成温度
T0707-构件2	662℃达到峰值，880℃左右拐点
T0707-构件3	650℃达到峰值，850℃左右拐点
T0707-构件8	626℃达到峰值，950℃左右拐点

构件2和3的烧成曲线见图三。

从热膨胀曲线上可以看到，所有曲线在550～750℃的范围内存在着缓慢上升又缓慢下降的近似平台的阶段，且在650℃左右达到一个峰值，这说明构件的烧制过程与砖瓦相比更为复杂。若进一步仔细分析，这个缓丘的出现也许和陶器中可能存在的渗碳有关系，从300℃左右的连续上升可能和渗碳颗粒的燃烧导致体积膨胀相关，而到达550℃左右时，碳基本消耗殆尽，体积变化比较缓慢。

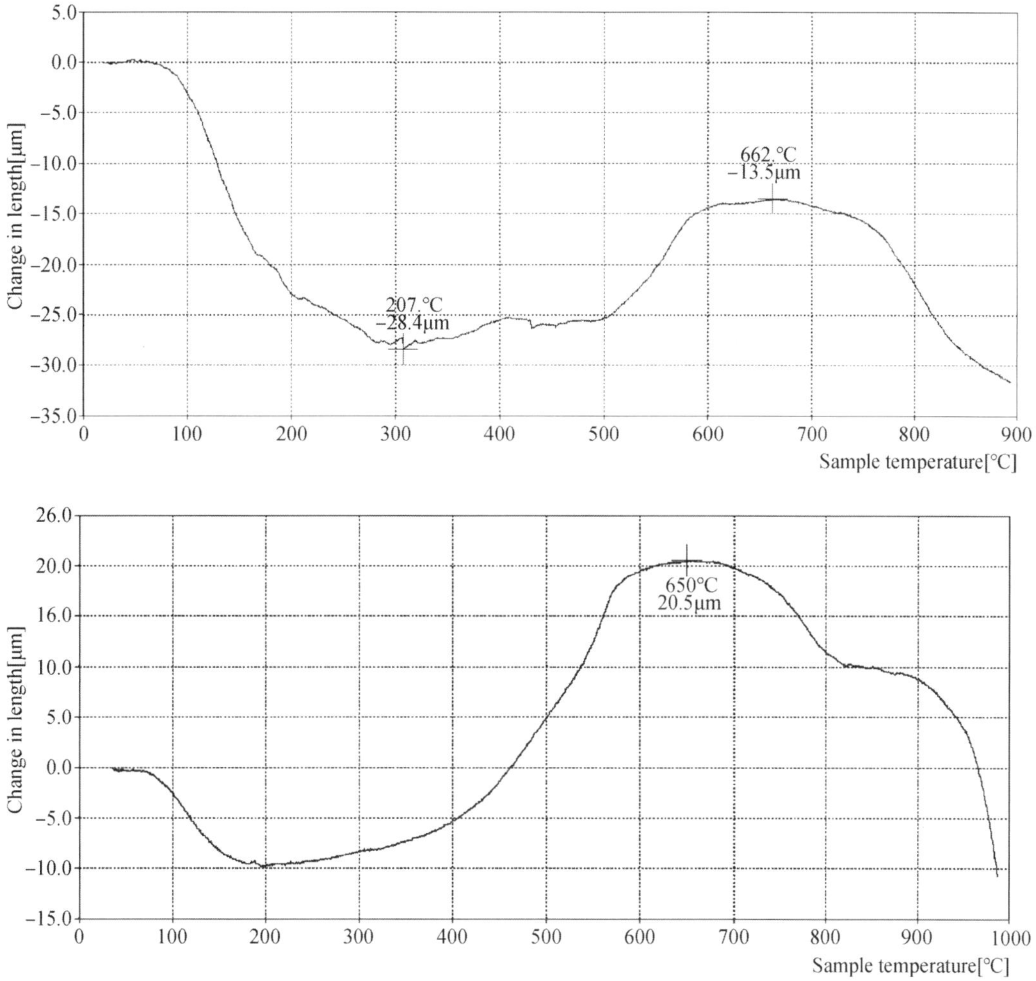

图三 两件建筑构件的受热膨胀曲线

因此从热分析的角度推测，建筑构件在生产过程中可能会有渗碳的步骤，或者是本身黏土中会掺杂有植物残体之类的含碳颗粒。

综上，建筑构件的烧制温度大概在800～900℃，但是在烧制过程中可能存在着渗碳使得表面变黑的过程，其烧制技术相对于红砖或灰瓦都可能更加复杂。

2. 显微观察

我们使用显微镜对建筑构件的截面进行了观察，图四中左栏为样品的截面全景图，右栏为样品的黑色部分的显微结构图。

结果表明，建筑构件颜色从里至外，分别为黑灰色、灰白色和灰黑色。其中外层黑灰色和白色分界并不明显，且可以观察到由外向内扩散的现象，而内层内芯的黑色和白色的边界非常明显，两种泥料可能并非同一种，显示出这类建筑构件制作工艺的复杂。

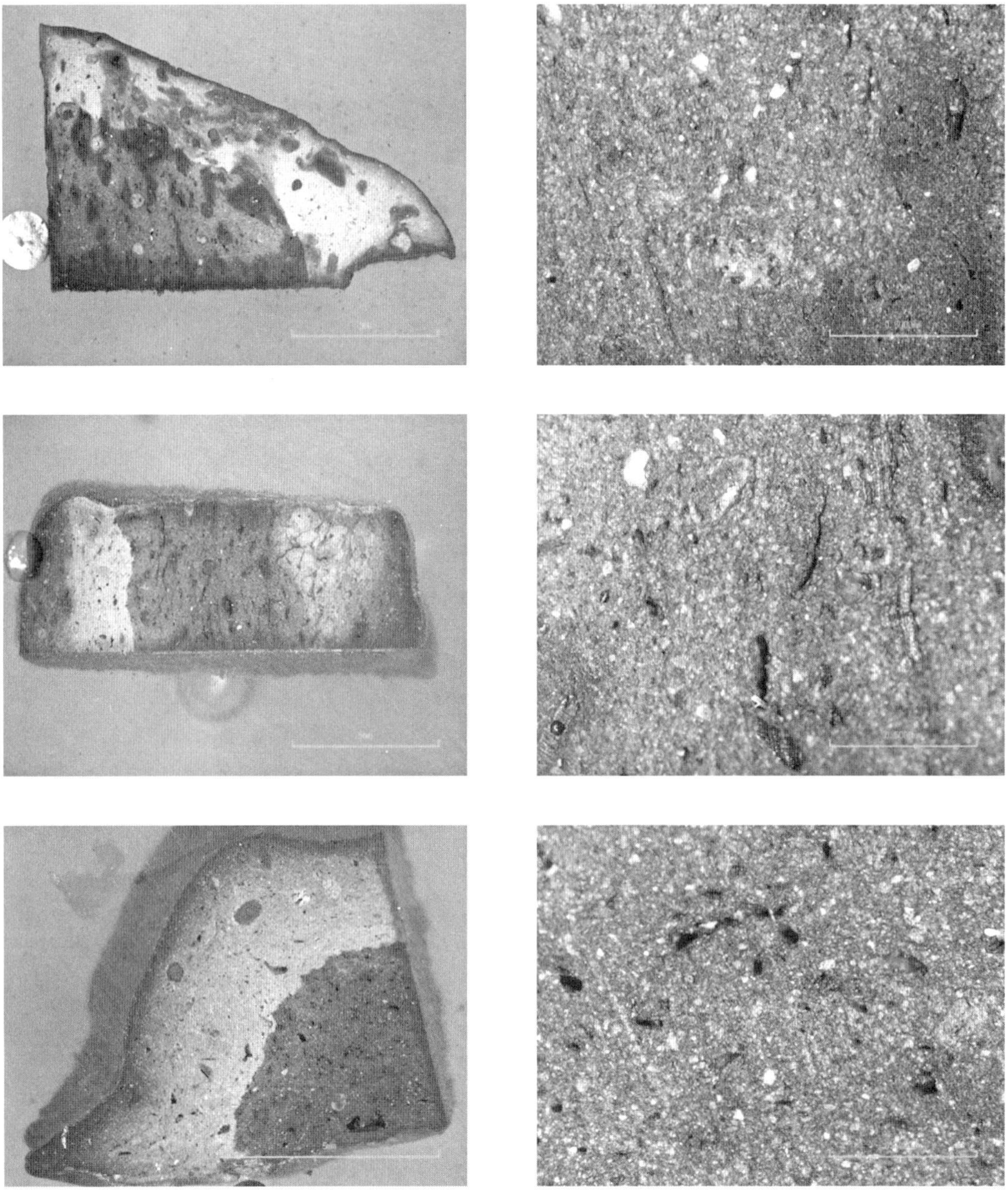

图四　长白山神庙建筑构件显微结构

放大后观察，无论是白色胎土层还是黑色胎土层都存在着不少的可能是植物残体或者植物残体烧失后留下的孔洞，这表明这类建筑构件在制作时其中的确掺了大量的植物残体，证实了烧成温度测试时出现含碳物质燃烧的情况。

3. 成分分析

表四为所有样品的成分分析结果。

表四　砖瓦和建筑构件的成分分析结果

	Na_2O	MgO	Al_2O_3	SiO_2	P_2O_5	K_2O	CaO	TiO_2	Fe_2O_3
红1-1	1.40	2.42	16.06	69.31	—	3.29	0.67	0.68	5.98
红1-2	1.01	2.12	16.42	68.71	—	3.21	1.14	0.81	7.35
红6-1	1.31	1.64	18.41	63.24	—	4.12	1.19	1.19	8.65
红6-2	1.43	1.53	15.26	67.16	—	3.81	1.50	1.24	8.01
灰2-1	1.41	1.94	16.47	69.47	—	3.09	0.86	0.77	5.94
灰2-2	1.41	1.87	16.24	69.8	—	3.13	0.93	0.83	5.65
灰3-1	1.29	1.78	18.07	62.93	—	3.81	1.31	1.43	9.30
灰3-2	1.27	1.78	18.6	63.21	—	3.68	1.7	1.02	8.67
构件1-白色	1.29	2.30	17.36	64.41	2.17	3.53	1.38	0.99	6.54
构件1-黑色	1.02	1.36	17.05	64.52	2.27	3.29	1.57	0.99	8.92
构件3-白色	1.44	2.00	15.70	72.38	0.28	3.15	1.01	0.96	3.33
构件3-黑色	1.00	1.97	16.77	64.84	0.77	3.18	1.51	0.90	9.86
构件2-白色	1.37	1.59	17.62	69.19	0.48	3.62	0.99	1.17	3.93
构件2-黑色	1.15	1.72	17.23	66.47	0.94	3.35	1.64	1.09	6.34

（1）红砖灰瓦的化学成分

成分分析的结果显示，无论红砖抑或是灰瓦，都是使用古代泥质陶常用的高铁易熔黏土烧制而成的，这种黏土的特点是氧化铁含量较高，通常在5%～10%。用类似黏土烧陶是从新石器中期一直延续至今[3]，因此金代使用这种黏土烧陶和烧制砖瓦的技术应当已经非常成熟。

我们还尝试使用多元统计中的主成分分析法对红砖灰瓦的化学分析结果进行统计分析，使用的软件为SPSS18.0。主成分分析可以通过线性变换将多个因子进行降维，最后使用2～3个变换得到新的因子所表达的大部分信息。

图五是以降维后得到的第一主因子和第二主因子做的二维散点图，两个因子可以解释所有变量总方差的87%以上，其中第一主因子可以解释74.4%。

按照第一主因子的划分，可以将所有样品分为两组，这表明这些砖瓦可能有两个不同的来源。

其中红砖1-1/1-2和灰瓦2-1/2-2来源接近，而红砖6-1/和灰瓦3-1/3-2的样品则聚在一起。这和前述烧成温度的分析结果相同，从原料分析角度再次证实了红砖和灰瓦胎色的不同实际上仅仅是烧窑气氛的差异。原料来源相同，烧成温度接近的红砖和灰瓦甚至有可能是同一个窑的产品。

结合上述分析可知，当时的制陶工匠已经可以很容易地利用同一种原料，同一窑炉烧成不同颜色的陶器及砖瓦。

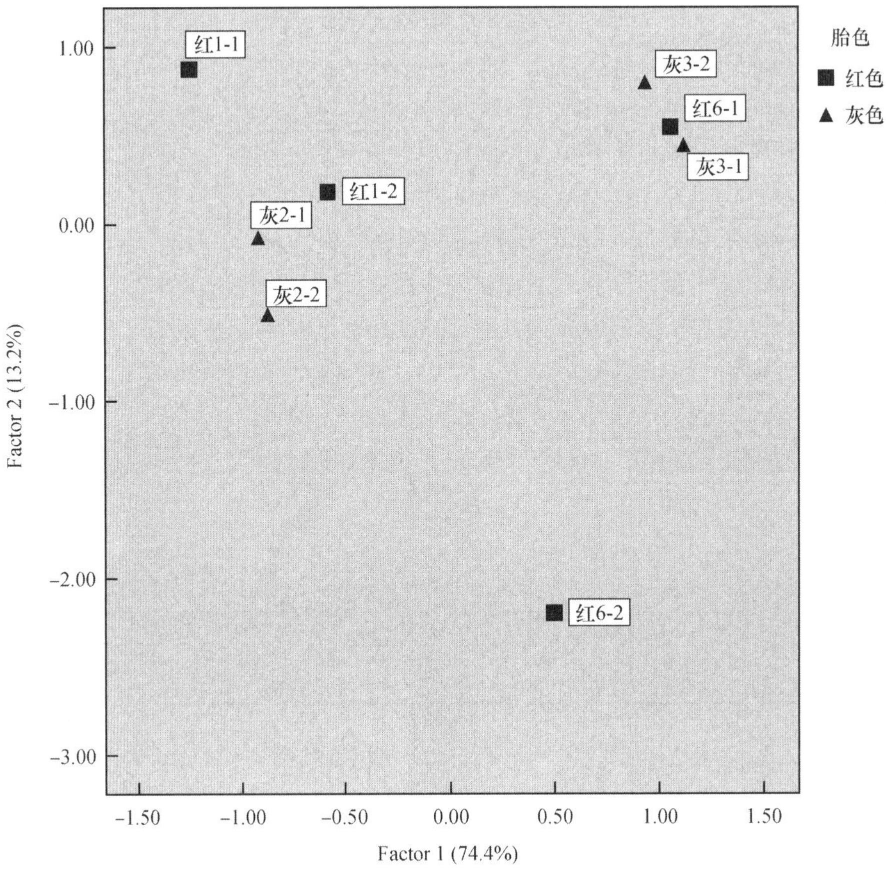

图五　砖瓦的主成分分析散点图

（2）建筑构件的成分分析

我们分别分析了几件建筑构件的灰白色部分和黑色部分的化学成分，结果参见表四。从表四可以看出，同一样品的大部分氧化物含量接近，差别最为大的是Fe_2O_3和P_2O_5（参见图六）。这表明和显微观察结果相同，成分分析表明两种颜色的胎的确使用了不同的黏土。黑色核心部分选择了高铁的黏土，而白色外层则使用了铁含量较低的黏土。

胎土中Fe_2O_3含量高低决定了胎质颜色的深浅，铁含量越低，胎的颜色越浅，反之颜色越深，但陶器通常不会呈现黑色。如果在还原气氛下烧成的话，这些建筑构件表层为灰白色，而内里为灰色（图七）。因此其内部的黑色并不全是由于铁含量高所致，而更可能是由于内部含有太多的有机质，在烧成的时候内部的有机质烧成不完全，从而造成渗碳的效果。这从内外都有一定含量的P_2O_5可以看出，也可以通过显微镜观察到。较高的P_2O_5显示出胎料中掺杂了较多的植物残体，且内部的含量都比外部白色层的高，说明内部应该掺杂有更多的植物残体（草木灰）。同时，由于外层泥料的封闭，使得在烧成过程中，内部的植物残体不能完全燃烧，而达到碳化的效果。

综合以上所有建筑构件的分析结果，可以看到这些建筑构件的制作工艺相对复

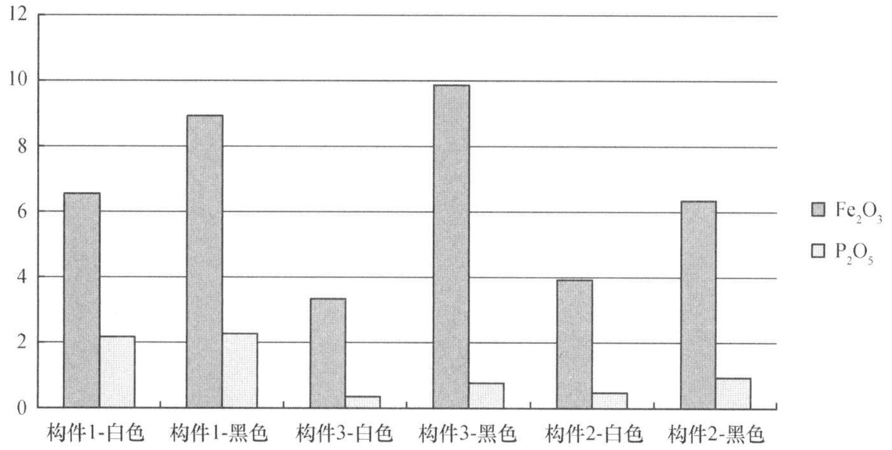

图六　建筑构黑色层和白色层的Fe、P含量对比

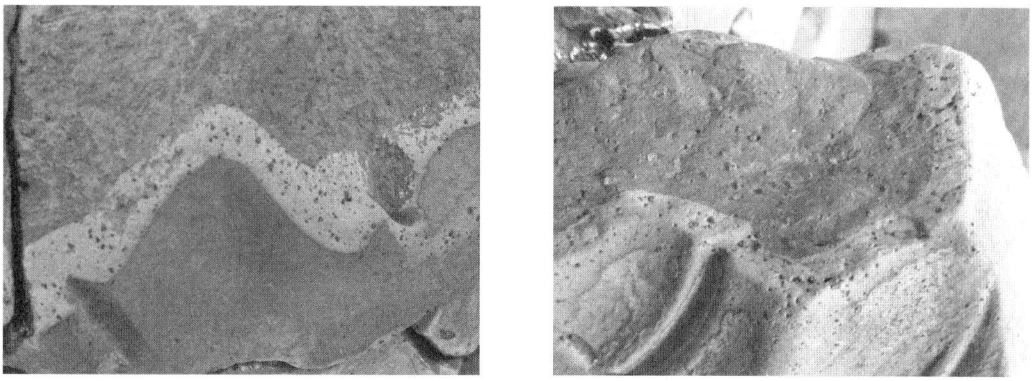

图七　建筑构件双层结构实物照片

杂。首先，由于所有的建筑构件造型各异，因此都以手制或模制为主，不会像砖、瓦般大批量生产；其次，所有的构件都由两层泥料制成，为何要用两种泥料，仍是需要思考的问题，但无论如何，相比砖瓦，这种两种胎料的制备显然更加复杂；最后，由于建筑构件在烧成后表面还要重新渗碳，其烧制过程就变得更加繁复。颇值得玩味的是，既然需要建筑构件表面呈现黑色的效果，为何古代陶工又要选择两层黏土，同时还用低铁黏土做表层，然后再进行渗碳，还有待进一步研究。

从成型工艺来看，建筑构件应是先制作内模，然后再在外面用白色泥料进行塑形， 最后在温度较低的情况下烧成。内芯土的成分与砖瓦的成分十分接近，而外层胎土的Fe_2O_3含量显著偏低，最终形成灰白色的表面。究其原因很可能是本地黏土所烧陶器颜色深灰，而并不出产铁含量低烧成颜色浅的黏土，类似的泥料本地并不出产，因此为了节省成本，采取了使用本地黏土制模，再在外面用低铁黏土制作精细纹饰，从而烧成灰白色的效果，即可体现出皇家建筑的高规格，又可节省优质黏土的用量。

三、结　　论

本文从陶瓷工艺学角度初步分析了长白山神庙遗址出土的部分砖瓦和建筑构件，结果表明，红色的砖和灰色的瓦在原料选择和烧成温度上基本没有差别，有些红砖和灰瓦都使用了高铁易熔黏土（普通陶土）烧制，而且很有可能是同一窑的产品。其颜色的差别，应该是通过气氛控制有意为之的，这表明金代制陶技术已经非常成熟，无需对砖瓦施釉，就可以通过控制烧成气氛得到想要的颜色。

成分分析表明，制作砖瓦的黏土可能至少有两个来源，这或许反映了上述砖瓦至少由两个窑烧成，且每个窑产品的黏土来源不同，同时每个窑又既可以烧红色的砖也可以烧灰色的瓦，只是根据不同的部位需求烧不同的颜色。

建筑构件的制法更加复杂，其全部手制或模制，同时内外施加两层泥料，并在泥料中掺杂了大量的植物灰，在烧成的时候还要渗碳使得表面变黑。从分析结果看，黑色内芯使用的胎料和砖瓦的类似，而外层泥料铁含量较内层低很多，烧成后颜色很浅，说明窑工追求的是浅色的效果。这种复杂的制作工序反映了长白山神庙遗址作为金代皇家神庙的规格与等级。

注　　释

［1］ a. 吉林大学边疆考古研究中心. 吉林安图长白山神庙遗址2014年发掘简报［J］. 考古，2017（6）：66-81.

b. 吉林省文物考古研究所，吉林大学边疆考古研究中心. 吉林安图县金代长白山神庙遗址［J］. 考古，2018（7）：67-81.

［2］ 李家治，周仁. 气氛对某些瓷坯加热性状的影响［A］. 中国古陶瓷研究论文集［C］. 北京：轻工业出版社，1982：93-103.

［3］ 李家治等. 中国科学技术史·陶瓷卷［M］. 北京：科学技术出版社，1998：110-112.

Material Analysis of Excavated Building Components of the Temple Site on Changbai Mountain in the Jin Dynasty

ZHAO Jun-jie　CUI Jian-feng

From the perspective of ceramics technology, this paper gives a preliminary analysis on some tiles and building components unearthed from the temple site on Changbai Mountain in the Jin Dynasty. The pottery technology in the Jin Dynasty had been very mature; the firing atmosphere could be controlled to get the desired color without the tile glaze. The firing process of the building components is more complicated. From the analysis results, it can be seen that the tire material used in the black inner core is similar to that of brick and tile, while the iron content of the outer clay material is much lower than that of the inner layer, and the color is very light after firing, indicating that the kiln worker pursues the effect of light color. The complexity of the construction technology highlights the high level of the temple site.

学术动态

“高句丽·渤海的都市、文化及其世界”国际学术会议纪要*

杨筱筠　牛昊林

（吉林大学考古学院，长春，130012）

根据2016年签订的学术交流协议，吉林大学高句丽渤海研究中心与韩国高句丽渤海学会于2019年7月8～9日在韩国城南市韩国学中央研究院共同举办了“高句丽·渤海的都市、文化及其世界”国际学术会议。来自10余所中韩高校、科研机构的30余名学者以及20余名研究生共同出席了本次会议。

为期2天的学术会议，由主题发言和学术互动两部分内容组成。在主题发言环节，围绕高句丽、渤海问题，12名中韩学者进行了考古学、历史学视角的不同学术解读。在学术互动环节，中韩学者、研究生开展了不同理念的学术碰撞与对话。在闭幕式总结发言中，韩国高句丽渤海学会会长孔锡龟教授、吉林大学高句丽渤海研究中心主任宋玉彬教授充分肯定了此次会议的学术意义，并对进一步加强双方的沟通交流、共同促进古代东北亚地区历史与文化研究提出了新的期许与展望。

一、主题发言——高句丽、渤海文化的前沿性学术研究

围绕会议主题，中韩学者进行了“都城、城郭、技术”“神话和文化中承载的历史”“边境与世界”等三个板块的主旨发言。

* 基金项目：国家社科基金重大课题“东北亚视野下渤海遗存研究”（16ZDA149）。

板块一：都城、城郭、技术

长期以来，城址研究始终是高句丽、渤海文化的热点学术命题。通过此次会议，中韩学者对高句丽和渤海的王城变迁、筑城技术以及渤海早期王城与王室墓地的对应关系等问题进行了全新学术思考。

吉林大学赵俊杰副教授以《邑、城、都——高句丽王城变迁的考古学观察》为题，对高句丽王城模式进行了新的学术解读。他认为，高句丽王城的发展演变主要经过三个阶段：第一阶段（桓仁期），此期仅有大型中心聚落“邑”、没有城。第二阶段（包括集安期、平壤早期），可以进一步细分为早晚两段；早段（1～4世纪）出现了超大型中心聚落“国内”，晚段（4～6世纪）出现“山城+平地城”模式，体现出从“邑”到“城”的转变。第三阶段（平壤晚期，6世纪之后），按照中原王朝都城理念营建了“王都”——长安城。

通过梳理中国境内十余座高句丽城址的考古发现，韩国交通大学白种伍教授在题为《高句丽城郭筑城技术的扩散》的发言中指出，国内城、丸都山城作为高句丽筑城技术的“原型（prototype model）”，体现了高句丽筑城技术的最高水准；作为“范型（template model）”的凤凰山城、石台子山城等后期城址，模仿了“原型”的筑城技法。结合韩国境内的城址考古发现，他认为，高句丽筑城技术传播到朝鲜半岛南部地区，在新罗、百济城址中得到了具体体现。

以《渤海上京城：从王城到都城的学术考察》为题，吉林大学宋玉彬教授探讨了渤海上京城的营建时序与建置功能。以史料文献为学术切入点，梳理了上京城三重城建筑的不同功能；结合具体的考古发现，通过旷野类型佛教寺庙址解读了上京城营建时序。他认为，大钦茂执政时期，渤海政权尚未确立完善的中央管理机构，都城建置也仅满足“王权”需求。“天宝末”为都的早期上京城，其营建理念遵循了“天宝中”显州都城（西古城）的建置传统。大华玙“复还上京”后，经过数代渤海王的努力，逐渐形成了宫城、皇城、郭城三重城的“都城”建置。

从建筑学角度出发，以《渤海上京城城郭设施女墙的复原考察》为题，韩国东元大学李秉建对渤海上京城的城墙结构提出了全新的学术见解。其基于女墙形制而开展的都城建置研究，对渤海上京城的保护与利用具有一定的启发意义。

在题为《渤海早期王城与王室墓地》的发言中，吉林大学王培新教授对渤海早期王城、王室墓地的相互关系进行了全新的学术梳理。王培新指出，基于考古清理，敖东城、城山子山城等均已被证实为金代遗迹，从而导致流行已久的敦化“旧国”说失去了学术支撑；图们江流域磨盘村山城的考古发现表明，该城址可能始建于高句丽中晚期，并作为渤海建国初期的王城加以沿用。鉴于此，位于图们江流域的龙头山墓地龙海墓区作为王室墓地“珎陵”的可能性更大。

板块二：神话和文化中承载的历史

该板块的主旨发言多是考古遗存与史料信息兼容并蓄的学术思考。基于此，中韩学者进行了视角独特的学术阐释，其相关研究为学术界认知高句丽、渤海文化的性质与内涵开启了全新的视域空间。

着眼于高句丽建国神话、朱蒙身世的史料及金石文信息，在题为《试论朱蒙的出生地》发言中，韩国国史编纂委员会曹泳光研究员指出，神话传说中的朱蒙出生地，除了扶余文化元素，还折射出一定的北方草原文化、中原汉文化信息。根据近年来扶余文化的考古发现，并结合文献中著录的朱蒙集团出走的具体路线，曹泳光认为，辽宁西丰西岔沟、吉林东辽彩岚遗存的地理位置、文化面貌均与朱蒙出生地相符。

与传统图像学研究不同，以《高句丽古墓壁画所绘出行图研究》为题，长春师范大学郑春颖教授对高句丽壁画墓中的61幅“出行图”进行了类型学考察及编年研究。综合出行图的所在方位、队列构成和人物服饰等因素，她认为，不同高句丽壁画墓中所绘制的车马出行图和步行出行图具有不同的文化渊源，车马出行图是对两汉三国西晋时期出行图模式的继承和发展，而步行出行图则是高句丽人自身丧葬礼仪观念的产物。

在题为《再论渤海遗址出土的釉陶与瓷器》的发言中，吉林大学彭善国教授介绍了其有关渤海陶瓷器研究的最新学术成果，进一步明确了渤海遗址中出土陶瓷器的产地问题。据其研究，渤海釉陶器主要发现于渤海五京地区，大致可分为建筑构件、日用容器和随葬品等三种类型。渤海釉陶器源于渤海自产及外部输入，但渤海境内目前尚未发现烧造低温釉陶的窑址。至于外部输入的釉陶制品，无论是烧造技术还是形制特点均体现了唐朝风格。考古材料表明，渤海遗存中出土的瓷器，应是9世纪唐代越窑、邢窑、长沙窑外销的产物。

根据俄韩学者在俄罗斯滨海地区开展的渤海考古工作，以《关于契尔良基诺2号村落址的火炕》为题，韩国传统文化大学郑焟培教授首先介绍了2006~2008年度的滨海地区考古发掘中所发现的火炕遗迹，在此基础上，进一步梳理新石器时代至19世纪时期火炕设施的历时性变化。其所开展的学术研究，为学术界了解、认知俄罗斯滨海地区火炕发展史拓展了学术视野。

板块三：边境与世界

该板块的主旨发言主要围绕高句丽、渤海与周边政权的往来联系而展开，三位韩国学者通过开展历史文献与考古遗存的交叉研究，对高句丽、渤海的政治局势进行了不同视角的学术解读。

以《5世纪后半勿吉的兴起及高句丽的对应》为题，韩国外国语大学余昊奎教授利用史料信息梳理，解读了5世纪后期东北亚地区的政治局势。5世纪后期，勿吉逐渐占领了东流松花江的中下游地区。为了加强与北魏的交往，其与高句丽在北流松花江下游地区展开了军事对抗。作为应对，479年高句丽与柔然合谋瓜分了地豆于。这一结果虽然暂时隔绝了勿吉和北魏的交往，但也恶化了高句丽与契丹的关系。同时，客观上密切了勿吉和契丹的交往。

以666年唐高宗泰山封禅为学术切入点，在题为《关于高句丽应对唐高宗泰山封禅的几个问题》的发言中，东北亚历史财团·韩国中古世史研究所李成制所长梳理了高句丽末期与唐朝的关系。664年，唐以派遣使臣的方式邀请东北亚各藩属国出席泰山封禅大典。李成制指出，高句丽将参与此次活动视为改善高、唐关系的契机，派遣太子出席了封禅大典，但此举并未改变高句丽为唐所灭的历史结局。

在题为《7～10世纪渤海火葬墓的营造与政局变动的相关性研究》的发言中，韩国学中央研究院金镇光研究员指出，渤海的火葬墓是靺鞨族群的丧葬习俗。考古发现表明，渤海火葬墓存在从其核心区域向边远地区扩散的趋势。其中，早期火葬墓多见于六顶山墓地，渤海边远地区（如特罗伊茨基墓地）所见火葬墓则年代偏晚。金镇光认为，形成上述历时性变化的原因，是由于渤海政治格局的变动，促使部分靺鞨人向边远地区迁徙，从而导致火葬墓在渤海核心地区逐渐消失。

二、学术互动——中韩学者不同理念的思想碰撞

在每一个板块的主题发表之后，通过学术互动环节，围绕发表者的学术阐释，与会学者进行了热烈的学术讨论。

针对赵俊杰有关4世纪之前高句丽尚未筑“城”的主张，白种伍从筑城技术的角度提出了不同看法。他认为，五女山城的夯土城墙应形成于4世纪之前。赵俊杰不认同上述认识，在他看来，高句丽以国内城为都时尚未使用夯土技术，该技术具体应用于高句丽晚期。

针对宋玉彬提出的渤海上京城营建时序主张，郑焟培的学术质疑是，如何证明上京城二号宫殿建置的历时性变化？对此，宋玉彬指出，文献中留存的渤海行政建制信息是其立论基础，关于二号宫殿由门（内城南门）到殿（二号宫殿）的建置沿革，只是中国学界的一种学术推测。

王培新提出的渤海早期王城“磨盘村山城说”，在韩国学者中引起了巨大反响。针对其所指认的磨盘村山城出土的渤海早期遗物，韩国传统文化大学硕士研究生崔涩琪（音）指出，该主张没有明确高句丽晚期遗存与渤海早期遗存的辨识标准。王培新表示，现有的考古发现表明，磨盘村山城出土的红褐陶瓦作构件更多地体现了渤海早期遗物的形制特点，但现有认知尚需要通过具体考古发现与基础性数据进一步充实完善。

针对曹泳光提出的朱蒙出自西岔沟、彩岚这一主张，赵俊杰指出，该主张未能明

确扶余势力扩张到上述地区的时间节点。并且，中国学者已将西岔沟遗址比定为乌桓遗存。曹泳光认为，文献信息表明，公元前1世纪时期，扶余势力已经到达西岔沟、彩岚一带，形成了该地区文化因素的多样性。至于如何廓清学界对西岔沟遗址文化性质的不同认知，曹泳光表示期待考古报告的早日出版。

针对郑春颖开展的高句丽壁画墓出行图研究，白种伍指出两个问题，一是需进一步明确步行出行图、车马出行图的辨识标准；二是对出行图与墓葬结构的关联性提出疑问。郑春颖表示，其所设定的分类标准以构图方式为主，学术解读则兼顾墓葬结构对构图空间的影响。

韩国学界鲜少开展渤海釉陶、瓷器研究，为此，郑焟培向彭善国咨询了朝鲜梧梅里窑址的年代学问题。彭善国表示，根据目前见诸报道的材料，梧梅里窑址出土的瓷器可能是高丽青瓷，与渤海无关。

针对郑焟培的发言，王培新向其询问了俄罗斯滨海地区靺鞨、渤海遗存中发现的火炕的具体情况。郑焟培表示，俄罗斯滨海地区现已发掘的30余座靺鞨房址中，约有1/3构筑有火炕设施，限于材料，其文化渊源还有待进一步研究。

渤海火葬墓的历时性变化是中韩学者普遍关注的学术命题，由于理念与方法的不同，导致各自的学术主张存在较大差异。金镇光认为，渤海核心区域靺鞨族的被动迁徙，导致了火葬墓在渤海边远地区的传播。对于此，王培新表示难以认同，在他看来，依据现有学术资源，尚不足以明晰导致火葬墓在渤海边远地区传播的原因。

三、国际视野下高句丽渤海研究的相关学术思考

本次会议主题明确，内容多样。围绕高句丽渤海问题，发言人介绍的考古新发现、阐释的学术新主张，引起了与会者的探讨与反思。

首先，本次会议作为吉林大学高句丽渤海研究中心与韩国高句丽渤海学会开展学术交流的重要环节，通过发言与讨论，中韩学者不仅分享了各自的前沿性学术成果，而且进一步了解了彼此的学术动态与研究理念。新的学术认知，将有助于推动高句丽渤海研究的学术进步。

其次，结合会议主题，中韩学者开展的高句丽渤海问题学术讨论，涉及考古学、历史学、建筑学等多个研究领域。多学科、多角度的融合与碰撞，不仅开阔了中韩两国学者的学术视野，也促使双方思考如何利用考古新发现、学术新认知寻找新的学术切入点，以便构建更加完善的学科体系，客观解读高句丽渤海的历史进程。

再次，纵观本次会议的发言与讨论，中韩学者不仅存在学术理念上的差异，其研究方法也各有侧重。得益于地理优势，中国学者开展的高句丽渤海问题的学术解读以考古学方法为主；而受传统史学研究影响，韩国学者开展的相关学术研究多根植于历史学方法。但近年来，随着国际交流的增多以及韩俄联合开展的考古工作，韩国学者的研究

开始注重考古材料与历史文献的有机结合。基于此，值得中国学者借鉴的是，需要在强化考古学研究的基础上，及时更新研究理念，充分利用史料信息解读考古发现。

需要指出的是，在会议的主旨发言环节，为了便于韩国学者理解，中国学者对其所用的多媒体课件进行了中韩双语标识。然而，在学术互动环节，由于存在专业术语双语转译方面的不足，双方在实现更高标准、更深层次的学术沟通方面仍有待加强。鉴于此，值得两国学术界共同思考的是，为了达成国际化的学术共识，除了加强专业学识素养之外，尚需提高语言沟通能力。

此外，作为本次会议的亮点，与会者不仅涵盖了中韩两国开展高句丽渤海研究的中坚力量，还邀请两国高校的硕士、博士研究生共同参与了会议的发表与讨论，表明两国学界非常重视高句丽渤海研究的学术传承及其团队建设。

最后，通过此次会议，中韩学者进一步认识到，开展具有国际课题属性的高句丽渤海问题研究，国际学术交流是不可或缺的重要组成部分。对于中国学者而言，为了提升我国学术界所倡导的高句丽渤海问题话语主张的国际影响力，不仅要“走出去”，而且要“请进来”。

The Minutes of “City, Culture and World of Gaogouli and Bohai” International Conference

YANG Xiao-yun　NIU Hao-lin

The “City, Culture and World of Gaogouli and Bohai” International Conference hosted by the Association of Koguryo Balhae (Republic of Korea) and the Gaogouli and Bohai Research Center of Jilin University, was held in Republic of Korea during July 7th-8th, 2019. More than 30 scholars and 20 postgraduate students from archeological institutions and universities joined in the general assembly and discussion in the symposium.

It is known that the research of Gaogouli and Bohai is an international proposition. By the conference, Chinese and Korean scholars have been further awared that international academic communication is indispensable. In addition, Chinese scholars should exchange with outsides to enhance international influence of Chinese academic community on Gaogouli and Bohai project.

征稿启事

《边疆考古研究》是由教育部人文社会科学重点研究基地吉林大学边疆考古研究中心主办的学术刊物，自2002年创办以来，至今已连续出版26辑，在国内外学术界形成了一定影响，并连续两次入选CSSCI（中文社会科学引文索引）来源集刊。

为及时刊发田野考古新材料，反映考古研究新成果，自2012年起，《边疆考古研究》由原来每年一辑增加为每年两辑，在侧重边疆考古的同时，欢迎其他各个方面的考古发现与研究稿件。拟设置的栏目包括：①考古新发现；②研究与探索；③考古新视野；④考古与科技；⑤书评，等等。

稿件具体要求：①论文不超过12000字，考古发掘报告字数可适度增加；②来稿请附中、英文摘要（300字左右）、关键词（3～6个）及作者简介；③统一采用尾注，注释格式请参考近期出版的《边疆考古研究》；④译文需取得原作者的授权，以免发生版权纠纷。

本刊实行双向匿名审稿制度。审稿周期一般为3个月。3个月内未收到刊用意见，作者可自行处理来稿。本刊不收取任何版面费，一经刊用，即奉样刊5册及抽印本10份。

本刊仅接受电子投稿。投稿邮箱为pengsg@jlu.edu.cn或524544323@qq.com（用于邮件超过20M者）。请勿委托他人转投稿件。

联系人：彭善国

编辑部地址：长春市前进大街2699号 吉林大学边疆考古研究中心（前卫校区匡亚明楼）

邮编：130012

勘　　误

由于作者疏忽，《边疆考古研究（第26辑）》中有两篇文章署名需做调整如下：

《宁夏隆德县沙塘北塬遗址出土马骨的DNA分析》，原署名：

蔡大伟　李　畅　朱司祺　张乃凡　邵鑫月　郭雅琦

（吉林大学边疆考古研究中心、吉林大学-西蒙菲莎大学生物考古学联合实验室，长春，130012）

现补录作者二名，调整为：

蔡大伟[1]　李　畅[1]　王晓阳[2]　朱存世[2]　朱司祺[1]　张乃凡[1]　邵鑫月[1]　郭雅琦[1]

（1. 吉林大学边疆考古研究中心、吉林大学-西蒙菲莎大学生物考古学联合实验室，长春，130012；2. 宁夏回族自治区文物考古研究所，银川，750001）

英文摘要部分的署名由

CAI Da-wei　LI Chang　ZHU Si-qi　ZHANG Nai-fan　SHAO Xin-yue　GUO Ya-qi

调整为

CAI Da-wei　LI Chang　WANG Xiao-yang　ZHU Cun-shi　ZHU Si-qi　ZHANG Nai-fan　SHAO Xin-yue　GUO Ya-qi

《新疆塔城松树沟遗址出土古代马的线粒体基因组分析》，原署名：

朱司祺　蔡大伟　张乃凡　邵鑫月　郭雅琦

（吉林大学边疆考古研究中心、吉林大学-西蒙菲莎大学生物考古学联合实验室，长春，130012）

现补录作者二名，调整为：

朱司祺[1]　蔡大伟[1]　阿里甫江·尼亚孜[2]　于建军[2]　张乃凡[1]　邵鑫月[1]　郭雅琦[1]

（1. 吉林大学边疆考古研究中心、吉林大学-西蒙菲莎大学生物考古学联合实验室，长春，130012；2. 新疆维吾尔自治区文物考古研究所，乌鲁木齐，830011）

英文摘要部分的署名由

ZHU Si-qi　CAI Da-wei　Zhang Nai-fan　SHAO Xin-yue　Guo Ya-qi

调整为

ZHU Si-qi　CAI Da-wei　Alifujiang Niyazi　YU Jian-jun　Zhang Nai-fan　SHAO Xin-yue　Guo Ya-qi